Research

조사연구방법론

김계수
Kim Gye-Soo

methods

한나래
아카데미

조사연구방법론
Research methods

지은이 | 김계수
펴낸이 | 한기철

2011년 9월 20일 1판 1쇄 박음
2011년 9월 30일 1판 1쇄 펴냄

펴낸곳 | 한나래출판사
등록 | 1991. 2. 25 제22-80호
주소 | 서울시 마포구 합정동 388-28 합정빌딩 2층
전화 | 02-738-5637 · 팩스 | 02-363-5637 · e-mail | hannarae91@naver.com
www.hannarae.net

ISBN 978-89-5566-120-0 93310

* 이 도서의 국립중앙도서관 출판시도서목록(CIP)은 e-CIP 홈페이지(http://www.nl.go.kr/ecip)와 국가자료공동목록시스템(http://www.nl.go.kr/kolisnet)에서 이용하실 수 있습니다.
(CIP제어번호: CIP2011003503)

머리말
Preface

"끊임없이 배우고, 연구하고, 생존하고, 가치를 창출하자!"

우리는 불확실한 미래를 준비하기 위해서 끊임없이 배우고 성실하게 연구해야 한다. 개인은 무엇보다 생존해야 하며 자신과 자신이 속한 사회를 위한 가치를 창출해야 한다.

처음 연구를 시작하거나 연구를 하다가 잠시 손을 놓은 연구자들은 연구를 다시 하기가 정말 어렵다고 하소연한다. 유배 생활 18년 동안 500여 권의 책을 저술한 정약용 선생은 우리에게 연구라는 것이 일상의 삶 주변에 있음을 알려주고 있다.

연구는 우리가 살아가는 삶의 문제를 다루는 것이며, 해결 방안을 제시하는 것이다. 연구자는 연구를 통해서 흩어져 있는 생각을 모을 수 있고 조사 과정과 분석 과정을 통해서 해결의 실마리를 발견해낼 수 있다. 따라서 연구자는 연구를 중요한 프로젝트로 여기고 혼을 담아서 수행해야 한다.

이 책은 조사와 연구를 시작하거나 연구 및 분석과 관련하여 심층적인 내용을 공부하려는 사람들을 위해 썼다. 특히, 연구에 관한 기초적인 분석을 시작으로 하여 최근에 자주 사용하는 구조방정식모형까지 총망라하였다. 모든 것이 다 그렇듯이 기본이나 근본이 흔들리면 역량을 발휘할 수 없는 것처럼, 조사연구를 통해서 밥의 문제를 해결할 분들은 조사연구와 통계 지식을 꾸준히 연마해야 할 것이다. 조사연구나 통계 관련 지식이 충분히 쌓인 분들은 이 책의 필요 부분만 참조하고 차별적인 전략안 마련에 매진하는 것도 좋을 것 같다.

저자는 이른바 '10년의 법칙' 또는 '1만 시간의 법칙'을 믿는다. "같은 말을 1만 번 반복하면 그렇게 된다"는 인디언 금언이 있다. 연구자의 연구 열정과 끊임없는 훈련 태도는 미래에 치러야 할 대가를 미리 지불하는 작업이라고 할 수 있다. 이 책을 만들어낼 수 있었던 것은 그간의 통계 관련 저작물들이 있어서였다. 또한 강의와 연구를 병행하면서 조사연구에 관한 내용을 책으로 정리해 봐야겠다는 생각에서였다.

최근 연구의 흐름은 연구자 일방의 연구(One way research)가 아닌 연구자와 이해관계자가 소통하는 쌍방의 연구(Two way research)가 대세이다. 그런 면에서 필자는 지금까지 해왔던 것 이상으로 끊임없이 독자들과 소통할 준비가 되어 있다. 언제든지 전화나 메일을 통해서 접근하는 독자와 끊임없이 소통하고 독자의 질문에 성심성의를 다해 답변할 것이다.

이 책을 낼 수 있도록 적극 도와주신 한나래출판사 한기철 사장님, 조광재 이사님의 배려에 감사드린다. 또한 한나래출판사 편집부 직원들의 꼼꼼한 지적은 큰 도움이 되었다. 사랑하는 가족들의 응원은 언제나 큰 힘이 되었다. 본인의 삶을 주관하고 있는 하느님의 사랑에 감사할 따름이다.

아무쪼록 이 책을 이용하는 분들이 열정을 다해서 연구하시고 관심 영역에서 큰 열매를 맺기를 진심으로 기원하는 바이다.

2011년 9월

김계수

Research methods

차례
Contents

2부 자료수집 87

3부 기초 분석 211

4부 중급 분석 379

5부 인과분석 561

6부 비모수통계분석 649

부록 통계도표 673

1부

연구의 기초

1장

연구조사의 의의

연구자는 훈련하는 마음, 종합하는 마음, 창조하는 마음, 존중하는 마음, 윤리적인 마음을 견지해야 한다. 연구자는 존재 목적과 존재 이유인 미션을 정립하고 소중한 비전(꿈)과 가치를 달성하기 위해서 노력해야 한다.

연구 과정과 글쓰기(논문 작성, 보고서 작성) 중에 연구자는 정확한 인용과 주석 달기를 통해서 표절 의혹을 사전에 차단해야 한다.

학습 목표

- 연구자가 가져야 할 다섯 가지 마인드를 이해한다.
- 연구 윤리가 왜 중요한지를 인식한다.
- 표절의 정의와 표절 방지책을 알아본다.
- 논문의 정의와 논문의 기본 구조에 대해 이해한다.

1.1 다섯 가지 마음

모든 일은 사람의 생각으로부터 출발한다. '생각은 행동을 바꾸고 행동은 습관을 바꾸고 습관은 운명을 바꾼다'는 이야기가 있다. 모든 행동의 단초인 생각은 어디로부터 오는 것일까? 단연코 올바른 마음에서 나온다. 급변하는 사회 환경은 우리를 그냥 놔두지 않고 있다. 다양한 인터넷 검색엔진, 손안에 들어온 TGIF(Twitter, Google, Iphone, Facebook), 로봇봉, 그 밖의 컴퓨터 장치들이 가득한 미래는 지금까지 선택 사항인 다양한 역량을 이제는 필수 사항으로 만들고 있다. 우리는 주변 환경이 급변하는 시대에서 전문 영역 지식뿐만 아니라 다방면의 지식을 갖추어야 한다. 여기에 비판적이고 총체적이며 대안을 생각하는 마음을 겸비하는 것이 무엇보다 중요하다.

수년간 심리학을 연구해 온 하버드대학 하워드 가드너(Howard Gardner) 교수는 저서 ≪미래 마인드 Five Minds for the Future≫에서 미래에 성공적으로 대처하기 위한 방법을 제시하였다. "다섯 가지 마인드를 갖추지 않는 사람은 자신의 삶에서 주도적인 대응은커녕 이해할 수조차 없는 힘에 지배당할 것이다"(p.5).

하워드 가드너가 중요시하는 다섯 가지 마인드를 살펴보기로 하자.

• 훈련된 마음(disciplined mind): 훈련된 마인드는 최소한 한 영역에서 명확한 틀을 갖는 것이다. 훈련된 마음은 특정 학문 분야나 기술, 혹은 전문 직업의 특징을 이루는 그 분야에서 독특한 인지 양식을 완벽하게 획득하는 것이다. 여러 연구에 따르면, 하나의 학문 분야에 통달하기까지는 10년 가까운 세월이 흐른다고 한다. 이를 이른바 '10년의 법칙' 또는 '1만 시간의 법칙'이라고 한다. "같은 말을 1만 번 반복하면 그렇게 된다"는 인디언 금언이 있다. 훈련된 마음은 미래에 치러야 할 대가를 미리 지불하는 작업이라고 할 수 있다. 훈련된 마음 또한 기술과 지식을 증진시키려면, 즉 고도로 훈련되려면 오랜 시간에 걸쳐 꾸준히 노력해야 한다는 것을 아는 마음이다. 그는 최소한 한 분야에서 전문성을 갖추지 못한 개인은 남의 장단에 춤을 추는 운명이 될 것이라고 단언한다. 고대 그리스의 뛰어난 웅변가 데모스테네스는 말을 더듬는 장애가 있었지만, 입 안에 조약돌을 넣고 시를 낭송하고 바닷가에서 파도 소리보다 더 크게 소리치는 부단한 연습 끝에 장애를 극복할 수 있었다.

- 종합하는 마음(synthesizing mind): 다양한 출처로부터 정보를 얻고, 그 정보를 객관적으로 이해하고 평가하며, 그것을 자신과 다른 사람들이 이해할 수 있도록 구성하는 마음이다. 종합하는 능력은 과거에도 물론 가치가 있었지만, 정보량이 아찔한 속도로 증가하고 있는 오늘날에는 한층 더 중요해지고 있다. 전문가라면 조직의 복잡한 문제를 부분적인 차원과 전체적인 차원에서 이해하고 간단하게 실마리를 제공할 수 있어야 한다.

- 창조하는 마음(creating mind): 훈련된 마음과 종합하는 마음을 토대로 새로운 경지를 개척하는 마음이다. 창조하는 마음은 새로운 아이디어를 만들어내고, 익숙하지 않은 질문을 제기하며, 참신한 사고방식을 불러일으키고, 예기치 못한 해답에 도달하는 것이다. 결국 이러한 창조물들은 지식이 있는 소비자들에게 받아들여지게 된다. 창조하는 마음은 아직은 어떠한 규칙이 지배하지 않는 영역에 머물러 있기 때문에, 가장 발달된 컴퓨터나 로봇보다도 적어도 한 걸음 이상 앞서려고 노력한다. 젊은 연구자라면 좀 더 창의적인 연구에 주력해야 한다. 창의적인 연구를 통해서 사회가 좀 더 나아지는 방향으로 움직이게 하는 일이 중요하다. 이를 위해서 연구자는 매일 뉴스와 신문을 보며 시사를 파악해야 한다. 연구자가 예전 생각과 기존 방식으로 연구하여 성과물을 도출하면 이는 자기 자신이 매너리즘에 빠지는 것이다. 연구자의 매너리즘은 자기 자신에 대한 배반 행위이다. 변화하는 사회에 자신의 배를 얹어 놓고 계속 변화해나가야 한다. 삶에서도 그렇지만 실험 정신, 도전 정신, 청년 정신이 필요하다.

하버드대학 클레이튼 크리스텐슨(2009) 교수의 연구에 따르면 창조적인 사람에게는 공통적으로 다섯 가지 발견 기술(discovery skill)이 있는 것으로 나타났다. 이 다섯 가지 발견 기술은 질문하기(questioning), 관찰하기(observing), 실험하기(experimenting), 인맥 쌓기(networking), 연관 짓기(associating)이다.

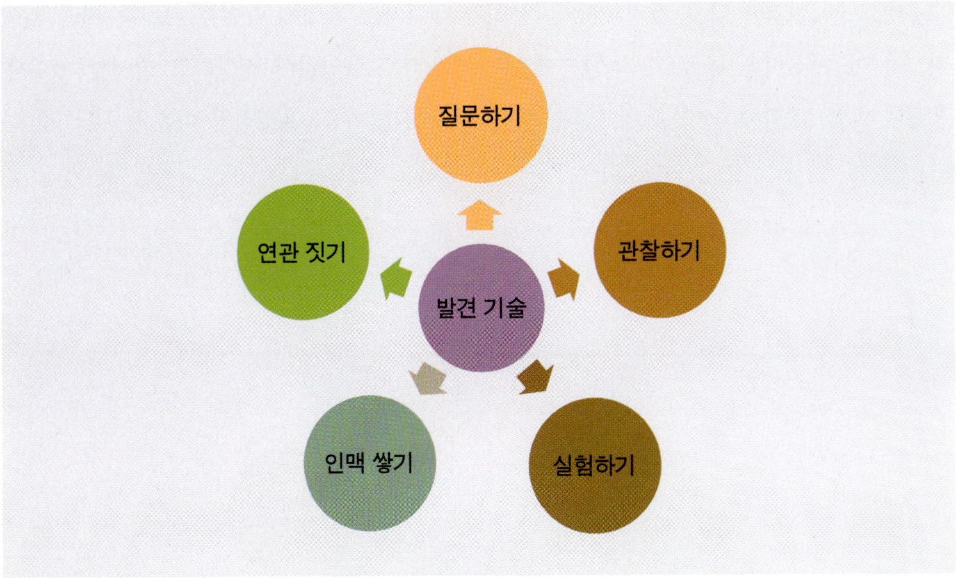

그림 1-1 발견 기술

창의적인 연구를 통해서 우수한 논문을 결과물로 내놓느냐 그렇지 못하느냐는 다분히 연구자 자신에게 달려 있다.

- 존중하는 마음(respectful mind): 급변하는 환경하에서 그 누구도 자신의 껍질 속이나 자신의 영역에만 머물 수가 없다는 것을 안다. 개인 및 집단 간의 차이점에 주목하고 그것을 받아들이는 마음을 말한다. '타자들'을 이해하려고 노력하고, 그들과 효율적으로 일하려고 애쓴다. 모든 사람이 상호 연결된 이 세계에서 편협함과 무례함은 통용되지 않는다.

- 윤리적인 마음(ethical mind): 윤리적인 마음은 존중하는 마음에서 한 단계가 더 나가는 추상적인 차원을 말한다. 윤리적인 마음은 노동의 본질과 우리가 사는 사회의 욕구, 욕망, 통념 등에 대해 깊이 생각할 줄 아는 마음이다. 이 마음은 사람들이 어떻게 개인의 이익을 넘어서 더 큰 목적에 봉사할 수 있는지, 그리고 어떻게 시민들이 사회 전체의 이익을 증진시키기 위해 헌신적으로 일할 수 있는지를 개념화한 마음이다. 윤리적인 마음은 '견리사의(見利思義)' 정신, 즉 이익을 볼 때 의로움을 생각하는 마음과 일맥상통한다. 인생에서 윤리적인 마음은 느린 길인 것 같지만 빠른 길이라고 할 수 있다.

지금까지 설명한 다섯 가지 마음은 우리가 살아가는 시대에 특별한 가치를 지닌 것이며, 이 마음을 지속적으로 유지하는 개인이나 조직은 끊임없이 성장하고 발전할 것이다. 훈련된 마음, 종합하는 마음, 창조하는 마음, 존중하는 마음, 윤리적인 마음은 어느 것 하나 소홀히 할 수 없는 것이다. 다섯 가지의 마음을 그림으로 나타내면 다음과 같다.

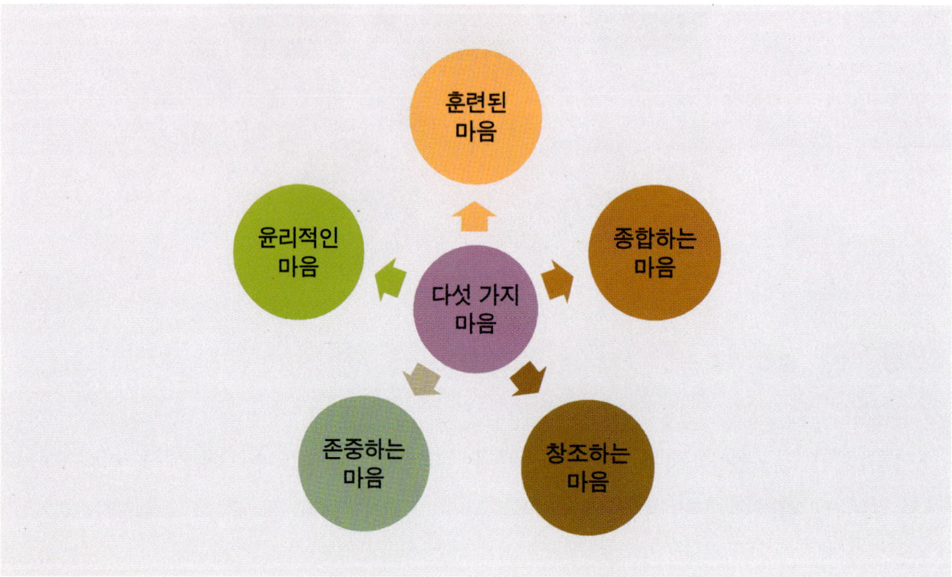

그림 1-2 다섯 가지 마음

사람의 마음의 밭과 논에 뿌려지거나 떨어져 뿌리를 내린 생각의 씨앗들은 모두 행동으로 꽃을 피우고 기회와 상황이라는 열매를 맺는다. 좋은 생각은 좋은 열매를 맺으며 나쁜 생각은 나쁜 열매를 맺는 것이 자연의 이치라고 할 수 있다. 연구자는 올바른 마음가짐을 통해서 연구 역량을 배양해야 한다.

1.2 연구자의 마음

연구자는 개인적인 가치와 사회적인 가치 창출 모두의 성과를 이루기 위해서 다음과 같은 마음 자세와 실천 의지를 가져야 한다.

첫째, 연구자는 존재 목적과 이유, 즉 미션(Mission)을 가지고 있어야 한다. 미션이 제대로 정립된 연구자는 미래의 꿈과 희망이라고 할 수 있는 비전(Vision)을 갖고 있다. 이어 연구자가 소중하게 여기는 가치(Value)를 가져야 한다. 필자는 이를 'M2V 체계'라고 명명한다. 연구자가 존재 목적이 있다는 강력한 믿음을 갖고 있지 않다면 미래의 꿈과 희망도 없고, 뭔가를 해야 할 이유와 변화시켜야 할 이유도 없다고 할 수 있다. M2V의 정립은 '어떻게 연구 목적을 발견할까'와 관련된다. M2V는 '어떻게'보다 '왜'에 관한 근본적인 문제를 말한다. 연구의 탄력은 강력한 M2V의 정립에서 나오는 지속성, 연결, 방향성 등으로부터 나온다고 할 수 있다.

둘째, 끊임없이 연구 성과물을 만들어내야 한다. 연구직이나 학계에 종사하는 사람들에게 자주 통용되는 말이 있다. "Publish or Perish(저술을 해라, 아니면 짐을 싸라.)" 연구자의 기본 책무는 연구에 있다. 연구 성과물을 내는 것은 연구자의 기본 도리이다.

스티븐 코비 박사가 ≪성공하는 사람들의 일곱 가지 습관 The Seven Habits of Highly effective people≫(1989)에서 말한 성공 습관 중 일곱 번째는 '끊임없이 쇄신하라(Sharpen the Saw)'이다. 끊임없이 자신의 실력을 양성하지 않은 개인은 조직에서 사라지는 운명이 될 것이라는 것은 어제오늘만의 이야기가 아니다. 이렇듯 연구자는 누구나 자신이 몸담고 있는 조직이나 영역에서 인정받고 살아남기 위해서 부단히 노력해야 한다.

셋째, 연구자는 모델링(Modeling)하는 힘을 키워야 한다. 연구자는 세상을 세심하게 관찰하고 가설적인 분류와 개념, 이론들을 만들어야 한다. 지인 중에는 복잡한 문제를 일목요연하게 모델링하는 능력으로 이른바 밥벌이를 하는 연구자가 있다. 연구자가 잠정적인 진술인 가설(Hypothesis)을 설정하기 위해서 반드시 거쳐야 하는 과정이 모델링이다. 모델(Model)은 연구자의 경험이나 그간에 읽은 참고 자료 등이 녹아 있는 연구자 자신의 아바타(avatar)이다. 좀 더 쉽게 설명하면 모델은 '현상에 대한 축약'

을 말한다. 예를 들어, 염분과 혈압의 관계를 설명하기 위해서 그림으로 나타낼 수 있다. 소금을 많이 섭취하면 혈압이 올라가는 것은 소금의 주성분인 나트륨 때문인 것은 웬만한 사람이면 알고 있다. 이를 보다 논리적이고 시각적으로 나타낸 것이 모델이라고 할 수 있다. 만약 전문가가 염분과 혈압의 관계를 다음과 같은 인과적인 관계로 논리 정연하게 나타낼 수 있다면 모델링 능력을 가지고 있다고 할 수 있다.

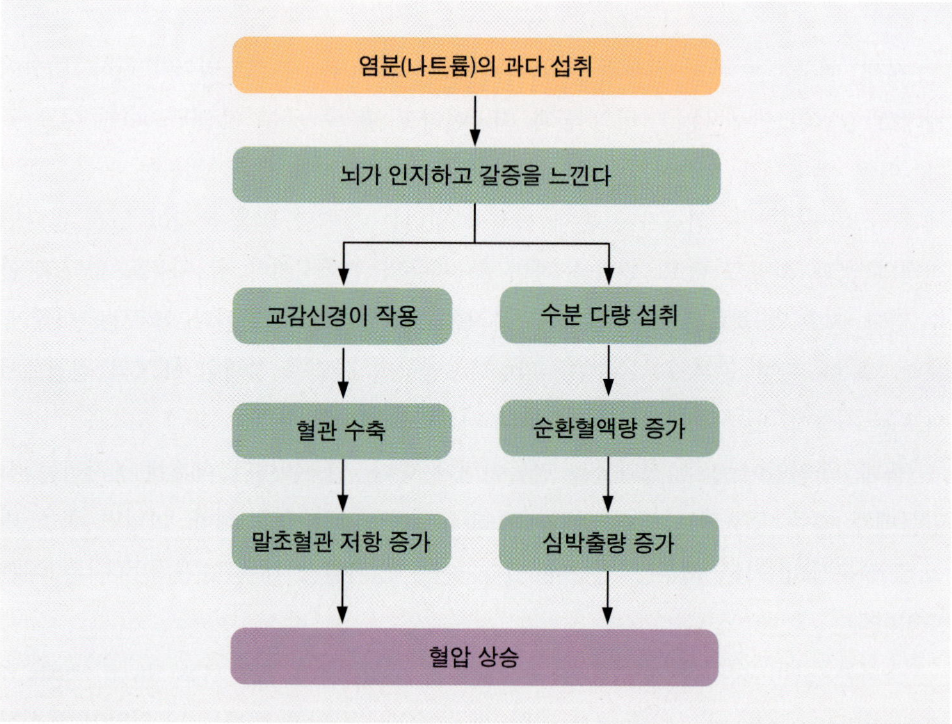

그림 1-3 모델링의 예(염분과 혈압의 관계)

사실, 연구자들이 원인변수를 찾아내고 결과변수를 찾아내는 것은 말처럼 쉬운 것이 아니다. 과거에 연구자들이 이룬 과학적인 합의도 극적인 발견이나 혁명적인 패러다임이 출현하여 일순간 아니면 서서히 무너질 수 있는 것이 현실 세계이다.

연구 보고서나 논문을 읽는 독자는 모형을 통해서 연구가 추구하고자 하는 방향과 연구의 범위를 대략적으로 가늠해볼 수 있다. 주변에서 연구자가 과거에 고착된 연구모형만을 추구하다가 연구자 자신의 사고가 고립되는 것을 많이 본다. 과거에 공부한 연구모델에 집착하여, 새로운 것을 추구하려는 개방적인 자세를 갖추지 못하는 연구자는 점차 연구의 기반이 흔들리게 된다. 연구자에게 있어 폐쇄적인 사고는

21세기에 모델을 만드는 적합한 자세라고 볼 수 없다. 현실의 문제를 정확하게 반영할 수 있는 연구모델만이 가치가 있다고 할 수 있다.

넷째, 연구자는 실천하는 사람이어야 한다. 언행일치라는 말이 있지 않는가? 연구자는 '머리'로 생각하고 '손'으로 실천해야 한다. 연구자가 해야 할 일은 현재 하고 있는 업무와 관련하여 전문 지식을 종합하고 새로운 발견이나 시사점을 찾아내야 한다. 연구자의 실천 없는 이론은 도그마라고 할 수 있다. 경쟁 우위는 남들이 못하는 것을 하는 데서 온다. 21세기 문명사회에서 책을 읽고 세미나에 참석하는 일은 누구나 할 수 있다. 관건은 책이나 세미나에서 얻는 지식을 개인이나 조직 행동으로 옮기느냐이다. 즉 연구자는 실천적 지혜(practical wisdom)를 가져야 한다. 지식 있는 연구자가 선도적으로 실천할 때 조직과 국가는 더욱 발전한다.

이 책을 읽고 있는 독자들은 '성스러운 암소들(Sacred cows)'에 관한 이야기를 알고 있을 것이다. 성스러운 암소들은 모든 사람들이 알고는 있지만 아무도 거론하려고 들지 않는 장벽들이다. 즉 성스러운 암소들이란 세월의 흐름과 함께 유용성이 사라졌으나 아무도 감히 손대려 들지 않는 정책들과 절차를 말한다(Beardsley, 1998). 기존 방식에 의문을 제기할 용기, 기존 관행을 폐기하고 새로운 관행을 만들 수 있는 용기가 우리 연구자들이 갖추어야 할 자세이다.

'이렇게 하면 될 것이다'가 아니라 '내가 먼저 해 보일 테니 같이 이렇게 하자'라는 실천적인 연구자 주변에는 많은 후배들이 모인다. 성찰 없는 실행가가 될 수 없는 사람은 울리기만 하는 꽹과리를 들고 있는 광대에 지나지 않는다.

다섯째, 연구 윤리를 중요하게 생각해야 한다. 윤리(ethics)는 옳고 그릇됨을 판단하는 기준이다. 하늘 아래 진정으로 새로운 것은 없다. 새로운 창작물도 엄밀하게 보면, 기존 것의 응용과 모방에서 비롯된 것이다. 선배들이나 외국인들이 해놓은 창작물에 대해서 참고문헌 표시를 하는 것은 연구자의 기본 도리이다. 연구자들 사이에 이런 이야기가 있다. "표절(plagiarism)은 한 사람 것만 베끼는 것이요, 창작물은 여러 사람의 것을 나타내고 자기 것으로 만드는 것이다."

연구자에게 있어서 올바른 연구 윤리는 자신이 읽은 참고문헌을 본문에 제대로 표시하고 나중에는 논문이나 연구 보고서 뒤편에 정확하게 표시하는 일이다. 다년간 논문 심사와 관련 학회 논문 편집을 하면서 경험한 것이 있다. 국내 다수의 연구자가 본문에서 참고한 저자를 누락시키거나 본문에는 표시가 되어 있는데, 참고문헌에는 수록하지 않아 심사자로부터 신뢰를 잃는 경우를 많이 봐왔다.

연구자에게는 분석적인 태도와 날카로움, 폭넓은 시각에서 사안과 사물을 보는

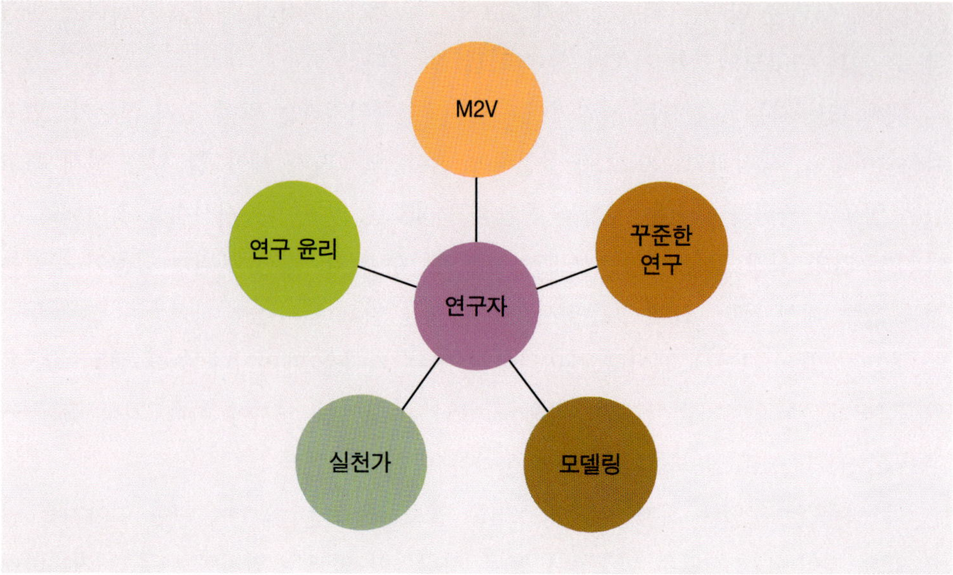

그림 1-4 연구자의 자세

관점 등을 갖는 것이 중요하다. 정리하면, 연구자는 자존감뿐만 아니라 자기 효능감(자기 능력에 대한 믿음)을 갖고 꾸준한 연구, 모델링 능력, 실천가로서 행동력, 신뢰할 수 있는 연구 윤리 등을 가지고 있어야 한다.

1.3 윤리적인 연구

1.3.1 윤리적인 연구

'한 작가의 것을 훔치면 표절이지만, 많은 작가의 것을 훔치면 연구다'라는 이야기가 있다. 연구자 자신이 내적으로 진실하면 되는 것이지 남이 이렇다 저렇다 판단하는 것은 나중 문제인 것이다. 표절 연구 분야의 권위자인 시카고대학의 교수 립슨(Lipson, 2004)은 ≪대학에서 정직한 글쓰기 Doing Honest Work in College≫라는 책에서 연구자나 학문을 하는 사람은 학문적인 정직을 지켜야 한다고 강조하고 있다. 그의 주장은 세 가지로 요약할 수 있다.

- 자신이 연구를 했다고 말할 때, 당신이 진실로 그것을 한 것이어야 한다.
- 당신이 타인의 연구 업적에 의존했을 경우, 당신은 타인의 연구 업적을 인용한 것이다. 당신이 타인의 단어들을 사용한 경우 당신은 개방적이면서 실제적으로 그 단어들을 이용하여야 한다.
- 당신이 연구 실적물들을 발표할 때, 공정하고 진실하게 발표해야 한다. 연구에 포함되는 자료, 문서, 글쓰기 등은 모두 진실이어야 한다.

연구자들 사이에서 종종 문제가 되고 있는 표절(plagiarism)에 대하여 알아보자. 표절은 라틴어로 '어린아이 납치범'을 의미한다. 남의 견해를 무단 인용하는 것은 다른 사람의 '정신적 아이디어'를 훔치는 것이다(Harvey, 1998). 표절은 남이 만들어놓은 우수한 결과물을 가로채고 그 결과 정직한 경쟁자에게 손해를 입히는 범죄의 일종이라고 할 수 있다.

창작물은 여러 사람의 것을 나타내고 자기 것으로 만드는 것이다. 1988년 11월 29일자 미국 하버드대학 대학신문인 <하버드 크림슨 Harvard Crimson>지에 하버드 의대 정신의학과 학과장이자 병원장인 셔버트 프레이저 교수가 1966~1975년 사이에 발표한 논문 가운데 4편이 표절 의혹이 제기됐다(http://www.thecrimson.com/). 한 대학원생은 환상통증(phantom pain)에 대한 프레이저 교수의 논문을 읽다가 이론적 오류 및 다른 논문과의 유사성을 발견하고 하버드대학 의대 학장에게 알렸다. 학교 측은

이 제보를 흘려듣지 않고 곧바로 교수윤리위원회를 구성해 검증 작업에 들어갔다. 그 결과 프레이저 교수가 <사이언티픽 아메리칸 Scientific American> 등 과학 저널에 발표된 논문을 표절한 사실이 들통 났다. 그는 결국 사임할 수밖에 없었다.

대부분의 사람들은 자신의 실수에 대해서는 관대한 경향이 있다. 연구자들도 마찬가지이다. 미국의 하버드대학은 표절의 유형을 다음과 같이 분류하고 있다(Harvey, 1998, pp.3~4).

표 1-1 표절의 유형 – 하버드대학

유형	설명
출처를 명시하지 않고 무단 전재한 정보나 데이터	교재에 나온 '1997년 한 해 동안 하버드대학에서 30건의 부정행위가 적발됐다'를 출처를 밝히지 않고 무단 전재하면 표절. 어디에서나 구할 수 있는 상식적 정보가 아니므로 이 교재가 아니라 (자신이 읽지 않은) 하버드대학 행정 편람을 출처로 표기해도 안 됨. 반드시 자신이 읽은 책과 자료를 출처로 기록해야 함.
무단 전재한 아이디어	교재에 나온 '표절(plagiarism)의 라틴어 어원은 유괴범이며 표절은 다른 사람의 정신적 아이(brain child)를 훔치는 것'을 인용할 때 교재 저자의 독창적인 아이디어인 '정신적 아이'에 인용 부호가 없으면 앞선 문장에서 출처를 밝혔더라도 표절
인용 부호 없는 축약문	출처를 밝히고 원저자의 주장을 요약하는 축약문을 썼더라도 저자의 표현 일부를 빌려올 경우 인용 부호가 없으면 표절
출처를 밝히지 않은 글 구조 인용	출처와 다른 단어, 표현을 썼더라도 글의 구조, 전개 방식을 본뜨면서 출처를 밝히지 않으면 표절

국내의 한 대학은 연구자들 사이에서 자주 문제가 되고 있는 논문 중복 게재에 관한 '연구 지침'을 마련하고 있다. 연구 지침의 주요 내용은 본인의 논문이라도 출처 인용 표시가 없으면 제한이 강화된다. 출처나 인용 표시 없이 ▲ 연구 용역 보고서의 일부라도 논문이나 저서로 게재하거나 출간할 경우, ▲ 기존 논문을 모아 출간할 경우, ▲ 기존 논문이나 저서를 다른 언어로 게재하거나 출간하는 경우 등은 중복 게재에 해당한다. 다만, 비학술용 출판물에 쉽게 풀어 써 대중에게 알리거나, 이미 발표한 연구 결과를 대학을 통해 지식 재산권으로 등록하면 출처와 인용 표시가 없어도 게재·출판이 가능하다. 대학 내 약자인 연구원과 지도 학생들의 권리를 강화하는 내용도 있다. 지도 교수는 학생들에게 저자 자격을 공정하게 부여해야 하며, 연구비도 지급해야 한다. 제자가 작성한 논문을 자신의 이름으로 바꾸거나 연구비를 주지 않는

등 부당 행위는 금지된다.

미국이나 유럽에서는 표절 의혹이 불거지면 대학 등 연구 기관은 진상조사위원회를 구성해 1~3개월가량 표절 여부를 조사한다. 사안이 중대하거나 표절 논문이 정부의 연구비를 지원받은 결과라면 국가 기관인 미국연구윤리국(ORI: The Office of Research Integrity, http://ori.dhhs.gov/)이 직접 조사하기도 한다.

표절을 방지하기 위한 아무리 좋은 제도적 장치도 인간의 의식을 따라가지 못한다. 표절을 방지하기 위해서는 끊임없이 환기하고 연구자 스스로가 엄격히 환기하는 방법밖에 없다. 연구자는 평소 실험과 연구를 하면서 엄격한 자신의 원칙을 지켜야 한다. 이를 옆에서 지켜본 제자들은 표절에 대하여 어떻게 대처해야 하는지 몸으로 체득한다.

1.3.2 정확한 인용과 표절 예

대부분의 사람들은 자신의 실수에 대해서는 관대한 경향이 있다. 연구자들도 마찬가지이다. 표절 방지에는 왕도가 없다. 기본에 충실히 하는 것이 정답이다. 연구자 스스로 자신의 언어를 담아 논문과 연구 보고서를 작성했다는 것이 틀림이 없어야 한다. 만약, 다른 사람의 연구 결과물을 가져왔다면 떳떳하게 밝힐 필요가 있다. 연구자는 이왕 글을 쓸 것이라면, 기본을 지켜 정직하게 써야 한다. 그러면 표절 시비에서 자유로울 수 있을 것이다.

국내외 대학들은 연구 윤리를 강화하고 표절 방지를 위한 교육 프로그램을 실행하고 있다. 표절 방지 교육 프로그램에는 과제, 보고서, 논문 작성 시에 표절 방지를 위한 방법에 관한 내용이 소개된다.

앞에서 언급한 표절 연구 분야의 권위자 립슨(Lipson, 2004)이 ≪대학에서 정직한 글쓰기 Doing Honest Work in College≫에서 예시한 정확한 인용과 표절의 차이를 구분하는 방법을 알아보기로 한다. 작가 제이 스크리브너의 작품 ≪조 블로: 그의 삶과 시대≫의 한 대목을 활용하기로 한다.

원문 조 블로는 행복한 남자다. 자주 휘파람을 곁들여 노래를 부르며 거리를 걷곤 했다.

① **정확한 인용**

• 전문 인용: 전체를 따옴표 안에 넣고, 원전(原典)을 제대로 표시하는 경우.

⇨ "조 블로는 행복한 남자다. 자주 휘파람을 곁들여 노래를 부르며 거리를 걷곤 했다."

• 작가명을 곁들여 부분 인용: 부분 인용 대목이 여덟 어절이었지만, 원문과 동일하므로 따옴표가 필수.

⇨ 스크리브너에 따르면 블로는 "자주 휘파람을 곁들여 노래를 부르며 거리를 걷곤 했다."

• 일부 인용, 일부 표현 수정: 원문과 동일한 곳은 따옴표 사용. '콧노래'는 원문에 없는 인용자의 표현인 만큼 따옴표 필요 없음.

⇨ 스크리브너에 따르면 블로는 "행복한 남자"였다. 그가 자주 콧노래를 부른 것을 보면 알 수 있었다.

② **표절**

• 따옴표 누락 : 원전을 명확히 표시했지만, 원문을 베껴왔음에도 따옴표를 안 썼다면 표절.

⇨ 조 블로는 행복한 남자다. 자주 휘파람을 곁들여 노래를 부르며 거리를 걷곤 했다.

• 표현을 수정했지만 원전 표시 누락: 표현은 다소 바뀌었지만, 최초 작가의 개인적 판단(블로는 행복)을 차용한 만큼 원전 표시가 필수.

⇨ 조 블로는 행복하다.

연구자는 자신이 가입한 학회나 홈페이지를 통해서 투고 논문의 투고 방법, 참고문헌 표시 방법 등을 사전에 충분히 이해하고 학회지 특성에 맞는 논문을 작성해야 할 것이다.

1.4 논문이란?

1.4.1 논문의 정의

논문(論文, 문화어: 론문)은 어떠한 주제에 대해 저자가 자신의 학문적 연구 결과나 의견, 주장을 논리에 맞게 풀어 써서 일관성 있고 일정한 형식에 맞추어 체계적으로 쓴 글이다. 영어로는 thesis, dissertation, paper라고도 한다. thesis는 지적인 제의를 뜻하는 그리스어 Θέσις에서, dissertation은 발표를 뜻하는 라틴어 dissertātiō에서 각각 유래했다(http://ko.wikipedia.org/wiki).

논문이나 연구를 통해 자기주장을 세우기 위해서는 우선 타당한 논리를 바탕으로 하여야 한다. 연구자는 자기주장을 뒷받침할 수 있는 자료를 제시하고 분석하여야 한다. 그리고 그 결과를 제시하여야만 한다. 하지만 여기서 필요충분조건은 논리적(logical) 주장과 연구에 있어서 방법(method)으로서 이것이 갖춰지지 않았을 때는 정상적인 연구로 인정받지 못하게 된다.

논문에는 석사, 박사 등 학위를 취득하기 위한 학위논문과 각종 학술지(저널) 또는 학술 대회에 발표하는 학술논문, 그리고 출판을 위한 논문 등이 있다.

연구자는 논문이나 보고서 작성을 통해서 자신의 생각이나 보고서의 목적을 주섬주섬 모을 수 있다. 또한 글을 작성하면서 연구자는 새로운 전략이나 대안을 마련할 수 있다. 논문을 체계적으로 쓰는 방법의 하나는 자주 메모하고 또 메모하는 습관이라고 할 수 있다. 메모는 귀를 여는 행위이다. 개방적이고 유연한 사고를 유지하며 자주 컴퓨터 자판을 두드리면서 생각을 정리하는 습관이 매우 중요하다.

1.4.2 논문의 종류

논문의 종류는 일반적으로 경험 논문(실증 논문이라도 함), 리뷰 아티클, 이론 아티클 등 세 가지로 구분할 수 있다.

1) 경험 논문(Empirical Article)

경험 논문(또는 실증 논문)의 대표적인 유형은 조사연구 보고서로서 가설에 대한 실증적 검정을 거쳐 결론을 도출하는 형태이다. 일반적으로 학위논문들이 이런 유형이다. 이 유형의 특징으로는 조사 과정의 일련의 단계들이 반영되어 뚜렷한 세션으로 구성되어 있다.

학술지 등에 발표하는 경험 논문의 경우는 페이지 분량 등의 제한으로 일반적으로 앞의 논문 체계를 줄여서 아래와 같은 형식을 취한다.

차례(contents)

Ⅰ. 도입(Introduction)
Ⅱ. 이론적 고찰(Theoretical Review)
Ⅲ. 연구 문제 및 가설(Research Questions and Hypothesis)
Ⅳ. 연구방법(Methods)
Ⅴ. 결과 분석(Results)
Ⅵ. 결론과 토의(Conclusion and Discussion)
Ⅶ. 한계점 및 시사점(Limitation and Recommendation)

2) 리뷰 아티클(Review Article)

리뷰 아티클은 이미 발표된 논문이나 연구에 대한 비평적 평가를 하는 논문의 유형이다. 기존에 발표된 자료들을 수집하고 정리하고 평가함으로써, 연구자가 현재 진행 중인 연구의 문제(research problem)를 명백히 정의할 수 있게 해준다. 리뷰 아티클을 작성하면 다음과 같은 효과를 얻을 수 있다.

- 문제를 정의하거나 명백히 해줌.
- 기존의 연구조사들을 요약함.
- 문헌들에 있어 관련성, 모순점, 차이점, 그리고 비일관성 등을 확인함.
- 문제를 해결하기 위해서 다음 단계를 제시함.

리뷰 아티클의 구성은 실증 논문의 세션과는 달리, 연대별보다는 관련성에 의해 정리되어진다.

3) 이론 아티클(Theoretical Article)

이론 아티클은 가설 검증적인 실증 논문과는 달리 가설 도출적인 새로운 이론을 제시하는 유형의 논문이다. 좀 더 구체적으로 살펴보면 이론 아티클이란 연구자가 이론을 제시하거나 발전시키기 위해 기존 조사연구 문헌을 정리하여 작성한 논문이다.

리뷰 아티클이나 이론 아티클은 구조가 유사하다. 그러나 이론 아티클이 이론적 주제를 다룰 때는 실증적 정보(empirical information)를 제시한다. 연구자는 이론적 구조를 발전시키거나 개선하기 위해서 이론의 발달 과정을 살피고, 또한 기존 이론을 분석하거나 결점을 지적하거나 또는 다른 이론보다 우수성을 보이는 특정 이론을 증명해 보이기도 한다.

이론 아티클 유형에서는 연구자는 관례적으로 이론의 내적, 외적 일관성을 조사하는데, 이를테면 이론이 자기모순이 있는지 여부 그리고 이론과 경험적 관찰이 서로 상반되는지 여부 등을 조사한다. 이론 아티클의 세션은 리뷰 아티클과 같이, 일반적으로 연대별보다는 관련성에 의해 차례가 구성된다.

1.4.3 논문의 구성 요소(연구 단계)

졸업논문은 학교마다 요구하는 수준이 다르다. 학회지도 마찬가지로 학회지마다 편집 규정이나 작성 양식이 다르다. 일반적으로 보면, 논문의 구성 요소 또는 연구 단계는 10단계를 거친다.

1) **문제 제기**(Research Question on Research Problem): 연구 목적의 도출, 즉 연구를 통해 밝히고자 하는 내용으로서 변수들 간에 어떠한 관계가 존재하는가에 대한 의문 사항이 포함됨.
2) **문헌 조사**(Literature Survey): 연구를 시작하기 전 기존의 연구 논문이나 보고서를 살펴봄으로써 자기 연구와 겹치지 않나 파악할 수 있어 자기 연구의 독창성(originality)을 높일 수 있음.
3) **문제 정의**(Definition of Research Problem): 제기된 연구 문제를 정의하기 위해서 변수들 간의 관계를 도식화한 개념적 틀(conceptual framework)을 도출함.
4) **가설 도출**(Hypothesis): 최소한 두 개 이상의 변수들 간의 관계를 설명하는 것으로 변수를 정의하고 관계성을 정립함.
5) **조사설계**(Research Design) **설정**: 내적 타당성(Internal Validity)과 외적 타당성(External Validity)을 증진할 수 있음.
   여기서 내적 타당성이란 연구가 의도한 대로 내부적으로 잘 진행이 되느냐를 나타내고, 외적 타당성이란 연구 결과가 외부 상황을 잘 설명하고 또 적용시킬 수 있느냐를 나타낸다.
   - 연구방법 설정
   - 주제 선택: 모집단(population), 표본(sample), 표본추출 방법(sampling method)
   - 변수의 통제와 조작
   - 변수 측정 기준 설정: 참고문헌 언급 필요, 척도(Scale) 명기
   - 변수 측정 방법 설정
6) 자료수집의 방법 및 절차 결정
7) 분석 방법 선택
8) 연구 집행: 자료수집 및 통계처리 실행
9) 결과 분석 및 결론 도출
10) 한계점 및 제언

1.4.4 논문 작성 요령

논문 작성의 형식은 연구자 임의로 해서는 안 된다. 특히 학위논문이나 학술지 게재 논문의 경우는 해당 대학이나 학회지의 투고 요령에 맞추어야 하는 것이 심사의 선결 요건으로 이 요건이 충족되지 않으면 접수가 거부된다. 그러나 논문 작성 요령은 해당 기관마다 아주 상이한 것은 아니고 거의 유사하며, 인문사회 분야에서는 주로 미국심리학회(APA: American Psychological Association)의 작성 요령에 따라 하는 경우가 70~80% 정도이다.

여기서는 경영학 분야에서 대표적인 학회지로 손꼽히는 <경영학 연구>의 투고 요령을 소개한다. 독자들은 논문 작성 및 참고문헌 표시 방법을 통해서 논문 작성에 많은 도움을 얻을 수 있을 것이다.

- 원고는 한글로 작성하는 것을 원칙으로 하며, 그 길이는 도표를 포함하여 21×28cm(A4 용지)에 한 줄 건너 타자하여 20매 내외로 한다.

- 학술용어는 될 수 있는 한 국문으로 쓰되 번역이 곤란한 경우에 한해 영문으로 쓸 수 있으며, 번역된 용어의 이해를 돕기 위하여 영문을 괄호 안에 넣어 덧붙일 수 있다.

- 모든 표 및 그림은 선명하게 그리며 해당 번호(예 <표1>, <그림3>)와 제목 또는 설명을 붙여야 한다.

- 각주(Footnote)는 최소화하되 꼭 필요한 경우에만 작성한다.

- 각주(Footnote)는 어구의 오른편 상단에 일련번호를 붙여 표시하고 그 내용은 각 면의 아랫부분에 작성한다.

- 참고문헌은 본문의 마지막에 장을 달리하여 기재한다. 참고문헌의 기재 순서는 국문 문헌, 외국 문헌의 순서로 하며, 국문 문헌의 경우 가나다순으로, 영문 문헌은 알파벳순으로 기재한다.

- 본문 중 문헌 인용의 경우 이름과 발표 연도를 표기한다. 또한 특정 부분을 인용한 경우에는 페이지도 함께 기재한다.

보기 (김수곤, 1978) (Trice & Beyer, 1991: p.150)

- 참고문헌의 표시 방법은 아래와 같다. 정기간행물의 경우 저자명, 연도, 논문 제목, 간행물 이름(국내 문헌의 경우 고딕체로, 외국 문헌의 경우 이탤릭체로 표시), 권(Vol), 페이지순으로 한다. 정기간행물이 아닌 경우는 저자 이름, 연도, 도서 이름(국내 문헌의 경우 고딕체로, 외국 문헌의 경우 이탤릭체로 표시), 출판횟수(2판 이상), 권(2권 이상), 출판지, 출판사 이름의 순으로 기재한다.

보기

김수곤(1978), 임금과 노사관계, 서울: 한국개발연구원.

이필상(1994), "통화신용정책이 증권시장에 미치는 영향에 관한 연구", 경영학연구, 23, 189-215.

손태원(1992), "공정보상에 대한 인식과 태도", 황일청(편), 한국사회의 불평등과 형평, 서울: 나남(209-250)

O' Reilly, C. A., Chatman, J., and Caldwell, D. F. (1991), "People and Organizational Culture: A Profile Comparison Approach to Assessing Person-Organization Fit", *Academy of Management Journal*, 34, 487-516.

Organ, D. W. (1988), *Organizational Citizenship Behavior*: *The "Good Soldier" Syndrome*. Lexington, MA: Lexington Books.

논문 쓰기의 고통

논문은 크게 보면 글의 종류이다. 글이나 논문을 쓸 때는 특정 스타일이나 문체에 얽매이지 않고 자신의 개성을 충분히 살려야 한다. 파스칼은 ≪명상록≫에서 "자연스러운 문체를 대할 때 누구나 깜짝 놀라고 마음이 끌린다. 왜냐하면 사람들은 단지 책 읽기를 원했을 뿐인데 거기에서 한 인간을 발견하기 때문이다"라고 하였다.

내 주변을 보면, 논문을 잘 써서 명성을 얻는 사람들이 많이 있다. 이들은 자기 분야에서 전문성을 인정받고 브랜드 가치도 높인다. 특히 이들은 논문에 머무는 것이 아니라 일반인을 겨냥한 대중서를 집필하는, 이른바 공격적 글쓰기를 한다. 그 결과 저술 행위를 통해 인생을 바꿀 수 있음을 보여준다.

사람에 따라 논문 쓰기는 고통일 수 있다. 그러나 달리 생각해보면, 논문 쓰기는 힘든 과정일 수 있지만 논문을 통해서 타인과 교류하고 사회를 더욱 발전시킬 수 있는 커뮤니케이션의 통로가 될 수 있다.

참고문헌

클레이튼 M. 크리스텐슨(2009), ≪혁신 기업의 딜레마≫, 이진원 옮김, 세종서적.

하워드 가드너(2008), ≪미래마인드≫, 김한영 옮김, 재인.

Beardsley, D.(1998), *This Company Doesn't Brake for Sacred Cows*, Fast Company.

Covey, S. R(1989), *The 7 Habits of Highly Effective People*, Free Press.

Harvey, G.(1998), *Writing with Sources-A guide for Students*, Hackett Publishing Company, Inc.

Lipson, C.(2004), *Doing Honest Work in College*, University Of Chicago Press.

미국연구윤리국(ORI: The Office of Research Integrity, http://ori.dhhs.gov/)

위키피디아(http://ko.wikipedia.org/wiki).

EXERCISE 연습문제

1. 연구자가 갖추어야 할 다섯 가지 마음은 무엇인가?

2. 표절의 정의와 표절이 왜 나쁜 행위인지 토론해보자.

3. 표절 방지 방법을 토론해보자.

2장

과학적인 연구조사

과학은 자연의 섭리를 파악하는 것이다. 과학적인 연구는 체계적이며 절차적이다. 과학적인 연구는 논리적, 결정론적, 일반적, 수정 가능한 특징이 있다.

연구자는 관련 문제를 해결하기 위해서 통계학 지식, 연구방법론 지식을 토대로 전략적인 마인드까지 갖추어야 한다. 연구자는 모든 지식의 원천인 관찰을 통해 가설을 실증 분석하고 창의적인 전략을 제공할 수 있는 역량을 갖추어야 한다.

학습 목표

- 과학 개념을 이해한다.
- 과학적 연구조사의 정의를 이해한다.
- 과학적 추론의 방법을 이해한다.
- 과학적인 연구조사의 절차 과정을 알아본다.

2.1 과학의 개념

대부분 사람들은 '과학'이라는 단어를 듣게 되면 딱딱하고 묵직함을 느낀다. 그러나 '과학으로 세상을 읽는다'라는 말처럼, 자세히 알고 보면 과학은 우리 삶에 관한 것이고 우리는 삶 속에서 과학이 적용되고 있음을 발견할 수 있다.

과학(science)은 우리가 살고 있는 삶의 섭리를 파악하는 학문을 말한다. 연구자는 우리를 둘러싸고 있는 실제 세계(real world)에 대하여 관심을 갖는다. 연구자의 주된 관심 영역에 의해서 사회과학과 자연과학으로 나뉜다. 사회과학(social science)이란 사회 현상이나 사회적 사실, 사물을 연구 대상으로 한다. 사회과학에서는 대상을 이해하기 위해서 기술(description), 규칙의 발견(discovery of regularity), 이론과 법칙의 형성(formulation of theories and laws)등을 중요시 여긴다(김광웅, 1996). 반면에 자연과학(natural science)은 자연 현상을 이해하는 데 주안점을 둔다.

사회과학이든 자연과학이든 학문 주체는 인간이다. 많은 학자들은 서로 다른 방법으로 과학을 정의하고 있어 아직 일치된 견해는 없다. Nachmias(1981)는 "과학은 지식의 어떤 일반적 형태나 특별한 형태로 된 것이 아니다. 왜냐하면 과학에서 관심의 대상이 되는 주제(subject matter)는 사물이나 현상 그 자체가 아니고 인간에 의해 감지, 지각되는 인식 세계이기 때문이다. 과학은 그 주체에 의해서가 아니라 그 방법론에 의해 형성되어 진다(Science is united not by its subject matter, but by its methodology)"라고 주장하면서 과학에 있어서의 방법론의 중요성을 강조한다.

토머스 쿤(1970)은 ≪과학 혁명의 구조 The Structure of Scientific Revolution≫라는 저서에서 과학 발전은 이론이 차곡차곡 개선되고 개량되면서 점진적으로 이뤄지는 것이 아니라 비누적적 단절이 전통에 매여 있던 기간을 끝내고 이를 계승하면서 이루어진다고 주장한다. 즉 쿤은 진정한 진보와 과학의 위대한 혁명은 패러다임의 변화를 필수 불가결하게 내포한다고 주장한다. 또한 그는 너무나 복잡하고 다양하여 무작위로 연구할 수 없는 자연을 풀어내기 위해서는 안내 지도가 필요하다고 말한다. 여기서 연구자들이 무엇을 탐구하고 탐구할 문제와 관련된 다양한 수수께끼와 변칙을 어떻게 평가하고, 문제를 풀어낼지에 대한 안내 역할이 '패러다임'이다. 패러다임은 아이디어 공간이라고도 할 수 있다.

정리하면, 과학은 우리 인간을 둘러싼 자연 환경에 대한 섭리를 파악하고 삶에 적용하는 것이라고 할 수 있다. 우리는 과학을 통해서 문제를 정의하고 문제를 해결하기 위한 방법을 도출하여 삶에 응용한다. 연구자가 과학을 통해서 문제를 해결하기 위해서는 객관적이고 체계적인 절차를 따르는 것이 중요하다.

2.2 과학적 연구의 특징

연구자는 우선 관심의 대상이 되는 경험(현실) 세계에서의 사실, 사물, 현상들에 대한 관찰로부터 사실 간의 관계를 이해·설명하는 과정을 거쳐 인식 세계에서 명제를 정립한다. 조사연구방법론은 문제 원인을 파악하고 문제에 대한 해결 방안을 찾는 학문이라고 할 수 있다.

연구자가 조사연구방법론 지식을 제대로 학습하는 것은 연구에서 강력한 무기를 갖는 것과 같다. 연구자는 평소에 통계학과 조사연구방법론 지식 습득을 통해서 언제 어느 상황에서도 이들을 적용할 수 있어야 한다. 이는 횟집 주인이 언제든지 주방장 없이도 감칠맛 나게 회를 뜨는 것과 같다고 할 수 있다. 횟집 주인은 회를 뜨는 주방장이 예고 없이 결근할 경우를 대비하여 횟감 뜨는 기술을 평소에 능수능란하게 익혀야 한다. 연구자가 다양한 통계학 지식과 연구조사방법을 익히면 다양한 방법과 각도에서 문제점을 입체적으로 확인할 수 있다.

Nachmias(1981)는 과학에서 연구방법론의 역할을 일종의 게임의 법칙(rules of the game)으로 보고 다음의 세 가지 역할을 언급하고 있다.

- **의사소통을 위한 법칙으로서의 방법론**(Methodology as Rules for Communication): 방법론의 주요 기능은 어떤 공통 경험을 공유하기를 원하는 과학자들 사이에 의사소통을 원활하게 해주는 역할이다.

- **추론을 위한 법칙으로서의 방법론**(Methodology as Rules for Reasoning): 과학적 방법론은 추론된 지식의 논리적 기초를 명백히 밝혀준다.

- 간주관성을 위한 법칙으로서의 방법론(Methodology as Rules for Intersubjectivity): 과학적 방법론은 경험적 객관성(진실)에 대한 개념적 비판 그리고 검증에 대한 방법이나 테크닉을 명백히 해준다. 그러므로 연구자의 주관적 동기가 개입되더라도 같은 실험을 했을 때는 같은 결론에 도달할 수 있도록 한다.

과학적 연구의 특징에 대해서 Babbie는 다음과 같이 정리한다(Babbie, 1973; 채서일, 1997).

- Science is logical(과학적 연구는 논리적이다): 과학은 논리적 사고에 의존한다. 과학의 논리성이란 시간적으로 앞선 현상을 일으킬 수 없음을 의미하고 또한 사건과 사건의 연결이 우리가 알고 있는 지식 체계 내에서 객관적 사실에 의해 뒷받침되어야 한다.
- Science is deterministic(과학적 연구는 결정론적이다): 과학에서는 모든 현상이 자연발생적이 아니라 어떤 앞선 원인에 의해서 발생하며 논리적으로 원인과 결과 관계로 이해될 수 있어야 함을 가정한다.
- Science is general(과학적 연구는 일반적인 것을 추구한다): 일반적이란 말은 과학이 개별적인 현상(event)들을 하나하나 설명하기보다는 그것들에 대한 일반적인 이해를 추구한다는 것이다.
- Science is parsimonious(과학적 연구는 간결한 것을 추구한다): 과학자들을 현상의 유형별로 공통적 요소를 찾아내 일반적으로 이해하려고 하는 한편 현상을 설명하는 데 도움이 되지 않는 요소는 찾아내 일반화된 이론에서 배제시킨다.
- Science is specific(과학적 연구는 구체적이다): 과학자는 자신의 연구에 있어서 각 개념을 보다 구체적으로 정확히 정의해야 하는 개념의 조작화(operationalization)를 해야 한다.
- Science is empirically verifiable(과학적 연구는 경험적으로 검증 가능하다): 과학적 연구의 결과는 경험적으로 검증 가능해야 하고 이를 위해 조사자는 이론이 반증되는 조건을 지적할 수 있어야 한다.

- Science is intersubjective(과학적 연구는 연구 과정이 같으면 같은 결론을 얻어야 한다): 과학은 '객관적'이라고 하지만 과학자들의 어느 정도의 '주관적 동기'에 의해 연구가 시작된다. 여기서 간주관성(間主觀性, intersubjectivity)이란 같은 실험을 행하는 경우 비록 주관적 동기는 다르더라도 연구 결과는 같게 나타나야 한다는 것을 의미한다.

- Science is open to modification(과학적 연구는 수정 가능하다): 과학에서의 이론은 항상 새로운 이론으로 수정이 가능하다.

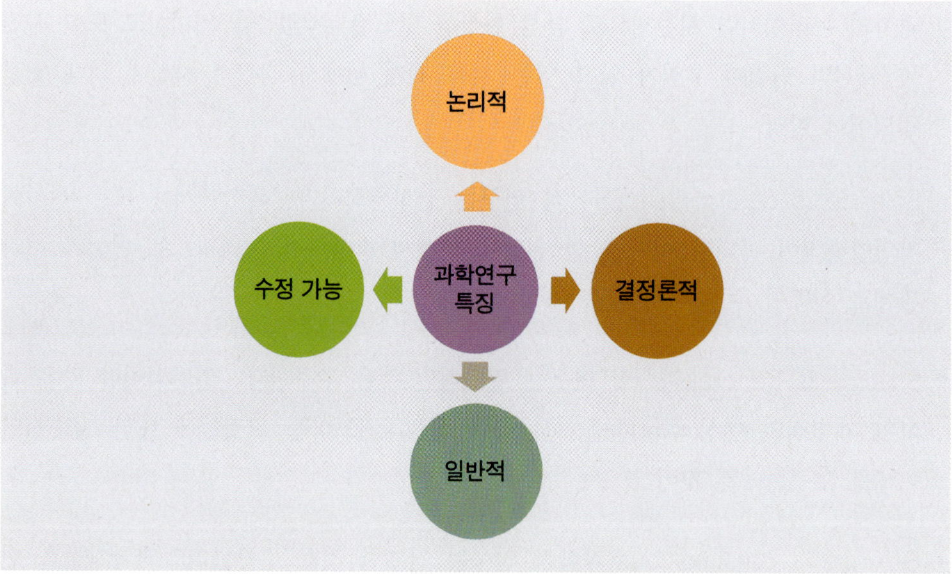

그림 2-1 과학적 연구의 특징

통계학과 연구방법론은 연구의 기본 틀이다. 통계학은 불확실한 상황에서 합리적으로 의사결정을 할 수 있는 방법을 다룬다. 연구방법론은 말 그대로 문제 해결 방안에 대하여 절차적이고 체계적인 연구방법을 다룬다. 연구자는 통계학과 연구방법을 제대로 익히고 문제에 대한 해결책을 제시할 수 있는 전략도 익혀야 한다.

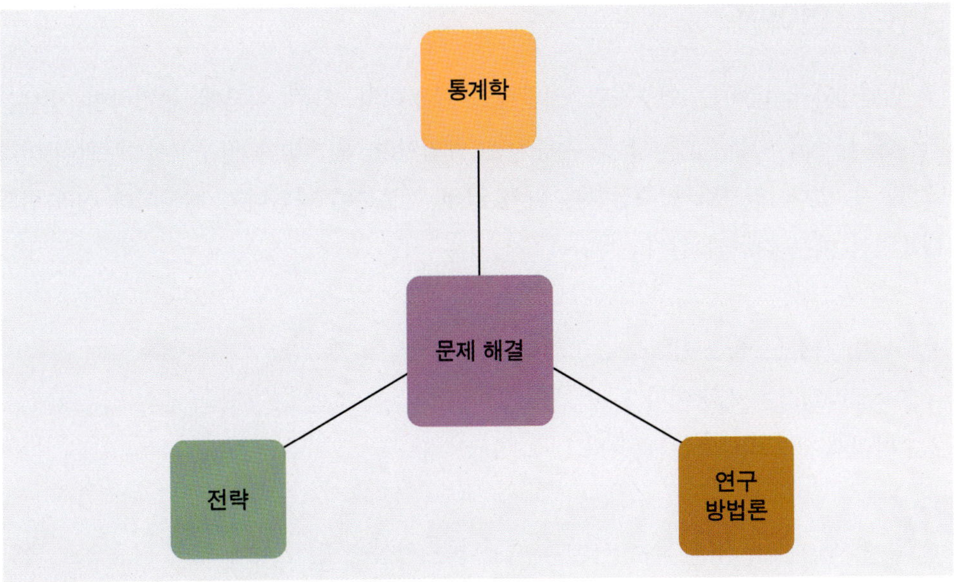

그림 2-2 통계학, 연구방법론, 그리고 전략

정리하면, 연구자는 학부나 대학원에서 통계학과 연구방법론의 기본 지식을 충분히 갈고 닦아야 한다. 이를 통해서 분석적이고 체계적인 사고를 할 수 있는 능력을 키워야 한다. 이에 전략 수립 능력을 배양해서 개인이나 조직 문제를 해결할 수 있어야 한다.

2.3 과학적 추론 방법

과학은 인간의 열정에 의해서 출발하였다. 우리 인간은 계속해서 등장하는 난제를 해결해야 하는 존재이다. 직면하는 문제를 회피하는 방법도 있지만 문제를 적극 해결하기 위해서 적극적으로 노력하는 것이 인간으로서의 기본 태도이다.

과학적인 사고를 통하여 문제를 해결하는 추론 방법은 연역법과 귀납법으로 나뉜다. 연역법은 일반적인 원리를 특수한 사실에 적용하는 방법이다. 귀납법은 특수한 여러 사실로부터 일반적인 원리를 도출하는 방법이다.

2.3.1 연역법

연역법(deduction)은 연구자가 일반적인 주장이나 기존 이론에 근거하여 새로운 가설을 세우고 이를 실증적으로 검증하는 방법이다. 연역법은 작문에서 '두괄식'이라고 할 수 있다. 연구자가 주장하는 바가 글의 앞부분에 나타나기 때문이다. 연역법의 대표적인 예는 다음과 같다.

"모든 사람은 죽는다!"
"소크라테스는 사람이다!"
"따라서 소크라테스는 죽는다."

앞의 예는 연구자가 모든 사람이 죽는다는 사실을 먼저 나타내고, 다음으로 사람이 죽는다는 사실이나 정황을 나타낸 것이다. 연역적인 연구방법론은 전통적인 연구방법으로 가설을 세워 사실을 관찰하고 검정하는 절차를 따른다.

예제 1

홍길동이란 사람이 성공을 했다. 그 이유를 연역적으로 설명해보자.

풀이

전제 1: 홍길동이 성공을 했다.
전제 2: 홍길동은 철저한 시간 관리와 자기 인내가 뛰어나다.
결론: 홍길동의 성공은 시간 관리와 자기 인내의 결과이다.

2.3.2 귀납법

귀납법(induction)은 연구자가 관찰 사실로부터 결론을 도출하는 과학적인 절차를 말한다. 귀납적 증명 과정을 따른 결과물을 바탕으로 이끌어내는 논리적 결과를 말한다. 귀납은 경험적 근거를 바탕으로 한 사실 명제를 전제로 한다. 따라서 귀납 추론은 경험적 사실을 바탕으로 논리를 이끌어내는 방법이다. 예를 들어, 여러 번의 관측을 통해 '번개가 치면 곧 천둥이 울린다'라는 사실을 경험적으로 인식한 후 다음

번에 번개가 쳤을 때 곧 천둥이 울릴 것이라 추론하는 것이 귀납추론에 해당한다.

귀납법은 과학에 대한 일반적인 생각, 즉 과학의 설명력과 예측력, 과학의 신뢰성, 지식의 성장 등을 설명해준다. 일반적으로 과학의 성공은 바로 귀납적 방법이 객관적인 방법이기 때문이다. 귀납적 방법의 한계는, 객관적이고 믿을 만하고 귀납의 출발점인 우리의 경험은 과연 확실한 근거인가에 관한 의문에 확실하게 답변하지 못하는 데 있다.

어느 과학자의 실험

한 과학자가 벼룩의 특성을 살피기 위해 귀납적인 방법으로 벼룩을 관찰하고 있었다. 그는 벼룩의 다리 하나를 잘라내며 "뛰어!" 하고 명령했다. 벼룩은 즉시 펄쩍 뛰었다.

다리 하나를 잘라 내며 다시 "뛰어!" 하고 명령했다. 벼룩은 또 뛰었다.

과학자는 이와 같은 명령을 계속했고, 이제는 마지막으로 여섯 번째 다리만 남았다. 이번에는 벼룩도 뛰는 게 좀 힘들어졌다. 하지만 뛰어 보려고 애를 쓴다.

과학자는 드디어 마지막 다리까지 자르고 난 뒤 또 뛰라고 명령했다. 그러나 벼룩은 아무런 반응이 없었다. 과학자는 목소리를 높이고 명령을 했다. "뛰어!"

여전히 벼룩은 반응이 없었다.

세 번째로 과학자는 있는 힘을 다해 큰 소리로 명령을 내렸다. "뛰어!"

그러나 불쌍한 벼룩은 꿈쩍도 하지 않았다. 과학자는 다음과 같이, 자신이 그동안 연구해 온 벼룩의 특성에 대해 결론을 내렸다.

"다리를 모두 제거하면, 벼룩은 청각을 상실한다."

[참고] 미국의 속담

예제 2

G지역 복합상영관의 고객이 격감하고 있다. 이를 귀납적으로 설명해보자.

풀이

- G지역의 유동 인구가 점차 감소하고 있다.
- G지역 복합상영관의 마케팅 전략이 부재하다.
- 복합상영관은 우수 작품을 유치하는 능력이 떨어진다.

2.3.3 생각실험

고대 그리스를 대표하는 철학자이자 과학자이기도 한 아리스토텔레스가 집대성한 과학적 정리는 그의 사후 2000여 년간 유럽 문명에 많은 영향을 미쳤다. 무거운 것은 빨리 떨어지고 가벼운 것은 천천히 떨어진다는 '자유낙하에 대한 이론'을 대표적으로 들 수 있다.

갈릴레오는 아리스토텔레스가 주장하는 우주관에 동의하지 않았다. 그는 이른바 '생각실험(Thought Experiment)'에 의해서 모순을 해결하는 데 노력하였다. 생각실험은 모순된 현상을 발견하고 그 핵심을 간파해 대안을 제시하려는 노력을 말한다.

그림 2-3 생각실험

아리스토텔레스의 자유낙하에 대한 이론, 즉 무거울수록 빨리 떨어진다는 이론은 상식적인 수준에서 맞는 말인 것 같다. 그러나 그렇지 않은 사건이 여러 곳에서 발견된다. 예를 들어 종이를 펼쳐서 떨어뜨리면 천천히 떨어지지만 뭉쳐 떨어뜨리면 같은 무게인데도 더 빨리 떨어진다. 이런 현상을 통해서 아리스토텔레스의 자유낙하에 대한 이론은 모순이 있음을 발견할 수 있다.

갈릴레오는 다음과 같은 3단계 논리를 통해서 모순을 증명하는 데 노력한다. 3단계 논리 전개는 다음과 같다.

1단계 무거운 것은 빨리 떨어지고 가벼운 것은 천천히 떨어진다는 아리스토텔레스의 이론이 맞는다고 가정한다.

2단계 그렇다면 그 둘을 묶어서 떨어뜨려 보자. 그렇게 되면, 무거운 것은 빨리 떨어지려 하고 가벼운 것은 천천히 떨어지려 하니, 이 둘을 묶어놓은 것은 평균 속도로 떨어지게 될 것이다.

3단계 그러나 묶어놓은 이 돌은 이미 무거운 돌 하나보다 더 무겁다. 따라서 아리스토텔레스의 자유낙하에 대한 이론은 그 자체로 모순이다.

정리하면, 갈릴레오의 생각실험은 모순된 현상을 발견하고 그 핵심을 간파해 대안을 제시하는 머릿속의 노력이라고 할 수 있다. 갈릴레오의 생각실험은 문제 핵심을 발견하고 처음의 모순을 해결하는 데 큰 도움을 줄 수 있다.

예제 3

구글의 베너 광고 성공을 생각실험 관점에서 풀이해보자.

풀이

1단계: 구글은 사람들이 '정보'를 보고 싶어 하지 '광고'를 보고 싶어 하지 않는다는 사실에 주목한다.

2단계: 돈을 내고 광고하는 회사는 광고를 먼저 제공하고 싶어 한다.

3단계: 구글은 '사람들이 불필요한 광고는 싫어하지만 필요한 광고는 좋아한다'는 모순점을 발견한다. 이에 구글은 첫 화면은 오직 소비자를 위한 깨끗한 화면을 제시한다. 그러나 원하는 키워드를 치고 나면 적합한 정보와 제품 광고를 제시한다.

연구자는 해당 문제에 대한 명제에 의하여 현실 세계에서의 사실 간의 관계를 예측(이를 가설이라 함)을 한다. 연구자는 이 가설을 토대로 현실 세계에 대하여 체계적이고 통제된 관찰을 거쳐 이를 검정하는 과정을 실행한다. 이같이 과학적인 연구방법은 경험 세계와 인식 세계를 연결시키되 귀납 – 연역 – 검증의 순환적 과정을 반복하는 프로세스를 거친다. 어찌 보면, 인간은 현실 세계에 대한 인식 세계에서의 지식의 정도를 높여가는 운명적인 존재인지 모르겠다.

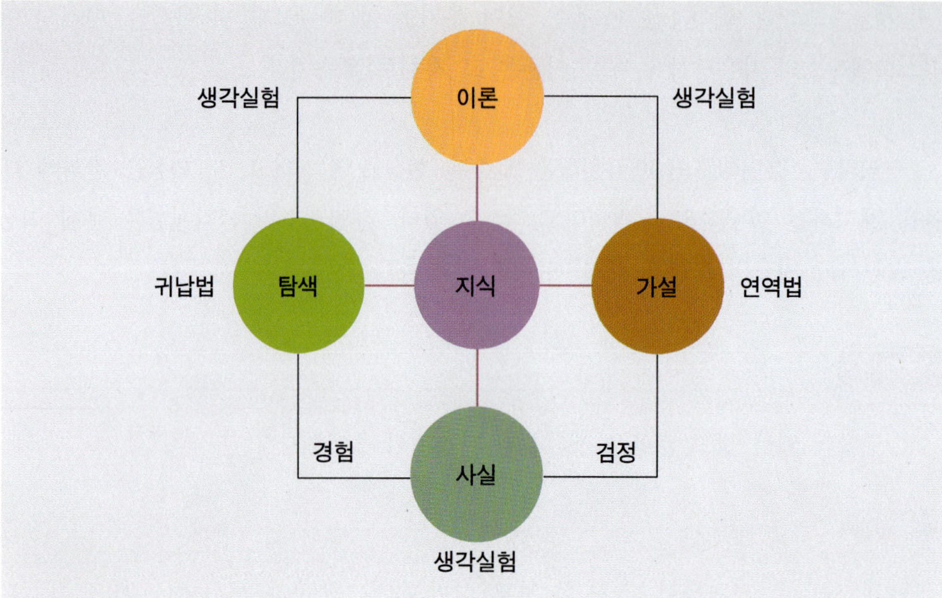

그림 2-4 과학적인 추론 방법

연구자는 경험 관찰에 고도로 이론적인 공리, 법칙, 원리 등을 가미해 끊임없는 귀납법, 연역적 추론, 생각실험 등의 사슬을 따라 어떠한 결론에 도달할 수 있다. 연구자가 이러한 노력을 반복적으로 하면 처음보다 발전한 아이디어 공간으로서의 배태된 지능이라고 할 수 있는 패러다임, 문제 해결의 단초인 연구모형을 밀도 있게 만들 수 있다.

2.4 과학적인 연구조사의 절차

과학적인 연구조사는 탄탄한 논리 구조를 바탕으로 체계적인 과정을 거친다. 연구자는 이론 정립을 통해서 연구의 설계도라고 할 수 있는 '연구모형'을 설정한다. 연구자는 다음으로 연구모형과 연관이 높은 가설 설정을 한다. 이후 연구자는 1차, 2차 자료 수집 과정을 통해서 적합한 통계분석 방법으로 결과를 분석한다. 또한, 연구자는 분석 결과를 토대로 연구의 결론을 제시하고 문제를 해결할 수 있는 대안을 제시하는 것으로 연구를 마감한다. 지금까지 설명한 연구조사의 절차를 그림으로 나타내면 다음과 같다.

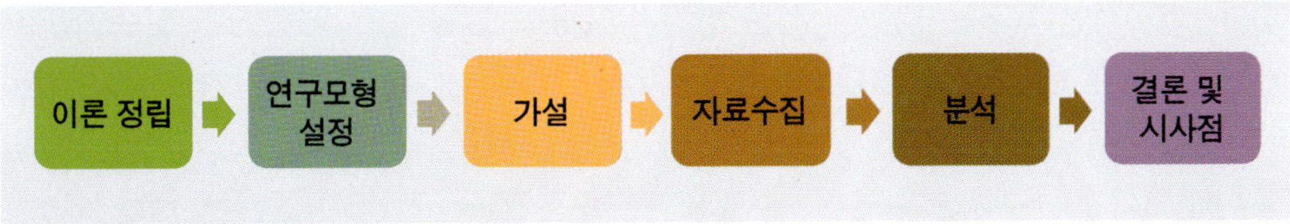

그림 2-5 과학적인 연구조사의 절차

2.4.1 이론 정립

연구 과정에서 연구자가 반드시 해야 할 일은 탄탄한 이론을 정립하는 것이다. 이론(theory)은 사실을 나타내는 변수와 변수 사이의 관련성 정도라고 할 수 있다. 연구자는 변수 사이의 관련성을 통해서 사물을 달리 바라볼 수가 있다. 우리가 어렵게 여기는 과학이 어쩌면 이론을 정립하는 학문이라고 할 수 있다.

사람들은 이론이라고 하면 딱딱하고 지루하여 현실 세계를 제대로 반영하지 못한다고 생각한다. 그러나 이론은 사실 관계를 체계적으로 정리해 놓은 것이다. 흔히 사람들은 이론이 사실과 배타적인 관계라고 생각한다. 그러나 이론은 상호 배타적인 관계가 아닌 상호 보완적인 관계이다. 연구자가 이론을 정립하는 과정에서 다양한 지식을 갖고 있다면 '시점 이동력'을 가질 수 있다. 여기서 시점 이동력이란 다양한 장소와 시간에 따라 다양한 사고를 하고 해결책을 마련할 수 있는 능력을 말한다. 만약, 한 개인이 많은 독서와 경험을 통해서 전략적인 마인드를 가지고 있다고 하자. 만약에 조직이 갑작스럽게 당면한 문제를 해결하기 위해서 특정인을 찾고 그에게 해결사 역할을 하도록 하는 것은 어찌 보면 이론도 많이 알고 실무 감각도 갖추고 있기 때문일 것이다.

그렇다면, 연구자가 탄탄한 이론을 쌓기 위해서는 어떠한 노력을 해야 할 것인가?

첫째, 다양한 독서를 해야 한다. 연구자는 평소에 관심 분야뿐만 아니라 비관련 분야에 대해서 다양하게 독서를 해야 할 것이다. 다양한 독서는 사고의 폭을 넓혀주고 자신의 세계관을 넓게 확장시켜준다. 스티븐 코비는 ≪성공하는 사람들의 8번째 습관 The 8th Habit: From Effectiveness to Greatness≫이라는 책에서 개인이 전문 영역을 개척하려면 <하버드 비즈니스 리뷰 Harvard Business Review>, <포춘 Fortune> 등 다양한 잡지를 많이 읽으라고 강조한다. 연구자는 자연, 음악, 여행, 미술, 문학 등 다양한 학문과 가슴 설레는 만남을 가져야 한다.

둘째, 적극적인 독서를 해야 한다. 독서 방법은 소극적인 독서와 적극적인 독서가 있다. 소극적인 독서는 책이나 전문 잡지의 내용을 그냥 눈이 가는대로 읽는 행위이다. 적극적인 독서는 연구자가 능동적인 태도를 견지하면서 책이나 신문 속에 나오는 내용을 메모하거나 자신의 블로그나 트위터에 올리고 상대방의 의견을 구하는 행위이다. 보다 적극적인 독서는 자신이 궁금하게 생각하는 내용이나 주제에 대하여 전문 지식을 쌓을 정도로 많은 책을 읽고 이에 관련된 내용을 책이나 논문으로 발행하는 경우이다.

셋째, 다양한 경험을 해야 한다. 급변하는 환경 변화 흐름 속에서 우리 사회가 요구하는 인재는 다양한 경험을 통해서 조직의 문제를 효과적이면서 창의적으로 해결하는 사람이다. 전문가를 넘어 내공이 있는 연구자로 남기 위해서는, 자신의 영역에 파묻혀 연구의 오류를 범하는 실수를 하지 않아야 한다. 일부 연구자들 중에는 해가 거듭됨에 따라 자신이 쌓은 경험과 전문 분야의 지식과 정보는 축적되지만 역으로 이것이 족쇄로 작용하여 고로해지는 경우를 볼 수 있다. 연구자가 다양한 지식과 정보를 알고 있다는 것은 장점으로 작용할 수 있지만, 자칫하면 자기만의 고정관념에 빠져 진부한 생각밖에 떠오르지 않는 결과를 초래할 수 있다. 따라서 연구자는 전문 지식 영역뿐만 아니라 다양한 교양 지식 확보를 통해서 유연성을 확보하는 것이 중요하다. 연구자는 유연성을 확보하기 위해 외부 세계에 대해 지속적으로 개방하고 소통하는 노력을 해야 한다. 외부와 소통하는 방법은 여러 가지가 있다. 미니홈피, 트위터, 블로그, 페이스북 등을 이용하는 방법이 대표적인 예라고 할 수 있다.

정리하면, 이론은 변수와 변수 사이의 관련 내용을 일반화해 놓은 것이라고 할 수 있다. 연구자가 탄탄한 이론을 갖기 위해서는 다양한 독서, 적극적인 독서, 그리고 다양한 경험을 해야 한다. 이런 끊임없는 노력 속에서 과거의 이론은 깨어지고 새로운 이론이 정립되며, 연구자는 자료를 수집하여 관련 문제에 대하여 결론과 시사점을 도출한다. 연구자는 다음의 글을 읽어보고 눈을 감고 이 문구가 무엇을 의미하는지 명상해보기 바란다.

"모든 데이터는 변수가 존재한다. 변수는 다양한 변수가 있을 경우만 존재 의미가 있다. 과학에서 모든 새로운 생각은 낡고 단단한 일상과 관성의 존재를 전제로 한다."

2.4.2 연구모형 설정

연구모형(research model)은 연구자가 만들고자 하는 집의 설계도라고 할 수 있다. 모형은 현실에 대한 축약이다. 연구자가 생각하는 사물이나 현상에 대하여 상징적이면서 실질적인 것으로 만들어낸 것이 모형이다. 연구자는 연구를 시작하면서 연구모형을 구성하는 데 100% 이상의 정열을 쏟아부어야 한다. 연구모형의 예를 살펴보면 다음과 같다.

만약, 독자들이 대형 서점에 가면 우리는 안내 표지판을 통해 한눈에 서점의 공간 배치를 파악할 수 있다. 또한 홈페이지를 방문하면 그 홈페이지의 전체 구조를 쉽게 파악할 수 있는 사이트 맵을 볼 수 있다.

사람마다 연구모형에 대해 부르는 명칭이 다르다. 연구모형은 개념적인 틀(conceptual framework), 연구 틀(research frame), 그리고 배태된 지능(embedded intelligence: 지능이 인간의 뇌를 떠나 인공물이나 시스템 속에 '내포'됐다는 의미)이라고 불린다. 독자들은 연구모형을 통해서 연구자가 하고자 하는 연구의 전개 방향을 예측할 수 있다. 연구자가 연구모형을 만들 때는 'MECE(Mutually Exclusive and Collectively Exhaustive의 약자, 미시라고 읽음, 상호 배제와 전체 포괄)' 개념을 이해해야 한다. 'MECE'는 어떤 현상을 설명하는 데 항목들이 상호 배타적이면서 모였을 때는 완전히 전체를 이루는 것을 의미한다(에단 라지엘, 1999). 이를테면 '겹치지 않으면서 빠짐없이 나눈 것'이라 할 수 있다. 이 방법은 컨설팅 회사인 맥킨지에서 자주 사용하는 것이다.

연구자가 생각하는 전체 방향은 연구모형에 나타난다. 이 연구모형은 일반적으로 언어모형, 수리모형, 그림모형 등으로 나타낼 수 있다.

언어모형(verbal model)은 특정 현상에 대하여 이를 말로 풀어서 나타낸 것이다. 이를 일반적으로 가설이라고 부르기도 한다. 만약에 어느 회사에서 혁신적인 비즈니스 모델을 발표하였다고 하자. 이런 비즈니스 모델에는 일반적으로 모두가 공유하는 가정, 기본 원칙, 정책, 최근의 글로벌 경영 환경과 관련된 선언 등이 담긴다(리처드 오글, 2008). 예를 들어, 인테리어 키친을 만드는 H회사가 최근 7년 동안 연 매출액 5,000억 원의 벽을 넘지 못했다고 하자. 이에 H회사 CEO는 다음과 같은 노력을 경주한다. 첫째, 고객을 생산 시스템에 참여시켜 생산-시공시간을 단축시켰다. 둘째, 고객 감동 차별화로 고객의 경험 관리에 주력하였다. 셋째, 직원들의 태도 변화를 통해서 고객만족에 주력하게 되었다. 이러한 것이 언어모형에 해당한다고 할 수 있다.

H_1 : H회사의 성장은 생산-시공시간의 단축에 있을 것이다.

H_2 : H회사의 성장은 고객 차별화에 있을 것이다.

H_3 : H회사의 성장은 직원 태도 변화에 있을 것이다.

수리모형(mathematical model)은 현상에 대하여 수리적인 표현으로 나타낸 것이다. 수리적인 표현은 언어모형을 보완해주고 각 내용 간의 관련성을 설명해줄 수 있다. 연구자가 수리모형으로 현상을 제대로 설명할 수 있는 능력을 갖추고 있다고 한다면 이는 다른 연구자에 비하여 높은 지식 정도를 보유하고 있는 셈이다. 앞에서 예를 든 H회사의 경우, CEO가 실제 분석을 하기에 앞서, 회귀분석적인 추정 회귀식의 수리모형으로 나타내면 다음과 같다.

$$\hat{Y} = c + r_{11}X_1 + r_{21}X_2 + r_{31}X_3$$ 식 2-1

여기서 $\hat{Y}$=H회사의 성장, c=상수(constant), r_{ij}=비표준화 계수, X_1=생산-시공시간 단축, X_2=고객 차별화, X_3=직원 태도 변화 등을 나타낸다.

그림모형(pictural model)은 연구자가 생각하는 연구의 전체적인 얼개를 나타낸 것이다. 연구자가 그림모형으로 자신의 연구 방향을 설정할 경우는 변수 간에는 관련성이 없어 보이지만 전체 결과를 설명하는 데는 반드시 필요한 변수들이 삽입되도록 해야 한다.

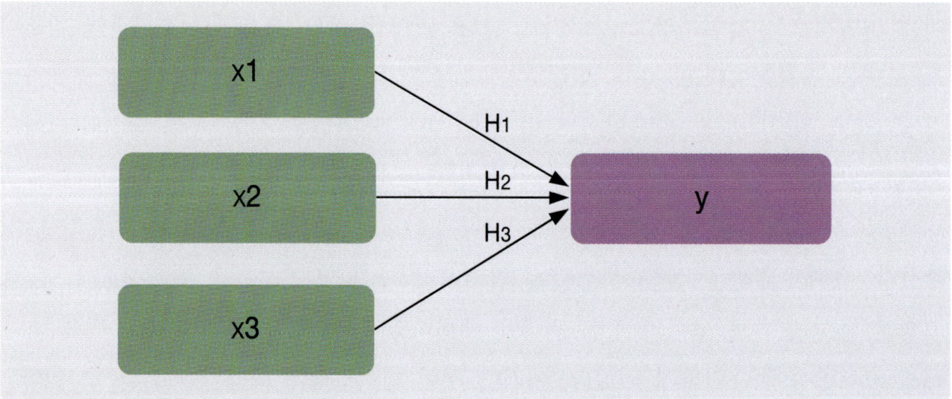

그림 2-6 그림모형

좋은 연구모형은 세부적인 내용을 하나하나 세세하게 보여주기보다는 중요한 요소 및 요소 사이의 본질적인 연관 관계를 나타낸다. 연구모형은 상대적으로 밀도 높게 조직된 '아이디어 공간'으로 전체적인 시스템의 생존, 성장, 변화와 혁신과 관련하여 행동을 이끌어낼 수 있는 지능(actionable intelligence)이어야 한다. 또한 연구모형은 개인이나 조직이 전술이나 전략 운영을 완벽하게 하기 위한 의사결정의 토대여야 한다.

연구자가 연구모형을 정확하고 주의 깊게 설계하면 만족시켜야 할 제약이 해답 속에 구현된다는 사실이다. 그러면 실험을 통해 최소한의 증거만 얻어도 정확한 구조를 이끌어낼 수 있다.

2.4.3 가설

가설(hypothesis)은 연구자가 증명해 보여야 할 명제(proposition)이며, 실제 분석을 통해서 증명하기 위해서 연구자가 내세우는 잠정적인 진술(temporary statement)이다. 여기서 명제는 연구자가 관찰한 현상이 참인가 거짓인가를 판단하는 진술을 말한다.

컨설팅 업무에 종사하는 컨설턴트는 기업을 분석하기 위해서 특정 기업과 관련된 문제들(이른바 가설)을 내부 면담 과정이나 기존 기업 관련 자료를 통해서 도출해낸다. 컨설턴트는 처음에 생각한 가설을 채택할 것인지 기각할 것인지를 고민하게 된다. 컨설턴트는 가설을 채택하고 기각하는 데 있어서 논리적인 정황을 반드시 확보해야 한다.

가설은 세상의 사건을 흑백논리로 단순히 표시하는 것과 비슷하게 귀무가설(null hypothesis)과 연구가설(research hypothesis)로 나뉜다. 귀무가설은 일반적인 주장을 말한다. 귀무가설은 H_0로 표시한다. 연구가설은 연구자가 새롭게 들고 나오는 가설을 말한다. 연구가설은 H_1로 표시한다.

만약 A전자에서 만드는 스마트폰의 배터리 사용시간이 48시간이 표준이라고 하자. 그러나 고객들이 스마트폰의 배터리 사용시간이 48시간이 아닌 것 같다고 회사와 소비자보호원에 질의를 하였다고 하자. 이 경우 다음과 같이 귀무가설과 연구가설로 표시할 수 있다.

귀무가설(H_0): 스마트폰 배터리 사용시간은 48시간이다. 또는 $\mu = 48$, p>$\alpha = 0.05$

연구가설(H_1): 스마트폰 배터리 사용시간은 48시간이 아니다. 또는 $\mu \neq 48$, p<$\alpha = 0.05$

A전자와 소비자보호원은 스마트폰 배터리를 진정한 사용시간을 알아보기 위해서 표본조사를 실시할 것이다. 만약, 표본추출 결과의 통계량 유의확률(p)이 유의수준 $\alpha = 0.05$보다 크면 귀무가설을 채택한다. 반면에 유의확률이 유의수준 $\alpha = 0.05$보다 작으면 귀무가설은 기각되고 연구가설이 채택한다. 여기서 유의확률(p)은 관찰치 이상으로 평균으로부터 멀어지는 확률을 말한다. α는 1종 오류의 최대치 즉, 실제는 참인데 의사결정 과정은 거짓으로 채택하는 경우를 말한다.

연구자는 좋은 가설을 설정할 필요가 있다. 여기서 좋은 가설이란 연구 목적을 정확하게 반영하고 연구 목적에 맞는 가설을 말한다. 좋은 가설의 조건을 살펴보면 다음과 같다.

첫째, 연구 상황을 정확하게 반영하여야 한다. 연구자가 제시한 이론적인 정황과 정확하게 맞는 가설이 좋은 가설이다.

둘째, 가설은 검증 가능하여야 한다. 일반적으로 연구자는 표본조사를 통해서 가설을 검증한다. 연구자는 통계량을 통해서 얻어지는 평균과 분산을 통해서 현상을 정확하게 간파할 수 있기 때문이다.

셋째, 가설은 시간적인 우선순위가 명확해야 한다. 이론과 논리적인 배경이 명확하여 시간적 우선순위가 명확하게 배열된 가설이 제대로 된 가설이다. 달걀과 닭의 논쟁처럼 우선순위가 명확하지 않은 것은 가설을 설정하는 데 부적합하다고 할 수 있다.

넷째, 가설은 간단명료해야 한다. 좋은 가설은 복잡한 현상을 한눈에 들여다 볼 수 있을 정도로 간단하게 만들어야 한다. 연구자가 설정한 복잡한 모형은 타인이 넘볼 수 없는 지적 장벽이 될 수 있다. 그러나 복잡한 모형은 너무 어려워서 독자들이 들쳐보지 않는 장식품으로 전락할 수 있음을 명심할 필요가 있다. 현상을 간단하게 설명할 수 있을 때 연구모형은 생명을 다하고 있다고 할 수 있다.

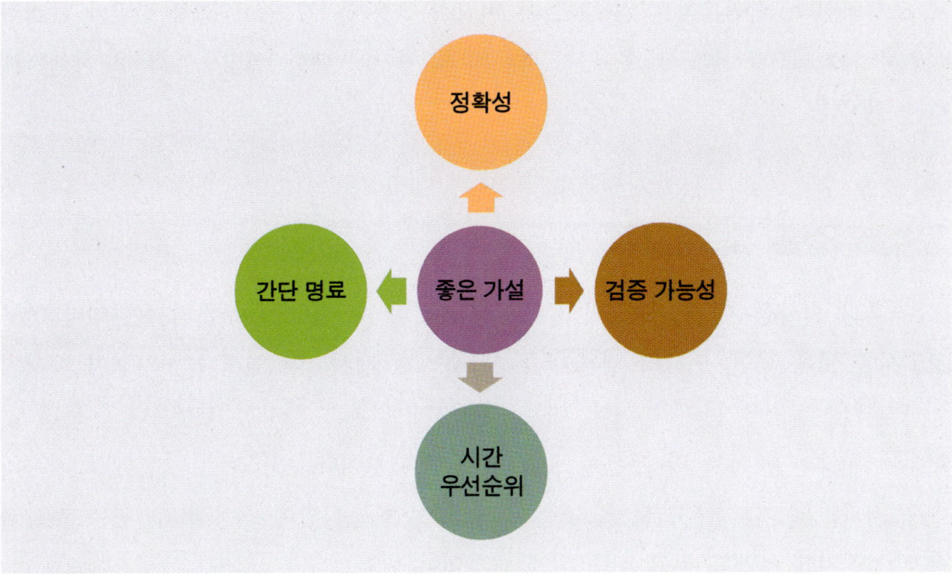

그림 2-7 좋은 가설의 조건

2.4.4 자료수집

자료수집은 연구자가 설정한 연구 상황에 관련한 자료를 모으고 정리하는 과정이다. 연구자는 1차 자료와 2차 자료를 얻을 수 있다. 1차 자료는 연구자가 직접 나서서 확보하는 것이다. 이 경우는 설문지를 이용한 설문지법이 흔하다. 2차 자료는 정부에서 발행하는 통계자료나 삼성경제연구소, LG경제연구원, 포스코경영연구소 등 연구 기관에서 먼저 조사한 자료를 이용하는 경우가 해당한다.

연구자는 연구 상황에 맞는 자료수집 방법으로 정확한 통계분석 방법을 적용하여야 한다. 이에 관한 보다 세부적인 설명은 차후에 다루기로 한다.

2.4.5 분석

분석은 연구자가 얻은 자료를 토대로 연구 상황에 맞게 분석하는 것이다. 연구자는 분석 과정에서 연구자가 가장 잘 할 수 있는 통계분석 방법, 그리고 데이터의 대표성을 나타내는 변수의 성격을 사전에 판단하고 변수에 맞는 분석 방법을 적용해야 한다. 참고로 서구의 경제학자나 경영학자들이 주로 이용한 분석 방법은 회귀분석으로 조사되었다. 회귀분석은 연구자들이 비교적 적용하기가 쉽고 분석 결과를 논리적이면서 체계적으로 설명할 수 있기 때문이다. 여기에 대한 설명도 앞으로 자세하게 다룰 것이다.

2.4.6 결론 및 시사점

결론과 시사점 제시는 연구의 끝마무리라고 할 수 있다. 대부분의 논문이나 연구 보고서를 보게 되면, 연구의 결론이 두루뭉술하게 제시되어 있거나 시사점이 제시되어 있지 않은 경우가 더러 있다. 이는 연구자가 결론과 시사점 부분보다 논문의 앞부분에 치중한 나머지 이 부분을 소홀히 했기 때문이다. 연구자는 결론에서 기존의 연구 결과와는 어떠한 차별성을 갖는지 그리고 연구 상황에 적용할 수 있는 시사점은 무엇인지에 무게를 두고 비중 있게 다루어야 한다.

참고문헌

김광웅(1996), ≪방법론 강의≫, 박영사.

김인호(1992), ≪경영학 연구방법론≫, 창지사.

리처드 오글(2008), ≪스마트 월드≫, 리더스 북.

스티븐 코비(2005), ≪성공하는 사람들의 8번째 습관≫, 김경섭 옮김, 김영사.

에단 라지엘(1999), ≪맥킨지는 일하는 방식이 다르다≫, 이승주, 이창현 옮김, 김영사.

채서일(1997), ≪사회과학 조사방법론≫, 학현사.

Nachmias, C. & D. Nachmias(1981), *Research Methods in the Social Sciences*, N.Y.: St. Martin's Press.

Babbie, E. R.(1973), *Survey Research Methods*, Belmont, Ca.: Wadsworth Publishing Company, Inc.

Kerlinger, F. N.(1986), *Foundations of Behavioral Research*, 3, N.Y.: CBS College Publishing.

Kuhn, Thomas S.(1970), *The Structure of Scientific Revolution*, 2nd ed., Chicago: University of Chicago Press.

EXERCISE 연습문제

1. 과학의 개념을 토론해보자.

2. 과학적 추론 방법을 제시해보라.

3. 과학적인 연구조사의 절차를 간단하게 설명하라.

4. 가설의 의미와 좋은 가설의 조건을 제시해보자.

3장

연구설계

연구자는 당면 문제 해결에 신경 써야 한다. 연구자는 연구 디자인을 위해서 사전 계획, 연구설계, 실행 단계를 거친다. 사전 계획 단계는 연구의 목적과 목표를 정하는 단계이다. 연구설계 단계는 연구방법을 결정하고 자료수집 방법을 선택하는 것을 포함한다.

실행 단계는 자료수집을 통해 가설을 검증하고 결론을 도출하고 시사점을 제공하는 단계이다.

학습 목표

- 연구설계 개념과 절차를 이해한다.
- 연구의 두 가지 목적을 이해한다.
- 연구 가치를 평가하는 방법을 알아본다.
- 탐색연구, 기술연구, 인과연구의 차이점을 이해한다.

3.1 연구설계의 개념

삶은 문제 해결의 연속 과정이다. 연구자의 1차 목표는 당면 문제를 해결하는 것이다. 문제 해결 방법은 주관적인 방법과 사실에 근거한 방법이 있다. 연구는 주관적인 판단에 의한 것보다 사실에 근거하여 체계적이고 논리적이면서 절차적인 해결 방법을 선호한다. 주관적인 판단과 사실에 근거한 문제 해결 방법을 그림으로 나타내면 다음과 같다.

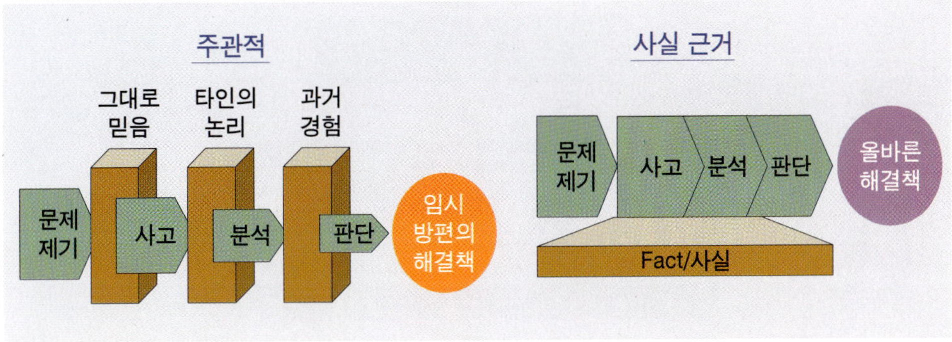

그림 3-1 문제 해결 방법

사실에 근거한 문제 해결이 체계적으로 이루어지기 위해서는 연구자가 제대로 연구설계를 해야 한다. 연구설계(Research design)는 연구 목표를 달성하기 위한 연구의 청사진이라 할 수 있다. 연구설계에는 연구자의 의지와 연구의 방향에 관한 주요 내용이 담긴다. 이를 통해서 연구자는 연구 일정을 관리할 수 있다.

연구설계는 연구와 관련한 수많은 관련 의사결정을 포함한다. 연구설계와 관련된 과정은 사전 계획 단계, 연구설계, 실행 단계로 나눌 수 있다.

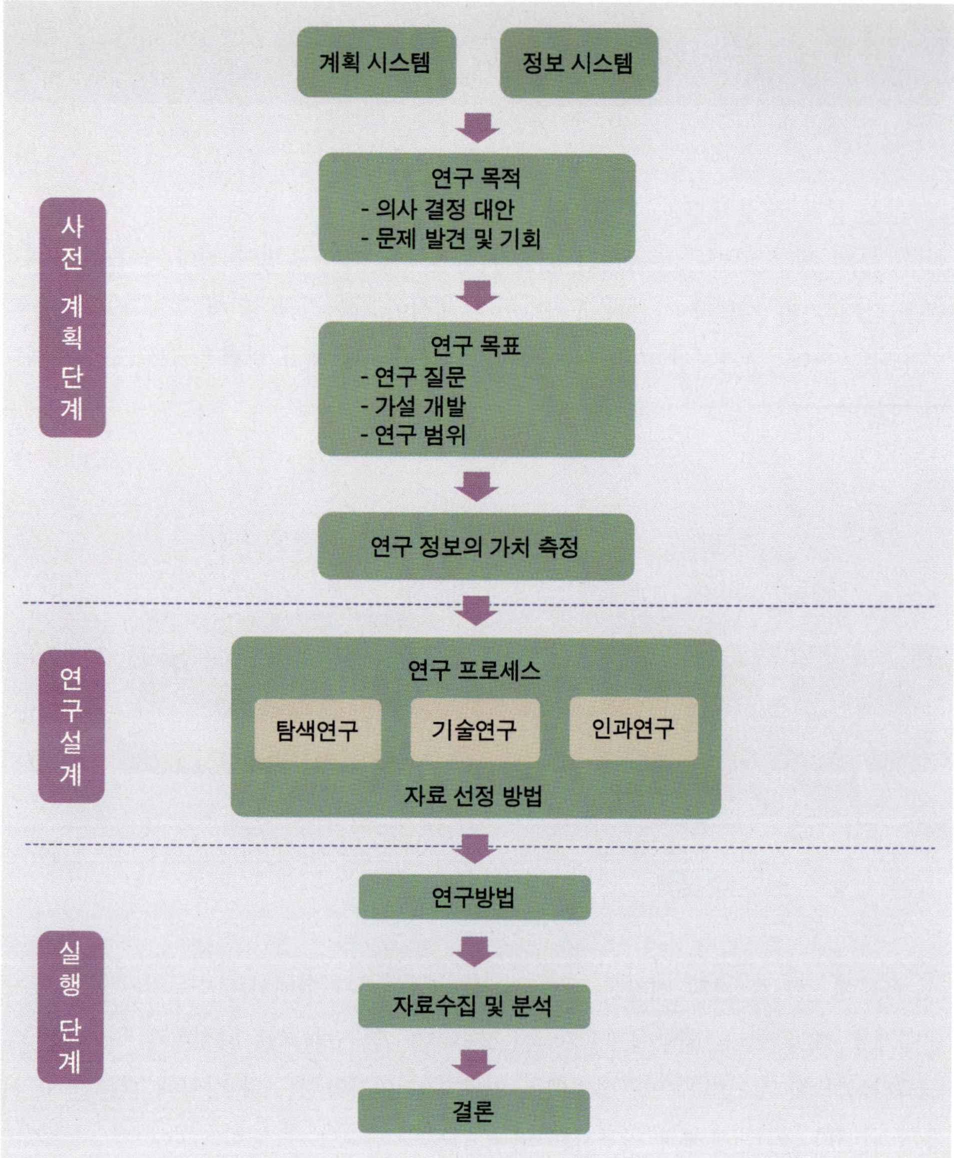

그림 3-2 연구 디자인과 실행

3.2 사전 계획 단계

연구자는 연구를 시작하면서 계획 시스템과 정보 시스템을 기반으로 하여 연구에 관한 사전 계획을 수립해야 한다. 연구 계획 시스템은 연구자가 평소 관심을 갖고 있는 연구 주제와 연구 관련 누적된 전체라고 할 수 있다. 정보 시스템은 연구자가 연구 정보를 얻을 수 있는 원천 및 수단으로서의 하드웨어, 소프트웨어, 데이터베이스, 통신망, 인공지능(Artificial Intelligence), 의사결정지원시스템(Decision Support System) 등을 말한다. 연구자는 정교한 연구 계획 시스템과 정보 시스템을 확보해야 한다. 이는 연구자가 사회와 원활하게 소통할 수 있는 통로이기 때문이다.

연구 사전 계획 단계에는 연구 목적, 연구 목표, 연구 가치 측정 등 세 가지가 포함된다. 연구 목적은 개인의 목적 달성과 사회에 긍정적인 영향을 미치는 영역이 교차되는 영역에서 설정되어야 한다. 연구자는 개인과 사회에 관련된 문제의 의사결정 대안, 그리고 문제 발견 및 새로운 기회 확보 차원에서 연구 목적을 설정해야 한다.

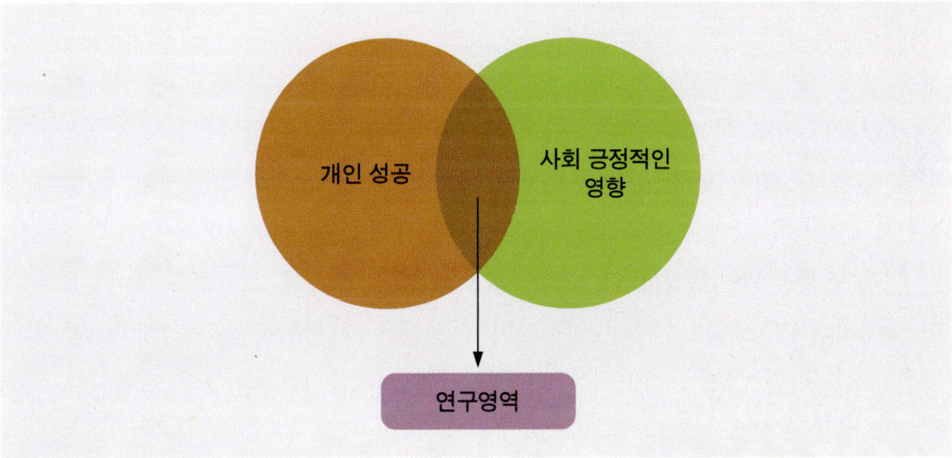

그림 3-3 연구의 목적

지나치게 논문 수에 집착하는 것은 영혼을 잃는 행위일 수 있다. 개인은 논문 수도 중요하지만 그보다는 사회에 도움이 되는 논문을 작성하는 데 심혈을 기울여야 한다. 그것은 개인이 추구하는 성공을 달성함과 동시에 사회에 긍정적인 영향을 미치는 것이어야 한다. 그러기 위해서 연구자는 올바른 연구 정신(And 마인드)을 가지고 있어야 한다. 이것이 연구자의 주된 연구 목적이 되어야 한다. 즉 연구 목적에는 연구자의 진정한 내면과 꿈의 방향, 그리고 타인이 있는 자국의 경제·사회 발전과 인류 진보를 향한 밀도(密度)가 녹아 있어야 한다. 개인과 타인이 동시에 성공할 수 있는 연구를 하는 연구자는 다른 연구자에 대하여 차별성과 고유성 차원에서 큰 공헌을 하게 되는 것이다.

연구 목표는 연구 질문, 가설 개발, 연구 범위 등에 관한 내용을 포함한다. 이를 그림으로 나타내면 다음과 같다.

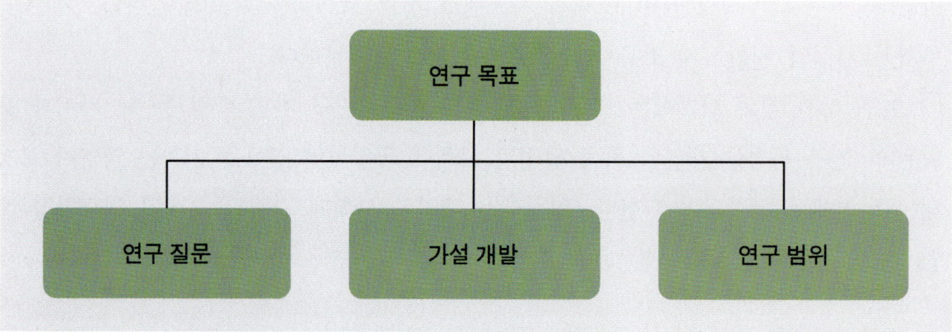

그림 3-4 연구 목표

연구자는 연구 목표에 연구 이유, 상황 파악, 그리고 문제를 해결하기 위한 실마리 등을 포함시켜야 한다. 논문이나 보고서를 작성하면서 연구 질문, 가설 개발, 연구 범위가 명확하게 나타낸 경우 읽는 독자들은 쉽게 논문을 이해하면서 읽을 수 있다.

연구 질문을 준비하면서 연구자는 연구 출발 전의 문제 해결책을 헤아려보는 것이 중요하다. 연구자는 연구의 잠정적인 진술, 즉 가설(hypothesis)을 개발해야 한다. 가설은 연구자가 상황을 대표하는 변수들 간의 관계를 나타낸 문장 표현이다. 해결하고자 하는 현상을 간결하게 요약한 내용이 가설이라고 할 수 있다. 연구자는 가설을 설정하면서 해결되어야 할 문제와 해결 가능성 여부를 확인할 수 있다. 연구자가 측정 가능한 변수인 가설을 올바르게 표현할 수 있는 능력을 갖추는 것도 하나의 능력이다.

예제 1

실적 둔화와 시장 점유율 감소로 어려움을 겪고 있는 A햄버거가 급기야 매물로 나왔다. 시장 점유율 감소와 매출액 격감의 원인에 대한 연구 질문을 만들어보자.

풀이

① A햄버거의 매출 감소는 글로벌 금융위기에 따른 경기침체에 따른 것일 것이다.
② 1위를 차지하기 위한 공격적인 확장 전략은 큰 성과를 거두지 못했을 것이다.
③ A햄버거는 10~30대 남성이 선호하는 커피와 브런치 세트 등 다양한 메뉴 포트폴리오를 구사하는 데 실패하였을 것이다.
④ 햄버거의 주원료인 쇠고기와 밀 등 원자재 가격 상승도 A햄버거에 큰 부담 요인으로 작용했을 것이다.

연구의 범위는 핵심 문제를 해결하기 위한 연구영역을 설정하는 것이다. ≪맥킨지는 일하는 방식이 다르다≫를 보면 "바다를 끓이지 말라"라는 표현이 나온다. 이 말은 모든 것을 연구 범위에 포함시키려 하지 말고 분석 또한 모든 것을 대상으로 하지 말라는 의미이다. 연구자는 시간의 긴급성과 업무의 우선순위를 생각하면서 연구의 범위를 설정할 수 있어야 한다.

연구자가 연구 범위를 정하면서 주의해야 할 사항은 구성오류(The fallacy of composition)이다. 구성오류라 함은 부분적으로는 맞지만 전체적으론 오류에 빠지는 현상을 말한다.

연구 가치 측정도 연구자가 고민해야 할 사항이다. 연구의 가치 측정은 질적 측면과 양적인 측면에서 이루어진다. 질적인 측면의 가치 측정은 '소중한 것'을 실천하는 것과 관련이 있다. 앞의 연구 목적에서 언급한 것처럼, 연구자의 진정한 내면과 꿈을 달성하고 연구자가 속한 자국의 경제·사회 발전과 인류 진보를 향한 연구 내용이 밀도(密度)있게 녹아 있느냐와 관계한다.

양적인 측면에서 가치 측정은 가치공학적인 측면에서 다음 공식을 이용할 수 있다.

$$\text{가치} = \frac{\text{기능}}{\text{비용}} \tag{식 3-1}$$

이는 연구의 가치를 증대시키기 위해서 분자인 연구의 기능을 최대화시키든지, 아니면 분모에 해당하는 연구 관련 총비용을 낮추어야 할 것이다. 한 논문이나 보고서가 인정을 받기 위해서는 다음의 해당 사항을 골고루 충족해야 한다. 다음 표는 연구의 가치를 평가하기 위한 하나의 시트이다.

표 3-1 연구 가치 평가 시트

연구 기능 분석		가치 분석 질문
기본 단계	세부 단계	
연구 기능 정의	정보 수집	논문은 이론적으로 탄탄한가?
	논문의 정의 논문의 기능 정리	문헌 고찰이 제대로 되어 있는가? 현실적인 중요성이 높은가? 연구 문제 및 가설은 적절한가?
기능 평가	기능별 비용 분석	비용은 얼마인가?
	기능의 평가 대상 분야의 선정	가치는 어느 정도 있는가?
대체안의 확정	창의성 개략 평가 구체화 조사 상세 평가 제안	다른 대체안으로 기능을 발휘할 수 있는가? 대체안이 확실하다면, 비용은 어느 정도인가?

3.3 연구설계 단계

3.3.1 연구 목적에 의한 분류

연구자는 연구 내용을 어느 정도 심도 있게 파헤칠 것인가를 고민해 봐야 한다. 연구 정도의 차이에 따라, 탐색연구(Exploratory research), 기술연구(Descriptive research), 인과연구(Causal research) 등으로 나눌 수 있다.

탐색연구는 본 실험이나 변수를 최종 확정하기 어려운 경우에 탐색적으로 행하는 연구설계 방법이다. 탐색연구는 연구 문제 발견, 변수 선정, 가설 도출 등이 해당한다. 탐색연구의 목적은 연구 과정에서 예상되는 문제점을 발견하는 데 있다. 예를 들어, 한 기업체가 스마트워킹(smart working) 환경을 적극 도입하기 위해서 연구 용역을 의뢰했다고 하자. 이에 대한 탐색연구를 위해서는 문헌 조사와 경험 조사를 병행해야 한다. 문헌 조사는 관련 문헌 자료가 풍부한 삼성경제연구소, LG경제연구원 등의 조사업체 자료, 신문, 잡지, 관련 서적, 정부 발행물 등의 탐색을 통해서 가능하다. 경험 조사는 과거 스마트워킹 관련 연구에 참여한 연구자의 경험이나 연구 보고서를 적극 참조하는 경우이다. 과거 연구에 참여한 연구자의 경험 노하우는 새로운 연구를 시작하는 연구자에게 큰 도움을 줄 수 있다. 스마트워킹 업무 환경 연구에 참여한 연구자는 다음을 고려할 것이다.

- 스마트워킹 업무 환경을 도입하는 조직을 조사한다.
- 스마트워킹 도입 시 필요 인프라, 하드웨어, 소프트웨어를 고민해야 한다.
- 스마트워킹 도입 시 장·단점을 고려해야 한다.
- 스마트워킹 업무 환경 도입 시 소요되는 총비용을 계산한다.

정리하면, 탐색연구는 중요 프로젝트를 시작할 때 그 목적 달성에 필요한 예비 설문이나 가설을 설정하여 기술연구와 인과연구를 본격적으로 시행하는 데 큰 도움을 줄 수 있다. 탐색연구, 기술연구, 인과연구의 관계를 그림으로 나타내면 다음과 같다.

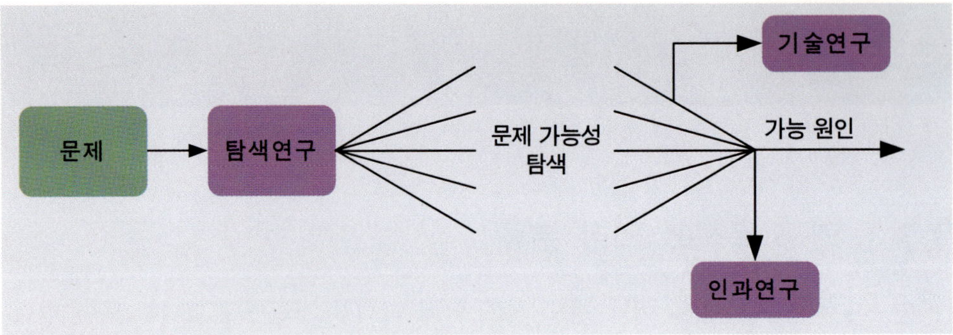

그림 3-5 탐색연구, 기술연구, 인과연구

기술연구(Descriptive research)는 연구 주제와 관련하여 보다 세밀한 정보를 알아보고자 할 때 사용하는 방법이다. 기술연구는 연구 주제에 관한 구체적인 문제, 발생 원인, 결과에 대한 자료를 통해 세밀하게 조사하고 분석하는 방법이다. 예를 들어, 도시와 농촌 간 실력 차가 심각하다고 하자. 이에 대한 원인과 대책에 관한 연구를 실시한다고 하자. 이럴 경우 연구자는 도시와 농촌 간의 학부모의 경제적 수준, 학력 수준, 교육 당국의 비전, 교사의 열정 등을 조사하게 될 것이다. 특히, 학생들의 실력을 종속변수로 하고 학부모의 경제적 수준, 학력 수준, 교육 당국의 비전, 교사의 열정 등을 독립변수로 하여 교차분석(cross-tabulation analysis)을 실시하면 보다 세밀한 정보를 얻을 수 있다.

다소 차이는 있지만 정교한 기술분석의 결과물은 차후 인과분석을 전개하는 데 큰 도움을 준다. 즉, 기술연구를 위한 기술분석은 인과분석을 전개하기 위한 전 단계라고 할 수 있다.

인과연구(Causal research)는 연구자가 연구하려는 현상에 대한 핵심 요인을 찾아내고 이 핵심 요인을 구성하는 변수들 간의 관련성을 밝히는 방법을 말한다. 인과연구를 수행하는 데 있어서 고려해야 할 요소는 원인변수와 결과변수를 이론적으로 명확하게 구분하는 것이다. 원인변수(cause variable)는 결과변수(effect variable)를 '일으키는 변수'를 말한다. 여기서 원인변수를 독립변수(Independent variable)이라고 부른다. 결과변수는 종속변수(Dependent variable)라고 부른다.

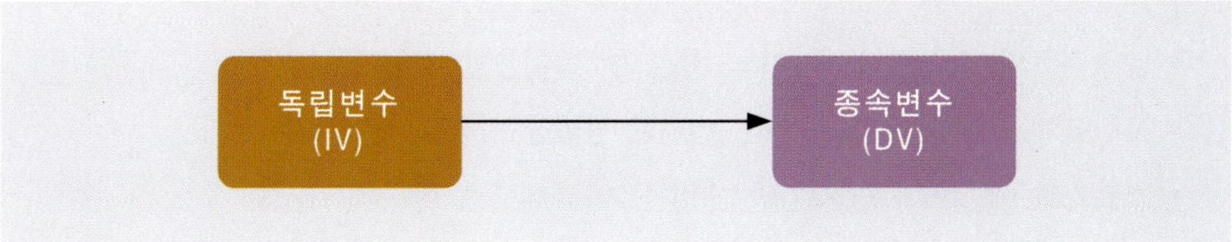

그림 3-6 독립변수와 종속변수

인과연구를 하는 데 있어서 연구모형을 수립한다. 연구모형의 수립은 연역적인 접근을 따른다. 즉, 독립변수와 종속변수의 관계가 경험적으로는 증명되지 않았다고 하더라도 논리적인 추론과 이론적인 배경하에서 연구모형을 수립한다. 실제 연구에서 인과성의 증명은 귀납적인 접근을 통해서 이루어진다. 연구자가 관찰하고 측정하는 것은 확률적인 진술에 의하여 이루어지기 때문에 연구자가 관심을 갖고 있는 전체집단을 정확하게 표현한다고 말하기는 어렵다.

인과연구를 위한 인과성은 변수 간의 시간적인 우선순위, 공분산의 공유 정도, 외생변수의 통제 등의 조건을 만족해야 한다. 시간적인 우선순위란 독립변수와 종속변수가 시간적인 구분이 명확해야 한다는 것을 말한다. 소위 "닭이 먼저냐 계란이 먼저냐"와 같은 내용은 시간적인 우선순위 개념이 명확하지 않아 인과연구모형 구축에서 배제한다. 공분산의 공유 정도는 독립변수와 종속변수의 관련성을 나타내는 공분산(covariance)의 정도가 있어야 함을 나타낸다. 예를 들어, 음주량과 얼굴색 변화는 관계가 높아야 한다. 외생변수의 통제는 연구 결과가 내적 타당성(internal validity)을 확보할 수 있도록 연구에 삽입될 필요가 없는 제3의 변수를 통제하는 것이다. 연구자는 연구설계 과정에서 연구 목적에 맞는 연구 수행을 위해서 외생변수의 개입에 힘을 써야 한다. 진실은 자연현상이나 이 현상을 모두 연구모형에 나타내면 소위 결과 분석이 어렵게 된다. 결국, 연구자는 인과모형을 구축하면서 핵심 요인과 변수를 중심으로 모형의 간결성과 설명력을 높이는 노력을 해야 한다.

연구자는 자료 선정에도 신경을 써야 한다. 자료는 요인과 변수 사이를 구체화하는 것으로 양적자료와 질적자료가 있다. 연구자는 연구모형을 구체화하고 자료수집 방법을 면밀하게 고민해야 한다. 연구자가 고민해야 할 사항은 다음이다.

- 양적자료와 질적자료 중 어느 것을 주로 이용할 것인가?
- 모집단의 일부인 표본추출에는 어떠한 방법을 사용할 것인가?
- 자료 조사에 소요되는 시간과 경비는 어느 정도로 할 것인가?

연구자는 자료수집을 위한 모집단과 표본을 설정해야 한다. 측정 방법에는 관찰법, 면접법, 실험법 등 여러 가지가 있다. 이에 대한 내용은 이후에 보다 자세하게 다룰 것이다.

3.3.2 변수의 조작 가능성에 의한 분류

연구에서는 원인변수(cause variable)는 결과변수(effect variable)를 '일으키는 변수'를 말한다. 여기서 원인변수를 독립변수(Independent variable)라고 부른다. 결과변수는 종속변수(Dependent variable)라고 부른다.

1) 실험설계

실험설계(experimental design)는 원인과 결과의 인과관계를 명확하게 밝히는 방법이다. 실험설계는 독립요인(변수)의 실험수준을 달리하여 종속요인(변수)에 미치는 영향 정도 및 영향 강도를 파악하는 방법이다.

실험설계의 대표적인 것은 순수실험설계(pure experimental design)이다. 순수실험설계는 독립변수와 종속변수 사이의 순수한 인과관계를 밝히기 위해서 외생변수를 통제하는 것을 말한다. 순수실험설계는 '실험실 설계'라고도 한다. 연구자는 순수실험설계 과정에서 실험변수의 노출 시기, 측정 대상(실험집단과 통제집단 구분), 측정 시기 등을 통제할 수 있다.

순수실험설계의 장점은 실험 대상을 무작위화(randomization)하여 내부 타당성을 높여 실험 효과를 극대화할 수 있다. 무작위화란 실험 결과가 일반화되어야 하는 모집단 중에 실험변수를 이용하여 실험을 하는 대상이 무작위적으로 추출되어야 함을 나타낸다. 연구자는 복수의 독립변수들을 조작할 수 있다. 연구자는 조작화 정도에 따라 정밀한 변화 정도와 인과관계를 조사할 수 있다. 연구자는 실험 대상을 연구자가 관심을 갖고 있는 전체 모집단으로부터 무작위화하여 일정 표본을 추출한 상태에서 실험 결과를 통해서 전체 모집단에 대한 일반화를 할 수 있다.

순수실험설계는 내적 타당성이 올라갈 수 있는 장점이 있는 반면에 실험상황의 부자연스러움으로 인해 외적 타당성이 떨어지는 단점이 있을 수 있다. 실험의 여건상 윤리적인 문제가 대두될 수 있고 실험 설비를 갖추는 데 비용이 많이 들 수 있다. 또한 순수실험설계는 요구되는 실험 조건이 까다로워 실제 상황에서 성공적으로 수행하기가 쉽지 않다.

어느 회사는 팀장의 리더십 유형에 따라 이직율의 차이가 있음을 발견하고 이에 대한 실험설계를 하기로 하였다고 하자. 최고 경영자는 팀장 리더십 유형을 두 가지로 구분하고 무작위로 통제집단과 2개의 실험집단으로 나누었다. 여기서 통제집단(control group)은 아무런 조작이나 간섭을 받지 않는 집단을 말한다. 실험집단이란 두 가지 팀장 리더십에 노출되어 있는 두 집단을 말한다. 연구자는 일정한 시점에 통제집단과 실험집단의 결과를 비교·분석할 수 있다. 이를 통해서 순수한 실험 효과를 확인할 수 있다.

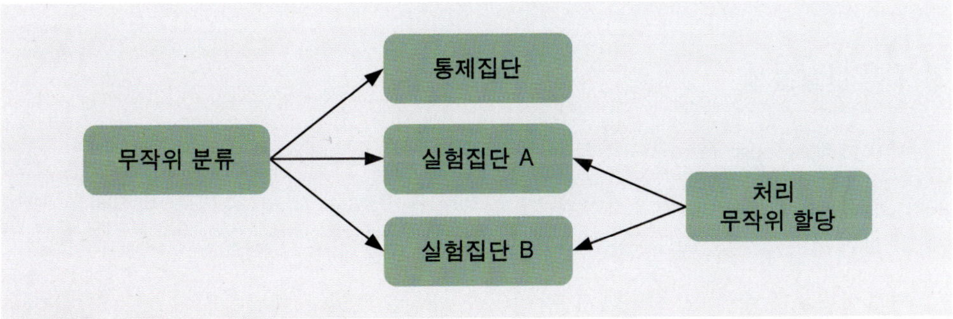

그림 3-7 실험설계의 무작위화

2) 유사실험설계

앞에서 설명한 순수실험설계는 외생변수의 철저한 통제를 통해서 실험의 내적 타당성을 높일 수 있는 장점이 있다. 그러나 실제 상황에서 실험 효과 그대로 반영될 수 있을지에 대한 외적 타당성의 문제가 제기될 수 있다. 이러한 문제를 해결하는 방법이 유사실험설계(quasi-experimental design)이다.

순수실험설계에서는 실험자가 실험변수의 노출 대상과 노출 시기 그리고 측정 대상과 측정 시기를 통제할 수 있다. 반면에 유사실험설계에서는 실험자가 측정의 대상과 측정 시기만을 통제할 수 있다. 연구자는 연구 상황에서 가능한 외생변수를 통제하고 독립변수를 조작하여 연구 효과를 높이기 위해서 유사실험설계를 이용할 수 있다. 유사실험설계는 다양하고 복잡한 사회적 요인을 연구하는 데 이용된다. 따라서 유사실험설계를 현장실험설계(field experimental design)라고도 한다. 유사실험설계는 순수실험설계보다 실용성, 실행 가능성, 일반화 능력은 우수하나 인과관계의 명확한 규명은 순수실험설계에 비해 낮다.

예를 들어, 팀장 리더십과 이직률 관계에서 이직률을 감소시키는 팀장 리더십 유형을 알아보려고 한다고 하자. 팀장 리더십 제도를 각 부서에 임의로 적용시켜 보고 1년 정도 관찰한 다음 비교·분석하는 방법을 유사실험설계라고 할 수 있다.

유사실험설계의 대표적인 예는 팩토리얼 디자인(factorial design)이다. 이는 2개 이상의 독립변수를 각각 대응시켜 각각의 실험 효과를 검정하는 방법이다. 예를 들어, 출신 지역(도시, 농촌)과 동기 부여 정도(높음, 낮음)가 직무 만족에 미치는 영향을 조사하는 것이다. 연구자는 실험수준인 출신 지역(도시, 농촌)과 동기 부여 정도(높음, 낮음)를 통해서 종속변수인 직무 만족 변화 정도를 예측할 수 있다.

3) 사후실험설계

사후설계(ex post facto)는 비실험설계 방법으로 독립변수를 조작할 수 없는 상태 또는 이미 실험 대상이 현상에 도출된 상태에서 변수들 간의 관계를 검정하는 방법이다. 독립변수가 이미 노출되어 있기 때문에 사후설계라 부른다.

사후실험설계는 현실 상황에서 광범위한 대상으로부터 자료수집이 가능하며 이론을 근거로 도출한 가설을 검정해볼 수 있다는 점이다. 사후실험설계는 문헌 조사, 경험 조사, 사례연구를 통해서 이루어진다. 연구자는 사후실험설계를 통해서 연구에 다양한 변수를 도입하여 진행할 수 있다. 또한 인위적인 개입 없이 현실적인 연구가 가능하다는 장점이 있다. 단점으로는 독립변수의 조작과 대상의 무작위화가 명확한 인과관계 검증이 어려운 측면이 있다. 또한 측정의 정확성이 낮은 점, 연구자의 주관성이 개입되어 결과 해석 과정에 논리적인 비약이 발생할 수 있다.

사후실험설계 중에서 자주 사용되는 방법이 현장연구(field study)이다. 연구자는 실무 현장에서 자주 언급되고 있는 요인이나 변수들의 관련성을 파악하는 현장 연구와 모집단의 일부인 표본을 통해서 사회적, 심리적, 인구통계적 변수들 간의 상호작용을 밝히는 현장 조사를 실시할 수 있다. 연구자는 현장 연구를 통해서 사회 여론, 소비자의 반응, 소비자의 생각 흐름 등을 예측할 수 있다.

지금까지 설명한 내용을 정리하면, 연구자는 독립변수의 조작 여부(실험상황, 조작 가능성 여부)를 다음 그림으로 나타낼 수 있다.

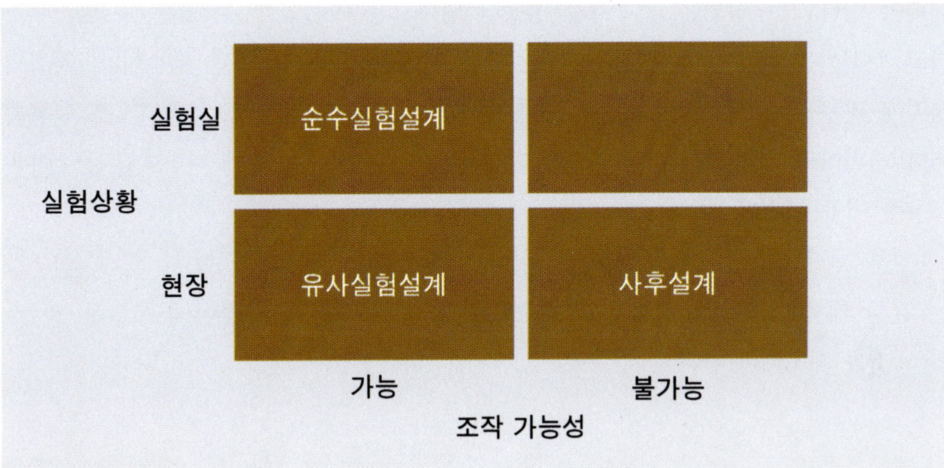

그림 3-8 연구설계 구분

순수실험설계는 실험상황이 실험실이고, 조작 가능성이 용이한 경우에 해당한다. 유사실험은 실험상황이 현장이고, 조작 가능성이 용이한 경우에 해당한다. 조작이 불가능하고 실험상황이 현장인 경우는 사후실험설계라고 명명할 수 있다.

결론은 닭이 먼저다

2010년 8월 20일 CNN 보도에 따르면 그간 논란이 되었던 닭과 달걀 중 어느 것이 먼저인지가 밝혀졌다. 달걀 껍질을 연구해 온 영국의 과학자들은 자신들이 그 해답을 찾아냈다고 말하였다. 과학자들은 '달걀은 닭의 난소에서 형성되는 단백질 없이는 만들어질 수 없다'고 한다. 이 단백질은 바로 달걀 껍질에서 볼 수 있는 것으로 결과적으로 닭이 먼저라는 결론에 도달하게 된다.

[자료] http://eatocracy.cnn.com/2010/08/20/egg-splained-free-range-cage-free-and-organic/

3.4 실행 단계

연구자는 연구 실행 단계에서 연구방법, 자료수집 및 분석, 결과 분석, 결론을 실시해야 한다. 연구방법은 연구자가 설정한 연구모형을 설명할 수 있는 자료를 수집하고 분석하는 과정이다. 결과 분석은 연구 과정이라는 시스템의 부분이다. 자료의 성격에 맞는 적합한 분석이 결과 분석 단계에 필요하다. 제대로 통계분석을 적용하였다 하더라도 결과 해석이 미흡하다면 전문가나 관련 통계분석 사이트를 참고하여 도움을 받을 필요가 있다.

결론 제시는 최종 연구 결과물로 어찌 보면 논문의 정리라고 할 수 있다. 연구자는 결론 제시에 연구의 시사점을 제공하여 관련 분야나 실무 분야에 도움을 줄 수 있는 것을 제공해야 한다.

참고문헌

에단 라지엘 (1999), ≪맥킨지는 일하는 방식이 다르다≫, 이승주·이창현 옮김, 김영사.

EXERCISE 연습문제

1. 연구설계 개념은 무엇인가?

2. 연구 목적 2가지는?

3. 연구 가치 평가 방법을 설명하라.

4. 탐색연구, 기술연구, 인과연구의 차이점을 설명하라.

4장

연구 프로젝트

연구 프로젝트는 성과 지향적이고 목표 지향적이다. 연구 프로젝트는 개인 발전과 사회 발전에 도움이 되어야 한다. 프로젝트 과정은 계획화, 조직화, 지휘화, 통제화를 통하여 관리할 수 있다.

학습 목표

- 프로젝트 정의를 이해한다.
- 프로젝트 과정 활동을 설명할 수 있다.
- 실제 프로젝트를 수행해본다.

4.1 프로젝트 정의

프로젝트(project)는 일시적이고 유일하며 점차 정교화되는 업무의 일종이다(Rosenau, Githens, 2005). 개인은 살아가면서 매일매일 같은 듯하지만 다른 업무를 수행한다. 조직에 속한 개인은 조선 사업, 교량, 터널, 아파트 건설, 신제품 개발, 새로운 서비스 도입, 컨설팅업 등과 같은 복잡성과 중요도가 큰 사업에 참여할 수 있다.

프로젝트는 성과 지향적이고 목표 지향적이다. 프로젝트를 관리하는 프로젝트 관리자는 시간, 비용, 성과 지침에 대해 신속하게 의사결정을 해야 하며, 프로젝트의 내용을 계획해야 한다. 또한 프로젝트 진행과 관련된 일정을 관리하고 통제할 수 있어야 한다.

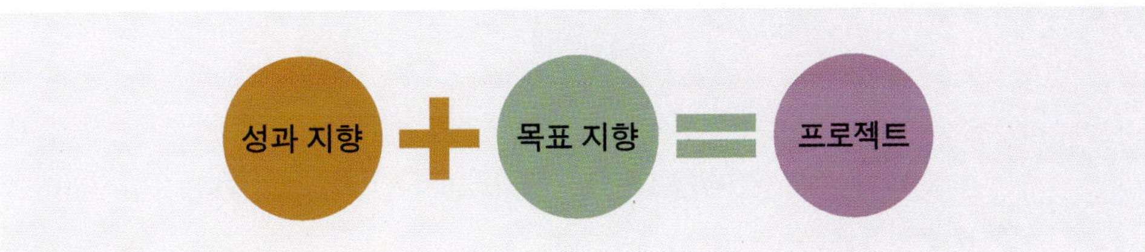

그림 4-1 프로젝트

정리하면, 프로젝트는 개인과 조직에게 중요한 업무를 말한다. 개인에게 있어서 연구 결과를 완성하는 일은 중요한 프로젝트이다. 논문 쓰기는 중요한 프로젝트이므로 연구자는 논문 쓰기를 허투루 해서는 안 된다. 논문 작성 과정에서부터 논문을 제출하고 최종 승인 절차까지 마음을 놓을 일이 아니다. 연구자의 논문 작성은 '개인에게 중요한 프로젝트'이다. 따라서 연구자는 논문을 밀도 있게 작성해야 한다.

4.2 프로젝트 순서

경영은 목표 달성을 위해서 부분들이 제대로 작동해야 한다. 여기서 목표는 개인의 목표가 될 수 있고 조직의 목표가 될 수 있다. 개인은 관심 분야의 논문이나 보고서 작성을 통해서 자아실현을 할 뿐만 아니라 사회 발전에 기여할 수 있다. 조직도 개인과 마찬가지로 프로젝트를 통해서 조직이 목표하는 바를 달성하고 사회 발전에 기여하게 되는 것이다.

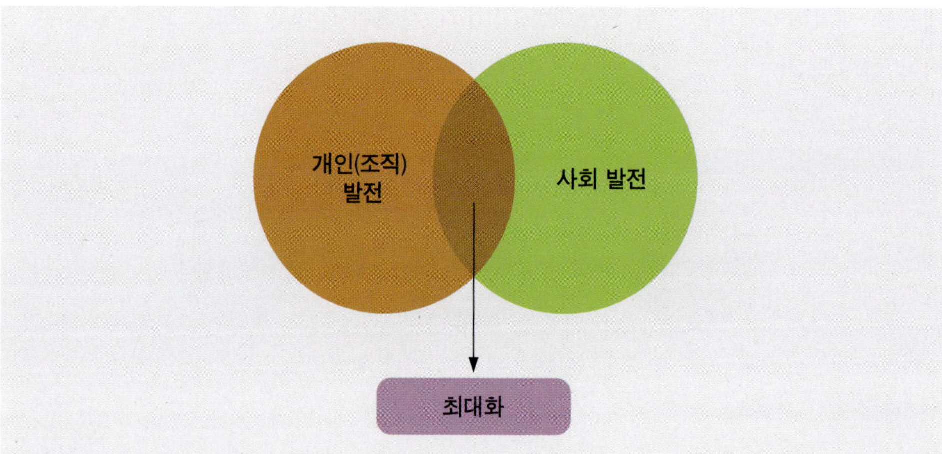

그림 4-2 프로젝트 진행 방향

프로젝트를 전개하는 순서는 경영의 과정을 따르면 유용하다. 경영 과정활동은 계획화(Planning)–조직화(Organizing)–지휘화(Leading)–통제화(Controlling)의 네 단계를 지속적으로 거친다.

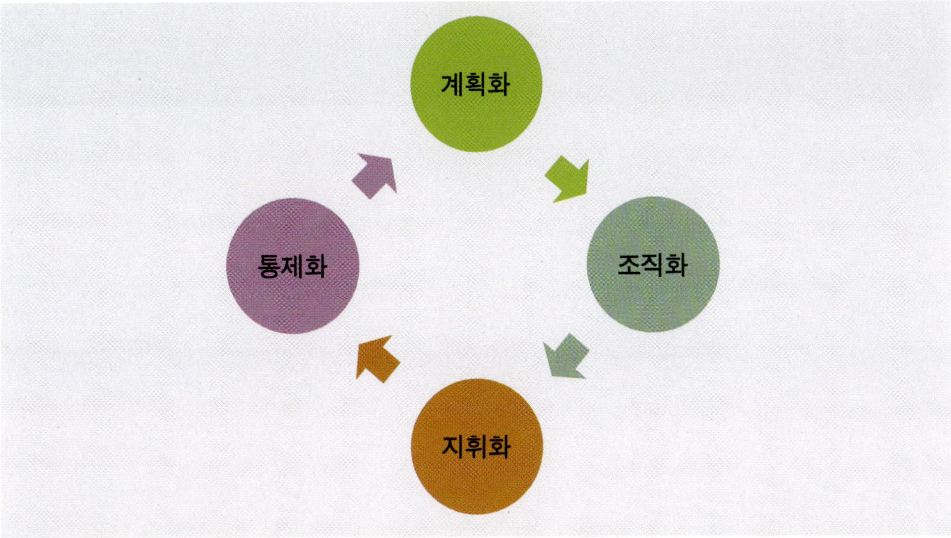

그림 4-3 프로젝트 과정활동

계획화는 프로젝트의 범위를 결정하는 활동이다. 프로젝트 관리자는 개인이나 조직이 처한 환경을 고려하여 프로젝트의 범위를 결정해야 한다. 개인이나 조직은 이용할 수 있는 자원, 시간, 비용 등을 고려하여 프로젝트 범위를 결정해야 한다.

조직화는 업무를 분장하는 단계이다. 업무 분장은 실질적으로 프로젝트를 본격적으로 실행하는 단계이다. 프로젝트 관리자는 프로젝트 일정, 프로젝트 완성, 조직 구성원의 업무 역량을 고려하여 프로젝트를 분장해야 한다.

지휘화는 프로젝트가 제대로 수행하도록 이끄는 행위이다. 프로젝트가 제대로 진행되기 위해서는 전적으로 팀원의 능력이 중요하다. 이에 못지않게 프로젝트 관리자의 리더십이 중요하다. 프로젝트 관리자가 조직의 분위기를 자율적으로 이끌면 팀원들은 자율적인 업무 환경에 힘입어 창의적인 아이디어를 많이 제안한다. 이에 비해 프로젝트 관리자가 엄격하면 프로젝트 팀의 분위기는 경직되어 신선한 아이디어 도출이 불가능하게 된다.

통제화는 당초 프로젝트 계획이 어떤 방향으로 전개되고 있는지 확인하는 절차를 말한다. 프로젝트 관리자는 프로젝트가 목표한 양적 성과와 질적 성과를 달성했는지 판단해야 한다. 양적 성과는 실현 가능한 제안 건수, 유용한 전략 건수, 프로젝트 의뢰자의 만족 정도 등으로 판단할 수 있다. 질적 성과는 프로젝트 전개 과정에서 조직 내부 분위기 쇄신, 조직 구성원의 업무 역량 및 자신감 증대 등을 들 수 있다.

4.3 프로젝트 예

다음 가상의 예를 통해 프로젝트 진행 절차를 살펴보기로 한다.

우리나라 부모들의 주된 관심은 아이가 탈 없이 성장하고 학업에 열중하도록 좋은 공부습관을 갖게 하는 것이다. L교육연구소는 좋은 공부습관에 관한 프로젝트를 진행하기로 하였다.

4.3.1 계획화

이 프로젝트를 의뢰받은 프로젝트 관리자는 사전에 예산 범위, 완성 일자, 기대 수준을 확인하는 것이 필요하다. 프로젝트 관리자는 L교육연구소와 잦은 접촉을 통해서 프로젝트에서 얻고자 하는 주된 성과는 무엇인지 의사소통을 해야 한다.

4.3.2 조직화

프로젝트 관리자는 할당 예산을 고려하여 '좋은 공부습관' 프로젝트를 해결할 수 있는 팀원을 선발해야 한다. 팀원을 선발함과 동시에 명확한 업무 분장이 이루어지도록 해야 한다. 업무 분장은 개인의 역량과 업무의 성격이 일치하는 방향에서 결정되어야 한다. 적합하지 않은 사람을 프로젝트 팀에 참여시키면 프로젝트가 제대로 진행될 수 없다. 적합한 사람을 차에 태워야 버스가 제대로 갈 수 있다. 마찬가지로 적합한 팀원 구성은 프로젝트의 성패에 결정적인 영향을 미친다. '좋은 공부습관' 프로젝트에는 교육공학 전문가, 아동심리학 전공자, 교육 전문가, 선생님 등을 참여시키는 것이 좋다.

4.3.3 지휘화

'좋은 공부습관' 프로젝트가 예정된 일자에 완성될 수 있도록 프로젝트 관리자는 올바른 리더십을 발휘해야 한다. 리더는 조직 구성원들에게 비전을 전달해야 한다. 비전은 조직 구성원들의 가슴이 콩닥콩닥 뛰도록 하고 팀이 추구하는 것을 정렬시키는 역할을 한다. 프로젝트 팀원들이 그간 정리되지 않는 '좋은 공부습관'을 체계적으로 정리하고 보고서로 출간하면 이들은 사회에 큰 기여를 하게 되는 것이다. 프로젝트 관리자는 이러한 사실을 조직 팀원들에게 자주 커뮤니케이션하여 팀원들이 같은 방향을 보도록 해야 한다.

4.3.4 통제화

프로젝트 관리자는 '좋은 공부습관'의 최종 보고서를 확인하고 의뢰자에게 발표해주어야 한다. 통제화 단계에서는 프로젝트의 마감 일자, 성과물 도출, 성과물 발표 일정 등을 챙기는 일이 무엇보다 중요하다. 팀원들은 '좋은 공부습관'과 관련하여 다음과 같은 연구 결과를 보고서에 담고 있다.

> 도서관의 조용한 구석 자리를 찾는 학생들이 많다. 학습 능률이 오를 것 같지만 연구 결과는 반대로 나타났다. 40개 어휘를 주고 한 팀은 2개의 방에서 번갈아 공부하게 하고, 다른 한 팀은 같은 방에서 공부만 하게 했다. 전자의 학습 성취도가 훨씬 높은 것으로 조사됐다. 인지과학적으로 보면, 두뇌는 공부 내용과 공부 장소의 배경 느낌을 미묘하게 연계시킨다. 어떤 것은 희미해진 형광등 불 비침, 어떤 것은 유리창과 연상 기억된다. 따라서 주변이 다양할수록 기억 정보가 풍부해지고 잊히는 속도를 늦춰준다. 또 한자리에서 한 분야에만 집중하는 것보다는 어휘, 독해, 회화처럼 여러 관련 있는 개념들을 돌아가며 공부하는 것이 두뇌에 더 깊은 인상을 남긴다. 음악가들이 음계, 리듬, 뮤지컬 작품을 배합해 연습하는 것은 그런 이유이다.

앞의 예는 조직 차원의 연구 프로젝트에 대해 간단하게 설명한 내용이다. 최근에는 연구자가 연구 프로젝트를 수행하기 위해서 직접 삶의 현장에 뛰어드는 경우가 많다. 연구자는 책상머리에 앉아 관념적인 연구를 하는 것이 아니라 실제 현장에 뛰어들어 실상을 파악해야 한다. 이를 통해서 연구자는 실천적인 대안을 마련할 수 있다.

참고문헌

Rosenau, Jr., M. D. & G. D. Githens(2005), *Successful Project Management,* Wiley.

EXERCISE 연습문제

1. 현재 개인이 고민하고 있는 연구 주제는 무엇인가?

2. 연구자가 사회에 기여할 수 있는 일은 무엇일까? 동료들과 토론해보자.

2부
자료수집

5장

실험연구계획법

실험연구계획법은 실행, 데이터 추출, 통계분석 과정으로 구성된다. 실험연구설계 과정에는 실험 목적 설정, 특성치 선택, 요인과 요인수준 결정, 실험 배치와 실험 순서의 랜덤화, 데이터 분석, 해석과 조치 등이 있다.
연구자는 표본오차와 비표본오차를 줄일 수 있도록 표본추출 과정에 신경 써야 한다.

학습 목표

- 실험연구계획법을 설명할 수 있다.
- 실험연구설계 순서를 이해한다.

5.1 실험연구계획법의 개념

실험연구의 종류는 다양하다. 실험연구는 물리, 생물화학 분야를 다루는 실험실 실험을 비롯해 공장에서 실시하는 공정 실험, 제품 물성 실험 등이 있다. 또한 자연을 대상물로 하는 농작물 재배 실험, 기후변화 관찰 실험 등 다양하다. 이들은 주로 이공계 분야에서 실시하는 실험연구라고 할 수 있다.

사회과학 분야에서는 주로 사람을 관찰하는 것이 주된 실험연구 대상이다. 사회과학 분야에서의 실험연구는 시장조사, 연구조사 등이 해당한다. 연구자가 연구의 절차적이며 논리적인 결론을 도출하기 위해서 실험연구를 실시하는 것은 다양한 절차라고 할 수 있다.

경험적으로 보면 대부분 연구자는 데이터를 얻어 분석하는 데 치중하는 것이 현실이다. 절차와 체계가 있는 실험연구는 실험오차를 줄어들게 하는 결정적 요소로 작용한다. 따라서 연구자는 체계적인 실험연구계획법을 터득해야 한다. 모든 일이 그렇지만 충분한 계획 없이 실시하는 실험은 소기의 연구 목적을 달성할 수 없는 원인이 된다.

실험연구계획법(design of experiments and research)은 실험과 연구와 관련한 사전 계획 방법, 연구에 필요한 전반적인 계획과 구조를 말한다. 즉 실험연구계획법은 실험연구를 계획하고 이를 통해서 얻은 데이터를 분석하여 결론과 시사점을 얻는 제반 활동에 해당하는 설계 도면이라고 할 수 있다. 실험연구계획법에는 문제 해결을 위한 실험 방법, 데이터 추출 방법, 통계분석 방법 등이 해당한다.

그림 5-1 실험연구계획법

실험연구계획법에는 해결하려는 문제에 대한 요인(factor)을 선정하는 일, 실험 방법을 선택하는 방법, 실험 순서를 정하는 방법, 추출 데이터에 대한 분석 방법 선정 등이 해당된다. 명확한 실험연구계획은 문제 해결을 원활하게 할 수 있을 뿐만 아니라 시간, 경비, 노력을 낭비하지 않고 효과적으로 수행할 수 있게 한다.

5.2 실험연구계획법의 절차

연구 기관에 속한 연구자는 나름대로 실험연구설계법을 가지고 있다. 사실 정형화된 실험연구설계 방법이 있는 것은 아니다. 그럼에도 불구하고 다음과 같이 실험연구를 계획하고 실시하여 얻어진 자료를 분석하고 이를 실무에 적용하는 과정은 실험 목적 설정, 요인 선택, 요인과 요인수준, 실험 배치와 실험 순서의 랜덤화, 데이터 분석, 해석과 조치 등의 절차를 따른다. 이를 그림으로 나타내면 다음과 같다.

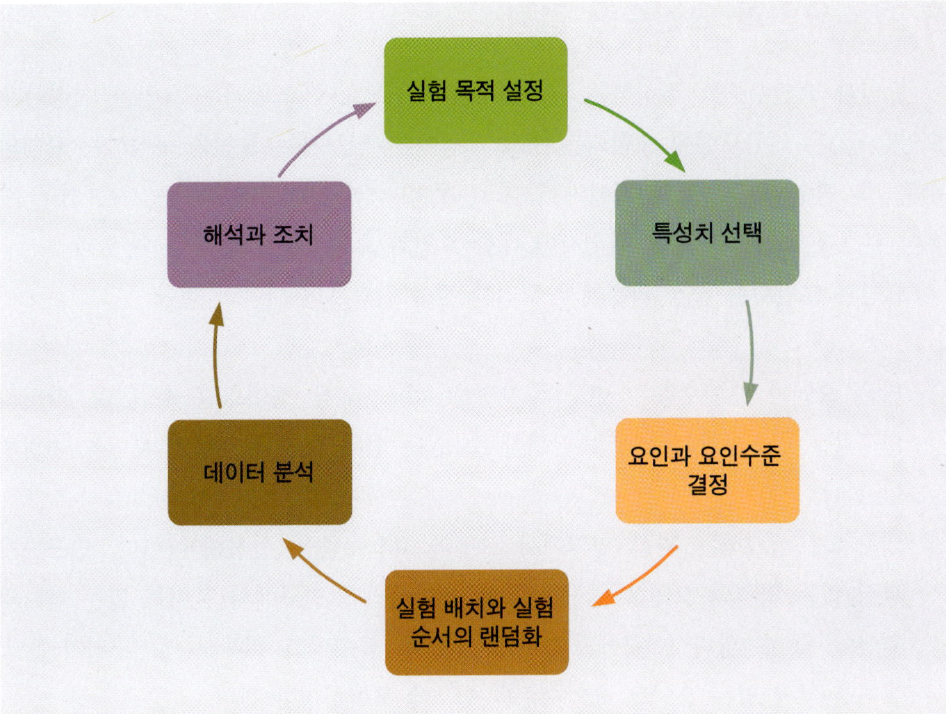

그림 5-2 실험연구설계의 순서

5.2.1 실험 목적 설정

목적 없는 실험은 성과 달성이 더디다. 실험의 목적이 분명하지 않은 실험 방법과 분석 방법은 무엇인가를 알아내기 어렵다. 분명한 실험 목적은 연구 진행에 도움이 된다. 실험 목적은 제기된 연구 질문에 관련한 정보 원천을 탐색하는 데 있다.

5.2.2 특성치 선택

연구자는 실험 목적을 정한 다음, 실험 연구 목적을 달성하기 위해 어떠한 실험을 하여야 할 것인가 고민해야 한다. 연구자는 유사한 연구에서 무엇이 연구에 포함되었는지 그리고 현재 어떠한 변화가 있었는지 확인해야 한다. 특성치는 연구모형에서 중심이 되는 반응치를 말한다. 예를 들어, 환경 변화 정도, 리더십 스타일 등은 중요한 특성치라고 할 수 있다.

5.2.3 요인과 요인수준 결정

요인과 요인수준을 결정하는 단계에서는 연구모형에 포함되는 요인을 선정한다. 요인(factor)은 연구모형에 포함되는 주요 개념이다. 연구자는 요인을 구성하는 요인의 수준, 즉 변수(variable)를 선정해야 한다. 논문이나 연구 보고서에서는 기존 연구 자료나 문헌을 조사하여 주요 관심사에 대한 요인과 요인수준을 결정할 수 있다.

요인과 요인수준 결정 과정에서 고려할 점을 살펴보면 다음과 같다.

① 많은 요인과 요인수준은 연구의 간명성(parsimony)을 떨어뜨릴 수 있다. 따라서 연구자는 연구실험의 목적을 달성할 수 있는 범위 내에서 적합한 요인을 선정해야 한다.

② 연구자가 생각하는 관심 영역에서 요인과 요인수준을 선정해야 한다. 연구자가 관심 없는 영역의 요인을 연구 범위에 포함시키면 연구에서 흥미를 잃는 하나의 원인이 될 수 있다. 연구에서 재미와 열정을 불어넣기 위해서는 연구자가 평소 흥미를 갖고 있는 요인과 요인수준을 연구에 포함시켜야 한다.

③ 요인 선정은 논리적인 정황과 경험에 합당하여야 한다. 논리적인 정황과 경험에 합당하지 않은 요인은 요인 선정 과정에서 제외되어야 한다. 연구모형에서 요인 선정은 5~6개 이내에서 결정해야 한다. 요인은 양적요인(quantitative factor)과 질적요인(qualitative factor)으로 분류할 수 있다. 양적요인은 등간척도와 비율척도로 측정되는 변수들의 합을 말한다. 질적요인은 명목척도와 서열척도로 구성되는 측정변수의 합을 말한다.

최근에는 연구자가 생각하는 콘셉트를 쉽게 표현할 수 있는 사용자 중심(GUI: Graphic User Interface)의 유용한 프로그램들이 개발되었다. 연구자는 요인과 요인 관련 변수를 마인드 맵핑 프로그램을 통해서 쉽게 표현할 수 있다. 다음은 애크미 상품 판매 증대를 위한 이슈트리(에단 라지엘, 1999)를 마인드 맵핑 프로그램(출처: http://www.ConceptLeader.com)으로 그린 것이다.

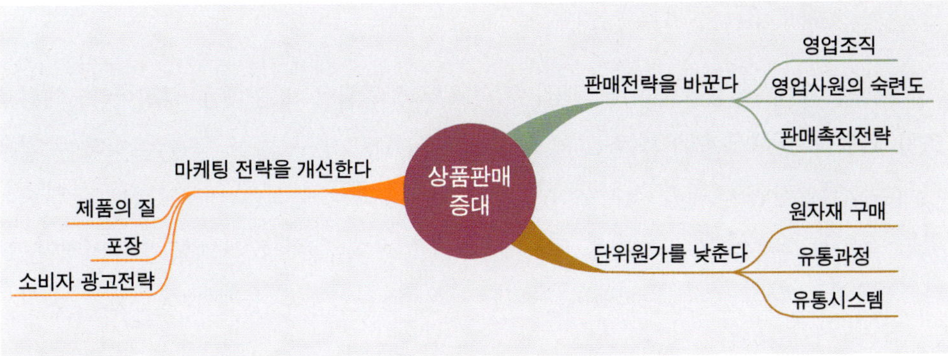

그림 5-3 요인과 변수 표시

'컨셉리더' 프로그램을 통해서 개인이나 조직 구성원들은 자신이 생각하는 바를 시각적으로 표현할 수 있다. 특히, 조직에서 브레인스토밍을 하는 데 있어서 '컨셉리더' 프로그램을 효과적으로 사용하여 업무 성과를 거둘 수 있다.

5.2.4 실험 배치와 실험 순서의 랜덤화

요인수준이 결정되면 다음 단계는 실험을 어떤 방법으로 실시할 것인가를 구체화하는 과정이다. 연구자는 어떤 방법으로 요인수준을 조합시켜 실험할 것이며, 블록(block)의 구성은 어떻게 하고, 실험 순서를 위한 랜덤화(randomization)는 어떻게 할 것인지 정해야 한다. 여기서 블록이란 연구실험의 환경 또는 실험의 장이라고 할 수 있다. 블록은 실험을 실시하기 위한 시간과 공간의 분할을 말한다. 랜덤화란 뽑힐 확률이 일정한 무작위화, 확률화를 의미한다.

5.2.5 데이터 분석

데이터 분석은 실험을 실시한 결과에 대하여 어떤 통계분석 방법을 적용할 것인지 결정하는 단계이다. 통계분석 방법은 도표로 나타내는 방법, 가설검정 방법 등이 있다. 도표로 나타내는 방법은 실험 결과를 표와 그림으로 나타내는 것을 말한다. 이를 통해서 연구자는 시각적인 도표로 특성치 변화를 한눈에 알 수 있다.

가설검정 방법은 통계적 검정 및 추정, t검정, 분산분석, 상관분석, 회귀분석, 경로분석, 구조방정식모형분석 등이 있다. 이에 대한 내용은 뒷부분에서 자세히 다룬다.

5.2.6 해석과 조치

해석과 조치 과정은 데이터 분석 결과로부터 결론을 도출하는 과정이다. 해석과 조치 과정을 통해서 연구자는 실험 목적, 실험 가정, 연구 가설 등을 고려하여 결론이 갖는 기술적인 의미를 생각해야 한다. 분석 결과의 해석은 연구모형에 포함되어 있는 요인과 요인수준의 유의성 여부에 근거한 분석 결과를 토대로 이루어져야 한다. 연구자는 분석 결과를 토대로 유의한 요인을 찾아내고 유의한 요인들을 중심으로 결론을 도출해야 한다.

사회과학의 연구에서는 시간, 공간, 경제적인 측면에서 많은 제약이 따른다. 그러나 이상적인 연구는 실험에서 재현성이 있어야 한다. 재현성은 똑같은 조건에서 연구실험을 반복할 경우 이전과 똑같은 연구 결과를 얻는 것이다. 자연과학이든 사회과학에서 재현성이 없는 실험은 타당성이 없는 연구라고 할 수 있다.

5.3 표본조사

5.3.1 표본조사의 의의

통계분석에서 가장 기초적인 개념은 모집단과 표본이다. 모집단은 연구자의 연구대상이 되는 집단 전체를 의미한다. 연구조사의 초기 단계에서는 통계적 모집단을 신중하게 정의하여야 한다. 이렇게 함으로써 자료수집 과정과 추론 및 결론에 대한 한계를 명확하게 할 수 있기 때문이다. 모집단에 대한 어떤 지식이나 정보를 얻고자 할 때에는 모집단의 일부인 표본을 추출하여 표본 특성치를 구한다. 그리고 이 특성치를 이용하여 모집단에 대한 통계적 추론이나 의사결정을 하게 된다. 예를 들면, 생산된 제품의 불량률 조사, 도시 거주자의 소득수준 조사, 대학생의 의식구조에 대한 조사, TV시청률 조사 등을 실시한 경우에 이러한 과정을 거친다. 이와 같이 모집단으로부터 표본을 추출하여 표본의 특성을 조사하고 모집단의 특성을 추정하는 것을 표본조사라 한다.

모집단에 대한 지식이나 정보를 얻고자 할 때에는 모집단 전체에 대한 센서스(census) 또는 전수조사(enumeration)를 통하여 우리가 원하는 내용을 얻을 수 있다. 모집단은 유한모집단과 무한모집단으로 나눌 수 있다. 모집단을 구성하는 개체수가 한정되어 있다면, 다시 말해서 개체수를 끝까지 셀 수 있다면 그 모집단을 유한모집단(finite population)이라 한다. 예를 들면, 어느 회사에 근무하는 10명의 부장 또는 어느 도시에 연간 팔리는 특정 제품의 개수 같은 것이 있다. 전자의 경우는 소규모 유한집단으로 고정된 모집단이다. 후자와 같이 시간과 장소에 따라 변할 수 있는 동적 유한모집단(finite population)은 무한히 많은 개체로 구성되어 있는 것으로 보통 개념적이며, 주사위를 계속 반복하여 던지는 과정에서 생성되는 자료가 그 예이다. 어떤 경우에는 모집단이 한정되어 있으나 규모가 크기 때문에 무한모집단으로 간주하여도 실제적으로 별 차이가 없는 경우도 있는데 무한모집단으로 간주함으로써 훨씬 쉽게 자료를 분석할 수도 있다. 예를 들어, 어느 회사는 납품업자가 만든 부품 로트에서 표본을 한 개 검사한다고 하자. 검사 대상인 로트는 유한모집단이나 이 로트를 생산하는 공정은 무한모집단일 수 있다. 이 경우에는 납품 업자의 제조 공정이 진실로 인정되고 단일모집단이 될 수 있는지의 여부를 확인해야 한다.

유한모집단과 무한모집단

유한모집단은 모집단을 구성하는 개체의 수를 끝까지 셀 수 있으나, 무한모집단은 무한히 많은 개체로 구성되어 있어 셀 수 없는 모집단을 의미한다.

연구자의 연구 대상이 되는 모집단의 규모가 크든 작든 간에 모집단 전체를 그대로 표본으로 하여 연구하는 경우가 없지는 않다. 이 경우에 실제로 많은 문제점이 있게 된다. 예를 들어, 우리나라 전체 1,000만 가구의 평균 소득을 조사한다고 하자. 1,000만 가구를 일일이 조사하기 위해서는 막대한 인원, 시간 및 경비가 들게 된다. 이것을 해결하는 방법으로 지역별로 표본을 알맞게 선택하여, 이 결과치를 이용하여 가구당 평균 소득을 알아보는 것이 현명한 방법이 된다.

모집단을 추론하는 데 있어 표본조사를 하는 이유는 여러 가지가 있다. 첫째 경제성을 들 수 있다. 어느 회사 전체 종업원 중에서 200명만 조사하여도 알 수 있는 정보를 전체 10,000명을 조사하느라고 시간과 경비를 낭비할 이유는 없는 것이다. 둘째, 신속성이다. 표본조사는 센서스 조사보다 더 빠르게 결과를 알 수 있다. 짧은 시간 내에 의견 조사를 할 필요가 있는 경우 표본조사를 함으로써 정보에 대한 필요성을 인식하고 정보를 활용하는 시간을 최소한으로 줄일 수 있다. 셋째, 무한모집단의 경우 표본조사를 할 수밖에 없다. 주사위 던지기 실험이라든지 또는 어느 병원에 오는 환자의 대기시간 상태를 조사하는 경우에는 표본을 택할 수밖에 없다. 끝으로, 표본조사 자체가 대상물의 성질이나 모양을 변경시킬 우려가 있는 경우이다. 자재의 강도를 시험하기 위하여 망치로 치는 경우에 그 자재는 부서지게 된다. 이러한 경우에 대상 자재를 모두 시험할 수는 없을 것이다.

그런데 추출된 표본이 모집단을 대표하지 못한다면 문제가 된다. 표본의 값(통계량)이 모집단의 값(모수)에 대한 추정치로서는 부정확하기 때문이다. 표본 속에 있는 어떤 개체들은 모수를 실제보다 작게 추정하고 또 다른 개체들은 모수를 실제보다 크게 추정한다. 그래서 이 값들의 변동이 서로 상쇄되면 모수에 가까운 통계량을 얻을 수 있다. 이러한 상쇄 효과를 얻으려면 무엇보다도 표본 개체수가 충분해야 하며 그리고 개체들은 공정하게 추출되어야 한다.

좋은 표본이란 모수의 특성을 잘 나타내주는 것을 뜻한다. 그러나 표본에 의존하여 모집단의 특성을 분석한다면 오차가 생길 수밖에 없다. 통계량과 모수는 반드시 일치하지 않기 때문이다. 이 차이를 오차(error)라고 한다.

5.3.2 오차의 종류

오차는 통계학에서의 중심 개념이다. 어떤 종류의 측정이나 추론을 막론하고 오차는 있게 마련이다. 모집단의 참값인 모수와 표본의 통계량은 일치하기가 어렵기 때문에 표본조사의 경우에는 필연적으로 어차가 생기게 마련이다. 오차의 종류에는 표본오차(sampling error)와 비표본오차(nonsampling error)가 있다. 표본오차는 모집단의 일부를 선택하여 모수를 추정하기 때문에 생기는 오차를 말한다. 비표본오차는 표본의 특성을 관찰하는 방법이 부정확해서 발생한다. 이 경우에는 주로 측정오차가 많다.

1) 표본오차

표본오차는 표본추출에서 모수와 통계량 사이의 불일치한 정도를 의미하는데, 우연적인 요인에 의하여 전혀 통제될 수 없는 상황에서 일어난다. 예를 들어, 모집단으로 10, 20, 30개의 세 가지 숫자 카드가 있다 하자. 세 숫자를 모두 합한 후 3으로 나누면 평균은 20이 되는데, 이 수치가 모수이다. 그런데 세 카드에서 카드 두 장을 비복원추출 한다고 하면 ${}_3C_2=3$ 방법이 있다. 각각의 방법에 대하여 평균을 구하면 [표 5-1]과 같다.

표 5-1 세 카드에서 두 카드를 뽑았을 때의 표본평균

방법	표본	표본평균
1	10, 20	15
2	10, 30	20
3	20, 30	25

이 표에서 보는 바와 같이 표본평균, 즉 통계량은 표본에 따라 다르다. 실제 표본에서는 세 가지 가운데에서 하나만 얻게 된다. 만일 10과 30의 카드를 뽑은 경우에는 모수와 일치하는 수치를 얻게 되지만, 나머지 경우에는 오차가 있는 통계량을 얻게 된다. 이와 같이 확률표본에 의하여 통계량을 구한다 하더라도 모수와는 오차가 있게 되는데, 이를 우연오차(chance error), 확률오차(random error) 또는 표본오차(sampling error)라고 한다. 오차의 크기는 신뢰성을 나타낸다. 오차가 크면 신뢰성은 낮아지고, 반대로 오차가 작으면 신뢰성은 높아진다. 표본오차는 표본의 크기를 크게 함으로써 감소시킬 수 있다. 일반적으로 우리가 소표본보다는 대표본을 선호하는 이유가 여기에 있다. 표본오차는 대표본일수록 적어지므로, 결과치는 더욱 정확하여 신뢰할 수 있다.

2) 비표본오차

앞에서 설명한 표본오차는 표본추출에 있어 모수와 통계량 사이의 불일치 정도이다. 그 반면 비표본오차는 표본으로 추출된 대상을 실제로 관찰·측정할 때에 생기는 오차로서 측정 대상과 측정 결과의 불일치 과정을 말한다. 예를 들어, 생활수준을 알기 위하여 학생들에게 월평균 가구소득 수준을 물었을 때에, 조금 과장해서 대답할 가능성이 있다. 반대로 장학금 대상자를 뽑기 위하여 같은 질문을 하였을 때에는 실제보다 낮은 수준으로 대답할지도 모른다. 또한, 비표본오차가 생기는 이유를 보면

질문자와 응답자 사이의 이해 부족, 부정확한 설문지 작성, 자료의 수집·처리·수행 과정에서의 잘못, 정보를 제공하는 응답자의 응답 거부 그리고 대상 모집단을 대표하지 못하는 표본의 추출 등 때문이다. 이러한 오차는 흔히 편의(偏倚, bias)라고 부른다. 표본조사에서의 편의는 넓은 의미의 오차이며 그 요인은 다양하다.

편의는 주로 그릇된 표본설계에서 기인한다. 대표적인 예로 1936년 미국 대통령 선거에 대한 리터러리 다이제스트(Literary Digest)사의 여론 조사를 들어보자. 이 회사는 여론조사를 위하여 전화번호부와 자동차 등록 대장에서 뽑은 많은 유권자에게 설문지를 보냈다. 보낸 설문지 가운데 $\frac{1}{5}$에 해당되는 약 200만 명 이상의 유권자가 응답을 하였다. 여론조사 결과 이 회사는 랜든 후보가 루즈벨트 후보를 누르고 승리할 것으로 예측하였다. 그러나 결과는 루즈벨트의 압도적인 승리였다. 1936년 당시는 대공황이어서 많은 서민층은 전화나 자동차를 가지고 있지 못했다. 표본조사에서 이런 대다수의 서민들이 제외되었던 것이다. 그리고 응답자의 $\frac{4}{5}$는 무응답이었다. 대개 고학력이나 부유층에 속한 사람이 대부분이 무응답자였다. 사실 그 당시에 랜든은 상류층에서 인기를 얻고 있었고 루즈벨트는 전체 유권자의 75%를 차지하는 서민층에 더 인기가 있었다. 결국 리터러리 다이제스트사는 투표에서 경제사회적인 신분 요인을 충분히 감안하지 못했던 것이다.

비표본오차는 표본의 크기를 크게 한다 하더라도 반드시 줄어들지는 않는다. 이러한 종류의 오차는 다른 방안으로 해결해야 한다. 예를 들어, 대상 모집단을 충분히 대표하는 표본을 선택하거나 또는 통계조사에서 무응답자의 문제를 처리하는 것이다. 무응답자에 대한 표본을 다시 추출하여 이들로부터 추정값을 얻어 전체 통계량을 수정하면 될 것이다.

표본오차와 비표본오차

표본오차는 표본추출에서 우연적인 요인에 의하여 생기는 통계량과 모수의 오차이다. 이 오차는 표본크기를 증가시킴으로써 줄일 수 있다. 비표본오차는 표본의 성격을 잘못 관찰하여 생기는 측정오차를 뜻한다. 이것은 대상 모집단을 충분히 대표하는 표본을 선택함으로써 줄일 수 있다.

5.4 표본추출 방법

앞서 말한 바와 같이 오차는 표본오차와 비표본오차가 있다. 따라서 개별 측정은 진실한 값에다 두 오차를 합한 것이라 할 수 있다. 표본오차는 우연적인 것으로 표본의 크기를 증가시킴으로써 줄일 수 있으며, 비표본오차는 표본 선택 방법이나 관찰 방법에 관련된 표본설계를 과학적으로 함으로써 줄일 수 있다.

이 절에서는 표본추출 방법에 관하여 설명하기로 한다. 여기에는 두 가지 방법이 있는데, 하나는 확률추출이고 다른 하나는 비확률추출이다. 확률추출이란 모집단을 구성하는 각 개체가 표본으로 선택될 확률이 모두 동일한 상태에서 표본을 추출하는 것을 뜻한다. 한편 비확률추출은 연구자가 모집단과 비슷하다고 판단하는 표본을 임의로 추출하는 방법을 말한다. 먼저 확률추출에 관하여 설명하여보자.

5.4.1 확률추출

확률추출(probability sampling)은 모집단에서 일정한 확률에 입각하여 표본을 추출하는 방법이다. 앞에서 예를 든 10, 20, 30의 숫자가 있는 세 카드에서 하나를 뽑는다고 할 때 각 카드가 뽑힐 기회는 모두 $\frac{1}{3}$로 동일한 셈이다. 확률추출은 무작위추출(random sampling)이라고도 한다. 확률추출에 의하여 모집단을 효과적으로 추정하기 위해서는 적절한 규모의 표본을 가져야 하며, 모집단을 대표할 수 있도록 무작위성(randomness)이 확보되어야 한다. 확률추출의 방법은 ① 단순확률추출, ② 체계적 추출, ③ 층별 추출, ④ 군집추출 등이 있다.

1) 단순확률추출

단순확률추출(simple random sampling)은 가장 기본적인 확률표본 추출 방법이다. 모집단을 구성하는 개체들이 선택될 기회가 동등한 가운데 표본을 만드는 것을 뜻한다. 이 방법은 무작위추출을 의미한다. 무작위추출은 '닥치는 대로' 추출을 하는 것이 아니다. 표본 개체가 뽑힐 확률이 이미 알려져 있는 것을 뜻한다.

무작위추출에 관한 예를 들어보자. 100명의 학생 중에서 10명을 뽑는다고 하자.

10명을 단 한 번에 뽑을 경우에 한 학생이 선택될 확률은 $\frac{1}{10}$이다. 그러나 한 명씩 뽑는다면 첫 학생이 선택될 확률은 $\frac{1}{100}$이 된다. 즉, 뽑힌 학생을 제자리에 채우는 복원추출을 한다면, 두 번째 학생이 뽑힐 확률은 $\frac{1}{99}$이 된다. 위의 예와 같이 무작위추출은 선택 기회가 균등한 것을 의미한다.

학생 100명 중에서 10명을 뽑았을 때 단순확률추출은 각 학생의 이름을 적은 종이 100장을 통 속에 넣고 잘 섞은 다음에 하나씩 뽑으면 된다. 일반적으로 유한모집단에서 복원추출의 경우는 중복될 기회가 있기 때문에 비복원추출 방법을 더 많이 사용한다.

표본을 뽑는 다른 방법으로는 난수표(random number table)를 이용하는 방법이 있다. 난수표는 컴퓨터 프로그램에 의하여 무작위로 만들어진 숫자를 모아놓은 표이다. Excel에서는 데이터→데이터 분석→난수 생성을 통해서 난수표를 만들 수 있다. 일반적으로 난수표는 다섯 자리 숫자로 묶여져 있다. 100명 중에서 임의로 4명을 뽑는다고 하자. 각 학생의 번호는 00, 01, … 99까지 두 자리 숫자로 되어 있다. 난수표의 첫 행 첫 열에 있는 다섯 자리 숫자에서 시작하여 둘째 행, 셋째 행, 넷째 행에 있는 수를 선택한다.

$$\underline{10}480,\ \underline{22}368,\ \underline{24}130,\ \underline{42}167$$

그리고 각 다섯 자리 수로부터 첫 두 숫자만 취하여(밑줄 친 부분) 10, 22, 24, 42를 얻는다. 이 번호에 해당하는 학생을 선택하면 무작위 효과를 얻을 수 있다.

2) 체계적 추출

사실 연구자들에게 무작위추출은 그리 용이하지 않으며 비경제적임을 느낄 때가 많다. 이 결점을 극복하기 위한 방법으로 체계적 추출(systematic sampling)을 이용한다. 이 방법은 체계적이면서 무작위추출의 효율성을 그대로 가지고 있기 때문이다. 체계적 추출은 모집단의 구성 개체가 무작위로 배열된 상태에서 표본을 추출하는 것을 말한다. 예를 들어, 100명의 학생 중에서 10명을 뽑는 경우에 매 6번의 번호를 가지는 학생, 즉 6, 16, 26, …, 96번의 학생을 선택하는 추출 방법이다. 처음 숫자 6번을 무작위 방법으로 추출하였다면 100명의 학생은 처음부터 동일하게 선택될 기회를 갖는 셈이다.

3) 층별추출

층별추출(stratified sampling)은 모집단을 일정한 수준에 의하여 두 개 이상의 동질적인 소집단으로 분류한 다음에, 각 소집단으로부터 단순 무작위추출을 하는 것을 말한다. 모집단을 층별 소집단으로 구별하는 기준은 교육, 연령, 지역 혹은 성별 같은 단일 기준으로 하는 경우와 교육과 수입, 성별과 연령 등 같이 두 개 이상의 혼합 기준으로 하는 경우가 있다.

각 층별 소집단이 구성되면 연구의 방향에 따라 일정 수의 구성단위를 무작위로 선출한다. 예를 들어, 대학생의 의식구조를 조사하기 위하여 400명을 상대로 층별 표본을 추출한다면, 학년 기준으로 각 학년마다 100명씩을 무작위로 선출하면 된다. 혼합 기준으로 학년별·성별을 기준으로 한다면 매 학년에 남·여 각 50명씩을 무작위 추출하면 된다. 그런데 각 층에서 표본크기를 결정할 때 모집단의 구성 비율에 따른다면 이를 비례층별추출(proportionate stratified sampling)이라 부른다.

4) 군집추출

군집추출(cluster sampling)은 모집단의 구성 개체를 자연적으로 또는 인위적으로 몇 개 군집으로 구별한 다음에 무작위로 필요한 군집을 선택한다. 그러고 나서 추출된 집단에 대하여 일부 또는 전수조사를 하는 것이다. 예를 들어, 한 도시에 사는 사람들의 소득 상태를 조사하기 위하여 군집추출을 한다고 하자. 그러면 그 도시의 전체 동(洞) 중에서 몇 개의 동을 무작위로 선정한다. 그러고 나서 각 동마다 예를 들어 2통 3반에 사는 주민을 조사하면 된다.

5.4.2 비확률추출

확률추출에서는 표본추출오차를 줄이기 위해 표본 선택 과정에서 무작위추출 방법을 이용한다. 연구자는 이 경우에 표본이 모집단을 대표한다는 것을 확신할 수 있으며, 그리고 모집단에 모수의 수치가 포함되리라고 예상하는 구간 영역을 측정할 수 있다. 따라서 확률추출을 이용하면 편의를 줄일 수 있을 뿐만 아니라 그 편의가 존재하는 범위를 추정할 수 있다. 그런데 어떤 연구에서는 전체 모집단이 이용 불가능한 경우가 있다. 예를 들어, 하나의 중요한 사건이 있는 경우에 적절한 확률표본을 만드는 것은 쉬운 일이 아니다. 따라서 이러한 때에는 비확률추출을 이용한다.

비확률추출은 추출된 표본에 대하여 오차를 명백히 추정하는 통계처리가 불가능한 추출을 말한다. 확률추출은 무작위추출이나, 비확률추출은 무작위로 표본을 추출할 수 없는 것을 의미한다. 연구자들이 비확률추출을 사용하는 이유로 다음 몇 가지를 들 수 있다. 첫째, 연구 목적이 모수 추정에 있는 것이 아니고 특수한 경우를 분석하고자 하는 제한된 목적을 가지고 연구하는 경우이다. 둘째, 시간과 경비를 줄이기 위하여 비확률추출을 이용한다. 셋째, 확률추출은 이론적으로 비확률추출보다 우위에 있다고 하나 실제 응용 면에서는 결함이 있다. 연구자가 통계기법을 부주의하게 적용하면 확률추출은 오히려 부분적으로밖에 쓸모가 없기 때문이다. 비확률추출 방법에는 ① 편의추출, ② 판단추출, ③ 할당추출 등이 있다.

1) 편의추출

편의추출(convenience sampling)은 연구자가 자유롭게 연구 대상을 표본에 포함시키는 것을 말한다. 예를 들면, 친한 친구들이나 이웃을 표본에 포함시켜 어느 사건에 대한 의견을 들어보는 것이다. 이 추출 방법을 이용하면 시간과 경비를 절약할 수 있다. 새로운 아이디어를 시험하거나 또는 어떤 주에 대하여 아이디어를 얻을 때 편의추출을 유용하게 쓸 수 있다. 특히 초기의 탐색 연구에서 편의추출을 하게 되면 연구 방향 또는 지침을 얻을 수 있다. 가령, 대학생의 의식구조에 대한 의견 조사를 위해 면담을 한다고 하자. 첫 시험 단계로 30명 정도의 학생들을 우연적으로 면담한 후에 그들의 응답이 지나치게 일방적인 편견을 가지고 있다는 사실을 알게 되면 더 이상의 면담을 진행할 필요는 없을 것이다.

2) 판단추출

판단추출(judgement sample)은 연구자가 연구 목적에 맞는 사항을 충족시킬 수 있다는 판단에 따라 모집단을 대표하는 표본을 선택하는 방법이다. 판단추출을 하면 비용을 절약할 수 있으며 모집단에 대하여 지식이 있는 경우에는 표본추출이 편리하고 정확도도 높다. 어떤 회사에서 가끔 종업원에 대하여 신제품 테스트를 실시한다고 한다. 그 이유는 회사 종업원이 일반 사람들보다 신제품 아이디어에 대하여 더 호의적이기 때문이다. 따라서 이 상품이 이들 집단에서 합격되지 못한다면 일반 시장에서는 성공하지 못할 것이다. 이런 경우와 같이 탐색 연구의 초기 단계에서 편의한 집단(biased group)을 선택하면 유용하다.

3) 할당추출

할당추출(quota sampling)은 표본이 모집단을 대표하도록 하는 경우에 사용된다. 모집단이 가지는 모든 속성이 선택되는 표본에 비례적으로 적절하게 포함하도록 하는 방법이다. 예를 들어, 어느 대학의 남·여 학생의 비율이 7:3이라고 할 때, 표본에 할당되는 표본비율을 7:3으로 하는 것이다. 이렇게 하면 모집단을 구성하고 있는 각 계층을 적절하게 대표하게 되므로 모집단의 대표성이 높아진다. 할당추출을 하기 위해서는 모집단의 분포를 잘 알고 있어야 하며, 이 추출 방법이 연구 목적에 적절하다고 믿는 이유가 있어야 한다. 대학생의 의식구조 조사에서 성별 또는 대학생과 대학원생 사이에도 의견 차이가 있을 수 있다. 더구나 성적, 전공, 종교 등에 따라서도 다를 수 있기 때문에 이러한 요인들을 적절하게 고려해야 한다.

할당추출을 하면 모집단 분류에서 분류자의 편견이 개입되기 쉽다. 표본이 연구의 변수들을 제대로 대변하는지의 여부를 확인하기 어렵고 때로는 부적절한 경우도 있다. 이러한 약점에도 불구하고 의견 조사나 마케팅 연구에서 많이 이용된다. 확률표본은 비용이 많이 들고 시간도 많이 걸린다. 할당추출에서는 편의의 위험은 있으나 그다지 높지 않다. 그리고 시간과 경비를 절약할 수 있는 것이 장점이다.

참고문헌

에단 라지엘(1999), ≪맥킨지는 일하는 방식이 다르다≫, 이승주·이창현 옮김, 김영사.

연습문제

1. 실험연구설계의 정의와 진행 순서를 이야기해보자.

2. 랜덤화와 블록화의 차이점을 설명해보자.

3. 다음은 '핵심 사업과 밀접하게 연관된 사업'에 관한 연계성을 conceptleader 프로그램으로 그린 것이다. 각자 그려보자.

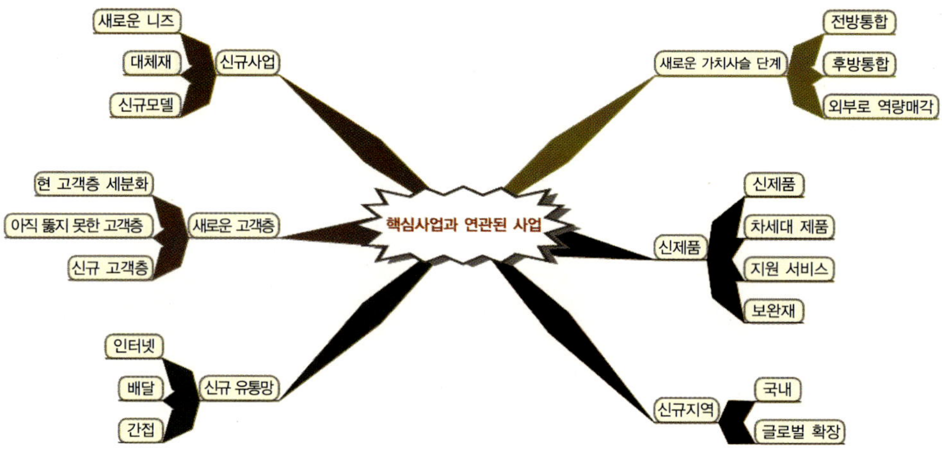

4. 확률추출과 비확률추출의 차이점을 구분해보자.

6장

통계학과 자료조사

통계학은 불확실한 상황하에서 의사결정을 하는 학문이다. 체계적인 연구는 문제 제기, 연구설계, 자료수집, 결과의 분석 및 해석 단계를 거친다.

분석 과정에서 자료 성격 여부에 의해 분석 방법이 나누어진다. 연구자는 질적변수(명목척도, 서열척도), 양적변수(등간척도, 비율척도) 중 독립변수와 종속변수를 구성하는 특성을 통해 분석 방법을 결정한다.

연구자가 직접 조사한 것은 1차 자료가 되고 타인이나 타 기관에서 조사한 것은 2차 자료가 된다.

학습 목표

- 통계학의 기초 개념을 이해한다.
- 연구의 기초 개념을 설명할 수 있다.
- 변수와 자료의 개념을 설명할 수 있다.
- 자료수집의 내용을 이해한다.

6.1 통계학의 기초 개념

6.1.1 통계학이란 무엇인가?

오늘날 급변하는 생활환경에서 우리는 많은 자료와 정보를 접하고 있다. 연구자는 이러한 자료를 이용하여 현재와 미래를 예측하고 적절한 의사결정을 내려야 한다. 예를 들어, 기업의 경영자는 불확실한 상황하에서 내부 여건과 외부 환경을 면밀히 관찰하여야 한다. 즉 기업 내부의 노사관계나 신제품 개발 같은 문제에 관하여 심사숙고해야 하며 환율, 경기 변동, 원자재 확보 같은 외부 문제도 함께 고려하여야 한다. 불확실한 상황에 대한 예측 및 의사결정을 필요로 하는 곳은 단지 기업만이 아니다. 개인, 기상청, 지방자치단체, 병원, 정부 등 이루 헤아릴 수 없이 많다.

이러한 불확실한 상황에서 합리적인 의사결정을 내리기 위하여 필요한 기법 중의 하나가 통계학(statistics)이다. 통계학은 불확실한 상황에서 해결하려는 문제를 대상으로, 주어진 자료를 수집 정리하며 체계적으로 분석하는 학문이다. 과학적인 이론과 실증적인 연구방법을 포함한다. 초기 통계학은 세금 징수를 주된 목적으로 사람 수나 재산을 세는 것이었다. 최근에는 통계학이 경영 관련 모든 영역에서 자료를 근거로 하여 결론을 도출하고 의사결정을 지원하는 데 주로 이용된다. 예를 들어, 어느 정당의 정책에 대한 지지도를 조사하기 위해서는 1,500명을 표본조사한 후에 전체 국민의 지지도를 과학적으로 추정하고 예측할 수 있다. 이와 같이 통계학은 과학적인 방법을 내포하고 있어 점점 더 그 중요성이 커지고 있다.

통계학의 정의

통계학이란 자료를 수집 정리하여 분석하는 기술을 개발하고 응용하는, 방법론적인 학문이다. 이뿐만 아니라, 자료분석에 기초하여 결론을 제시하는 학문이다.

컴퓨터와 인터넷이 급속히 발달하여 감에 따라 통계학의 사용은 크게 증가하고 있다. 개인이나 조직은 통계자료 관련 인터넷 네트워크에 회원으로 가입하여 원하는 자료를 얻을 수 있는데, 이를 통하여 경쟁자의 재무 자료, 기술 변화, 주가, 환율 등에 관한 자료를 수집할 수 있다. 그리고 수천수만에 달하는 자료를 단 몇 분 만에 요약하여 쓸 수 있는 컴퓨터 패키지도 염가로 제공되고 있다. 기업 분석가는 이것을 이용하여 마케팅, 금융, 무역 등에 관한 최신 프로파일을 만들 수 있다. 이 프로파일은 기업의 경영 계획에 크게 도움이 된다. 그 한 예로, 전 세계적으로 제품을 공급하는 기업에서는 본사의 중앙 컴퓨터가 각 지점에 연결되어 있어 제품에 대한 재고 수준을 실시간으로 정확하게 파악할 수 있다. 구매, 제조, 물류 업무는 이용자의 필요에 따라 즉시 수집 분석되며, 이것은 각종 통계자료를 근거로 수행된다. 이와 같이 통계학과 컴퓨터는 불가분의 관계에 있다.

통계학에서 개발된 표본조사 절차법은 경영, 경제, 의학 등 여러 분야에서 응용되고 있다. 노동력, 인구 구성 비율, 자동차 사고율, 범죄, 생산 물량, 소비자물가지수 등에 관한 표본조사를 통하여 중요한 행정 지침이 내려지고 있다. 산업에서는 통계학을 품질관리, 제품의 수요 예측, 즉 소비자의 구매동기, 매출에 대한 광고 효과 등에 이용하고 있다. 통계학은 우리 생활 주변에서 긴요하게 사용될 뿐만 아니라 전문적인 연구에 필수적인 도구이다. 따라서 자연과학, 사회과학, 인문과학뿐만 아니라 산업 분야에서도 과학적인 분석 도구로서 대단히 중요한 위치를 차지한다.

6.1.2 통계학의 기본 용어

1) 자료의 성격

우리 주변에는 여러 가지 현상과 사실들이 존재하고 있다. 예를 들어, 나라 전체에 관한 국민총생산량, 경제성장률, 인구 분포 등의 사실이 있는가 하면, 기업 측면에서는 매출 실적, 투자수익률, 부채 비율, 종업원 이직률 등이 있다. 개인에 관한 사실들을 보면 월평균 수입, 취미 생활에 보내는 시간 등 여러 가지가 있다. 이러한 내용들이 모두 자료에 해당하는 것들이며, 이런 자료는 어떤 대상, 조건 또는 상황을 기술하는 상징이 되는 것이다. 즉, 자료는 개인, 사물 또는 거래에 관한 기본적인 사실들의 집합이며 이것은 수량, 시간, 금액, 비율, 이름, 장소 등을 포함한다.

자료를 의미 있는 형태로 전환시킨 것을 정보(information)라고 부른다. 자료는 생산 시스템에서 원자재에 해당되며, 정보는 완제품에 해당된다고 볼 수 있다. 통계학은 자료를 가치 있게 변화시켜서 정보를 제공해주는 학문이다. 예를 들어, 신문에 매일 발표되는 주식거래 현황은 자료이다. 통계학을 이용하여 이 자료를 분석하면 주식 투자에 대한 예측이 합리적으로 이루어질 수 있다. 이때 분석된 결과는 정보라고 할 수 있으며, 개인이나 단체가 의사결정을 내릴 수 있도록 해준다. 정보는 가공된 가치 있는 자료이다. 이 정보를 이용하여 의사결정을 내리면 의미 있는 결론을 얻게 된다.

그림 6-1 자료와 정보

연구 목적을 원활히 수행하기 위해서는 수집된 자료가 적절한지 여부를 확인하여야 한다. 연구에 적절하지 못한 자료를 수집한다든지 필요 이상의 과다한 양을 수집한다는 것은 현명하지 못하다. 따라서 적절한 자료를 수집하기 위해서는 연구 대상을 명확히 설정해야 한다. 다음은 연구자에게 흥미의 대상이 되는 모집단과 표본에 관한 사항이다.

2) 모집단과 표본

통계학을 이해하는 데 가장 중요한 기본 용어는 모집단(population 또는 universe)과 표본(sample)이다. 가령 건전지를 만드는 어느 회사에서 제품 수명을 기록하여 전체 제품에 대한 불량률을 조사한다고 하자. 건전지의 불량률을 조사하기 위해 연구자는 회사 전체 제품을 대상으로 연구하게 된다. 이와 같이 연구자의 조사 대상이 되는 전체 집단을 모집단이라고 한다. 이 연구자는 다른 회사 제품에 대하여 전혀 관심을 가지지 않으므로 다른 회사 제품을 모집단 속에 포함시키지 않는다. 왜냐하면 오직 이 회사 제품의 불량률만을 조사하고자 하기 때문이다. 그런데 이 회사가 생산하는 전체 제품의 수명을 일일이 조사할 수는 없다. 그 이유는 제품을 팔기도 전에 회사에서 전부 소비해버리는 결과가 되기 때문이다. 따라서 연구자는 전체 제품의 일부를 발췌하여 조사하게 된다. 그 조사 대상이 된 모집단의 일부를 표본이라고 부른다.

모집단과 표본

모집단은 연구자가 관심을 가지고 조사하려는 전체 측정치의 집합이다. 표본은 조사 대상이 되는 모집단의 일부 측정치를 뜻한다.

모집단과 표본 사이의 관계를 그림으로 나타내면 [그림 6-2]와 같다.

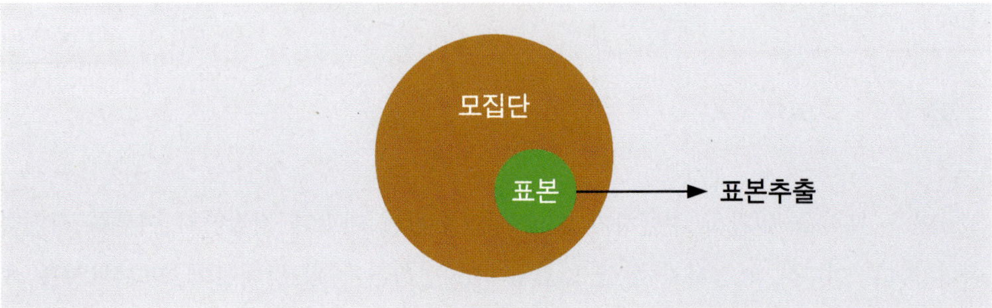

그림 6-2 모집단과 표본의 관계

서울과 도쿄의 올해 대학 신입생들의 체격 비교에 대한 연구에 관심을 가지는 경우, 연구자는 두 지역 학생들만을 모집단으로 선정한다. 그리고 범위를 넓혀서 한국과 일본의 대학 신입생들에 대한 비교 연구라면 당연히 두 나라의 모든 신입생들이 모집단에 포함된다. 만일 어느 대학의 경영학과 학생들의 체중에 관심을 갖는다면 그 학과 학생 전체가 모집단이 되며, 우리나라 국민 전체의 체중에 관심이 있다면 국민 전체가 모집단이 된다. 이와 같이 모집단의 크기는 연구자가 조사 대상의 범위를 어떻게 정하는가에 따라 결정된다.

모집단의 크기가 비교적 작은 경우는 모집단을 구성하는 개체를 일일이 관찰 기록하여 분석하면 정확한 결론에 도달할 수 있다. 그러나 대개의 경우 모집단의 크기가 클 뿐만 아니라 모집단의 구성원을 전부 조사하는 것이 불가능할 때가 흔히 있다. 예를 들어, 대통령 선거 전에 특정 후보의 지지 비율을 알아본다든지, 혹은 어느 병원에 도착하여 치료를 받기 위하여 기다리는 환자의 대기시간을 조사한다든지 할 때에 모집단 전체를 조사하는 것은 거의 불가능하다. 이러한 경우에 시간이나 경비를 절약하기 위하여 모집단 일부인 표본을 선택하여 표본의 특성치로 모집단의 특성을 알아보는 수밖에 없는 것이다. 이 표본 선택 과정을 표본추출(sampling)이라고 부른다.

3) 기술통계학과 추리통계학

앞에서 말한 바와 같이 통계학은 방법론적인 학문이다. 이 통계적 방법론은 기술통계학(descriptive statistics)과 추리통계학(inferential statistics)으로 나눌 수 있다. 기술통계학이란 통계자료를 적절한 방법으로 요약하고 특성을 기술하는 것을 말한다. 이를 위해서는 그림이나 도표로 전체 자료의 특성을 나타내기도 하며 평균이나 분산 같은 측정치로 나타내기도 한다. 반면에, 추리통계학은 모집단으로부터 얻어진 표본을 이용하여 표본의 특성치를 계산하며, 이 계산된 수치를 기초로 하여 모집단의 특성을 추론한다. 예를 들어, 대통령 선거에서 특정 후보의 지지 비율을 알기 위해서 전국적으로 1,500명을 상대로 표본조사한 결과 그 중의 30% 정도가 지지하고 있음을 알게 되었다면, 이 표본의 수치로 우리나라 전체 유권자의 지지율을 추정할 수 있다. 이 추정 과정을 통계적 추론(statistical inference)이라고 한다.

기술통계학과 추리통계학

- 기술통계학이란 통계자료를 적절한 방법으로 요약하고 특성을 기술하는 것을 말한다.
- 추리통계학은 모집단으로부터 얻어진 표본을 이용하여 표본의 특성치를 계산한다.

통계적 방법론은 통계자료의 수집이나 계산 과정보다는 그것을 어떻게 이용하는가에 관점을 두고 있다. 기술통계학과 추리통계학은 상호 배타적인 개념이 아니며, 오히려 서로 보완적인 것임을 유의하여야 한다. 예를 들어서 특정 TV프로그램의 시청률을 조사한다고 하자. 각 지방마다 1,000명씩 표본추출하여 그 프로그램의 시청 여부를 기록, 계산하면 지방별 또는 전국의 평균 시청률을 알 수 있다. 이것은 기술통계학에 속한다. 그런데 이 표본의 특성치를 이용하여 우리나라 전체 가구의 시청률을 추론하여 일반화할 수 있다. 이 과정은 추리통계학에 속한다. 여기에서 보는 바와 같이 통계적 분석 방법은 먼저 자료를 수집, 정리, 해석하며 다음 단계로 표본에서 얻은 특성치를 기초로 하여 모집단의 특성을 추론하므로 두 가지 방법론은 서로 보완적임을 알 수 있다.

오늘날의 통계적 방법론의 주류는 추리통계학 분야이다. 수집된 자료를 단순히 기술하는 것보다는 표본에서 얻어진 특성치를 기초로 하여 모집단의 특성을 규명하는 데 더 중점을 두고 있기 때문이다. 특히 문제 해결을 위해서 모집단 전체를 분석하려면 막대한 시간과 비용을 필요로 한다. 그 뿐만 아니라 어떤 모집단은 그 대상 개념이 확실하지만 조사가 불가능한 경우도 있다. 이러한 경우에 표본을 추출하여 모집단의 특성을 규명하는 것이 올바른 방법일 것이다.

비록 추리통계학은 통계적 방법론의 많은 부분을 차지하더라도 자료의 기초적인 기술은 절대적이다. 주어진 자료를 도표 또는 그림으로 이해하는 편이 훨씬 수월할 때가 많기 때문이다.

6.2 연구조사

우리는 앞에서 통계학의 기초 개념에 대하여 알아보았다. 그리고 통계학의 종류에는 기술통계학과 추리통계학이 있음을 알게 되었다. 사실 이러한 것들은 연구(research)를 효과적으로 수행하기 위해 필요한 개념들이다. 어떠한 통계분석을 실시하더라도, 연구조사의 목적과 수행 절차를 올바르게 이해하는 것이 무엇보다도 중요하다. 여기서 연구는 문제 해결을 위해서 정보를 얻을 목적으로 현상을 체계적으로 분석하는 절차를 의미한다. 그리고 조사(survey)는 비교적 간단한 연구라고 할 수 있다.

연구자가 연구를 수행하는 목적은 제기된 문제를 잘 이해하거나 합리적인 의사결정을 내릴 수 있는 지식과 정보를 얻기 위한 것이다. 이론적이든 실제적이든지 간에 연구는 문제를 해결하기 위하여 정보를 얻을 목적으로 이루어진다. 체계적인 연구를 하려면 문제 해결의 절차가 논리적으로 정연하여야 하며, 연구의 자료 및 결과가 타당성과 신뢰성을 가지고 있어야 한다. 다시 말하면, 자의적인 주관성을 배제하면서 경험적이고 객관적인 사실에 근거한 연구가 되어야 한다.

연구를 수행하는 데 있어 정보 획득에 필요한 기법이나 도구 등은 많이 개발되어 있다. 특히 컴퓨터의 자료처리 능력 덕분에 방대한 자료를 신속하게 정보화할 수 있다. 그리고 전산 시스템을 이용한 새로운 계량분석 기법 및 통계분석 기법이 개발되어 있다. 이뿐만 아니라 의사소통 방법과 측정 기법도 많이 개선되고 있다. 이러한 분석 기법의 개선은 경영, 경제, 의학, 생물 등의 연구 분야에 커다란 영향을 준다.

그러면 연구 과제가 주어졌을 때 어떠한 절차를 통하여 연구를 진행할 것인가를 생각하여보자. 체계적인 연구 절차를 네 단계로 구분해보면 다음과 같다.

1) 문제 제기
2) 연구설계
3) 자료수집
4) 결과의 분석 및 해석

1) 문제 제기

문제 제기란 실질적인 중요성과 적합성을 고려하여 문제를 인식하는 것을 의미한다. 연구 임무를 부여받은 연구자는 주어진 문제가 연구할 만한 가치가 있는지 여부를 우선 검토하여야 하며 이에 대한 지식도 가지고 있어야 한다. 이렇게 하여야만 논리성이 정립되는 기초가 마련된다. 예를 들어, 어느 가전제품 회사에서는 유통마진이 계속 떨어지고 있어 이에 대한 대책을 수립한다고 하자. 연구자는 유통이나 소비자에 관한 책, 간행물, 회사 서류 등을 통하여 또는 유사한 연구 내용을 알고 있는 사람과 면접을 통하여 이 연구가 가치 있는지 여부를 판단한다. 일반적으로 보면, 문제를 제기하고 인식하는 단계에서는 예비 조사를 통하여 연구 과제에 대한 지식을 얻는다.

2) 연구설계

문제 제기에 이어 연구설계의 단계에 들어간다. 연구설계는 연구 과제에 관련된 정보의 원천이나 종류를 명확히 밝히는 계획이며, 또한 자료의 수집 및 분석 방법을 계획한다. 앞의 가전제품 회사 연구자는 유통 관리에 관한 문헌 조사를 계획하며 이 이론을 바탕으로 중요 품목의 제조-보관-판매-배달의 실태를 면담이나 설문지를 통하여 직접 자료를 수집할 것을 고려할 것이다. 분석 방법으로는 통계적 기법이나 계량적 기법의 이용을 설계할 것이다.

3) 자료수집

자료수집 단계에서는 실제 자료를 모은다. 자료수집의 방법은 한곳에서 얻을 수 있는 비교적 간단한 내용부터 시작하여 수개월 혹은 수년 동안 전국적으로 많은 사람을 인터뷰하여 얻은 내용까지 다양하다. 자료의 원천은 책이나 간행물 같은 것이 있는가 하면 대상을 직접 관찰 또는 조사하여 얻는 방법도 있다.

4) 결과 분석 및 해석

결과 분석 및 해석 단계는 자료가 다 모아지면 통계 패키지를 이용하여 분석하고 해석하는 과정을 말한다. 예컨대 Excel이나 SPSS(Statistical Package for Social Science), SAS(Statistical Analysis System)를 이용하여 분석하고 변수들의 연관성을 조사한다. 그리고 연구 목적에 맞추어 발견한 내용을 해석한 후에 보고서를 작성한다. 앞의 가전제품 회사 연구자의 경우에는 수집된 자료를 바탕으로 원가절감 또는 유통이나 소비자에 대한 서비스 개선 방안을 작성하여 회사에 제출할 것이다.

결과 분석 및 해석의 단계가 끝나면 보고서를 작성하여 연구 의뢰자 및 이해관계자에게 보고해야 된다. 보고는 간단명료하면서 연구 의뢰자가 제기한 문제에 명확한 해답을 제시할 수 있어야 한다.

연구

연구는 문제를 해결하기 위한 체계적인 절차이다. 이것을 수행함으로써 문제를 더 잘 이해하거나 의사결정을 위한 정보를 얻을 수 있다. 연구는 문제 제기, 연구설계, 자료수집, 결과 분석 및 해석 등의 단계를 거친다.

이와 같이 연구는 문제 해결을 위하여 진행하게 되는데, 이를 위해서는 자료의 수집과 분석 단계를 거친다. 연구의 신빙성을 입증하려면 반드시 자료를 통하여야 한다. 자료는 어떤 대상에 대한 실험 또는 관찰의 결과로 얻어진 기본적인 사실들로 이루어져 있다. 자료를 체계적으로 수집할 수 있으려면 이에 관련된 개념을 잘 알고 있어야 한다.

6.3 변수

연구 대상이 되는 개체(item 혹은 case)는 특성을 가지고 있다. 이 특성을 나타내는 방법은 여러 가지가 있지만, 연구자가 특별히 더 많은 관심을 가지는 것이 있다. 예컨대, 서울과 도쿄의 대학 신입생들의 체격을 비교하기 위하여 연구자는 체격을 나타내주는 여러 가지 속성을 생각해볼 수 있다. 여러 가지 속성 중에서 키만을 고려하여 비교 연구할 수 있다. 그러나 그 외에도 체중, 가슴둘레, 어깨너비, 근육 상태 등을 변수로 고려하여 자료를 수집 분석할 수 있다.

위의 연구에서 관심 대상인 대학 신입생을 관찰 대상 혹은 개체라고 하며, 개체에 관한 특성 중에서 연구자가 특별히 관심을 갖는 특성을 요인(factor)이라고 부르며, 이 요인을 나타내주기 위하여 쓰이는 속성을 변수(variable)라 한다. 예컨대, 신입생의 체격은 요인이 되며, 그 요인을 구성하는 키, 체중, 가슴둘레 등은 변수가 된다. 그리고 변수는 변량(variate)이라고도 한다. 변수의 선택은 연구 목적에 따라 다르며, 또한 연구자가 가장 중요하다고 생각하는 것에 따라 하나 혹은 여러 개가 있을 수 있다. 하나의 변수를 다루는 통계분석을 단일변량통계분석(univariate statistical analysis), 그리고 변수가 여러 개를 다루는 경우를 다변량통계분석(multivariate statistical analysis)이라고 한다.

변수는 요인을 구성하고 설명하며 일정한 측정 단위로 계량화가 가능한 것을 뜻한다. 예를 들어, 학생이라는 것은 변수가 될 수 없다. 이것은 개체이며 단순한 개념에 불과하다. 학생은 일반적인 전체 성격만을 나타내며 이것을 측정하고 계량화할 수 없다. 학생 그 자체는 어떤 특수한 속성을 나타내고 있지 않기 때문이다. 그러나 학생의 학업성적, 사회에 대한 태도 같은 것은 학생의 특징적인 모습, 즉 특성을 가지고 있으며, 이것은 요인이라고 부른다. 그리고 학업성적이라는 요인을 설명할 수 있는 국어, 영어, 수학 등은 변수가 된다.

변수는 크게 양적변수(quantitative variable)와 질적변수(qualitative variable)로 나눌 수 있다. 양적변수란 연구자의 관심 대상이 되는 속성을 수치로 나타낼 수 있는 것을 말한다. 우리나라 국민총생산, 1인당 GNP, 학점, 몸무게 등이 이에 속한다. 한편, 성별, 직업, 학력 등과 같은 속성은 수치보다는 범주로 표시한다. 이와 같은 변수를 질적변수라고 한다. 그러나 질적변수는 반드시 범주로만 표시할 수 있는 것이 아니다. 성별 구분에서 남자는 1, 여자는 2로 표기할 수 있다. 이때의 숫자는 일반적인 수치라기보다는 기호에 불과하다. 한편 양적변수의 표기도 질적으로 표기할 수 있다. 권투 선수의 각 체급이나 월평균 소득액을 상·중·하로 분류한다든지 하는 것은 이에 속한다. 다음의 [표 6-1]은 양적변수와 질적변수의 예를 들어본 것이다.

표 6-1 양적변수와 질적변수의 예

관찰 대상	요인	변수와 자료	변수 종류
학생	학업성적	학점 = 3.41	양적
회사	수익성	당기순이익/매출액 = 10%	양적
형광등	품질	수명시간 = 2,000시간	양적
종업원	성(性)	남, 여	질적
주식	주가수익률	주가/당기 순이익 = 12%	양적
종업원	의견	찬성, 반대, 모르겠다	질적

그런데 양적변수는 이산변수(discrete variable)와 연속변수(continuous variable)로 나눌 수 있다. 이산변수는 각 가구의 자녀 수 또는 어느 학급의 농촌 출신 학생 수와 같이 정수값만 갖는 변수이다. 다시 말하면, 측정척도에서 셀 수 있는 숫자로 표현되는 변수이다. 한편, 사람의 몸무게는 연속변수이다. 사람의 몸무게는 60kg, 60.2kg 등으로 측정될 수 있으며, 더 정확히 하면 소수점 이하로 얼마든지 숫자를 가질 수 있다. 연속변수는 측정척도에서 어떠한 값이라도 취할 수 있는 것으로 무게, 길이, 속도 등이 이에 속한다.

이산변수와 연속변수

이산변수는 셀 수 있는 숫자로만 값을 가지는 변수이므로 정수값을 취한다. 한편, 연속변수는 일정한 범위 내에서 어떠한 값이라도 취할 수 있다.

6.4 자료

6.4.1 자료의 의의와 종류

자료는 통계분석의 원재료이다. 이것은 변수를 측정함으로써 결과적으로 얻어진 사실의 묶음이다. 연구자는 필요한 자료를 수집하여 그것이 정확한가 혹은 사용 가능한가에 대하여 평가하여야 한다. 이를 확인하지 않은 채로 실시한 통계분석은 신뢰할 만한 것이 못된다. 올바른 연구를 위해서는 적절한 자료를 수집하여야 한다. 자료에는 조직 내부용에서 수집하는 일상적인 것이 있으며, 정부 또는 사설 기관에서 수집하는 경제 및 사회 분야에 관한 것도 있다. 이와 같이 자료란 대상 또는 상황을 나타내는 상징으로서 수량, 시간, 금액, 이름, 장소 등을 표현하는 기본 사실들의 집합을 뜻한다.

자료의 종류는 변수의 종류에 의하여 질적자료와 양적자료로 나뉜다. 질적자료(qualitative data)는 질적변수를 기록한 자료이다. 남·녀로 구분되는 성별, 상·중·하로 나타내는 생활수준, 도시·농촌으로 나타내는 출신 지역 등이 이에 속한다. 그리고 양적자료(quantitative data)는 양적변수를 기록한 자료로서, GNP, 경제성장률, 매출액, 몸무게, 평점 등과 같이 수치로 표기할 수 있는 것을 말한다.

6.4.2 측정과 척도

적절한 자료를 얻으려면 관찰 대상에 내재하는 성질을 파악하는 기술이 있어야 한다. 이를 위해서는 규칙에 따라 변수에 대하여 기술적으로 수치를 부여하게 되는데, 이것을 측정(measurement)이라고 한다. 여기서 규칙이란 어떻게 측정할 것인가를 정하는 것을 의미한다. 예를 들어, 세 종류의 자동차에 대하여 개인적인 선호도를 조사한다고 하자. 자동차에 대하여 개별적으로 좋다－보통이다－나쁘다 중에서 하나를 택하게 할 것인가 혹은 좋아하는 순서대로 세 종류에 대하여 순위를 매길 것인가 등의 여러 가지 방법을 고려해볼 수 있다. 이와 같이 측정이란 관찰 대상이 가지는 속성의 질적 상태에 따라 값을 부여하는 것을 뜻한다.

측정 규칙의 설정은 척도(scale)의 설정을 의미한다. 척도란 일정한 규칙을 가지고 관찰 대상을 측정하기 위하여 그 속성을 일련의 기호 또는 숫자로 나타내는 것을 말한다. 즉 척도는 질적인 자료를 양적인 자료로 전환시켜 주는 도구이다. 이러한 척도의 예로써 온도계, 자, 저울 등이 있다. 척도에 의하여 관찰 대상을 측정하면 그 속성을 객관화시킬 수 있으며 본질을 명백하게 파악할 수 있다. 그뿐만 아니라 관찰 대상들을 서로 비교할 수 있으며 그들 사이의 일정한 관계를 알 수 있다. 관찰 대상에 부여한 척도의 특성을 아는 것은 중요하다. 왜냐하면 척도의 성격에 따라서 통계 분석 기법이 달라질 수 있으며, 가설 설정과 통계적 해석의 오류를 사전에 방지할 수 있기 때문이다.

측정과 척도

측정이란 관찰 대상의 속성을 질적인 상태에 따라 수치를 부여하는 것이며, 척도는 일정한 규칙을 세워 질적인 자료를 양적인 자료로 전화시켜주는 도구이다.

척도는 측정의 정밀성에 따라 명목척도, 서열척도, 등간척도, 비율척도 등으로 분류한다. 이를 차례로 설명하면 다음과 같다.

1) 명목척도

명목척도(nominal scale)는 관찰 대상을 구분할 목적으로 사용되는 척도이다. 이 숫자는 양적인 의미는 없으며 단지 자료가 지닌 속성을 상징적으로 차별하고 있을 뿐이다. 따라서 이 척도는 관찰 대상을 범주로 분류하거나 확인하기 위하여 숫자를 이용한다. 예를 들어, 회사원을 남녀로 구분한다고 하자. 남자에게는 1, 여자에게는 2를 부여한 경우에, 1과 2는 단순히 사람을 분류하기 위해 사용된 것이지 여성이 남성보다 크다거나 남성이 여성보다 우선한다는 것을 의미하지는 않는다. 명목척도는 측정 대상을 속성에 따라 상호 배타적이고 포괄적인 범주로 구분하는 데 이용한다. 이것에 의하여 얻어진 척도값은 네 가지 척도의 형태 중에서 가장 적은 양의 정보를 제공한다.

2) 서열척도

서열척도(ordinal scale)는 관찰 대상이 지닌 속성에 따라 순위를 결정한다. 이것은 순서적 특성만을 나타내는 것으로서, 그 척도 사이의 차이가 정확한 양적 의미를 나타내는 것은 아니다. 예를 들어, 좋아하는 운동 종목을 순서대로 나열한다고 하자. 제1순위로 선정된 종목이 야구이고 제2순위가 축구라고 할 때, 축구보다 야구를 2배만큼 좋아한다고 할 수는 없다. 이것이 의미하는 것은 단지 축구보다 야구를 상대적으로 더 좋아한다는 것뿐이다. 이 척도는 관찰 대상의 비교 우위를 결정하며 각 서열 간의 차이는 문제 삼지 않는다. 이들의 차이가 같지 않더라도 단지 상대적인 순위만 구별한다. 이 척도는 정확하게 정량화하기 어려운 소비자의 선호도 같은 것을 측정하는 데 이용된다.

3) 등간척도

등간척도(interval scale)는 관찰치가 지닌 속성 차이를 의도적으로 양적 차이로 측정하기 위해서 균일한 간격을 두고 분할하여 측정하는 척도이다. 대표적인 것으로 리커트 5점 척도와 7점 척도가 있다. 다음 전형적인 리커트 5점 척도를 나타낸다.

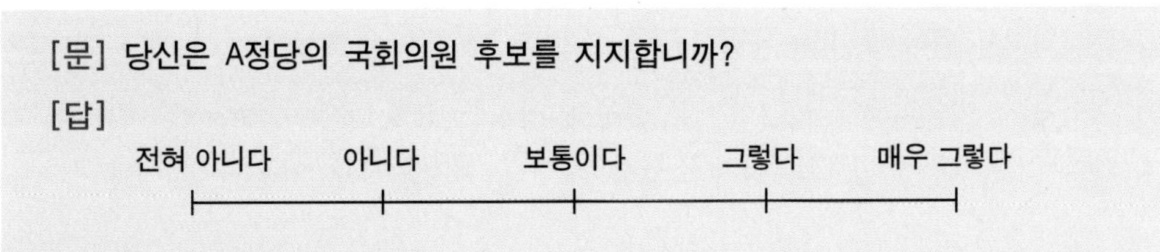

그림 6-3 리커트 5점 척도

이 5점 척도에서 보면 1과 2, 2와 3, 3과 4, 4와 5 등의 간격 차이는 동일하다. 등간척도에서 구별되는 단위 간격은 동일하며, 각 대상을 크고 작은 것 또는 같은 것으로 그 지위를 구별한다. 속성에 대한 순위는 부여하되 순위 사이의 간격이 동일하다. 측정 대상의 위치에 따라 수치를 부여할 때 이 숫자상의 차이를 산술적으로 다루는 것은 의미가 있다. 등간척도는 관찰 대상이 가지는 속성의 양적 차이를 측정할 수 있으나, 그 양의 절대적 크기는 측정할 수 없으므로 비율 계산이 곤란하다.

온도는 등간척도의 대표적인 예이다. 화씨 100도는 화씨 50도에 대하여 배의 개념이 성립한다. 그러나 화씨 100도가 화씨 50도에 비해서 두 배 덥다는 절대적인 의미를 부여할 수 없다. 또한 화씨를 섭씨로 바꿔보면 화씨에서 배의 개념이 성립하지만 섭씨에서는 배의 개념이 성립하지 않음을 알 수 있다.

표 6-2 화씨와 섭씨 관계

화씨	섭씨	화씨를 섭씨로 바꾸는 방법
100	37.8	섭씨=(화씨−32)÷1.8
50	10	

4) 비율척도

비율척도(ratio scale)는 앞에서 설명한 각 척도의 특수성에다 비율 개념이 첨가된 것이다. 이 척도는 거리, 무게, 시간, 학점 계산 등에 적용된다. 이것은 연구조사에서 가장 많이 사용되는 척도로서, 절대적 0을 출발점으로 하여 측정 대상이 지니고 있는 속성을 양적 차이로 표현하고 있는 척도이다. 이 척도는 서열성, 등간성, 비율성의 세 속성을 모두 가지고 있으므로 곱하거나 나누거나 가감하는 것이 가능하며 그리고 그 차이는 양적인 의미를 지니게 된다. 예컨대, A는 B의 두 배가 되며, B는 C의 $\frac{1}{2}$배 등의 비율이 성립된다. 비율척도에서 값이 0인 경우에 이것은 측정 대상이 아무것도 가지고 있지 않다는 뜻이다. 국민소득, 전기 소모량, 생산량, 투자수익률, 인구 수 등이다.

이상에서 네 가지 종류의 척도에 대하여 알아보았다. 사실 측정 방법은 측정 대상과 조사자의 연구 목적에 따라 달라지며, 관찰 대상을 측정할 때 어떠한 척도 방법을 선택하는가에 따라 통계 작업이 영향을 받는다. 연구 또는 조사를 함에 있어서 자료가 지닌 성격을 정확히 파악하는 것도 중요한 일이지만 그러한 속성을 고정적인 것으로 보고 그 틀에 갇힐 필요는 없다. 자료의 기본 속성에서 크게 벗어나지 않는다면 연구 목적을 위해서 명목척도와 순위척도를 마치 등간척도나 비율척도처럼 사용하는 경우도 있다. 그러나 위의 네 가지 척도에서 정보의 수준이 높아져가는 단계를 보면 명목척도, 서열척도, 등간척도, 비율척도의 순서이다. 이것을 표로 나타내면 다음과 같다.

표 6-3 네 척도의 정보량

특성 / 척도	범주	순위	등간격	절대영점
명목척도	○	×	×	×
서열척도	○	○	×	×
등간척도	○	○	○	×
비율척도	○	○	○	○

명목척도와 서열척도로 측정된 자료는 비정량적 자료 또는 질적자료라고 하며, 한편 등간척도와 비율척도로 측정된 자료는 정량적 자료 또는 양적자료라고 한다. 질적자료에 적용 가능한 방법은 비모수통계 기법이며, 양적자료에는 모수통계 기법이 주로 이용된다. 자료의 성격에 적합한 분석 기법을 선택하는 것은 중요하다. 비모수통계분석은 주로 순위자료와 명목자료로 측정된 자료에 대한 통계적 추론에 이용되는 분석 방법이다. 그러나 주로 사용하는 통계 기법은 모수통계분석인데, 이것은 주로 양적자료를 대상으로 표본의 특성치인 통계량을 이용하여 모집단의 모수를 추정하거나 검정하는 분석 방법이다.

표 6-4 척도별 분석 방법

척도	숫자 부여 방법	가능 분석 방법	예
명목척도	구분, 분류	빈도분석, 교차분석, 비모수통계분석	성별, 신제품 성공과 실패, 환자의 생과 사
서열척도	순서비교	서열 상관관계(스피어먼 상관계수)	제품과 서비스 선호 순서, 사회계층
등간척도	간격비교	모수통계분석	온도, 상표 선호도, 주가지수
비율척도	절대적 크기 비교	모수통계분석	학점, 매출액, 무게, 소득, 나이

통계분석은 변수를 구성하는 척도에 따라 분석 방법이 달라진다. 영향을 주는 독립변수와 영향을 받는 종속변수가 어떻게 구성되었는가의 여부, 변수(variable)로 이루어진 변량(variate)이 한 개(단변량)인가 두 개 이상(다변량)인가의 여부에 따라 통계분석 방법의 명칭이 달라진다. 이를 그림으로 나타내면 다음과 같다.

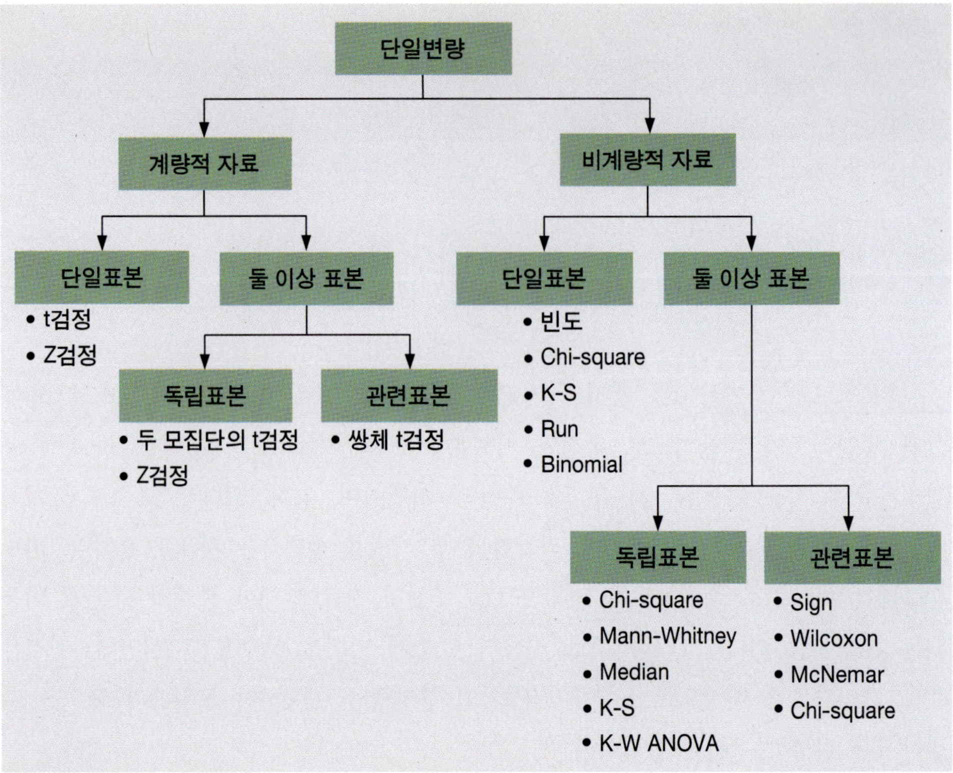

그림 6-4 단일변량

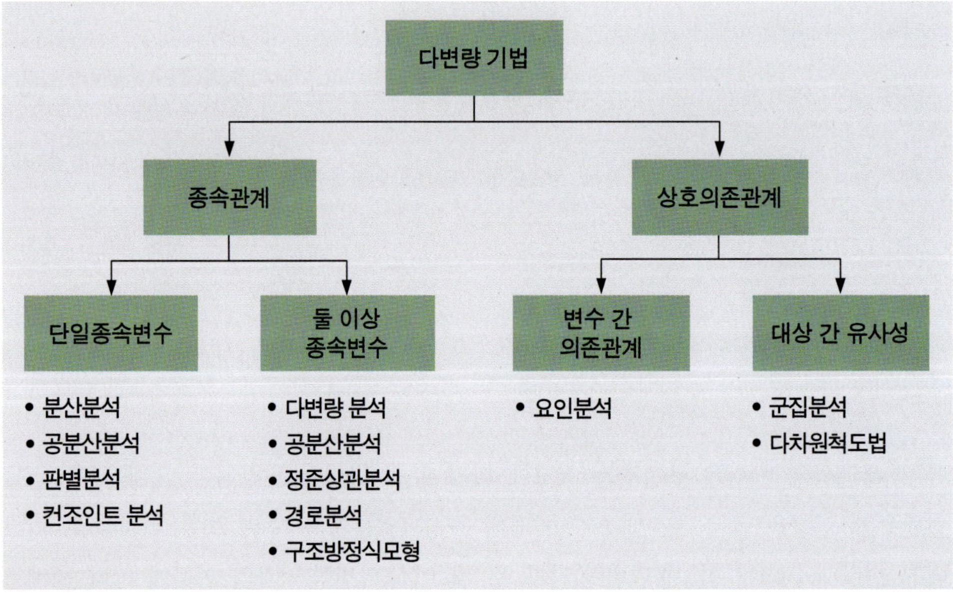

그림 6-5 다변량 통계분석

6.5 자료수집

6.5.1 자료수집의 절차

앞에서 설명한 바와 같이 자료는 숫자나 기호로 나타내는 사실의 집합을 뜻한다. 다시 말하면, 측정 대상이 가지고 있는 속성을 계량화하기 위하여 측정척도를 사용하여 기록한 숫자를 자료라 한다. 자료는 선택된 변수를 관찰하여 얻어진 수치이다. 이 수치를 모으는 절차가 자료수집 과정이다. 예를 들어, 어느 대학의 경영학과 학생들에 대해 학업성적을 조사한다고 하자. 이 조사를 위하여 자료수집의 과정을 그림으로 설명하면 다음과 같다.

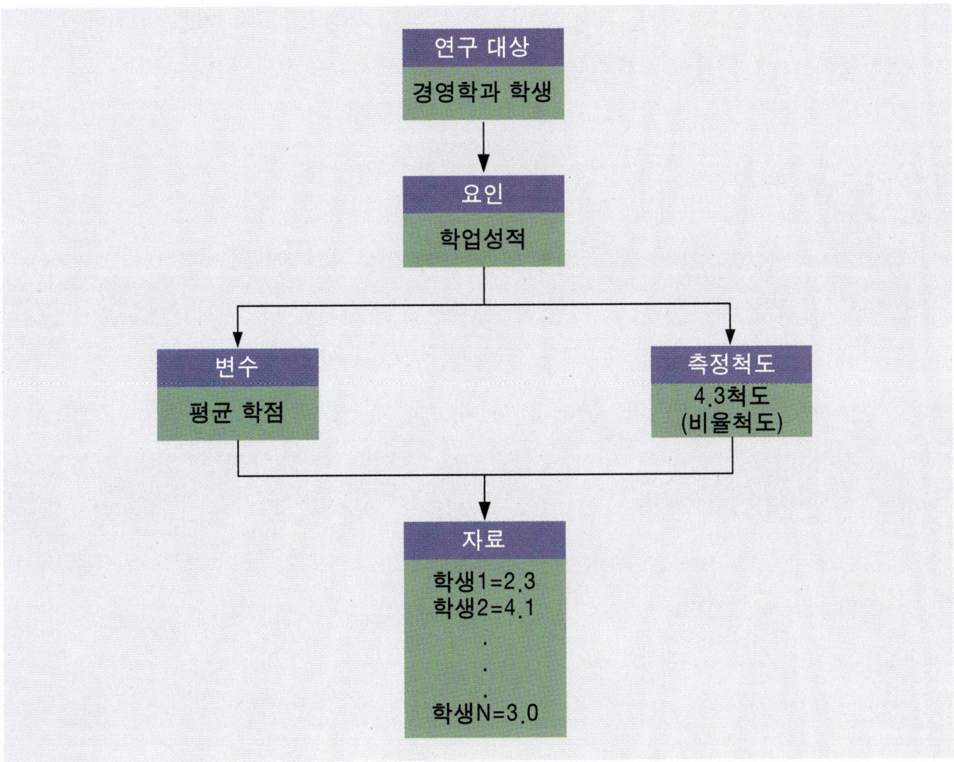

그림 6-6 자료수집 과정

위 그림에서 보면, 경영학과 학생들은 모집단을 구성한다. 이 모집단을 대상으로 한 연구자의 관심은 이들 학생들의 학업성적이다. 학업성적을 가장 잘 나타내주는 변수는 학점이다. 학점 계산을 위해 이 학교에서는 4.3점 만점의 척도를 사용하고 있다. 전체 N명을 대상으로 각 학생이 수강하였던 모든 과목들의 학점을 평균하여 나열한 것이 자료가 된다. 연구 목적이 먼저 설정되고, 이 목적을 만족시키는 변수와 자료범위가 결정되면 위와 같이 자료를 수집하게 됨을 알 수 있다.

6.5.2 자료수집의 원천

자료수집의 원천에는 1차 원천과 2차 원천이 있다. 1차 원천은 대상물 또는 상황을 직접 관찰하거나 설문지를 이용하여 얻은 자료의 원천을 뜻한다. 2차 원천은 이미 다른 사람이 수집한 자료의 원천을 의미한다. 즉, 연구에 관련된 책, 논문, 간행물 등이 이에 해당한다. 일반적으로 연구자는 우선 2차 자료를 통하여 자료수집을 시도한 후에 필요하면 1차 자료 원천을 이용하게 된다. 따라서 2차 자료 원천에 대하여 먼저 설명하고 그 다음에 1차 자료 원천에 대하여 설명하기로 한다.

1) 2차 자료 원천

2차 자료 원천은 이미 다른 사람에 의하여 이루어진 연구를 뜻한다. 이 자료는 크게 내부 자료와 외부 자료로 나눌 수 있다. 내부 자료는 조직 내부에서 여러 형태로 되어 있는 자료를 의미한다. 예를 들면 관련 부서 보고서, 재무제표, 마케팅 판매 보고 연구서 등 여러 가지가 있다. 외부 자료의 원천으로는 책, 간행물, 정부 문서, 그리고 기타 참고문헌 등이 있다. 책은 일반 주제나 특별 주제를 위해 기본적으로 쓰이는 원천이며, 가장 많이 이용된다. 간행물은 책 다음으로 많이 이용되며, 특히 현재의 정보나 특정 내용을 수집하는 데 가치가 있다. 정부, 국회 등의 문서는 세 번째로 많이 이용되고 있다. 그리고 사설 기관, 대학, 참고문헌 서비스 기관에 의하여 제공되는 여러 가지 참고문헌 등이 있다.

2차 자료는 시간과 비용을 절약하면서 쉽게 얻을 수 있다는 장점이 있다. 개인 연구자가 많은 비용을 들여가면서 직접 인구센서스나 산업 관련 통계자료를 얻는다는 것은 거의 불가능하다. 반면에 2차 자료의 결점은 연구 목적에 합당하지 못한 경우가 있다. 즉, 시간 단위, 측정 단위, 또는 개념 정의가 다를 수 있고 자료가 오래

되어 적절하지 못한 경우도 있다. 따라서 2차 자료를 이용할 때에는 이러한 점에 주의하여야 한다.

이와 같이 2차 자료는 몇 가지 단점이 있음에도 불구하고 널리 이용되고 있다. 1970년의 서울 인구, 1990년의 1인당 GNP 같은 것은 이를 통해서만 얻을 수 있는 것들이다. 그리고 현재 연구가 과거 연구의 공헌에 의한 것이고, 또한 지속적인 것이라면 2차 자료는 현재 연구의 중요한 부분이 된다. 1차 자료가 필요할지라도 물리적으로, 법적으로, 또는 비용 제약으로 인하여 단지 2차 자료를 이용할 수밖에 없는 경우가 흔히 있다.

우리나라의 경우 경영이나 경제에 관하여 2차 자료를 얻을 수 있는 원천을 보면, 한국기업총람(한국생산성본부), 한국통계연감(기획재정부), 주요경제지표(기획재정부), 국가통계포털(통계청), 기업경영분석(한국은행), 회사연감(매일경제신문사), 삼성경제연구소 자료, LG경제연구원 자료 등이 있다. 그리고 외국의 경우에 몇 가지를 소개하면 The International Who's Who, Encyclopedia of Social Science, Statistical Abstract of the United States, United States Census Bureau, Applied Science and Technology Index, Public Affairs Information Service-Bulletin, Dun & Bradstreet Reference Book of Corporate Management, Dissertation Abstracts International 등이 있다.

최근에는 연구자 자신의 노력 여하에 따라 인터넷을 통하여 필요한 자료를 직접 수집할 수 있는 길이 열리게 되었다. 예를 들어, 위키피디아(Wikipedia), 구글(Google), 네이버(Naver) 사이트 정도면 어디에 무엇이 있는지 모두 확인할 수 있다. 다만, 쉽게 방대한 자료를 얻을 수 있는 만큼 연구자의 자료 취사선택 능력이 무엇보다 중요해지고 있다.

2) 1차 자료 원천

1차 자료는 대상물 또는 상황을 직접 관찰하거나 여러 의사소통 방법을 이용하여 직접 조사하여 얻은 결과이다. 2차 자료 수집이 충분하지 못한 경우에는 직접 자료를 얻어야 한다. 1차 자료는 연구자가 직접 조사하여 필요한 정보를 얻을 수 있으나 대체로 비용이 많이 들고 시간이 오래 걸린다. 1차 자료 수집 방법을 보면 개인 면담, 전화 면담, 우편 조사, 인터넷 조사, 관찰 등이 있다.

개인 면담은 조사자가 연구 대상을 직접 만나 정보를 얻는 방법이다. 대화를 통하여 혹은 설문지를 작성하여 자료를 수집한다. 이 방법을 이용하면 연구자는 깊이 있게 주제를 탐색할 수 있으며 융통성을 최대한으로 발휘할 수 있다. 이 방법이 성공하려면 응답자는 자신의 역할을 알고 충분히 준비가 되어 있어야 한다. 면담자는 응답자와 친밀한 관계를 가지고 나서 자료를 수집하는 것이 좋다. 개인 면담은 낯선 방문객의 면담을 기피하는 경향이 늘고 있어 수행하기 어려울 때가 많다. 이 방법은 비용과 시간이 많이 들 뿐만 아니라 잘못하면 면담자의 융통성이 연구를 왜곡시킬 수도 있다.

전화 면담은 개인 면담과는 달리 비용도 적게 들고 전화기가 널리 보급되어 있어 점차로 많이 이용되고 있다. 이 방법을 사용하는 경우 통화시간의 제약으로 인하여 얻을 수 있는 정보의 양은 제한적이다. 그리고 전화 통화의 특성상 개인 면담보다는 쉽게 거절될 수 있어 응답률이 떨어진다. 비록 심층 조사가 어렵기는 하지만 신속하고 간편한 방법이기 때문에 많이 이용되고 있다.

우편 조사는 설문지를 우송하여 회신을 받는 조사 방법이다. 조사 대상자가 지역적으로 광범위하게 퍼져있는 경우에 저렴한 비용으로 이용할 수 있다. 응답자로 하여금 참여하도록 유도하는 기술이 많이 개발되어 있지만 대체로 회신 응답률은 낮은 편이다. 높은 비율의 무응답자 의견은 알 수 없기 때문에 조사가 왜곡될 수도 있다. 우편 회수율을 높이는 방법으로 회신 우표와 봉투는 당연하며 때로는 필기구나 생활에 유용한 간단한 선물을 동봉하면 좋을 것이다. 그리고 설문지를 보내기 전에 미리 서신 또는 전화로 연락하여 협조를 구한다면 회수율을 높일 수 있을 것이다.

인터넷 조사는 신속한 자료수집과 예산 절감 효과가 있다. 인터넷 조사가 원활하게 이루어지기 위해서는 정보기술(IT) 인프라 구축이 관건이다. 우리 대한민국은 초고속인터넷망 등 세계 최고 수준의 정보기술을 구축하고 있어 인터넷 조사에 최적의 환경이라고 할 수 있다. 인터넷 조사의 정확성은 개인 면담 조사나 전화 조사보다 높다. 인터넷 조사는 비용이 개인 면담이나 방문 조사보다 저렴하다. 인터넷 조사는 정확한 정보 획득, 편리성, 저렴성 등에서 유리하다. 인터넷 조사는 응답자의 신뢰성 답변이 중요하다.

표 6-5 조사 방법 비교

내용	개인 면담	전화 조사	우편 조사	인터넷 조사
심층 정보 획득 정도	매우 좋음	나쁨	좋음	좋음
정보의 정확성 여부	매우 좋음	보통	보통	높음
면접자 영향 통제 가능성	나쁨	보통	아주 좋음	보통
응답률	높음	보통	낮음	보통
비용 측면	높음	낮음	낮음	낮음

관찰이란 기계적인 과정, 동물 또는 고객의 행동에 대하여 기록하는 것을 말한다. 관찰 대상의 습관이나 행동을 자연스럽게 조사하는 것이기 때문에 개인 면담으로 조사가 어려울 때 이 방법이 유용하다. 예를 들어, 백화점 고객의 구매 행동을 폐쇄회로 카메라로 관찰하는 경우이다. 관찰 대상의 외부적인 행동이나 현상을 조사할 수 있으나 내면적인 동기 같은 것을 파악하기 어렵다.

끝으로, 설문지 작성에 대하여 설명하여보자. 설문지에 의한 자료수집은 사회과학 연구에서 가장 많이 사용되고 있으나, 문항의 개발에 전문적인 지식을 요하므로 기술적인 어려움이 있다. 우수한 설문지는 연구자의 의도가 응답자에게 드러나지 않으며, 연구하고자 하는 주제를 정확히 표현하여 측정 질문에 의한 문항 측정이 내적인 타당성을 지녀야 한다. 그리고 연구의 기본 가설에 대한 충분한 사전 연구가 있어야만 우수한 설문이 나올 수 있다는 사실을 명심할 필요가 있다.

그런데 최근 연구에 사용되는 설문지들을 보면 기본 가설에 대한 충분한 이론적 연구가 부족해서인지, 설문 문항 수가 지나치게 많고 설문이 무엇을 겨냥하고 있는지 설문 자체를 이해하기 어려운 경우도 있다. 심지어는 응답자를 불쾌하게 만들기도 한다. 좋은 설문지를 만들려면, 본 조사에 들어가기 전에 우선 주위 사람들을 대상으로 몇 번 예비 설문을 실시하고 수정 보완하는 절차가 반드시 필요하다. 설문지 작성에 있어서 주의점을 간단하게 기술하면, 다음과 같다.

첫째, 너무 많은 설문 문항은 응답자를 지치게 만든다. 설문지에 의하여 집계된 자료의 생명은 신뢰성, 즉 응답자의 성실성이다. 이를 끝까지 유지하기 위해서는 문항 수가 적절해야 한다. 특히 그것이 개인의 가치관, 태도 또는 심리적인 것인 경우에는 문항 수가 20~30개 또는 10~15분의 응답 분량 정도의 문항으로 구성하는 것이 좋다.

둘째, 추상적인 어휘를 피한다. 응답자가 질문의 내용을 분명하게 알 수 있도록 구체적인 낱말을 사용해야 하며, 필요하다면 예를 들어서라도 충분한 설명이 되어야 한다. 특히 하부 속성을 많이 지니고 있는 용어들은 주의 깊게 사용하여야 한다. 예를 들어 민주화라는 단어는 그 안에 내포되어 있는 의미가 매우 포괄적이기 때문에 이러한 단어를 문항에 직접 사용하는 것은 피해야 할 것이다.

셋째, 응답 방식은 연구 목적과 사용할 분석 방법과 조화를 이루어야 한다. 즉 설문에 응답하는 방식을 4개 문항 중에서 하나만을 고르도록 할 것인지, 4개 전부의 순위를 정하라고 할 것인지, 또는 이 중에 2개만을 고르도록 할 것인지 등을 결정해야 한다. 순위와 관계없이 2개를 고르는 경우에는 분석할 수 있는 기법 및 자료를 입력하는 방식에 영향을 주게 된다.

넷째, 설문의 시작과 끝을 부드럽게 한다. 설문지 첫 문항부터 응답자의 극히 개인적인 신상에 관한 질문으로 시작하면 응답자에게 불쾌감을 줄 수 있다. 따라서 첫 부분은 비교적 저항감이 적은 설문부터 시작하고 마감을 잘하는 것이 좋다.

다섯째, 대조적인 설문은 거리를 두어서 배치한다. 설문의 의도가 노출됨으로 인하여 발생하는 응답자의 왜곡을 막기 위해서 대조적인 설문 문항은 가급적 회피해야 한다. 물론 통계적으로 응답 태도의 진위를 가리기 위하여 대조 설문을 사용하는 경우가 있는데 이러한 경우에도 대조적인 문항은 가급적 공간적 거리를 두는 것이 응답 왜곡을 방지할 수 있다.

여섯째, 기존 연구에서 사용한 설문을 응용한다. 아주 특수한 경우가 아니면 기존의 연구에서 사용한 문항들을 기본 가정에서 어긋나지 않는 범위 내에서 응용하는 것이 좋다. 어떤 설문이 기존의 많은 연구에서 사용되어 왔다는 것은 경험적으로 보아 그 항목으로 측정하고자 하는 속성을 비교적 잘 반영하는 내적 타당성을 지니고 있다는 것을 의미한다.

일곱째, 설문의 내용이 응답자와 조화를 이루어야 한다. 연구자가 조사하고자 하는 속성을 응답자가 지니고 있거나 알고 있어야 한다. 예를 들어, 고등학생에게 그 집안의 한 달 평균수입이나 소득 계층을 묻거나 부모에게 학생들의 용돈 사용처를 묻는 것은 설문이 잘못된 것이 아니라 응답자를 잘못 선택한 것이다.

여덟째, 사전 조사를 통해 응답자가 응답하기 어려워하는지 여부를 조사하여 질문을 수정하거나 삭제한다. 사전 조사를 통해 응답하기 곤란한 문항이나 까다로운 항목은 삭제함으로써 정확한 정보를 수집하여야 한다.

연습문제

1. 통계학의 기본 개념을 설명하라.

2. 모집단과 표본을 설명하라.

3. 1차 자료와 2차 자료의 차이점을 설명하라.

4. 개인 면담, 전화 조사, 우편 조사, 인터넷 조사의 특징을 설명하라.

5. 설문지 작성에서 유의할 점을 설명하라.

7장

통계학의 기본

통계학의 기본은 자료의 특성을 파악하는 것이다. 기술통계학에서는 중심위치, 산포경향, 비대칭도, 첨도 등으로 분포의 특성을 파악한다. 여기서는 다양한 분포를 학습한다.

독립적인 베르누이 실행을 통한 성공과 실패의 횟수인 이항확률변수를 이항분포라고 한다. 이산확률분포의 대표적인 예인 포아송분포는 일정 시간 단위당 또는 일정 구간 단위당 사건으로 계산한다.

정규분포는 종 모양의 대칭분포로 가장 널리 사용하는 분포이다. 정규분포는 평균과 표준편차에 따라 여러 모양을 갖기 때문에 서로 다른 모양의 두 분포를 비교하거나 면적의 크기를 계산하여 확률을 알기가 어렵다. 이것을 해결하기 위해서는 정규분포를 표준화할 필요가 있다. 자료를 표준화하는 방법은 평균 $\mu=0$, 표준편차 $\sigma=1$이 되도록 하는 것이다. 표준화된 정규분포를 표준정규분포(standard normal distribution)라 한다.

모수를 추론하는 방법에는 추정(推定, estimation)과 가설검증(假說檢定, hypothesis test) 두 가지가 있다. 추정은 모수에 대하여 알고 있는 지식이 거의 없는 환경에서 추론하는 경우에, 가설검정은 모수에 대하여 약간의 지식을 가지고 있는 경우의 추론에 해당한다.

학습 목표

- 자료 중심위치의 요소와 조건을 이해한다.
- 자료의 산포경향을 이해한다.
- 이항분포의 개념을 설명할 수 있다.
- 포아송분포의 개념을 설명할 수 있다.
- 정규분포의 정의와 확률 계산 방법을 이해한다.
- 표준정규분포의 개념과 활용 방법을 이해한다.
- 신뢰구간 개념과 계산 방법을 이해한다.
- 추정량의 정의와 추정량의 조건을 설명할 수 있다.
- 표본크기 결정 방법을 이해한다.

7.1 기술통계학

수집된 기초 자료로부터 일단 도수분포표가 작성되면 자료의 특성이 나타난다. 그러나 연구의 목적상 자료의 특성을 시각적으로 파악하기보다는 정확하게 숫자로 기술하는 것이 필요한 경우가 더 많다. 여기서는 자료의 특성, 다시 말해서 자료의 분포 상태를 숫자로 표시하는 방법에 대하여 설명한다. 이를 위해서 중심위치, 산포경향, 비대칭도, 첨도 등을 차례로 설명한다.

7.1.1 중심위치

중심위치(central location)는 관찰된 자료들이 어디에 집중되어 있는가를 나타낸다. 정상적인 빈도곡선의 경우, 대체로 가운데에 집중되어 있다. 그리고 두 집단의 비교에서 오른쪽에 위치한 분포가 왼쪽의 것보다 값이 더 크다.

중심위치를 나타내는 측정치는 산술평균(arithmetic mean), 최빈값(mode), 중앙값(median) 등이 있다. 이 세 가지를 합하여 대표값이라고 부른다.

1) 산술평균

산술평균은 중심위치를 알려주는 데에 가장 많이 사용되는 측정치이다. 산술평균은 간단히 평균(average, mean)이라고 한다. 모집단과 표본의 평균을 계산하는 공식은 다음과 같다.

모집단 평균

$$\mu = \frac{1}{N}(X_1 + X_1 + \cdots + X_N) = \frac{1}{N}\sum X_i \qquad \text{식 7-1}$$

표본평균

$$\overline{X} = \frac{1}{n}(X_1 + X_2 + \cdots + X_n) = \frac{1}{n}\sum X_i \qquad \text{식 7-2}$$

위 공식에서 모집단 평균은 μ[mju:]라고 하며, 표본평균은 X-bar라고 읽는다.

예제 1

다음은 100명의 모집단에서 10명의 학생을 표본 추출하여 몸무게를 측정한 결과이다. 모집단 평균은 58Kg이라고 하며, 표본평균을 구하고, 모집단 평균과 비교하라.

40, 64, 47, 55, 59, 55, 66, 55, 57, 62 (단위: Kg)

풀이

$$\overline{X} = \text{m} = \frac{1}{10}(40 + 64 + \cdots + 62) = 56(\text{Kg})$$

표본평균은 모집단 평균보다 2Kg 적은 것으로 나타났다.

사실 모집단 평균과 표본평균을 구하는 식은 동일한 셈이다. 그런데 모집단 평균은 모수(parameter)이므로 변함이 없다. 왜냐하면 모수는 모집단의 특성치로서 조사대상 전체를 상대로 하기 때문이다. 그리고 표본평균은 통계량(statistic), 즉 표본의 특성치로서, 표본추출 방식에 따라 그 값이 달라지는 경우가 허다하다.

산술평균은 일상적으로 쓰는 평균값이다. 그런데 중심위치를 알기 위하여 가중평균(weighted average)을 사용하여야 하는 경우가 있다. 가중평균의 계산은 다음과 같다.

가중평균 계산

$$\overline{X}\text{w} = \frac{\sum w_i X_i}{\sum w_i} \quad \text{식 7-3}$$

여기서 $w_i = i$ 번째 관찰치의 가중치

예제 2

다음은 통계학을 수강하고 있는 A, B, C 세 반 학생들의 수강생의 수와 평균 점수의 자료이다. 전체평균은 얼마인가?

반	수강생(명)	반평균(점수)
A	40	75
B	50	73
C	20	80

풀이

$$\overline{X}_w = \frac{40\times75 + 50\times73 + 20\times80}{40 + 50 + 20} = 75(\text{점})$$

여기서 우리는 전체평균을 단순히 $\frac{1}{3}(75+73+80)=76$ 으로 계산해서는 안 된다. 반평균에 대한 비중(학생 수)이 다르기 때문이다. 이 개념은 다음의 집단자료에서도 나타난다.

집단자료는 도수분포표에 의하여 정리된 자료를 뜻한다. 도수분포표에서는 관찰치가 원시 자료 형태가 아닌 계급구간 안에 들어가 있으므로, 평균을 계산할 때 계급구간의 중간점(midpoint)을 각 계급의 대표값으로 생각하고, 빈도수는 가중치로 간주한다. 집단자료의 산술평균은 다음과 같이 계산한다.

집단자료의 산술평균

$$\overline{X} = \frac{\sum f_i m_i}{\sum f_i} = \frac{1}{n}\sum f_i m_i \qquad \text{식 7-4}$$

여기서 $f_i = i$ 번째 계급의 빈도수

$m_i = i$ 번째 계급의 중간점

$n =$ 표본수$(\sum f_i)$

예제 3

다음은 몸무게 자료를 정리한 도수분포표이다. 이 도수분포표를 이용하여 평균을 구하라.

몸무게(X)	인원(f)
40Kg 이상 ~ 45Kg 미만	3
45Kg 이상 ~ 50Kg 미만	8
50Kg 이상 ~ 55Kg 미만	12
55Kg 이상 ~ 60Kg 미만	18
60Kg 이상 ~ 65Kg 미만	10
65Kg 이상 ~ 70Kg 미만	6
70Kg 이상 ~ 75Kg 미만	3
합계	60

풀이 평균을 구하면 다음과 같다.

몸무게(X)	인원(f)	중간점(m)	fm
40Kg 이상 ~ 45Kg 미만	3	42.5	127.5
45Kg 이상 ~ 50Kg 미만	8	47.5	380.0
50Kg 이상 ~ 55Kg 미만	12	52.5	630.0
55Kg 이상 ~ 60Kg 미만	18	57.5	1,035.0
60Kg 이상 ~ 65Kg 미만	10	62.5	625.0
65Kg 이상 ~ 70Kg 미만	6	67.5	405.0
70Kg 이상 ~ 75Kg 미만	3	72.5	217.5
합계	60		3,420.0

따라서 평균은 3,420÷60 = 57이 된다. 이것은 정리되지 않은 원시 자료의 평균인 56.43에 근사한 값이다. 여기서 한 가지 유의할 것은 중간점을 구할 때 무게와 같은 연속 자료인 경우에는 미만의 값을 그대로 포함하여 계산한다는 점이다. 예컨대, 45 미만은 44가 아니라 44.9999까지이므로 이 값은 사실상 45와 같다고 볼 수 있기 때문이다.

7.1.2 최빈값

최빈값(mode, m_o)은 자료의 분포에서 빈도수가 가장 많이 관찰되는 관찰치를 말한다.

예제 4

다음의 몸무게 자료에서 최빈값은 얼마인가?

40, 64, 47, 55, 59, 55, 66, 55, 57, 62 (단위: Kg)

풀이

최빈값 $m_o = 55$Kg이다. 55Kg인 사람의 수가 3명으로 제일 많기 때문이다.

예제 5

앞의 집단자료인 [예제 3]의 도수분포표에서 최빈값을 구하라.

풀이

계급구간 (55~60) 사이에 빈도수가 18명으로 제일 많다. 따라서 최빈값은 계급구간의 중간점인 57.5Kg라고 하겠다. 최빈값은 빈도곡선에서 봉우리가 제일 높은 관찰치를 뜻한다. 따라서 최빈값도 중심위치 파악에 도움이 된다.

7.1.3 중앙값

중앙값(median)은 가운데 등수에 위치한 관찰치이다. 중앙값을 구하려면 자료를 크기 순서대로 늘어놓아 보아야 한다.

중앙값

$$m_d = X_{\frac{n+1}{2}} \quad \text{식 7-5}$$

예제 6

위의 [예제 4]에서 중앙값을 구하라.

풀이

자료를 올림차순으로 나열하면 다음과 같다.

40, 47, 55, 55, 55, 57, 59, 62, 64, 66

따라서 $m_d = X_{\frac{10+1}{2}} = X_{5.5} = 56$이다. 다시 말해서, 5번째인 55와 6번째인 57의 중간에 위치한 값이다.

한편, 집단자료인 도수분포표에서 중앙값을 구하는 것은 약간 복잡해 보인다. 그러나 다음의 공식을 이해하고 나면, 기본적으로 원시 자료에서 구하는 것과 동일함을 알게 될 것이다.

집단자료의 중앙값

$$m_d = L + C \times \frac{\frac{n+1}{2} - F}{f} \qquad \text{식 7-6}$$

여기서 L = 중앙값이 포함된 구간의 하한값

C = 계급의 구간 너비

n = 총 관찰 수

F = 중앙값이 포함된 구간 앞까지의 누적빈도

f = 중앙값이 포함된 구간의 빈도수

예제 7

앞의 [예제 3]의 도수분포표에서 중앙값을 구하라.

풀이

중앙값을 구하려면 $\frac{1}{2}(60 \ +1) = 30.5$번째의 값을 구하면 된다.

몸무게(X)	인원(f)	누적빈도(F)
40Kg 이상 ~ 45Kg 미만	3	3
45Kg 이상 ~ 50Kg 미만	8	11
50Kg 이상 ~ 55Kg 미만	12	23
55Kg 이상 ~ 60Kg 미만	18	41
60Kg 이상 ~ 65Kg 미만	10	51
65Kg 이상 ~ 70Kg 미만	6	57
70Kg 이상 ~ 75Kg 미만	3	60
합계	60	

$$m_d = L + C \times \frac{\frac{n+1}{2} - F}{f} = 55 + 5 \times \frac{\frac{60+1}{2} - 23}{18} = 51.7$$

7.1.4 대표값의 비교

대표값이란 평균, 최빈값, 중앙값을 총칭하여 일컫는 말이다. 이 대표값은 빈도곡선 또는 분포의 모양에 따라 위치가 달라진다. 다음의 그림은 세 종류의 자료분포 모양을 나타내고 있으며, 각 분포에 따라 대표값이 차지하는 위치를 알려주고 있다.

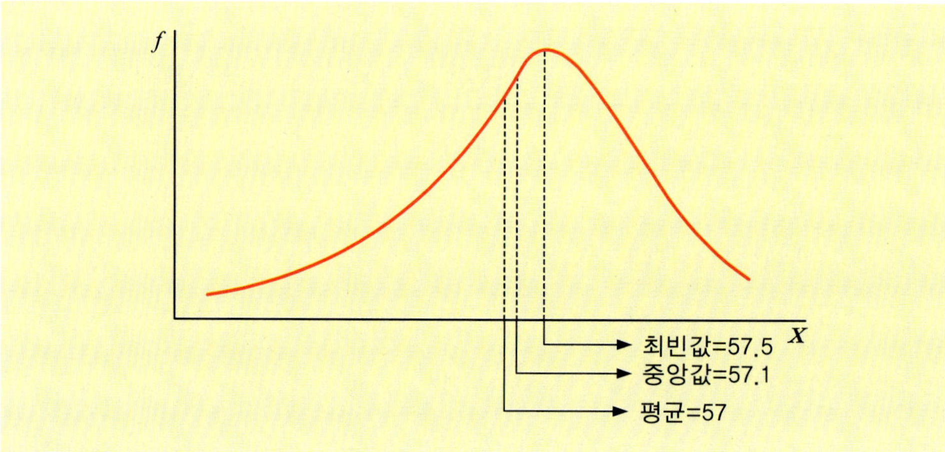

그림 7-1 분포 모양과 대표값의 위치

위의 세 그림을 종합하여 볼 때에, 평균은 한쪽 꼬리에 있는 별개의 극단적인 관찰치에 의하여 영향을 받는다. 그러나 중앙값은 영향을 거의 받지 않으며, 최빈값은 극단적인 값에 전혀 영향을 받지 않는다. 비대칭분포에서 중심위치를 파악하는 데에는 중앙값이 흔히 사용되기도 한다. 우리는 도수분포표에서 평균=57, 최빈값=57.5, 중앙값=57.1임을 알게 되었다. 대표값이 거의 같으므로 대칭분포라고 해도 무방할 것이다. 이것은 도수분포표를 시각적으로 나타낸 막대그림표에서 쉽게 알 수 있다.

7.1.5 백분위수

백분위수(percentiles)는 자료를 크기 순서대로 늘어놓고, 100등분한 후에 위치해 있는 값을 말한다. 앞의 중앙값은 제50백분위수가 되는 셈이다. 제P백분위수는 적어도 P%의 관찰값이 그보다 작거나 같음을 나타낸다. 예를 들어, TOEFL 성적이 580점에 백분위수가 65라면, 전체 응시자의 65%가 580점보다 작거나 같다는 의미이다. 그리고 자료는 필요에 따라 4등분하기도 하는데 이 값을 사분위수(quartiles)라고 부른다. 사분위수와 백분위수를 비교하면 다음과 같다.

사분위수와 백분위수

제1사분위수 = 제25백분위수

제2사분위수 = 제50백분위수 식 7-7

제3사분위수 = 제75백분위수

예제 8

다음은 어느 야구팀 소속 선수 12명의 타율을 순서대로 나열한 것이다.

2.10, 2.25, 2.45, 2.46, 3.01, 3.02, 3.03, 3.12, 3.28, 3.42, 3.58, 4.02

제1사분위수를 구하라.

풀이

제1사분위수는 $0.25 \times 12 = 3$이므로 적어도 3개의 관찰치가 그 값이거나 그 왼쪽에 있는 값인 2.45가 된다. 이 값은 야구 선수의 25%가 타율이 2.45보다 낮다는 것을 나타낸다.

7.2 산포경향

자료 분포의 특성은 중심위치 파악만으로 충분하지 못하다. 자료가 어느 정도 좁게 혹은 넓게 흩어져 있는가를 알아보아야 한다. 이것을 그림으로 나타내 설명하여 보자.

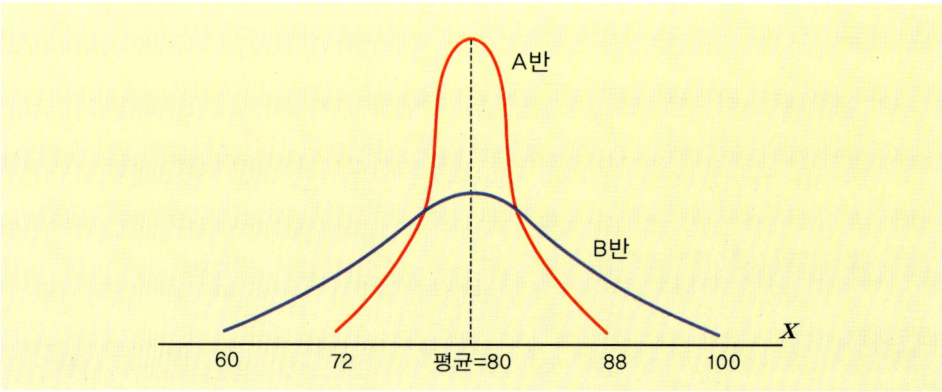

그림 7-2 A반과 B반의 성적 분포

위 그림에서 학생 수가 같은 A반과 B반의 평균은 모두 80점이다. 그러면 두 반의 실력 차이는 없다고 단정 지을 수 있는가? 그렇지 않다. 그림에서 보면 A반 학생들은 B반 학생들 보다 더 많은 학생들이 평균 점수 근처에 몰려 있다. 실력 차이는 개개의 자료가 중심위치에서 얼마나 떨어져 있는가를 측정하면 알 수 있다. 이것을 산포경향(dispersion) 혹은 변동(variation)이라고 부른다. 산포경향을 나타내는 방법으로는 범위, 평균편차, 분산, 표준편차 등이 있다. 이 중에서 범위(range)는 최대값 − 최소값으로 나타내는데, 이것은 그리 정확하지 못하다. 나머지 것을 차례로 설명하여보자.

7.2.1 평균편차

편차(偏差, deviation)는 관찰치가 평균에서 떨어져 있는 거리이다. 관찰치가 평균보다 작으면 음의 값을 가지고, 반대로 크면 양의 값을 가진다. 평균편차(mean deviation)는 이들의 평균치이다.

편차

$$d = X_i - \overline{X} \quad \text{식 7-8}$$

평균편차

$$\text{MD} = \frac{1}{n}\sum \mid X_i - \overline{X} \mid \quad \text{식 7-9}$$

평균편차를 계산할 때는 반드시 절대값을 이용하여야 한다. 절대값이 없는 편차의 합은 영(0)임을 유의하기 바란다. 이에 대한 증명은 각자 해보아라.

예제 9

다음은 통계학 수강생 5명의 점수이다. 이들의 평균편차를 구하라.

90, 85, 72, 78, 75

풀이

먼저 평균을 구하면, 80점이다.

학생	점수(X)	$X - \overline{X}$	$\mid X - \overline{X} \mid$
1	90	10	10
2	85	5	5
3	72	−8	8
4	78	−2	2
5	75	−5	5
합계	400	0	30

$$\text{평균편차(MD)} = \frac{30}{5} = 6$$

이 값은 관찰된 점수가 평균적으로 보아 6만큼씩 평균으로부터 떨어져 있다는 뜻이다. 이 값이 작을수록 관찰치들은 대체로 평균에 가깝고, 반대로 클수록 평균으로부터 멀리 떨어져 있음을 나타낸다.

7.2.2 분산과 표준편차

분산(variance)과 표준편차(standard deviation)는 산포의 정도를 나타내는 데에 가장 많이 사용되는, 매우 중요한 개념이다. 이들의 계산은 모집단과 표본으로 나누어 설명한다.

먼저 모집단 분산과 표준편차의 계산을 살펴보자. N개의 관찰치가 있는 모집단의 평균이 μ이면, 모집단 분산(σ^2)과 표준편차(σ)는 다음과 같다.

모집단 분산

$$\sigma^2 = \frac{1}{N}\Sigma(X_i - \mu)^2$$ 식 7-10

모집단 표준편차

$$\sigma = \sqrt{\frac{1}{N}\Sigma(X_i - \mu)^2}$$ 식 7-11

분산의 계산은 알기 쉽다. 편차 제곱의 합을 평균적으로 본 것이다. 즉, 분산은 제곱 거리의 개념이다. 그리고 표준편차는 단순히 분산의 제곱근이다. 앞의 [예제 9]에서 5명을 모집단이라고 가정하고 분산과 표준편차를 구하면,

$$\sigma^2 = \frac{1}{5}\{(90-80)^2 + (85-80)^2 + (72-80)^2 + (78-80)^2 + (75-80)^2\} = \frac{218}{5} = 43.6$$

$$\sigma = \sqrt{43.6} = 6.6(\text{점})$$

이다. 분산을 계산하기 위해서 편차를 제곱하는 것은 그 값을 모두 양수로 가지기 위함이다. 표준편차는 이것을 다시 간단하게 사용하기 위해서 제곱근을 이용한다. 분산이나 표준편차의 값이 0에 가까울수록 자료는 평균치에 가깝게 있다는 것을 나타내며, 다시 말해서 자료의 변동이 작다는 것을 말한다.

다음으로, n개의 관찰치를 가지는 표본에서 평균을 $\overline{X}$라고 할 때, 분산 S^2과 표준편차 S를 구하는 공식을 살펴보자.

표본의 분산

$$S^2 = \frac{1}{n-1}\Sigma(X_i - \overline{X})^2$$ 식 7-12

표본의 표준편차

$$S = \sqrt{\frac{1}{n-1}\Sigma(X_i - \overline{X})^2}$$ 식 7-13

위의 공식에서 보는 바와 같이 표본분산이나 표준편차를 구하는 경우에는 n이 아니라 n−1로 나눈다는 사실에 유의하기 바란다. 그 이유는 전자보다는 후자가 모집단의 분산을 더 가깝게 추정한다는 통계학적인 이론에서 나왔다. 그리고 표본이 큰 경우에는 n이나 n−1은 별 차이가 없으나, 작은 표본에서는 차이가 있으므로 유의하기 바란다.

앞의 [예제 9]에서 5명의 표본이라고 가정한 경우에, 분산과 표준편차를 구하면 다음과 같다.

$$S^2 = \frac{1}{5-1}\{(90-80)^2 + (85-80)^2 + (72-80)^2 + (78-80)^2 + (75-80)^2\} = \frac{218}{4} = 54.5$$

$$S = \sqrt{54.5} = 7.4(\text{점})$$

예제 10

다음의 자료는 A병원과 B병원에서 환자가 병원에 도착하여 진료 서비스를 받기 전까지의 기다리는 시간(단위: 분)을 표본으로 각각 6명의 환자를 뽑아서 조사한 자료이다. 두 병원의 환자 대기 서비스를 비교하여라.

A병원: 10, 15, 17, 17, 23, 20

B병원: 17, 32, 5, 19, 20, 9

풀이

A병원: $\overline{X} = \frac{1}{6}(10 + 15 + \cdots + 20) = 17$

$$S^2 = \frac{1}{6-1}\{(10-17)^2 + (15-17)^2 + \cdots + (20-17)^2\} = 19.6$$

$$S = \sqrt{19.6} = 4.4$$

B병원: $\overline{X} = \frac{1}{6}(17 + 32 + \cdots + 9) = 17$

$$S^2 = \frac{1}{6-1}\{(17-17)^2 + (32-17)^2 + \cdots + (9-17)^2\} = 89.2$$

$$S = \sqrt{89.2} = 9.4$$

두 병원의 평균을 비교하면 모두 17분으로 같다. 그러나 A병원의 분산과 표준편차는 B병원의 것보다 더 작다. 이것은 A병원의 대기시간 변동이 B병원보다 덜 심하다는 것을 나타낸다. 즉, 전자가 후자보다 서비스가 더 좋다는 것을 나타낸다.

다음은 변동계수를 통해서 두 병원의 대기시간의 변동성을 알아 볼 수 있다. 변동계수(CV: Coefficient of Variation)는 데이터의 상대적인 산포경향을 나타낸다. 변동계수는 표준편차를 평균으로 나눈 비율로, 상대적인 자료 변동 및 산포경향을 알 수 있다.

모집단인 경우의 변동계수

$$CV = \frac{\sigma}{\mu}$$ 식 7-14

표본인 경우 변동계수

$$CV = \frac{s}{\overline{x}}$$ 식 7-15

앞의 식을 이용하여 변동계수를 구하면 다음과 같다.

	A병원	B병원
평균	17	17
표준편차	4.4	9.4
변동계수	0.26(4.4÷17)	0.55(9.4÷17)

A병원의 변동계수가 B병원 변동계수보다 낮아 A병원이 B병원에 비해 상대적으로 변동성이 낮음을 알 수 있다.

끝으로, 집단자료에서 분산과 표준편차를 구하는 공식을 알아보기로 한다.

집단자료의 표본분산

$$S2 = \frac{1}{n-1}\Sigma f_i(m_i - \overline{X})2$$ 식 7-16

여기서 f_i = 빈도수

m_i = 계급구간의 중간점

$\overline{X} = \frac{1}{n}\Sigma m_i f_i$

이 식은 표본자료를 구하는 공식이며, 모집단의 경우에는 N으로 나누면 된다. 그리고 표준편차는 분산의 제곱근을 하면 구할 수 있다.

예제 11

앞의 [예제 3]에서 분산과 표준편차를 구하라.

풀이

몸무게(X)	빈도수(f)	중간점(m)	fm	$(m-\overline{X})^2$	$f(m-\overline{X})^2$
40 이상 ~ 45 미만	3	42.5	127.5	210.25	630.75
45 이상 ~ 50 미만	8	47.5	380.0	90.25	722.00
50 이상 ~ 55 미만	2	52.5	630.0	20.25	243.00
55 이상 ~ 60 미만	8	57.5	1,035.0	0.25	4.50
60 이상 ~ 65 미만	0	62.5	625.0	30.25	302.50
65 이상 ~ 70 미만	6	67.5	405.0	110.25	661.50
70 이상 ~ 75 미만	3	72.5	217.5	240.25	720.75
합계	60		3,420.0		3,285.00

$$\overline{X} = \frac{1}{n}\Sigma f_i m_i = \frac{1}{60}(3{,}420) = 57$$

$$S^2 = \frac{1}{n-1}\Sigma f_i(m_i - \overline{X})^2 = \frac{1}{60-1}(3{,}285) = 55.68$$

$$S = \sqrt{55.68} = 7.46$$

7.3 비대칭도

비대칭도는 분포의 모양이 중앙위치에서 왼쪽이나 혹은 오른쪽으로 얼마나 치우쳐져 있는가를 나타내며, 이를 왜도(歪度, skewnss)라고 한다. 도수분포의 왜도를 알려면 평균, 최빈값, 중앙값 등을 비교하면 된다. 이것에 대한 설명은 이미 앞에서 설명하였다.

왜도를 측정하기 위해서는 피어슨의 비대칭계수(Pearson's coefficient)를 이용한다.

왜도 측정의 두 가지 방법

$$S_k = \frac{3(\overline{X} - m_d)}{S}$$ 식 7-17

여기서 $\overline{X}$ = 평균

m_d =중앙값

S=표준편차

$$S_k = \frac{[\overline{x} - M_o]}{S}$$ 식 7-18

여기서 $\overline{X}$=평균

M_o =중앙값

S=표준편차

이 식에서 보면, 대칭분포는 S_k값이 0이며, 왼쪽꼬리(skew to left) 분포인 경우에는 음수, 반대로 오른쪽꼬리(skew to right) 분포인 경우에는 양수의 값을 가진다. 이것을 그림으로 나타내면 다음과 같다.

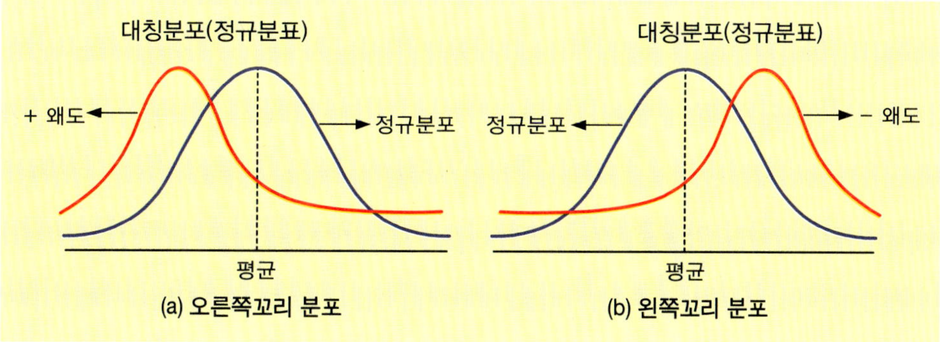

그림 7-3 왜도

7.4 첨도

첨도(尖度, kurtosis)는 평균값을 중심으로 분포의 모양이 얼마나 뾰족한가를 나타낸다. 첨도의 값이 0이면, 정규분포에 가까운 것이다. 첨도가 양의 값을 가지면 정규분포보다 좁게 밀집되어 뾰족한 형태를 보이며, 음의 값을 가지면 정규분포보다 넓게 퍼진 모양을 보인다(아래의 [그림 7-4] 참조).

첨도

$$\alpha = \frac{\frac{1}{N}\sum f_i (X_i - \mu)^4}{\sigma^4}$$ 식 7-19

이 식에서 정규분포(normal)인 경우는 $\alpha = 3$, $\alpha > 3$이면 위로 뾰족(leptokurtic), $\alpha < 3$이면, 완만(platykurtic)인 경우를 말한다.

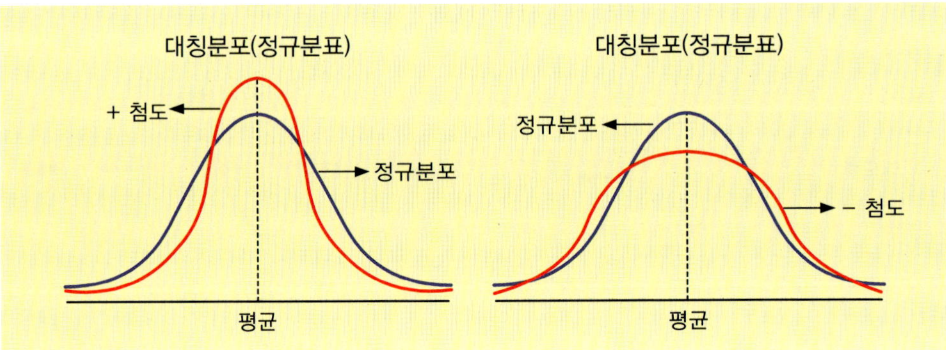

그림 7-4 첨도

7.5 이항분포

1) 베르누이 시행

이항분포(binomial distribution)는 이산확률분포의 대표적인 분포 종류이다. 이를 이해하려면 먼저 베르누이 시행(Bernoulli process)을 알아야 한다. 모든 사건의 결과를 성공과 실패의 두 사상으로 구별할 수 있는데, 이러한 시행을 베르누이 시행이라고 한다. 이 용어는 스위스 수학자 베르누이(1654~1705)의 이름에서 비롯되었다. 베르누이 시행은 우리 주위에서 많이 발견된다. 병원에서 낳은 신생아가 여자인지 혹은 남자인지를 알아본다든지, 생산라인에서 정품인지 혹은 불량품인지 등을 알아보는 경우가 이에 해당된다.

베르누이 시행은 다음의 조건을 만족하여야 한다.

베르누이 시행의 조건

① 확률변수 X와 같이 값은 0 혹은 1이다. 흔히, x=1의 사상을 성공, x=0을 실패라고 한다.

② 각 시행에서 성공의 결과가 나타날 확률(P(X=1))은 일정하다. 그리고 성공할 확률과 실패할 확률을 합하면 1이다.

③ 여러 번에 걸친 베르누이 시행은 각각 독립적이다.

베르누이 확률변수의 확률분포표는 다음과 같다.

x	f(x)
0(실패) 1(성공)	$1-\pi$ π

앞의 고속도로 예에서 부산 방면으로 가는 차를 성공이라 하고, 강릉 방면으로 가는 차를 실패라고 할 때, 평균과 분산을 구해보자.

표 7-1 베르누이 확률변수의 평균과 분산

x	f(x)	x · f(x)	$(x-\mu)^2 \cdot f(x)$
0 1	0.1 0.9	0 0.9	0.081 0.009
합계	1.0	0.9	0.09

따라서 평균과 분산은

$$\mu = \sum x \cdot f(x) = 0.9$$
$$\sigma^2 = \sum (x-\mu)^2 \cdot f(x) = 0.09$$

이다. 특히 μ는 언제나 베르누이 확률변수의 성공할 확률과 같다.

이제 베르누이 확률변수의 평균, 분산, 표준편차를 구하는 공식을 살펴보자.

베르누이 확률변수의 평균, 분산, 표준편차

$$\mu = \pi \qquad \text{식 7-20}$$

$$\sigma^2 = \underbrace{(0-\pi)^2 \cdot (1-\pi)}_{x=0\text{일 때}} + \underbrace{(1-\pi)^2 \cdot \pi}_{x=1\text{일 때}} = \pi(1-\pi) \qquad \text{식 7-21}$$

$$\sigma = \sqrt{\pi(1-\pi)} \qquad \text{식 7-22}$$

앞의 고속도로 예를 보면, $\mu = 0.09$, $\sigma^2 = 0.9(1-0.9) = 0.09$임을 알 수 있다. 그리고 $\sigma = 0.3$이 된다.

2) 이항분포의 의의

일반적으로 n회의 독립적인 베르누이 시행을 이항실험이라고 한다. 베르누이 시행은 단 한 번의 실험으로 성공 또는 실패의 확률을 알고자 한다. 그러나 베르누이 시행을 여러 번 시행하여 특정한 횟수의 성공을 알고 싶어 하는 경우가 더 많다. 앞의 예에서와 같이 1,000대의 차량을 계속해서 관찰하는 경우이다. 우리는 성공의 횟수와 실패의 횟수를 이항확률변수라고 부른다. 이 이항확률변수의 확률분포를 이항확률분포(binomial probability distribution) 또는 간단히 이항분포(二項分布)라 한다. 이항분포의 확률변수 X는 n개의 독립적인 베르누이 확률변수의 합이므로

$$X = X_1 + X_2 + \cdots + X_n$$

이다.

이항분포의 예로, 서울을 출발한 두 대의 차가 경부고속도로의 신갈 인터체인지에서 계속적으로 부산으로 갈 확률을 계산하여보자. 부산으로 갈 사상을 성공(확률=0.9), 강릉으로 갈 사상을 실패(확률=0.1)라고 하자. 그러면 확률변수 X의 각 값, 즉 x=0, 1, 2에 해당하는 확률을 계산하면 이항분포를 구할 수 있다. 성공을 S, 실패를 F라고 할 때, 확률변수 X의 확률분포는 다음과 같다.

표 7-2 부산 방면으로 가는 두 차량의 이항분포

x	경우의 수	f(x)
0	FF $_2C_0$	$_2C_0(0.9)^0(0.1)^2=0.01$
1	FS $_2C_1$ SF	$_2C_1(0.9)^1(0.1)^1=0.18$
2	SS $_2C_2$	$_2C_2(0.9)^2(0.1)^0=0.81$

이 표에서 확률을 모두 합하면 1이 됨을 유의하기 바란다.

사실 이항확률변수 X의 확률 값은 이항분포 확률함수를 이용하면 쉽게 구할 수 있다.

이항분포 확률함수

$$f(x) = {}_nC_x(\pi)^x(1-\pi)^{n-x}$$ 식 7-23

여기서 n = 총 시행횟수

x = 성공횟수

π = 성공할 확률

1−π = 실패할 확률

$$nCx = \frac{n!}{x!(n-x)!}$$

위의 예시된 표의 자료를 이항분포 확률함수로 나타내면 다음과 같다.

$$f(x) = {}_2C_x(0.9)^x(0.1)^{2-x},\ x = 0,\ 1,\ 2$$ 식 7-24

이 함수는 pdf이며, 이것을 그림으로 나타내면

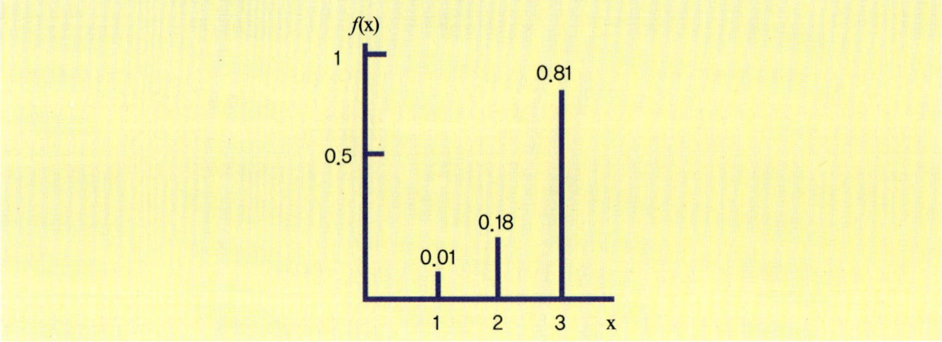

와 같다.

예제 12

경부고속도로의 신갈 인터체인지에서 강릉 방면으로 가는 차의 경우를 성공이라 하고, 그 외의 방면으로 가는 차의 경우를 실패라고 가정하자. 성공할 확률은 0.1이고, 실패할 확률은 0.9일 때, 임의로 10대를 뽑았을 때 2대 이하가 강릉 방면으로 갈 확률은 얼마인가?

풀이

$$\begin{aligned} P(X \le 2) &= f(0) + f(1) + f(2) \\ &= {}_{10}C_0(0.1)_0(0.9)_{10} + {}_{10}C_1(0.1)_1(0.9)_9 + {}_{10}C_2(0.1)_2(0.9)_8 \\ &= 0.3487 + 0.3874 + 0.1937 \\ &= 0.9298 \end{aligned}$$

위 예제의 경우에 n이 커지면 식 (7-23)을 이용한다고 하더라도 계산이 복잡하다. 이때에는 부록에 있는 이항분포표를 이용하면 쉽게 확률을 구할 수 있다. 이 표에서 총 시행횟수 n, 성공횟수 x, 그리고 성공 확률 π를 알면 부표가 허용하는 범위 내에서 모두 구할 수 있다. 예를 들어, n=10, x=0, π=0.1인 경우를 보면 0.3487이라는 것을 쉽게 알 수 있다. 그리고 n=2, π=0.1인 경우, n=2, π=0.5인 경우, n=10, π=0.1인 경우, n=10, π=0.5인 경우 등을 각각 확률함수로 나타내보고, 그림으로 그린 후에 비교하여 보아라.

그런데 부록의 이항분포는 성공할 확률 π가 0.50 이하인 경우만 다루고 있다. 만일 성공할 확률이 0.9인 경우는 어떻게 해결할 것인가? 베르누이 시행에서의 확률 π는 성공과 실패의 사상 중에서 임의로 어느 것으로나 정할 수 있다. 위의 [예제 1]에서 부산으로 가는 차의 경우를 성공으로 볼 때, 6대 중에서 2대가 부산으로 갈 확률은

$$P(X=2) = {}_6C_2(0.9)^2(0.1)^4 = 0.0012$$

이다. 그런데 이 경우에는 π=0.9가 되어 부표를 직접 이용할 수 없다. 이 경우 부산 방면이 아닌 강릉 방면으로 가는 것을 성공으로 간주하면서 5대 중에서 4대가 영동고속도로로 갈 확률을 구하면 결과는 마찬가지일 것이다. 따라서

$$P(X=4) = {}_6C_4(0.1)^4(0.9)^2 = 0.0012$$

이다. 사실 ${}_nC_x = {}_nC_{n-x}$가 되어, ${}_6C_2 = {}_6C_4$이므로, 결과적으로 답이 같아지기 때문이다.

3) 이항분포의 평균과 분산

베르누이 확률변수에서 유도된 이항분포는 중요한 개념이다. 여기서 앞의 [표 7-2]의 이항분포를 이용하여 확률변수 X의 평균과 분산을 구해보자.

표 7-3 이항분포 확률변수의 평균과 분산

x	f(x)	x · f(x)	$(x-\mu)^2 \cdot f(x)$
0	0.01	0	0.0324
1	0.18	0.18	0.1152
2	0.81	1.62	0.0324
합계	1.0	1.8	0.18

여기서 평균이 1.8, 분산이 0.18임을 알 수 있다.

이항분포의 평균과 분산을 구하는 공식은 다음과 같다.

이항분포의 평균과 분산

평균: $\mu = E(X) = n\pi$ 식 7-25

분산: $\sigma^2 = Var(X) = n\pi(1-\pi)$ 식 7-26

이 공식이 유도된 과정을 살펴보자. 동일한 성공확률 π를 가지는 확률변수 X를 n회 베르누이 실험을 할 때 $X_1, X_2, \cdots, X_n$ 이라고 하면, 이들의 평균은

$$E(X_1 + X_2 + \cdots + X_n)$$
$$= E(X_1) + E(X_2) + \cdots + E(X_n) = n\pi$$

이다. 왜냐하면 $E(X_i) = \pi$이기 때문이다. 그리고 이 시행은 모두 독립적이므로,

$$Var(X_1 + X_2 + \cdots + X_n)$$
$$= Var(X_1) + Var(X_2) + \cdots + Var(X_n) = n\pi(1-\pi)$$

가 된다. 왜냐하면 $Var(Xi) = \pi(1-\pi)$이기 때문이다. 따라서 이 공식을 이용하면, $\mu=n\pi =2\times0.9=1.8$이며, $\sigma^2 = n\pi(1-\pi) = 2\times0.9\times0.1 = 0.18$이다.

예제 13

어느 자동차 부품 공장에서 생산하는 특정 부품의 불량률은 15%라고 한다. 검사원이 임의로 100개를 선택하였을 때, 그 중에서 몇 개가 정상인가? 그리고 분산과 표준편차도 구하라.

풀이

성공(정품) 확률은 0.85, 실패(불량품) 확률은 0.15이므로,

평균: $\mu = n\pi = 100\times0.85 = 85$(개)
분산: $\sigma^2 = n\pi(1-\pi) = 100\times0.85\times0.15 = 12.75$(개^2)
표준편차: $\sigma = \sqrt{12.75} = 3.57$(개)

7.6 포아송분포

포아송분포(Poisson distribution)는 이산확률분포의 대표적인 예로서, 산업 분야에서 널리 응용된다. 이 분포의 이름은 프랑스 수학자 포아송(1781~1840)으로부터 비롯되었다. 포아송분포는 제품 또는 서비스의 수요, 전화 교환대에 걸려오는 전화 통화 수, 사고율, 고속버스 터미널의 버스 도착 수, 공항에 착륙하는 비행기 수, 고속도로 톨게이트의 도착 차량 수, 옷감의 단위 면적당 흠집 수, 타자수의 한 장당 오타 수 등에서 발견된다.

예를 들어, 어느 대학의 전화 교환대에는 오전 9시부터 9시30분까지 보통 10통의 전화가 걸려온다고 하는데, 오늘 동일한 시간대에 2대의 전화가 걸려올 확률은 얼마인가? 김포공항에 오후 2시부터 3시까지 한 시간 사이에 보통 12대의 비행기가 도착하는데, 오늘 동일한 시간대에 5대 이상의 비행기가 도착할 확률은 얼마인가? 어느 회사 직원이 타이프를 칠 때 보통 한 장에 1개의 오타가 발견된다고 한다. 다섯 장을 친다고 할 때 오자가 3개 미만일 확률은 얼마인가? 이러한 예들은 거의 모두가 도착 사건에 관련된 것으로서 다음과 같은 공통점을 가지고 있다. 즉, 사건의 발생 수는 이산확률변수로서 일정 시간 단위당 또는 일정 구간 단위당 변수의 값은 $x = 0, 1, 2, 3, \cdots$ 등으로 나타낸다.

포아송분포를 적용하려면 다음의 조건이 필요하다. 첫째, 한 단위시간 내에서 사건 발생 수는 다른 단위시간에서의 사건 발생 수와 서로 독립적이다. 둘째, 극히 작은 단위시간에서 둘 또는 그 이상의 사건이 발생할 확률은 0으로 간주한다. 전화 교환대에 10분 동안 평균 10통의 전화가 온다고 할 때, 1초 동안 걸려올 전화 통화 수는 0으로 본다. 셋째, 관심의 대상이 되는 단위시간은 더 작은 단위시간으로 나눌 수 있으며, 작은 단위시간에서 사건이 발생할 확률은 작다. 즉, 확률은 구간의 길이에 비례한다.

포아송분포에서 사상(事象)이 정확히 x번 발생할 확률은 다음의 확률함수에 의한다.

포아송 확률함수

$$f(x) = \frac{e^{-\lambda}\lambda^{x}}{x!} \quad \text{식 7-27}$$

여기서 $e = 2.71828$(자연로그 밑수)

λ = 일정 단위시간당 평균 발생횟수(lambda로 읽음)

$x = 0, 1, 2, 3, \cdots$

어느 전화 교환대에는 1분당 평균 2회의 전화가 걸려온다고 한다. 전화 도착횟수가 포아송분포를 따른다고 할 때, 이 교환대에 1분당 3번 걸려올 확률로 계산하여보자. $\lambda = 2$/분, $x = 3$이므로,

$$f(3) = \frac{e^{-2}2^{3}}{3!} = 0.1804$$

이다. 최대한 2번 이하 걸려올 확률을 알려면, f(0)+f(1)+f(2)을 계산하면 된다.

$$f(0) + f(1) + f(2) = \frac{e^{-2}2^{0}}{0!} + \frac{e^{-2}2^{1}}{1!} + \frac{e^{-2}2^{2}}{2!} = 0.6767$$

그런데 포아송분포의 식 (7-27)을 이용하여 확률변수의 값에 대응하는 확률을 계산하는 것은 매우 복잡하다. 여러 가지의 λ와 x의 값에 대하여 확률을 미리 계산해 놓은 표가 있으므로, 이를 이용하면 편리하다. 이를 포아송분포표라고 하며, 부록에 있다. 참고로 포아송분포의 평균과 분산은 모두 λ이다.

예제 14

학교 앞 어느 옷가게에는 오전에 10분당 3.5명의 손님이 들어오며, 포아송분포를 보인다고 한다. 다음의 물음에 답하라.

① 오늘 오전에 10분 동안 1명의 손님도 들어오지 않을 확률은?

② 오늘 오전에 10분 동안 최대 3명의 손님이 들어올 확률은?

③ 오늘 오전에 10분 동안 적어도 2명의 손님이 들어올 확률은?

풀이

부록에서 보면,

① $f(0) = 0.0302$

② $f(0) + f(1) + f(2) + f(3) = 0.0302 + 0.1057 + 0.1850 + 0.2158 = 0.5367$

③ $1 - \{f(0) + f(1)\} = 1 - (0.0302 + 0.1057) = 0.8641$

7.7 정규분포

정규분포(normal distribution)는 가장 널리 쓰이며 가장 중요한 분포이다. 우리가 일상생활에서 관찰할 수 있는 시험 성적, 몸무게, 키 등의 많은 관찰치들의 분포는 종(鐘) 모양으로서 정규분포와 유사한 모습을 가지는 경우가 많다. 그리고 정규분포는 표본을 통한 통계적 추론 방법에 중요한 역할을 한다.

다음의 함수는 평균 μ와 분산 σ^2을 갖는 정규분포에 대하여 정규곡선을 나타내는 확률밀도함수이다.

정규확률밀도함수

$$f(x) = \frac{1}{\sqrt{2\pi\sigma^2}} e^{-\frac{1}{2}\left(\frac{x-\mu}{\sigma}\right)^2}, \quad -\infty < x < +\infty \qquad \text{식 7-28}$$

정규분포는 연속확률분포로서 그 함수 $f(x)$는 확률곡선의 높이를 나타낸다. 이미 설명한 바와 같이 그 높이를 밀도라 한다. 식 (7-28)을 보면 평균과 분산을 제외하고는 모두 상수(常數)이다. 예컨대, π는 원주율로서 3.14159이며, e는 자연로그의 밑수로서 2.71828이다. 정규확률밀도함수의 평균과 분산은 다음과 같다.

정규확률밀도함수의 평균과 분산

$$E(X) = \mu$$

$$Var(X) = \sigma^2 \qquad \text{식 7-29}$$

정규곡선의 모양은 평균과 분산에 의해서 결정된다. 이것을 그림으로 나타내면 다음과 같다.

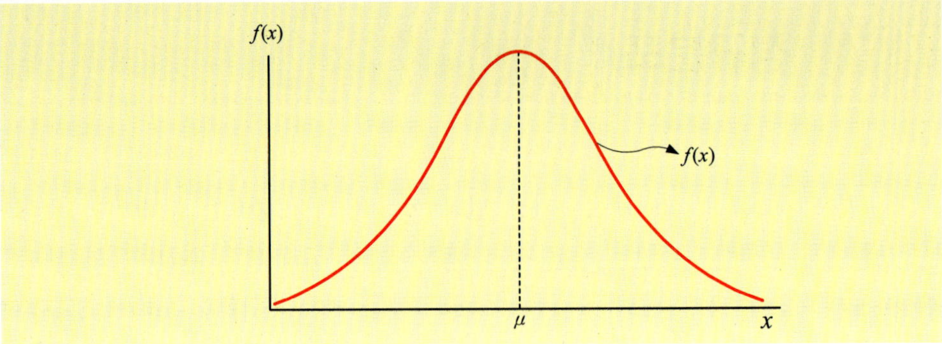

그림 7-5 정규밀도함수

정규밀도함수의 특성을 살펴보면 다음과 같다.

① 정규밀도함수는 평균 μ를 중심으로 좌우 대칭이며 종 모양(鐘, bell-shaped)이다.
② 정규곡선 아래와 x축 사이의 전체 면적은 1이다.
③ 정규곡선은 x축에 무한대로 접근하므로 확률변수 x가 취할 수 있는 값의 범위는 $-\infty < x < +\infty$ 이다.

그러나 분포의 특성이 위의 것과 반드시 일치하지 않아도, 비슷한 모양의 것을 정규분포라고 부른다.

정규분포는 평균과 분산의 크기에 따라 여러 가지 형태를 갖는다. 다음에 나타낸 [그림 7-6]은 (a) 평균은 같으나 분산이 다른 경우, (b) 평균은 다르나 분산이 같은 경우, (c) 평균과 분산이 모두 다른 경우의 정규분포를 각각 나타내고 있다.

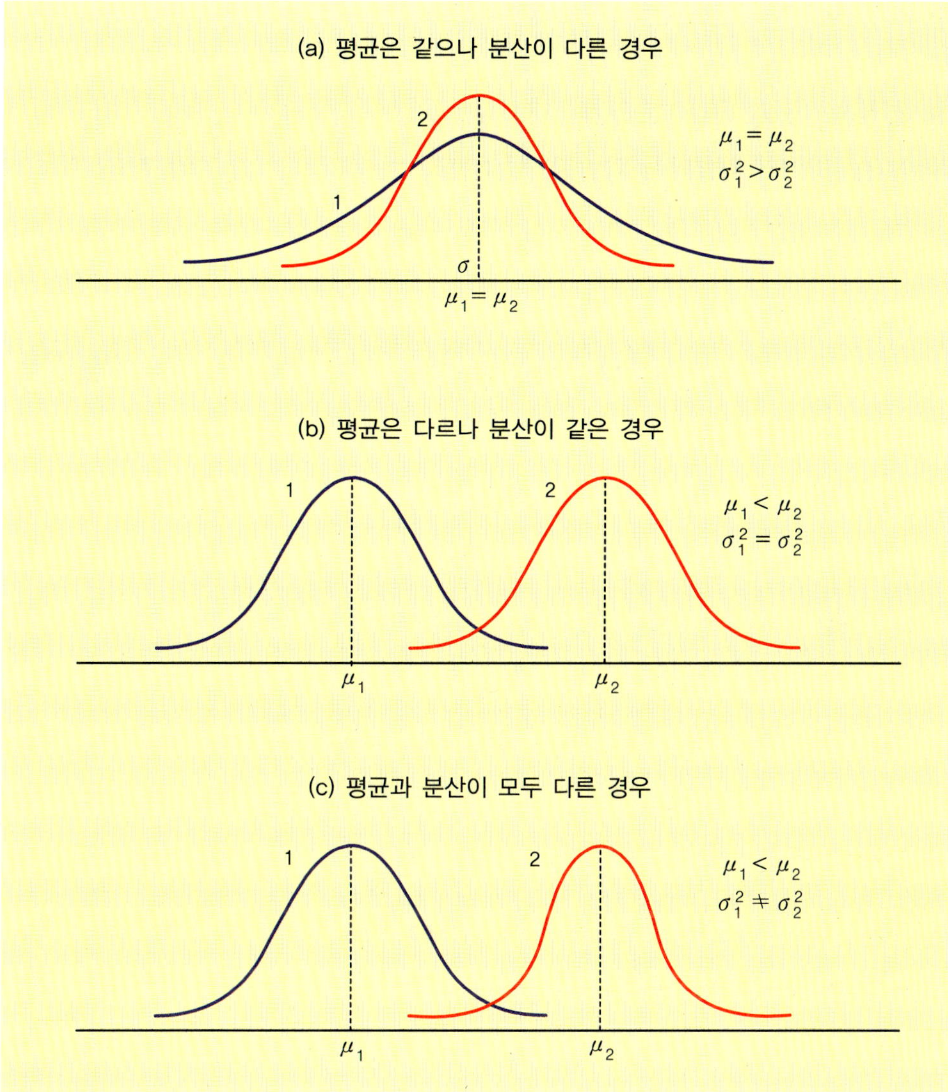

그림 7-6 정규분포의 여러 가지 모양

이 그림에서 보면 μ는 분포의 중심위치를 나타내고 σ^2은 분포의 모양을 나타낸다. 정규분포는 평균값이 크면 오른쪽에 자리 잡고, 평균값이 작으면 왼쪽에 자리 잡는다. 또한 분산이 클수록 분포는 넓게 퍼져 있으며, 분산이 작을수록 뾰족한 종 모양이 되어서 대부분의 자료가 평균값 주위에 몰려 있음을 알 수 있다. 일반적으로 평균이 μ, 분산이 σ^2인 정규확률밀도함수를 $N(\mu, \sigma^2)$으로 표기하면 편리하다. 따라서

$$X \sim N(\mu,\ \sigma^2)$$

은 확률변수 X가 평균 μ, 분산 σ^2의 정규분포를 이룬다는 의미이다. 예를 들어, X~N(60, 81)이면 확률변수 X는 평균이 60이고 분산이 81인 정규확률밀도함수를 갖는다. 이를 식으로 나타내면

$$f(x) = \frac{1}{\sqrt{2\pi(81)}} e^{-\frac{1}{2}\left(\frac{x-60}{9}\right)^2} \qquad \text{식 7-30}$$

이다. 식 (7-30)을 그림으로 나타내면 다음과 같다.

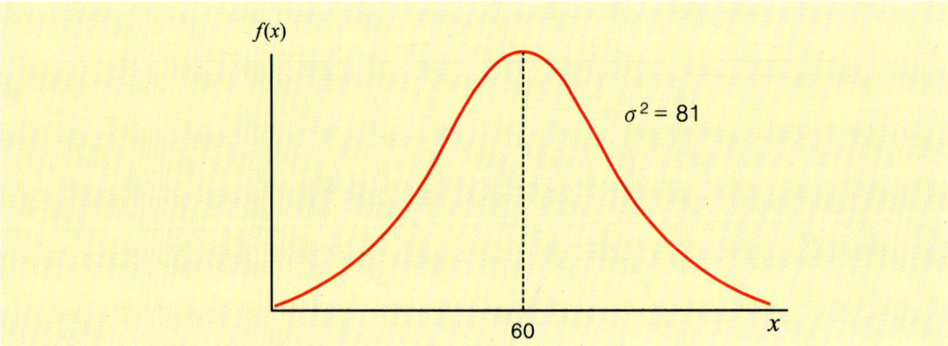

그림 7-7 평균이 60, 분산이 81인 정규밀도함수

7.7.1 평균의 표본분포

앞의 예제에서 본 바와 같이 표본크기 n에 따라 표본분포의 모양이 달라진다. 확률표본이 달라짐에 따라 통계량의 값이 달라지기 때문이다. 표본크기를 크게 할수록 $\overline{X}$의 분산 또는 표준오차는 작아지게 된다. 따라서 평균들의 모집단 평균에 몰려있는 분포를 얻게 된다. 그리고 $\overline{X}$ 분포의 모양은 점차로 정규분포에 접근함을 알 수 있다. 여기서는 모집단의 분포가 $\overline{X}$의 표본분포와 어떠한 관련이 있는가를 본격적으로 알아보기로 한다. 이것을 위해 모집단의 분포가 정규분포인 경우와 정규분포가 아닌 경우로 나누어서 각각 설명한다.

1) 모집단이 정규분포일 때

모집단이 정규분포일 때에는 평균의 표본분포는 표본크기 n에 관계없이 언제나 정규분포를 이룬다. 표본분포의 평균은 모집단의 평균과 일치하며, 표본분포의 분산은 모집단의 분산을 표본크기 n으로 나눈 것과 같다.

$\overline{X}$의 표본분포의 기대치와 분산

$$\mu_{\bar{x}} = \mu$$

$$\sigma^2_{\bar{x}} = \frac{\sigma^2}{n} \quad \text{식 7-31}$$

다시 말하면, 모집단의 확률변수 X~N(μ, σ^2)이면 평균의 표본분포의 확률변수 $\overline{X}$~N$(\mu, \frac{\sigma^2}{n})$이다.

예제 15

어느 중학교에서는 전교생 2,000명에 대하여 체중을 조사하였다. 조사 결과 평균 $\mu = 42g$, 분산 $\sigma^2 = 25(kg)^2$으로 밝혀졌다. 학생들의 체중 분포는 정규분포이었다고 할 때,

① 체중이 38kg 이하일 학생은 몇 명인가?

② 체중이 42kg~50kg 사이에 있는 학생은 전체의 몇 %인가?

③ 만일 2명씩 임의로 표본추출한다면 $\overline{X}$의 분포는 어떠한 모양이 되는가?

④ 만일 4명씩 임의로 표본추출한다면 $\overline{X}$의 분포는 어떠한 모양이 되는가?

풀이

위 예제에서 모집단은 $\mu = 42$kg, σ=5kg의 정규분포를 보이고 있다.

① 체중이 38kg 이하인 경우

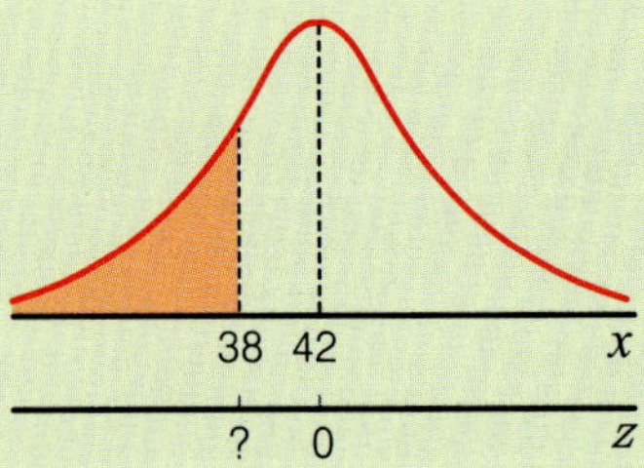

$$Z = \frac{X-\mu}{\sigma} = \frac{38-42}{5} = -0.8$$

부록의 표준정규분포표를 보면 Z=0.8일 때 0.2881이다. 망점 부분의 넓이를 구하려면 전체 면적의 반인 0.5에서 0.2881을 빼야 한다. 따라서

$$\begin{aligned} P(X \le 38) &= P(Z \le -0.8) \\ &= 0.5 - 0.2881 \\ &= 0.2119 \end{aligned}$$

$$\therefore\ 2{,}000 \times 0.2119 = 423.8(\text{명})$$

② 체중이 42~50kg 사이인 경우

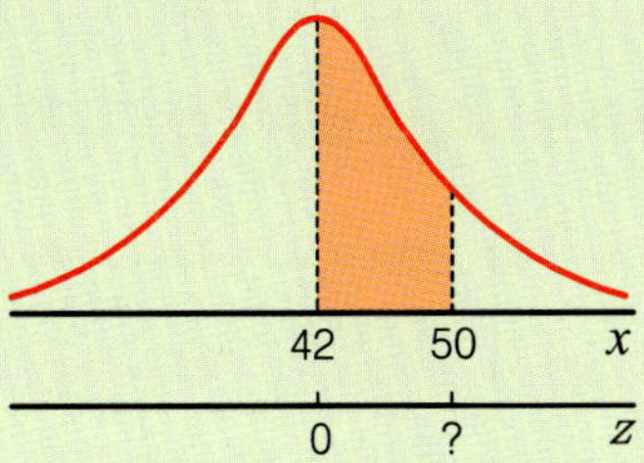

$$Z=\frac{X-\mu}{\sigma}=\frac{50-42}{5}=1.6$$

$$P(42 \leq X \leq 50) = P(0 \leq Z \leq 1.6)$$
$$=0.4452$$

③ $\mu=42$, $\sigma=5$인 정규분포 모집단에서 표본크기 n=2일 때에 $\overline{X}$의 분포는 $\mu_{\bar{x}}=42$, $\sigma_{\bar{x}}=\frac{5}{\sqrt{2}}$인 정규분포를 이룬다. 즉, $\overline{X}$~N(42,12.5)이다.

④ n=4일 때에는 $\overline{X}$~N(42, 6.25)이다. 위의 ③과 ④의 정규분포를 함께 그리면 다음과 같다.

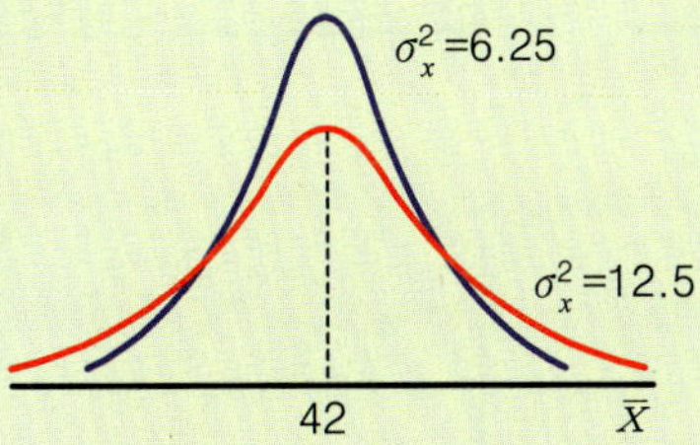

2) 모집단이 정규분포가 아닐 때

모집단이 정규분포일 때는 $\overline{X}$의 표본분포는 표본크기 n에 관계없이 언제나 정규분포를 한다. 그러나 모집단이 정규분포가 아닐 때에는 표본분포가 반드시 정규분포를 한다고 할 수 없다. 그러나 [그림 7-8]에서 보는 바와 같이 비록 모집단의 분포가 일양분포나 지수분포와 같이 정규분포가 아니더라도 표본크기 n이 커질수록 정규분포에 접근하여 감을 알 수 있다.

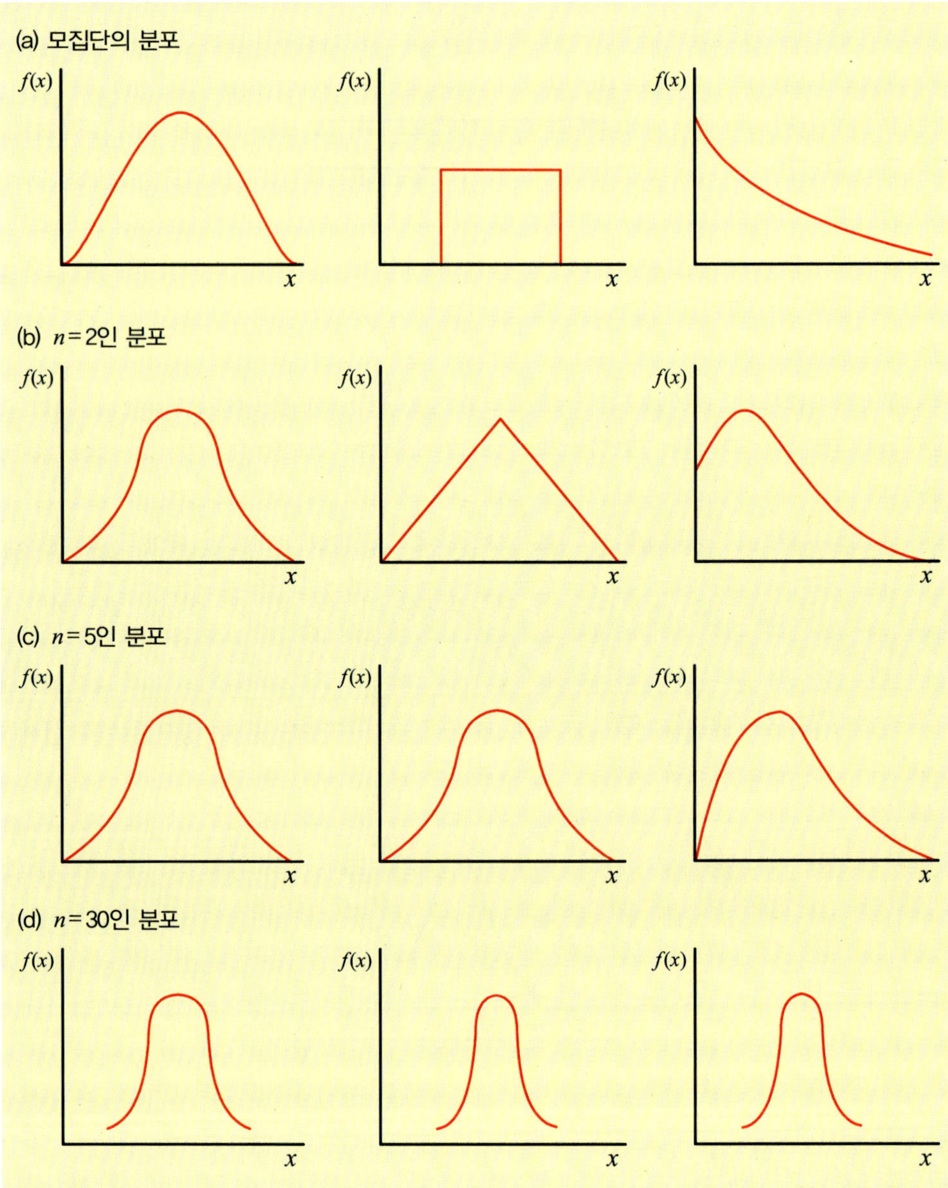

그림 7-8 표본분포와 정규분포 접근

이 그림에서 보면 모집단이 정규분포일 때 표본크기 n이 커지면 관찰된 평균치들이 평균을 중심으로 몰려드는 것을 알 수 있다. 다시 말하면 표본분산의 분산이 줄어들고 있다. 한편 모집단이 일양분포나 지수분포일 때에 표본크기 n이 작은 경우 표본분포가 정규분포의 모습을 보이고 있지는 못하나, n=30일 때부터는 본격적으로 정규분포를 보이고 있다. 따라서 표본크기가 충분히 클 경우, 즉 $n \geq 30$인 경우에는 약간의 예외적인 경우를 제외하고 모집단의 분포 특징에 관계없이 표본분포는 정규분포를 보인다고 말할 수 있다. 이것을 중심극한정리(central limit theorem)라고 한다.

그러므로 이 정리에 의하면 연구조사에서 모집단의 분포가 완전히 정규분포가 아닐 때에는 정규분포의 가정을 만족시키기 위해서 표본크기가 적어도 30 이상이 되도록 하여야 하는 것이다.

중심극한정리

표본크기 n이 증가함에 따라 평균의 표본분포는 모집단의 분포 모양에 관계없이 점점 정규분포에 접근한다.

7.8 표준정규분포

연속확률변수의 밀도함수는 x의 값과 f(x)의 값 사이의 관계를 알려주어 매우 편리하다. 그러나 실제로 통계적 추론의 적용에 있어 중요한 것은 밀도함수 아래에 있는 일정 구간의 면적 계산이다. 정규분포는 평균과 표준편차에 따라 여러 모양을 갖기 때문에 서로 다른 모양의 두 분포를 비교하거나 면적의 크기를 계산하여 확률을 알기가 어렵다. 이것을 해결하기 위해서는 정규분포를 표준화할 필요가 있다. 자료를 표준화하는 방법은 평균 $\mu=0$, 표준편차 $\sigma=1$이 되도록 하는 것이다. 표준화된 정규분포를 표준정규분포(standard normal distribution)라 한다.

표준화된 정규분포 확률변수: Z~N(0,1)

$$Z=\frac{X-\mu}{\sigma}$$ 식 7-32

여기서 X=관찰치

μ=분포의 평균

σ=분포의 표준편차

확률변수 X의 관찰치가 그 분포의 평균으로부터 몇 표준편차 거리만큼 떨어져 있는가를 Z로 나타내기 때문에 표준정규분포를 Z분포라고 한다. 확률변수 Z의 밀도 함수는 다음과 같다.

표준정규확률 밀도함수

$$f(z)=\frac{1}{\sqrt{2\pi}}e^{-\frac{1}{2}z^2},\ -\infty<x<+\infty$$ 식 7-33

여기서 X=관찰치

μ=분포의 평균

σ=분포의 표준편차

이 함수에서 보면, 모수(母數) μ와 σ^2은 없다. 따라서 표준정규분포는 확률변수 X의 평균과 분산에 관계없이 일정한 형태를 갖는다. 표준화된 변수 Z~N(0,1)임을 증명하여 보면 다음과 같다.

$$\begin{aligned}\mathrm{E(Z)} &= E(\frac{X-\mu}{\sigma}) \\ &= \frac{1}{\sigma}[E(x)-\mu]\end{aligned}$$

$$\begin{aligned}\mathrm{Var(z)} &= \mathrm{Var}(\frac{X-\mu}{\sigma}) \\ &= \frac{1}{\sigma^2}\mathrm{Var(X-}\mu) \\ &= \frac{1}{\sigma^2}\mathrm{Var(X)} \\ &=1\end{aligned}$$

예제 16

세명 전구회사에서 만드는 전구의 수명은 평균 1,000시간, 표준편차 50시간의 정규분포를 이룬다고 한다. 7개의 전구를 표본으로 선택하여 수명을 조사하니 각각 850, 900, 950, 1000, 1,050, 1,100, 1,150시간을 나타냈다. 이에 대하여 각각 Z값을 계산하여라.

풀이

$$x_1 = 850\text{일 때} \quad z_1 = \frac{850-1,000}{50} = -3$$

$$x_2 = 900\text{일 때} \quad z_2 = \frac{900-1,000}{50} = -2$$

$$x_3 = 950\text{일 때} \quad z_3 = \frac{950-1,000}{50} = -1$$

$$x_4 = 1,000\text{일 때} \quad z_4 = \frac{1,000-1,000}{50} = 0$$

$$x_5 = 1,050\text{일 때} \quad z_5 = \frac{1,050-1,000}{50} = +1$$

$$x_6 = 1,100\text{일 때} \quad z_6 = \frac{1,100-1,000}{50} = +2$$

$$x_7 = 1,150\text{일 때} \quad z_7 = \frac{1,150-1,000}{50} = +3$$

예를 들어, Z의 값이 +2라는 것은 관찰치가 평균치보다 크며, 평균에서 두 표준편차 거리만큼 오른쪽으로 떨어져 있는 값을 의미한다. 만일 관찰치가 Z=−1이면 이것은 관찰치가 평균보다 작으며 평균에서 왼쪽으로 표준편차 거리만큼 떨어져 있는 값을 나타난다. [그림 7-9]는 x값과 Z값을 비교한 것이다.

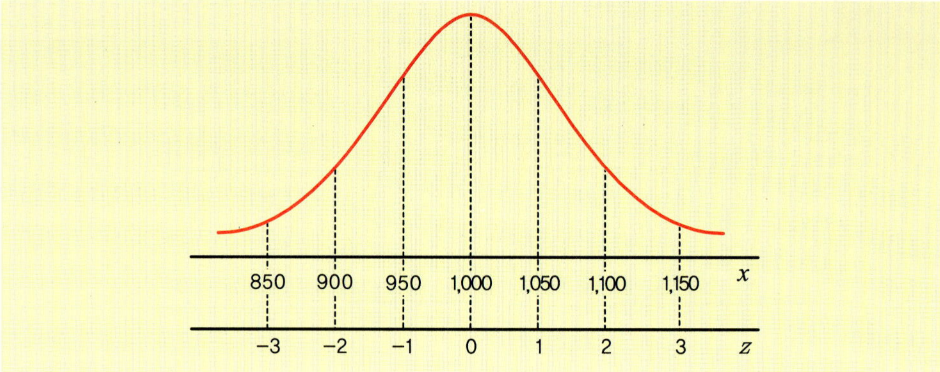

그림 7-9 x값과 Z값의 비교

일반정규분포와 표준정규분포와의 관계를 설명하기 위해 다음의 [그림 7-10]을 살펴보자.

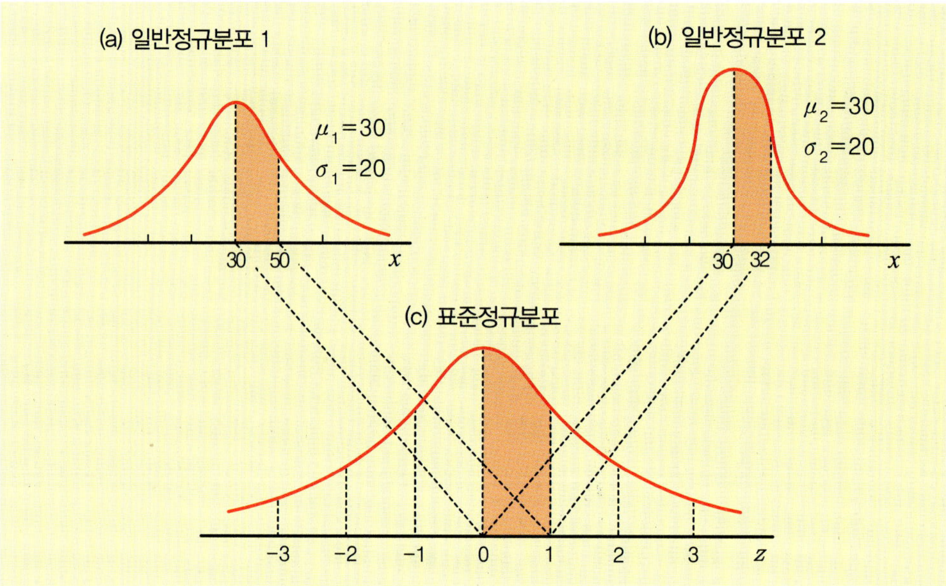

그림 7-10 일반정규분포와 표준정규분포와의 관계

이 그림에서 보는 바와 같이 두 일반정규분포는 모두 하나의 표준정규분포로 나타낼 수 있다. 두 종류의 일반정규분포에서 각각의 평균으로부터 +1표준편차 거리 내에 있는 망점으로 표시된 면적과 표준정규분포에서 Z=[0,1] 사이의 망점으로 표시

된 면적은 각각의 전체 면적에서 차지하는 비율이 모두 같다. 첫 번째 일반정규분포에서 30~50 사이의 면적 비율은 표준정규분포에서 0~1 사이의 면적 비율과 같다. 그리고 두 번째 일반정규분포에서도 마찬가지로 30~32 사이의 면적 비율은 표준정규분포에서 0~1 사이의 면적 비율과 같다. 따라서 모든 정규분포의 면적 비율, 즉 확률의 계산은 표준정규분포의 Z값에 관련된 면적 비율로 쉽게 알 수 있다.

예를 들어, 정규분포를 갖는 확률변수 X가 평균 μ를 중심으로 ±1표준편차 거리 내에 있을 확률을 어떻게 계산할 것인가? 이를 위해서는 일반적인 방법으로 적분을 이용하여야 한다.

$$P(\mu-\sigma \le X \le \mu+\sigma) = \int_{\mu-\sigma}^{\mu+\sigma} f(x)dx$$

$$= \int_{\mu-\sigma}^{\mu+\sigma} \frac{1}{\sqrt{2\pi\sigma^2}} e^{-\frac{1}{2}(\frac{x-\mu}{\sigma})^2} dx \quad \text{식 7-34}$$

$$= 0.6826$$

또는

$$P(-1 \le Z \le 1) = \int_{1}^{-1} F(Z)dZ$$

$$= \int_{-1}^{1} \frac{1}{\sqrt{2\pi}} e^{-\frac{1}{2}z^2} \quad \text{식 7-35}$$

$$=0.6826$$

위와 같이 적분을 이용하면 일정 구간의 면적을 구할 수 있다. 그런데 다행스럽게도 이러한 복잡한 적분을 이용하지 않고도 확률을 알 수 있는 방법이 있다. 통계학자들은 확률을 편리하게 알아볼 수 있도록 모든 경우의 Z값에 대하여 계산하여 표준정규분포표를 만들어놓았다(부록 참조).

다음의 [그림 7-11]은 평균에서 ±1표준편차 거리 이내의 면적뿐만 아니라 ±2, ±3표준편차 거리 이내의 면적 계산을 나타낸 것이다. 여기서 나타내는 면적을 확률을 나타내고 있다.

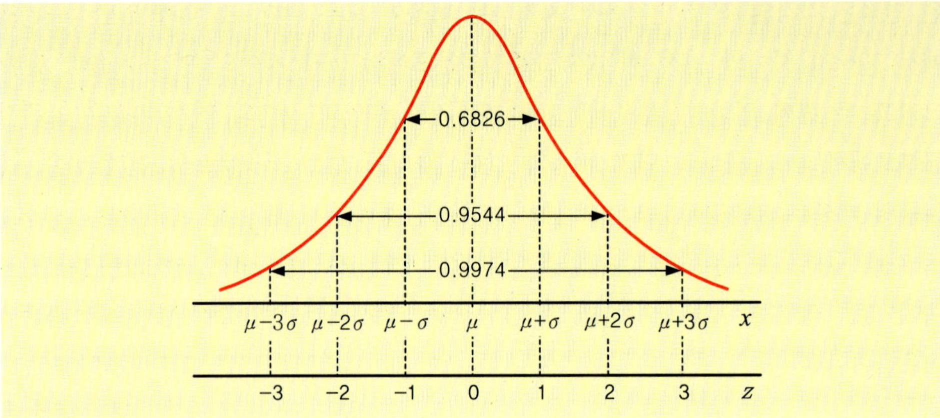

그림 7-11 표준정규분포에서 확률

$$P(-1 \leq \frac{X-\mu}{\sigma} \leq 1) = 0.6826$$

$$P(-2 \leq \frac{X-\mu}{\sigma} \leq 2) = 0.9544$$

$$P(-3 \leq \frac{X-\mu}{\sigma} \leq 3) = 0.9974$$

확률변수 X가 정규분포를 이룰 때에 그 값이 평균에서 $\pm 3\sigma$ 안에 있을 확률은 거의 1에 가깝다. 수집된 자료에서 관찰치들의 총개수 중에서 68.26%가 $\mu \pm 1\sigma$안에 있어야 하며, 95.44%가 $\mu \pm 2\sigma$, 99.74%가 $\mu \pm 3\sigma$안에 있어야 그 확률변수는 정규분포를 이룬다고 말할 수 있다.

정규분포가 응용된 경우에 해당하는 생산관리 분야의 예를 들어보자. 생산관리에서 품질관리는 불량품 생산을 예방하기 위하여 원자재, 재공품 또는 완성품의 품질에 대하여 통제 기능을 수행하는 것을 의미한다. 특히 이것은 제품 생산 과정에서 일어날 수 있는 결점을 조사하고 수정하는 기능을 포함하게 된다. 품질관리는 그 기능을 수행하기 위하여 관리도(管理圖, control chart)를 이용한다.

다음 그림에서 보는 바와 같이 관리도는 중심선(μ)을 중심으로 관리한계선($\mu \pm 3\sigma$)을 설정하여 품질의 측정 결과를 조사한다.

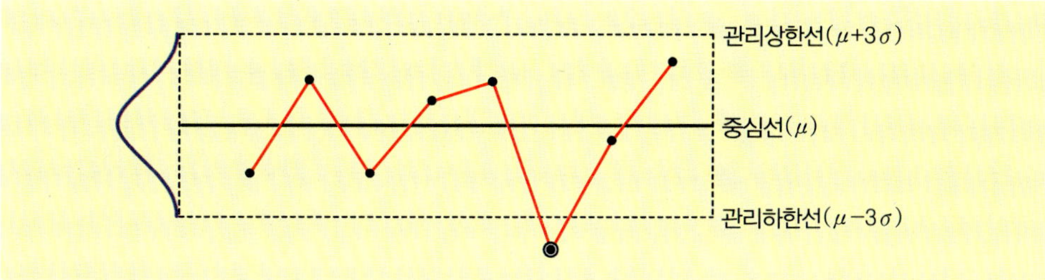

그림 7-12 품질관리도

측정치가 관리한계선 안에 있는 경우의 공정은 정상 상태라고 할 수 있다. 그러나 관리한계선을 벗어났을 때에는 공정에 이상이 있는 것으로 판단된다. 이때 그 원인을 조사하고 적절한 조치를 취하면 제조 과정에서 불량품의 생산을 최소로 줄일 수 있을 것이다. 확률변수 X가 정규분포를 한다면 이 분포는 상하(上下) 양쪽으로 3배의 편차 폭을 갖는다고 생각할 수 있다. 따라서 이 관리도는 이 범위에다 한계선을 설정하며 정상 또는 이상의 상태를 통계적으로 파악할 수 있다.

이제 부록의 표준정규분포표를 이용하여 Z값에 대응하는 확률을 구하여보자. 이 표에서 첫 열은 Z값의 소수점 이하 첫째 자리까지를 나타내며 첫 행은 각 경우의 소수점 이하 둘째 자리까지의 값을 나타내고 있다.

① Z=[0, 1.24]의 확률: $P(0 \leq Z \leq 1.24) = 0.3925$

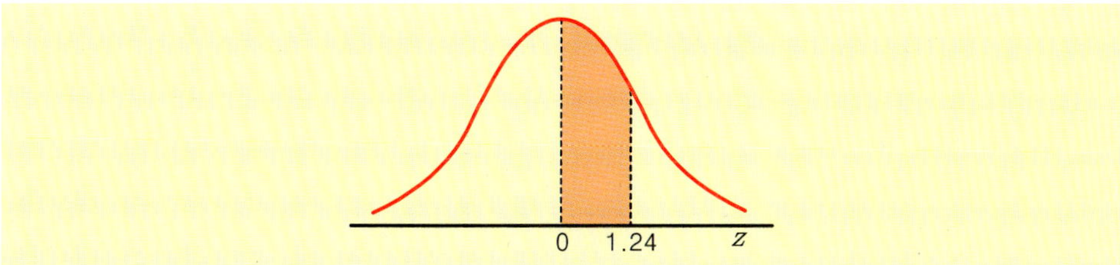

② Z=[−2.1, 0]의 확률: $P(-2.1 \leq Z \leq 0) = 0.4821$

이 경우의 확률은 ①번의 것과 마찬가지로 표에 주어진 자체의 값이다.

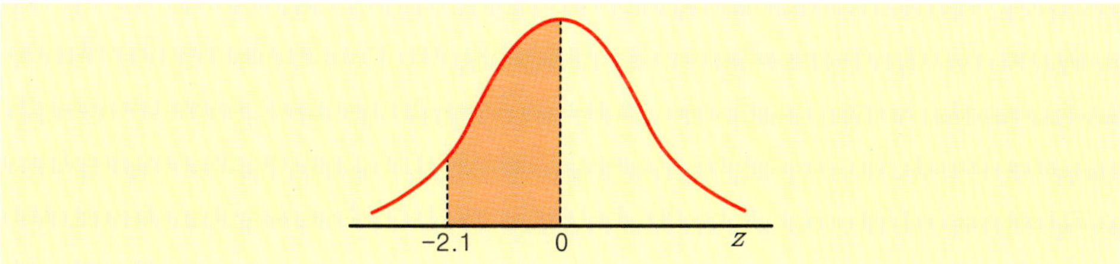

③ Z=[1.24, +∞]의 확률: $P(Z \geq 1.24) = 0.5-0.3925 = 0.1075$

전체 면적의 반이 0.5이므로 여기에서 표의 값 0.3925를 빼면 된다.

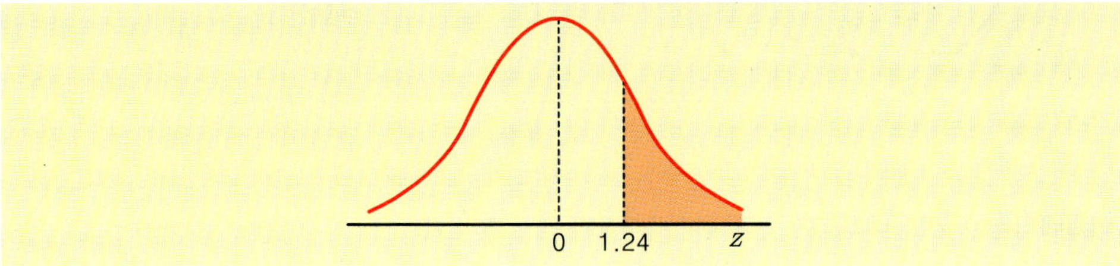

④ Z=[−∞, −2.1]의 확률: $P(Z \leq -2.1) = 0.5-0.4821 = 0.0179$

이 경우는 ③과 유사하다.

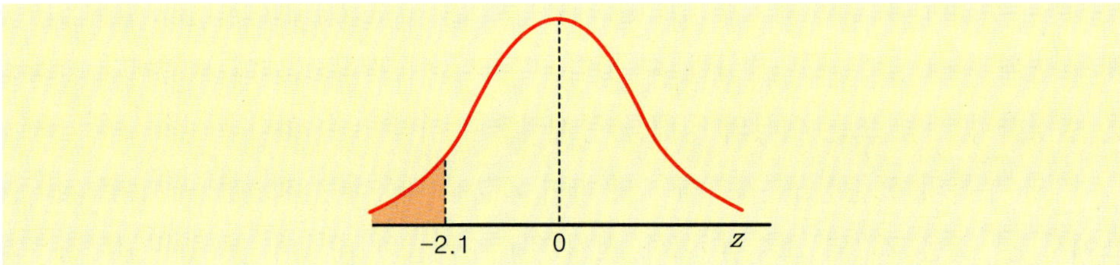

⑤ Z=[−1.0, 1.24]의 확률: $P(-1.0 \leq Z \leq 1.24) = 0.3413+0.3925 = 0.7388$

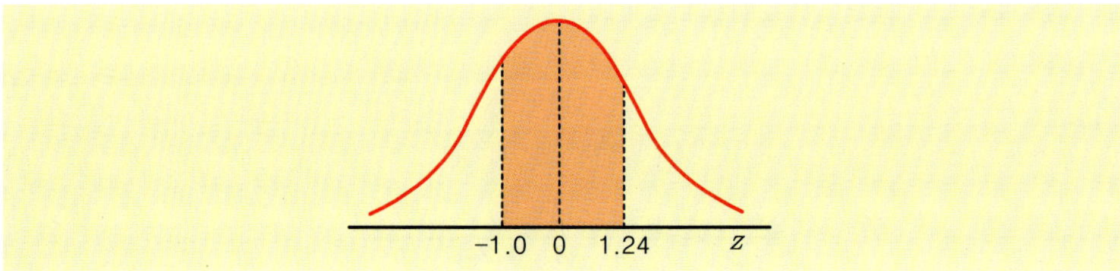

⑥ Z=[1.2, 2.5]의 확률: $P(1.2 \leq Z \leq 2.5) = 0.4938-0.3849 = 0.1089$

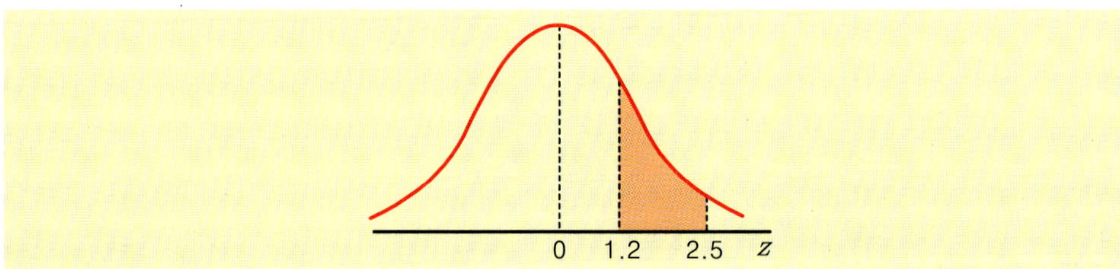

Z값에 관련된 확률을 구할 때에는 해당 구간의 표시를 정확히 하여야 한다. 그리고 정규분포의 특징은 평균을 중심으로 좌우대칭이다. 따라서 Z값이 양수일 때는 $Z=0$을 중심으로 하여 오른쪽으로, Z값이 음수일 때는 왼쪽으로 구간을 넓혀나가야 한다.

7.9 신뢰구간

추리통계학(推理統計學)은 표본의 특성을 분석함으로써 모집단의 특성을 알려준다. 다시 말해서, 통계량(統計量)을 통하여 모수(母數)를 추측하는데, 이 과정을 추론(推論, inference)이라고 한다. 통계적 추론의 목적은 표본에서 얻어진 정보를 근거로 하여 모집단의 모수를 유추하는 것이다. 모수를 추론하는 방법에는 추정(推定, estimation)과 가설검정(假說檢定, hypothesis test) 두 가지가 있다.

추정이란 연구자가 관심 있는 모수에 대하여 알고 있는 지식이 거의 없는 환경에서 '모수의 값은 얼마인가?'라고 묻고, 이 질문에 답하는 것이다. 예를 들어, 우리나라 어느 특정 지역의 한 가구당 평균 소득을 조사하는 경우이다. 반대로, 가설검정이란 모수에 대하여 약간의 지식을 가지고 있는 경우로서, 모수에 대해 특정 가설을 세운 후에 표본에서 계산된 통계량을 기초로 하여 '모수는 특정한 값과 일치하는가?'라는 가설의 채택 여부를 결정하게 된다. 예를 들어, 어느 회사에서 새로운 약을 개발하였을 때에, 그 약의 효과를 검정하려면 세계적으로 이미 통용되는 기준치와 비교한다.

추정: 모수에 대하여 알고 있는 지식이 거의 없는 환경에서 추론
가설검정: 모수에 대하여 약간의 지식을 가지고 있는 경우의 추론

7.9.1 통계적 추정의 의의

통계적 추정(statistical estimation)이란 표본의 특성을 분석함으로써 모집단의 특성을 추론하는 것을 말한다. 다시 말해서, 통계량을 통하여 모수를 추정하는 것이다. 표본으로부터 모집단의 모수를 추정하는 이유는 다음과 같다. 필요한 정보를 얻기 위하여 모집단을 전수검사한다면 비용도 많이 들 뿐만 아니라, 어떤 때에는 이것이 가능하지도 않기 때문이다. 유한모집단의 경우의 센서스 조사는 많은 비용을 필요로 할 것이며, 무한모집단에서는 이것이 불가능하다.

그런데 통계적 추정 절차를 이용하면 어느 정도 정확하게 모집단 모수의 추정치를 얻을 수 있다. 한 방법으로, 모집단의 특성을 가장 잘 나타내는 표본 추정치를 발견하기 위해서 가장 좋은 단일 수치를 찾는 것이다. 예를 들어, 어느 지역의 가구당 월평균 소득을 알아보기 위하여 무작위로 추출된 표본에서 측정치를 구한다고 하자. 이 경우에 모평균 μ를 추정하기 위하여 표본평균 $\overline{X}$를 이용한다.

여기서 추정치(estimation)와 추정량(estimator)을 구분하여보자. 표본의 평균 수치는 모평균의 추정치라고 한다. 그리고 특정 모수를 추정하기 위하여 사용된 통계량을 추정량이라고 한다. 예를 들어, 표본평균 $\overline{X}$는 모평균 μ의 추정량이다. 모평균을 추정하기 위해서 일반적으로 표본의 최빈값 또는 중앙값 대신에 산술평균을 이용한다. 만약 평균이 30만 원이라면 이 수치는 모평균의 추정치가 되는 셈이다.

7.9.2 추정 방법

모집단의 모수를 추정하는 방법에는 점추정(point estimation)과 구간추정(interval estimation)이 있다. 점추정은 알려져 있지 않은 모수를 추정할 때 모수의 진정한 값이라고 추측되는 단일 수치로 나타내는 것을 말한다. 특정 지역의 가구당 월평균 소득을 산술평균과 같이 단일 숫자로 표시하는 경우이다. 또는 실업률을 나타내기 위해서 단일 숫자를 사용하는 경우이다. 구간추정은 모수의 진정한 값이 포함되는 것을 기대하는 측정치를 범위로 나타내는 것을 의미한다. 예를 들어, 모집단의 월평균 소득은 얼마에서 얼마 사이에 있다라고 추정하는 경우이다.

점추정과 구간추정의 예를 구체적으로 들어보자. 어느 제약회사는 새로운 진통제를 개발하였다. 이 회사 연구팀은 기존의 어느 진통제보다 효과가 더 있다고 주장하고 있다. 이들의 주장을 확인하기 위하여 30명의 환자를 대상으로 조사하였다. 조사

결과 다음과 같은 자료를 얻었다.

표 7-4 진통제의 지속시간

20	15	16	28	10	21	22	23	26	18
16	19	30	25	24	15	16	20	28	23
24	21	20	16	14	19	11	31	27	20

① 모수 μ의 진정한 지속시간은 얼마인가?: 점추정
② 모수 μ의 진정한 지속시간 범위는 얼마인가?: 구간추정

7.9.3 점추정

먼저, 점추정에 대하여 살펴보자. 점추정은 표본에서 얻은 정보를 근거로 하여 알려져 있지 않은 모수의 지정한 값으로 생각되는 하나의 수치를 어떤 방법에 따라 선택하는 것을 말한다. 어떠한 값을 선택할 것인가를 판단하는 방법을 추정량이라고 앞에서 설명하였다.

점추정(點推定)
점추정은 알려져 있지 않은 모수를 추정할 때, 모수의 진정한 값이라고 추측되는 단일 수치로 나타내는 것을 말한다.

그러면 모수를 추정하기 위하여 어떠한 추정량을 선택할 것인가? 예를 들어, 모평균 μ를 추정하기 위해서는 표본의 산술평균, 중앙값, 최빈값 등 여러 가지 대표값 중에서 어느 것을 선택할 것인가? 앞의 [표 7-4]에서 평균, 중앙값, 최빈값 등을 계산해보자. 그러면 새로이 개발된 진통제의 진정한 지속시간 μ를 알기 위해서, 평균 $\overline{X}=20.6$, 중앙값 $m_d=20$, 최빈값 $m_o=20$ 중에서 어느 것을 선택할 것인가를 결정하여야 한다. 일반적으로 이 중에서 μ값을 추정하기 위해서 평균 $\overline{X}$를 사용한다. 그 이유는 무엇인가? 그리고 중앙값이나 최빈값을 추정량으로 삼는다면 어떠한 문제가 발생할 것인가? 이러한 추정량의 선택 문제는 비단 모평균 추정에만 국한되지 않는다. 모집단의 비율이나 분산을 추정할 때에도 역시 적용된다.

추정량을 임의로 선택할 수는 없다. 대신에 여러 추정량들의 효과를 비교하는 기준을 세워야 하며 주어진 상황에서 가장 좋은 추정량을 선택하여야 한다. 추정량을 선택하는 기준으로서 불편성(不偏性, unbiasedness), 효율성(效率性, efficiency), 일치성(一致性, consistency), 충분성(充分性, sufficiency) 등이 충족되어야 한다. 어떤 추정량이 있어 위의 네 가지 조건을 모두 만족시킬 수 있다면 그것은 당연히 선택될 것이다. 그러나 실제로 이러한 경우는 거의 없다. 다만 네 가지 조건을 가장 많이 만족시키는 추정량을 선택하게 된다. 네 가지 조건을 간단히 설명하여보자.

불편성은 표본 통계의 기대치가 표본이 속해 있는 모집단 모수와 같을 때를 말하며, 그 통계량을 불편추정량(不偏推定量, unbiased estimator)이라고 부른다. 표본평균 $\overline{X}$는 모평균의 불편추정량이지만, 중앙값(m_d)은 그렇지 못하다. 효율성은 적은 양의 분산을 가진 추정량을 뜻한다. 예컨대, $\overline{X}$의 분포는 md의 분포보다 분산이 더 작으므로, 더 효율적이다. 다음으로, 표본이 증가함에 따라 추정량이 목표로 하는 모수에 가까이 가는 경우를 일치성이라고 한다. 끝으로, 어떤 추정량이 모수에 관한 정보를 포괄적으로 요약해줄 때, 이를 충분추정량이라고 부른다. 예컨대, $\overline{X}$는 미지의 모평균 μ에 대하여 중앙값이나 최빈값보다 더 유용한 정보를 제공해준다. 결론적으로, 모평균에 대한 가장 좋은 추정량은 $\overline{X}$가 되는 셈이다.

지금까지 모평균에 대한 추정량 선택에 관하여 공부하였다. 다음으로 모분산에 대하여 설명해보자. 모분산을 추정하기 위해서는 표본 관찰치들의 편차 제곱의 합을 n 보다는 n−1로 나누어 계산한다. 그 이유는 후자의 추정량이 불편성과 일치성을 동시에 갖기 때문이다. 만일 n으로 나눈 경우에는 모분산의 추정량이 일치성과 효율성을 가지지만, 편의(偏倚)를 가지게 된다. 그러나 표본크기가 상당히 큰 경우에 두 추정치는 거의 같다고 볼 수 있다. 그러므로 두 추정량 중의 어느 것도 모집단 σ^2의 일반적인 추정량은 되지 못하지만, 실용적으로 보아 n−1로 나눈 S^2을 σ^2의 추정량으로 사용한다.

7.9.4 구간추정

1) 신뢰구간의 의의

우리는 위에서 점추정을 위해 가장 좋은 추정량을 선택하는 기준을 알아보았다. 그럼에도 불구하고, 추정치와 모수 사이에는 표본오차(sampling error)가 있게 마련이다. 모수와 추정치가 반드시 일치하지는 않게 되므로, 이 문제를 해결하기 위한 것이 신뢰구간이다.

신뢰구간(interval estimation)은 모수의 진정한 값이 포함되는 것을 기대하는 추정치를 범위로 나타내는 것을 의미한다. [표 7-4]의 진통제 지속시간의 자료에서, 모수 μ를 표본평균 $\overline{X}$로 점추정 한다면 20.6시간이다. 따라서 새로이 개발된 약의 효과는 평균적으로 20.6시간을 지속한다고 추정할 수 있다. 그런데 약의 효과에 대하여 다음과 같이 추정한다고 하자.

① 모수 μ의 진정한 지속시간은 20.6시간일 것이다.
② 모수 μ의 진정한 지속시간은 18~22시간일 것이다.
③ 모수 μ의 진정한 지속시간은 10~30시간일 것이다.

그런데 새로운 약의 진정한 지속시간이 정확하게 표본의 추정치인 20.6이라고 간주할 수는 없다. 점추정이 모수와 일치할 가능성이 가장 높은 하나를 선택하여도 그 값이 완전히 옳다고 하기는 어렵다. 왜냐하면 표본추출에 따라 값이 달라지기 때문이다. 점추정은 추정의 불확실 정도를 표현하지 못하는 단점을 가지고 있다. 그러나 ②와 ③같이 구간추정을 하면, 모집단의 진정한 지속시간이 포함될 가능성이 높아진다. 더욱이 ③의 구간은 ②의 구간보다 더 넓기 때문에 모수 μ가 포함될 가능성이 한층 더 높다. 모수가 포함될 가능성이 있는 구간을 신뢰구간(信賴區間, confidence interval)이라 하며, 이 구간의 크기는 연구 목적에 따라 조정할 수 있으며, 이 구간 안에 포함될 가능성을 계산할 수 있다.

신뢰구간(信賴區間)

신뢰구간이란 구간추정에 있어, 일정한 확률 범위 내에 모수가 포함될 가능성이 있는 구간이다.

앞의 신뢰구간의 예에서, 구간의 너비가 좁아질수록 모수가 포함될 가능성은 점점 작아진다. 그러나 정보의 효과는 점점 커진다. 모수가 점추정에 가까운 구간이 설정될수록 통계적 의미는 더 크다고 하겠다. 그러면 신뢰구간은 어떻게 만들 것인가? 다음에서 살펴보자.

2) 모평균의 신뢰구간

일반적으로 인정된 신뢰구간의 확률은 95%이다. 즉, 모수가 이 구간 안에 포함될 확률이 95%라는 것이다. 다음의 그림에서 빗금 친 부분은 모평균 μ를 중심으로 분포의 95를 차지하고 있다.

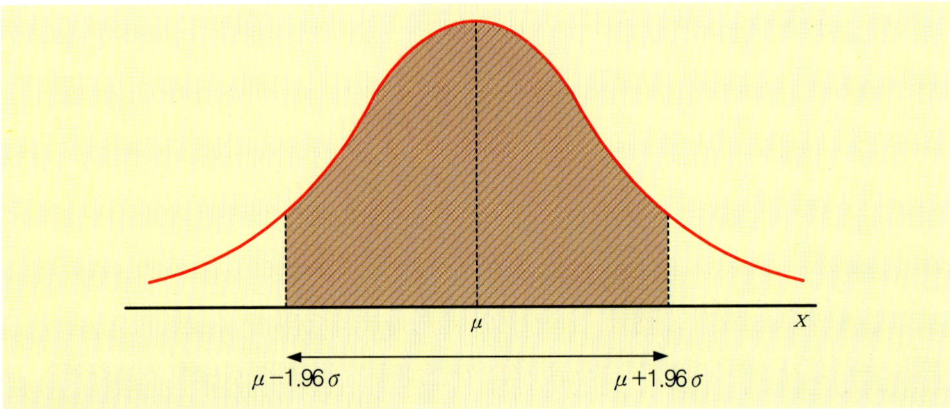

그림 7-13 μ를 중심으로 한 95% 신뢰구간

이 면적은 표본자료의 95%를 포함하고 있음을 나타낸다. 표본이 정규분포를 이루고 그 평균이 모수 μ와 같다고 하자. μ를 중심으로 하여 95%의 반인 47.5%의 면적을 가질 때, Z값은 1.96이라는 것을 알고 있다. 따라서 이 영역의 관찰치는 모평균의 1.96표준편차 거리 안에 있다.

이제 정규모집단에서 개별적으로 표본을 추출하는 대신에 표본크기 n으로 가능한 한 모든 표본을 뽑는다고 하자. 예를 들어, 그 제약회사에서 만드는 진통제의 평균 지속시간 $\mu=20$시간, 표준편차 $\sigma=6$시간으로 정규분포를 이룬다고 하자. 여기에서 표본크기 $n=4$씩 하여 가능한 모든 표본을 뽑았다고 할 때, 평균의 표본분포는 평균 $\mu_{\overline{X}}=20$시간, 표준오차 $\sigma_{\overline{X}}=6/\sqrt{4}=3$시간의 정규분포이다. 즉, $\overline{X}\sim N(20,\ 9)$이다. 가능한 모든 표본 가운데에서 평균치 100개를 골라보니 $\overline{X_1}=23$, $\overline{X_2}=19$, $\overline{X_3}=21$, $\overline{X_4}=14$, ..., $\overline{X_{100}}=27$이었다. 각각의 신뢰구간을 설정하여 다음의 그림에 나타내보았다.

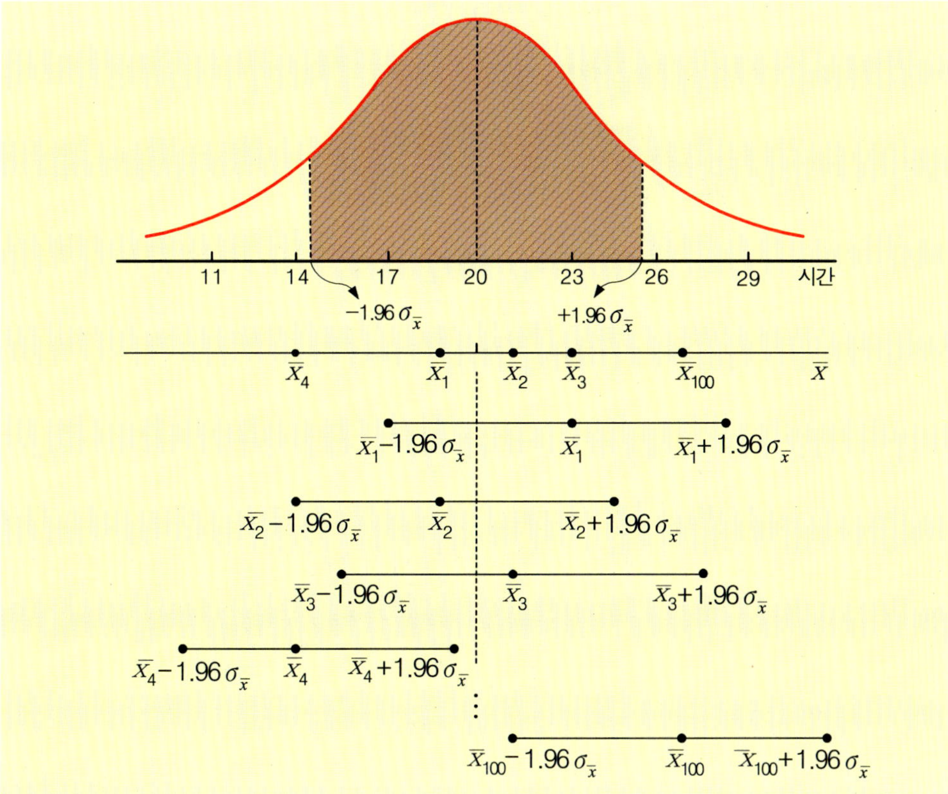

그림 7-14 $\bar{X}$의 표본분포의 95% 신뢰구간

이 그림에서 빗금 친 부분은 가능한 모든 표본의 평균들의 95%를 포함하고 있다. 어떤 표본평균 $\bar{X}$가 이 영역 안에 포함될 확률은 95%인 것이다. 그림에는 예를 들어 다섯 개의 표본평균이 나타나 있다. 첫 번째, 두 번째, 세 번째 평균은 빗금 친 영역 안에 포함되어 있으나, 네 번째와 100번째의 표본평균은 그렇지 못하다. 어쨌든 이 다섯 개의 평균들은 모두 μ의 점추정치이다.

이제 μ를 중심으로 하여 양쪽으로 $1.96\sigma_{\bar{X}}$ 만큼씩 빼거나 더한 경우를 다섯 개의 점추정치에 적용하여보자. 즉, 구간설정은

$$\bar{X} \pm 1.96\sigma_{\bar{X}} \qquad \text{식 7-36}$$

이다. 여기서 $\sigma_{\bar{X}} = \sigma/\sqrt{n} = 6/\sqrt{4} = 3$이다.

① $\overline{X_1}$ = 23인 경우: 23±1.96(3) = [17.12, 28.88]

② $\overline{X_2}$ = 19인 경우: 19±1.96(3) = [13.12, 24.88]

③ $\overline{X_3}$ = 21인 경우: 21±1.96(3) = [15.12, 26.88]

④ $\overline{X_4}$ = 14인 경우: 14±1.96(3) = [8.12, 19.88]

·
·
·

⑩ $\overline{X_{100}}$ = 27인 경우: 27±1.96(3) = [21.12, 32.88]

앞의 다섯 종류 구간에서, 빗금 친 영역에서 나온 평균들 ①, ②, ③의 구간은 모집단의 모수 μ=20을 포함하고 있으나, ④와 ⑩은 μ=20을 포함하고 있지 않다. 표본을 선택하기 전에, 표본평균이 빗금친 영역에서 나올 확률은 95%이다. 이와 마찬가지로, 표본평균 $\overline{X}$를 중심으로 설정한 신뢰구간이 모수 μ를 포함할 확률은 95%인 것이다. 즉, 100개의 신뢰구간 중에서 95개는 모평균 μ를 포함하나, 나머지 5개는 μ를 포함하지 않는다는 의미이다.

신뢰구간은 하한값과 상한값으로 표기한다. 신뢰구간의 하한을 신뢰하한(confidence lower limit), 상한을 신뢰상한(confidence upper limit)이라고 한다. 이 두 추정치 사이에 모수가 포함될 확률을 신뢰수준(信賴水準, confidence level)이라 하며 100(1−α)%로 표기한다. 여기서 α는 오차로서 100%에서 신뢰수준을 뺀 값이다. 예를 들어, 95% 신뢰수준에서 신뢰구간을 100개 만든다고 할 때에, 그 중에서 95개는 μ를 포함하리라고 기대한다.

신뢰수준의 설정은 연구 목적에 따라 다르다. 연구 목적에 따라 오차를 α로 정했을 때, 모수μ를 포함할 가능성이 100(1−α)%인 구간을 구하면 이것이 100(1−α)% 신뢰구간이다. 가장 많이 공통적으로 이용되는 것은 95%이다. 이 경우에 오차는 5%이다. 그리고 연구 목적에 따라 90% 또는 99%의 신뢰수준을 이용할 수 있다. 90% 신뢰수준의 경우에 보면 부록의 표준정규분포표에서 Z=1.65이고, 99%의 경우는 Z=2.57임을 알 수 있다. 표본의 크기가 일정한 가운데 Z값이 커질수록 신뢰구간은 더 넓어진다. 그리고 신뢰수준도 더 높아진다. 사실, 신뢰수준이 높으면서 비교적 좁은 신뢰구간을 구할 수 있다면 더욱 바람직하다고 하겠다. 이렇게 되려면 표준오차의 값이 작아져야 할 것이다. 다음 표는 일반적으로 많이 쓰이는 신뢰수준과 Z값의 관계를 만들어놓은 것이다.

표 7-5 신뢰수준과 Z값

신뢰수준	Z값
0.9	1.65
0.95	1.96
0.99	2.57
0.9973	3.00

앞의 표를 이용하여 90%, 95%, 99% 신뢰수준에서 $X_1=23$의 신뢰구간을 각각 만들면 다음과 같다.

90% 신뢰수준: $23\pm(1.65)(3)=[18.05,\ 27.95]$

95% 신뢰수준: $23\pm(1.96)(3)=[17.12,\ 28.88]$

99% 신뢰수준: $23\pm(2.57)(3)=[15.29,\ 30.71]$

세 가지 신뢰구간을 비교하면, 신뢰수준이 높을수록 신뢰구간이 점점 넓어짐을 알 수 있다. 다시 말하면, 모수 μ를 포함할 확률이 점점 높아진다는 뜻이다.

신뢰구간은 신뢰수준에 따라 정해지기도 하지만 모집단 분산 σ^2과 표본크기 n에 따라 달라진다. 신뢰수준이 이미 정해졌을 때 모평균의 신뢰구간 추정 문제를 모집단 분산을 알고 있는 경우와 모르는 경우로 나누어본다. 그리고 후자의 경우는 표본크기가 큰 경우와 작은 경우로 나누어 설명하기로 한다.

(가) 모집단 분산 σ^2을 알고 있는 경우

확률변수 $X \sim N(\mu,\ \sigma^2)$인 모집단에서 $X_1,\ X_2\ \cdots,\ X_n$을 표본추출하였다 하자. 여기서 모분산 σ^2은 알려져 있으나 μ는 모르기 때문에 신뢰구간을 통하여 추정하기로 한다. 그러면 크기 n인 평균의 표본분포는 $\overline{X} \sim N(\mu,\ \frac{\sigma^2}{n})$이다. 그리고 표준정규분포는,

$$\frac{\overline{X}-\mu}{\sigma/\sqrt{n}} \sim N(0,1) \qquad \text{식 7-37}$$

이다.

신뢰수준이 100(1−α)% 주어졌을 때에 표준정규분포의 신뢰구간은 [그림 7−15]와 같다.

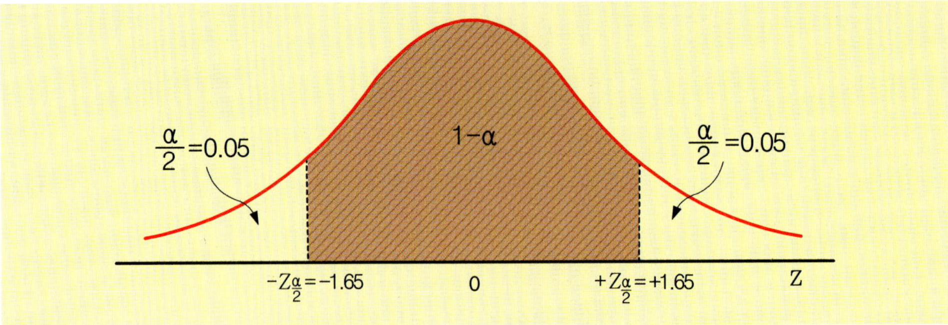

그림 7−15 α=0.10일 때 Z의 위치

이 그림에서 빗금 친 영역은 1−α이다. 예를 들어 α=0.10, 즉 90% 신뢰수준에서 신뢰구간을 구한다고 할 때 Z의 값은 1.65이다. 이것을 $Z_{\frac{\alpha}{2}}$라 하고 신뢰구간의 하한과 상한을 동시에 나타내면,

$$\frac{\overline{X}-\mu}{\sigma/\sqrt{n}} \in Z_{\frac{\alpha}{2}}$$ 식 7-38

가 된다. 따라서

$$\mu \in \overline{X} \pm Z_{\frac{\alpha}{2}} \cdot \frac{\sigma}{\sqrt{n}}$$ 식 7-39

이다. 이제 이것을 확률로 표시하면

$$P(-Z_{\frac{\alpha}{2}} \leq Z \leq Z_{\frac{\alpha}{2}}) = 1-\alpha$$ 식 7-40

$$P(-Z_{\frac{\alpha}{2}} \leq \frac{\overline{X}-\mu}{\sigma/\sqrt{n}} \leq Z_{\frac{\alpha}{2}}) = 1-\alpha$$ 식 7-41

이다. 예를 들면 [그림 7-15]의 신뢰구간은

$$P(-1.65 \leq Z \leq 1.65) = 0.90$$

과 같다. 신뢰구간 $\overline{X} \pm 1.65\sigma_{\overline{X}}$가 μ를 포함할 확률은 90%라는 뜻이다. 식 (7-41)을 이용하여 신뢰구간을 구하는 공식을 만들면 다음과 같다.

$$P(\overline{X}-Z_{\frac{\alpha}{2}} \cdot \frac{\sigma}{\sqrt{n}} \leq \mu \leq \overline{X}+Z_{\frac{\alpha}{2}} \cdot \frac{\sigma}{\sqrt{n}}) = 1-\alpha$$ 식 7-42

따라서 100(1-α)% 신뢰수준에서 μ에 대한 신뢰구간은 다음과 같다.

σ^2을 알고 있을 때 신뢰구간

$$\mu \in \overline{X} \pm Z_{\frac{\alpha}{2}} \cdot \frac{\sigma}{\sqrt{n}}$$ 식 7-43

$$= [\overline{X}-Z_{\frac{\alpha}{2}} \cdot \frac{\sigma}{\sqrt{n}},\ \overline{X}+Z_{\frac{\alpha}{2}} \cdot \frac{\sigma}{\sqrt{n}}]$$

예제 17

동양 화학약품 공장에서 만드는 약품의 일일 생산량은 분산 $\sigma^2=100$인 정규분포를 갖는다고 한다. 일일 생산량의 모평균 μ를 조사하기 위해서 30일간 생산량을 기록하였다. 계산 결과 일일 평균 X=150톤이었다. μ에 대한 90%와 95% 신뢰구간을 구하라.

풀이

신뢰구간의 오차는 $\pm Z_{\frac{\alpha}{2}} \cdot \frac{\sigma}{\sqrt{n}}$ 이다. 여기서 n=30, σ=10이므로

$\sigma_{\overline{X}} = \frac{\sigma}{\sqrt{n}} = 10/\sqrt{30} = 1.83$이다.

① 90% 신뢰구간: $\mu \in 150 \pm (1.65)(1.83)$

$= 150 \pm 3.02$

$= [146.98,\ 153.02]$

② 95% 신뢰구간: $\mu \in 150 \pm (1.96)(1.83)$

$= 150 \pm 3.59$

$= [146.41,\ 153.59]$

풀이에서, 90% 신뢰수준에서 이 화학공장의 일일 평균생산량은 146.98톤에서 153.02톤 사이에 있다는 것이다. 95%의 경우에도 마찬가지로 해석된다. 위에서 보면 신뢰수준이 높아질수록 신뢰구간은 넓어지고 있다. 범위가 넓어질수록 그 속에 모평균이 내포될 가능성이 점점 높아진다는 의미이다. 반면에 구간이 넓어질수록 정보의 효용가치는 줄어든다.

지금까지 우리는 모집단의 분산을 알고 있는 경우와 그 모집단이 정규분포를 이루는 경우에 모평균에 대한 신뢰구간을 구하였다. 그러나 모집단의 분산을 모르는 경우에는 신뢰구간을 어떻게 구할 것인가? 그리고 모집단이 정규분포를 이루지 않는 경우에는 신뢰구간을 어떻게 구할 것인가? 다음에서 이에 대하여 설명하기로 한다.

(나) 모집단 분산 σ^2을 모르는 경우

① 대표본의 경우

모분산을 아는 경우에 모평균을 추정하기는 어렵지 않다. 앞의 식 (7-42)는 모집단이 정규분포인 경우에 표본크기와 상관없이 적용된다. 그리고 모집단이 정규분포가 아니더라도 표본크기 $n \geq 30$이면 이 공식을 이용할 수 있다. 왜냐하면 중심극한정리에 의하여 표본이 충분히 크면 평균의 표본분포는 정규분포에 접근하기 때문이다. 그러나 실제로 모집단의 평균을 모르면서 모분산을 아는 경우는 매우 드물다. 일반적으로 평균을 알아야 분산을 계산할 수 있기 때문이다. 모집단의 분산을 모를 때에는 표본에서 구한 분산 S^2을 σ^2 대신에 사용하면 된다. 표본의 표준편차 S를 계산하는 공식은

$$S = \sqrt{\frac{\sum (X_i - \overline{X})^2}{n-1}} \quad \text{식 7-44}$$

이다.

따라서 대표본의 경우에는 모집단의 분포 모양에 관계없이 표본으로부터 $\overline{X}$와 S를 구하여 신뢰구간을 만들 수 있다.

σ^2을 모를 때 대표본의 신뢰구간

$$\mu \in \overline{X} \pm Z_{\frac{\alpha}{2}} \cdot \frac{S}{\sqrt{n}} \quad \text{식 7-45}$$

예제 18

어느 회사에서는 형광등을 제조하여 판매하고 있다. 제품의 진정한 평균수명 시간을 구간추정하기 위하여 50개의 형광등을 추출하였다. 조사 결과 표본으로 뽑힌 형광등 50개의 평균수명은 2,000시간, 그리고 표준편차는 100시간이었다. 모평균 μ의 95% 신뢰구간을 구하라.

풀이

$\overline{X}$=2,000시간, S=100, n=50이고 $Z_{\frac{\alpha}{2}} = 1.96$이므로

$$\mu \in 2{,}000 \pm (1.96)\left(\frac{100}{\sqrt{50}}\right)$$
$$= 2{,}000 \pm 27.72$$
$$= [1{,}972.28,\ 2{,}027.72]$$

따라서 이 회사 형광등의 평균수명은 95% 신뢰수준에서 볼 때 1,972.28시간에서 2,027.72시간 사이에 있다고 할 수 있다.

예제 19

고려타이어 제조회사에서는 이번 달에 생산한 타이어 중에서 100개를 표본추출하였다. 이 표본의 평균수명은 62,000km이고, 표준편차는 5,000km이었다. 모평균 μ의 90% 신뢰구간을 구하라.

풀이

$$\mu \in 62{,}000 \pm (1.65)\left(\frac{5{,}000}{\sqrt{100}}\right)$$
$$= 62{,}000 \pm 825$$
$$= [61{,}175,\ 62{,}825]$$

② 소표본의 경우

모분산을 모르는 상태에서 소표본의 신뢰구간 설정은 대표본의 경우와 다르다. 모집단이 정규분포이지만 그 모분산을 알 수 없으므로 표본분산 S^2을 계산하고 이것을 이용한다. 그런데 이 경우에 표본통계량 $\frac{\overline{X}-\mu}{S/\sqrt{n}}$은 자유도가 n−1인 t분포를 한다고 알려져 있다. 이 표본통계량을 t통계량이라고 부른다.

모분산을 모르고 표본크기가 작은 경우에 μ의 신뢰구간 추정에 대하여 설명하기 전에 먼저 t분포에 대하여 알아보자. t분포는 종 모양의 대칭분포로서 자유도(degree of freedom)에 따라 모양이 결정된다. 자유도는 df로 나타내며, 표본크기 n에서 1을 뺀 것이다. 예를 들어, 표본크기 10인 경우 자유도는 10−1=9이다.

t 통계량

$$t_{(n-1)} = \frac{\overline{X}-\mu}{S/\sqrt{n}} \quad \text{식 7-46}$$

자유도의 의미를 설명하면 다음과 같다. 수학적인 견지에서 볼 때 자유도의 크기는 t분포 공식에 나타나 있는 모수이다. 그러나 모집단의 표준편차 σ를 추정하기 위하여 사용되는 추정량 S는 편차제곱의 합을 n−1로 나눈 값의 제곱근이다. 자유도 n−1은 편차들 $X_i-\overline{X}$의 독립적인 개수를 의미한다. n개의 표본관찰치가 있을 때 편차의 총합 $\sum(X_i-\overline{X})=0$이므로 이 중에서 하나만 제외하고 나머지 편차들은 자유롭게 독립적인 숫자를 가질 수 있다. 그런데 마지막 n번째 관찰치는 편차의 총합이 0이라는 조건에 의하여 자동적으로 결정된다. 따라서 모분산을 추정할 때에 그 추정량의 분모가 n−1이라는 것은 n−1의 자유도가 있다는 것을 의미한다.

t분포를 정규분포와 함께 그림으로 나타내면 다음과 같다.

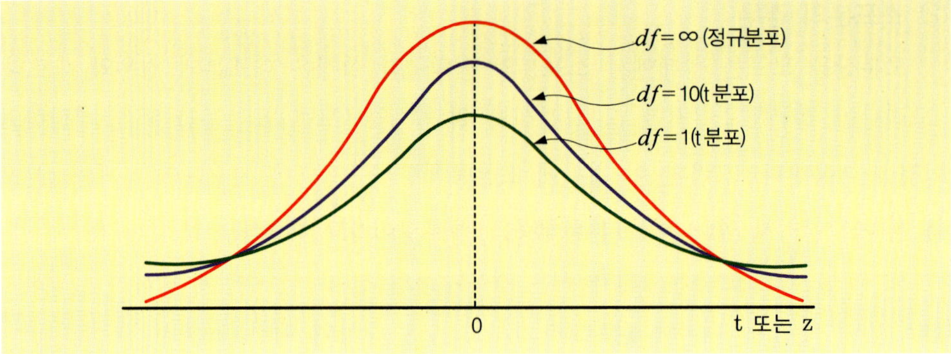

그림 7-16 t분포

이 그림에서 t분포의 특성을 요약하면 다음과 같다.

① t분포는 정규분포와 기본적으로 같은 모양을 가진다. t분포는 평균 0을 중심으로 좌우 양쪽으로 대칭을 이룬다.
② t분포는 단일분포가 아니라 자유도에 따라 분포 모양이 여러 가지이다.
③ 표본크기가 증가함에 따라 자유도 역시 증가한다. 자유도가 무한대로 가면 t분포는 정규분포에 접근한다.

모집단의 분산 σ^2을 모를 때에 t분포를 이용하여 $1-\alpha$의 신뢰구간을 추정하려면 식 (7-45)에서 단순히 Z값 대신에 t값을 대입하면 된다. 유의할 것은 t값은 신뢰수준 이외에 자유도를 고려하여야 한다. t통계량을 이용한 신뢰구간은

$$P\left[-t\left(\tfrac{\alpha}{2},\ n-1\right) \le \frac{\overline{X}-\mu}{S/\sqrt{n}} \le t\left(\tfrac{\alpha}{2},\ n-1\right)\right] = 1-\alpha \quad \text{식 7-47}$$

이다. $t(\frac{\alpha}{2},\ n-1)$은 자유도 $n-1$인 t분포에서 분포의 양 끝에 $\frac{\alpha}{2}$씩의 확률을 갖는 t값이다. 이 값은 부록에 나타나 있다.

σ^2을 모를 때 소표본의 신뢰구간

$$\mu \in \overline{X} \pm t\left(\frac{\alpha}{2},\ n-1\right) \cdot \frac{S}{\sqrt{n}}$$ 식 7-48

예제 20

진영 통조림 제조회사는 통조림 무게를 알아보기 위하여 제조된 통조림 7개를 표본으로 임의추출하였다. 그 무게를 달아보니 다음과 같았다. (단위: g)

400, 415, 418, 409, 382, 391, 406

이 회사 통조림의 무게가 정규분포로 가정된다고 할 때, μ의 95% 신뢰구간을 구하라.

풀이

표본추출된 통조림의 평균무게와 표준편차를 계산하면 $\overline{X}=403$, $S=12.96$이다. 그리고 부록에서 $t(\frac{0.05}{2},\ 7-1)=2.447$이다. 따라서 μ의 95%신뢰구간은 다음과 같다.

$$\begin{aligned}\mu &\in \overline{X} \pm t \cdot \frac{S}{\sqrt{n}} \\ &= 403 \pm (2.447)\left(\frac{12.96}{\sqrt{7}}\right) \\ &= 403 \pm 11.99 \\ &= [391.01,\ 414.99]\end{aligned}$$

예제 21

고려타이어 회사에서는 이번 달에 생산한 타이어 중에서 표본으로 가장 적합한 것을 9개 선택하여서 평균수명을 조사하기로 하였다. 선택된 9개 타이어의 평균은 60,000km이고, 표준편차는 7,200km이었다. 모집단이 정규분포라고 가정하였을 때 90% 신뢰구간을 구하라.

풀이

$$\mu \in 60{,}000 \pm (1.860) \cdot \left(\frac{7{,}200}{\sqrt{9}}\right)$$
$$= 60{,}000 \pm 4{,}464$$
$$= [55{,}536,\ 64{,}464]$$

3) 모비율의 신뢰구간

기업, 산업 또는 정부 등에 종사하는 사람들은 모집단 비율을 추정하여야 하는 경우가 많다. 예를 들어, 어느 제품의 불량률, 특정 정당 후보에 대한 지지율, TV의 특정 프로그램 시청률 등이 이에 해당된다. 이러한 경우에 무작위로 얻어진 표본비율은 모집단 비율을 추정하는 데 이용될 수 있다.

표본비율(p)의 계산은 간단하다. 표본의 성공횟수 x를 총 관찰치 의 수 n으로 나누면 된다. $p = \frac{x}{n}$가 되며, 이것은 모집단 비율 π의 점추정치이다. 예를 들어, 제품 100개를 검사하였는데 그 중에서 2개가 불량이라 하면 불량률 p는 0.02이다. 이것은 π의 점추정치이며 생산된 모든 제품의 불량 비율을 나타낸다. 비율의 표본분포의 평균과 표준오차는 다음과 같다.

$$X_p = \mathrm{p}$$ 식 7-49

$$S_p = \sqrt{\frac{p(1-p)}{n}} = \sqrt{\frac{pq}{n}}$$ 식 7-50

만일 p가 0이나 1에 지나치게 가깝지 않다면, p는 식 (7-50)과 (7-51)의 평균과 표준오차를 가지는 정규분포에 접근한다. 표본평균에서와 마찬가지로 표본비율에서도 중심극한정리가 적용된다.

식 (7-15)의 표준오차는 복원추출의 경우, 또는 표본크기가 모집단 크기의 5% 미만인 상태에서 비복원추출의 경우에 계산되는 공식이다. 그 외의 경우에, 즉 표본크기가 모집단 크기의 5% 이상인 상태에서 비복원추출을 하는 경우에 표본비율의 표준오차는 다음과 같다.

$$S_p = \sqrt{\frac{pq}{n}} \cdot \sqrt{\frac{N-n}{N-1}} \quad \text{식 7-51}$$

즉, 유한모집단 수정계수로 표준오차가 조정된다.

표본비율 p가 구해지면 표본크기 n과 비교하면서 p가 정규분포에 합당한지 여부를 조사하여야 한다. 이에 대한 기준을 보면 [표 7-6]과 같다.

표 7-6 표본비율의 정규분포 접근에 합당한 표본크기

p 또는 1-p 중에서 작은 값	최소 표본크기(n)
0.02	5,000
0.05	2,000
0.10	900
0.20	300
0.30	150
0.40	60
0.50	30

위 표는 표본크기가 작아질수록 표본비율 p가 정규분포를 이루려면 그 값이 0.5에 가까워져야 한다는 것을 나타내고 있다. 일반적으로 말해서, 이항분포에서 비율의 정규분포 적용을 위해서는 표본크기가 100 이상이거나 또는 np와 n(1-p)가 적어도 10 이상 되어야 한다.

이제 표본크기 n과 표본비율 p가 주어졌다고 할 때, 모집단 비율 π에 대한 신뢰구간 추정은 다음과 같다.

모집단 비율의 신뢰구간

$$\pi \in p \pm Z_{\frac{\alpha}{2}} \cdot S_P$$
$$= p \pm Z_{\frac{\alpha}{2}} \cdot \sqrt{\frac{p(1-p)}{n}} \quad \text{식 7-52}$$

이 신뢰구간은 평균의 신뢰구간과 별로 다를 바가 없다.

예제 22

어느 여론조사 연구소는 서울 종로구에서 특정 후보에 대한 지지율을 조사하고 있다. 500명을 임의로 표본추출하여 의견 조사를 해본 결과 200명이 그 후보를 지지하고 있음을 알게 되었다. 종로구 유권자가 이 후보를 지지할 비율에 대한 95% 신뢰구간을 만들어라.

풀이

표본크기 n=500이고, p=0.4이므로 이 표본비율은 정규분포를 한다고 볼 수 있다. 비율의 표준오차를 구하면

$$S_P = \sqrt{\frac{p(1-p)}{n}} = \sqrt{\frac{0.4(1-0.4)}{500}} = 0.022$$

이다. π에 대한 95% 신뢰구간을 만들면

$$\begin{aligned} \pi &\in p \pm Z_{\frac{\alpha}{2}} \cdot S_P \\ &= 0.4 \pm (1.96)(0.022) \\ &= 0.4 \pm 0.043 \\ &= [0.357,\ 0.443] \end{aligned}$$

이다. 따라서 종로구 유권자 중에서 특정 후보를 지지하는 비율은 95% 신뢰수준에서 0.357~0.443이다.

정리하면, 표본의 수와 모분산 인지 여부에 따라서 연구자가 사용할 분포의 형태가 결정된다. 만약, 표본의 크기가 30 이상이고 모분산을 알면 Z분포를 사용한다. 표본의 크기가 30보다 작고 모분산을 알면 Z분포를 사용한다. 표본의 크기가 30보다 크고 모분산을 모르는 경우 마찬가지로 Z분포를 사용한다. 만약, 모분산을 모르고 표본의 수가 30보다 작은 경우는 t분포를 사용한다. 이를 그림으로 나타내면 다음과 같다.

표 7-7 분포의 종류

모분산 인지 여부 / 표본크기(n)	모분산을 아는 경우(σ^2)	모분산을 모르는 경우(s^2)
n≥30	Z분포	Z분포
n<30	Z분포	t분포

7.10 표본크기의 결정

신뢰구간 추정에서의 목적은 신뢰수준이 높은 상태에서 좁은 구간을 구하는 것이다. 이미 설명한 바와 같이 표준편차가 알려져 있는 대규모 모집단의 평균에 대한 신뢰구간 추정은

$$\mu \in \pm \ Z \cdot \frac{S}{\sqrt{n}} \qquad \text{식 7-53}$$

이다. 여기서 두 번째 항은 신뢰구간 길이의 반이다. 두 번째 항에서 모집단의 표준편차는 주어진 값이므로 구간 길이에 영향을 주지 않는다. 그러나 Z값은 신뢰수준에 달려 있다. 신뢰도가 높을수록 Z와 구간 길이는 커진다. 그리고 표본크기와 신뢰구간은 반비례한다. 표본이 커질수록 신뢰수준이 일정할 때 구간 너비는 짧아진다. 예를 들어, 어느 회사 통조림의 무게가 정규분포를 이루고, 표준편차는 10g으로 알려져 있다. 표본크기가 10인 경우, 20인 경우, 50인 경우에 각각의 표본평균은 우연히도 모두 500g으로 같다고 한다. 이 세 경우에 대하여 95% 신뢰구간을 만들면 어떠한 사실을 발견할 것인가?

$$n = 10\text{일 때}: \ \mu \in 500 \pm (1.96)\frac{10}{\sqrt{10}} = 500 \pm 6.2$$

$$n = 20\text{일 때}: \ \mu \in 500 \pm (1.96)\frac{10}{\sqrt{20}} = 500 \pm 4.4$$

$$n = 50\text{일 때}: \ \mu \in 500 \pm (1.96)\frac{10}{\sqrt{50}} = 500 \pm 2.8$$

신뢰구간의 반을 오차라 하면, 표본크기가 커질수록 오차는 작아지고 있음을 보이고 있다.

위의 예제에서 보면 신뢰수준과 표본크기가 자의적으로 주어져 있다. 그러나 실제로 모집단에 대한 연구조사를 설계할 때에 가장 먼저 생각하게 되는 것은 표본크

기를 얼마로 하여야 하는가이다. 만일 표본이 필요 이상으로 크다면 시간이나 돈의 낭비가 될 것이며, 반대로 지나치게 작다면 조사 목적이 원활히 이루어지기 어려울 것이다. 실제 연구에서는 신뢰구간과 신뢰수준이 주어진 상태에서 표본크기를 구하여야 하는 문제가 흔히 있다.

예를 들어, 공작기계산업 분야에 종사하는 숙련공의 평균 월급을 추정한다고 하자. 사전 연구에 의하면, 월급의 모집단 표준편차는 25,000원으로 추정되어 있다. 평균 월급의 측정오차가 ±3,000원 안으로 있을 확률이 99.7%가 되려면, 표본크기는 몇 사람으로 결정하여야 하는 것일까?

확률 99.7%는 3표준오차 거리 안에 있으므로

$$3\sigma_x = 3,000$$

$$\frac{3\sigma}{\sqrt{n}} = 3,000$$

$$\frac{\sigma}{\sqrt{n}} = 1,000$$

그리고

$$\frac{25,000}{\sqrt{n}} = 1,000$$

이므로 n=625이다. 따라서 625명의 표본크기가 필요하다. 요약해서 말하면, 625명의 숙련공 표본으로 평균 임금을 구간추정한다면 99.7%의 확률을 가지고 3,000원 이내의 오차로 공작기계산업 종사자의 평균 임금을 계산할 수 있다.

우리는 이 문제에서 과거 연구에서 얻어진 모집단 표준편차를 이용하였다고 가정하였다. 이러한 것은 임금, 인구 등과 같은 공공 분야 문제에서 가능하다. 만일 과거 연구에서 모집단 표준편차가 이용 가능하지 못하다면 모집단의 일부 표본에서 표준편차를 계산해서 사용하면 될 것이다. 예를 들어, 최대 임금과 최소 임금 차이가 72,000원이라고 하자. 정규분포는 평균으로부터 ±3σ 안에서 전체 분포를 나타내기 때문에 6σ거리는 모든 관찰치를 포함한다. 따라서

$$6\sigma = 72,000$$

$$\sigma = 12,000$$

이다. 실제로 자료 분포가 정규분포를 이루지 않고, 이러한 계산 방식이 정확하지 못하더라도, 표본크기를 구하는 좋은 대안이 될 수 있을 것이다.

앞의 통조림 공장의 예를 다시 들어보자. 이 공장에서 생산되는 통조림의 무게는 표준편차 10g으로 정규분포를 한다고 알려져 있다. 생산관리 담당 부장은 95% 신뢰수준에서 모집단 평균무게의 추정치의 오차가 5g안에 있기를 원하고 있다. 따라서 그는 이 조건에 맞추기 위하여 표본의 크기를 몇 개로 할 것인가를 정하고자 한다. 다시 말하면 X가 μ로부터 5g을 넘지 않을 확률이 95% 되도록 한다. 구간 길이의 반이 5g이므로

$$Z_{\frac{\alpha}{2}} \cdot \frac{\sigma}{\sqrt{n}} \leq 5$$

또는

$$(1.96)\frac{(10)}{\sqrt{n}} \leq 5$$

이다. 양변을 정리하면 n=15.37이다. 따라서 표본크기는 16 이상이다.

위의 예제에서 모집단의 분산을 알고 있을 때 표본크기의 결정에 관한 공식을 만들 수 있다. 구간 길이의 반, 즉 오차를 e라 하면,

$$e = Z_{\frac{\alpha}{2}} \cdot \frac{\sigma}{\sqrt{n}}$$ 식 7-54

이다. 따라서 표본의 크기를 구하는 공식은 다음과 같다.

평균 문제에서 표본크기

$$n = \frac{(Z_{\frac{\alpha}{2}})^2 \cdot \sigma^2}{e^2}$$ 식 7-55

식 (7-56)을 이용하려면 모분산 σ^2을 알아야 한다. 실제로 σ^2은 미지(未知)인 경우가 많다. 따라서 예비적으로 표본을 추출하여 S^2을 계산한 후에 이것을 σ^2 대신 사용하면 될 것이다. 이러한 과정은 별로 정확한 것은 아니지만, 직감적으로 표본크기 n을 결정하는 것보다는 낫다고 할 수 있다.

예제 23

어느 산업에 종사하는 숙련공의 월평균 소득을 추정하기로 하였다. 과거 연구에 의하면 임금은 정규분포를 하며, 모집단 표준편차는 만 원으로 알려져 있다. 오차의 허용한계를 ±5,000원으로 하고 99% 신뢰수준을 유지하고자 할 때 표본의 크기는 얼마이어야 하는가?

풀이

$$\mathrm{n} = \frac{(Z_{\frac{\alpha}{2}})^2 \cdot \sigma^2}{e^2} = 26.4$$

그러므로 표본의 크기는 27명 이상이어야 한다.

표본크기의 결정 문제는 모평균 추정 문제에서 뿐만 아니라 모비율 문제에서도 일어난다. 이것은 모평균의 경우와 마찬가지이다. 모비율 π에 대한 신뢰구간은

$$\pi \in \mathrm{p} \pm Z_{\frac{\alpha}{2}} \cdot \sqrt{\frac{p(1-p)}{n}}$$

이므로 신뢰구간의 한쪽을 오차 e라 하면

$$\mathrm{e} = Z_{\frac{\alpha}{2}} \cdot \sqrt{\frac{p(1-p)}{n}}$$

이다. 따라서 비율의 표본크기를 구하는 공식은 다음과 같다.

비율 문제에서 표본크기

$$n = \frac{(Z_{\frac{\alpha}{2}})^2 \cdot p(1-p)}{e^2}$$ 식 7-56

예제 24

한국여론조사 연구소는 특정 후보에 대한 지지율을 알아보기 위하여 유권자를 상대로 여론조사를 실시하기로 하였다. 오차의 허용한계는 4%이고 이 한계를 벗어날 위험을 5%로 설정하였다. 즉, 95% 신뢰수준으로 정했다. π의 근사치는 과거의 경험으로 보아 0.3으로 추정하였다. 이러한 조건을 충족시키기 위해서 표본크기를 결정하여라.

풀이

$$n = \frac{(Z_{\frac{\alpha}{2}})^2 \cdot p(1-p)}{e^2} = \frac{(1.96)^2(0.3)(1-0.7)}{(0.04)^2} = 504.21$$

따라서 조사 대상의 표본크기는 505명 이상이다.

7.11 SPSS를 이용한 통계분석

SPSS 예제

다음은 100명의 모집단에서 10명의 학생을 표본 추출하여 몸무게를 측정한 결과이다. 모집단 평균은 58Kg이라고 한다.

(1) SPSS를 이용하여 표본평균을 구하고, 모집단 평균과 비교하라.

(2) 자료의 뾰족한 정도(첨도)와 치우침 정도(왜도)를 언급하라.

40, 64, 47, 55, 59, 55, 66, 55, 57, 62 (단위: Kg)

풀이

1단계 SPSS 프로그램을 실행시킨다. 변수 보기(V) 창을 통해서 '몸무게'라는 변수를 입력하고 데이터 보기(D) 창에 다음과 같이 데이터를 입력한다.

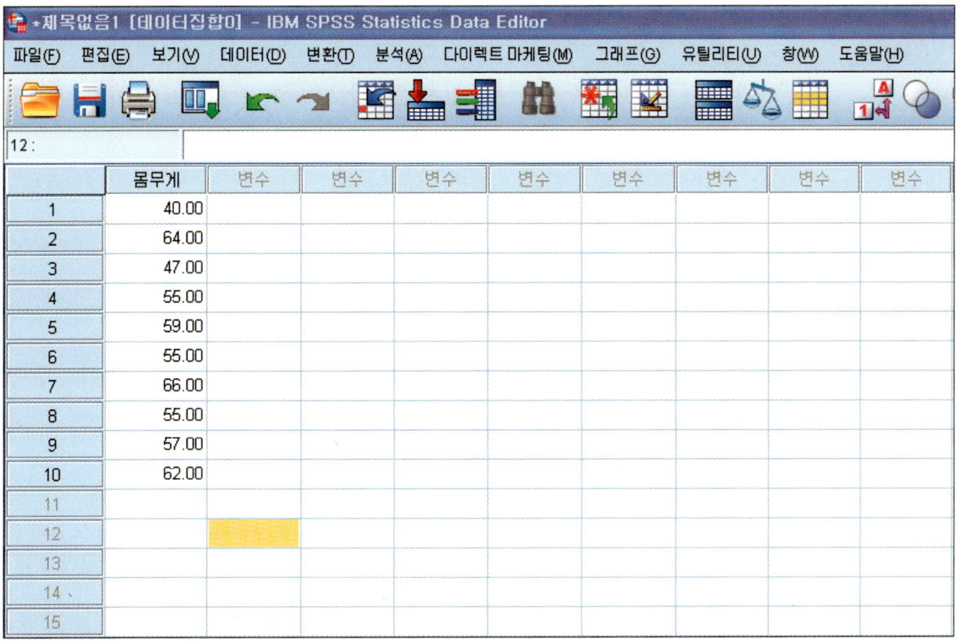

그림 7-17 자료 입력 [데이터] ch7-1.sav

2단계 SPSS 프로그램상에서 다음 순서에 따라 지정한다. 그러면 다음과 같은 화면을 얻을 수 있다.

분석(A)
기술통계량(E)
기술통계(D)...

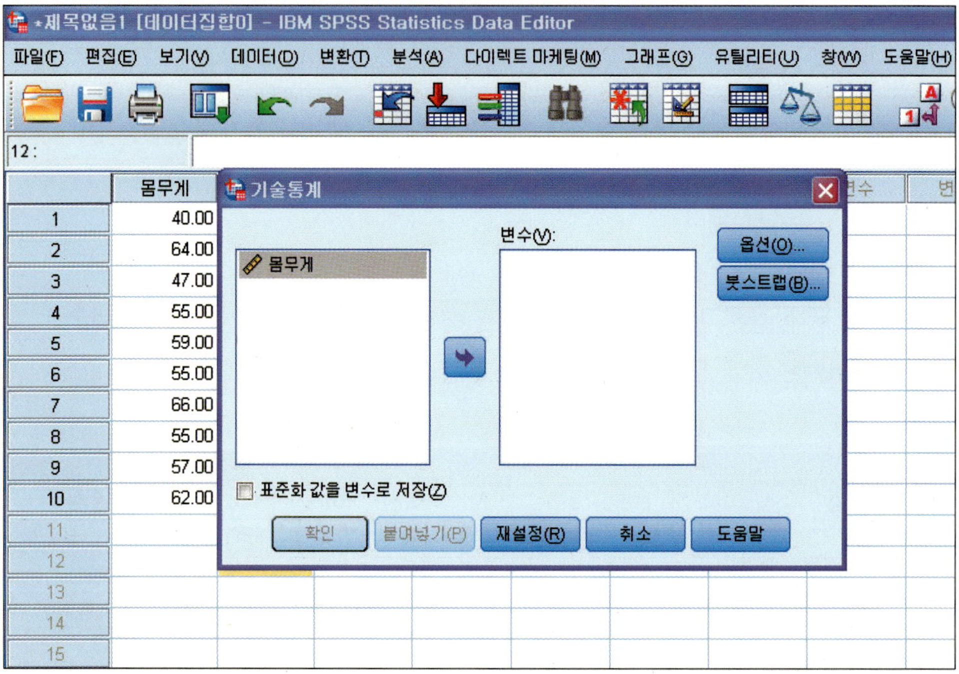

그림 7-18 기술통계 1

3단계 왼쪽 창에서 '몸무게' 변수를 지정하여 변수(V)란으로 보낸다. 다음 순서에 따라 지정한다. 그러면 다음과 같은 화면을 얻을 수 있다.

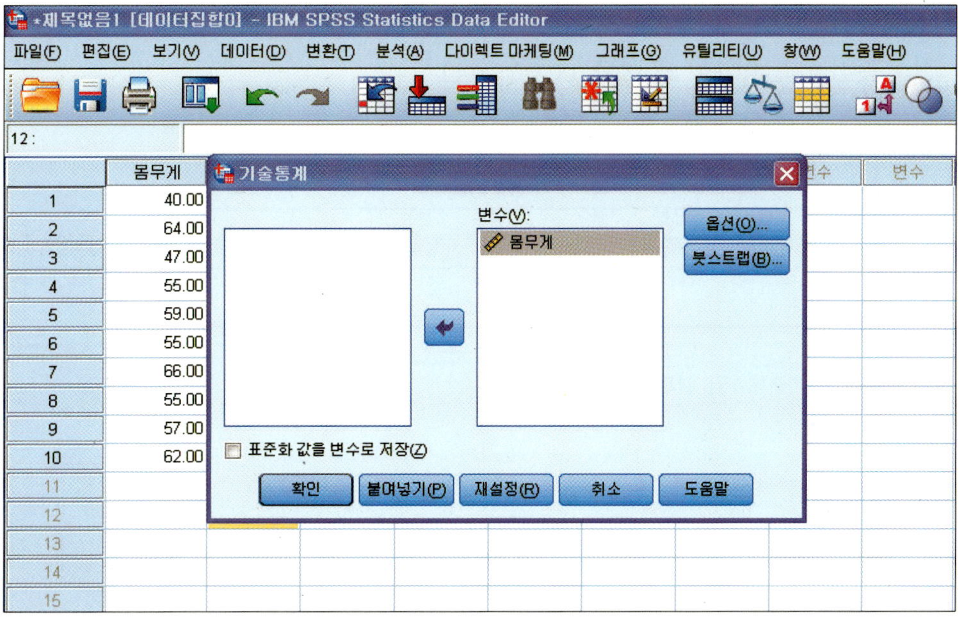

그림 7-19 기술통계 2

4단계 옵션(O)... 창을 눌러 ☑평균(M), ☑표준편차(T), ☑최소값(N), ☑분산(V), ☑첨도(K), ☑왜도(W) 등의 기술통계량을 지정한다.

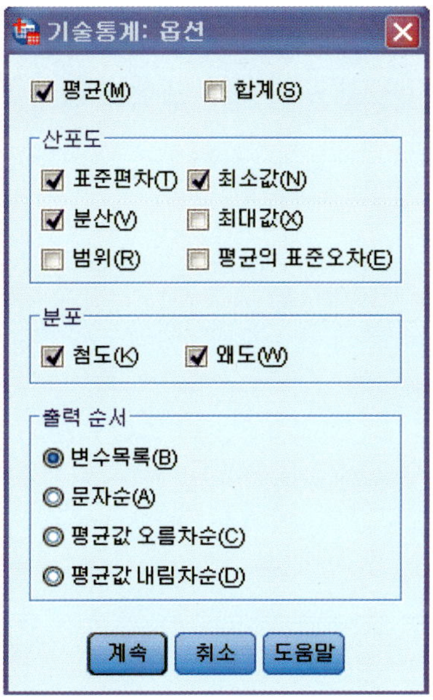

그림 7-20 기술통계: 옵션

5단계 [계속] 단추를 누르면 앞의 [그림 7-19]로 복귀한다. 여기서 분석자는 [확인] 단추를 눌러 다음과 같은 결과물을 얻을 수 있다.

기술통계량

	N	최소값	평균	표준편차	분산	왜도		첨도	
	통계량	통계량	통계량	통계량	통계량	통계량	표준오차	통계량	표준오차
몸무게	10	40.00	56.0000	7.81736	61.111	-.893	.687	.779	1.334
유효수 (목록별)	10								

그림 7-21 기술통계량 결과물

● **결과 해석**

[N 10] 표본수(N)가 10명임을 나타낸다.

[최소값 40] 몸무게의 최소값이 40kg임을 나타낸다.

[평균 56.0] 몸무게의 평균은 56.0kg임을 알 수 있다.

[분산 61.111] 몸무게의 분산이 61.111(kg^2)이다.

[표준편차 7.81736] 몸무게의 표준편차가 7.81736kg이다.

[왜도 −0.893, 표준오차 0.687] 몸무게 왜도는 −0.893이다. 왜도가 음수(−)를 보여 자료가 왼쪽꼬리 분포를 보임을 알 수 있다. 왜도의 표준오차는 0.687이다.

[첨도 0.779, 표준오차 1.334] 첨도는 0.779이고 첨도의 표준오차는 1.334임을 알 수 있다. 첨도가 양수(+)이기 때문에 정규분포를 기준으로 하여 뾰족한 형태의 분포를 보임을 알 수 있다.

EXERCISE

연습문제

1. 다음 표본자료에서 평균과 표준편차를 구하라

90, 85, 72, 78, 75, 84, 86

2. 표준정규분포란 무엇을 말하는가?

3. 좋은 추정량의 조건을 언급하라.

4. 크린화학 약품공장에서 만드는 약품의 일일 생산량은 분산 σ^2=100인 정규분포를 갖는다고 한다. 일일 생산량의 모평균 μ를 조사하기 위해서 40일간 생산량을 기록하였다. 계산 결과 일일 평균 $X = 150$톤이었다. μ에 대한 90%와 95% 신뢰구간을 구하라.

5. 한국여론조사 연구소는 특정 후보에 대한 지지율을 알아보기 위하여 유권자를 상대로 여론조사를 실시하기로 하였다. 오차의 허용한계는 3.1%이고 이 한계를 벗어날 위험을 5%로 설정하였다. 즉, 95% 신뢰수준으로 정했다. π의 근사치는 과거의 경험으로 보아 0.3으로 추정하였다. 이러한 조건을 충족시키기 위해서 표본크기를 결정하여라.

3부
기초 분석

8장

가설검정

가설(Hypothesis)은 잠정적인 진술(Temporary Statement)이다. 가설에는 귀무가설(H_0)과 연구가설(H_1)이 있다. 귀무가설은 일반적인 진술이나 주장을 말한다. 연구가설은 새로운 주장이라고 할 수 있다. 분석 결과에 대한 의사결정의 기본은 귀무가설이다. 귀무가설 채택은 통계량의 확률(p)이 α=0.05보다 클 경우, 통계량의 확률(p)이 α=0.05보다 작으면 귀무가설을 기각하고 연구가설을 채택하게 된다.

학습 목표

- 가설의 정의를 정확하게 이해한다.
- 가설검정의 종류를 파악한다.
- 가설검정 순서를 설명할 수 있다.
- 통계분석 방법의 가설 채택과 기각 의사결정 방법을 터득한다.

연구자들 중에는 가설 설정 방법이나 해석 방법에 익숙치 않아 힘들어 하는 경우가 의외로 많다. 가설을 잘 설정하는 것만으로도 연구의 목적이 명확하게 정립되었다고 해도 과언이 아니다. 앞 장에서 다룬 것처럼 가설검정도 추정과 마찬가지로 모수의 값과 관련이 있다. 그러나 가설검정은 추정과는 달리 모수의 특성에 대한 진술을 가지고 시작한다. 그러고 나서 모집단으로부터 추출된 표본의 통계량을 이용하여 그 가설의 채택·기각 여부를 결정한다.

8.1 가설검정이란?

8.1.1 가설검정의 의의

가설검정의 첫 단계에서는 모집단에 대하여 어떤 가설을 설정한다. 추정은 관심 있는 모집단의 모수에 대하여 거의 아는 바가 없는 환경에서 이루어지는 모집단 추론이다. 반면에 가설검정은 모수에 대하여 약간의 지식을 가지고 있어 모수에 대한 특정 가설을 세운다. 그러고 나서 표본에서 계산된 통계량을 기초로 하여 "모수는 특정한 값과 일치하는가?"라는 진술의 채택 여부를 결정하게 된다. 이러한 가설검정 과정을 의사의 진단 과정에 비유해보자. 처음에 의사는 환자의 표면적인 증상을 관찰한 후에 어떤 병명(가설)을 생각해낸다. 그러고 나서 세부적인 과학적 검진을 통하여 처음에 생각한 병명을 받아들일 것인지 혹은 새로운 병명을 알아낼 것인지의 과정을 가진다.

가설검정은 연구실험 또는 실제 상황에서 예측한 것과 결과적인 것을 비교하는 데 이용된다. 예를 들어, 환자에게 새로이 개발한 약을 투여하였을 때에 그 약의 효과가 있는지의 여부를 결정한다고 하자. 이를 위해 연구자는 새로운 약을 현재 시판되고 있는 기존의 약에 비교한다. 기존의 약 효과가 10시간 동안 지속한다 할 때, 새로운 약 효과가 있다는 것을 증명하려면 "새로운 약의 효과는 10시간 이상을 지속한다"라는 구체적인 가설을 세우게 된다. 가설(hypothesis)이란 이와 같이 실증적인 증명에 앞서 세워지는 잠정적인 진술이며 후에 논리적으로 검정되는 명제이다. 그런데 검정 대상이 되는 가설은 반드시 확신에 근거를 두고 있는 것이 아니므로 연구의 결과에 의해 서 기각될 수도 있고 또한 수정될 수도 있다

연구에서 검정 대상이 되는 진술을 가설이라 한다. 이 가설은 표본을 통하여 검정된다. 가설과 표본추출오차와의 관계를 설명하여보자. 예를 들어, 바둑돌을 오른손과 왼손으로 가득 움켜잡은 후에, 각각의 경우 바둑돌의 평균무게를 알아본다고 하자. 바둑돌은 품질에 따라 무게가 다르고, 고급 품질일수록 무게가 더 나간다. 우리는 이 바둑돌들이 동일한 품질의 모집단에서 나왔는지 여부를 결정하고자 한다. 가설은 "두 경우의 평균무게는 같다"라고 세운다. 논리적으로 보아 오른손의 경우의 평균무게와 왼손 경우의 평균무게가 비슷하다면 동일한 모집단에서 나왔다고 말할 수 있다. 그러나 임의추출 과정에서 생긴 표본추출오차(sampling error) 때문에 두 경우의 평균무게는 다를 수 있다. 우리는 무게 차이를 통계적으로 설명하여 그 바둑돌들이 동일한 모집단에서 추출되었는지를 추정할 수 있다. 즉, 평균무게에서 차이가 나더라도, 이 차이가 표본추출오차의 크기 정도라면 동일한 모집단에서 나온 것이라 할 수 있다. 그러나 만일에 그 차이가 표본추출오차보다 더 크면, 다른 모집단에서 각각 나온 것이라고 말할 수 있다.

가설

가설은 실증적인 증명 이전에 잠정적으로 세우는 모집단 특성에 대한 진술이며, 이것은 후에 경험적으로 또는 논리적으로 검정되는 조건 또는 명제이다.

8.1.2 가설의 종류

가설은 귀무가설(null hypothesis)과 연구가설(research hypothesis) 두 가지로 구성되어 있다. 귀무가설의 진술은 H_0로 표기하며, 통계적으로 나타난 차이는 단지 우연의 법칙에서 나온 표본추출오차로 생긴 정도라는 주장이다. 새로운 약의 효과를 조사하기 위한 귀무가설은 "H_0 : 새로운 약의 평균 지속시간은 10시간이다." 또는 "$H_0 : \mu = 10$"과 같이 세울 수 있다.

연구가설은 연구 목적을 위하여 설정된 진술이며 H_1로 표기한다. 두 표본의 차이는 우연 발생적인 것이 아니라 두 표본이 대표하는 모집단 평균치 사이에 현저하게 차이가 있다는 진술에 대하여 사실 여부를 확인한다. 새로운 약의 효과를 표시하기 위한 연구가설도 "H_1 : 새로운 약의 평균 지속시간은 10시간을 넘는다." 또는 "$H_1 : \mu > 10$"이라고 세운다. 연구가설은 귀무가설을 부정하고 논리적인 대안을 받아들이기 위한 진술이므로 대립가설(alternative hypothesis)이라고도 한다. 따라서 연구가설(H_1)을 Ha로 표시하기도 한다.

귀무가설과 연구가설

귀무가설은 표본추출오차 여부에 대한 검정 대상이 되는 가설이며, 연구가설은 논리적 대안으로서 귀무가설이 기각될 때 채택되는 가설이다.

귀무가설과 연구가설은 관심 있는 모수의 값에 대하여 상호 배타적인 진술이다. 귀무가설은 통계치가 제공하는 확률의 측면에서 평가하는 것이며, 연구가설은 논리적 대안으로 검정하고자 하는 현상에 관한 예측이다. 따라서 이 두 가설은 모집단과 표본을 연결시켜주는 역할을 한다.

통조림을 만들고 있는 회사의 예를 들어 귀무가설과 연구가설을 세워보도록 하자. 이 회사 정책상 통조림의 무게는 400g이어야 한다. 품질 검사관은 한 개의 통조림 무게를 재어보았을 때 표준치인 400g에 미달되어서도 안 되고 초과하여서도 안 된다고 믿고 있다. 미달되는 경우에는 소비자를 속이는 경우가 되는 것이며, 초과되는 경우에는 회사 자원의 낭비를 가져오게 된다. 이 경우에 검사관은 귀무가설(H_0)과 연구가설(H_1)을 다음과 같이 세우게 될 것이다.

H_0 : 통조림의 평균무게는 400g이다.
H_1 : 통조림의 평균무게는 400g이 아니다.

또는

H_0 : $\mu = 400$
H_1 : $\mu \neq 400$

위의 두 가설은 관심 있는 모수에 대하여 상호 배타적으로 진술하고 있음을 알 수 있다.

위에서 본 바와 같이 귀무가설과 연구가설은 상반된 진술이다. 두 개의 상반된 가설 중에서 어느 것을 귀무가설로 정하고 어느 것을 연구가설로 정할 것인가 하는 문제는 일반적으로 다음과 같다. 귀무가설은 현재까지 주장되어 온 것으로 정하거나 또는 현존하는 모수값에 새로운 변화 또는 효과가 존재한다는 것을 배제하거나 완화시키는 경우를 귀무가설로 정한다. 반면에 기존 상태로부터 새로운 변화 또는 효과가 존재한다는 주장은 연구가설로 정하게 된다.

귀무가설과 연구가설을 쉽게 이해하려면 범죄 용의자를 체포하여 재판하는 경우를 생각해보면 된다. 비록 그 피의자가 죄를 지었다는 심증이 가더라도 법정에서 선고공판이 있기까지는 우선 무죄로 추정한다. 따라서 귀무가설은 "당신은 무죄이다"라고 세우게 된다. 한편, 재판부의 검사는 이 귀무가설을 반증하기 위하여 가능한 한 최대로 증거를 수집, 분석한 후에 연구가설로서 "당신은 유죄이다"라고 할 것이다.

이상에서 우리는 가설이란 무엇이며 어떠한 것이 있는가를 살펴보았다. 일단 귀무가설과 연구가설이 세워지면 검정을 통하여 둘 중의 한 가설을 선택하게 된다. 두 가설은 상호 배타적인 것이므로 귀무가설을 채택하면 연구가설을 기각하고, 귀무가설을 기각하면 연구가설을 채택한다. 그런데 문제는 검정 대상이 되는 귀무가설이 진실일 수도 있고 거짓일 수도 있다는 점이다. 진실한 가설을 채택하는 것, 또는 거짓된 가설을 기각하는 것은 당연한 것이다. 그러나 진실한 가설을 기각하거나 그릇된 가설을 채택하는 것은 오류를 범하는 일이다. 다음에서 이에 대해 설명을 하여보자.

8.1.3 가설검정의 오류

우리가 가설검정을 시행할 때에는 두 가지 오류를 범할 수 있다. 실제로 진실한 가설을 기각시키는 경우와 거짓된 가설을 채택하는 경우이다. 예를 들면, 무죄의 피의자를 유죄로 선고한다든지, 또는 유죄의 피의자를 무죄로 선고하는 경우이다. 전자의 경우를 제1종 오류(type I error)라고 하며 α라고 나타낸다. 후자의 경우는 제2종 오류(type II error)라고 하며 β로 나타낸다. 이 오류를 쉽게 설명하기 위하여 귀무가설의 검정에 대해 의사결정을 하는 경우를 표로 나타내면 다음의 표와 같다.

표 8-1 두 종류의 오류

의사결정 \ 실제 상태	진실한 H_0	거짓된 H_0
H_0 채택	올바른 결정	제2종 오류: β오류
H_0 기각	제1종 오류: α오류	올바른 결정

제1종 오류와 제2종 오류는 생산관리에서도 설명될 수 있다. 품질검사의 경우에 만일 합격품을 불합격으로 판정한다면 검사자는 제1종 오류를 범하는 셈이다. 이때의 위험은 생산자가 부담하기 때문에 생산자위험이라고 부른다. 이 위험의 크기는 α가 된다. 이와 반대로 불합격품을 합격으로 판정한 후에 소비자가 그 물건을 그대로 사용하게 된다면 검사자는 제2종 오류를 범하는 것이 된다. 이러한 실수로 인한 손해(위험)는 소비자가 부담하게 되는데, 이를 소비자위험이라고 한다. 이때의 위험크기는 β이다.

가설검정에서 제1종 오류를 범할 확률은 α이며, 제2종 오류를 범할 확률은 β이다.

P(제1종 오류) = P(H_0 기각 \ H_0 진실)
P(제2종 오류) = P(H_0 채택 \ H_0 거짓)

이것을 그림으로 나타내면 다음과 같다.

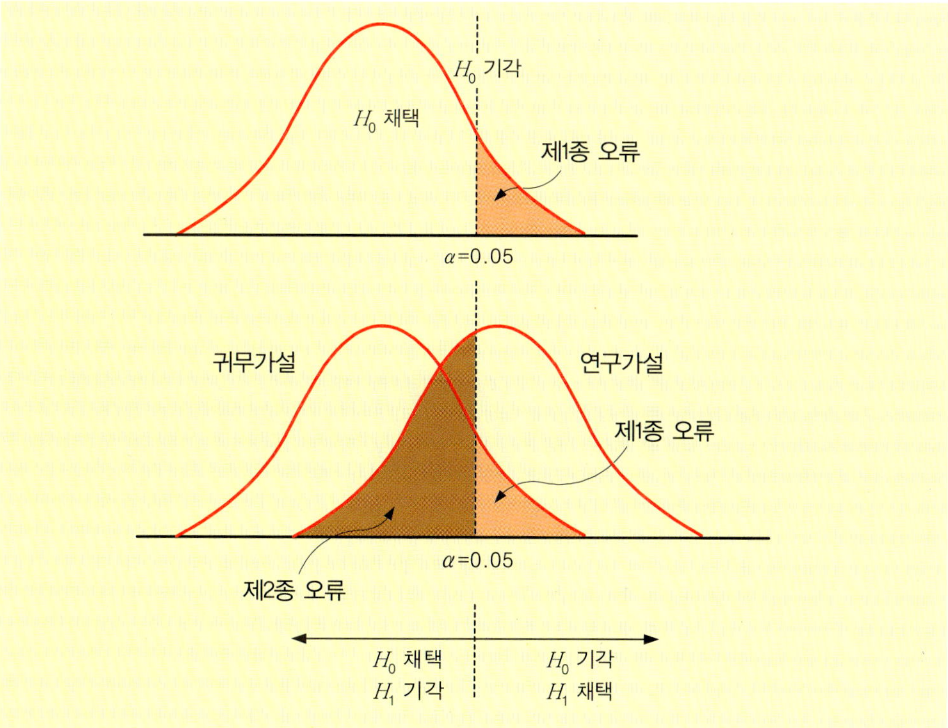

그림 8-1 제1종 오류와 제2종 오류

가설검정을 할 때 연구자는 자신의 연구가설을 내세우면서 기존의 귀무가설을 기각시키고 싶어 할 것이다. 따라서 H_0가 거짓일 때 이를 기각하는 확률은 큰 의미를 가지고 있으며, 이를 검정력(power)이라고 한다. 거짓된 H_0를 채택할 확률은 β이므로 검정력 = 1−β가 된다.

일반적으로 가설검정에서 $\alpha = 0.01,\ 0.05,\ 0.10$ 등으로 정한다. 이때 α를 유의수준(significance level)이라 한다. 유의수준이란 제 1종 오류 α의 최대치를 뜻한다. "유의하다(significant)"라고 할 때, 이것은 모수와 통계량의 차이가 현저하여 통계치의 확률이 귀무가설을 기각할 수 있을 만큼 낮은 경우를 뜻한다. 유의수준이 설정되었을 때, 가설을 채택하거나 기각하는 판단 기준이 있어야 하는데, 이 값을 임계치(critical value)라 하고 P로 표기한다. $\alpha = 0.05$ 수준에서 $P<0.05$로 표기할 수 있는데, 이것은 계산하고 P로 표기된 확률수준이 0.05 이하이면 귀무가설을 기각시킨다는 의미이다. 이때 우리는 "통계적으로 유의하다"라고 해석한다. 만일 $P<0.01$이면 "매우 유의하다"라고 한다.

8.1.4 가설검정의 종류

모집단 평균에 대한 가설검정은 세 가지 형태로 나눌 수 있다. 가설검정의 종류는 크게 양측검정과 단측검정으로 나뉜다. 그리고 단측검정은 다시 왼쪽꼬리 검정과 오른쪽꼬리 검정으로 나뉜다. 따라서 가설검정은 모두 세 가지이다. 이것을 표에 나타내면 다음과 같다.

표 8-2 모평균 μ에 대한 가설검정의 종류

	양측검정	단측검정	
		왼쪽꼬리 검정	오른쪽꼬리 검정
일반적인 경우	H_0 : $\mu=\mu_0$ H_1 : $\mu\neq\mu_0$	H_0 : $\mu\geq\mu_0$ H_1 : $\mu<\mu_0$	H_0 : $\mu\leq\mu_0$ H_1 : $\mu>\mu_0$
통조림 무게에 대한 예제	H_0 : $\mu=400$ H_1 : $\mu\neq400$	H_0 : $\mu\geq400$ H_1 : $\mu<400$	H_0 : $\mu\leq400$ H_1 : $\mu>400$

위의 표에서 보면, 귀무가설은 언제나 등호를 가지고 있다. 양측검정에서 귀무가설은 모집단 평균이 어떤 값과 같다는 것을 나타내고, 연구가설은 같지 않다는 것을

나타낸다. 다시 말하면 μ는 진술된 값보다 크지도 작지도 않다는 것이다. 왼쪽꼬리 검정의 연구가설을 보면 μ가 진술된 값보다 작으며, 오른쪽꼬리 검정의 경우에서는 μ가 진술된 값보다 크다. 귀무가설은 각각의 경우에 상호 배타적으로 진술을 설정하면 된다.

가설검정의 첫 단계는 가설을 어떻게 설정하는가이다. 가설검정은 연구자의 관심 내용에 따라 달라진다. 통조림 회사의 예를 들어 연구자가 통조림의 무게가 정확하게 400g인지 여부를 알고 싶어 한다면, 양측검정을 실시하게 된다. 그러나 평균무게에 변화가 있어 무게의 증감 방향을 밝히고 싶어 한다면, 단측검정을 실시하게 된다. 표본추출된 통조림의 무게가 400g에 미달되는 경우는 왼쪽꼬리 검정을 한다. 그러나 이 경우에는 가설검정은 미달되는 부분만 밝혀내므로, 초과되는 경우를 발견해내지 못한다. 반대로 오른쪽꼬리 검정은 그 변화가 400g을 넘는 경우에 해당된다. 이 경우에는 초과되는 부분은 밝혀낼 수 있으나 미달되는 통조림의 무게를 알기가 힘들다. 연구자는 자신의 연구 관점에서 보아 세 가지 종류의 가설검정에서 적절한 한 방법을 채택하여 실시하여야 한다.

위에서 설명한 바와 같이 가설검정은 양측검정, 왼쪽꼬리 검정, 오른쪽꼬리 검정으로 나뉜다. 다음은 어떠한 경우에 어떠한 가설검정 과정을 거쳐야 하는지를 차례로 설명하기로 한다.

1) 양측검정

가설검정 절차를 보면, 첫 단계로 귀무가설과 연구가설을 세운다. 모수가 특정값과 일치하는지 여부를 발견하는 데 관심이 있다면 연구자는 양측검정(two-tailed test)을 하게 된다. 앞의 통조림의 예를 보면, 검사관은 통조림의 무게가 400g에서 부족하거나 또는 초과되기를 원하지 않는다. 평균무게가 400g과 일치하는지 여부를 알고자 하는 경우에 귀무가설과 연구가설은 다음과 같다.

$$H_0 : \mu = 400$$
$$H_1 : \mu \neq 400 \quad \text{식 8-1}$$

이 연구를 위하여 표준편차가 50g인 모집단으로부터 통조림 100개를 임의로 추출하였다고 하자. 만일 표본평균 $\overline{X}$와 모평균 $\mu = 400$의 차이가 우연적인 표본오차보다 더 크다면 귀무가설 H_0를 기각하고 연구가설 H_1을 채택한다. 반대로 그 차이가 우연적인 표본오차보다 작다면 H_0를 채택하고 H_1을 기각하게 된다. 귀무가설과 연구가설은 상호 배타적인 진술이므로 하나를 채택하면 다른 하나는 기각된다.

만일 귀무가설이 옳다면, 표본크기 100의 가능한 모든 표본으로부터 얻어진 평균들의 표본분포는 $\mu_x = 400$, $\sigma_x = \dfrac{50}{\sqrt{100}} = 5$인 정규분포를 이룰 것이다. 위에서 임의 추출된 100개의 통조림 무게의 평균도 이 중의 하나가 된다. 예를 들어 95% 신뢰구간을 구하면

$$\begin{aligned}\mu &\in \overline{X} \pm Z_{\frac{\alpha}{2}} \cdot \frac{\sigma}{\sqrt{n}} \\ &= 400 \pm (1.96)\frac{50}{\sqrt{100}} \\ &= 400 \pm 9.8 \\ &= [390.2, 409.8]\end{aligned}$$

이므로, 따라서 $\overline{X}$값의 95%는 [390.2, 409.8] 사이에 있게 된다. 이 영역은 가설로 세워진 모평균을 중심으로 ±1.96 표준편차 안에 있는 값이다. 그러므로 $\mu = 400$일 때, 검사관이 뽑은 100개의 통조림의 평균무게가 이 영역 안에 있을 확률은 95%이다. 이 영역을 $H_0 : \mu = 400$에 대한 채택영역이라 하면, 귀무가설이 진실일 때 이 가설을 채택할 확률은 0.95이다. 이것을 그림으로 나타내면 다음과 같다.

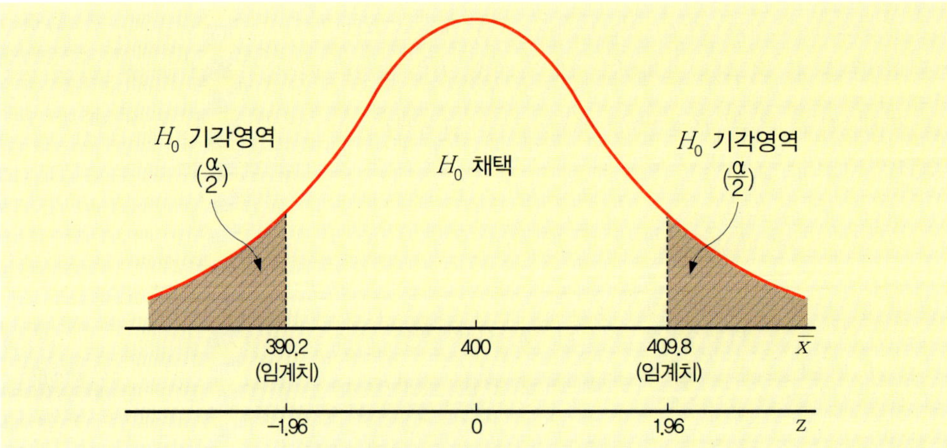

그림 8-2 양측검정에서 H_0 채택영역과 기각영역

이 그림에서 가운데 영역이 귀무가설에 대한 채택영역이다. 양쪽의 빗금 친 부분은 H_0 기각영역이다. 채택영역과 기각영역은 임계치에 의하여 구분된다. 임계치는 모수에 대하여 설정한 가설을 채택 또는 기각하는 기준치이다. 양측검정에서 사실 95% 신뢰구간은 5%(=1−0.95)의 유의수준과 동일한 개념이다. 귀무가설 $H_0 : \mu = 400$ 이 진실일 때 이 가설을 채택할 확률은 95%인 것이다. 일반적으로 H0를 채택하는 확률을 높이 잡는다. 왜냐하면 모수로부터 오차가 허용되는 한 통조림 생산을 계속하기 때문이다. 일반적으로 쓰이는 채택 확률은 0.90, 0.95, 0.99이다. 따라서 가설검정에서 일반적으로 사용되는 유의수준은 0.10, 0.05, 0.01이다.

만일 임의로 추출된 100개 통조림의 평균무게가 이 채택영역 안에 있지 않다면 귀무가설을 기각한다. 이 회사 통조림의 무게는 400g이 아니고 바뀌었다고(증감되었다고) 결론을 내린다. 반대로 그 통조림의 평균무게가 이 채택영역 안에 있다면 무게는 변함없이 표준용량이라고 결론을 내릴 수 있다. 위 그림에서 보는 바와 같이, 양쪽 중 어느 쪽의 꼬리에라도 통계량의 값이 있게 되면 H_0는 기각되기 때문에, 변화 방향에 관계없이 모수가 변하였는지 여부를 결정하는 것이 양측검정이다.

2) 단측검정

단측검정(one-tailed test)은 통계량의 변화 방향이 모집단의 모수로부터 어느 쪽으로 이동하는가에 달려 있다. 양측검정의 경우에는 변화 방향에 대한 것은 관심이 없으며 다만 변화 여부 자체만 검정한다. 통계량이 모집단의 모수로부터 감소된 경우에는 왼쪽꼬리 검정을 하며, 반대로 증가된 경우에는 오른쪽꼬리 검정을 한다.

① 왼쪽꼬리 검정

앞의 통조림 무게에 대한 예제를 계속 진행하여보자. 마케팅 부장은 통조림의 용량이 기준치 400g보다 훨씬 적다는 소비자보호협회의 항의에 따라 표본 30개를 임의로 선택하여 조사하였다. 조사 결과 평균이 390g이 되었다. 이 경우에 부장은 오직 통조림의 무게가 감소되었는지 여부에 관심을 가진다. 조사 결과 모수로부터 감소된 것으로 간주하므로 이 변화가 통계적으로 유의한지 왼쪽꼬리 검정(lower-tailed test)을 통하여 검토한다. 이때 귀무가설과 연구가설은 다음과 같다.

$$H_0 : \mu \geq 400$$

$$H_1 : \mu < 400 \quad \text{식 8-2}$$

왼쪽꼬리 검정의 채택영역과 기각영역을 나타내면 다음의 그림과 같다.

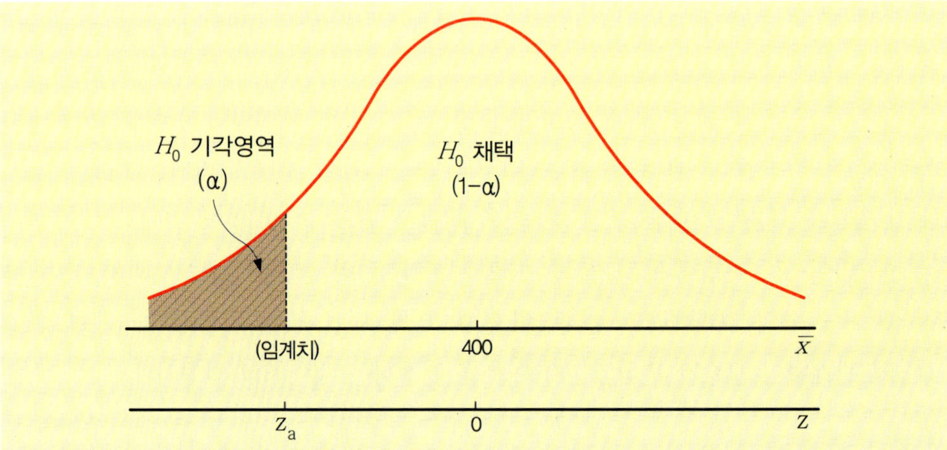

그림 8-3 왼쪽꼬리 검정의 채택영역과 기각영역

이 그림의 왼쪽꼬리 검정의 H_0 채택영역은 임계치를 중심으로 오른쪽의 넓은 부분이고, H_0 기각영역은 왼쪽의 빗금 친 부분이다. 만일 표본평균 $\overline{X}$가 임계치보다 작으면 귀무가설 H_0를 기각한다. 반대로 $\overline{X}$가 임계치보다 크면 H_0를 채택한다.

② 오른쪽꼬리 검정

오른쪽꼬리 검정(upper-tailed test)의 예를 들어보자. 기존의 진통제 효과를 볼 때 그 평균 지속시간은 10시간으로 알려져 있다. 새로운 진통제를 개발한 연구팀은 이 약의 효과가 더 좋다고 주장하고 있다. 이들의 주장을 확인하기 위하여 50명의 환자들을 대상으로 조사한 결과 평균 지속시간은 12시간, 표준편차 6시간으로 기록되었다. 이 자료에 의하면 새로운 진통제의 효과는 더 좋다고 할 수 있는가? 모수로부터 양의 방향으로 변화되었으므로 오른쪽꼬리 검정을 실시하게 된다. 이 검정을 위하여 가설을 세우면 다음과 같다.

$$H_0 : \mu \leq 10$$
$$H_1 : \mu > 10$$

식 8-3

오른쪽꼬리 검정의 채택영역과 기각영역은 다음의 그림과 같다.

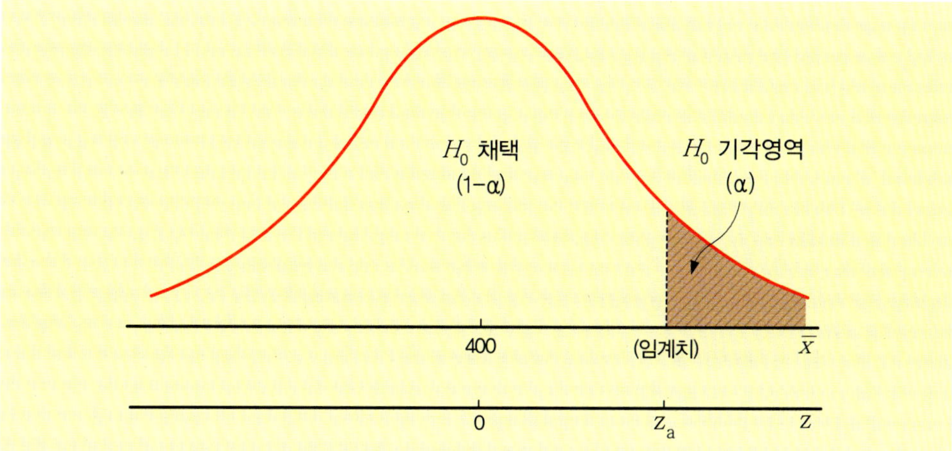

그림 8-4 오른쪽꼬리 검정의 채택영역과 기각영역

이 그림의 오른쪽꼬리 검정에서 H_0의 채택영역은 임계치를 중심으로 왼쪽의 넓은 부분이고, H_0 기각영역은 오른쪽의 빗금 친 부분이다. 만일 표본통계량이 임계치보다 크면 H_0를 기각한다. 반대로 임계치보다 작으면 H_0를 채택한다.

지금까지 세 종류의 가설검정에 대하여 간단히 설명하였다. 양측검정과 단측검정의 차이는 모집단의 변화를 어떻게 보는가에 달려 있다. 단순히 변화 자체를 조사하려면 양측검정을 이용한다. 그러나 변화의 방향을 조사하려면 단측검정이 된다. 단측검정을 하는 경우에는 왼쪽꼬리 검정과 오른쪽꼬리 검정 중에서 하나를 선택하여야 한다. 그림에서 보는 바와 같이 왼쪽꼬리 검정의 H_0 기각영역은 왼쪽에 있다. 변화의 방향이 왼쪽, 즉, 모집단 모수로부터 감소한 경우를 검정한다. 이와는 반대로 오른쪽꼬리 검정의 H_0 기각영역은 오른쪽에 있다. 이 경우에는 통계량의 모집단 모수로부터의 증가 여부를 검정한다.

8.2 가설검정의 순서

앞에서 우리는 가설검정의 일반적인 의미에 대하여 살펴보았다. 이를 살펴보는 동안에 가설검정의 절차에 대하여 대강 짐작을 할 수 있었을 것이다. 가설검정을 하는 데 있어 일정한 법칙을 따르면 더욱 쉽게 실행할 수 있다. 앞에서 설명한 방법을 체계적으로 정리하면 다음과 같다.

가설검정의 순서

① 귀무가설(H_0)과 연구가설(H_1) 설정

② 유의수준(α)과 임계치 결정

③ H_0의 채택영역과 기각영역의 결정

④ 통계량의 계산

⑤ 통계량과 임계치의 비교 및 결론

첫째 단계: 가설검정을 하려면 먼저 귀무가설과 연구가설을 세워야 한다. 귀무가설은 모수에 대한 진술이다. 모집단 모수가 특정한 값과 같다는 조건하에서 표본통계량을 이용하여 귀무가설을 채택 또는 기각할 것인지 결정하게 된다. 연구가설은 논리적 대안으로서 검정하고자 하는 현상에 관한 예측이다. 귀무가설과 연구가설은 모수와 통계량을 연결시켜 주는 역할을 한다.

둘째 단계: 연구자는 연구 목적에 따라 유의수준을 결정한다. 유의수준이란 제1종 오류를 범할 확률이며 일반적으로 0.01, 0.05, 0.10 등으로 정한다. 어떤 불량제품 연구에서 α를 0.01로 하는 것보다 0.10으로 한다는 의미는 귀무가설이 진실함에도 불구하고 기각할 가능성을 더 크게 한다는 것이다. 따라서 더욱 엄격한 검정을 실시하여 제품의 불량이 발생할 위험을 더 줄일 수 있다. 일반적으로 0.05를 선택한다.

유의수준이 결정되면 임계치를 구할 수 있다. 유의수준 α에서 양측검정의 상한 임계치는 $+Z_{\frac{\alpha}{2}}$이고, 하한 임계치가 $-Z_{\frac{\alpha}{2}}$이다. 상한값은 양수값이고 하한값은 음수값이 됨은 당연하다. 양측검정의 경우 임계치는 유의수준에 따라 다음 표와 같다.

표 8-3 양측검정의 유의수준과 임계치

α	하한값	상한값
0.10	−1.65	1.65
0.05	−1.96	1.96
0.01	−2.57	2.57

위 표에서 예를 들어 α = 0.10인 경우에 $Z_{\frac{\alpha}{2}}$의 값을 보면 1.65이다. 부록의 표준정규분포표에서, 확률이 0.45일 때 Z값은 1.64~1.65 사이에 있으나 편의상 1.65를 취한다. 0.45의 값은 0.5에서 α의 반인 0.05를 뺀 것이다.

양측검정에서는 α값이 양쪽으로 갈리어 각각 $\frac{\alpha}{2}$가 되었으나, 단측검정에서는 다르다. 왼쪽꼬리 검정의 임계치는 유의수준 α에서 Z_α가 되며 음수값을 가진다. 한편, 오른쪽꼬리 검정의 임계치는 Z1−α로 양수값을 가진다. 아래 표에서 보면 α = 0.10일 때 왼쪽꼬리 검정의 임계치는 −1.28이다. 이것은 표준정규분포표에서 확률이 0.40(= 0.5 − 0.10)일 경우에 해당하는 Z값이다.

표 8-4 단측검정의 유의수준과 임계치

α	왼쪽꼬리 검정(Z_α)	오른쪽꼬리 검정($Z_{1-\alpha}$)
0.10	−1.28	1.28
0.05	−1.65	1.65
0.01	−2.33	2.33

셋째 단계: 임계치가 구해지면, H_0의 기각영역과 채택영역을 설정한다. 유의수준 α = 0.05의 경우를 예로 들어보자. 양측검정인 경우에는 다음 그림과 같다.

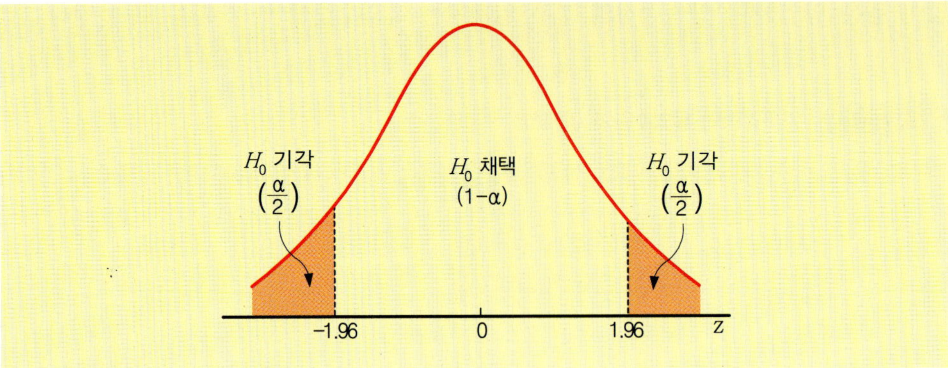

그림 8-5 양측검정에서 H_0 채택영역과 기각영역

다음 그림은 단측검정의 경우이다.

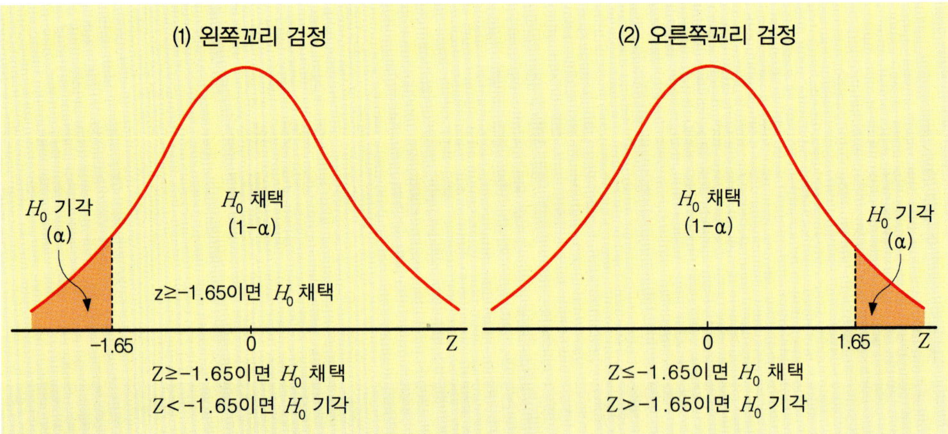

그림 8-6 단측검정에서 H_0 채택영역과 기각영역

위에서 임계치는 Z값으로 나타나 있다. 그러나 이것은 $\overline{X}$의 값으로 나타내어도 무방하다. 양측검정의 예를 들면 임계치는 $\mu \pm Z_{\frac{\alpha}{2}} \cdot \sigma_{\overline{X}}$가 되는 셈이다. 여기서 μ_0는 검정 대상의 가설로 세워진 값이다. $\overline{X}$가 $\mu + Z_{\frac{\alpha}{2}} \cdot \sigma_{\overline{X}}$와 $\mu - Z_{\frac{\alpha}{2}} \cdot \sigma_{\overline{X}}$ 사이에 있으면 귀무가설을 채택하고, 그렇지 않으면 기각시킨다. Z와 $\overline{X}$ 둘 중의 어느 것을 선택하여도 무방하나 이 책에서는 Z값을 이용하여 검정을 실시한다.

넷째 단계: 일정한 크기의 표본이 추출되면, 이로부터 통계량을 구한다. 모평균에 대한 가설검정의 경우 $\overline{X}$는 Z값으로 환산된다. 이렇게 하여야만 앞의 임계치와 비교가 가능하기 때문이다. 통계량은

$$Z = \frac{\overline{X} - \mu_0}{\sigma / \sqrt{n}}$$

이다. 여기서 Z_α(혹은 $Z_{\frac{\alpha}{2}}$)와 통계량 Z를 혼동하지 않도록 주의하기 바란다.

다섯째 단계: 통계량이 계산되면 임계치와 비교한다. 전자가 채택영역 안에 있으면 H_0를 채택하고, 밖에 있으면 H_0를 기각하고 H_1을 채택한다. 그러고 나서 적절한 결론을 내린다.

이상에서 우리는 가설검정 절차를 체계적으로 다섯 단계로 나누어 자세히 설명하였다. 다음 절에서는 모평균에 대한 가설검정을, 그리고 그 다음에는 모비율에 대한 것을 설명하기로 한다.

8.3 모평균의 가설검정 예제

모평균의 가설검정은 모평균의 분산을 알고 있는 경우와 모르는 경우로 나누어 설명한다. 이것은 앞 장에서 신뢰구간에 대해 설명한 경우와 유사하다.

8.3.1 모분산을 알고 있는 경우

모분산을 알고 있는 경우의 가설검정을 설명하기 위하여 앞의 예제를 그대로 이용하기로 한다. 모집단이 정규분포인 경우 또는 모집단이 정규분포가 아니더라도 대표본인 경우에는 평균의 표본분포는 정규분포를 이룬다. 먼저 양측검정의 경우를 살펴보자.

1) 양측검정

예제 1

과일 통조림을 만들고 있는 어느 회사는 생산부서에서 통조림의 무게가 400g의 표준용량을 그대로 준수하기를 원하고 있다. 품질관리 검사요원으로부터 무게 변화에 대한 보고를 받은 기획실에서는 조사에 나섰다. 무게 용량의 변화 여부를 확인하기 위하여 100개의 통조림을 무작위로 추출하였다. 표본 통조림의 무게를 조사해 본 결과 $\overline{X}$=395g이었다. 이 회사 통조림의 무게는 정규분포를 이루고 있으며 표준편차는 50g으로 알려져 있다. 유의수준 $\alpha=0.05$에서 이 회사 통조림의 무게는 표준용량 400g이라고 할 수 있는가?

풀이

모집단의 분포가 정규분포이므로 n = 100의 분포도 정규분포이다. 그리고 $\mu_{\overline{X}}=400$, $\sigma_{\overline{X}}=\dfrac{\sigma}{\sqrt{n}}=\dfrac{50}{\sqrt{100}}=5$ 이다. 기획실에서 통조림 무게의 변화 여부에 관심이 있으므로 양측검정을 실시한다.

① H_0 : $\mu=400$

H_1 : $\mu\neq400$

② $\alpha=0.05$, 양측검정, $Z_{\frac{0.05}{2}}=1.96$

③ $-1.96\leq Z\leq 1.96$이면 H_0 채택

$Z>1.96$ 또는 $Z<-1.96$이면 H_0 기각

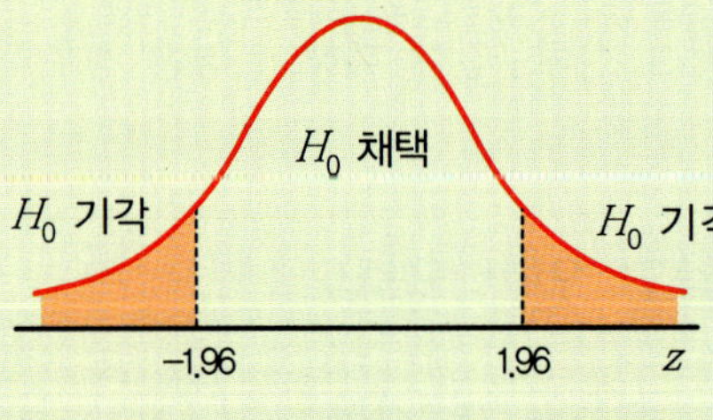

④ 통계량

$$Z=\frac{\overline{X}-\mu_0}{\sigma/\sqrt{n}}=\frac{395-400}{50/\sqrt{100}}=-1.0$$

⑤ $-1.96 \leq Z \leq 1.96$이므로 H_0를 채택한다. 그러므로 $\alpha=0.05$에서 이 회사 통조림의 무게는 변화가 없다고 할 수 있다.

2) 왼쪽꼬리 검정

예제 2

그런데 마케팅 부장은 회사 통조림의 용량이 표준 허용량 400g보다 훨씬 적다는 소비자보호협회의 항의에 따라 새로운 표본 30개를 임의로 선택하여 조사하였다. 조사 결과 평균 $\overline{X}=390$임을 알게 되었다. 이 회사 통조림의 무게가 표준 허용치에 미달되는지 여부를 검정하라. 모든 조건은 앞의 양측검정의 예와 같다.

풀이

① H_0 : $\mu \geq 400$

H_1 : $\mu < 400$

② $\alpha=0.05$, 왼쪽꼬리 검정, $Z_{0.05}=-1.65$

③

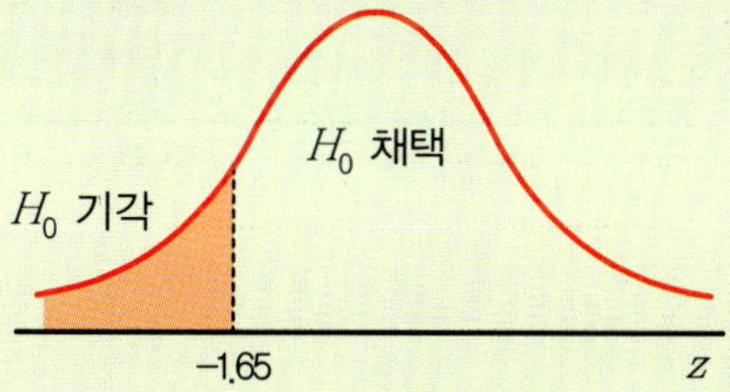

$Z \geq -1.65$이면 H_0 채택

$Z < -1.65$이면 H_0 기각

④ 통계량

$$Z=\frac{\overline{X}-\mu_0}{\sigma/\sqrt{n}}=\frac{390-400}{50/\sqrt{30}}=-1.10$$

⑤ $Z \geq -1.65$이므로 H0 채택한다. 그러므로 $\alpha=0.05$에서 이 회사 통조림의 무게는 표준용량에 미달된다고 볼 수는 없다.

3) 오른쪽꼬리 검정

예제 3

어느 제약회사에서 새로운 진통제를 개발하였다. 이 회사 연구팀은 새로운 약의 효과는 기존의 것보다 더 좋다고 주장하고 있다. 기존의 진통제 효과는 평균 10시간, 표준편차 6시간 동안 지속되는 것으로 알려져 있다. 이들의 주장을 확인하기 위하여 50명의 환자를 대상으로 새 진통제의 효과를 조사한 결과 평균 지속시간 12시간으로 기록되었다. 이 자료에 의하면 새로운 진통제의 효과는 더 좋다고 할 수 있는가? $\alpha = 0.01$에서 검정하여라.

풀이

① $H_0 : \mu \le 10$

$H_1 : \mu > 10$

② $\alpha = 0.01$, 오른쪽꼬리 검정, $Z_{0.01} = 2.33$

③

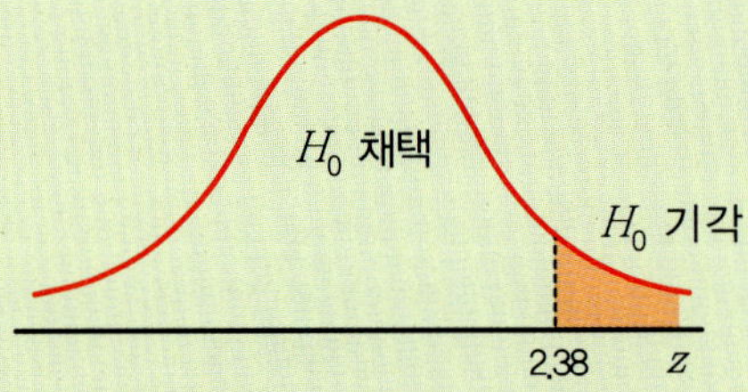

$Z \le 2.33$이면 H_0 채택, $Z > 2.33$이면 H_0 기각

④ 통계량

$$Z = \frac{\overline{X} - \mu_0}{\sigma / \sqrt{n}} = \frac{12 - 10}{6 / \sqrt{50}} = 2.36$$

⑤ $Z > 2.33$이므로 H_0를 기각하며 H_1을 채택한다. 그러므로 $\alpha = 0.01$에서 이 회사가 새로이 개발한 진통제의 효과는 기존 것보다 우수하다고 할 수 있다.

지금까지 모분산을 아는 경우의 가설검정을 실시하였다. 특히 양측검정의 경우에 우리는 신뢰구간을 통하여 가설검정을 실시할 수 있다. 앞의 통조림 예에서 95% 신뢰구간을 만들면 다음과 같다.

$$\mu \in \overline{X} \pm Z_{\frac{\alpha}{2}} \cdot \frac{\sigma}{\sqrt{n}}$$
$$= 395 \pm (1.96)\frac{50}{\sqrt{100}}$$
$$= [385.2, 404.8]$$

따라서 검정 대상이 되는 μ_0의 값이 이 구간 안에 있게 되면 귀무가설을 기각시키지는 못한다. $\mu_0 = 400$이므로 우리는 H_0를 채택하게 되는 것이다.

8.3.2 모분산을 모르는 경우

모분산을 아는 경우에는 모평균을 추정하기 어렵지 않으므로 가설검정이 용이하다. 그러나 실제로 모집단의 평균을 모르면서 모분산을 아는 경우는 드물다. 분산의 계산은 평균을 알아야 할 수 있기 때문이다. 모집단의 분산을 모를 때에는 표본에서 구한 분산 S^2을 σ^2 대신 사용하면 된다. S^2은 σ^2의 불편추정량으로 사용이 가능하다. 그런데 모집단이 정규분포이든 또는 아니든 간에 표본크기가 클 경우($n \geq 30$)에는 평균의 표본분포는 정규분포를 이루므로 가설검정에 어려움 점이 없다. 그러나 표본크기가 작은 경우에 통계량은 Z분포가 아니라 t분포를 가진다고 하였다. 이것에 대한 것은 앞의 제1절 신뢰구간 추정에서 설명하였다.

모집단이 정규분포로 가정되나 그 표준편차를 모르는 경우에는 표본에서 구한 표준편차 S를 이용한다. 표본크기가 작은 경우에 귀무가설이 진실하다면 표본통계량

$$t = \frac{\overline{X} - \mu_0}{S/\sqrt{n}}$$

은 자유도 n−1의 t분포를 한다. 따라서 t분포를 이용하여 가설검정을 할 때에는 임계치를 정할 때 Z값 대신 t값을 이용한다.

1) 양측검정

예제 4

동전을 이용한 우유 자동판매기는 우유용량이 150ml가 되도록 설계되어져 있다. 자동판매기 주인은 기계에서 나오는 우유용량이 너무 많다고 믿고 있다. 이를 조사하기 위해 8개의 컵을 표본추출하였다. 조사 결과는 다음과 같다.

160, 153, 150, 160, 141, 155, 147, 150

위의 자료를 이용하여 $\alpha = 0.05$에서 자판기의 우유용량을 150ml라고 할 수 있는지 검정하여보자.

풀이 검정하기에 앞서 먼저 평균과 표준편차를 구해보자.

$$\overline{X} = \frac{1}{8}(160 + 153 + \ldots + 150) = 152$$

$$S^2 = \frac{1}{8-1}\{(160-152)^2 + (153-152)^2 + \ldots + (150-152)^2\} = 41.71$$

$$S = \sqrt{41.71} = 6.46$$

t통계량은 자유도 8−1 = 7인 t분포를 한다. 이제 검정의 절차를 보면 다음과 같다.

① $H_0 : \mu = 150$

$H_1 : \mu \neq 150$

② $\alpha = 0.05$, 양측검정, $t_{(\frac{0.05}{2}, 8-1)} = 2,365$

③

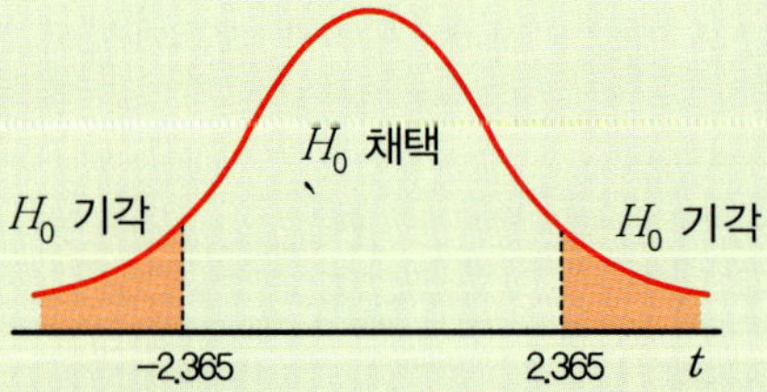

$-2.365 \leq t \leq 2.365$이면 H_0 채택

$t > 2.365$ 또는 $t < -2.365$이면 H_0 기각

④ $t = \dfrac{152-150}{6.46\sqrt{8}} = 0.88$

⑤ $-2.365 \leq t \leq 2.365$이므로 H_0 채택한다. 그러므로 $\alpha = 0.01$에서 자판기의 우유용량을 150ml라고 할 수 있다.

위의 문제를 99% 신뢰구간을 이용하여 가설검정하여 보자.

$$\mu \in \overline{X} \pm t_{(\frac{\alpha}{2}, n-1)} \cdot \frac{S}{\sqrt{n}}$$

$$= 152 \pm (2.365)\frac{6.46}{\sqrt{8}}$$

$$= 152 \pm 5.4$$

$$= [146.6,\ 157.4]$$

귀무가설의 $\mu_0 = 150$이 이 구간 안에 있으므로 H_0을 채택하게 된다.

2) 왼쪽꼬리 검정

예제 5

어느 회사는 사우디아라비아에 건설용 콘크리트못을 수출하고 있다. 그 못의 강도는 적어도 1톤 정도는 되어야 한다. 1톤이 되지 못하면 계약상 선적할 수가 없다. 선적에 앞서 표본추출된 28개에 대하여 품질검사를 실시하였다. 실시 결과 평균강도 $\overline{X} = 0.9$, $S = 0.02$로 조사되었다. 이 회사는 이 못을 선적하여야 할 것인가? $\alpha = 0.05$에서 t검정하여라.

풀이

① $H_0 : \mu \geq 1$

$H_1 : \mu < 1$

② $\alpha = 0.05$, 왼쪽꼬리 검정, $t_{(0.05,\ 28-1)} = 1.703$

③

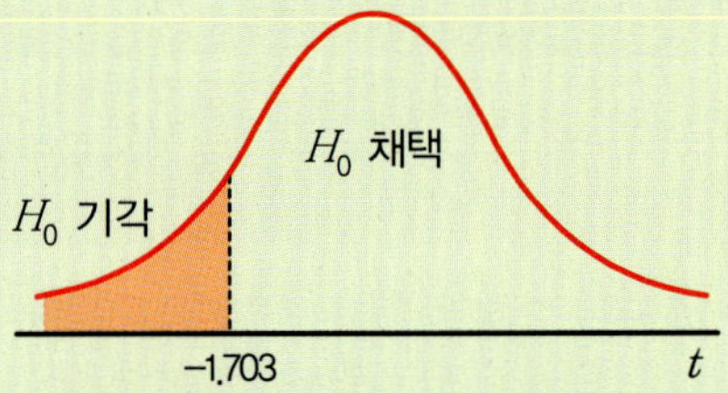

$t \geq 1.703$이면 H_0 채택

$t < 1.703$이면 H_0 기각

④ 통계량

$$t = \frac{0.9 - 1}{0.02\sqrt{28}} = -26.46$$

⑤ $t < 1.703$이므로 H_0 기각. 따라서 이 회사는 콘크리트못을 선적해서는 안 된다고 $\alpha = 0.05$에서 결론을 내릴 수 있다.

3) 오른쪽꼬리 검정

예제 6

어느 회사는 노조와 협의하여 오후의 중간 휴식시간을 20분으로 정하였다. 그런데 총무 과장은 대부분의 종업원이 규정된 휴식시간보다 더 많은 시간을 쉬고 있다고 생각하고 있다. 이를 확인하기 위하여 전체 종업원 1,000명 중에서 25명을 조사하였다. 그 결과 표본으로 추출된 종업원의 평균 휴식시간은 22분이고 표준편차는 3분으로 계산되었다. $\alpha = 0.05$에서 총무 과장의 의견에 대하여 가설검정을 하여라.

풀이

① $H_0 : \mu \le 20$

$H_1 : \mu > 20$

②

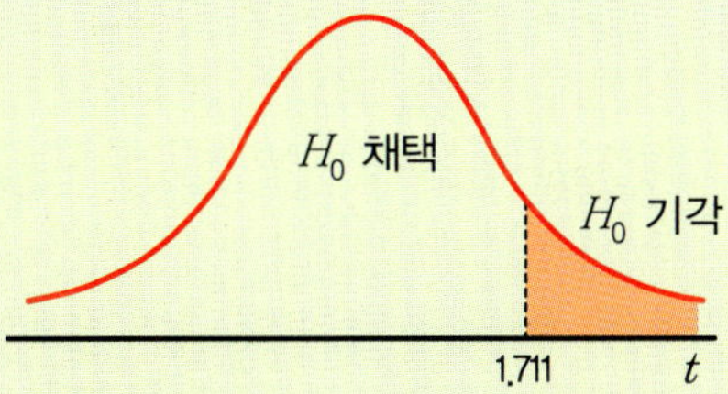

$$\alpha = 0.05,\ \text{오른쪽꼬리 검정},\ t_{(0.05,\ 25-1)} = 1.711$$

③ $t \le 1.711$이면 H_0 채택

$t > 1.711$이면 H_0 기각

④ 통계량

$$t = \frac{\overline{X} - \mu_0}{S/\sqrt{n}} = \frac{22 - 201}{3\sqrt{25}} = 3.333$$

⑤ $t > 1.711$이므로 H_0 기각. 따라서 $\alpha = 0.05$에서 이 회사 종업원들의 실제 휴식시간은 규정시간 20분보다 더 길다고 할 수 있다.

8.4 모비율의 가설검정

앞 절에서는 모평균의 가설검정에 대하여 살펴보았다. 여기서는 모비율의 가설검정에 대하여 알아보기로 한다. 표본비율 p는 표본크기 n에 대한 성공횟수 x의 비율을 나타낸 것으로 $p = \frac{x}{n}$이다. p의 표본분포의 평균과 표준오차가 다음과 같다.

$$\mu_p = \pi$$

$$\sigma_p = \sqrt{\frac{\pi(1-\pi)}{n}}$$

여기서 π는 베르누이 확률변수의 기대값이다. 즉, 한 번 실험하여 성공할 확률을 나타낸다. 통계량

$$Z = \frac{p-\pi}{\sigma_p}$$

는 모집단이 충분히 큰 경우에 정규분포를 한다. 일반적으로 표본크기가 100 이상이거나 또는 $n\pi$와 $n(1-\pi)$가 적어도 10 이상 되어야 정규분포를 한다고 말할 수 있다.

만일 H_0이 옳으면, 표본비율은 평균이 π_0이고 분산은 $\frac{\pi_0(1-\pi_0)}{n}$인 개략적인 정규분포를 보인다. 그리고

$$Z = \frac{p-\pi_0}{\sqrt{\frac{\pi(1-\pi_0)}{n}}}$$

는 정규분포를 따른다. 가설검정의 통계량은 귀무가설이 옳다는 가정하에서 계산되므로, σ_p의 계산은 π_0을 이용한다는 점을 특히 유의하기 바란다.

모비율의 가설검정은 모평균의 경우와 크게 다를 바가 없으므로 다음의 두 예제를 통하여 간단히 이해하도록 한다.

예제 7

어느 광고회사는 특정 TV 프로그램에 광고를 내려고 한다. 그런데 광고주는 그 프로그램 시청자의 50%가 20대 연령층이라는 가정 하에서 광고를 내려고 한다. 광고회사는 시청자 구성 비율에 변화가 있는지 여부를 알아보기 위하여 그 프로그램을 시청한 200명을 임의로 추출하였다. 조사 결과 이 중에서 95명이 20대 연령층이었다. 어떠한 결론을 내려야할지 $\alpha = 0.05$에서 검정하여라.

풀이

$$\mu_p = \pi = 0.5$$

$$\sigma_p = \sqrt{\frac{(0.5)(0.5)}{200}} = 0.035$$

① $H_0 : \pi = 0.5$

$H_1 : \pi \neq 0.5$

② $\alpha = 0.05$, 양측검정, $Z_{\frac{0.05}{2}} = 1.96$

③

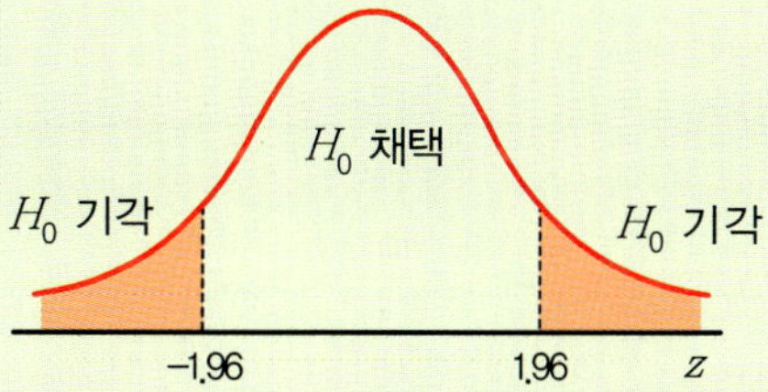

$-1.96 \le Z \le 1.96$이면 H_0 채택

$Z > 1.96$ 또는 $Z < -1.96$이면 H_0 기각

④ 통계량

$$Z = \frac{p - \pi}{\sigma_p} = \frac{0.475 - 0.5}{0.035} = -0.71$$

⑤ $-1.96 \le Z \le 1.96$이므로 H_0 채택, 이 프로그램 시청자의 50%는 20대 연령층이라고 $\alpha = 0.05$에서 결론을 내릴 수 있다. 그러므로 광고주는 광고 방영을 계획할 것이다.

예제 8

어느 지역에 국회의원 후보로 출마하려는 사람이 있다. 한 지역에서 두 사람을 뽑는 중선거구 제도이므로 총유권자의 30% 이상 지지를 받으면 당선의 가능성이 있다고 판단하고 있다. 선거 참모부에서는 출마 여부를 결정하기 위하여 지역 유권자 중에서 500명을 무작위로 표본추출하여 그 후보에 대한 지지 여부를 조사하였다. 조사 결과 130명이 지지한다는 것을 알았을 때에 어떠한 결론을 내려야 할 것인가? $\alpha = 0.01$에서 검정하여라.

풀이

① $H_0 : \pi \geq 0.30$

$H_1 : \pi < 0.30$

② $\alpha = 0.01$, 왼쪽꼬리 검정, $Z_{0.01} = -2.33$

③

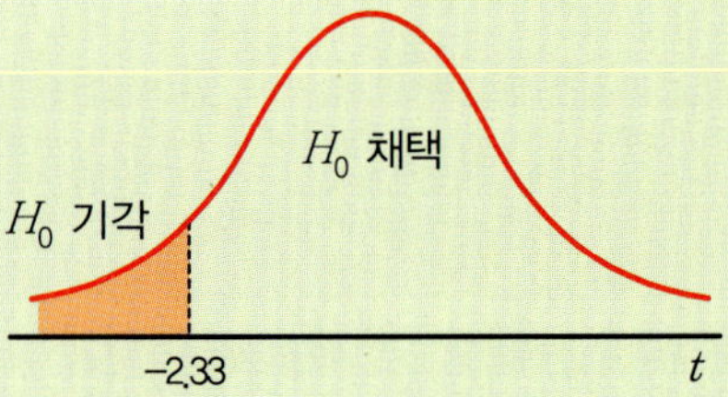

$Z \geq -2.33$이면 H_0 채택

$Z < -2.33$이면 H_0 기각

④ 통계량

$$Z = \frac{p - \pi}{\sigma_p} = \frac{\frac{130}{500} - 0.3}{\sqrt{\frac{(0.3)(0.7)}{500}}} = \frac{-0.04}{0.02} = -2$$

⑤ $Z \geq -2.33$이므로 H_0 채택, 그러므로 $\alpha = 0.01$에서 이 후보가 출마할 경우 당선 가능성이 있다고 결론을 내릴 수 있다.

8.5 올바른 가설검정

앞에서 언급한 것처럼 가설 설정 방법을 명확하게 알면 연구자는 흔들림 없이 연구를 진행할 수 있다. 연구자가 가설 설정 방법을 명확하게 알지 못하기 때문에 연구 과정이 흔들리고 자신의 연구에 대하여 미심쩍어 하는 것이다.

가설은 잠정적인 진술(temporary statement)을 말한다. 가설은 연구의 방향을 결정하기 때문에 연구자는 올바른 가설 설정에 심혈을 쏟아야 한다. 올바른 가설 설정에 이어 가설을 채택하고 기각하는 의사결정도 중요하다. 의사결정의 출발점은 귀무가설(H_0)이다. 연구자는 해당 통계분석법에서 산출되는 통계량의 확률(p)과 제1종 오류의 최대치(α) 비교를 통해서 귀무가설을 채택할 것인지 기각할 것인지의 의사결정을 한다. 연구자가 기억할 사항은 모든 통계분석 방법에서 $p > \alpha = 0.05$이면 귀무가설을 채택한다. 반대로 $p < \alpha = 0.05$이면 귀무가설을 기각하고 연구가설을 채택한다고 의사결정을 내린다. 여기서는 양측검정을 기준으로 각 통계분석마다 가설 설정 방법을 나타내면 다음과 같다.

1) 독립적인 t검정

$H_0 : \mu_1 = \mu_2, \quad p > \alpha = 0.05$

$H_1 : \mu_1 \neq \mu_2, \quad p < \alpha = 0.05$

2) 쌍체 검정

$H_0 : \mu_b = \mu_a, \quad p > \alpha = 0.05$

$H_1 : \mu_b \neq \mu_a, \quad p < \alpha = 0.05$

여기서 μ_b=실험 전(before) 평균, μ_a=실험 후(after) 평균을 말함.

3) 분산분석

$H_0 : \mu_1 = \mu_2 = \mu_3, \quad p > \alpha = 0.05$

$H_1 : \mu_1 \neq \mu_2 \neq \mu_3, \quad p < \alpha = 0.05$

4) 교차분석

- 독립성 여부

H_0 : 월간지 구독은 도시 종류와 독립적이다. $p > \alpha = 0.05$

H_1 : 월간지 구독은 도시 종류와 독립적이지 아니다. $p < \alpha = 0.05$

- 동일성 여부

$H_0 : \pi_M = \pi_F$(자동차 A),

$\pi_M = \pi_F$(자동차 B) $p > \alpha = 0.05$

$\pi_M = \pi_F$(자동차 C)

H_1 : 위의 모든 등식이 반드시 성립하지는 않는다. $p < \alpha = 0.05$

- 적합성 검정 여부

H_0 : 성적 분포는 정규분포이다. $p > \alpha = 0.05$

H_1 : 성적 분포는 정규분포가 아니다. $p < \alpha = 0.05$

5) 상관분석

$H_0 : \rho = 0, \quad p > \alpha = 0.05$

$H_1 : \rho \neq 0, \quad p < \alpha = 0.05$

6) 요인분석

- 탐색요인분석

H_0: 변수 간의 상관행렬이 단위행렬이다. $p > \alpha = 0.05$

H_1: 변수 간의 상관행렬이 단위행렬이 아니다. $p < \alpha = 0.05$

여기서 단위행렬(Identity Matrix)이란 대각선이 1이고 나머지는 0인 행렬을 말한다.

- 확인요인분석

– 전체 모형에 대한 적합성 여부 귀무가설과 연구가설

H_0 : 모형은 모집단 자료에 적합하다. χ^2통계량의 $p > \alpha = 0.05$

H_1 : 모형은 모집단 자료에 적합하지 않다. χ^2통계량의 $p < \alpha = 0.05$

7) 회귀분석

- 추정 회귀선(회귀식)의 검정에 대한 귀무가설과 연구가설

  H_0: 회귀선은 유의하지 못하다. F통계량의 $p > \alpha = 0.05$

  H_1: 회귀선은 유의하다 또는 ($\beta_1 \neq 0$). F통계량의 $p < \alpha = 0.05$

- 개별변수의 유의성 여부 가설검정

  H_0: $\beta_i = 0$, t통계량의 $p > \alpha = 0.05$

  H_1: $\beta_i \neq 0$, t통계량의 $p < \alpha = 0.05$

8) 로지스틱 회귀분석

- χ^2(Hosmer, Lemeshow 검정)

  H_0: 추정 로지스틱 회귀모형은 적합하다. $p > \alpha = 0.05$

  H_1: 추정 로지스틱 회귀모형은 적합하지 않다. $p < \alpha = 0.05$

9) 경로분석

- 전체 모형에 대한 귀무가설과 연구가설

  H_0: 회귀선은 유의하지 못하다. F통계량의 $p > \alpha = 0.05$

  H_1: 회귀선은 유의하다 또는 ($\beta_1 \neq 0$). F통계량의 $p < \alpha = 0.05$

- 개별변수의 유의성 여부 가설검정

  H_0 : $\beta_i = 0$, t통계량의 $p > \alpha = 0.05$

  H_1 : $\beta_i \neq 0$, t통계량의 $p < \alpha = 0.05$

10) 구조방정식모형분석

- 전체 모형에 대한 적합성 여부 귀무가설과 연구가설

  H_0: 모형은 모집단 자료에 적합하다. χ^2통계량의 $p > \alpha = 0.05$

  H_1: 모형은 모집단 자료에 적합하지 않다. χ^2통계량의 $p < \alpha = 0.05$

- 개별변수의 유의성 여부 가설검정

  H_0: $\beta_i = 0$, t통계량의 $p > \alpha = 0.05$

  H_1: $\beta_i \neq 0$, t통계량의 $p < \alpha = 0.05$

8.6 SPSS를 이용한 가설검정

SPSS 예제

동전을 이용한 우유 자동판매기는 우유용량이 150ml가 되도록 설계되어져 있다. 자동판매기 주인은 기계에서 나오는 우유용량이 너무 많다고 믿고 있다. 이를 조사하기 위해 8개의 컵을 표본추출하였다. 조사 결과는 다음과 같다.

160, 153, 150, 160, 141, 155, 147, 150

위의 자료를 이용하여 $\alpha = 0.05$에서 자판기의 우유용량을 150ml라고 할 수 있는지 검정하여보자.

풀이

1단계 SPSS 프로그램에 다음과 같이 데이터를 입력한다.

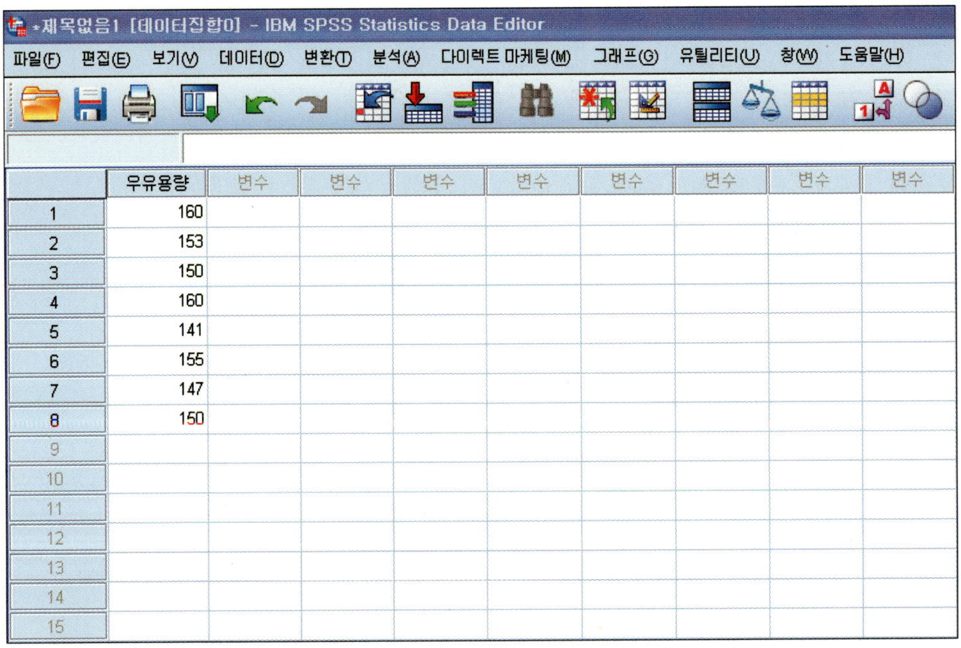

그림 8-7 데이터 입력 창

2단계 다음 순서에 의해서 일표본 t검정 프로그램을 실행한다.

분석(A)
평균비교(M)
일표본(T)검정(S)

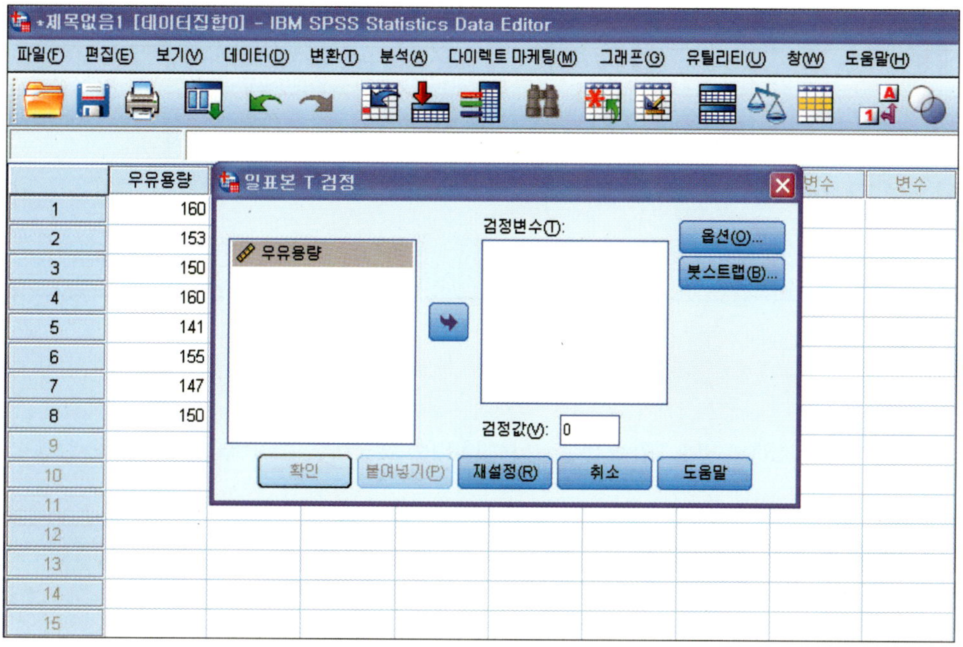

그림 8-8 일표본 T검정 1

3단계 '일표본 T검정' 창에서 '우유용량' 변수를 지정하여 ➡ 단추를 이용하여 **검정변수(T):**란으로 보낸다.

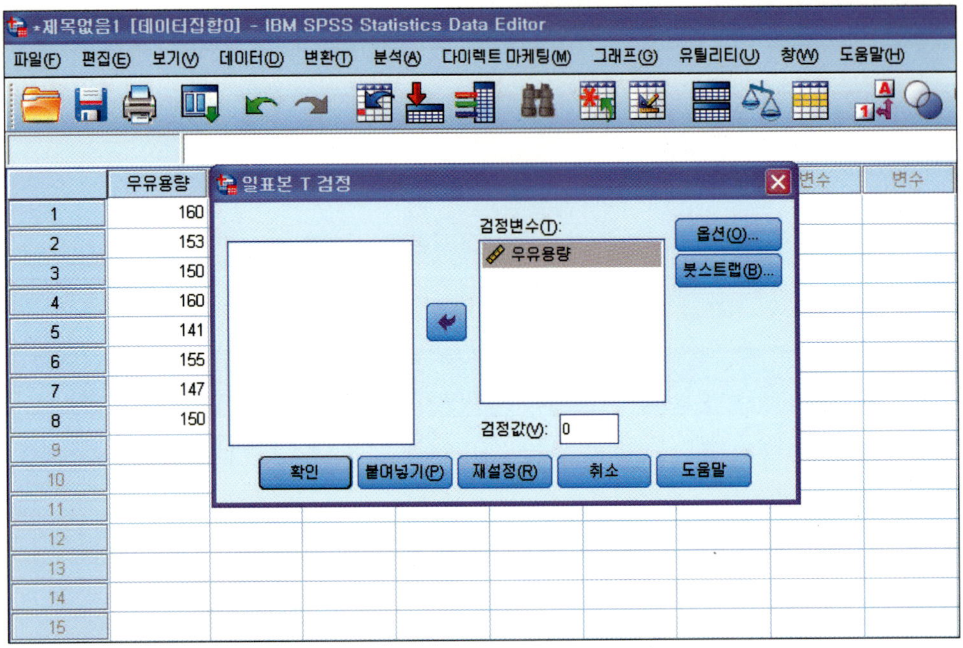

그림 8-9 일표본 T검정 2

4단계 **검정값(V):**란에 '귀무가설 : $\mu=150$'에 해당하는 '150'을 입력한다.

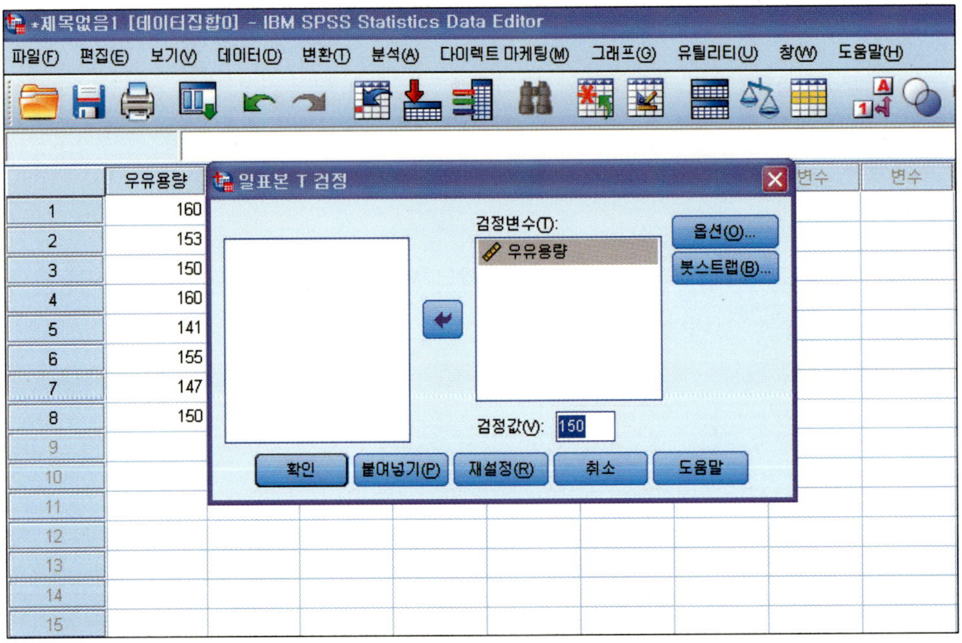

그림 8-10 일표본 T검정 3

5단계 [확인] 단추를 눌러 다음과 같은 통계량을 얻는다.

일표본 통계량

	N	평균	표준편차	평균의 표준오차
우유용량	8	152.00	6.459	2.283

그림 8-11 일표본 통계량

● **결과 해석**

[N 8, 평균 152.00, 표준편차 6.459, 평균의 표준오차 2.283] 표본수(N)는 8, 평균 152.00, 표준편차 6.459, 평균의 표준오차 2.283임을 알 수 있다.

일표본 검정

	검정값 = 150					
					차이의 95% 신뢰구간	
	t	자유도	유의확률 (양쪽)	평균차	하한	상한
우유용량	.876	7	.410	2.000	-3.40	7.40

그림 8-12 일표본 검정

● **결과 해석**

[t 0.876, 자유도 7, 유의확률 0.410, 평균차 2.000] t통계량 = 0.876, 자유도 = 7, 유의확률 = 0.410임을 알 수 있다. 유의확률(p) = 0.410 > α = 0.05이므로 '자판기의 우유용량은 150ml'라는 귀무가설(H_0)은 채택됨을 알 수 있다.

EXERCISE 연습문제

1. 가설의 정의를 말하라.

2. 가설검정의 종류를 이야기하라.

3. 가설검정의 순서를 나열하라.

4. 다음은 어느 회사의 8개의 통조림을 표본추출하여 그 무게를 조사한 것이다.

51.8 50.6 52.0 54.0 52.8 51.4 52.3 51.9

이 회사 통조림의 무게는 기준치 51g과 같다고 할 수 있는가? $\alpha = 0.05$에서 가설검정하여라.

9장

평균비교

통계학에서 1차 의사결정력(first power)은 평균이다. 2차 결정력은 분산이다. 연구자는 평균 비교를 통해서 인간 행위 결과를 파악할 수 있다. 평균비교에는 독립표본 t검정, 쌍체비교, 분산분석 등이 있다. 독립적인 t검정은 서로 다른 집단의 평균비교를 말한다. 쌍체비교는 동일 집단에 대한 실험 전후의 평균비교를 말한다. 분산분석은 서로 독립적인 2개 이상 집단의 평균비교를 하는 데 사용한다.

학습 목표

- 독립표본인 경우 두 모집단의 평균차이 추론을 이해한다.
- 비독립적인 쌍체비교 분석 방법을 이해한다.
- 분산분석의 개념을 이해한다.
- 분산분석을 실행하고 의사결정을 할 수 있다.

9.1 독립표본 t검정

9.1.1 독립표본 t검정

두 모집단을 비교하는 데 가장 많이 사용하는 것이 두 평균 사이의 차이를 추정하는 것이다. A, B 두 회사는 모두 같은 종류의 배터리를 생산하고 있다. 각 모집단은 정규분포를 하며, 평균은 각각 μ_1, μ_2이고 분산은 σ_1^2, σ_2^2이라 한다.

회사	평균수명	분산
A	μ_1	σ_1^2
B	μ_2	σ_2^2

두 회사가 생산하는 배터리의 평균수명을 비교하기 위하여 표본크기 n_1, n_2를 각각 뽑았을 때 그 표본의 평균을 각각 $\overline{X_1}$, $\overline{X_2}$ 라 하자. A회사의 배터리 모집단에서 추출된 평균의 표본분포는 정규분포를 하며, 평균과 분산은 다음과 같다.

$$\mu_{\overline{X_1}} = \mu_1$$
$$\sigma_{\overline{X_1}} = \frac{\sigma_1^2}{n_1}$$

식 9-1

마찬가지로 B회사의 배터리 모집단에서 추출된 평균의 표본분포는 정규분포를 하며, 평균과 분산은 다음과 같다.

식 9-2

$$\mu_{\overline{X}_2} = \mu_2$$

$$\sigma_{\overline{X}_2} = \frac{\sigma_2^2}{n_2}$$

다음 [그림 9-1]은 두 모집단의 분포와 평균의 표본분포를 나타낸다. 평균의 표본분포를 보면 그 평균의 모집단의 것과 같다. 그러나 표준오차는 작아지기 때문에 표본분포는 폭이 좁아지면서 위로 뾰족하다. $\overline{X_1}$과 $\overline{X_2}$의 분포가 이 그림과 같을 때 두 모집단의 평균차이는 $\mu_1 - \mu_2$이다. 이 차이의 점추정량은 $\overline{X_1} - \overline{X_2}$이다. 따라서 두 모평균 사이의 차이추정은 두 표본평균의 차이로 주어진다.

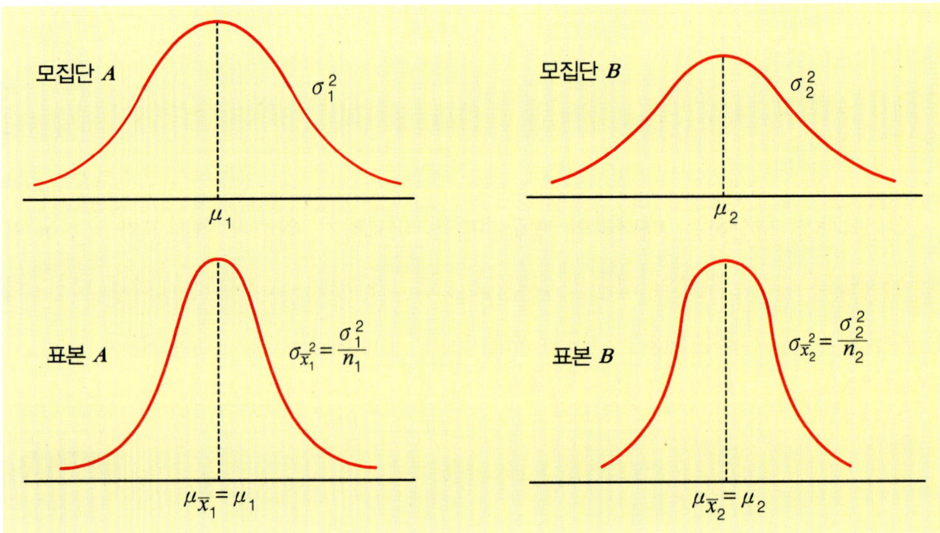

그림 9-1 모집단의 분포와 평균의 표본분포

만약 A, B회사의 두 표본분포가 독립적인 정규분포라고 가정하면, $\overline{X_1} - \overline{X_2}$ 분포는 정규분포를 이루며 다음의 세 가지 특징을 가진다.

① 평균차의 분포의 기대치 또는 평균 $\mu_{\overline{X}_1} - \mu_{\overline{X}_2}$은 두 모집단의 평균차와 같다.

$$\mu_{\overline{x}_1 - \overline{x}_2} = E(\overline{X}_1) - E(\overline{X}_2) = \mu_1 - \mu_2 \qquad \text{식 9-3}$$

② 표본평균차의 분포의 분산 $\sigma_{\overline{x}_1 - \overline{x}_2}{}^2$은 각 평균의 분산의 합과 같다.

$$\begin{aligned} \sigma_{\overline{x}_1 - \overline{x}_2}{}^2 &= Var(\overline{X}_1) + Var(\overline{X}_2) \\ &= \frac{\sigma_1^2}{n_1} + \frac{\sigma_2^2}{n_2}{}^{*} \end{aligned} \qquad \text{식 9-4}$$

그리고 평균차의 분산의 제곱근인 표준오차 $\sigma_{\overline{x}_1 - \overline{x}_2}$는

$$\sigma_{\overline{x}_1 - \overline{x}_2}{}^2 = \sqrt{\frac{\sigma_1^2}{n_1} + \frac{\sigma_2^2}{n_2}} \qquad \text{식 9-5}$$

이다.

③ 만약, 두 모집단이 모두 정규분포이면 표본평균차의 분포도 정규분포이다. 두 모집단이 정규분포가 아니더라도, 각 표본의 크기가 30 이상이 되어 충분히 큰 경우에는 중심극한정리에 의하여 표본평균차는 정규분포에 가까워진다.

따라서 두 모집단에서 각각 표본을 뽑았을 때 그 평균차의 표본분포는 다음과 같다.

---

* $\sigma_{\overline{X}_1 - \overline{X}_2}{}^2 = Var(\overline{X}_1 - \overline{X}_2) = E[(\overline{X}_1 - \overline{X}_2) - (\mu_1 - \mu_2)]^2 = E(\overline{X}_1 - \overline{X}_2)^2 = E[(\overline{X}_1 - \mu_1) - (\overline{X}_2 - \mu_2)]^2$
$E(\overline{X}_1 - \mu_1)^2 + E(\overline{X}_2 - \mu_2)^2 - 2E(\overline{X}_1 - \mu_1)(\overline{X}_2 - \mu_2) = \sigma^2_{\overline{X}_1} + \sigma^2_{\overline{X}_2}$이다.
왜냐하면 $E(\overline{X}_1 - \mu_1)(\overline{X}_2 - \mu_2) = Cov(\overline{X}_1, \overline{X}_2)$이며, 두 변수가 서로 독립적이면 $Cov(\overline{X}_1, \overline{X}_2) = 0$이 되기 때문에 $Cov(\overline{X}_1, \overline{X}_2)$는 공분산으로서 두 변수의 상관관계를 나타낸다.

두 평균차의 표본분포

식 9-6

$$\text{평균}: \mu_{\overline{x_1}-\overline{x_2}} = \mu_1 - \mu_2$$

$$\text{분산}: \sigma_{\overline{x_1}-\overline{x_2}}{}^{2} = \frac{\sigma_1^2}{n_1} + \frac{\sigma_2^2}{n_2} \quad (\text{주의: } + \text{ 부호})$$

$$\therefore (\overline{X_1}-\overline{X_2}) \sim N(\mu_1 \sim \mu_2,\ \frac{\sigma_1^2}{n_1}+\frac{\sigma_2^2}{n_2})$$

이것을 그림으로 나타내면 [그림 9-2]와 같다.

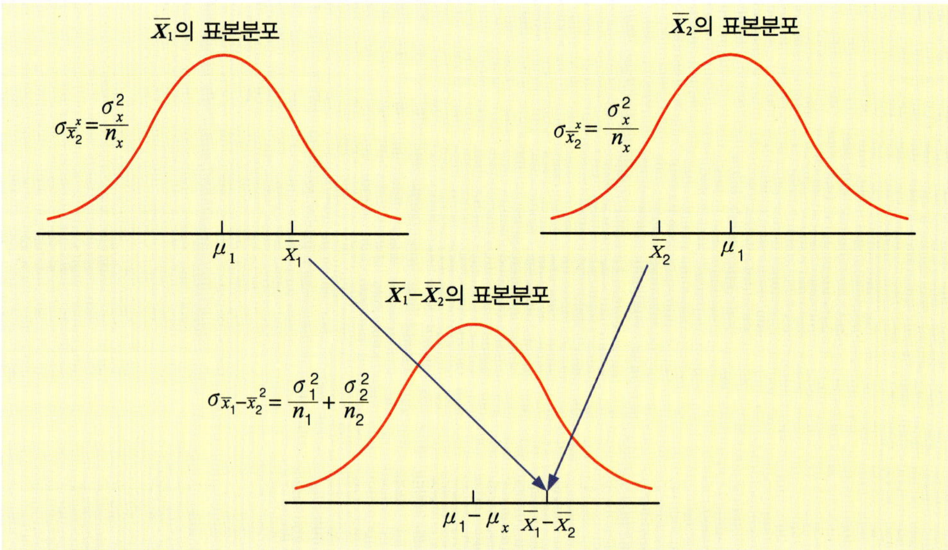

그림 9-2 $\overline{X}_1-\overline{X}_2$의 표본분포

만약, σ_1^2과 σ_2^2을 모르나 같다고 가정하고, 소표본의 경우(각각 n<30)의 평균비교에 대하여 알아보자.

앞에서 σ_1^2과 σ_2^2을 모르며 대표본의 경우에 대하여 설명하였다. 이제 두 모집단의 표본크기가 각각 30보다 작은 소표본의 경우를 생각하여보자. 이때에 두 모집단에 대한 가정을 보면 다음과 같다. 두 모집단은 독립적이며 정규분포를 한다. 그리고 모분산은 알려져 있지 않지만 동일하다고 가정한다. 그러면 평균차의 분포는 Z분포가 아니라 t분포를 이룬다.

$\mu_1 - \mu_2$에 대한 추론에 사용될 통계량은 앞의 경우와 마찬가지로 $\overline{X_1} - \overline{X_2}$이다. $\overline{X_1} - \overline{X_2}$의 평균과 분산은 다음과 같다.

$$E(\overline{X_1} - \overline{X_2}) = \mu_1 - \mu_2$$
$$Var(\overline{X_1} - \overline{X_2}) = \frac{\sigma_1^2}{n_1} + \frac{\sigma_2^2}{n_2} = \sigma^2\left(\frac{1}{n_1} + \frac{1}{n_2}\right) \quad \text{식 9-7}$$

여기서 $\sigma_1^2 = \sigma_2^2 = \sigma^2$으로 가정하였다. 공통분산인 σ^2에 대한 합동추정량(pooled estimator of variance)은 표본을 통하여 계산한다. 합동추정량은 S_P^2이라 표기하며 다음과 같다.

$$S_p^2 = \frac{\sum(X_{1i} - \overline{X_1})^2 + \sum(X_{2i} - \overline{X_2})^2}{(n_1 - 1) + (n_2 - 1)} = \frac{(n_1 - 1)S_1^2 + (n_2 - 1)S_2^2}{n_1 + n_2 - 2} \quad \text{식 9-8}$$

여기서 X_{1i}와 X_{2i}는 각 집단의 관찰치를 의미한다.

평균차의 표준오차는

$$S_{\overline{X_1} - \overline{X_2}} = \sqrt{S_P^2\left(\frac{1}{n_1} + \frac{1}{n_2}\right)} = S_P\sqrt{\left(\frac{1}{n_1} + \frac{1}{n_2}\right)} \quad \text{식 9-9}$$

이다. 따라서 소표본의 t통계량은

$$t = \frac{(\overline{X_1} - \overline{X_2}) - (\mu_1 - \mu_2)}{S_{\overline{X1} - \overline{X2}}} = \frac{(\overline{X_1} - \overline{X_2}) - (\mu_1 - \mu_2)}{S_p\sqrt{\frac{1}{n_1} + \frac{1}{n_2}}} \quad \text{식 9-10}$$

이 되며 자유도 $df = (n_1 - 1) + (n_2 - 1) = n_1 + n_2 - 2$인 t분포를 이룬다.

두 모집단의 평균차에 대한 신뢰구간은 구하면 다음과 같다.

$\mu_1 - \mu_2$의 $100(1-\alpha)\%$ 신뢰구간(σ_1^2과 σ_2^2은 모르나 같다고 가정, 소표본인 경우)

$$\mu_1 - \mu_2 \in (\overline{X_1} - \overline{X_2}) \pm t_{(\frac{\alpha}{2}, n-1)} \cdot S_{\overline{X_1} - \overline{X_2}} \quad \text{식 9-11}$$

여기서 $S_{\overline{X_1} - \overline{X_2}} = \sqrt{S_p[\frac{1}{n_1} + \frac{1}{n_2}]}$

$$S_p^2 = \frac{(n_1 - 1)S_1^2 + (n_2 - 1)_2 S_2^2}{n_1 + n_2 - 2}$$

(t의 자유도$= n_1 + n_2 - 2$)

S_p^2는 합동추정량임.

9.1.2 독립표본 t검정 예제 풀이

예제 1

서로 경쟁 관계에 있는 A, B 고등학교에서는 수학 실력을 비교하기 위하여 같은 종류의 문제로 시험을 치렀다. 두 학교의 실력 차이를 알기 위하여 시험 성적을 표본으로 각각 10명씩 임의로 추출하니 다음과 같았다. 유의수준 $\alpha = 0.05$에서 두 학교 학생의 수학 실력 차이가 있는지 검정하라. 두 모집단은 독립적이고 정규분포를 이루며 두 모집단은 같다고 가정한다.

A학교(1)	85	63	92	40	76	82	85	68	80	95
B학교(2)	98	92	60	83	85	89	70	75	53	80

풀이

이 문제의 전제조건으로 두 모집단은 독립적이고 정규분포를 이루고, 두 모집단의 분산이 같다고 하였다. 두 표본의 평균과 표준편차를 계산하면 다음과 같다.

A학교	B학교
$n_1 = 10$	$n_2 = 10$
$\overline{X_1} = 76.6$	$\overline{X_2} = 78.6$
$S_1 = 16.18$	$S_2 = 14.20$

① $H_0 : \mu_1 - \mu_2 = 0$

$H_1 : \mu_1 - \mu_2 \neq 0$

② $\alpha = 0.05$, 양측검정에서 $t(\frac{0.05}{2},\ 20-2) = 2.101$

③ $-2.101 \leqq t \leqq 2.101$ 이면 H_0 채택

$t > 2.101$ 또는 $t < -2.101$ 이면 H_0 기각

④ 합동추정량 S_P^2 을 구하면

$$S_P^2 = \frac{(n_1-1)S_1^2 + (n_2-1)S_2^2}{n_1+n_2-2}$$

$$= \frac{(10-1)(16.18)^2 + (10-1)(14.20)^2}{10+10-2} = 231.72$$

$$S_{\overline{X_1}-\overline{X_2}} = \sqrt{S_P^2(\frac{1}{n_1}+\frac{1}{n_2})} = \sqrt{231.72(\frac{1}{10}+\frac{1}{10}} = 6.81$$

이다. 검정통계량을 계산하면

$$t = \frac{(\overline{X_1}-\overline{X_2})-(\mu_1-\mu_2)}{S_{\overline{X_1}-\overline{X_2}}} = \frac{(76.6-78.5)-(0)}{6.81} = -0.28$$

이다.

⑤ $|t| \leqq 2.101$ 이므로 귀무가설을 채택한다. 따라서 $\alpha = 0.05$ 에서 두 학교의 수학 실력 차이는 없다고 결론을 내릴 수 있다.

그리고 이 평균차의 95% 신뢰구간을 구하면

$$\mu_1 - \mu_2 \in (\overline{X_1} - \overline{X_2}) \pm t_{\frac{\alpha}{2}} \cdot S_{\overline{X_1} - \overline{X_2}}$$

$$= (76.6 - 78.5) \pm (2.101)(6.81)$$

$$= -1.9 \pm 14.31$$

$$= [-16.21, 12.41]$$

이다. 이 신뢰구간은 0을 포함하고 있으므로 귀무가설이 채택됨을 알 수 있다.

9.1.3 SPSS를 이용한 독립표본 t검정

1단계 SPSS 프로그램을 통해서 분석하려면 다음 순서와 같이 데이터를 입력한다. 열린 창 하단에서 **변수 보기(V)** 단추를 누른다. 그리고 **이름**란에 '학교'를 입력한다.

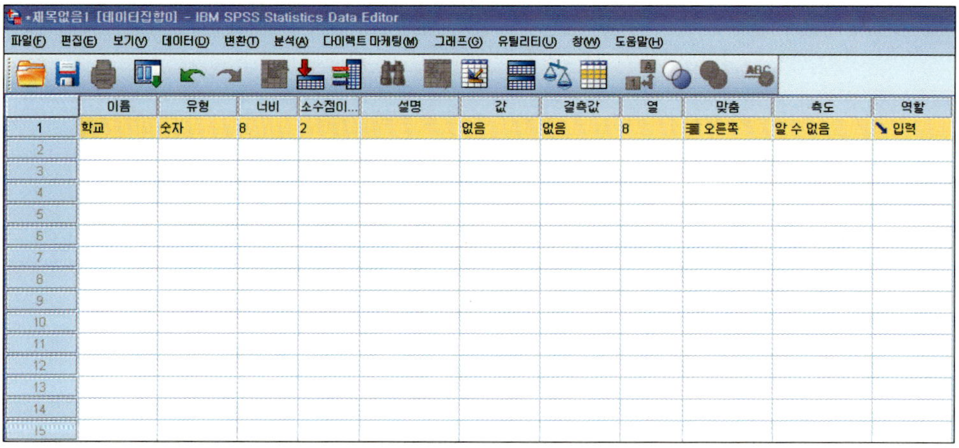

그림 9-3 변수 입력

2단계 변수값을 지정하기 위해서 **값**란의 바로 아래 '없음' 부분을 마우스로 더블클릭을 한다. **기준값(A):**란에 1, **설명(L)**란에는 'A학교'라고 입력한다.

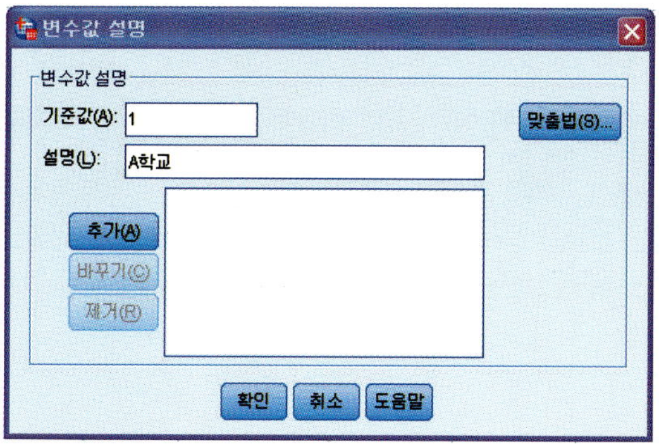

그림 9-4 변수 입력

추가(A) 단추를 누른다. 그런 다음 **기준값(A):**란에 2, **설명(L)**란에는 'B학교'라고 입력한다. 그리고 추가(A) 단추를 누르면 다음과 같은 화면을 얻을 수 있다.

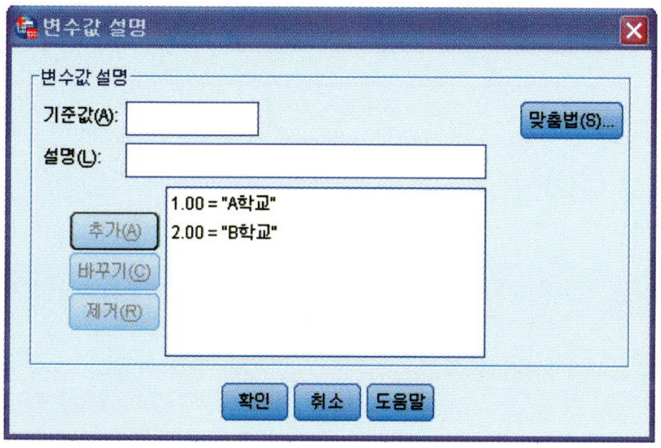

그림 9-5 변수값 설명

확인 단추를 누르면 '학교' 변수에 대한 지정이 끝난다.

'학교' 변수 바로 아래에 '성적'이라는 변수명을 입력한다.

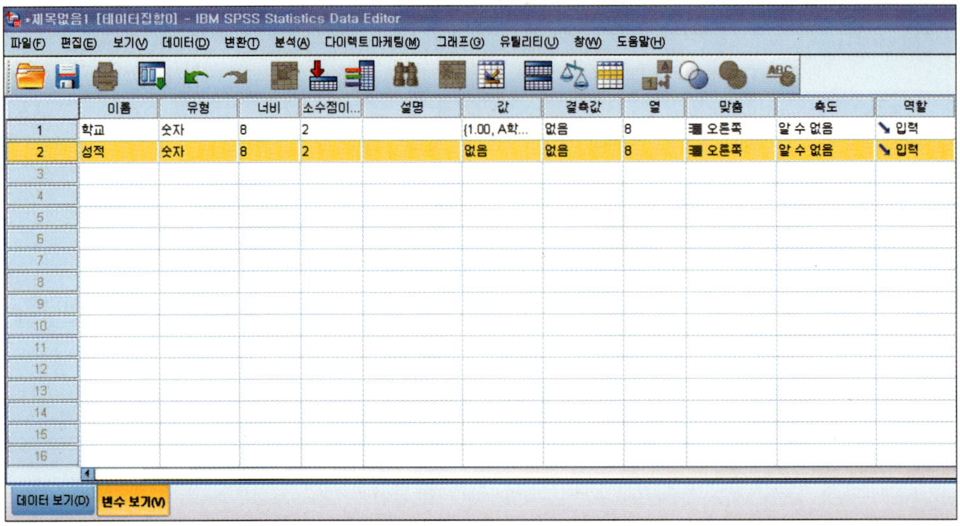

그림 9-6 변수 입력 화면

앞의 변수 입력 화면 왼쪽 하단 **데이터 보기(D)**를 눌러 해당 값을 입력한다.

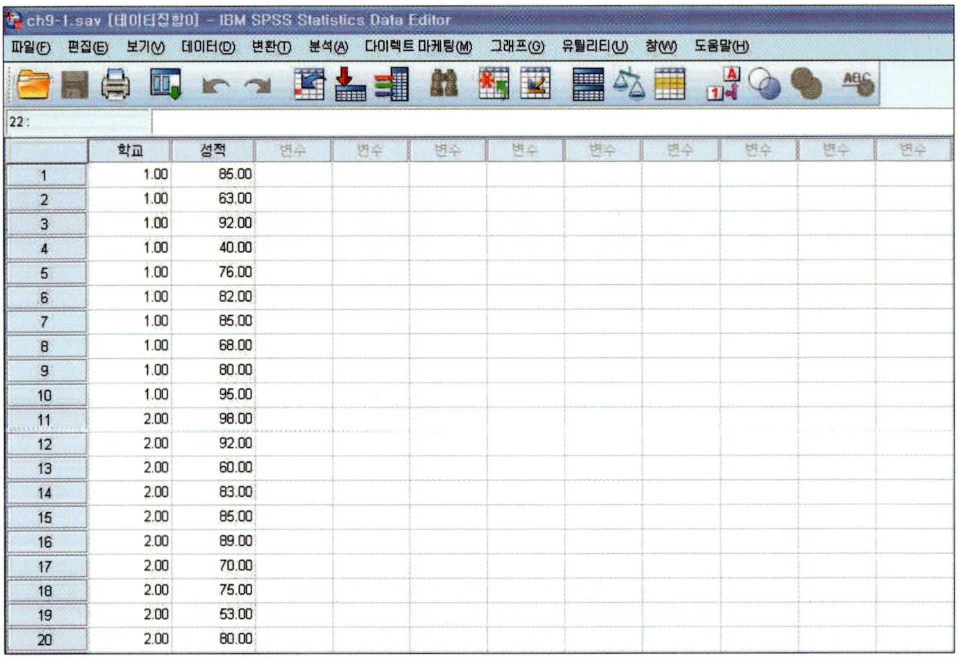

그림 9-7 자료 입력 화면

독립표본 t검정을 위해서, **분석(A)** → **평균비교(M)** → **독립표본 T검정(T)...**을 눌러 통계 프로그램을 실행한다.

그림 9-8 독립표본 T검정 창

'학교' 변수를 지정하여 **집단변수(G):**란에 보낸다. '성적' 변수를 지정하여 **검정변수(T):**란에 위치시킨다.

그림 9-9 변수 지정 창

집단변수(G):란에서 '학교(? ?)' 변수를 마우스로 클릭한다. 그리고 [집단정의(D)...] 단추를 누른다. 여기서 [◉ 지정값 사용(U)] 를 지정한다. **집단 1:**란에는 '1'을 입력하고 **집단 2:**란에는 '2'를 입력한다.

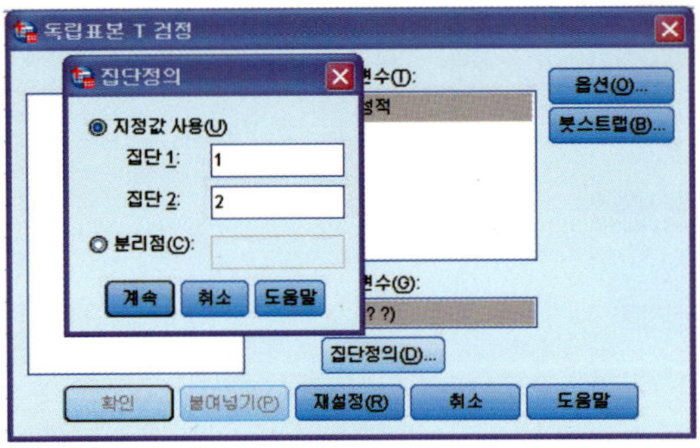

그림 9-10 집단 지정 창

계속 단추를 누른다. 그러면 변수 지정이 완성된 화면을 얻을 수 있다.

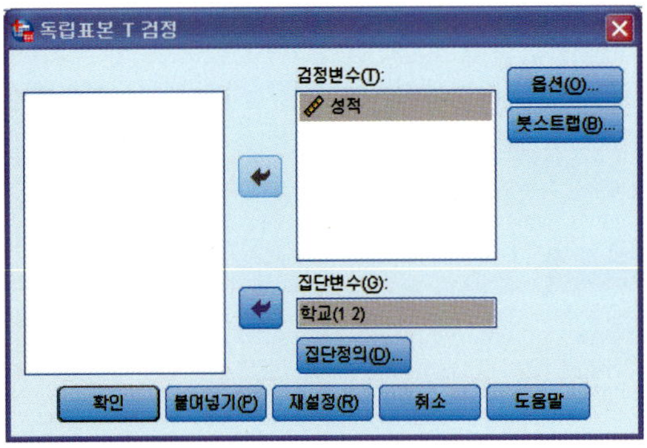

그림 9-11 변수 지정 완료 화면

확인 단추를 누른다. 그러면 다음과 같은 결과물을 얻을 수 있다.

집단통계량

	학교	N	평균	표준편차	평균의 표준오차
성적	A학교	10	76.6000	16.18092	5.11686
	B학교	10	78.5000	14.19898	4.49011

그림 9-12 집단통계량

● 결과 해석

[A학교: N 10, 평균 76.6, 표준편차 16.8092, 평균의 표준오차 5.11686]

A학교의 표본수(N)는 10명, 평균은 76.6, 표준편차는 16.8092, 평균의 표준오차($\frac{\text{평균}}{\sqrt{\text{표본수}}}$)로 5.11686로 계산되었음을 확인할 수 있다.

[B학교: N 10, 평균 78.5, 표준편차 14.19898, 평균의 표준오차 4.49011]

B학교의 표본수(N)는 10명, 평균은 78.5, 표준편차는 14.19898, 평균의 표준오차($\frac{\text{평균}}{\sqrt{\text{표본수}}}$)로 4.49011로 계산되었음을 확인할 수 있다.

독립표본 검정

		Levene의 등분산 검정		평균의 동일성에 대한 t-검정						
									차이의 95% 신뢰구간	
		F	유의확률	t	자유도	유의확률 (양쪽)	평균차	차이의 표준오차	하한	상한
성적	등분산이 가정됨	.028	.870	-.279	18	.783	-1.90000	6.80759	-16.20222	12.40222
	등분산이 가정되지 않음			-.279	17.701	.783	-1.90000	6.80759	-16.21955	12.41955

그림 9-13 독립표본 검정

● 결과 해석

분석자는 평균차이 검정에 앞서 결과물에서 두 모집단의 분산이 동일하다는 가정(Pooled Variance Estimated)을 만족하는지 여부를 먼저 확인하여야 한다. 이어 평균차이 검정을 할 수 있다.

[Levene 등분산 검정: F=0.028, 유의확률=0.870] 독립표본 t검정을 위해서는 먼저, 두 집단의 분산의 동질성 가정을 검정하여야 한다. 이러한 분산의 동질성 여부는 Levene의 검정, 즉 F값을 이용한다.

$$H_0 : \sigma_1^2 = \sigma_2^2$$
$$H_1 : \sigma_1^2 \neq \sigma_2^2$$

F=0.028이고 이에 대한 유의확률=0.870 > α=0.05이므로 두 모집단의 분산이

동일하다는 귀무가설(H_0)을 채택한다.

분석자는 등분산이 동일하다는 가정하에서 독립적인 t검정을 실시한다.

[t −0.279, 자유도 18, 유의확률 0.783, 평균차이=−1.9] 제시된 t통계량은 −0.279이다. 자유도는 18(20−2), 유의확률 $0.783 > \alpha = 0.05$이므로, 아래의 귀무가설은 채택된다. 평균차이는 −1.9(76.6−78.5)이다. 측 학교별 성적 차이는 없다고 결론을 내릴 수 있다.

$$H_0 : \mu_1 - \mu_2 = 0$$

$$H_1 : \mu_1 - \mu_2 \neq 0$$

[차이의 95% 신뢰구간 −16.20, +12.4] 평균차이의 95% 신뢰구간을 계산하면 각 집단의 평균을 기준으로 −16.20, +12.4를 계산하면 하한과 상한의 신뢰구간임을 알 수 있다. 예를 들어, A학교의 신뢰구간은 다음과 같다.

[60.4(76.6−16.20), 89(76.6+12.4)]

9.2 쌍체표본 검정

9.2.1 쌍체표본 검정

앞에서 다룬 두 모집단의 추론 문제에서는 두 표본이 독립적이라고 가정하였다. 한 표본의 관찰치는 다른 표본의 관찰치에 영향을 전혀 주지 않는다는 것이다. 이번에는 두 표본이 독립적이 아니고 한 표본의 값이 다른 표본의 값과 관련이 있는 쌍체(matched pairs)를 비교하는 문제를 다루기로 한다.

쌍체비교는 동일한 사람이나 사물에 대하여 일정한 시간을 두고 두 번 표본추출하는 경우를 의미한다. 쌍체비교는 실험 효과를 검정하는 데 유용하게 사용할 수 있다. 쌍체비교는 단순 z 또는 t검정 대신에 쌍표본 t검정(paired samples t-test)을 사용한다.

동일 모집단의 표본평균차이 μd 의 신뢰구간은 다음과 같이 구한다.

$$\mu_d \in \bar{d} \pm t_{(\frac{\alpha}{2}, n-1)} \frac{S_d}{\sqrt{n}}$$ 식 9-12

여기서 $\bar{d} = \frac{\Sigma d}{n}$

$$S_d = \sqrt{\frac{\Sigma(d-\bar{d})^2}{n-1}}$$ 식 9-13

그리고 검정통계량을 계산하면 다음과 같다.

$$t = \frac{\bar{d} - (\mu_{1} - \mu_2)}{\frac{S_d}{\sqrt{n}}} = \frac{\bar{d} - \mu_d}{\frac{S_d}{\sqrt{n}}}$$ 식 9-14

쌍체비교는 상당히 유용한 기법이다. 일반적인 두 표본의 평균차 문제에서는 두 표본이 독립적이라는 것을 반드시 가정하여야 한다. 여기서는 이것을 가정할 필요도 없으며, 또한 두 모분산이 같다고 가정하지 않아도 된다. 쌍체비교에서 유의할 것은 짝을 잘 맞추는 일이다. 동일한 대상을 계속해서 측정하는 경우에는 별문제가 없으나 짝지어지는 대상이 다른 경우에는 유의하여야 한다. 예를 들어, 두 종류의 치료법을 개발하여 환자를 두 집단으로 나누어 실험을 한다고 하자. 한 치료법을 받은 환자 그룹의 평균치가 다른 치료법을 받은 환자 그룹보다 높아서 전자의 효과가 좋다고 하자. 그러나 전자의 집단이 후자의 집단보다 더 젊거나 건강하다면 두 치료법의 효과는 명확히 판단할 수 없다. 이 경우에는 나이와 건강 상태가 같은 두 사람을 한 쌍으로 하여 실험을 하여야 한다. 이렇게 여러 쌍에 대하여 실험을 계속하면 치료 효과를 제외한 나이나 건강과 같은 외부 효과를 제거할 수 있을 것이다.

9.2.2 SPSS를 이용한 쌍체표본 검정

SPSS 예제

(주)다이어트 프로그램은 자사가 개발한 식이요법 프로그램이 효과가 있는지를 알아보고 싶어 한다. 이 프로그램은 한 달간의 실시 기간을 요한다. 회원 중에서 10명을 뽑아 프로그램 실시 전의 체중 X_1과 프로그램 실시 한 달 후의 X_2를 재어 비교해보았다. 결과는 다음과 같다. 식이요법을 통한 체중 변화 여부를 $\alpha = 0.05$에서 가설검정하여라.

요법 전(X_1)	70	62	54	82	75	64	58	57	80	63
요법 후(X_2)	68	62	50	75	76	57	60	53	74	60

풀이

1단계 앞의 예제 데이터를 다음과 같이 입력한다.

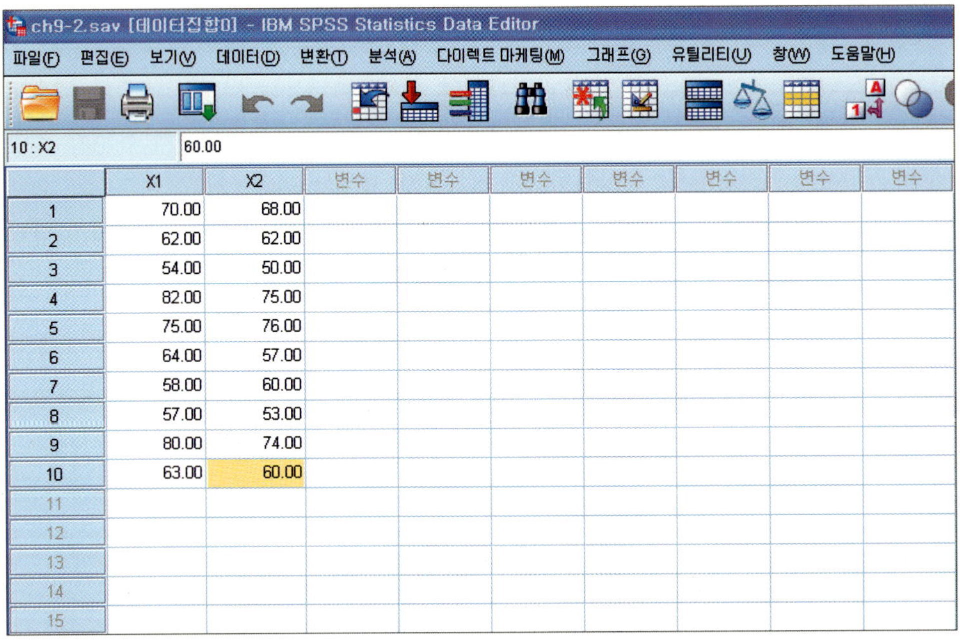

그림 9-14 자료 입력 창

2단계 쌍체표본 검정을 하기 위해서 **분석(A) → 평균비교(M) → 대응표본 T검정(P)...** 단추를 누른다.

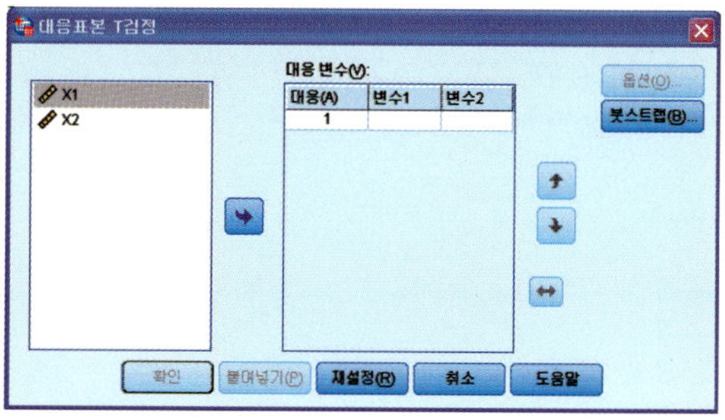

그림 9-15 대응표본 T검정 1

3단계 X1 변수와 X2 변수를 지정한 다음 단추를 눌러 오른쪽의 **대응 변수(V)** 란의 **변수1**과 **변수2**에 옮겨 놓는다.

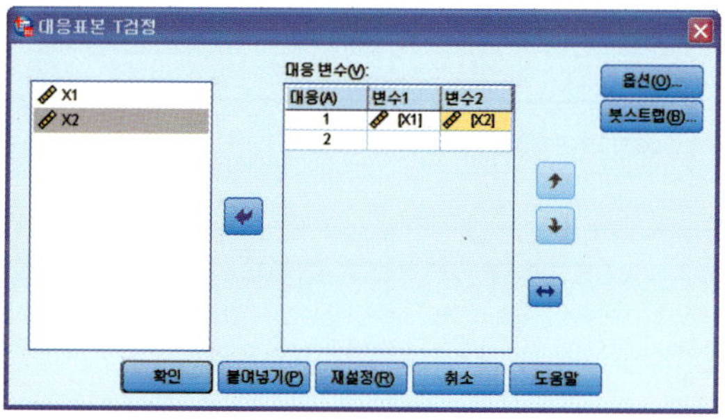

그림 9-16 대응표본 T검정 2

4단계 확인 단추를 클릭하면 다음과 같은 결과를 얻을 수 있다.

대응표본 통계량

		평균	N	표준편차	평균의 표준오차
대응 1	X1	66.5000	10	9.80079	3.09928
	X2	63.5000	10	9.31248	2.94486

그림 9-17 대응표본 통계량

● 결과 해석

[X1: 평균 66.5, N 10, 분산 9.80079] X1(요법 전 몸무게 평균)=66.5, 관측수(N)=10임을 알 수 있다. 표준편차는 9.80079, 평균의 표준오차는 3.09928임을 알 수 있다.

대응표본 상관계수

	N	상관계수	유의확률
대응 1 X1 & X2	10	.944	.000

그림 9-18 대응표본 상관계수

● 결과 해석

[대응 1 X1 & X2: 상관계수 0.944] 요법 전(X1)과 요법 후(X2)의 상관계수는 0.944이다. 두 변수의 관련 정도는 매우 높다고 하겠다(유의확률=0.000<α = 0.05 임).

대응표본 검정

	대응차					t	자유도	유의확률 (양쪽)
				차이의 95% 신뢰구간				
	평균	표준편차	평균의 표준오차	하한	상한			
대응 1 X1 - X2	3.00000	3.23179	1.02198	.68812	5.31188	2.935	9	.017

그림 9-19 대응표본 검정

● 결과 해석

[대응 1 X1－X2 대응차 평균 3, 표준편차 3.2317, 평균표준오차 1.02198, t 2.935, 자유도 9, 유의확률 0.017]

X1(요법 전)과 X2(요법 후)의 몸무게 차이가 3(66.5－63.5)kg 있음을 알 수 있다. 표준편차는 3.2317, 평균표준오차 1.02198, t통계량은 2.935, 자유도는 9(10－1), 유의확률(sig.)=0.017< α = 0.05이다. 따라서 평균차이가 없다는 귀무가설(H_0)을 기각하여 식이요법은 체중 감소에 효과가 있는 것으로 나타났음을 알 수 있다.

9.3 일원분산분석

9.3.1 일원분산분석의 개념 및 분석 절차

통계분석을 하다보면 두 개 혹은 그 이상의 여러 변수 사이의 관계를 분석할 때가 있다. 이때 변수들은 서로 관계를 가지고 있는데 어떤 변수들은 다른 변수들에 영향을 주기도 하고 받기도 한다. 다른 변수에 영향을 주는 변수를 독립변수(independent variable 또는 predictor variable)라 하며, 반대로 영향을 받는 변수를 종속변수(dependent variable 또는 response variable)라고 한다.

앞에서 두 표본평균차이를 기초하여 두 모집단 평균차이에 관하여 설명하였다. 그런데 실제 생활이나 학문 연구에 있어 두 개 이상의 여러 모집단을 한꺼번에 비교하는 경우가 있다. 예를 들어, 어느 회사에서는 세 종류의 기계를 설치하여 동일한 제품을 생산한다고 한다. 이들 기계를 각각 기계 I, 기계 II, 기계 III이라고 하였을 때, 생산성을 조사하기 위하여 평균생산량을 비교 연구하고자 할 때 분산분석(ANOVA: analysis of variance) 기법을 이용할 수 있다. 이 기법은 두 개 이상의 모집단 평균차이를 한꺼번에 검정할 수 있게 해준다. 이 예에서 보면 ANOVA는 기계 종류라는 하나의 독립변수와 생산량이라는 종속변수 사이의 관계를 연구하는 기법이다.

분산분석의 이론에 관하여 설명하기 전에 용어 몇 가지를 이해하기로 하자. 분산분석은 독립변수(들)에 대한 효과를 분석하는데 기본적으로 사용된다. 위의 경우에서 기계 종류는 독립변수가 되며, 생산량은 종속변수가 된다. 그리고 독립변수를 요인(factor)이라고 부르기도 한다. 한 요인 내에서 실험개체에 영향을 미치는 여러 가지 특별한 형태를 요인수준(factor level) 또는 처리(treatment)라고 한다. 기계 종류를 요인이라고 하면 기계 I, 기계 II, 기계 III은 한 요인 내에서 요인수준 또는 처리가 된다. 요인수준과 처리는 같은 용어로 사용된다. 위의 예에서와 같이 기계 종류라는 단일요인과 생산량 간의 관계를 분석하는 것은 일원분산분석(one-factor ANOVA)이라고 한다. 이것은 표본자료 조사에 대한 측정치의 처리 한 가지 기준만으로 구분하여 분석하는 것이 된다. 그런데 이 모형에 기계 종류뿐만 아니라 남녀라는 성별요인을 추가하여 두 요인이 생산량에 미치는 영향을 조사하게 된다면 이원분산분석(two-factor

ANOVA)이 된다. 먼저, 일원분산분석의 예를 설명하여보자.

주식회사 대일정밀은 세 가지 종류의 기계를 시험 설치하여 각 기계의 생산성을 비교한 후, 이 중에서 제일 좋은 기계를 하나 선택하기로 하였다. 기계의 종류로는 기계 I, 기계 II, 기계 III이며 일일 생산량을 조사하였다. 다음의 표는 각 기계의 일일 생산량을 집계한 것이다.

표 9-1 생산실적표

	기계 I	기계 II	기계 III
생산량	25	21	22
	20	20	20
	25	16	21
	26	15	

이와 같은 자료가 주어졌다고 하였을 때, 세 기계의 효과가 같은지 여부를 $\alpha = 0.05$에서 검정하고자 한다. 분산분석을 위해서는 다음과 같은 가정을 판단하여야 한다.

분산분석모형의 가정

- 각 요인수준에 대응하는 모집단은 동일한 분산을 가진다.
- 각 요인수준에 대응하는 모집단은 정규분포이다.
- 각 요인수준에 대한 관찰치들은 임의로 얻어지는 것이며, 서로 독립적이다.

분산분석의 모형은 비교적 간단하다. 이것을 그림으로 나타내면 다음 [그림 9-20]과 같다.

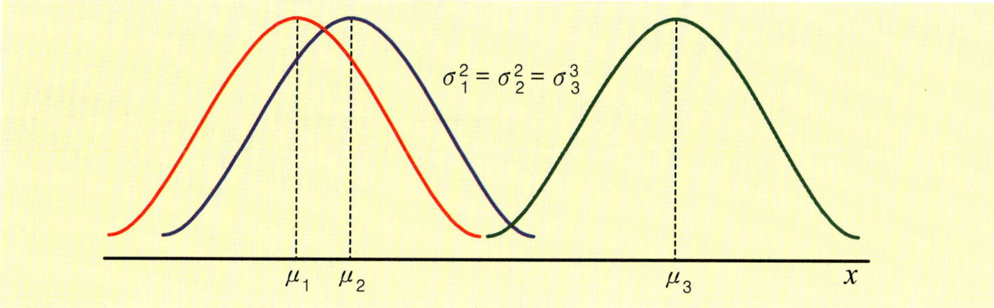

그림 9-20 분산분석의 그림 설명

위 그림을 살펴보면 세 분포도는 정규분포이고 분산은 같다. 각각의 평균치에서만 차이가 난다. 평균차이는 사실상 처리 효과를 뜻하게 된다. 우리가 분산분석표에서 서로 다른 처리에 대한 평균반응에 초점을 맞추는 것은 이러한 이유이다. 따라서 각 요인의 확률분포로부터 얻어진 표본자료의 분석은 다음의 두 단계를 거친다.

1단계: 먼저 모든 처리의 평균들이 같은가를 결정한다.

2단계: 만일에 모든 평균들이 같다면 연구는 끝이다. 그러나 같지 않으면, 얼마나 다른가를 조사하며 그리고 그 차이가 의미하는 것을 규명한다.

이제 Y_{ij}를 j번째 요인수준 또는 처리에 대한 i번째 관찰치라고 하자. Y_{ij}는 j번째 기계 종류에 대한 i번째 날의 생산량이 된다. 즉, Y_{23}은 3번째 기계 종류인 기계 III에 의하여 2일째 생산된 생산량을 뜻한다. 일반적으로 g개의 요인수준이 있어 $j = 1, 2, \cdots, g$가 되며, j번째 요인수준에 대한 총관찰치 개수는 n_j로 표기된다. 그리고 관찰치의 전체 총개수는 n_j로 표기된다. 그리고 관찰치의 총개수를 n이라고 하면,

$$n = \sum_{j=1}^{g} n_j$$

이다. 일반적으로 일원분산분석 모형을 설명하면 다음과 같다.

일원분산분석 모형

$$Y_{ij} = \mu_j + \epsilon_{ij}$$ 식 9-15

여기서 $Y_{ij} =j$번째 처리에 대한 i번째 관찰치

$\mu_j = j$번째 처리의 모수평균

$\epsilon_{ij} =$오차항이며 독립적이고, $N(0,\sigma^2)$

$i = 1,2,3 \cdots, n_j$; $j = 1,2,\cdots,g$

각 처리의 평균이 같음을 검정하기 위하여 귀무가설과 연구가설을 나타내보면,

$$H_0 : \mu_i = \mu_2 = \cdots = \mu_g$$ 식 9-16

H_1 : 적어도 하나는 같지 않다.

이다. 그런데 j번째 모집단의 평균은 전체평균과 그 모집단의 성분인 요인수준 효과 α_j의 합과 같다고 볼 수 있다.

$$\mu_j = \mu + \alpha_j$$ 식 9-17

여기서 $\mu_j = j$번째 모집단 평균, $\mu =$전체평균 $\alpha_j = j$번째 모집단 요인수준(기계 종류)
따라서 식 (9-16)의 귀무가설은

$$H_0 : \alpha_1 = \alpha_2 = \cdots = \alpha_g$$ 식 9-18

와 같다. 그리고 식 (9-16)을 변형시킨 반응치 Y_{ij}의 대체모형은

$$Y_{ij} = \mu + \alpha_j + \epsilon_{ij}$$ 식 9-19

이 되며 α_j에 대한 제한조건은 $\sum_{j=1}^{g} n_j \alpha_j = 0$이다. 이때 제한조건을 고정된 효과라고 부른다.

앞의 [표 9-1]을 부호에 따라 만들어보면 다음과 같다.

표 9-2 생산실적표

표본(i)	처리(j)			총계
	1	2	3	
1	$Y_{11} = 25$	$Y_{12} = 21$	$Y_{13} = 22$	
2	$Y_{21} = 20$	$Y_{22} = 22$	$Y_{23} = 20$	
3	$Y_{31} = 25$	$Y_{32} = 16$	$Y_{33} = 21$	
4	$Y_{41} = 26$	$Y_{42} = 15$		
합계	$Y_1 = 96$	$Y_2 = 72$	$Y_3 = 63$	$Y = 231$
평균	$\overline{Y_1} = 24$	$\overline{Y_2} = 18$	$\overline{Y_3} = 21$	$\overline{Y} = 21$
표본수	$n_1 = 4$	$n_2 = 4$	$n_3 = 3$	$n = 11$

위의 표에서 보면 Y_j는 요인수준 j에 대한 관찰치 합계가 되고, $\overline{Y_j}$는 그의 평균이 된다.

$$Y_j = \sum_{i=1}^{n} Y_{ij} \qquad \text{식 9-20}$$

$$\overline{Y_j} = \frac{1}{n_j} \sum_{i=1}^{n} Y_{ij} \qquad \text{식 9-21}$$

예를 들어, $j = 2$인 경우에 기계 Ⅱ에 의하여 생산된 총생산량 $Y_2 = 72$가 되고 그 평균 $\overline{Y_2} = 18$이 된다.

연구 대상이 되는 관찰치의 총합은 Y로 표기되는데,

$$Y = \sum_{j=1}^{g}\sum_{i=1}^{n_j} Y_{ij} \qquad \text{식 9-22}$$

가 되어, 총합을 계산할 때에는 먼저 어느 한 요인수준에 있는 생산량을 더 한 후에 나머지 요인수준에 대하여 전부 더하면 된다. 그리고 전체평균은

$$\overline{Y} = \frac{1}{n}\sum_{j}\sum_{i} Y_{ij} = \frac{Y}{n} \qquad \text{식 9-23}$$

가 되어서 생산량 전체를 합한 후에 총 표본크기로 나누면 전체평균이 되는데, 예제에서 보면 $\overline{Y} = \frac{231}{11} = 21$이 된다. 또는

$$\overline{Y} = \frac{1}{n}\sum_{j=1}^{g} n_j \cdot \overline{Y_j} = \frac{1}{11}(4 \times 24 + 4 \times 18 + 3 \times 21) = 21$$

이 된다. 식 (9-19)에서 Y_{ij}의 기대치는 다음과 같다.

$$E(Y_{ij}) = E(\mu_j + \sigma_{ij}) = \mu_j \qquad \text{식 9-24}$$

그리고 μ_j의 추정량을 $\widehat{\mu_j}$라고 할 때 추정치는 $\overline{Y_j}$에 의하여 구해진다.

$$\widehat{\mu_j} = \frac{\sum_{j=0} Y_{ij}}{n_j} = \overline{Y_j} \qquad \text{식 9-25}$$

따라서 식 (9-19) 모형의 모수들에 대한 추정치는 다음과 같다.

모수	추정치
μ_1	$\overline{Y_1}=24$
μ_2	$\overline{Y_2}=18$
μ_3	$\overline{Y_3}=21$

그러므로 우리는 기계 I에 의한 평균생산량은 연구 대상인 모집단에 대하여 24개인 것으로 추정하며, 기계 II에 의한 평균생산량은 18, 그리고 기계 III에 의한 평균생산량은 21개로 추정한다.

식 (9-25)의 대체모형에서 보면 전체 모수평균은

$$\mu = \frac{1}{n}\sum_j n_j \mu_j$$

이고, $\sum_j n_j \alpha_j = 0$의 조건을 가진다. μ의 추정량은 $\hat{\mu}$는

$$\hat{\mu} = \overline{Y}$$

이며, α_j의 추정량 $\hat{\alpha_j}$는

$$\hat{\alpha_j} = \overline{Y_j} - \overline{Y} \quad \text{식 9-26}$$

이다.

대일정밀 경우의 예를 들면, μ의 추정치는

$$\hat{\mu} = \overline{Y} = 21$$

이고 처리효과는 α_j의 추정치는 다음과 같다.

모수	추정치
α_1	$Y_1 - \overline{Y} = 24 - 21 = 3$
α_2	$Y_2 - \overline{Y} = 18 - 21 = -3$
α_3	$Y_3 - \overline{Y} = 21 - 21 = 0$

그러므로 실험에서 보는 바와 같이 기계 I의 평균생산량은 전체평균보다 3개가 더 많고, 기계 II의 평균생산량보다 3개가 더 적고, 기계 III의 평균생산량은 전체평균과 같은 셈이다.

이제 분산분석모형의 잔차(residual)에 대하여 알아보기로 하자. 잔차는 분산분석모형의 적합성을 검사하는 데 유용하다. 잔차 e_{ij}는 다음과 같이 정의된다.

$$e_{ij} = Y_{ij} - \hat{\mu}_j = Y_{ij} - \overline{Y}_j \qquad \text{식 9-27}$$

즉, 잔차는 관찰치가 각 처리의 표본평균으로부터 벗어난 정도를 나타낸다. 식 (9-19)의 분산분석모형을 이용하면, 표본 관찰치는 다음과 같이 분리된다.

$$Y_{ij} = \overline{Y} + (\overline{Y}_j - \overline{Y}) + (Y_{ij} - \overline{Y}_j) \qquad \text{식 9-28}$$

Y_{ij} → (관찰치)
$\overline{Y}$ → (전체 표본평균)
$(\overline{Y}_j - \overline{Y})$ → (추정된 요인수준효과)
$(Y_{ij} - \overline{Y}_j)$ → (잔차)

여기서 $\overline{Y}$는 μ의 추정치이고, $\hat{\alpha}_j = \hat{Y}_j - \overline{Y}$는 α_j의 추정치이며, $(Y_{ij} - \overline{Y}_j)$는 오차 ε_{ij}의 추정치이다.

앞에서 소개한 [표 9-1] 대일정밀의 예를 가지고 식 (9-28)과 같은 방법으로 분리하면 다음과 같다.

$$\begin{bmatrix} 25 & 21 & 22 \\ 20 & 20 & 20 \\ 25 & 16 & 21 \\ 26 & 15 & \end{bmatrix} = \begin{bmatrix} 21 & 21 & 21 \\ 21 & 21 & 21 \\ 21 & 21 & 21 \\ 21 & 21 & \end{bmatrix} + \begin{bmatrix} 3 & -3 & 0 \\ 3 & -3 & 0 \\ 3 & -3 & 0 \\ 3 & -3 & \end{bmatrix} + \begin{bmatrix} 1 & 3 & 1 \\ -4 & 2 & -1 \\ 1 & -2 & 0 \\ 2 & -3 & \end{bmatrix}$$

(관찰치) (전체평균) (요인수준효과) (잔차)

그리고 식 (9-28)을 변경하면

$$(Y_{ij} - \overline{Y}) = (\overline{Y_j} - \overline{Y}) + (Y_{ij} - \overline{Y_j})$$ 식 9-29

이다. 예제에서

$$\begin{bmatrix} 25 & 21 & 22 \\ 20 & 20 & 20 \\ 25 & 16 & 21 \\ 26 & 15 & \end{bmatrix} - \begin{bmatrix} 21 & 21 & 21 \\ 21 & 21 & 21 \\ 21 & 21 & 21 \\ 21 & 21 & \end{bmatrix} = \begin{bmatrix} 3 & -3 & 0 \\ 3 & -3 & 0 \\ 3 & -3 & 0 \\ 3 & -3 & \end{bmatrix} + \begin{bmatrix} 1 & 3 & 1 \\ -4 & 2 & -1 \\ 1 & -2 & 0 \\ 2 & -3 & \end{bmatrix}$$

이므로 총편차는 요인수준효과와 잔차 두 부분으로 나눌 수 있다.

$$\begin{bmatrix} 4 & 0 & 1 \\ -1 & -1 & -1 \\ 4 & -5 & 0 \\ 5 & -6 & \end{bmatrix} = \begin{bmatrix} 3 & -3 & 0 \\ 3 & -3 & 0 \\ 3 & -3 & 0 \\ 3 & -3 & \end{bmatrix} + \begin{bmatrix} 1 & 3 & 1 \\ -4 & 2 & -1 \\ 1 & -2 & 0 \\ 2 & -3 & \end{bmatrix}$$ 식 9-30

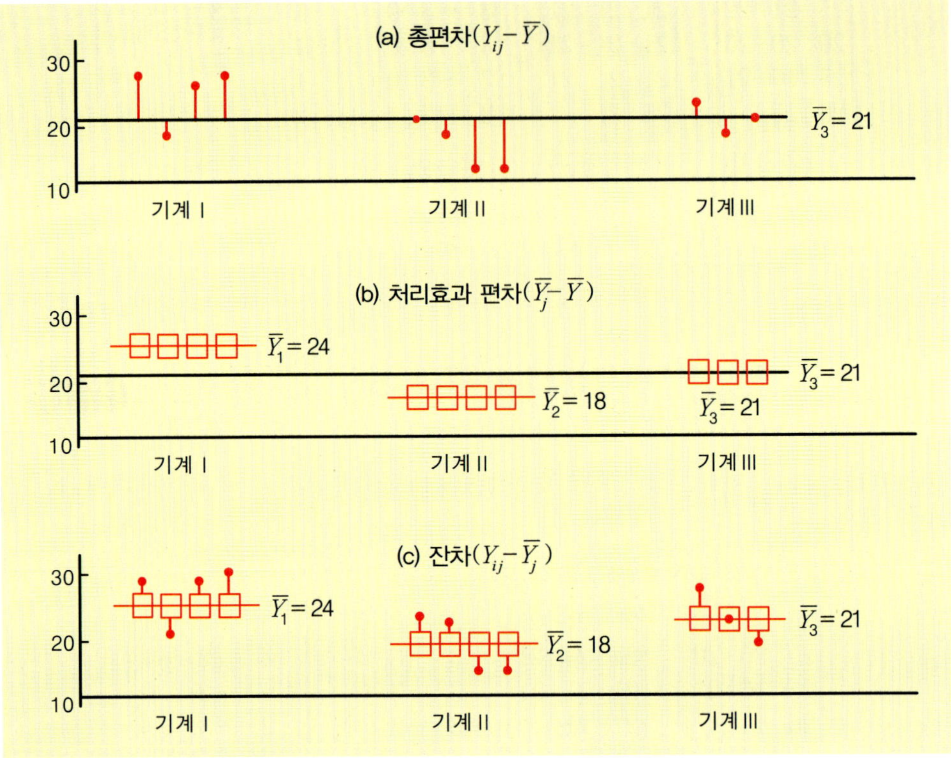

그림 9-21 총편차, 요인수준효과 편차, 잔차

9.3.2 분산분석 용어

분산분석에서 귀무가설은 모든 표본들이 하나의 동일한 모집단에서 추출되었거나 또는 여러 모집단들의 평균이 같다는 것이다. 모집단의 평균이 요인수준에 따라 차이가 없다는 것은 독립변수가 종속변수에 영향을 주지 못한다는 의미와 같다. 대일정밀의 경우에 있어서, 기계의 종류에 따라 생산량에 변화가 없다는 의미와 동일하다. 이러한 설명은 다음 장에서 공부할 회귀분석에서 독립변수와 종속변수의 관계를 조사하는 것과 유사한 개념이다.

변화가 있다 또는 없다는 개념을 통계학 용어인 변동으로 대치해보자. 변동(variation)이란 각 관찰치가 그들의 평균치에서 벗어난 값, 즉 편차를 제곱한 후에 모두 합한 것을 말한다. 변동의 값이 크면 평균을 기준으로 하여 관찰치들의 변화가 크다는 것을 나타내며, 반대로 작으면 변화가 작다고 할 수 있다. 변동을 총변동, 그룹간 변동, 그룹내 변동의 세 가지 종류로 나누어 설명하겠다.

1) 총변동(total variation)

총변동(SST: sum of squares total)은 각 관찰치에서 전체 표본의 평균을 뺀 후에 제곱한 것을 모두 합한 것이다.

$$\text{총변동}(SST) = \sum_j \sum_i (Y_{ij} - \overline{Y})^2 = \sum_j \sum_i Y_{ij}^2 - Y^2/n \quad \text{식 9-31}$$

앞 [표 9-1]에서 $\overline{Y} = 21$이므로 SST를 계산하면,

$$SST = (25-21)^2 + (20-21)^2 + \cdots + (21-21)^2 = 122$$

또는

$$SST = (25^2 + 20^2 + \cdots + 21^2) - (231^2/11) = 122$$ 이다.

2) 그룹간 변동(variation between groups)

그룹간 변동(SSB: sum of squares between groups)의 계산은 다음과 같다. 각 수준(그룹)의 평균에서 전체평균을 뺀 후에 제곱을 한다. 그러고 나서 표본크기를 곱한 후에 모두 합하면 된다. SSB는 요인수준효과의 자승합이다. 이것은 기계 종류의 요인 수준들이 총변동 중에서 설명해주고 있는 부분을 뜻한다. 그래서 이것을 설명되는 변동이라고도 하며 다음과 같이 계산한다.

$$\text{그룹간변동}(SSB) = \sum_j n_j(\overline{Y}_j - \overline{Y})^2 = \sum_j (Y_j^2/n_j) - Y^2/n \quad \text{식 9-32}$$

그룹간의 변동은 식 (9-32)에 의하여 계산된다.

$$SSB = 4(24-21)^2 + 4(18-21)^2 + 3(21-21)^2 = 72$$

$$SSB = \left(\frac{96^2}{4} + \frac{72^2}{4} + \frac{63^2}{3}\right) - \left(\frac{231^2}{11}\right) = 72$$

3) 그룹내 변동(variation within groups)

그룹내 변동(SSW: sum of squares within groups)을 계산하려면 특정 요인수준이 그 그룹 내에서 각 관찰치로부터 그 수준의 평균을 뺀 후에 제곱을 하여 합한다. 이 방법을 나머지 요인수준들에 적용하여 모두 더한다. 그룹내 변동은 요인수준에 대한 정보를 이용할 때 자료에 남아 있는 불확실성을 반영하는 것이며, 총변동 중에서 요인수준으로도 설명이 안 되는 변동이다.

$$\text{그룹내 변동}(SSW) = \sum_j \sum_i (Y_{ij} - \overline{Y_i})^2$$
$$= \sum_j \sum_i (Y_{ij}^2 - Y_j^2/n_i)$$

식 9-33

그룹내 변동은 식 (9-33)에 의하여 각 요인수준 j에 따른 변동을 계산하면,

$$j = 1(\text{기계 I}):\ \sum_i (Y_{i1} - \overline{Y_1})^2 = (25-24)^2 + \cdots + (26-24)^2 = 22$$

$$j = 2(\text{기계 II}):\ \sum_i (Y_{i2} - \overline{Y_2})^2 = (21-18)^2 + \cdots + (15-18)^2 = 26$$

$$j = 3(\text{기계 III}):\ \sum_i (Y_{i3} - \overline{Y_2})^2 = (22-21)^2 + \cdots + (21-21)^2 = 2$$

이다. 위의 변동을 모두 합하면 SSW가 되는데,

$$SSW = 22 + 26 + 2 = 50$$

또는

$$SSW = (25^2 + 20^2 + 25^2 + 26^2 - \frac{96^2}{4}) + \cdots\ (22^2 + 20^2 + 21^2 - \frac{63^2}{3}) = 50$$

이 값은 식 (9-28)의 잔차항의 각 원소를 제곱하여 합한 것과 같다. 그룹내 변동은 식 (9-33)을 사용하지 않고 총 변동에서 그룹간 변동을 빼서도 구할 수 있다.

$$SSW = SST - SSB = 142 - 72 = 50$$

지금까지 설명한 내용을 정리하면,

$$총변동\ SST = SSB + SSW \quad \text{식 9-34}$$

이다. 즉, 총변동은 그룹간 변동과 그룹내 변동의 합과 같다. 이를 식으로 나타내면 다음과 같다.

$$\underset{(총변동)}{\sum_j \sum_i (Y_{ij} - \overline{Y})^2} = \underset{(그룹간\ 변동)}{\sum_j n_j (\overline{Y_j} - \overline{Y})^2} + \underset{(그룹내\ 변동)}{\sum_j \sum_i (Y_{ij} - \overline{Y_j})^2} \quad \text{식 9-35}$$

앞으로 설명할 분산분석표에서 그룹간 변동/총변동의 비율은 회귀분석과도 관련이 있다. 그룹간 변동/총변동의 비율은 회귀분석에서 결정계수와 같은 것으로 실험요소로 설명되어질 수 있는 종속변수의 분산 비율이라고 할 수 있다.

위에서 설명한 바와 같이 분산분석모형의 총변동은 두 요소로 나뉜다. 그룹간 변동은 전체평균 $\overline{Y}$에 대한 요인수준 평균 $\overline{Y_j}$의 편차에 근거하면서 요인수준 평균들이 같다면 SSB=0이 된다. 평균차이가 클수록 SSB는 커진다. 한편, 그룹내 변동은 각 요인수준 평균에 대한 관찰치들의 임의변동을 측정한 것이다. 변동이 작을수록 SSW는 작아진다. 만일 SSW=0이라면 한 요인수준에서 관찰치는 모두 같다는 것을 나타내고 다른 요인수준에서도 마찬가지라고 할 수 있다.

4) 자유도

총변동을 두 부분으로 분해할 수 있으므로, 여기에 관련된 자유도 또한 두 부분으로 나눌 수 있다. 총변동에서 보면 관찰치의 총개수는 n인데 $(Y_{ij} - \overline{Y})$에 대한 하나의 제약식 $\sum_j \sum_i (Y_{ij} - \overline{Y}) = 0$이 있다. 그래서 SST의 자유도는 n−1이다. 그룹간 변동에는 g개의 요인수준 평균 $\overline{Y_j}$가 있으며 하나의 제약식 $\sum_j n_j (\overline{Y_j} - \overline{Y}) = 0$이 있어, SSB의 자유도는 $g-1$이다. 그리고 그룹내 변동에 있어 j번째 처리의 구성 요소를 보면,

$$\sum_{j=1}^{n_j}(Y_{ij} - \overline{Y_j})^2$$

이 되는데, 이것에 대한 자유도는 $n_j - 1$이 된다. SSE는 이러한 것이 g개 모여 있는 것이므로, 그 자유도는

$$(n_1 - 1) + (n_2 - 1) + \cdots + (n_g - 1) = n - g$$

가 된다.

이제까지 설명한 것을 정리하면 다음과 같다.

변동	자유도
총변동(SST)	n−1
그룹간 변동(SSB)	g−1
그룹내 변동(SSW)	n-g

식 9-36

한 가지 더 유의할 것은 총변동의 자유도는 그룹간 변동의 자유도와 그룹내 변동의 자유도를 합한 것과 같다는 것이다. 다음으로 자유도를 구하면 다음과 같다. 식 (9−36)에 의한 예제에서의 총변동(SST)의 자유도는 n−1이므로 10이다. 그룹간 변동(SSB)의 자유도는 g−1이므로 2이다. 그룹내 변동(SSW)의 자유도는 n−g에서 8이다.

5) 평균제곱

분산분석에서 변동, 즉 제곱의 합은 직접 사용되지 않는다. 제곱의 합은 각 자유도를 나누어서 얻어진 값인 평균제곱이 쓰여진다. 이것은 분산(variance)의 개념과 같은 것이다. 그룹간 변동을 그의 자유도로 나눈 것을 그룹간 평균제곱(mean squares between groups: MSB)이라 하며, 그룹내 변동을 그의 자유도로 나눈 것을 그룹내 평균제곱(mean square within groups: MSW)이라고 한다. 총변동은 평균제곱으로 나타내지 않는다.

평균제곱

$$그룹간\ 평균제곱(MSB) = \frac{SSB}{g-1}$$ 식 9-37

$$그룹내\ 평균제곱(MSW) = \frac{SSW}{n-g}$$ 식 9-38

대일정밀의 예를 보면 SSB가 72이고, SSW는 50이다. 이것을 각각의 자유도로 나누면,

$$그룹간\ 평균제곱(MSB) = \frac{72}{3-1} = 36$$

$$그룹내\ 평균제곱(MSW) = \frac{50}{11-3} = 6.25$$

가 된다.

9.3.3 가설검정

지금까지 우리는 총변동, 그룹간 변동, 그룹내 변동을 구하였고, 그리고 각각의 자유도를 구한 후에 평균제곱을 계산하였다. 이것을 이용하여 분산분석표(ANOVA table)를 만들 수 있는데, 이 표는 분산분석의 가설검정을 위하여 여러 가지 계산 과정을 간단하게 알아볼 수 있도록 한 것이다.

표 9-3 일원분산분석표

원천	제곱합(SS)	자유도(DF)	평균제곱(MS)	F
그룹간	$SSB = \sum_{n_j}\left(\overline{Y_j} - \overline{Y}\right)^2$	g−1	$MSB = \frac{SSB}{g-1}$	$\frac{MSB}{MSW}$
그룹내	$SSW = \sum_{n_j}\left(Y_{ij} - \overline{Y_j}\right)^2$	n−g	$MSW = \frac{SSW}{n-g}$	
합계	$SST = \sum\sum\left(Y_{ij} - \overline{Y}\right)^2$	n−1		

관습적으로 일원분산분석의 가설검정은 모든 요인수준의 평균 μ_j가 같은지 여부를 결정함으로써 시작된다. 대일정밀의 경우를 예로 들면, 만약 세 가지 종류의 기계

에서 생산된 생산량이 같지 않다면 어느 기계가 제일 높은 생산성을 가질 것일까 하는 것을 생각하게 되지만, 만일 생산량이 모두 같다면 더 이상의 분석은 필요하지 않을 것이다. 따라서 귀무가설과 대체가설은 다음과 같이 가설을 세운다.

H_0 : $\mu_1 = \mu_2 = \mu_3$

H_1 : 세 평균이 반드시 같지는 않다.

위의 [표 9-3]에서 보면 오른쪽에 F값이 나와 있다. F값을 결정하는 데에 MSB가 가장 큰 역할을 하게 된다. MSB가 커지면 MSW는 작아지고, 따라서 F값은 커져서 귀무가설을 기각시키게 된다. MSB가 크다는 의미는 그룹들 간의 변동 차이가 심해서 각 요인수준의 평균들이 같다고 보기는 어렵기 때문이다. 반대로 MSB가 작으면 각 요인수준의 평균들이 같다고 볼 수 있어서 귀무가설을 채택하게 될 것이다.

일원분산분석에서 귀무가설이 옳을 때 통계량 MSB/MSW는 F분포를 따른다. 이것은 코크란의 정리(Cochran's theorem)에 의거하여 다음과 같이 설명된다. n가지의 관찰치 Y_{ij}가 모두 평균μ, 분산 σ^2인 동일한 정규분포에서 나왔고, 총변동이 각각의 자유도를 가진 g개의 제곱의 합(SS)로 나눌 수 있다면 SS/σ^2은 독립적인 χ^2변수가 되며 각각의 자유도를 갖는다. 단, 자유도의 합이 n−1인 경우에 한한다. 그런데 분산분석에서 모든 처리의 μ_j가 같다면 $E(Y_{ij}) = \mu$가 되어 각 관찰치 Y_{ij}는 같은 기대값을 갖는다. SST는 SSB와 SSW로 분리되고, SST의 자유도 또한 SSB와 SSW에 적절히 할당될 수 있다. 코크란의 정리에 의하면 귀무가설 $\mu_1 = \mu_2 = \mu_3$가 사실이면 SSB/σ^2과 SSW/σ^2는 독립적인 χ^2변수가 된다.

그러므로 통계량 F는

$$F = \frac{SSB/\sigma^2}{g-1} \div \frac{SSW/\sigma^2}{n-g} = \frac{MSB}{MSW} \quad \text{식 9-39}$$

이 된다. 식 (9−39)는

$$F = \frac{\chi^2(g-1)}{g-1} \div \frac{\chi^2(n-g)}{n-g} \quad \text{식 9-40}$$

이 되어, F는 각각의 자유도로 나누어지는 두 독립적인 χ^2 변수의 비율이다. 그러므로 귀무가설이 사실일 때, F는 $F(g-1, n-g)$분포를 갖는다. 만일에 귀무가설이 기각되고 대체가설이 채택되는 경우에 F는 F분포를 갖지 않는다. 이 경우에는 오히려 복잡한 분포인 비중심 F분포(noncentral F distribution)를 이룬다. 이에 대한 설명은 생략한다. 검정통계량 F값을 통해서 귀무가설의 채택 여부를 결정한다.

다음으로 F통계량은 식 (9-39)에 의해 계산하면 다음과 같다.

$$F = \frac{72/2}{50/8} = 5.76$$

결과적으로 분산분석표를 만들면 아래와 같다.

표 9-4 대일정밀의 일원분산분석표

원천	제곱합(SS)	자유도(DF)	평균제곱	F
그룹간	72	2	36	5.76
그룹내	50	8	6.25	
합계	122	10		

위의 분산분석표를 이용하여 $\alpha = 0.05$의 유의수준에서 가설검정을 실시하기로 하자.

$$H_0: \mu_1 = \mu_2 = \mu_3$$

H_1 : 세 평균이 반드시 같지는 않다.

유의수준이 0.05란 것은 경영자가 제1종 오류를 범하는 위험을 5%로 통제하고자 하는 수준이다. 그러면 F(0.05;2,8)의 값을 찾아야 하는데, 부록의 F-분포표에서 보면 이 값은 4.46이다.

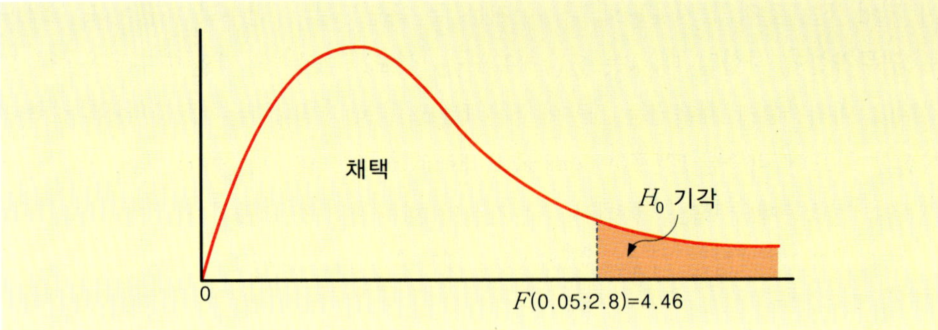

검정통계량의 값이 F=5.76이므로 귀무가설을 기각하고 대체가설을 채택한다. 따라서 세 종류 기계의 생산성은 반드시 같지는 않다라는 결론을 $\alpha = 0.05$에서 내릴 수 있다. 이에 대일정밀의 사장은 기계 종류의 생산성 차이를 발견하여야 할 것이다. 만약, 평균의 차이가 발견되면 다음 단계분석으로는 두 표본평균의 비교 문제이다.

이제 두 번째 단계의 분석은 두 표본평균의 비교 문제가 되는데 이것은 다음과 같이 설명할 수 있다. 각 수준에서의 모평균을 추정하면 $\overline{Y_j}$이며, 최소유의차(LSD: Least Significant Different)을 이용한 $100(1-\alpha)$의 신뢰구간은 다음과 같다.

μ_j의 신뢰구간

$$\mu_j \in \overline{Y_j} \pm t(\frac{\alpha}{2}) \cdot S_{Y_j} \quad \text{식 9-41}$$

여기서 $t_{(\frac{\alpha}{2}, n-g)} \cdot S_{\overline{Y_j}}$ = 최소유의차

$$S_{\overline{Y_j}} = \sqrt{\frac{MSW}{n_j}}$$

우리는 흔히 두 요인수준의 평균차이 $\mu_1 - \mu_2$에 대하여 관심을 갖는 경우가 있다. 이것을 쌍체비교라고 하며, 그 차이를

$$D = \overline{Y_i} - \overline{Y_j}$$

라고 하자. 그러면 D는 독립적인 정규변수의 선형결합이므로 정규분포를 한다. 따라서 이것의 $100(1-\alpha)\%$ 신뢰구간은 다음과 같다.

μ_j의 신뢰구간

$$\mu_i - \mu_j \in D \pm t(\frac{\alpha}{2}, n-g) \cdot S_D$$ 식 9-42

$$\text{여기서 } S_D = \sqrt{MSW(\frac{1}{n_i} + \frac{1}{n_j})}$$

$$S_{\overline{Y_j}} = \sqrt{\frac{MSW}{n_j}}$$

두 번째 단계의 분석은 두 표본평균의 비교 문제가 되는데, 이것은 다음과 같이 설명할 수 있다. 식 (9-41)에서 기계 I에 대한 95% 신뢰구간을 구해보자. 관련 자료를 보면

$$\overline{Y_1} = 24,\ n_1 = 4,\ MSW = 6.25,\ n-g = 8$$

이다. 그리고 부록의 t-분포표에서 t(0.025, 8) = 2.306이며, 기계 I의 표준오차는

$$S_{\overline{Y_1}} = \sqrt{\frac{6.25}{4}} = 1.25$$

이다. 따라서 신뢰구간은

$$\mu_1 \in 24 \pm (2.306)(1.25)$$
$$= [21.12, 26.88]$$

이다. 계속해서 μ_2와 μ_3에 대한 95% 신뢰구간을 구하면 다음과 같다.

$$\mu_2 \in 18 \pm (2.306)\sqrt{\frac{6.25}{4}}$$
$$= [15.12, 20.88]$$
$$\mu_2 \in 18 \pm (2.306)\sqrt{\frac{6.25}{3}}$$
$$= [17.67, 24.33]$$

다음으로 요인수준의 평균차이 $\mu_1 - \mu_2$에 대하여 관심을 가져야 한다. 이것을 쌍체비교라고 한다. 쌍체비교를 통한 신뢰구간을 식 (9-42)에 의해서 예제에서 기계 I과 기계 II의 차이를 검토하여보자. 그러면 $D = 24 - 18 = 6$이고 $S_D = \sqrt{6.25(\frac{1}{4} + \frac{1}{4})} = 1.77$이다. 따라서

$$\mu_1 - \mu_2 \in (2.306)(1.77)$$
$$= [1.92, 10.08]$$

이 되고, 계속해서 두 기계 사이의 평균차이를 보면

$$\mu_1 - \mu_3 \in 3 \pm (2.306)\sqrt{6.25(\frac{1}{4} + \frac{1}{3})}$$
$$= [-1.40, 7.40]$$
$$\mu_2 - \mu_3 \in -3 + (2.306)\sqrt{6.25(\frac{1}{4} + \frac{1}{3})}$$
$$= [-7.40, 1.40]$$

위의 세 쌍의 비교에서 기계 I과 기계 II의 평균차이의 신뢰구간은 0을 포함하고 있지 않다. 따라서 두 기계의 생산성 차이는 유의하다고 할 수 있다. 그러나 기계 I과 기계 III, 그리고 기계 II와 기계 III 사이의 생산성 차이는 유의하지 않다. 결론적으로 경영자는 기계 II의 선택을 포기하고 기계 I과 기계 III 중에서 하나를 선택할 것이다.

9.3.4 SPSS를 이용한 일원분산분석

SPSS 예제

주식회사 대일정밀은 세 가지 종류의 기계를 시험 설치하여 각 기계의 생산성을 비교한 후, 이 중에서 제일 좋은 기계를 하나 선택하기로 하였다. 기계의 종류로는 기계 Ⅰ, 기계 Ⅱ, 기계 Ⅲ이며 일일 생산량을 조사하였다. 다음은 각 기계의 일일 생산량을 집계한 것이다.

	기계 Ⅰ	기계 Ⅱ	기계 Ⅲ
생산량	25	21	22
	20	20	20
	25	16	21
	26	15	

이와 같은 자료가 주어졌다고 하였을 때, 세 기계의 효과가 같은지 여부를 $\alpha = 0.05$에서 SPSS 프로그램을 이용하여 분석을 실시하여보자.

풀이

1단계 일원분산분석을 위해서 다음과 같이 자료를 입력하면 된다.

그림 9-22 자료 입력 [데이터] ch9-3.sav

2단계 분산분석을 실시하기 위해서 **분석(A) → 평균비교(M) → 일원배치분석(O)...** 단추를 차례로 누른다.

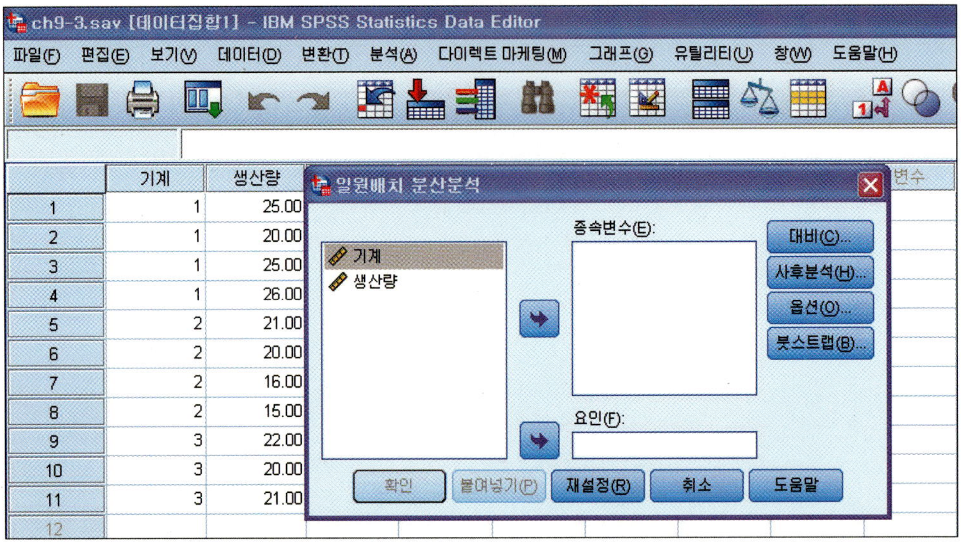

그림 9-23 일원배치분석 지정 화면

3단계 왼쪽의 '기계'와 '생산량' 변수를 **요인(F)**과 **종속변수(E)**란에 단추를 이용하여 보낸다. 분석자는 분산분석에서 독립변수를 요인으로 명명한다는 사실을 기억할 필요가 있다.

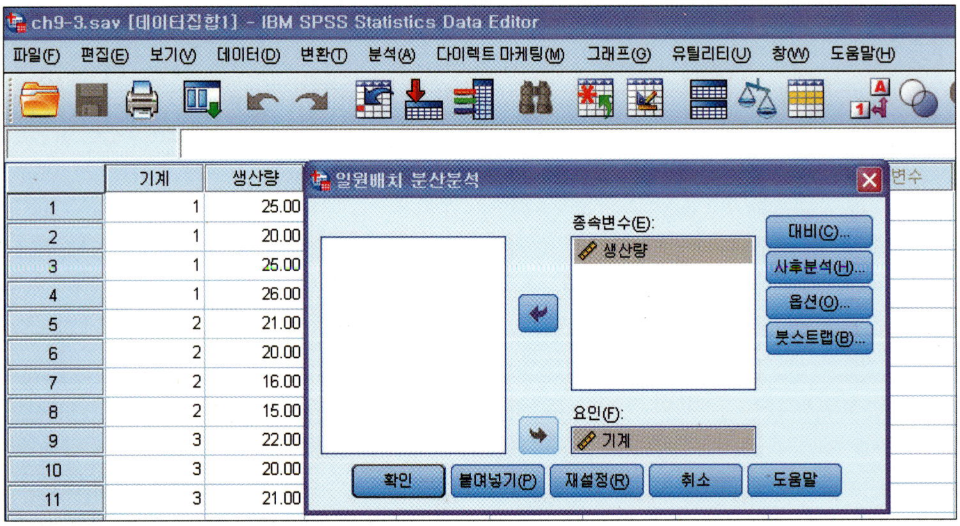

그림 9-24 변수 지정

4단계 사후분석을 위해서 사후분석(H)... 단추를 누른다. 그리고 LSD(최소유의차)를 지정한다.

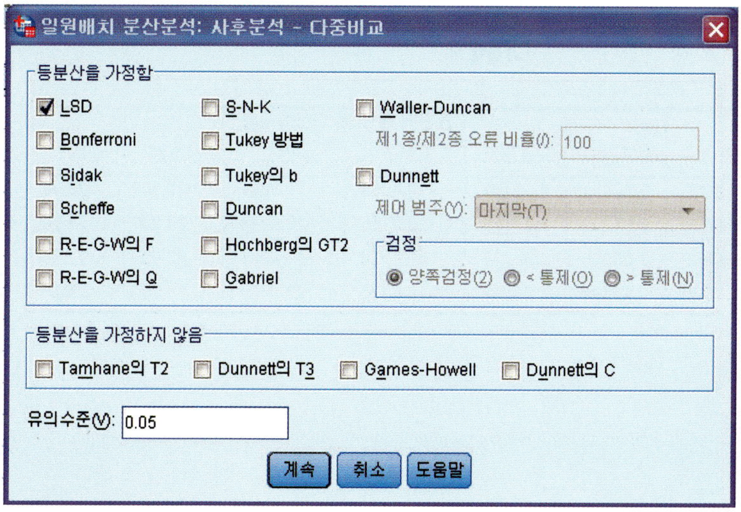

그림 9-25 사후분석

5단계 계속 단추를 누른 다음 ☑ 기술통계(D), ☑ 분산 동질성 검정(H), ☑ 평균 도표(M)를 지정한다.

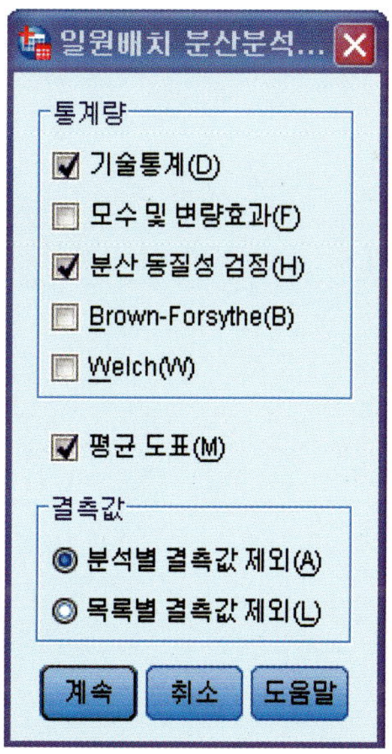

그림 9-26
일원배치 분산분석: 통계량 지정

6단계 계속 단추를 누르면 [그림 9-24] 화면으로 복귀한다. 여기서 확인 단추를 누르면 결과물을 얻을 수 있다.

기술통계

생산량

	N	평균	표준편차	표준오차	평균에 대한 95% 신뢰구간		최소값	최대값
					하한값	상한값		
기계1	4	24.0000	2.70801	1.35401	19.6909	28.3091	20.00	26.00
기계2	4	18.0000	2.94392	1.47196	13.3156	22.6844	15.00	21.00
기계3	3	21.0000	1.00000	.57735	18.5159	23.4841	20.00	22.00
합계	11	21.0000	3.49285	1.05313	18.6535	23.3465	15.00	26.00

그림 9-27 기술통계

● **결과 해석**

[기계1: N 4, 평균 24, 표준편차 2.7081, 표준오차 1.35401, 평균에 대한 95% 신뢰구간 19.6909, 28.3091] 기계 1에 대한 표본(N)은 4이고 평균 24, 표준편차 2.7081, 표준오차 1.35401임을 알 수 있다.

[기계2: N 4, 평균 18, 표준편차 2.94392, 표준오차 1.47196, 평균에 대한 95% 신뢰구간 13.3156, 22.6844] 기계 2에 대한 표본(N)은 4이고 평균 18, 표준편차 2.94392, 표준오차 1.47196임을 알 수 있다.

[기계3: N 3, 평균 21, 표준편차 1.000, 표준오차 0.57735, 평균에 대한 95% 신뢰구간 18.5159, 23.4841] 기계 3에 대한 표본(N)은 3이고 평균 21, 표준편차 1.000, 표준오차 0.57735임을 알 수 있다.

분산의 동질성 검정

생산량

Levene 통계량	df1	df2	유의확률
3.115	2	8	.100

그림 9-28 사후분석

● 결과 해석

[Levene 통계량 3.115, df1 2, df2 8, 유의확률 0.100] 레벤(Levene) 통계량이 3.115, 집단간 자유도(df1)는 2, 집단내 자유도(df2) = 8, 유의확률 = 0.100 > $\alpha = 0.05$ 이다. 따라서 '집단간 분산이 동일하다'는 귀무가설(H_0)을 채택한다.

분산분석

생산량

	제곱합	df	평균 제곱	F	유의확률
집단-간	72.000	2	36.000	5.760	.028
집단-내	50.000	8	6.250		
합계	122.000	10			

그림 9-29 분산분석

● 결과 해석

[F 5.760, 유의확률 0.028] F통계량이 5.76, 유의확률 = 0.028 < $\alpha = 0.05$ 이므로 아래의 연구가설을 채택한다.

$H_0 : \mu_1 = \mu_2 = \mu_3$

H_1 : 세 평균이 반드시 같지는 않다.

사후검정

다중 비교

생산량
LSD

(I) 기계	(J) 기계	평균차(I-J)	표준오차	유의확률	95% 신뢰구간 하한값	95% 신뢰구간 상한값
기계1	기계2	6.00000*	1.76777	.009	1.9235	10.0765
	기계3	3.00000	1.90941	.155	-1.4031	7.4031
기계2	기계1	-6.00000*	1.76777	.009	-10.0765	-1.9235
	기계3	-3.00000	1.90941	.155	-7.4031	1.4031
기계3	기계1	-3.00000	1.90941	.155	-7.4031	1.4031
	기계2	3.00000	1.90941	.155	-1.4031	7.4031

*. 평균차는 0.05 수준에서 유의합니다.

그림 9-30 사후검정

● 결과 해석

[기계1(I) 기계2(J) 평균차(I–J) 6, 표준오차 1.767, 유의확률 0.009]

기계1(I)과 기계2(J)의 평균차(I–J) 6(24–18), 표준오차 1.767임을 알 수 있다. 유의확률 $=0.009<\alpha=0.05$이기 때문에 기계1(I)과 기계2(J)의 평균차이는 유의한 것으로 나타났다. 나머지 기계간 비교는 앞에서의 해석 방법에 따라 각자 해보기로 하자.

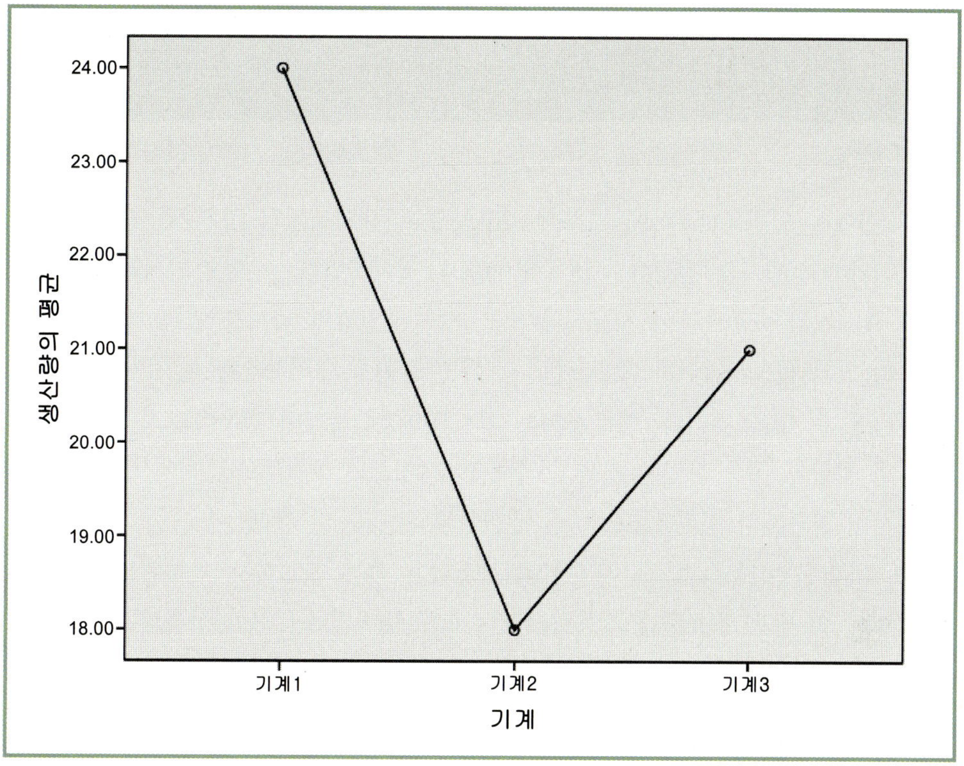

그림 9-31 평균도표

● 결과 해석

기계1, 기계2, 기계3에 대한 평균 24, 18, 21이 각각 표시되어 있음을 알 수 있다.

9.4 이원분산분석

앞 절에서 일원분산분석에 대하여 공부하였다. 대일정밀의 경우 세 기계의 생산성 차이가 유의한가를 검정하는 방법에 대하여 살펴보았다. 이때에 기계의 종류가 3가지, 즉 3개의 요인수준이 사용되었다. 그러나 생산량의 차이를 기계 종류에 의한 한 가지 효과만을 생각하지 않고, 추가로 다른 요인을 고려하였을 때 생산량의 차이는 달라질 수 있을 것이다. 예를 들어, 앞의 일원분산분석의 경우에는 한 종류의 기계에 한 사람이 계속 작업한 것을 생각해볼 수 있으나, 이원분산분석에서는 기계 종류 이외에 작업자의 경력을 고려하면 생산성의 차이를 더 잘 알 수 있을 것이다. 일반적으로 일원분산분석법으로 단순한 반복실험을 하는 것보다는 이원분산분석에 의한 방법이 더 많은 정보량을 제공하고 검정력도 좋아진다. 이원분산분석에서는 실험에서 반복이 없는 경우와 반복이 있는 경우를 차례로 알아보기로 하자.

9.4.1 반복이 없는 이원분산분석모형

대일정밀의 경우 작업자를 경력에 따라 1년, 4년, 8년의 세 수준으로 나누었다고 하면 기계 종류 또한 세 요인수준으로 나눈 상태에서는 $3 \times 3 = 9$회 실험을 하게 된다. 이 실험에서 세 작업자는 세 기계에 임의로 각각 할당되어 작업을 하게 된다. 이런 경우를 난괴법(randomized block design)이라 하며, 표로 나타내면 다음과 같다.

표 9-5 난괴법에 의한 작업자 할당

	기계 I	기계 II	기계 III
작업자	1년	4년	8년
	4년	8년	4년
	8년	1년	1년

[표 9-6]은 대일정밀의 기계 종류와 작업자 경력 수준에 따라 생산량을 기록한 것이다.

표 9-6 생산실적표

작업자 \ 기계	기계 I	기계 II	기계 III	합	평균
1년	25	20	21	66	22
4년	28	22	19	69	23
8년	22	18	23	63	21
합	75	60	63	198	
평균	25	20	21		22

일원분산분석에서와 마찬가지로 이원분산분석에서도 모든 요인수준의 관찰치들은 서로 독립적이라고 가정한다. 두 가지 요인 중에서 요인 1인 기계 종류는 g개의 수준을 가지며, 요인 2인 경력은 c개의 수준을 가지고 있는 실험계획을 생각해보자. 예제 경우에 기계 종류 요인은 3개, 그리고 작업자 유형도 3개의 요인수준을 가지고 있다. 이 경우에 유의할 것은 반복이 없는 실험계획이 이루어지고 있다는 점이다.

반복이 없는 경우의 실험계획모형

$$Y_{ij} = \mu + \alpha_i + \beta_j + \epsilon_{ij}$$ 식 9-43

여기서 Y_{ij} = 요인 1의 수준 i와 요인 2의 수준 j의 수준의 관찰치

μ = 전체평균

α_i = 요인 1의 고정된 효과

β_j = 요인 2의 고정된 효과

ϵ_{ij} = 요인수준 i와 요인 2의 수준 j에서의 오차항

$(i = 1, 2, \cdots, g; j = 1, 2, \cdots, c)$이며,

$\sum_{i=1}^{g} \alpha_i = \sum_{j=1}^{c} \beta_j = 0$이고 ϵ_{ij}는 독립적이며 $N(0, \sigma^2)$의 분포를 가진다.

반복측정이 없는 경우의 이원분산분석의 모형은 각 관찰치를 다음과 같이 네 개의 성분으로 분리할 수 있다.

$$Y_{ij} = \overline{Y} + (\overline{Y_i} - \overline{Y}) + (\overline{Y_j} - \overline{Y}) + (Y_{ij} - \overline{Y_i} - \overline{Y_j} + \overline{Y})$$ 식 9-44

여기서 $\overline{Y}$= 전체평균

$\overline{Y_i}$= 요인 1의 수준 i의 평균

$\overline{Y_j}$= 요인 2의 수준 j의 수준

식 (9-44)의 양변에서 $\overline{Y}$를 빼고 제곱한 후에 모든 경우를 더하면,

$$\sum_{i=1}^{g}\sum_{j=1}^{c}(Y_{ij} - \overline{Y})^2 = c\sum_{i=1}^{g}(\overline{Y_i} - \overline{Y})^2 + g\sum_{j=1}^{c}(\overline{Y_j} - \overline{Y}) + \sum_{i=1}^{g}\sum_{j=1}^{g}(Y_{ij} - \overline{Y_i} - \overline{Y_j} + \overline{Y})^2$$ 식 9-45

이 되며, 따라서

$$SST = SSA + SSB + SSW$$

이다. 여기서 SSA는 요인 1의 제곱합이고 SSB는 요인 2의 제곱합을 나타낸다.

반복측정이 없는 경우의 이원분산분석표를 만들면 다음과 같다.

표 9-7 반복측정이 없는 이원분산분석표

원천	제곱합(SS)	자유도(DF)	평균제곱(MS)	F
요인 1	$SSA = c\sum_{i=1}^{g}(\overline{Y_i} - \overline{Y})^2$	$g-1$	$MSA = \frac{SSA}{g-1}$	$\frac{MSA}{MSE}$
요인 2	$SSB = g\sum_{j=1}^{c}(\overline{Y_j} - \overline{Y})^2$	$c-1$	$MSB = \frac{SSB}{c-1}$	$\frac{MSB}{MSE}$
잔차	$SSW = \sum_{i=1}^{g}\sum_{j=1}^{c}(Y_i - \overline{Y_i} - \overline{Y_j} + \overline{Y})^2$	$(g-1)(c-1)$	$MSE = \frac{SSW}{(g-1)(c-1)}$	
합계	$SST = \sum_{i=1}^{g}\sum_{j=1}^{c}(Y_{ij} - \overline{Y})^2$	$gc-1$		

우리가 요인 1 수준의 평균들이 같은지 여부에 관심을 가진다면, 가설은 다음과 같다.

$$H_0 : \mu_1 = \mu_2 = \cdots = \mu_g$$

H_1 : 모든 평균이 반드시 같지는 않다.

또는

$$H_0 : \alpha_1 = \alpha_2 = \cdots = \alpha_g = 0$$

H_1 : 적어도 하나는 0이 아니다.

이제 앞에서 든 [표 9-6]의 예제 제곱합을 구해보자.

$$SST(\text{총합}) = (25-22)^2 + (28-22)^2 + \cdots + (23-22)^2 = 76$$

$$SSA(\text{기계}) = 3[(25-22)^2 + (20-22)^2 + (21-22)^2] = 42$$

$$SSB(\text{작업자}) = 3[(22-22)^2 + (23-22)^2 + (21-22)^2 = 6$$

$$SSW(\text{잔차}) = (25-25-22+22)^2 + (28-25-23+22)^2 + \cdots\ (23-21-21+22)^2 = 28$$

분석표를 만들기 전에 제곱합에 대한 다른 방법을 소개하면 다음과 같다. 이 계산 방법은 앞의 것과 같은 결과를 준다.

$$SST = (25^2 + 28^2 + \cdots + 23^2) - (198^2/9) = 76$$

$$SSA = (75^2 + 60^2 + 63^2)/3 - (198^2/9) = 42$$

$$SSB = (66^2 + 69^2 + 63^2)/3 - (198^2/9) = 6$$

$$SSW = (25^2 + 28^2 + \cdots + 23^2) - (75^2 + 60^2 + 63^2)/3 - (66^2 + 69^2 + 63^2)/3 + (198^2/9) = 28$$

위의 제곱합 계산을 근거로 하여 반복측정이 없는 경우의 이원분산분석표를 만들면 다음과 같다.

표 9-8 대일정밀의 이원분산분석표

원천	제곱합(SS)	자유도(DF)	평균제곱	F	F(0.05)
기계	42	2	21	3.0	6.94
작업자	6	2	3	0.43	6.94
잔차	28	4	7		
합계	76	8			

분산분석표를 근거로 기계와 작업자에 대한 가설검정을 각각 실시하면 어느 요인도 생산량에 유의한 영향을 미치지 못한다는 결론을 유의수준 5%에서 내릴 수 있다. 즉, 이 경우에 보면 각 종류의 기계에 의하여 생산된 양은 같다고 보며, 또한 각 작업자에 의한 평균생산량은 같다고 볼 수 있다.

9.4.2 SPSS를 이용한 반복이 없는 이원분산분석모형

SPSS 예제

다음 자료는 대일정밀의 기계 종류와 작업자 경력 수준에 따라 생산량을 기록한 것이다. $\alpha = 0.05$에서 기계별, 작업자별 생산량의 차이 여부를 검정하여라.

작업자 \ 기계	기계 I	기계 II	기계 III
1년	25	20	21
4년	28	22	19
8년	22	18	23

풀이

1단계 다음과 같이 SPSS 창에 데이터를 입력한다.

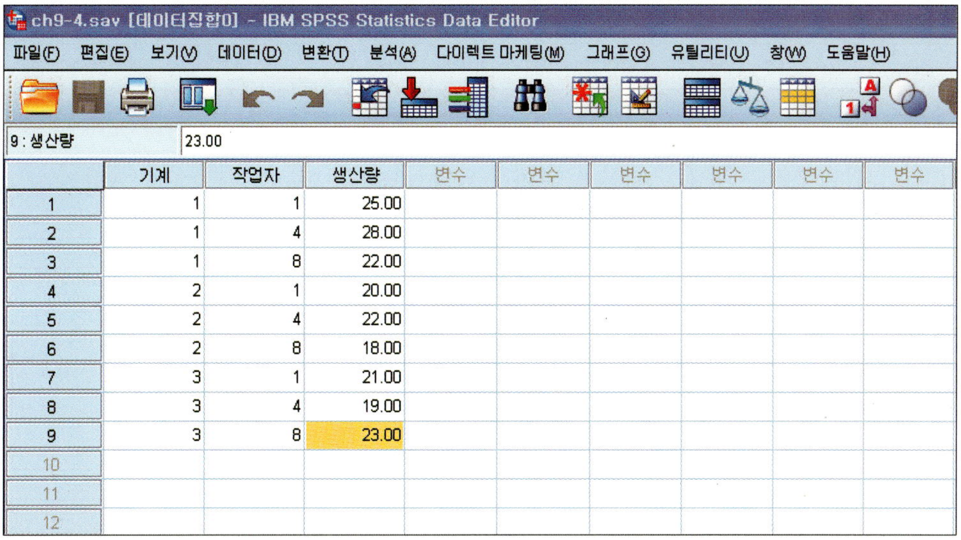

그림 9-32 데이터 창 [데이터] ch9-4.sav

2단계 반복없는 분산분석을 실행하기 위해서 **분석(A) → 일반선형모형(G) → 일변량(U)...** 단추를 차례로 누른다.

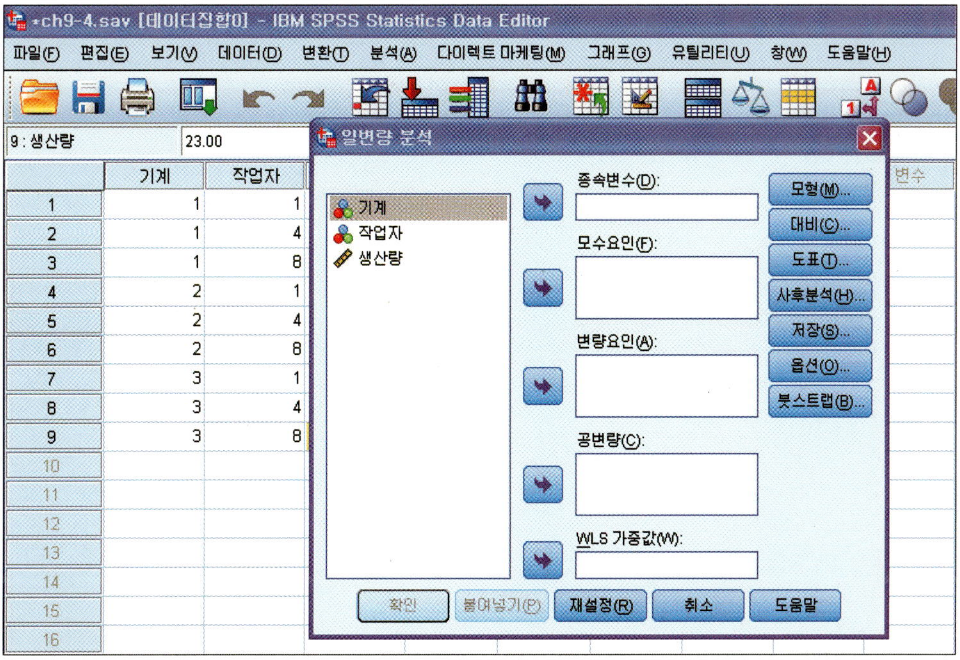

그림 9-33 변수 지정 창 1

3단계 왼쪽 창에서 '생산량' 변수를 **종속변수(D):**란에, '기계'와 '작업자'변수를 **모수요인(F):**으로 보낸다.

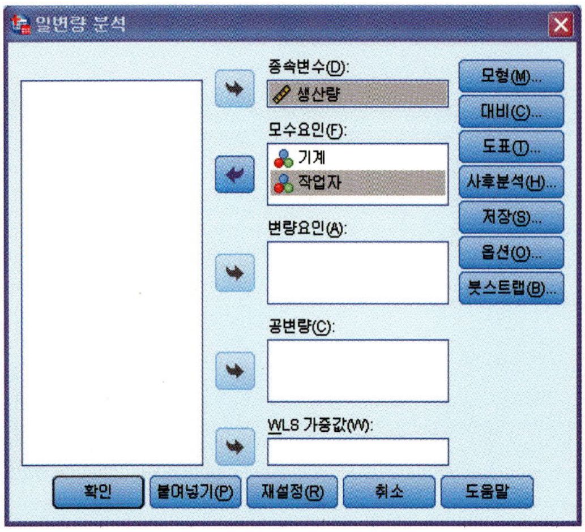

그림 9-34 변수 지정 창 2

4단계 모형(M)... 단추를 눌러 모형설정 방법을 지정한다.

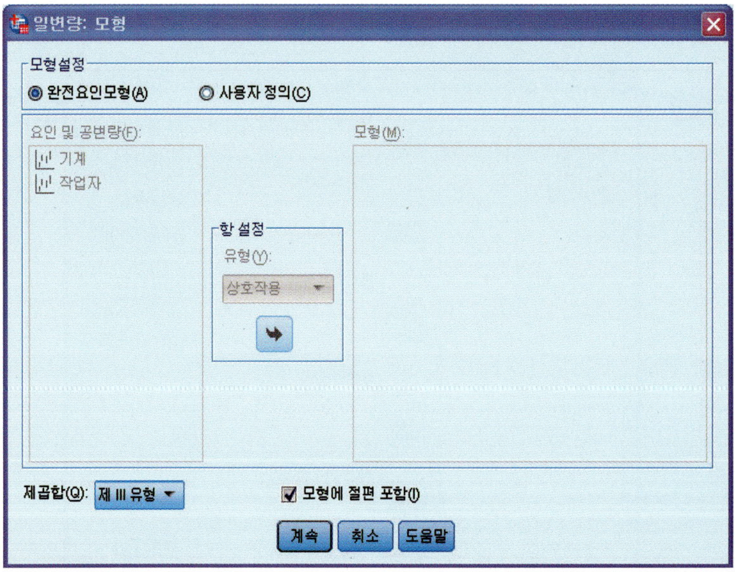

그림 9-35 모형설정 1

5단계 모형설정 방법에서 **◉사용자 정의(C)**를 누른다. 분석자의 관심은 독립요인들의 주요효과(main effect) 유의성 여부를 판단하는 데 있다. **요인 및 공변량(F)**란에서 '기계'와 '작업자' 변수를 지정하여 오른쪽으로 보낸다. **항 설정**은 드롭다운(▼) 단추를 이용하여 주요효과를 지정한다. 주요효과의 통계량을 확인하기 위한 방법으로 **제곱합(Q)**란에서 '제1유형'을 지정한다. 또한 [☑ 모형에 절편 포함(I)]을 지정한다.

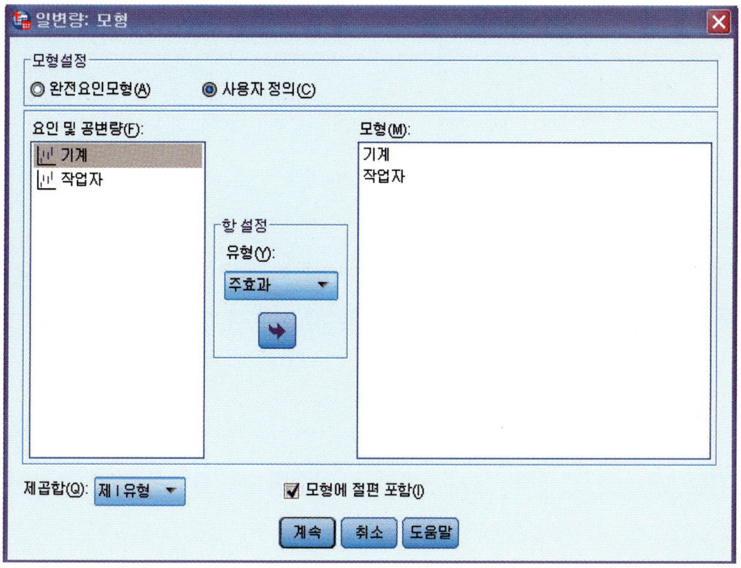

그림 9-36 모형설정 2

6단계 [계속] 단추를 누르면 [그림 9-34]로 복귀한다. 여기서 [옵션(O)...] 단추를 누른다.

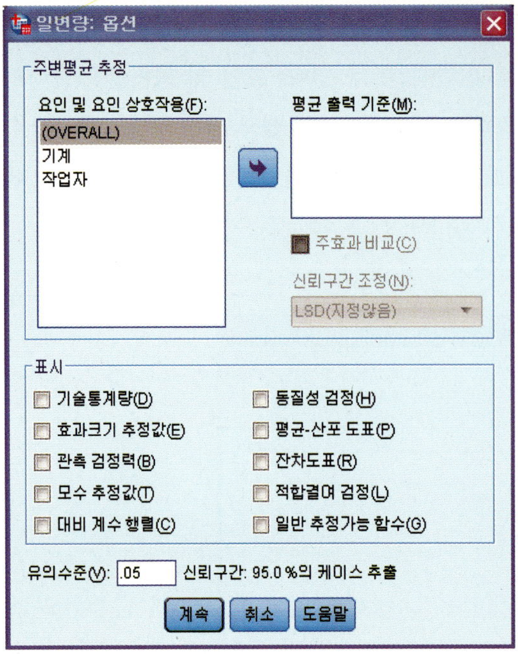

그림 9-37 옵션 1

7단계 **주변평균 추정**의 **요인 및 요인 상호작용(F):**란에서 '기계,' '작업자' 변수를 지정하여 **평균출력 기준(M)**란에 보낸다. **표시**란에서는 **기술통계량(D)**, **동질성 검정(H)**을 지정한다.

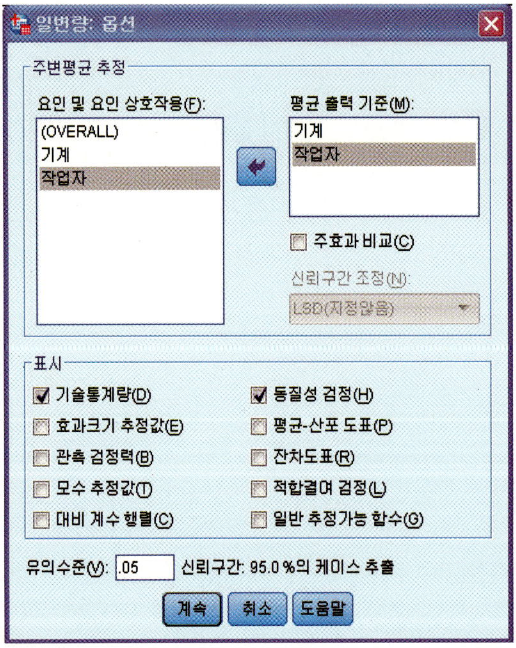

그림 9-38 옵션 2

8단계 계속 단추를 누르면 앞의 [그림 9-34]로 복귀한다. 여기서 확인 단추를 누르면 결과물을 얻을 수 있다.

개체-간 효과 검정

종속 변수:생산량

소스	제 I 유형 제곱합	자유도	평균 제곱	F	유의확률
수정 모형	48.000[a]	4	12.000	1.714	.307
절편	4356.000	1	4356.000	622.286	.000
기계	42.000	2	21.000	3.000	.160
작업자	6.000	2	3.000	.429	.678
오차	28.000	4	7.000		
합계	4432.000	9			
수정 합계	76.000	8			

a. R 제곱 = .632 (수정된 R 제곱 = .263)

그림 9-39 개체간 효과 검정

● **결과 해석**

기계와 작업자는 독립변수이다. 생산량은 종속변수에 해당한다. 가설검정을 각각 실시하면 기계 변수는 생산량에 유의한 영향을 미치지 못한다는 결론을 내릴 수 있다(유의확률$=0.160>\alpha=0.05$). 작업자 변수도 생산량에 유의한 영향을 미치지 못한다는 결론을 내릴 수 있다(유의확률$=0.678>\alpha=0.05$). 따라서 각 종류의 기계에 의하여 생산된 양은 같다고 할 수 있다. 각 작업자에 의한 평균 생산량은 같다고 볼 수 있다.

9.4.3 반복이 있는 이원분산분석모형

반복이 있는 경우의 실험계획모형은 반복이 없는 경우와 다르게 고려되어야 한다. 이제 두 요인, 즉 요인 1과 요인 2를 가진 실험계획을 생각해보자. 요인 1은 g개의 수준을 가지고 있고, 요인 2는 c개의 수준을 가지고 있다고 하자. 그리고 두 요인의 조합 총개수 $g\times c$에는 각각 h개의 독립적이면서 반복적인 관찰치가 있다. 예를 들어, 어느 화학공장의 수율(yield)을 연구한다고 하자. 가장 중요한 변수로 압력과 온도가 선택되었다. 압력에는 3개 요인수준, 온도에는 2개의 요인수준이 고려되었다.

각 요인수준의 조합에서는 3회의 실험이 실시되었다. 수율 자료는 [표 9-9]과 같다.

표 9-9 화학공장의 수율 자료

온도 \ 압력	200	250	300
저온	98	108	104
	89	99	111
	86	114	100
고온	99	115	106
	102	109	99
	102	121	92

이제 Y_{ijk}를 요인 1의 수준 i와 요인 2의 수준 j에서의 k번째 관찰치라고 하자. 연구되는 모형이 요인수준들의 각 조합에서 h개의 반복되는 반응치를 가진다면, 우리는 두 요인들의 상호작용을 조사할 필요가 있다. 이것은 반복이 있는 실험계획의 특색이다.

반복이 있는 경우의 실험계획모형

$$Y_{ijk} = \mu + \alpha_i + \beta_j + \alpha\beta_{ij} + \epsilon_{ijk} \quad \text{식 9-46}$$

여기서 μ = 전체평균

α_i = 요인 1의 고정된 효과

β_j = 요인 2의 고정된 효과

$\alpha\beta_{ij}$ = 요인 1과 요인 2의 상호작용효과

ϵ_{ijk} = 오차항

$\sum_{i=1}\alpha_i = \sum_{j=1}\beta_j = 0$ 이고 ϵ_{ij}는 독립적이며 $N(0,\sigma^2)$의 분포를 가진다.

$(i = 1,2,\cdots,g\ ;\ j = 1,2,\cdots,c\ ;\ k = 1,2,\cdots,h)$이며,

$\sum_{i=1}^{g}\alpha_i = \sum_{j=1}^{c}\beta_j = \sum_{j=1}^{c}\alpha\beta_{ij} = 0$ 이며, ϵ_{ijk}는 독립적이고 $N(0,\sigma^2)$의 분포를 가진 확률변수이다.

그러므로 요인 1의 i번째 수준과 요인 2의 j번째 수준에서의 기대치는 다음과 같다.

$$\text{평균반응 } E(Y_{ijk}) = \mu + \alpha_i + \beta_j + \alpha\beta_{ij} \quad \text{식 9-47}$$

여기서 μ=전체평균

α_i = 요인1의 주요효과

β_j = 요인2의 주요효과

$\alpha\beta_{ij}$ = 요인 1과 요인 2의 상호효과

식 (9−47)에서 α와 β는 각각 주요작용(main effect)라 하고 $\alpha\beta$는 상호작용효과(interaction effect)라 한다. 상호작용이 있다는 것은 요인효과들은 부가적이 아니며 두 요인들 사이의 복잡한 작용이 있다는 것을 의미한다. 이 상호작용에 대한 해석이 곤란할 때도 가끔 있다.

두 요인 사이에 상호작용이 있는지 여부를 알려면 우선적으로 두 요인의 모든 수준들과 기대반응치를 그림으로 살펴보면 알 수 있다. [그림 9−40]에서 보면 두 요인의 조합들은 직선으로 연결되어 있다. 이 꺾은선그림을 프로파일(profile)이라고 하는데, 이것들은 각 요인에 대하여 만들어진다. 프로파일을 통하여 자료를 분석하는 것을 프로파일 분석이라고 한다.

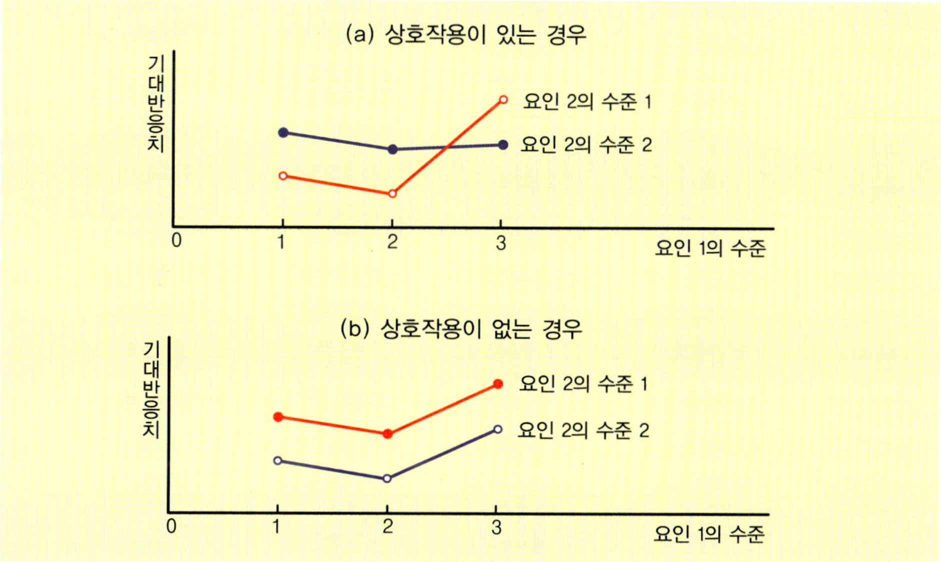

그림 9−40 두 요인의 기대반응치에 대한 프로파일

[그림 9-40]에서 (a)와 (b)의 차이는 (a)의 경우 꺾은선이 교차하였으나 (b)의 경우는 평행선으로 그어져 있다는 점이다, 프로파일이 평행인 경우에는 상호작용이 없다고 보며, 심하게 평행이 아니거나 교차하는 경우에는 상호작용이 있다고 추측할 수 있다. 따라서 실험계획모형에서 (a)의 경우에는 $\alpha\beta$를 그대로 유지하나, (b)의 경우에는 $\alpha\beta$를 제거한다. 이와 같이 프로파일 분석은 자료를 일차적으로 분석하는 데 유용하게 쓰인다.

화학공장의 예를 평균치에 의하여 프로파일을 나타내보자. 압력을 요인1, 온도를 요인2라고 하면 다음과 같다.

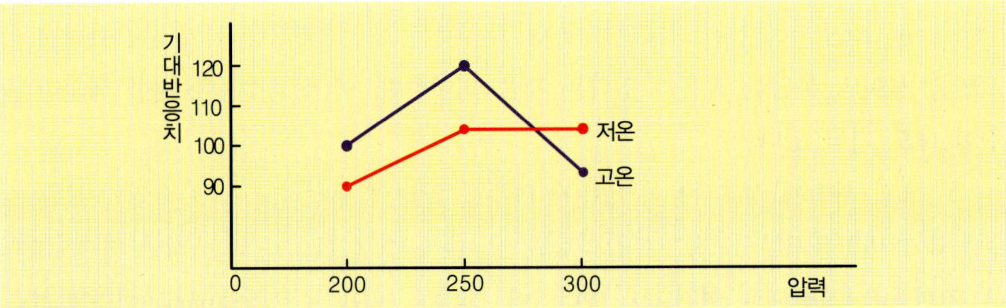

그림 9-41 평균수율의 프로파일

위 그림에서 두 꺾은선이 교차하게 되어 우리는 압력 요인과 온도 요인 사이에 상호작용이 있음을 추측할 수 있다. 따라서 $\alpha\beta \neq 0$이므로 이 자료에 대한 모형은 식 (9-46)이 된다. 만일에 상호작용이 없다면 $\alpha\beta = 0$가 되어, 식 (9-46)은

$$E(Y_{ijk}) = \mu + \alpha_i + \beta_j + \epsilon_{ijk} \quad \text{식 9-48}$$

과 같은 축소 모형이 된다.

반복측정이 있는 경우에 각 관찰치를 식 (9-46)과 같은 방법으로 네 개의 성분으로 분리하면 다음과 같다.

$$Y_{ijk} = \overline{Y} + (\overline{Y_i} - \overline{Y}) + (\overline{Y_j} - \overline{Y}) + (\overline{Y_{ij}} - \overline{Y_i} - \overline{Y_j} + \overline{Y}) + (Y_{ijk} - \overline{Y_{ij}}) \quad \text{식 9-49}$$

여기서 $\overline{Y}$=전체평균

$\overline{Y_i}$=요인 1의 수준 i의 평균

$\overline{Y_j}$=요인 2의 수준 j의 평균

$\overline{Y_{ij}}$=요인 1의 수준 i와 요인수준 2의 수준 j의 평균

식 (9−49)에서

$$\begin{aligned}\sum_{i=1}^{g}\sum_{j=1}^{c}\sum_{k=1}^{h}(Y_{ijk} - \overline{Y})^2 &= ch\sum_{i=1}^{g}(\overline{Y_i} - \overline{Y})^2 + gh\sum_{j=1}^{c}(\overline{Y_j} - \overline{Y})^2 \\ &+ h\sum_{i=1}^{g}\sum_{j=1}^{c}(\overline{Y_{ij}} - \overline{Y_i} - \overline{Y_j} + \overline{Y})^2 \\ &+ \sum_{i=1}^{g}\sum_{j=1}^{c}\sum_{k=1}^{h}(Y_{ijk} - \overline{Y_{ij}})^2 \end{aligned} \quad \text{식 9-50}$$

이 되며, 따라서

$$SST = SSA + SSB + SSAB + SSW \quad \text{식 9-51}$$

가 된다.

두 요인과 상호작용에 대한 분산분석표를 만들면 다음과 같다.

표 9-10 반복이 있는 이원분산분석표

원천	제곱합(SS)	자유도(DF)	평균제곱(MS)	F
요인 1	$SSA=ch\sum_{i=1}^{g}(\overline{Y_i}-\overline{Y})^2$	$g-1$	$MSA=\frac{SSA}{g-1}$	$\frac{MSA}{MSW}$
요인 2	$SSB=gh\sum_{j=1}^{c}(\overline{Y_j}-\overline{Y})^2$	$c-1$	$MSB=\frac{SSB}{c-1}$	$\frac{MSB}{MSW}$
상호 작용	$SSAB=h\sum_{i=1}^{g}\sum_{j=1}^{c}(Y_i-\overline{Y_i}-\overline{Y_j}+\overline{Y})^2$	$(g-1)(c-1)$	$MSAB=\frac{SSAB}{(g-1)(c-1)}$	$\frac{MSSAB}{MSW}$
잔차	$SSW=\sum_{i=1}^{g}\sum_{j=1}^{c}\sum_{k=1}^{h}(Y_{ijk}-\overline{Y_{ij}})^2$	$gc(h-1)$	$MSW=\frac{SSW}{gc(h-1)}$	
합계	$SST=\sum_{i=1}^{g}\sum_{j=1}^{c}\sum_{k=1}^{h}(Y_{ijk}-\overline{Y})^2$	$gch-1$		

이원분산분석의 경우에 다음과 같은 단계를 밟아가면서 자료를 분석하면 유용하다.

이원분산분석의 절차

1단계: 두 요인에 상호작용이 있는가 조사한다.

2단계: 만일 상호작용이 없으면, 두 요인을 따로 분석하여 하나씩 조사한다.

3단계: 만일 상호작용이 중요하지 않으면 단계 2로 간다.

4단계: 만일 상호작용이 중요하면 그 자료를 의미 있게 변환하여 그 상호작용을 중요하지 않게 만들 수 있는가를 결정한다. 만일 그렇게 할 수 있다면 자료를 변경한 후에 단계 2로 간다.

5단계: 자료의 의미 있는 변환으로도 상호작용이 중요하다면 두 요인 효과를 합동으로 분석한다.

화학공장의 예에 대하여 가설검정을 실시하여보자. 먼저 압력과 온도의 두 요인 사이에 상호작용이 있는지 여부를 검정하기 위하여 가설을 세우면 다음과 같다.

H_0 : 모든 $\alpha_{ij}=0\ \ (i=1,2;j=1,2,3)$

H_1 : 모든 α_{ij}는 반드시 0이 아니다.

다음으로 요인 1인 압력의 주요효과에 대한 가설을 세우면 다음과 같다.

H_0 : $\mu_1 = \mu_2 = \mu_3$

H_1 : 세 평균이 반드시 같지 않다.

또는

H_0 : $\alpha_0 = \alpha_2 = \alpha_3 = 0$

H_1 : 세 α 모두가 반드시 0은 아니다.

끝으로 요인 2인 온도의 주요효과에 대한 가설은 다음과 같다.

$H_0 : \mu_1 = \mu_2$

$H_1 : \mu_1 \neq \mu_2$

또는

$H_0 : \beta_1 = \beta_2 = 0$

H_1 : 두 β 모두가 반드시 0은 아니다.

[표 9-9]에서 평균값을 구하여 정리하면 다음과 같다.

표 9-11 화학공장의 평균수율 자료

압력 / 온도	200	250	300	
저온	$\overline{Y_{11}} = 91$	$\overline{Y_{12}} = 107$	$\overline{Y_{13}} = 105$	$\overline{Y_1} = 101$
고온	$\overline{Y_{21}} = 101$	$\overline{Y_{22}} = 115$	$\overline{Y_{23}} = 99$	$\overline{Y_2} = 105$
	$\overline{Y_1} = 96$	$\overline{Y_2} = 111$	$\overline{Y_3} = 102$	$\overline{Y} = 103$

먼저, 총변동 SST를 계산하면 다음과 같다.

$$SST = (98-103)^2 + (89-103)^2 + \ldots\ldots + (92-103)^2 = 1{,}414$$

SST의 값은 [표 9-9]에 있는 각 관찰치로부터 전체평균을 뺀 후에 제곱하여 합한 것이다. 이 총변동은 다음의 네 개로 분리된다.

$$SSA = 2 \times 3[(96-103)^2 + (111-103)^2 + (102-103)^2] = 684$$
$$SSB = 3 \times 3[(101-103)^2 + (105-103)^2] = 72$$
$$SSAB = [(91-96-101+103)^2 + (101-96-105+103)^2 + \cdots + (99-102-105+103)^2] = 228$$
$$SSW = [(98-91)^2 + (89-91)^2 + \cdots + (92-99)^2] = 430$$

분산분석표를 만들기 전에 [표 9-12]의 정보를 이용하여 제곱합을 계산하기 위한 다른 방법을 소개하면 다음과 같다.

표 9-12 화학공장의 수율 자료

온도 \ 압력	200	250	300	합계
저온	98	108	104	
	89	99	111	
	86	114	100	
	273	321	315	909
고온	99	115	106	
	102	109	99	
	102	121	92	
계	303	345	297	945
총계	576	666	612	1,854

$$SST(\text{총합}) = (98^2 + 89^2 + 86^2 + \cdots + 92^2) - (1{,}854^2/18) = 1{,}414$$
$$SSA(\text{압력}) = (576^2 + 666^2 + 612^2)/6 - (1{,}854^2/18) = 684$$
$$SSB(\text{온도}) = (909^2 + 945^2)/9 - (1{,}854^2/18) = 72$$

$$SSAB(\text{상호작용}) = (273^2 + 321^2 + \cdots + 297^2)/3$$
$$- (576^2 + 666^2 + \cdots + 612^2)/6 - (909^2 + 945^2)/9$$
$$+ 1,854^2/18 = 228$$
$$SSW(\text{잔차}) = (98^2 + 89^2 + 86^2 - 273^2/3)$$
$$+ (108^2 + 99^2 + 114^2 - 321^2/3) + \cdots$$
$$+ (106^2 + 99^2 + 92^2 - 297^2/3) = 430$$

위의 제곱합 계산을 근거로 이원분산분석표를 만들면 다음과 같다.

표 9-13 화학공장의 분산분석표

원천	제곱합(SS)	자유도(DF)	평균제곱	F	F(0.05)
압력	684	2	342	9.55	3.89
온도	72	1	72	2.01	4.75
상호작용	228	2	114	3.18	3.89
잔차	430	12	35.83		
합계	1,414	17			

두 요인의 주요효과 및 상호작용효과가 유의한가에 대한 F검정 결과를 보면 다음과 같다. 압력의 요인수준은 화학공장의 수율에 유의한 영향을 미치나, 온도 요인은 그렇지 못하다. 그리고 두 요인의 상호작용은 유의한 영향을 주고 있지 못하다. 그 이유에 대해서는 임계치를 기준으로 각자 생각해보자. 상호작용에 대한 결론은 앞에서 설명한 프로파일 분석과는 상반된 결과를 주고 있으나 분산분석의 결과로 $\alpha\beta = 0$이라고 유의수준 5%에서 결론을 내릴 수 있다. 따라서 이 경우에 상호작용은 중요하지 않다고 할 수 있다.

이제 두 요인의 각 수준에서의 신뢰구간을 만들어보자. 먼저 요인 1(압력)의 신뢰구간을 만들기 위해 각 요인수준의 $\overline{Y_i}(i=1,2,3)$의 분산을 보면,

$$S_{y_i}^2 = \frac{MSW}{gh}$$

이다. 여기서 g는 요인수준의 수이며, h는 반복측정된 수이다. 따라서 $100(1-\alpha)\%$의 신뢰구간은 다음과 같다.

요인 1의 $100(1-\alpha)\%$ 신뢰구간

$$\mu_i \in \overline{Y_i} \pm t_{(\frac{\alpha}{2}, gc(h-1))} \cdot S_{\overline{Y_i}}$$ 식 9-52

다음으로 요인 2(온도)의 신뢰구간을 만들기 위해 각 요인수준의 평균 $\overline{Y_j}(j=1,2)$에 대한 분산을 보면,

$$S_{y_j}^2 = \frac{MSW}{ch}$$

이다. 여기서 c는 요인수준의 수이며 h는 반복측정된 수이다. 따라서 $100(1-\alpha)\%$의 신뢰구간은 위의 식과 유사하다.

요인 3의 $100(1-\alpha)\%$ 신뢰구간

$$\mu_i \in \overline{Y_j} \pm t_{(\frac{\alpha}{2}, gc(h-1))} \cdot S_{\overline{Y_i}}$$ 식 9-53

식 (9-53)의 t분포 자유도 $gc(h-1)$은 MSW와 관련된 것이다.

화학공장의 경우에 예를 들어 압력이 200일 때 평균수율의 95% 신뢰구간을 계산하면 다음과 같다. $t(0.025,12)=2.179$이므로

$$\mu_1 \in 96 + (2.179) \cdot \sqrt{\frac{35.83}{(3)(3)}} = 96 \pm 4.35$$
$$= [91.65, 100.35]$$

이다.

9.4.4 SPSS를 이용한 반복이 있는 이원분산분석모형

SPSS 예제

어느 화학공장의 수율(yield)을 연구한다고 하자. 가장 중요한 변수로 압력과 온도가 선택되었다. 압력에는 3개 요인수준, 온도에는 2개의 요인수준이 고려되었다. 각 요인수준의 조합에서는 3회의 실험이 실시되었다. 수율 자료는 다음과 같다.

온도 \ 압력	200	250	300
저온	98	108	104
	89	99	111
	86	114	100
고온	99	115	106
	102	109	99
	102	121	92

풀이

1단계 다음과 같이 SPSS 화면에 데이터를 입력한다. 여기서 압력 변수를 구성하는 수준은 '200', '250', '300'을 각각 '1,' '2,' '3'으로 입력한다. 온도 변수를 구성하는 수준 '저온'과 '고온'은 각각 '1', '2'로 입력한다. 이것을 그림으로 나타내면 다음과 같다.

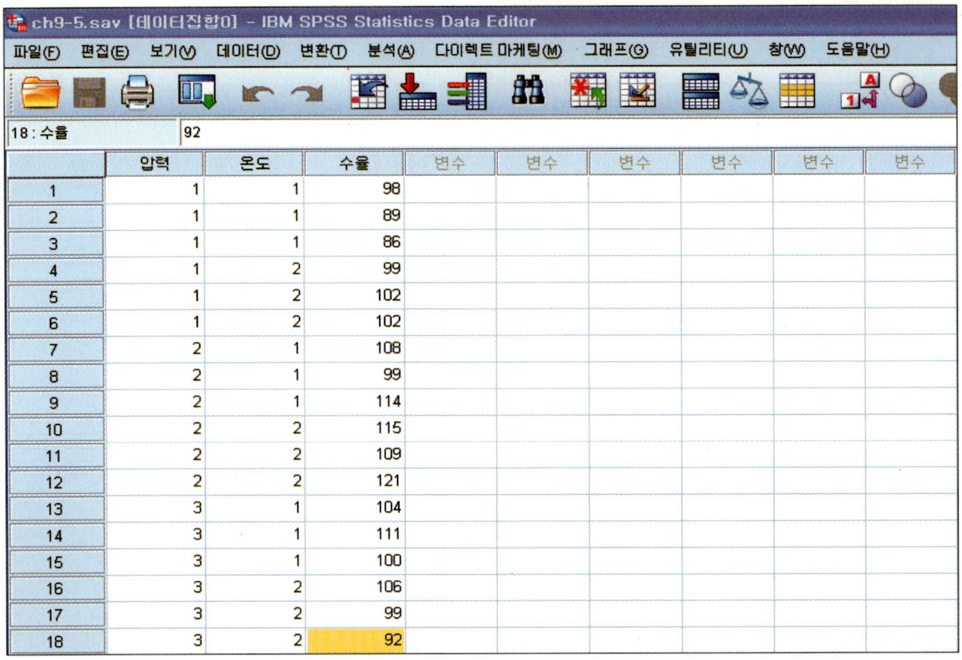

그림 9-42 데이터 파일 [데이터] ch9-5.sav

2단계 분산분석을 실시하기 위해서 **분석(A) → 일반선형모형(G) → 일변량(U)...** 단추를 차례로 누른다.

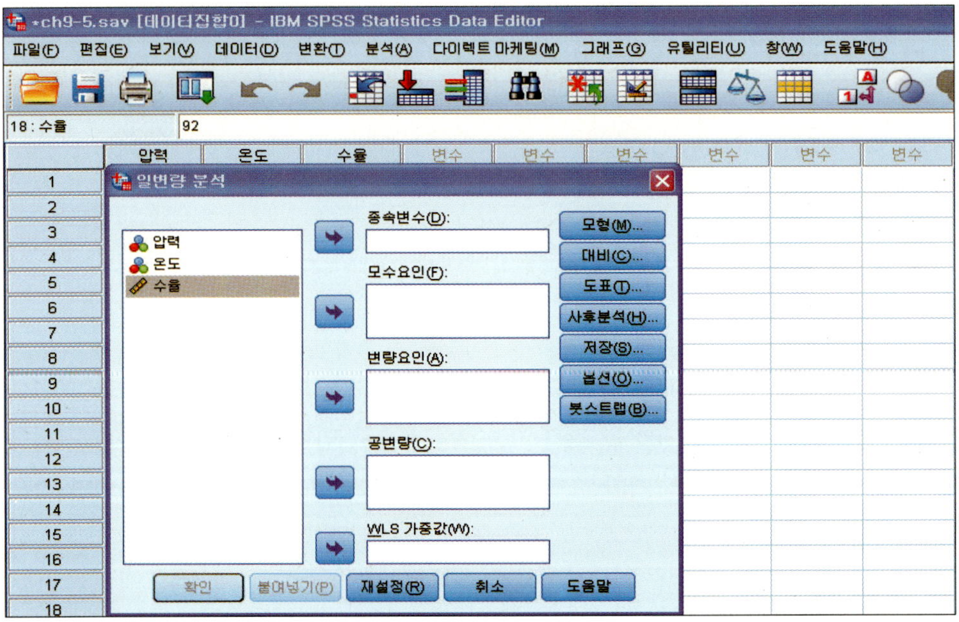

그림 9-43 변수 지정 창 1

3단계 '압력'과 '온도' 변수를 지정한 다음 ➡ 단추를 이용해서 **모수요인(F):**란에 보낸다. '수율' 변수를 지정하고 ➡ 단추를 눌러 **종속변수(D):**란에 보낸다. 이것을 그림으로 나타내면 다음과 같다.

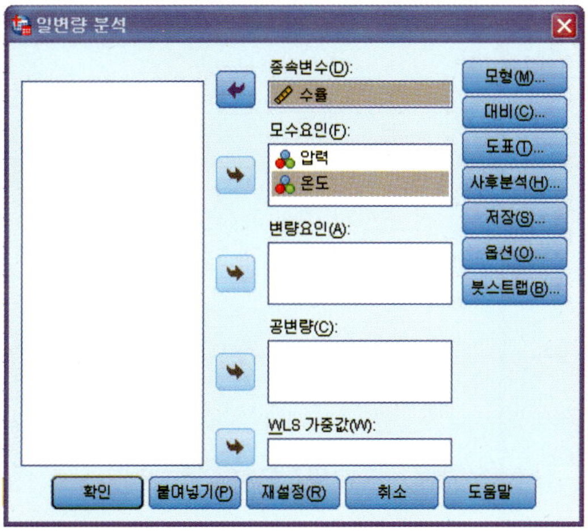

그림 9-44 변수 지정 창 2

4단계 모형(M)... 단추를 눌러 초기에 지정된 **완전요인모형**을 유지한다.

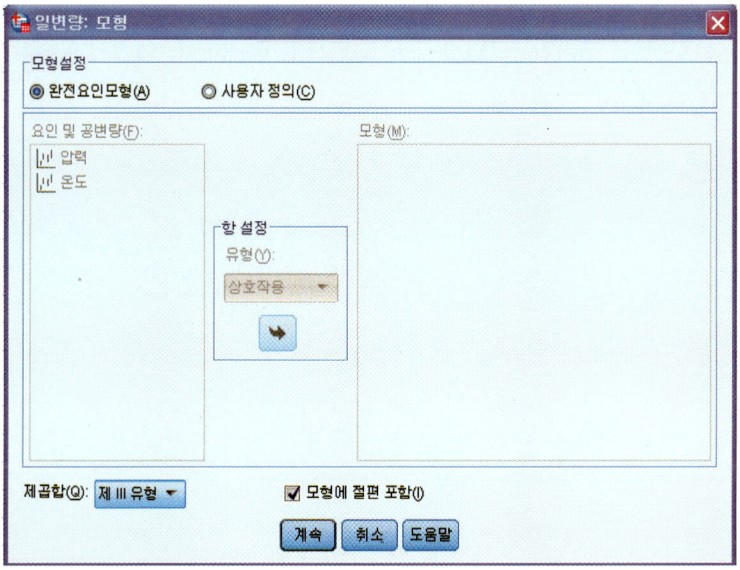

그림 9-45 변수 지정 창 3

5단계 분석자가 [계속] 단추를 누르면 [그림 9-44] 화면으로 복귀한다. 여기서 분석자는 [옵션(O)...] 단추를 눌러 [☑ 기술통계량(D)] 과 [☑ 동질성 검정(H)] 단추를 누른다.

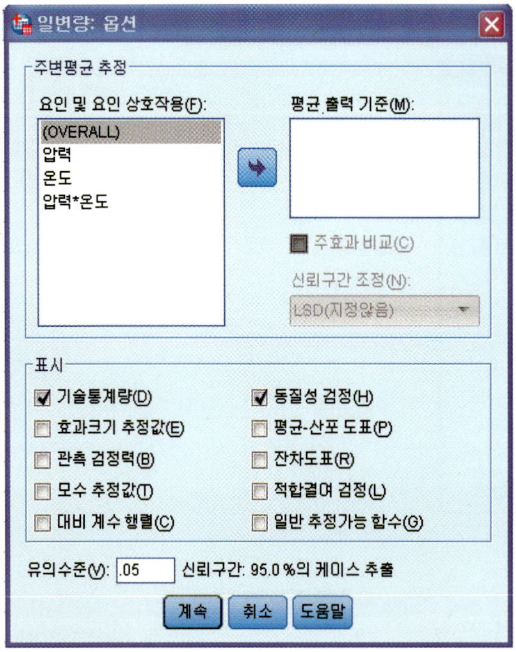

그림 9-46 옵션 지정 창

6단계 [계속] 단추를 누른다. 그러면 [그림 9-44] 화면으로 복귀한다. 여기서 [확인] 단추를 눌러 프로그램을 실행하면 결과물을 얻을 수 있다.

기술통계량

종속 변수:수율

압력	온도	평균	표준편차	N
200	저온	91.00	6.245	3
	고온	101.00	1.732	3
	합계	96.00	6.841	6
250	저온	107.00	7.550	3
	고온	115.00	6.000	3
	합계	111.00	7.510	6
300	저온	105.00	5.568	3
	고온	99.00	7.000	3
	합계	102.00	6.542	6
합계	저온	101.00	9.421	9
	고온	105.00	8.888	9
	합계	103.00	9.120	18

그림 9-47 기술통계 결과

● 결과 해석

저온이고 압력이 200일 경우의 평균은 91, 표준편차는 6.245이고 표본수(N)는 3임을 알 수 있다. 나머지는 각자가 확인하기 바란다.

오차 분산의 동일성에 대한 Levene의 검정[a]

종속 변수:수율

F	df1	df2	유의확률
.625	5	12	.684

여러 집단에서 종속변수의 오차 분산이 동일한 영가설을 검정합니다.

a. Design: 절편 + 압력 + 온도 + 압력 * 온도

그림 9-48 오차분산의 동일성 검정

● 결과 해석

각 실험요소의 분산의 동일성에 대한 검정을 실시한 결과 유의확률 $= 0.684 > \alpha = 0.05$으로 나타났다. 따라서 '분산이 동일하다'는 귀무가설이 채택됨을 알 수 있다.

개체-간 효과 검정

종속 변수:수율

소스	제 III 유형 제곱합	자유도	평균 제곱	F	유의확률
수정 모형	984.000[a]	5	196.800	5.492	.007
절편	190962.000	1	190962.000	5329.172	.000
압력	684.000	2	342.000	9.544	.003
온도	72.000	1	72.000	2.009	.182
압력 * 온도	228.000	2	114.000	3.181	.078
오차	430.000	12	35.833		
합계	192376.000	18			
수정 합계	1414.000	17			

a. R 제곱 = .696 (수정된 R 제곱 = .569)

그림 9-49 오차분산의 동일성 검정

● **결과 해석**

이 결과물은 두 요인의 주요효과 및 상호작용효과가 유의한가 여부를 확인하는 F검정 결과를 나타낸 것이다. 압력의 요인수준은 화학공장의 수율에 유의한 영향을 미치는 것으로 나타났다(유의확률$=0.03<\alpha=0.05$). 그러나 온도 요인은 그렇지 못하다(유의확률$=0.182>\alpha=0.05$). 그리고 두 요인의 상호작용은 유의한 영향을 주고 있지 못하다(유의확률$=0.078>\alpha=0.05$). 즉, $\alpha\beta=0$이라고 귀무가설을 채택하여 상호작용이 없다고 결론을 내릴 수 있다.

EXERCISE 연습문제

1. 대한사료 주식회사에서는 갑(甲), 을(乙) 상표의 새로운 돼지 사료 두 종류를 개발하였다. 두 종류 중에서 어느 것이 더 좋은가를 알기 위하여 돼지 12마리씩의 두 집단에 각각의 사료를 먹였다. 실험 기간이 지난 후 체중 증가(kg)를 재어보니 다음과 같았다. 갑, 을의 두 사료 사이에 차이가 있는지 여부를 $\alpha = 0.05$에서 검정하라.

갑 상표	31	34	29	26	32	35	38	34	30	29	32	31
을 상표	26	24	28	29	30	29	32	26	31	29	32	28

2. 6명의 환자를 대상으로 어떤 진정제가 맥박에 주는 영향을 조사하였다. 다음은 진정제가 주어지기 전과 후의 맥박수를 기록한 것이다.

환자	전	후
1	80	74
2	82	79
3	79	75
4	84	76
5	80	80
6	81	78

3. 대현제조회사에서는 생산직 근로자 10명을 대상으로 직업훈련을 실시하였다. 직업훈련을 받은 10명의 생산량이 다음과 같다면 훈련 전에 비하여 훈련 후의 생산량은 증가하였다고 볼 수 있는가? 유의수준 $\alpha = 0.01$에서 검정하여라.

작업자	1	2	3	4	5	6	7	8	9	10
훈련 전	54	56	50	52	55	52	56	53	53	60
훈련 후	60	59	57	56	56	58	62	55	54	64

4. A화장품회사는 외판원 중에서 3명을 뽑아 4개월간의 판매실적을 조사하였다. 각 판매원들의 판매 능력에 차이가 있는지 여부를 $\alpha = 0.05$에서 검정하라.

판매원	판매실적			
갑	5	4	6	8
을	3	7	5	7
병	6	5	3	4

5. 서울제과회사는 서울 지역의 슈퍼마켓에 제빵을 공급 판매하고 있다. 전시대의 선반 높이(상, 중, 하), 전시 면적(대, 소)의 효과가 판매에 주는 영향을 조사하기 위하여 두 곳의 슈퍼마켓이 선택되었다. 판매된 빵의 수가 기록되었고, 이 결과는 다음과 같다.

① 분산분석표를 작성하고 $\alpha = 0.05$에서 검정하라.

② 두 요인의 각 요인수준에 대한 95% 신뢰구간을 구하라.

<table>
<tr><th rowspan="2">요인 2
(선반 높이)</th><th colspan="2">요인 3(전시 면적)</th></tr>
<tr><th>대</th><th>소</th></tr>
<tr><td>상</td><td>30
28</td><td>31
35</td></tr>
<tr><td>중</td><td>57
51</td><td>56
60</td></tr>
<tr><td>하</td><td>36
32</td><td>35
29</td></tr>
</table>

10장

다변량분산분석

집단간의 평균차이를 분석하는 방법으로 t검정, 다변량분산분석이 있다. t검정은 두 집단의 평균을 검정하는 방법이다. 세 집단 이상의 평균차이 검정은 일원분산분석을 통해서 가능하다. 다변량 동질성의 절차는 HotellingT^2와 다변량분산분석으로 가능하다. 다변량분산분석은 요인의 수에 따라 단일변량의 경우와 마찬가지로 일원 다변량분산분석(one-way MANOVA), 이원 다변량분산분석(two-way MANOVA) 등으로 나뉜다.

반복측정법(Repeated Measure)은 ANOVA나 MANOVA 분석에서 단일 개인들로부터 두 번 이상의 반복측정 결과를 분석하는 방법이다. 반복측정법은 사회과학 분야나 의학 분야에서 유용하게 이용할 수 있는 방법이다. 분석측정분석은 실험 대상이나 실험동물에게 행한 실험의 효과를 특정 시점마다 확인할 수 있는 분석법이다.

연구자는 두 개 이상의 질적인 독립변수와 양적인 독립변수가 혼합된 연구모형에서 양적인 독립변수의 영향력을 공분산분산분석으로 해결할 수 있다.

학습 목표

- 다변량분산분석의 정의를 이해한다.
- 다변량분산분석 절차를 이해한다.
- SPSS 프로그램을 이용하여 다변량분산분석이 가능하다.
- 반복측정 개념을 이해한다.
- SPSS 프로그램으로 반복측정분석을 할 수 있다.

10.1 다변량분산분석의 의의

집단간의 평균차이를 분석하는 방법은 여러 가지가 있다. t검정은 2개 집단의 평균을 검정하는 방법이다. 2개 이상 집단의 평균차이 검정은 일원분산분석을 통해서 가능하다. 다변량 동질성의 절차는 Hotelling T^2와 다변량분산분석으로 가능하다. 다변량분산분석은 요인의 수에 따라 단일변량의 경우와 마찬가지로 일원 다변량분산분석(one-way MANOVA), 이원 다변량분산분석(two-way MANOVA) 등으로 나뉜다. 이것을 표로 나타내면 다음과 같다.

표 10-1 평균차이 검정 분류

		종속변수의 수	
		1개	2개 이상
독립변수의 집단수	2개 집단	t검정	Hotelling T^2
	2개 집단 이상	ANOVA	MANOVA

앞 장에서 학습한 일변량분산분석은 모형에서 질적인 독립변수와 양적인 종속변수 1개의 평균차이를 검정하는 방법이다. 이를 식으로 나타내면 다음과 같다.

$$Y_1 = X_1 + X_2 + X_3 + \cdots X_n \quad \text{식 10-1}$$

(양적변수)　　(질적변수)

다변량분산분석(MANOVA: Mulitvariate Analysis of Variance)은 종속변수의 수가 두 개 이상인 경우에서 여러 모집단의 평균벡터를 동시에 비교하는 분석 기법이다.

$$Y_1 + Y_2 + Y_3 \cdots + Y_n = X_1 + X_2 + X_3 + \cdots X_n$$

(양적변수) (질적변수)

식 10-2

예를 들어, 어느 동물의 암컷과 수컷에서 몸무게, 길이, 가슴너비를 각각 잰 후에 두 모집단의 크기에 차이가 있는지 여부를 연구하고자 할 때, 또는 세 종류의 산업에 속한 여러 회사들의 경영 실태를 분석하기 위하여 유동성비율, 부채비율, 자본수익율 등을 자료로 하여 비교할 때 MANOVA를 이용할 수 있다. 그리고 MANOVA에서는 종속변수의 조합에 대한 효과의 동시 검정을 중요시한다. 그 이유는 대부분의 경우에 종속변수들은 서로 독립적이 아니고 또한 이 변수들은 동일한 개체에서 채택되어서 상관관계가 있기 때문이다.

MANOVA는 여러 모집단을 비교 분석할 때 쓰일 뿐만 아니라, 모집단에 대하여 여러 상황을 놓고서 여러 개의 변수를 동시에 반복적으로 관찰하는 경우에도 유용하다. ANOVA와 MANOVA의 차이는 실험 개체를 대상으로 놓고 변수가 단수인가 혹은 복수인가에 달려 있다. 다변량분산분석 설계의 특징은 종속변수가 벡터변수이다. 이 종속변수는 각 모집단에 대하여 같은 공분산행렬을 가지며 다변량정규분포를 이룬다고 가정한다. 공분산행렬이 같다는 것은 ANOVA에서 분산이 같다는 가정을 MANOVA로 연장시킨 것이다. MANOVA의 연구 초점은 모집단의 중심, 즉 평균벡터 사이에 차이가 있는지 여부에 대한 것이다. 다시 말하면, 모집단들의 종속변수(벡터)에 의해 구성된 공간에서 중심(평균)이 같은지 여부를 조사하고자 한다. 다변량분산분석에서 사용하는 t통계량은 다음과 같은 식으로 계산한다.

$$t\text{통계량} = \frac{\mu_1 - \mu_2}{SE\mu_1\mu_2}$$

식 10-3

여기서 μ_1=집단 1의 평균, μ_2=집단 2의 평균, $SE\mu_1\mu_2$=집단 평균차이의 표준오차를 나타낸다.

연구자의 이해를 돕기 위하여 간략하게 설명하면, 가령 세 모집단에 대하여 두 개의 변수를 동시에 비교할 때, 귀무가설은 다음과 같다.

$$H_o : \begin{bmatrix} \mu_{11} \\ \mu_{21} \\ \vdots \\ \mu_{p1} \end{bmatrix} = \begin{bmatrix} \mu_{12} \\ \mu_{22} \\ \vdots \\ \mu_{p2} \end{bmatrix} = \begin{bmatrix} \mu_{1k} \\ \mu_{2k} \\ \vdots \\ \mu_{pk} \end{bmatrix}, \text{ 모든 집단 평균벡터가 동일하다.}$$

여기서 μ_{pk}=변수 p와 집단 k의 평균을 말함.

10.2 분석 절차

다변량분산분석에서 귀무가설은 여러 모집단의 평균벡터가 같다는 것을 서술한다. 이것의 분석 절차는 일반적으로 다음의 단계를 거친다.

1단계: 먼저 종속변수 사이에서 상관관계가 있는지 여부를 조사한다. 만일에 상관관계가 없다면 변수들을 개별적으로 ANOVA 검정을 한다. 반대로 상관관계가 있으면 MANOVA를 준비한다.

2단계: 변수들의 기본 가정인 다변량정규분포성과 등공분산성 여부 등을 조사한다.

3단계: 모든 요인수준의 평균벡터들이 같은가를 검정한다.

4단계: 만일에 모든 평균벡터들이 같다는 귀무가설이 채택되면 검정은 여기서 끝이 난다. 그러나 귀무가설이 기각되어 모든 평균벡터들이 반드시 같지 않다면, 변수들을 개별적으로 조사하여 어떤 변수가 얼마나 다른가를 조사하며 그리고 그 차이가 의미하는 것은 무엇인가를 규명한다.

모든 분석에서 마찬가지로 연구자는 분산분석에서 실험자료들이 어떠한 성질과 정보를 가지고 있는가 파악해야 한다. 분석에 앞서 중요한 것은 연구자가 가지고 있는 정보에 따라 알맞은 실험계획법을 선택해야 한다. 또한 실험계획법의 원리를 파악하고 정확한 통계분석을 적용하는 일이다.

10.3 SPSS를 이용한 다변량분산분석

SPSS 예제

SM광고대행사는 고객유형(과거고객, 현재고객)과 제품(제품1, 제품2)에 따른 고객의 반응(관심, 구매의도)에 대하여 관심을 갖고 있다. 이 광고대행사는 고객에 따라서 고객의 평가 정도가 다를 것이라는 기본 과정을 하고 있다. SM광고 연구부는 고객의 제품과 고객의 특성에 따른 고객의 반응을 조사하였다. 제품과 고객유형에 따른 관심도, 구매의도가 차이가 있는지 $\alpha = 0.05$에서 분석하여라.

<table>
<tr><th colspan="2" rowspan="3"></th><th colspan="4">고객반응</th></tr>
<tr><th>관심
(attention)</th><th>구매의도
(purchase)</th><th>관심
(attention)</th><th>구매의도
(purchase)</th></tr>
<tr><th colspan="2">제품1</th><th colspan="2">제품2</th></tr>
<tr><td rowspan="8">고객유형
(customer)</td><td rowspan="4">과거고객
(1)</td><td>1</td><td>3</td><td>3</td><td>4</td></tr>
<tr><td>2</td><td>1</td><td>4</td><td>3</td></tr>
<tr><td>2</td><td>3</td><td>4</td><td>5</td></tr>
<tr><td>3</td><td>2</td><td>5</td><td>5</td></tr>
<tr><td rowspan="4">현재고객
(2)</td><td>4</td><td>7</td><td>6</td><td>7</td></tr>
<tr><td>5</td><td>6</td><td>7</td><td>8</td></tr>
<tr><td>5</td><td>7</td><td>7</td><td>7</td></tr>
<tr><td>6</td><td>7</td><td>8</td><td>6</td></tr>
</table>

* 반응점수(관심, 구매의도 점수: 낮으면 1점, 높으면 10점)

풀이

1단계 SPSS 프로그램상에 다음과 같이 데이터를 입력한다.

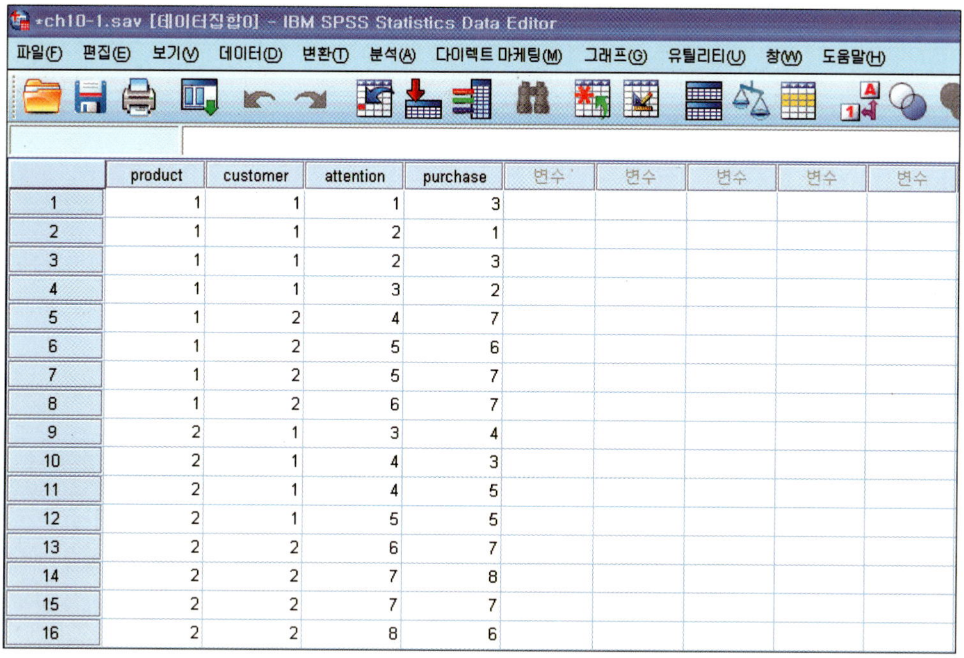

	product	customer	attention	purchase	변수	변수	변수	변수	변수
1	1	1	1	3					
2	1	1	2	1					
3	1	1	2	3					
4	1	1	3	2					
5	1	2	4	7					
6	1	2	5	6					
7	1	2	5	7					
8	1	2	6	7					
9	2	1	3	4					
10	2	1	4	3					
11	2	1	4	5					
12	2	1	5	5					
13	2	2	6	7					
14	2	2	7	8					
15	2	2	7	7					
16	2	2	8	6					

그림 10-1 데이터 입력 창 [데이터] ch10-1.sav

2단계 창에서 **분석(A) → 일반선형모형(G) → 다변량(M)...**를 누른다. 그리고 'attention'과 'purchase' 변수를 지정하여 ➡ 단추를 이용하여 **종속변수(D):**란에 보낸다. 이어 **모수요인(F):**란에는 'Product'와 'Customer' 변수를 지정한다.

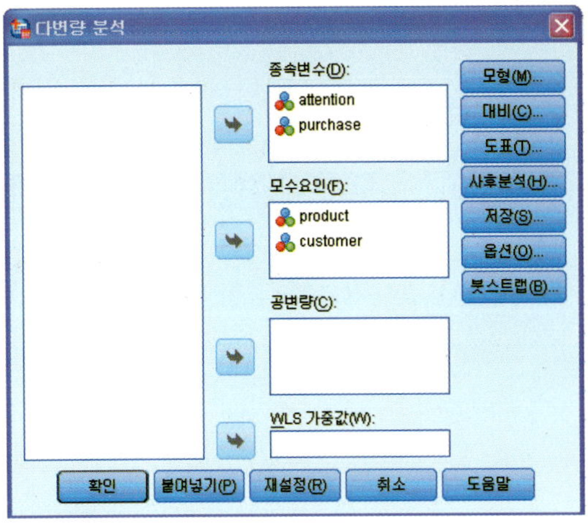

그림 10-2 변수 지정 창

3단계 **다변량: 옵션** 지정 창에서 옵션(O)... 단추를 눌러 ☑ 기술통계량(D) 을 지정한다.

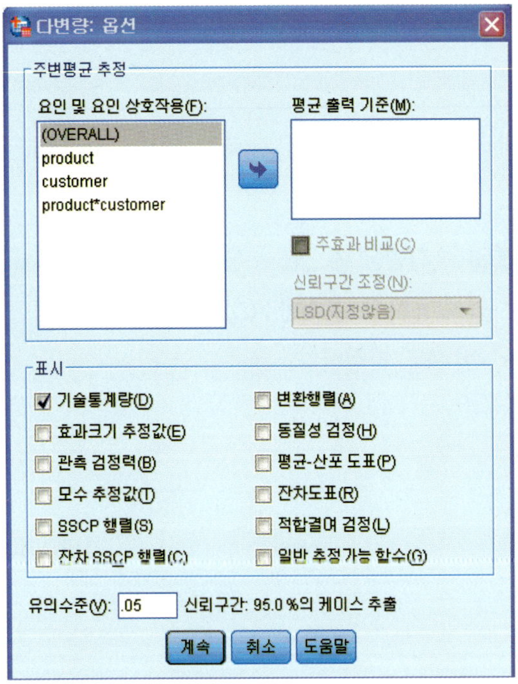

그림 10-3 옵션 지정 창

4단계 여기서 [계속] 단추를 누른다. 그러면 앞의 [그림 10-2] 화면으로 복귀한다. [확인] 단추를 누른다. 그러면 다음과 같은 결과물을 얻을 수 있다.

기술통계량

	product	customer	평균	표준편차	N
attention	제품1	과거고객	2.00	.816	4
		현재고객	5.00	.816	4
		합계	3.50	1.773	8
	제품2	과거고객	4.00	.816	4
		현재고객	7.00	.816	4
		합계	5.50	1.773	8
	합계	과거고객	3.00	1.309	8
		현재고객	6.00	1.309	8
		합계	4.50	2.000	16
purchase	제품1	과거고객	2.25	.957	4
		현재고객	6.75	.500	4
		합계	4.50	2.507	8
	제품2	과거고객	4.25	.957	4
		현재고객	7.00	.816	4
		합계	5.63	1.685	8
	합계	과거고객	3.25	1.389	8
		현재고객	6.88	.641	8
		합계	5.06	2.144	16

그림 10-4 기술통계량

● 결과 해석

제품유형(제품1, 제품2)과 고객유형(과거고객, 현재고객)에 따른 관심(attention)과 구매의도(purchase)의 평균이 나타나 있다. 과거고객보다는 현재고객의 관심도와 구매의도가 높음을 알 수 있다.

다변량 검정[b]

효과		값	F	가설 자유도	오차 자유도	유의확률
절편	Pillai의 트레이스	.990	565.442[a]	2.000	11.000	.000
	Wilks의 람다	.010	565.442[a]	2.000	11.000	.000
	Hotelling의 트레이스	102.808	565.442[a]	2.000	11.000	.000
	Roy의 최대근	102.808	565.442[a]	2.000	11.000	.000
product	Pillai의 트레이스	.746	16.119[a]	2.000	11.000	.001
	Wilks의 람다	.254	16.119[a]	2.000	11.000	.001
	Hotelling의 트레이스	2.931	16.119[a]	2.000	11.000	.001
	Roy의 최대근	2.931	16.119[a]	2.000	11.000	.001
customer	Pillai의 트레이스	.925	68.073[a]	2.000	11.000	.000
	Wilks의 람다	.075	68.073[a]	2.000	11.000	.000
	Hotelling의 트레이스	12.377	68.073[a]	2.000	11.000	.000
	Roy의 최대근	12.377	68.073[a]	2.000	11.000	.000
product * customer	Pillai의 트레이스	.274	2.073[a]	2.000	11.000	.172
	Wilks의 람다	.726	2.073[a]	2.000	11.000	.172
	Hotelling의 트레이스	.377	2.073[a]	2.000	11.000	.172
	Roy의 최대근	.377	2.073[a]	2.000	11.000	.172

a. 정확한 통계량
b. Design: 절편 + product + customer + product * customer

그림 10-5 다변량 검정

● 결과 해석

다변량분석에서는 연구자의 연구 목적에 따라, '평균벡터가 같다'는 귀무가설을 검정하기 위해서 Pillai의 트레이스, Wilks의 람다, Hotelling의 트레이스, Roy의 최대근 등을 사용한다. 여기서 intercept는 상수를 의미한다. 상수는 종속변수를 독립변수를 통한 함수관계를 나타낼 때 필요하다. 여기서는 Wilks 통계량을 사용한다. 각 판별함수 변량들로 설명되지 않은 분산의 적(積)으로 윌크스 람다는 다음과 같이 계산된다.

$$\Lambda = \frac{\text{그룹내 총분산}}{\text{총분산}}$$

만일 람다값이 작으면 귀무가설을 기각시킨다. 위 결과에서 제품(product)과 고객(customer)의 람다값을 확률로 나타낸 것이 $\alpha = 0.05$보다 작아 '평균벡터가 같다'는 귀무가설을 기각시킨다.

그러므로 제품(product)과 고객(customer)의 관심(attention)과 구매의도(attention)는 차이가 있음을 알 수 있다(유의확률 = 0.001 < α = 0.05, 유의확률 = 0.000 < α = 0.05).

또한 상호작용효과를 검정하기 위하여 product*customer란의 Wilks 람다값과 유의확률을 확인한다. Wilks의 람다값이 0.726이고 F값이 2.073이다. 유의확률 =0.172 > α = 0.05이므로 '상호작용효과는 없다'라는 귀무가설을 채택한다.

개체-간 효과 검정

소스	종속 변수	제 III 유형 제곱합	자유도	평균 제곱	F	유의확률
수정 모형	attention	52.000[a]	3	17.333	26.000	.000
	purchase	60.688[b]	3	20.229	29.424	.000
절편	attention	324.000	1	324.000	486.000	.000
	purchase	410.063	1	410.063	596.455	.000
product	attention	16.000	1	16.000	24.000	.000
	purchase	5.063	1	5.063	7.364	.019
customer	attention	36.000	1	36.000	54.000	.000
	purchase	52.563	1	52.563	76.455	.000
product * customer	attention	.000	1	.000	.000	1.000
	purchase	3.063	1	3.063	4.455	.056
오차	attention	8.000	12	.667		
	purchase	8.250	12	.688		
합계	attention	384.000	16			
	purchase	479.000	16			
수정 합계	attention	60.000	15			
	purchase	68.938	15			

a. R 제곱 = .867 (수정된 R 제곱 = .833)
b. R 제곱 = .880 (수정된 R 제곱 = .850)

그림 10-6 개체간의 효과 검정

● **결과 해석**

개체간 효과 검정에서 수정 모형은 제품(product), 고객(customer) 변수에 답변한 케이스가 적은 경우 수정하게 되는 것을 말한다. 제품(product)에 따른 관심과 구매의도에는 유의한 차이가 있음을 알 수 있다(유의확률$=0.000<\alpha=0.05$, 유의확률$=0.019<\alpha=0.05$). 또한 고객(customer)에 따른 관심과 구매의도에는 유의한 차이가 있음을 알 수 있다(유의확률$=0.000<\alpha=0.05$, 유의확률$=0.000<\alpha=0.05$).

결정계수(r^2)는 독립변수의 실험요소로 설명되는 종속변수(attention)의 분산 비율로 관심(attention)의 설명력은 다음과 같이 계산한다.

$$\frac{16+36+0}{62}=0.867$$

여기서 결정계수 0.867은 제품(product), 고객(customer), 그리고 제품과 고객의 상호작용에 의해서 종속변수(관심, attention)가 설명되는 비율을 의미한다. 또한 제품(product), 고객(customer), 그리고 제품과 고객의 상호작용에 의해 설명되어지는 구매의도(intention)의 결정계수 0.880이다.

$$\frac{5.063+52.563+3.063}{68.938}=0.880$$

10.4 반복측정

10.4.1 반복측정의 개념

반복측정법(Repeated Measure)은 ANOVA나 MANOVA 분석에서 단일 개인들로부터 두 번 이상의 반복측정 결과를 분석하는 방법이다. 따라서 반복측정은 사회과학 분야나 의학 분야에서 유용하게 이용할 수 있는 방법이다.

의학, 약학 분야 실험에서는 같은 실험 대상에 대하여 실험 조건이나 처리를 달리하거나 또는 다양한 시점에서 반복적으로 값을 측정하는 경우가 많다. 이러한 자료를 반복측정자료(Repeated Measured Data)라고 부른다.

연구자는 실험 대상이나 실험동물에게 행한 실험의 효과를 특정 시점마다 수치를 확인할 수 있는데 분석측정분석은 이 경우에 적합한 분석법이라고 할 수 있다.

앞 9장에서 다룬 대응표본 T검정의 경우는 같은 집단에 대해서 실험 전후의 차이만을 확인할 수 있지만 반복측정분석법은 두 집단 이상과 여러 시점별로 실험 효과를 분석할 수 있다는 점이 특징이라고 하겠다. 연구자는 반복측정분석에서 분석 결과를 보고 다음을 확인해야 한다.

① 측정 결과가 어떠한 실험수준에 따라 차이가 있는가? (개체간 효과)
② 측정 결과는 관찰 시점에 따라 차이가 있는가? (개체내 효과)
③ 실험수준과 관찰 시점에 따른 상호작용효과(Interaction)는 존재하는가?
④ 시간에 따른 실험수준의 효과 변화 상황(프로파일 도표분석)은 어떠한가?

정리하면, 반복측정분산분석의 주된 관심사는 시간대별 반복횟수에 따른 집단별 자료의 변화 양상을 보는 데 있다. 또한 반복횟수와 집단 간에 상호작용이 있는지 여부를 확인하는 데 있다. 분석자는 반복측정분산분석을 통해서 처리 또는 시점 간의 차이를 확인할 수 있다.

10.4.2 반복측정에서 고려해야 할 사항

반복측정을 실제 연구 분야에 적용하기 위해서는 이월효과(carry-over effect), 잠재효과(latent effect), 학습효과(learning effect) 등을 고려해야 한다.

이월효과는 한 처리의 효과가 미처 사라지기 이전에 다음 처리를 하게 되면 기존 처리의 영향력이 다음에 반영되는 것을 말한다. 연구자는 이월효과가 발생하였을 때 각 처리 시행 간의 간격을 충분히 크게 함으로써 없앨 수 있다.

잠재효과는 어떤 처리를 할 시점에서는 나타나지 않았던 효과가 다음 처리를 할 때에 비로소 나타나는 것을 말한다. 또는 실험 전후 두 가지 이상의 효과가 복합적으로 작용하는 경우가 해당된다. 잠재효과가 발생하는 경우 연구자는 반복측정분석법의 적용을 삼가야 한다.

학습효과는 비슷한 내용의 시험이나 반복적인 실험을 통해서 좋은 결과를 얻는 것을 말한다. 학생이 비슷한 유형의 시험을 통해서 좋은 결과를 얻거나, 쥐를 대상으로 한 반복적인 미로찾기 실험에서 좋은 결과를 얻는 경우가 해당한다. 학습 효과가 발생할 경우는 아무 처리를 하지 않는 통제집단(또는 대조군)을 두고 같은 내용을 반복적으로 실행하여 학습 효과의 양을 측정할 수 있다.

10.4.3 SPSS를 이용한 반복측정

SPSS 예제

(주)비타는 비타민 투여량에 따른 사람들의 몸무게 변화 차이 여부에 관심을 갖고 있다. 연구진은 집단을 세 그룹으로 나누었다.

집단 1: 비타민을 투여하지 않은 그룹(통제집단)

집단 2: 비타민 소량 투여

집단 3: 비타민 다량 투여

연구진은 비타민을 투여한 후 1주 간격(투여 전, 1주 후, 2주 후, 3주 후)으로 몸무게 변화량을 확인하였다(파운드 기준). 반복측정분산분석을 통해서 시간과 집단간 상호작용이 있는지 확인하여라.

개체	집단	주(시간)			
		투여 전	1주 후	2주 후	3주 후
1	1	510	504	436	466
2	1	610	596	542	587
3	1	580	597	582	619
4	1	594	583	611	612
5	1	550	528	562	576
6	2	565	524	552	597
7	2	536	484	567	569
8	2	569	585	576	677
9	2	610	637	671	702
10	2	591	605	649	675
11	3	622	622	632	670
12	3	589	557	568	609
13	3	568	555	576	605
14	3	580	601	633	649
15	3	540	524	532	583

풀이

1단계 위 자료를 SPSS 창에서 다음과 같이 입력한다.

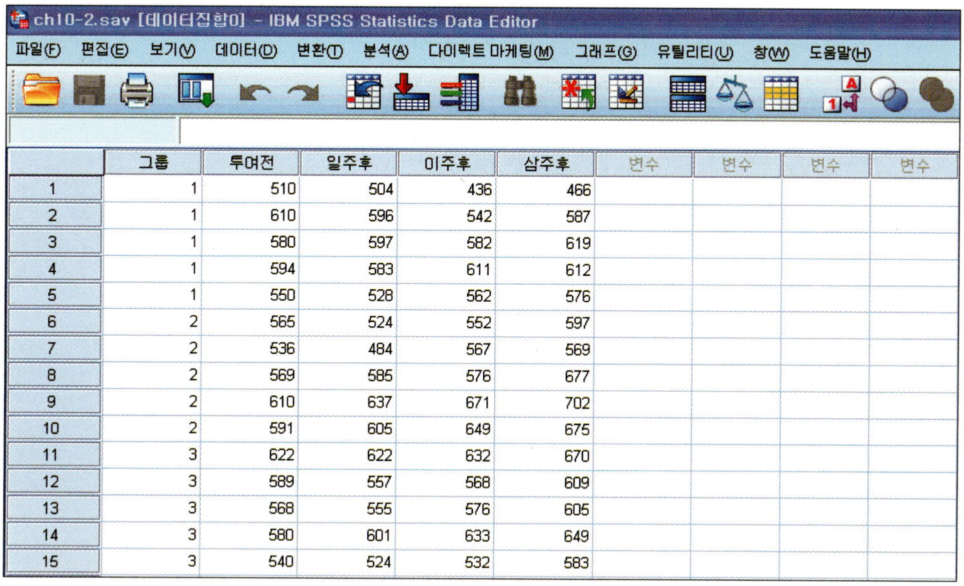

	그룹	투여전	일주후	이주후	삼주후	변수	변수	변수	변수
1	1	510	504	436	466				
2	1	610	596	542	587				
3	1	580	597	582	619				
4	1	594	583	611	612				
5	1	550	528	562	576				
6	2	565	524	552	597				
7	2	536	484	567	569				
8	2	569	585	576	677				
9	2	610	637	671	702				
10	2	591	605	649	675				
11	3	622	622	632	670				
12	3	589	557	568	609				
13	3	568	555	576	605				
14	3	580	601	633	649				
15	3	540	524	532	583				

그림 10-7 데이터 입력 창 [데이터] ch10-2.sav

2단계 반복측정분산분석 창을 열기 위해서, **분석(A) → 일반선형모형(G) → 반복측정(R)...**을 지정한다.

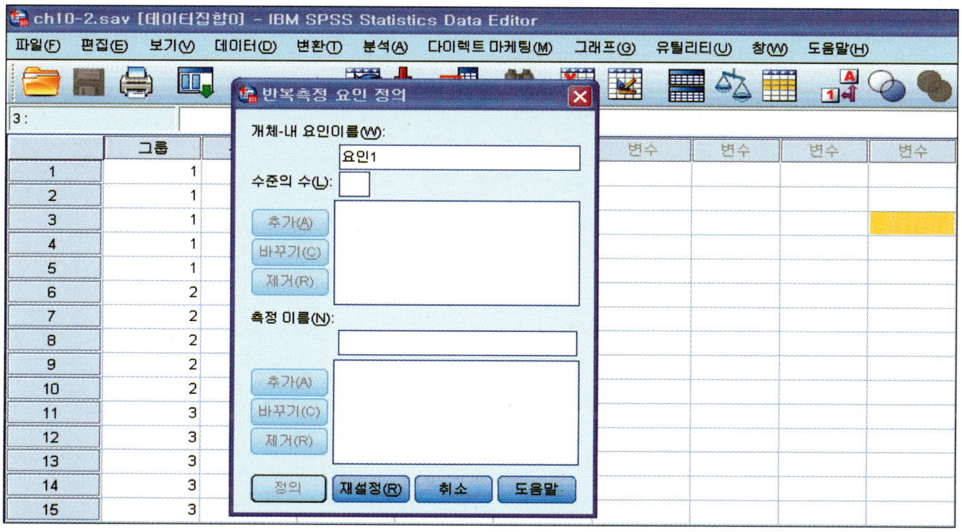

그림 10-8 반복측정 창 1

3단계 **개체-내 요인이름(W)**의 요인1 을 지우고 'weeks'라고 입력을 한다. 그리고 **수준의 수(L)**에는 반복측정횟수 '4'를 입력한다. 추가(A) 단추를 누르면 다음과 같은 화면을 얻을 수 있다.

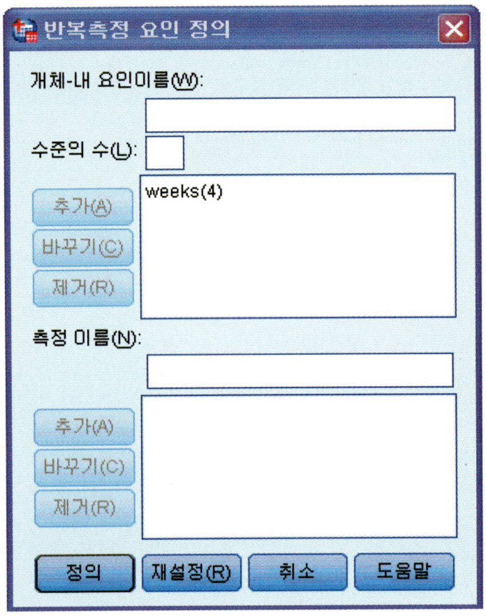

그림 10-9 반복측정 창 2

4단계 **측정이름(N)**에 '몸무게'를 입력하고 추가(A) 를 누른다.

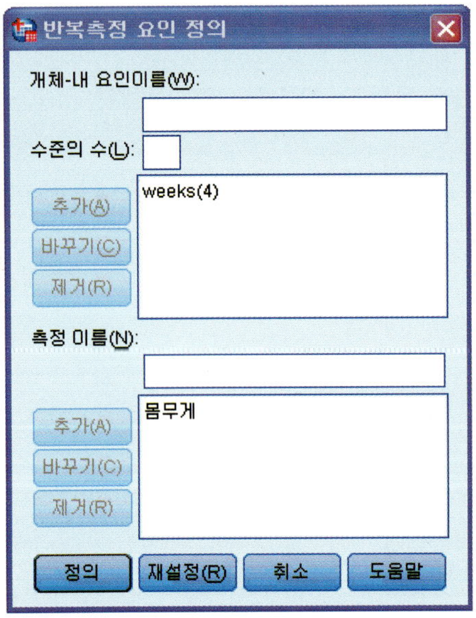

그림 10-10 반복측정 창 3

5단계 앞 화면에서 [정의] 단추를 누른다.

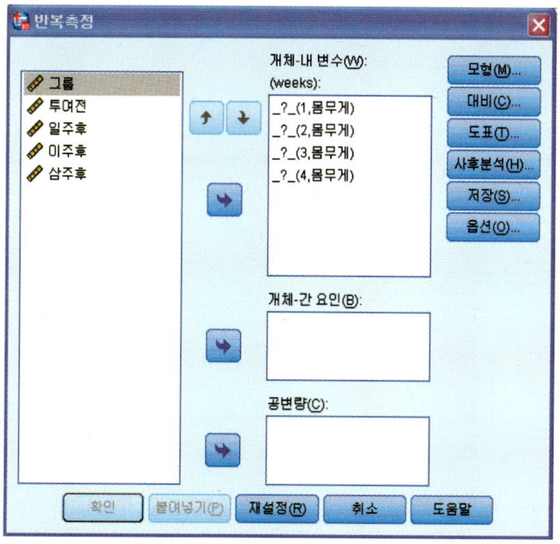

그림 10-11 반복측정 창 4

6단계 왼쪽의 '그룹' 변수를 지정한다. 그리고 [➡] 단추를 이용하여 **개체-간 요인(B)**란에 보낸다. 이어서 '투여전', '일주일후', '이주일후', '삼주일후' 변수를 **개체-내 변수(W)**란 _?_(1, 몸무게), _?_(2, 몸무게), _?_(3, 몸무게), _?_(4, 몸무게)란에 보낸다.

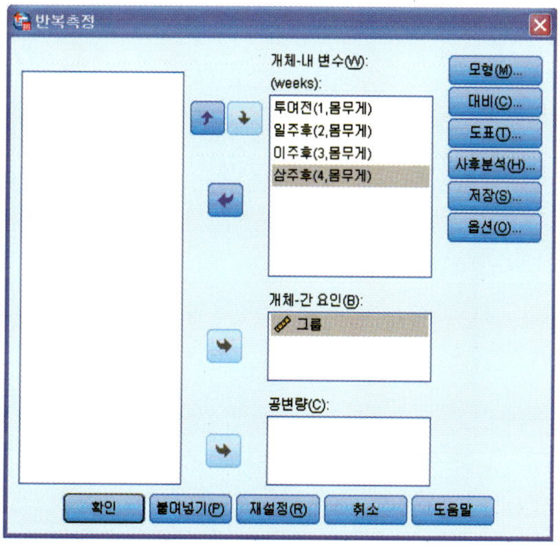

그림 10-12 반복측정 창 5

7단계 모형(M)... 과 대비(C)... 선택 창은 그대로 유지한다. 이어 도표(T)... 창을 연다.

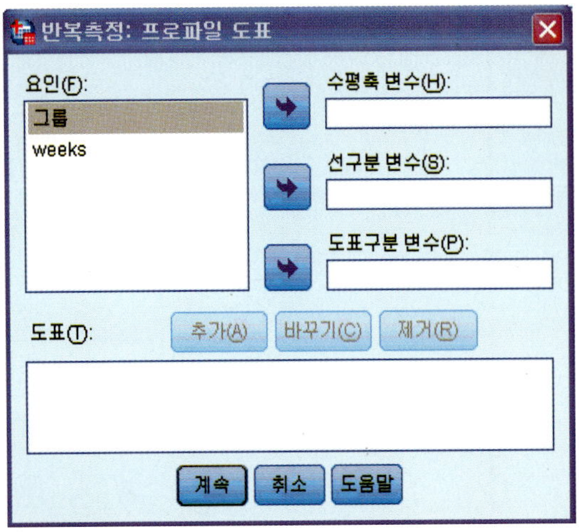

그림 10-13 반복측정: 파일도표 1

8단계 '그룹' 요인을 ➡ 단추를 이용하여 **선구분 변수(S)**란에 보낸다. 또한 'weeks' 요인을 **수평축 변수(H)**란에 보낸다.

그림 10-14 반복측정: 파일도표 2

9단계 그리고 **도표(T)**란에서 [추가(A)] 단추를 누른다. 그러면 다음과 같은 화면을 얻을 수 있다.

그림 10-15 반복측정: 파일도표 3

10단계 [계속] 단추를 누른다. 그러면 다음과 같은 화면을 얻을 수 있다.

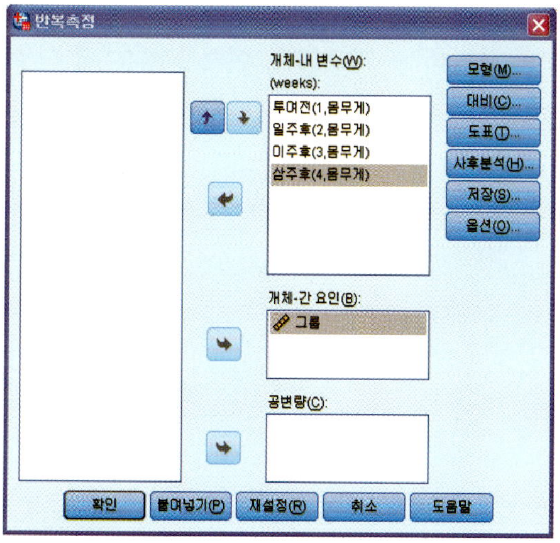

그림 10-16 변수 지정 창

11단계 옵션(O)... 단추를 눌러 ☑ 동질성 검정(H), ☑ 평균-산포 도표(P) 를 지정한다.

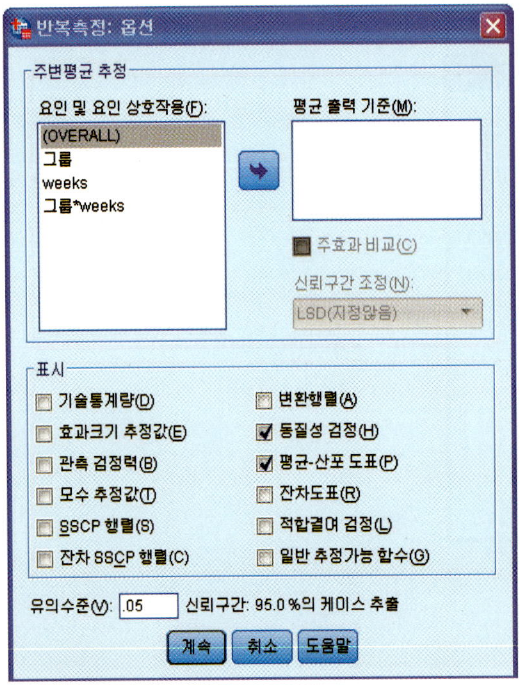

그림 10-17 반복측정: 옵션

12단계 계속 단추를 누르면 앞의 [그림 10-16]로 복귀한다. 여기서 확인 단추를 누르면 다음과 같은 결과물을 얻을 수 있다.

개체-간 요인

		변수값 설명	N
그룹	1	통제집단	5
	2	소량투여집단	5
	3	다량투여집단	5

그림 10-18 개체-간 요인

● 결과 해석

통제집단, 소량투여집단, 다량투여집단의 표본수가 각각 5명임을 알 수 있다.

공분산행렬에 대한 Box의 동일성 검정[a]

Box의 M	67.576
F	1.634
df1	20
df2	516.896
유의확률	.041

여러 집단에서 종속변수의 관측 공분산행렬이 동일한 영가설을 검정합니다.

a. Design: 절편 + 그룹
개체-내 계획: weeks

그림 10-19 공분산행렬에 대한 Box 동일성 검정

● 결과 해석

Box M 통계량은 실험요소 간 종속변수의 분산공분산행렬과 전체 표본의 분산공분산행렬(pooled variance-covariance matrix)의 동질성을 고려하는 방법이다. 여기서는 유의확률$=0.041<\alpha=0.05$이기 때문에 정규분포 가정에 위배됨을 알 수 있다. 정규분포에 위배되는 경우에는 무용한 통계량이라고 판단할 수 있다. 이런 경우 연구자는 분석을 멈추고 재실험을 통해서 표본수를 증가시키는 것이 바람직하다.

다변량 검정[c]

효과		값	F	가설 자유도	오차 자유도	유의확률
weeks	Pillai의 트레이스	.901	30.468[a]	3.000	10.000	.000
	Wilks의 람다	.099	30.468[a]	3.000	10.000	.000
	Hotelling의 트레이스	9.140	30.468[a]	3.000	10.000	.000
	Roy의 최대근	9.140	30.468[a]	3.000	10.000	.000
weeks * 그룹	Pillai의 트레이스	.700	1.974	6.000	22.000	.113
	Wilks의 람다	.300	2.748[a]	6.000	20.000	.041
	Hotelling의 트레이스	2.328	3.492	6.000	18.000	.018
	Roy의 최대근	2.328	8.536[b]	3.000	11.000	.003

a. 정확한 통계량
b. 해당 유의수준에서 하한값을 발생하는 통계량은 F에서 상한값입니다.
c. Design: 절편 + 그룹
개체-내 계획: weeks

그림 10-20 다변량 검정

● **결과 해석**

귀무가설(H_0: 모집단에서의 그룹간 주별(weeks) 평균에는 차이가 없다)을 검정하기 위해서 Pillais의 트레이스, Wilks의 람다, Hotelling의 트레이스, Roy의 최대근을 확인하였다. 유의확률$=0.000<\alpha=0.05$이므로 귀무가설을 기각하고 연구가설을 채택함을 알 수 있다. 즉 주별(weeks) 유의확률$=0.00<\alpha=0.05$이므로 반복측정 시점에 따른 4회의 몸무게 평균차이는 집단에 관계없이 유의함을 알 수 있다.

주별(weeks) 요인과 그룹간의 상호작용을 확인하기 위해서 Pillais의 트레이스, Wilks의 람다, Hotelling의 트레이스, Roy의 최대근을 확인하였다. Pillais의 트레이스(유의확률$=0.113>\alpha=0.05$)를 제외하고 나머지 세 가지 통계량(Wilks의 람다, Hotelling의 트레이스, Roy의 최대근)은 유의확률$<\alpha=0.05$이므로 '상호작용효과가 있다'는 연구가설을 채택하게 된다. 이는 상호작용이 유의하기 때문에 비타민의 투여량이 몸무게 변화에 영향을 미친다고 해석을 하면 된다.

개체-내 효과 검정

측도:몸무게

소스		제 III 유형 제곱합	자유도	평균 제곱	F	유의확률
weeks	구형성 가정	18842.450	3	6280.817	15.032	.000
	Greenhouse-Geisser	18842.450	2.268	8309.719	15.032	.000
	Huynh-Feldt	18842.450	3.000	6280.817	15.032	.000
	하한값	18842.450	1.000	18842.450	15.032	.002
weeks * 그룹	구형성 가정	9090.800	6	1515.133	3.626	.006
	Greenhouse-Geisser	9090.800	4.535	2004.569	3.626	.014
	Huynh-Feldt	9090.800	6.000	1515.133	3.626	.006
	하한값	9090.800	2.000	4545.400	3.626	.059
오차(weeks)	구형성 가정	15041.500	36	417.819		
	Greenhouse-Geisser	15041.500	27.210	552.788		
	Huynh-Feldt	15041.500	36.000	417.819		
	하한값	15041.500	12.000	1253.458		

그림 10-21 개체내 효과 검정

● **결과 해석**

실험 데이터가 구성형 조건(sphericity condition)을 만족하는지 알아봐야 한다. 구형성 검정은 반복측정된 데이터가 각 처리쌍 간에 상관이 동일하며, 각 처리마다 처리 내 분산들이 모두 동일하다는 등분산 조건을 만족하는가의 문제이다.

반복측정에서 구형성 가정을 만족하면 일변량분석 결과를 가지고 결과를 해석한다. 만약 구형성 가정을 만족하지 못하면 다변량 통계량(Pillais의 트레이스, Wilks의 람다, Hotelling의 트레이스, Roy의 최대근)의 결과를 가지고 해석한다. 여기서는 주별(weeks)과 주별(weeks)*그룹간 상호작용의 구형성 검정이 만족하지 않는다(유의확률$<\alpha=0.05$). 따라서 앞의 [그림 10-20]의 결과인 다변량 통계량을 가지고 해석을 하게 된 것이다.

개체-내 대비 검정

측도:몸무게

소스	weeks	제 III 유형 제곱합	자유도	평균 제곱	F	유의확률
weeks	선형모형	12454.963	1	12454.963	23.064	.000
	2차모형	6386.017	1	6386.017	27.393	.000
	3차모형	1.470	1	1.470	.003	.957
weeks * 그룹	선형모형	7980.507	2	3990.253	7.389	.008
	2차모형	157.733	2	78.867	.338	.720
	3차모형	952.560	2	476.280	.992	.399
오차(weeks)	선형모형	6480.180	12	540.015		
	2차모형	2797.500	12	233.125		
	3차모형	5763.820	12	480.318		

그림 10-22 개체내 대비 검정

● **결과 해석**

개체-내 대비 검정 결과, 주별(weeks), 주별(weeks)과 그룹간의 상호작용의 모형별 유의확률이 나타나 있다. 주별 요인(weeks)에서 선형모형과 2차모형의 유의확률=0.000< $\alpha=0.05$ 이기 때문에 유의함을 알 수 있다. 주별 요인(weeks)과 그룹간의 상호작용효과 요인에서는 선형모형만 유의하다(유의확률=0.008< $\alpha=0.05$). 2차모형과 3차모형은 유의확률이 0.05보다 크기 때문에 유의하지 않음을 알 수 있다.

오차 분산의 동일성에 대한 Levene의 검정[a]

	F	df1	df2	유의확률
투여전	.544	2	12	.594
일주후	1.250	2	12	.321
이주후	.226	2	12	.801
삼주후	.724	2	12	.505

여러 집단에서 종속변수의 오차 분산이 동일한 영가설을 검정합니다.

a. Design: 절편 + 그룹
개체-내 계획: weeks

그림 10-23 오차분산의 동일성 검정

● **결과 해석**

오차분산의 동일성 검정 결과 실시횟수에 따른 오차분산은 모두 동일함을 알 수 있다(유의확률> $\alpha=0.05$).

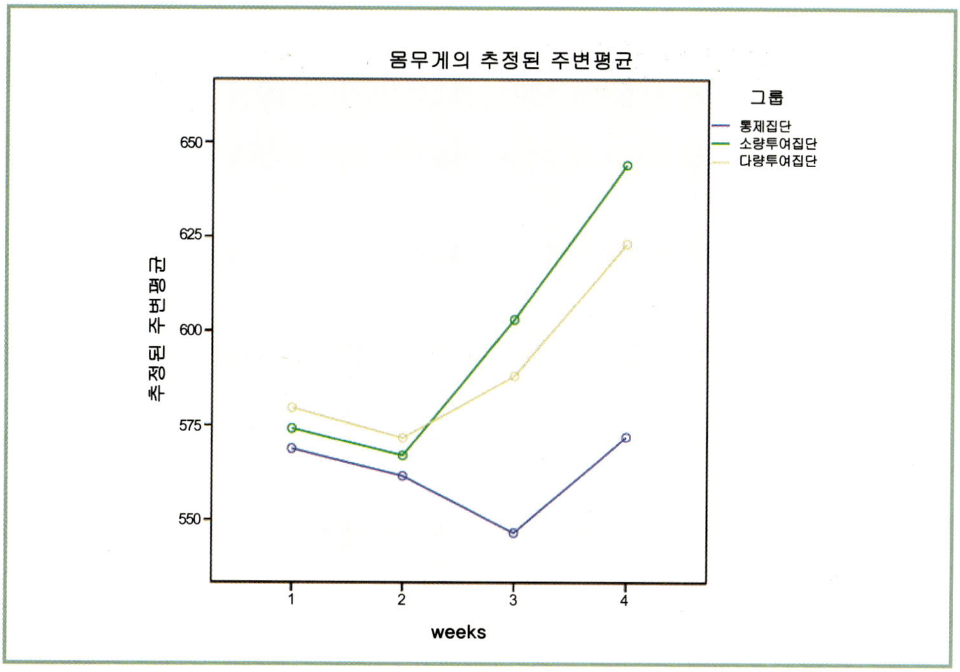

그림 10-24 몸무게의 추정평균

● 결과 해석

그림도표를 보면 비타민 소량투여집단의 몸무게 변화가 가장 크고, 비타민 다량투여집단이 그 다음 순이다. 통제집단은 거의 변화가 없다.

10.5 공분산분석(Covariate Analysis)

10.5.1 공분산분석의 정의

분산분석에서 두 독립변수 간에 상호작용 여부가 밝혀지지 않았지만, 만약 종속변수가 두 독립변수의 복합적인 관계에 의하여 영향을 받을 때가 있다. 이때 한 요인을 통제하고 다른 한 요인의 효과를 분석하는 것이 적합하다. 이와 같은 경우, 우리는 회귀분석의 변형된 기법인 공분산분석(ANCOVA: Covariance Analysis)을 사용한다. 공분산분석(또는공변량분석)은 질적인 독립변수와 양적인 독립변수를 동시에 분석하는 것으로 양적인 독립변수를 사전에 통제(제거)하고 질적인 독립변수와 종속변수 간의 관계를 명확하게 규명하는 방법이다. 여기서 통제되는 양적인 독립변수를 공변량(Covariate)라고 한다. 공변량이 포함된 분산분석 모형화로 나타내면 다음과 같다.

$$Y_{ij} = \mu + \alpha_i + \beta X_{ij} + \epsilon_{ij}$$ 식 10-4

여기서 Y_{ij}= 종속변수 관찰값

μ = 전체평균

α_i = 처리효과

βX_{ij}= 공변량 효과

ϵ_{ij} = 잔차 등을 나타냄.

다변량분산분석은 두 개 이상의 질적인 독립변수와 양적인 종속변수들 간을 분석하는 방법이다. 다변량분산분석에서 불가피하게 질적인 독립변수와 양적인 독립변수가 모형에 포함되는 경우가 발생한다. 이 연구모형 설정은 논리적인 정황과 과거의 연구 근거에 부합할 경우를 말한다. 연구자자 외생변수(양적인 독립변수)의 영향력을 제거하기 위해서 공변량(covariate)의 효과를 분석하는 다변량공분산분석(MANCOVA: Multivariate Covariance Analysis)을 고려할 수 있다.

정리하면, 공분산분석은 분산분석은 질적인 독립변수와 양적인 독립변수가 사용되는 경우를 말한다. 이때 질적인 독립변수를 요인(factor)라고 한다. 양적인 독립변수는 공변량(covariate)라고 한다. 공분산분석에서 요인과 공변량 간의 상호작용은 없는 것으로 가정을 하는 것이 일반적인 사항이다.

10.5.2 SPSS를 이용한 공분산분석

SPSS 예제

다음 자료는 1994년 미국 노스캐롤라이나주 로키 마운트에 소재하고 있는 농업시험소에서 에이커당 산화칼륨(K_2O)의 비료 시비량에 따른 면화강도를 측정한 자료이다. 실험의 처리(Treatment)인 산화칼륨의 양은 에이커당 36, 54, 72, 108 144 파운드로 하였다. 주된 실험의 목적은 이 다섯 개 처리 간의 효과 차이를 검정하는 것이다. 여기서 실험에 채택된 토질이 동질의 것이 아니라고 판단되어 15개의 실험장을 동질의 토지로 구성되어 있는 3개 블록으로 나누어 각 블록마다 5개의 처리를 랜덤하게 실험장에 시비하였다. 이 실험은 확률화블록계획법에 따라 실시하였다. 실험 자료는 다음과 같다.

블록 \ 처리	T1(36)	T2(54)	T3(72)	T4(108)	T5(144)
블록 1	7.62(3.05)*	8.14(3.30)	7.76(3.10)	7.17(2.87)	7.46(2.98)
블록 2	8.00(3.16)	8.15(3.30)	7.73(3.10)	7.57(3.03)	7.68(3.07)
블록 3	7.93(3.17)	7.87(3.15)	7.74(3.10)	7.80(3.13)	7.21(2.85)

* (   )는 비옥도를 나타냄.

풀이

1단계 앞의 실험 자료를 SPSS 프로그램에 입력한다.

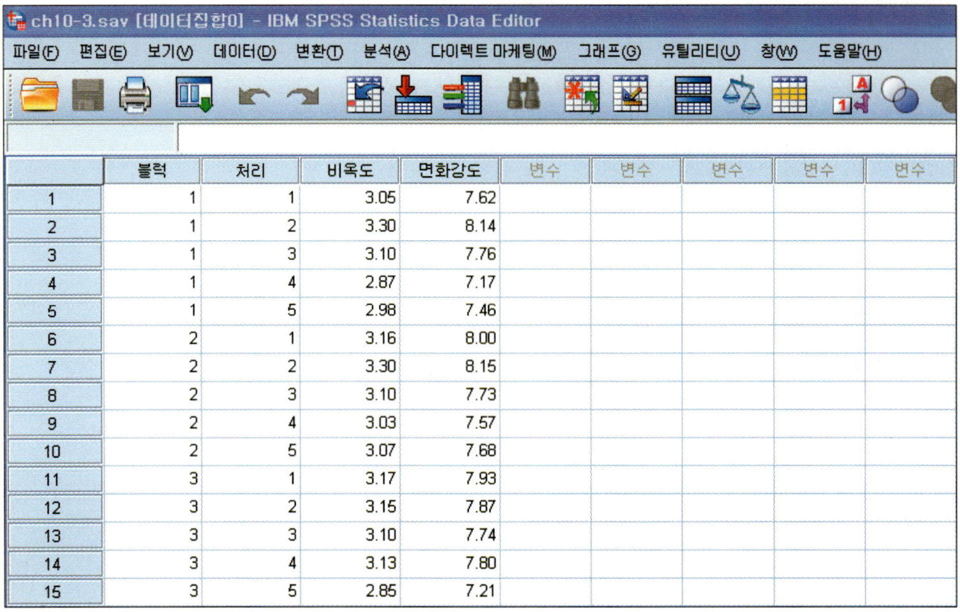

	블럭	처리	비옥도	면화강도	변수	변수	변수	변수	변수
1	1	1	3.05	7.62					
2	1	2	3.30	8.14					
3	1	3	3.10	7.76					
4	1	4	2.87	7.17					
5	1	5	2.98	7.46					
6	2	1	3.16	8.00					
7	2	2	3.30	8.15					
8	2	3	3.10	7.73					
9	2	4	3.03	7.57					
10	2	5	3.07	7.68					
11	3	1	3.17	7.93					
12	3	2	3.15	7.87					
13	3	3	3.10	7.74					
14	3	4	3.13	7.80					
15	3	5	2.85	7.21					

그림 10-25 자료 입력 [데이터] ch10-3.sav

2단계 회귀분석을 실시하여 비옥도(독립변수)가 면화강도(종속변수)에 미치는 효과를 파악한다. 회귀분석에 관해서는 차후에 자세히 설명할 것이다. 회귀분석을 실시하기 위해서 **분석(A)** → **회귀분석(R)** → **선형(L)...** 단추를 누른다. 여기서는 '비옥도'를 **독립변수(I)**란에 '면화강도'를 **종속변수(D)**란에 보낸 그림을 나타낸다.

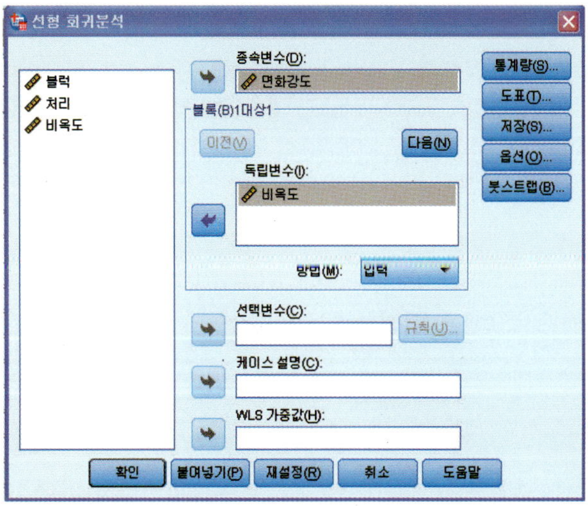

그림 10-26 선형회귀분석

3단계 확인 단추를 누르면 다음과 같은 회귀분석 결과를 얻을 수 있다.

모형 요약

모형	R	R 제곱	수정된 R 제곱	추정값의 표준오차
1	.989[a]	.978	.977	.04445

a. 예측값: (상수), 비옥도

분산분석[b]

모형		제곱합	자유도	평균 제곱	F	유의확률
1	회귀 모형	1.153	1	1.153	583.731	.000[a]
	잔차	.026	13	.002		
	합계	1.179	14			

a. 예측값: (상수), 비옥도
b. 종속변수: 면화강도

계수[a]

모형		비표준화 계수		표준화 계수	t	유의확률
		B	표준오차	베타		
1	(상수)	.781	.288		2.717	.018
	비옥도	2.246	.093	.989	24.161	.000

a. 종속변수: 면화강도

그림 10-27 선형회귀분석 결과

● **결과 해석**

추정 회귀식($\hat{Y} = 0.781 + 2.246 \times$ 비옥도)은 $\alpha = 0.05$에서 유의함을 알 수 있다. 또한 비옥도(독립변수)는 면화강도(종속변수)에 유의한 영향을 미침을 알 수 있다(유의확률$=0.000 < \alpha = 0.05$). 따라서 연구자는 비옥도(독립변수)가 양적변수이면서 회귀분석 결과 유의한 변수임을 알았기 때문에 공변량(covariate)변수임을 확인할 수 있다.

4단계 연구자는 **분석(A) → 일반선형모형(G) → 일변량(U)...** 단추를 눌러 분산분석을 실시하기 한다. **종속변수(D)**란에는 '면화강도' 변수를 보낸다. **모수요인(F)**란에는 '블록'과 '처리' 변수를 보낸다. 그리고 회귀분석 결과 공변량 변수로 파악된 '비옥도' 변수는 **공변량(C)**에 보낸다. 이를 그림으로 나타내면 다음과 같다.

그림 10-28 변수 지정 창

5단계 [모형(M)...] 단추를 클릭한 후 **모형설정**란에서 ◉**사용자 정의(C)**를 누른다. **항 설정**란의 유형(Y)에서 [주효과 ▾] 단추를 누른다. 이어서 **요인 및 공변량(F)**란에서 '블록', '처리', '비옥도' 변수를 지정한다. [➔] 단추를 이용해서 **모형(M)**란에 보낸다.

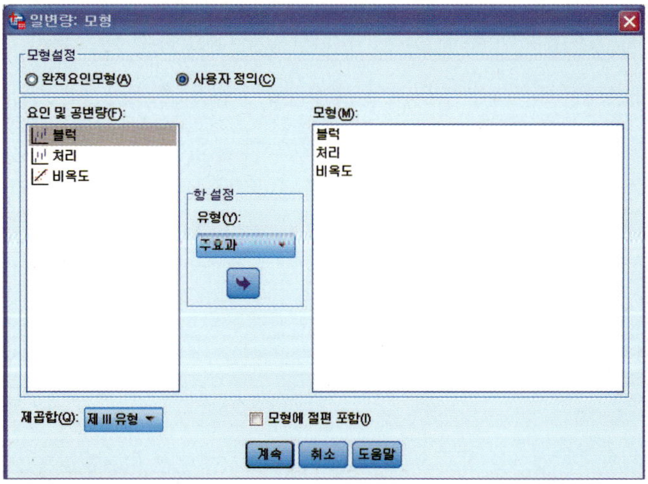

그림 10-29 일변량: 모형

6단계 여기서 [계속] 단추를 누른다. 그러면 앞의 [그림 10-28] 화면으로 복귀한다. [확인] 단추를 누르면 다음의 결과를 얻을 수 있다.

개체-간 효과 검정

종속 변수:면화강도

소스	제 III 유형 제곱합	자유도	평균 제곱	F	유의확률
모형	895.608[a]	8	111.951	75015.253	.000
블럭	.004	2	.002	1.319	.327
처리	.011	4	.003	1.859	.223
비옥도	.339	1	.339	227.177	.000
오차	.010	7	.001		
합계	895.618	15			

a. R 제곱 = 1.000 (수정된 R 제곱 = 1.000)

그림 10-30 공분산분석 결과

● **결과 해석**

공분산분석 결과 블록에 따른 면화강도의 차이는 없는 것으로 나타났다(유의확률=0.327> $\alpha = 0.05$). 또한 산화칼륨의 처리수준에 따른 면화강도의 차이는 없는 것으로 나타났다(유의확률=0.223> $\alpha = 0.05$). 공변량 변수인 비옥도는 앞의 회귀분석 결과에서와 마찬가지로 비옥도에 유의한 영향을 미치는 것으로 나타났다(유의확률=0.000< $\alpha = 0.05$). 만약, 연구자가 비옥도를 고려하지 않고 '블록'과 '처리' 효과에 따른 면화강도 차이 여부를 확인할 경우, 연구자는 분석 및 해석 과정에서 오류를 범할 수 있음을 알 수 있다.

연습문제

1. 다음은 학생들의 학업 부진 정도(1 하, 2 중, 3 상)에 따른 교육 효과를 알아보기 위해서 처리집단과 통제집단으로 구분하여 성취도와 수학 성적을 조사한 표이다.

	하			중			상		
	성취도	수학 성적	(IQ)	성취도	수학 성적	(IQ)	성취도	수학 성적	(IQ)
처리집단	115	108	110	100	105	115	89	78	99
	98	105	102	105	95	98	100	85	102
	107	98	100	95	98	100	90	95	100
통제집단	90	92	108	70	80	100	65	62	101
	85	95	115	85	68	99	80	70	95
	80	81	95	78	82	105	72	73	102

1) 학업 부진 정도와 집단별(처리집단, 통제집단) 성취도와 수학 성적에 미치는 영향을 $\alpha = 0.05$ 에서 언급하라.

2) IQ를 공변량으로 하고 앞의 1)번을 분석하고 올바르게 해석해보자.

11장

상관분석

변수 사이의 연관성을 설명하는 방법으로는 산포도에 의한 방법, 공분산, 상관계수 등 세 가지가 있다. 연구자는 산포도분석을 통해서 전반적인 추이를 알 수 있다. 공분산분석(covariance)을 통해서 두 확률변수가 어느 정도 결합되어 있는가를 파악할 수 있다. 연구자는 상관계수(correlation coefficient)를 통해서 변수 간의 방향과 관련성 정도를 파악할 수 있다.

학습 목표

- 공분산의 개념을 이해한다.
- 상관분석, 상관계수의 개념을 설명할 수 있다.
- 편상관계수의 개념과 분석 방법을 이해한다.
- 정준상관분석 방법을 이해하고 SPSS 프로그램으로 실행할 수 있다.

11.1 공분산

두 변수 사이의 연관성을 설명하는 방법으로는 산포도에 의한 방법, 공분산, 상관계수 등 세 가지가 있다. 먼저, 공분산에 대하여 설명하여보자.

공분산(covariance)은 두 확률변수가 어느 정도 결합되어 있는가를 측정한다. 두 변수 X와 Y 사이의 공분산은 $Cov(X, Y)$ 또는 σ_{xy}로 표기한다. 그러나 현실적으로 모집단의 특성치인 평균과 분산을 안다는 것은 쉬운 일이 아니며, 때에 따라서는 불가능하다. 그러므로 표본에 대하여 공분산을 아는 것은 중요하다.

모집단 공분산

$$Cov(X, Y) = \sigma_{XY} = E(X-\mu_x)(Y-\mu_y)$$

$$= \frac{1}{N}\sum(X-\mu_X)(Y-\mu_Y)$$ 식 11-1

표본 공분산

$$S_{xy} = \frac{\sum(x-\bar{x})(y-\bar{y})}{n-1}$$ 식 11-2

공분산은 두 변수에 대한 편차를 서로 곱한 것임을 알 수 있다. 공분산의 부호는 세 가지로 나타낼 수 있다. 양의 값을 가지면 X와 Y는 같은 방향으로 움직이는 것을 알 수 있다. 즉, X가 커지면 Y도 커지고, X가 작아지면 Y도 작아진다. 그리고 그 값이 크면, 두 변수는 밀접하게 움직인다고 한다. 이와 반대로, 음의 값을 가지면 X와 Y는 반대 방향으로 움직이고 있음을 나타낸다. X가 커지면 Y는 작아지고, X가 작아지면 Y는 커진다. 만일 공분산의 값이 0이라면 두 변수 사이에는 아무런 증감관계도 없음을 나타낸다. 그런데 두 확률변수 X, Y가 서로 독립적이면 공분산은 0이 된다. 그러나 여기서 유의할 것은 공분산이 0이라고 해서 두 변수가 반드시 독립적인 것은 아니다.

두 확률변수 X, Y가 독립적인 경우는 다음의 경우이다.

① $E(XY)=E(X)\cdot E(Y)$

② $Cov(X,Y)=E(X-\mu_x)(Y-\mu_y)=0$

③ $Var(X\pm Y)=Var(X)+Var(Y)$

11.2 상관계수

두 확률변수 X, Y가 있어 두 변수 간의 일차적인 관계가 얼마나 강한가를 지수로 측정하고 싶을 때가 있다. 이때 두 변수의 일차관계의 방향과 정도를 나타내는 측정치를 상관계수(correlation coefficient)라고 부른다. 또는 피어슨 상관계수라고도 한다. 이 상관계수를 이용한 통계 기법을 상관분석(correlation analysis)이라고 한다.

모집단의 경우 상관계수는 ρ(rho), 표본의 상관계수는 r로 표시한다.

모집단 상관계수

$$\rho=\frac{\sigma_{xy}}{\sqrt{\sigma_x^2}\sqrt{\sigma_y^2}}=\frac{\sigma_{xy}}{\sigma_x\sigma_y},\ -1\leq\rho\leq+1 \qquad \text{식 11-3}$$

표본 상관계수

$$r = \frac{S_{xy}}{\sqrt{S_x^2}\sqrt{S_y^2}} = \frac{S_{xy}}{S_x S_y}, \quad -1 \leqq r \leqq +1$$ 식 11-4

여기서 $S_x^2 = \frac{1}{n-1}\sum(x-\overline{x})^2$

$$S_y^2 = \frac{1}{n-1}(y-\overline{y})^2$$

$$S_{xy} = \frac{1}{n-1}\sum(x-\overline{x})(y-\overline{y})$$

위의 식에서 보는 바와 같이 상관계수는 공분산을 변수 X와 변수 Y의 두 표준편차로 나누어준 값, 즉 표준화된 공분산(standardized covariance)을 의미한다. 이 상관계수는 모집단에서 두 확률변수의 일차적인 연관성을 나타내준다.

일반적으로 상관계수의 값을 보고 두 변수의 관련 정도를 알 수 있는데, 그 정도를 다음과 같이 평가할 수 있다.

상관계수와 변수의 관련성

1.0 ~ 0.7(−1.0 ~ −0.7)의 경우: 매우 강한 관련성

0.7 ~ 0.4(−0.7 ~ −0.4)의 경우: 상당한 관련성

0.4 ~ 0.2(−0.4 ~ −0.2)의 경우: 약간의 관련성

0.2 ~ 0.0(−0.2 ~ −0.0)의 경우: 관련이 없음

만일 두 변수가 독립적이면 공분산은 0이 되고, 따라서 상관계수도 0이 된다. 그러나 이것의 역(逆)은 반드시 성립하지는 않는다.

이미 설명한 바와 같이 산포도를 이용하면 두 변수 사이의 변동 관계를 파악할 수 있다. [그림 11-1]은 산포도와 상관계수의 관계를 나타낸 것이다. 이 그림에서 보면, 두 변수 사이의 조직적인 움직임이 있는 산포도는 정(正) 혹은 역상관을 갖는다. 그리고 관찰치가 넓게 퍼져 있어서 조직적인 움직임을 보이지 않는 경우는 일직선의 경우보다는 상관계수가 작다. 이와 같이 산포도를 통하여 우리는 두 변수의 상관관계를 짐작할 수 있다.

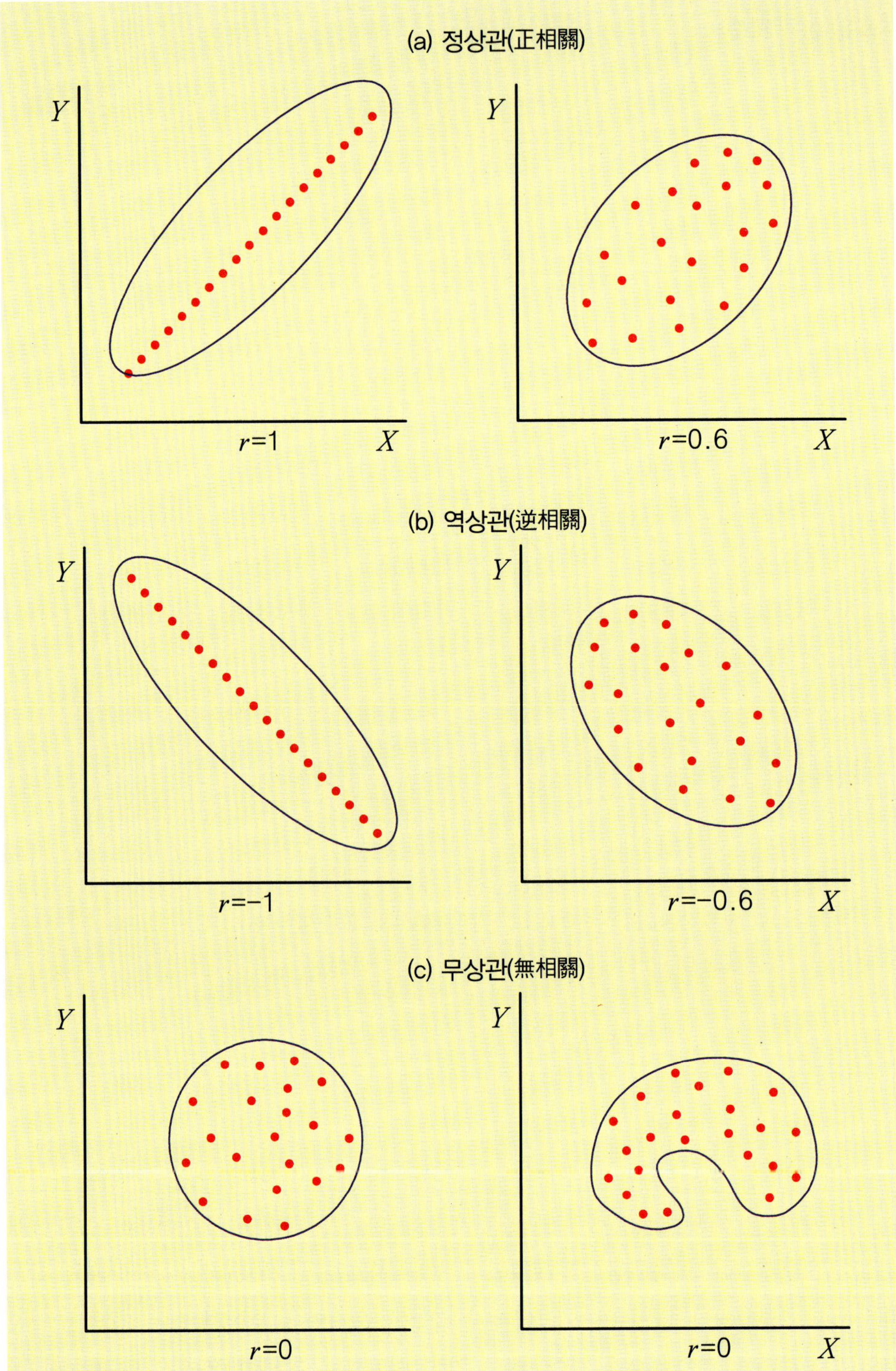

그림 11-1 산포도와 상관계수

예제 1

다음은 어느 도시에 거주하는 사람들 10명을 표본조사한 자료이다. 조사변수는 거주연수(X), 도시에 대한 태도(Y, 1: 매우 호의적이지 못함, 11: 매우 호의적임), 삶의 만족도(Z, 1: 매우 불만족, 11: 매우 만족) 등이다. 여기서 거주연수(X), 도시에 대한 태도(Y)에 관한 평균, 분산, 공분산, 상관계수를 구하여라.

	1	2	3	4	5	6	7	8	9	10
X	10	12	12	4	12	6	8	2	18	9
Y	6	9	8	3	10	4	5	2	11	9
Z	3	11	4	1	11	1	7	4	8	8

풀이

먼저 이 거주연수(X), 도시에 대한 태도(Y)에 대한 평균을 구하여보자.

거주연수: $\overline{X} = \frac{1}{10}(10+12+\cdots\cdots+9) = 9.3$

도시에 대한 태도: $\overline{Y} = \frac{1}{10}(6+9+\cdots\cdots+9) = 6.7$

다음으로, 분산과 공분산을 구하면 다음과 같다.

$$S_x^2 = \frac{1}{10-1}[(10-9.3)^2+(12-9.3)^2+\cdots+(9-9.3)^2] = 21.3$$

$$S_y^2 = \frac{1}{10-1}[(6-6.7)^2+(9-6.7)^2+\cdots+(9-6.7)^2] = 9.79$$

$$S_{xy} = \frac{1}{10-1}[(10-9.3)(6-6.7)+(12-9.3)(9-9.3)+\cdots+ (9-9.3)(9-9.3)] = 13.322$$

이어 표본 상관계수를 구하면 다음과 같다.

$$r = \frac{S_{xy}}{\sqrt{S_x^2}\,\sqrt{S_y^2}} = \frac{S_{xy}}{S_x S_y} \text{에서}$$

$$r = \frac{13.322}{\sqrt{21.3}\,\sqrt{9.79}}$$

$$= 0.922$$

따라서 거주연수(X), 도시에 대한 태도(Y) 간 변수는 서로 매우 강한 관련성을 갖고 있음을 알 수 있다.

11.3 상관계수의 가설검정

모집단 상관계수 ρ에 대한 추론을 위하여 표본 상관계수 r의 표본분포 특성을 보면 다음과 같다. 모집단의 변수들 사이에 상관계수가 없다면 t통계량은 다음과 같다.

t통계량

$$t = \frac{r-0}{S_r} \quad \text{식 11-5}$$

여기서 $S_r = \sqrt{\frac{1-r^2}{n-2}}$

$df = n-2$

이 검정을 위한 귀무가설과 대립가설은 다음과 같다.

$$H_0 : \rho = 0$$
$$H_1 : \rho \neq 0$$

식 11-6

예제 2

앞의 [예제1]의 경우를 이용하여 상관계수의 유의성을 판단하기 위하여 $\alpha = 0.05$에서 가설검정을 실시하라.

풀이

$$H_0 : \rho = 0$$
$$H_1 : \rho \neq 0$$

표본 상관계수를 구한 결과 $r = 0.922$이었다. t통계량을 구하면

$$t = \frac{0.922 - 0}{0.137} = 6.73$$

이다. 임계치 $t(\frac{0.05}{2}, 10-2) = 2.306$이며 $|t| > 2.306$이므로 H_o을 기각한다. 따라서 표본 상관계수는 $\alpha = 0.05$에서 유의하다고 결론을 내릴 수 있다.

11.4 SPSS를 이용한 상관분석

SPSS 예제

다음은 어느 도시에 거주하는 사람들 10명을 표본조사한 자료이다. 조사 변수는 거주연수(X), 도시에 대한 태도(Y, 1: 매우 호의적이지 못함, 11: 매우 호의적임), 삶의 만족도(Z, 1: 매우 불만족, 11: 매우 만족) 등이다. 여기서 거주연수(X), 도시에 대한 태도(Y)에 관한 평균, 분산, 공분산, 상관계수를 구하여라. 또한 상관계수의 유의성 여부를 $\alpha = 0.05$ 에서 판단하여라.

	1	2	3	4	5	6	7	8	9	10
X	10	12	12	4	12	6	8	2	18	9
Y	6	9	8	3	10	4	5	2	11	9
Z	3	11	4	1	11	1	7	4	8	8

풀이

1단계 다음과 같이 관련 SPSS 창에 변수와 데이터를 입력한다.

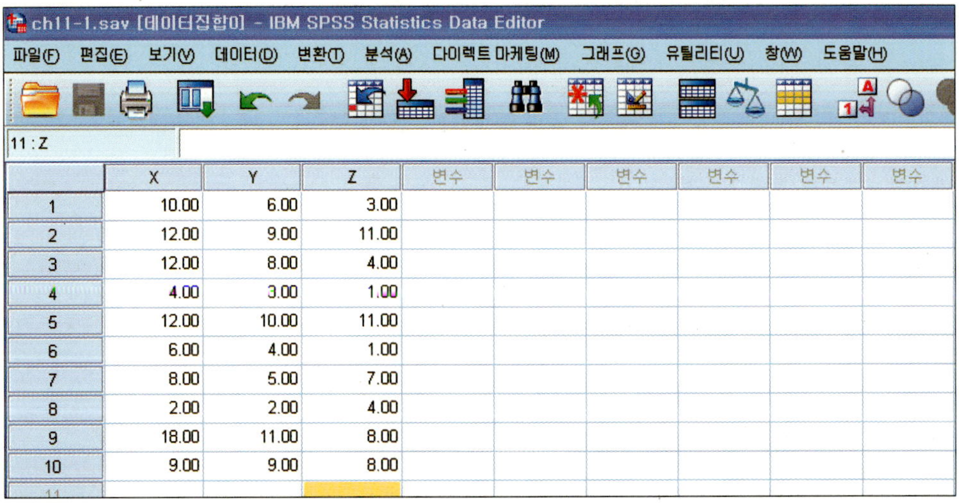

그림 11-2 데이터 입력 창 [데이터] ch11-1.sav

2단계 SPSS 프로그램에서 **분석(A) → 상관분석(C) → 이변량 상관계수(B)...**를 클릭한다. 그러면 다음과 같은 화면을 얻을 수 있다.

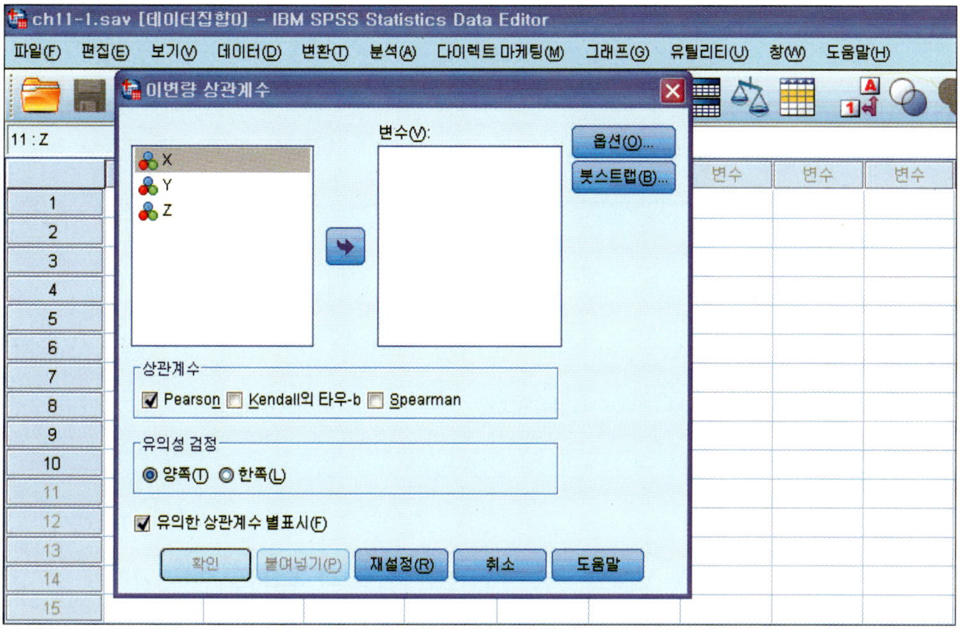

그림 11-3 데이터 지정 창

참고로 초기 지정값으로 선택되어 있는 Pearson 상관계수는 분석하고자 하는 변수가 양적변수인 경우 지정하는 통계량이다. Kendall의 타우-b는 서열척도로 세 개 이상의 변수 간 관련성을 파악하는 데 사용하는 통계량이다. Spearman은 서열척도 구성된 두 개 변수의 상관관계를 파악하는 데 이용되는 통계량이다.

3단계 X 변수와 Y 변수를 ➡ 단추를 이용하여 **변수(V)**란으로 보낸다.

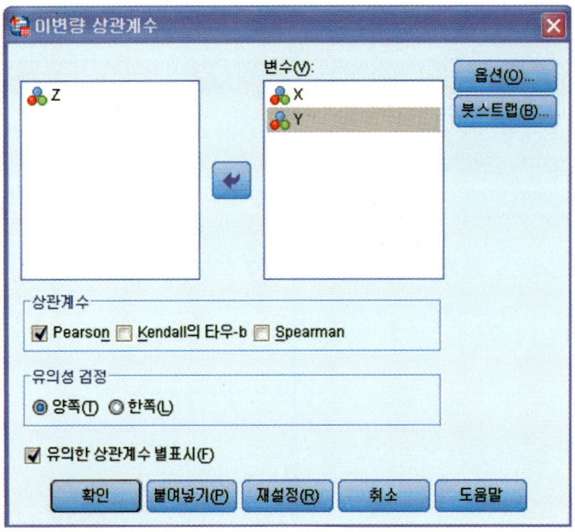

그림 11-4 변수 지정 창

4단계 이어 옵션(O)... 단추를 누른다. 여기서 **평균과 표준편차(M)**, **교차곱 편차와 공분산(C)**을 지정한다.

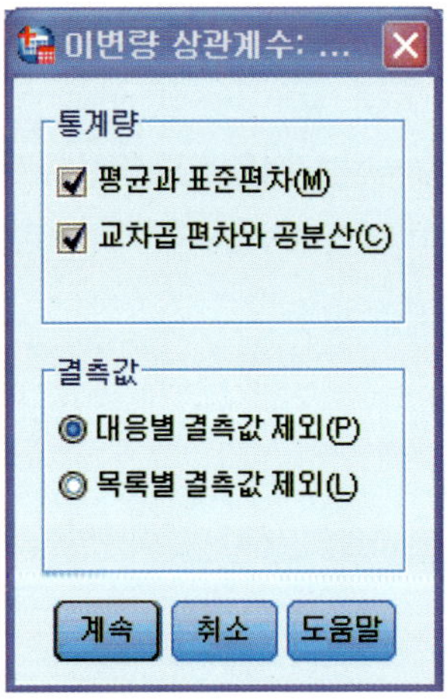

그림 11-5 옵션 창

5단계 이어 계속 단추를 누르면 앞의 [그림 11-4]로 복귀한다. 여기서 확인 단추를 누르면 결과물을 얻을 수 있다.

기술통계량

	평균	표준편차	N
X	9.3000	4.62000	10
Y	6.7000	3.12872	10

그림 11-6 기술통계량

● **결과 해석**

거주연수(X)의 평균은 9.3년, 표준편차는 4.62년임을 알 수 있다. 도시에 대한 태도(Y)는 6.7점, 표준편차는 3.12점임을 알 수 있다. 표본수(N)는 10명이다.

상관계수

		X	Y
X	Pearson 상관계수	1	.922**
	유의확률 (양쪽)		.000
	제곱합 및 교차곱	192.100	119.900
	공분산	21.344	13.322
	N	10	10
Y	Pearson 상관계수	.922**	1
	유의확률 (양쪽)	.000	
	제곱합 및 교차곱	119.900	88.100
	공분산	13.322	9.789
	N	10	10

**. 상관계수는 0.01 수준(양쪽)에서 유의합니다.

그림 11-7 상관계수

● **결과 해석**

거주연수(X)의 공분산은 21.344(년^2)이다. 도시에 대한 태도(Y) 공분산은 119.9(점^2)이다. X와 Y의 공분산S_{XY}은 13.322이다. X와 Y의 상관계수는 0.922이다. 이 상관계수는 유의확률$=0.000<\alpha=0.01$이므로 매우 유의함을 알 수 있다. 즉, 거주연수(X)와 도시에 대한 태도(Y)의 관련성은 매우 유의함을 알 수 있다.

11.5 편상관분석

11.5.1 편상관분석의 개념

편상관분석(Partial Correlation)은 변수의 관련성을 파악하는 데 있어 단순상관분석과 유사하지만 두 변수에 영향을 미치는 제3의 변수를 통제한다는 점에서 차이가 있다. 편상관분석은 하나 또는 그 이상의 추가적인 변수의 효과를 통제(control)하고 관심 있는 변수의 관련성을 파악하는 방법이다. 편상관분석은 부분상관분석이라도 불리기도 한다.

만약, 제3의 변수(Z)를 통제하고 X와 Y의 관련성을 계산할 경우, 관련 식은 다음과 같다.

$$r_{xy.z} = \frac{r_{xy} - (r_{xz})(r_{yz})}{\sqrt{1 - r_{xy}^2}\sqrt{1 - r_{yz}^2}} \quad \text{식 11-7}$$

예제 3

다음은 어느 도시에 거주하는 사람들 10명을 표본조사한 자료이다. 조사 변수는 거주연수(X), 도시에 대한 태도(Y, 1: 매우 호의적이지 못함, 11: 매우 호의적임), 삶의 만족도(Z, 1: 매우 불만족, 11: 매우 만족) 등이다. 여기서 삶의 만족도(Z) 변수를 통제한 상황하에서 거주연수(X)와 도시에 대한 태도(Y)의 상관계수를 구하여라.

	1	2	3	4	5	6	7	8	9	10
X	10	12	12	4	12	6	8	2	18	9
Y	6	9	8	3	10	4	5	2	11	9
Z	3	11	4	1	11	1	7	4	8	8

풀이

연구자는 다음 식을 이용하여 편상관계수를 구할 수 있다.

$$r_{xy \cdot z} = \frac{r_{xy} - (r_{xz})(r_{yz})}{\sqrt{1 - r_{xy}^2}\sqrt{1 - r_{yz}^2}}$$

$$r_{xy \cdot z} = \frac{0.922 - (0.596)(0.764)}{\sqrt{1 - (0.596)^2}\sqrt{1 - (0.764)^2}}$$

$$r_{xy \cdot z} = 0.9007$$

11.5.2 SPSS 이용한 편상관분석

앞의 예제에 대한 편상관분석을 위해서는 다음과 같이 실시하면 된다.

1단계 데이터(ch11-1.sav)를 열고 SPSS 프로그램 상에서 **분석(A) → 상관분석(C) → 편상관계수(R)...** 단추를 지정한다. 그러면 다음과 같은 화면을 얻을 수 있다.

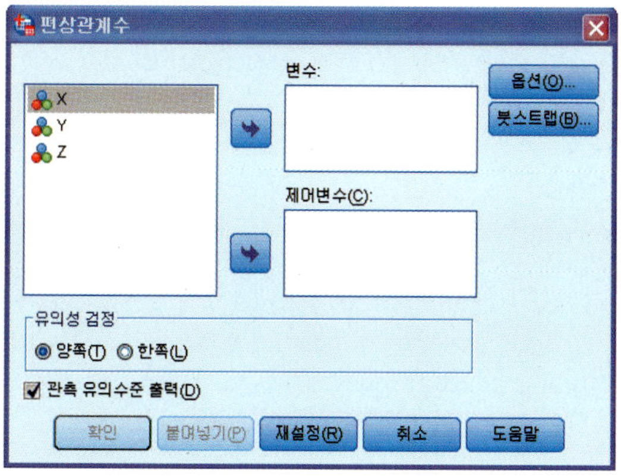

그림 11-8 편상관계수 창 1

2단계 X(거주연수)와 Y(도시에 대한 태도) 변수를 **변수:**란에 보낸다. 그리고 제어 대상 변수인 Z(삶의 만족도) 변수를 **제어변수(C)**란에 보낸다.

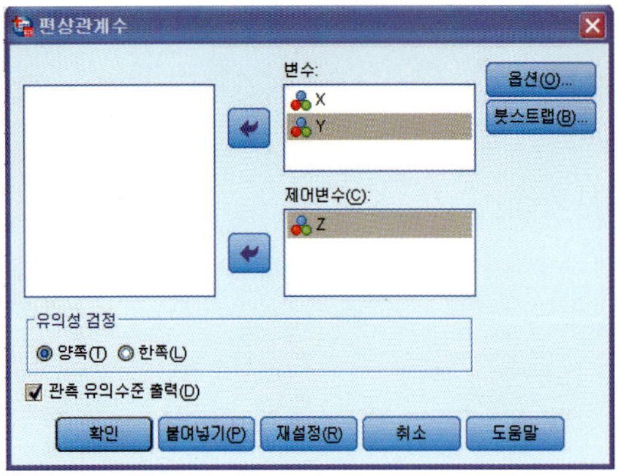

그림 11-9 편상관계수 창 2

3단계 여기서 확인 단추를 누르면 결과물을 얻을 수 있다.

상관

통제변수			X	Y
Z	X	상관	1.000	.900
		유의수준(양측)	.	.001
		df	0	7
	Y	상관	.900	1.000
		유의수준(양측)	.001	.
		df	7	0

그림 11-10 편상관계수

● 결과 해석

앞의 수작업에 의해서 계산한 결과와 마찬가지로 Z(삶의 만족도) 변수를 통제한 상태에서 X(거주연수)와 Y(도시에 대한 태도) 변수의 관련성을 확인한 결과 편상관계수는 0.9007임을 알 수 있다.

$$r_{xy \cdot z} = \frac{0.922 - (0.596)(0.764)}{\sqrt{1-(0.596)^2}\sqrt{1-(0.764)^2}}$$

$$r_{xy \cdot z} = 0.9007$$

이 결과는 앞의 단순상관계수(0.922)와 다소 차이가 있음을 알 수 있다. 이는

Z(삶의 만족도)변수를 통제하고 분석하였기 때문이다. 편상관계수는 0.9007는 유의확률 $=0.001<\alpha=0.05$ 이므로 여전히 유의함을 알 수 있다.

11.6 정준상관분석

11.6.1 정준상관분석 개념

정준상관분석(Canonical correlation analysis)은 두 개 이상의 독립변수군(여기서는 기준변수라고 함)과 종속변수군(설명변수라고 함) 간의 상호 관련성을 파악하는 분석 방법이다.

	X_1, X_2, $X_3 \cdots\cdots X_p$	Y_1, Y_2, $Y_3 \cdots\cdots Y_Q$
표본 1 표본 2 ⋮ 표본 n	X변수군(설명변수)	Y변수군(기준변수)

그림 11-11 정준상관분석 기본틀

X변수군과 Y변수군에서 생성되는 정준변량을 식으로 나타낼 수 있다.

$$CV_{X1} = a_1 X_1 + a_2 X_2 + \ldots + a_p X_p$$
$$CV_{y1} = b_1 Y_1 + b_2 Y_2 + \ldots + b_Q Y_Q$$

식 11-8

분석자는 변수군에서 각 정준변량(Canonical variate)을 최대로 하는 정준상관계수(Canonical correlation coefficient)를 찾아낼 수 있다.

정준상관분석에 사용되는 변수는 등간척도와 비율척도로 구성되는 양적변수이다.

회귀분석과 정준상관분석은 종속변수에서 차이가 있다. 회귀분석은 종속변수가 1개이나 정준상관분석은 종속변수가 여러 개로 구성된다. 상관분석의 경우는 한 변수와 다른 한 변수 사이의 관련성을 파악하는 반면에 정준상관분석은 여러 변수군의 관계를 파악한다.

여러 다변량분석 방법과 마찬가지로 정준상관분석은 다양한 사용 목적이 있다. 정준상관분석은 변수군 간의 관계를 파악하고 변수 간의 영향 크기를 비교할 수 있다. 또한 선형조합식에서 상관계수를 통해서 예측을 할 수 있다.

연구자는 정준상관분석 과정에서 우선 정준상관함수를 찾아내야 한다. 이어 정준상관함수의 유의성을 고찰하고 변수 간의 상대적인 영향력을 파악해야 한다.

11.6.2 SPSS를 이용한 정준상관분석

SPSS 예제

다음은 어느 회사의 고객별 영업사원 평가 결과이다. 근무 태도는 친밀도(X1)와 대응자세(X2)로 구성되어 있다. 성과 평가는 신뢰성(Y1)과 서비스 만족도(Y2)로 이루어져 있다. 즉, 성과 평가 = f(근무 태도)와 관련이 있다는 연구모형을 설정할 수 있다. 변수군 간에 어떠한 상관관계가 있는지 정준상관분석을 실시하여라.

	근무 태도		성과 평가	
고객	친밀도 (X1)	대응자세 (X2)	신뢰성 (Y1)	서비스 만족도 (Y2)
1	1	1	1	1
2	7	1	7	1
3	4.6	5.6	7	7
4	1	6.6	1	5.9
5	7	4.9	7	2
6	7	7	6.4	3.8
7	7	1	7	1
8	7	1	2.4	1

풀이

1단계 다음과 같이 데이터를 입력한다.

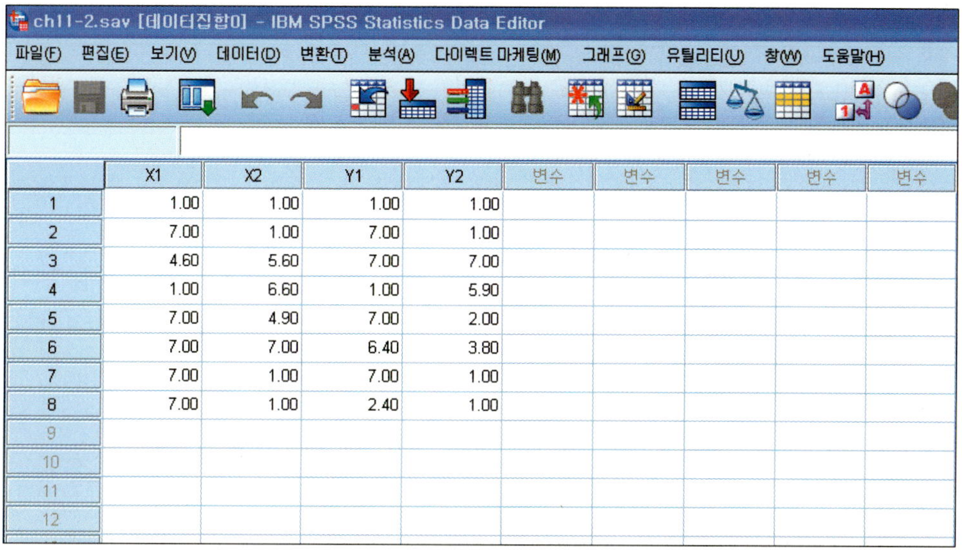

	X1	X2	Y1	Y2	변수	변수	변수	변수	변수
1	1.00	1.00	1.00	1.00					
2	7.00	1.00	7.00	1.00					
3	4.60	5.60	7.00	7.00					
4	1.00	6.60	1.00	5.90					
5	7.00	4.90	7.00	2.00					
6	7.00	7.00	6.40	3.80					
7	7.00	1.00	7.00	1.00					
8	7.00	1.00	2.40	1.00					
9									
10									
11									
12									

그림 11-12 데이터 화면 [데이터] ch11-2.sav

2단계 SPSS 프로그램 모듈상에는 정준상관분석을 지정하는 난이 없기 때문에 분석자는 **파일(F)** → **새파일(N)** → **명령문(S)**를 누르고 다음과 같은 명령어를 작성한다.

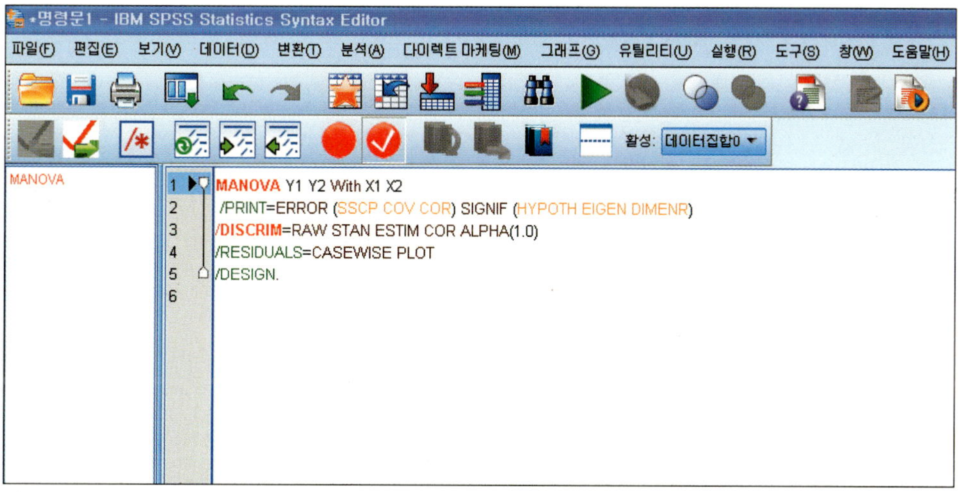

그림 11-13 명령문 입력

앞의 화면에 나타난 명령문이 잘 보이지 않을 수 있어 다시 나타내면 다음과 같다.

```
MANOVA 종속변수군 With 독립변수군
/PRINT=ERROR (SSCP COV COR) SIGNIF (HYPOTH EIGEN DIMENR)
/DISCRIM=RAW STAN ESTIM COR ALPHA(1.0)
/RESIDUALS=CASEWISE PLOT
/DESIGN.
```

분석자는 'MANOVA 종속변수군 With 독립변수군'에서 자유롭게 변수 명칭 변화를 통해서 연구 상황에 맞는 정준상관분석을 실시할 수 있다. 나머지는 그대로 입력을 하면 된다. 다만 SPSS명령문 작성 마무리는 항상 마침표(.)를 해야 한다는 사실이다.

3단계 모든 명령문을 입력하고 실행 단추(▶)를 누르면 결과를 얻을 수 있다. 여기서는 주요 결과물 위주로 설명하기로 한다.

Multivariate Tests of Significance (S = 2, M = -1/2, N = 1)

Test Name	Value	Approx. F	Hypoth. DF	Error DF	Sig. of F
Pillais	1.36739	5.40375	4.00	10.00	.014
Hotellings	5.39508	4.04631	4.00	6.00	.063
Wilks	.08554	4.83807	4.00	8.00	.028
Roys	.80413				

Note.. F statistic for WILKS' Lambda is exact.

그림 11-14 다변량 유의성 검정

● **결과 해석**

다변량 통계량에서 주로 참고하는 Wilks 람다 유의확률(Sig. of F) $= 0.028 < \alpha = 0.05$ 이므로 정준함수가 유의하지 않다는 귀무가설을 기각한다.

```
EFFECT .. WITHIN CELLS Regression (Cont.)
Univariate F-tests with (2,5) D. F.

Variable    Sq. Mul. R   Adj. R-sq.   Hypoth. MS    Error MS          F    Sig. of F

Y1              .62977       .48167     17.80347     4.18661    4.25248         .083
Y2              .73529       .62940     15.38174     2.21506    6.94418         .036
```

그림 11-15 단일변량 종속변수(반응변수)에 대한 통계량

● **결과 해석**

Y1과 Y2의 단일변량모형의 설명력(R^2)은 각각 0.629, 0.735로 높은 설명력을 보여주고 있다. Y1의 단일변량모형은 유의하지 않으나(sig=0.83> $\alpha=0.05$) Y2의 단일변량모형은 유의한 것으로 나타났다(sig=0.036< $\alpha=0.05$).

```
 Correlations between DEPENDENT and canonical variables
          Function No.

 Variable              1            2

 Y1              -.52546       .85082
 Y2               .84510       .53461

Correlations between COVARIATES and canonical variables
          CAN. VAR.

Covariate              1            2

X1               -.80524       .59294
X2                .71489       .69924
```

그림 11-16 정준판별함수

● **결과 해석**

정준판별함수는 2개로 구성됨을 알 수 있다.

$$g1=-0.52546Y1+0.84510Y2,\ g2=0.85082Y1+0.5346Y2$$

$$f1=-0.80524X1+0.7148X2,\ f2=0.59294X1+0.69924X2$$

여기서는 연구자는 근무태도 요인이 친밀도(X1)와 대응자세(X2)로 구성되어 있고 성과 평가는 신뢰성(Y1)과 서비스 만족도(Y2)로 이루어져 있음을 통계적으로 재확인할 수 있다.

```
Regression analysis for WITHIN CELLS error term
--- Individual Univariate .9500 confidence intervals
Dependent variable .. Y1

COVARIATE              B           Beta      Std. Err.     t-Value    Sig. of t    Lower -95%    CL- Upper

X1          .8316798663    .7963624653        .28794     2.88836         .034        .09150      1.57186
X2          .2451872657    .2378992879        .28416      .86285         .428       -.48527       .97565
Dependent variable .. Y2

COVARIATE              B           Beta      Std. Err.     t-Value    Sig. of t    Lower -95%    CL- Upper

X1         -.2212531236   -.2462819347        .20944    -1.05639         .339       -.75964       .31714
X2          .6938815692    .7826527856        .20669     3.35706         .020        .16256      1.22520
```

그림 11-17 독립변수들의 영향력

● **결과 해석**

독립변수들의 영향력을 살펴보면, X1 변수는 Y1 변수에 유의한 영향을 미침을 알 수 있다(Sig.=0.034 < $\alpha = 0.05$). 반면에 X2 변수는 Y2 변수에 유의한 영향을 미치는 것으로 나타났다(Sig.=0.020 < $\alpha = 0.05$).

연습문제

1. 다음은 고등학교의 성적과 대학생활의 성과 간의 관계를 나타낸 것이다. 정준상관분석을 실시하고 해석하여라.

고등학교 성적			대학교 성적	
x1(성적)	x2(IQ)	x3 (동기 부여 정도)	y1 (필수학점)	y2 (선택학점)
72	114	17.3	0.8	2
78	117	17.6	2.2	2.2
84	117	15	1.6	2
95	120	18	2.6	3
88	117	18.7	2.7	3.2
83	123	17.9	2.1	3.2
92	118	17.3	3.1	3.7
86	114	18.1	3	3.1
88	114	16	3.2	2.6
80	115	16.4	2.6	3.2
87	114	17.6	2.7	2.8
94	112	19.5	3	2.4
73	115	12.7	1.6	1.4
80	111	17	0.9	1
83	112	16.1	1.9	1.2

4부
중급 분석

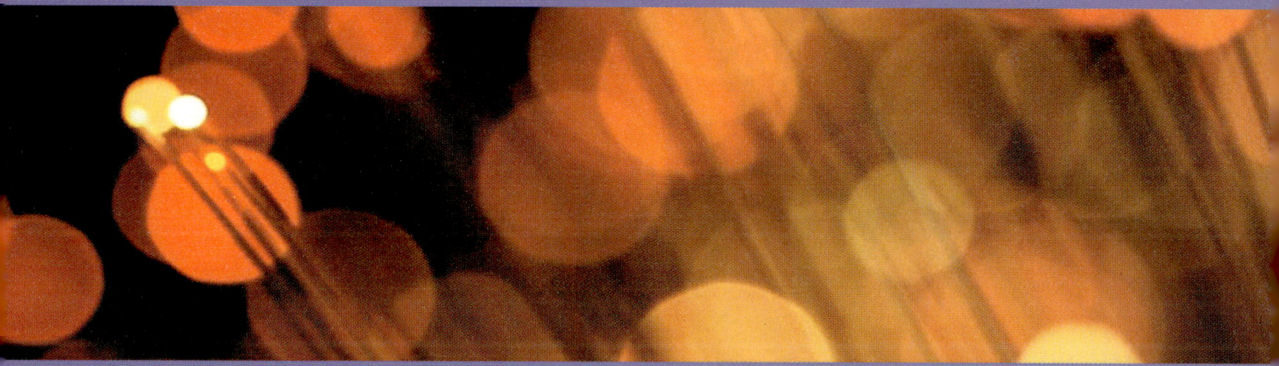

12장

신뢰성 분석과 타당성 분석

연구자는 측정 문항의 일관성 여부와 정확성 여부를 판단하여야 한다. 측정 문항의 일관성 여부를 나타내는 신뢰성(Reliability)은 크론바하 알파계수(Chronbach's Alpha)를 통해서 파악한다.

타당성(Validity)은 측정하고자 하는 개념이나 속성을 정확히 측정하였는가를 나타낸다. 타당도를 나타내는 것은 내용타당도(content validity), 예측타당도(predictive validity), 구성타당도(construct validity) 등이 있다.

학습 목표

- 신뢰성과 타당성의 개념 차이를 이해한다.
- 신뢰성 분석 방법과 결과 해석 방법을 정확하게 이해한다.

12.1 신뢰성과 타당성

연구분석을 위해 수집한 자료가 간혹 측정오류를 지니고 있는 경우가 있다. 측정오류를 분류해보면 크게 세 가지로 나누어 볼 수 있다. 첫째, 연구자가 측정하기를 원한 속성이 아니라 다른 속성을 측정한 경우이다. 예를 들어, 기술적 속성을 측정하고자 하였으나 미적 속성을 측정한 경우이다. 둘째, 응답자의 고유한 성향에 의해 측정오류가 발생할 수도 있다. 성격이 항상 명랑한 사람과 극단적인 허무주의적 태도를 지닌 사람 간의 응답은 달라질 것이다. 셋째, 응답 당시 응답자가 처한 상황에 따라 응답에도 차이가 날 수 있다. 예컨대, 부부를 동일한 장소에서 면접하는 경우와 각각 개별적으로 면접하는 경우 응답상 차이가 발생하기도 한다. 그 이외 측정 도구상의 문제, 측정 방법상의 문제 등으로 인해 측정오류가 발생하기도 한다.

이와 같은 측정오류는 크게 체계적 오류와 비체계적 오류로 구분할 수 있다. 체계적 오류란 측정 시에 일정한 방향으로 항상 나타나는 오류이다. 이는 측정 도구를 잘못 선택하여 측정 대상 모두에게 동일한 측정오류가 발생하는 것을 말한다. 측정 시 항상 일정한 방향으로 나타나는 오류가 체계적 오류이다. 비체계적 오류는 무작위적으로 그 크기와 방향이 변화하며 나타나는 오류이다. 비체계적 오류는 오류의 크기와 방향이 임의로 변화하면서 나타나는 오류이다. 타당도는 체계적 오류와 관련된 개념이며 신뢰도는 비체계적 오류와 관련된 개념이다. 이것을 그림으로 나타내면 다음과 같다.

체계적 오류 (타당성)	비체계적 오류 (신뢰성)

그림 12-1 측정오류

일반적으로 측정값은 참값과 오차로 나타낸다. 오차는 앞에서 설명한 체계적 오차(오류)와 비체계적 오차(오류)로 나눌 수 있다.

$$X_o = X_t + X_s + X_r$$ 식 12-1

여기서 X_0 = 측정값

X_t = 참값

X_s = 체계적 오차

X_r = 비체계적 오차임.

다음 그림은 측정 평가 시에 발생하는 비체계적 오차와 관련된 신뢰성과 체계적 오차와 관련된 타당성에 관한 것이다.

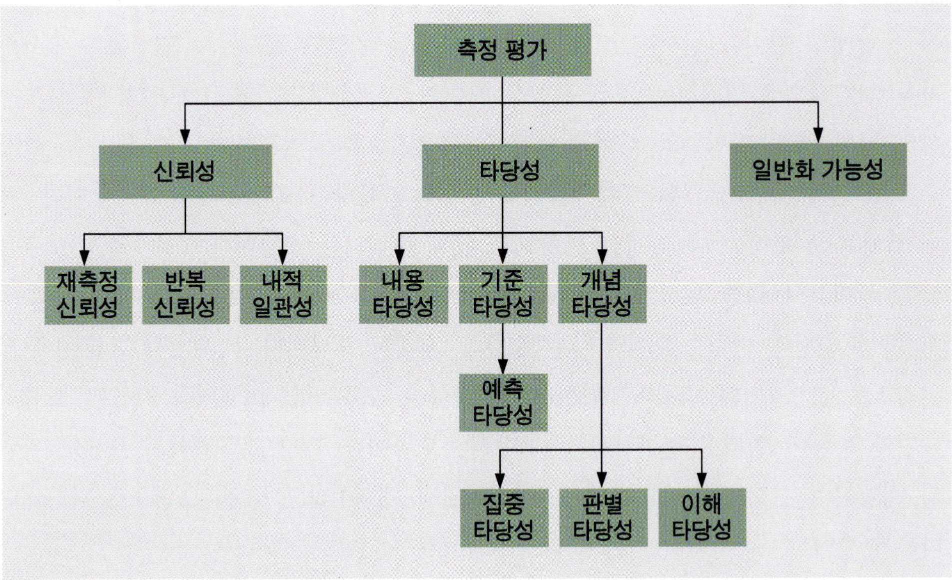

그림 12-2 측정 평가

12.1.1 신뢰성

신뢰성(Reliability)은 동일한 개념에 대해서 반복적으로 측정했을 때 나타나는 측정값들의 분산을 의미한다. 신뢰도에는 측정의 안정성, 일관성, 예측가능성, 정확성 등의 개념이 포함되어 있다.

이러한 신뢰성의 정도, 즉 신뢰도를 측정하는 방법에는 test-retest reliability(재측정 신뢰도), split-half reliability[반분(半分) 신뢰도], item-total correlation(문항분석), Chronbach's

Alpha, Alternative reliablity(동등척도 신뢰도), inter-rater reliability(평가자간 신뢰도) 등이 있다.

test-retest reliability(재측정 신뢰도)는 동일한 측정 방법을 통해 가능한 다른 시간에 측정하여 두 측정값에 있어서의 차이를 분석하는 방법이다. 일반적으로 두 측정값 사이에 차이가 크면 신뢰성은 낮다고 할 수 있다.

split-half reliability(반분 신뢰도)는 내적상관의 형태로 변수들을 두 개의 그룹으로 나누어 그룹간의 신뢰도를 측정하는 방법이다.

하나의 개념에 대하여 여러 개의 항목으로 구성된 척도를 이용할 경우에 해당 문항을 가지고 가능한 모든 split-half reliability를 구하고 이들의 평균치를 산출한 것이 알파계수(Chronbach's Alpha)이다. 이 방법을 이용하여 해당 척도를 구성하고 있는 개별 항목들의 신뢰도까지 평가할 수 있다. 알파계수를 구하는 공식은 다음과 같다.

$$\alpha = \frac{N}{N-1}\left(1-\Sigma\frac{\sigma_i^2}{\sigma_t^2}\right)$$ 식 12-2

N = 문항 수, σ_t^2 = 총분산, σ_i^2 = 각 문항의 분산

문항 전체 수준인 경우, 알파계수가 0.5 이상, 개별 문항 수준인 경우 0.9 이상 정도이면 신뢰도가 높다고 할 수 있다. 만약 신뢰도가 이보다 낮은 경우 신뢰도를 개선하기 위해서 ① 측정 항목의 모호함을 제거하기 위해서 조작적 정의를 명확하게 하거나 ② 측정 항목수를 늘리거나, ③ 사전에 신뢰도가 검증된 측정 항목을 이용하거나, ④ 척도점을 조정하기도 한다.

12.1.2 타당성

타당성(Validity)은 측정하고자 하는 개념이나 속성을 정확히 측정하였는가를 나타내는 개념이다. 예컨대, 측정 개념이나 속성을 측정하기 위해 개발된 측정 도구가 해당 속성을 정확히 반영하고 있는가와 관련된 것이라 하겠다. 타당도의 종류에는 세 가지가 있다.

첫째, 내용타당도(content validity)는 측정 도구를 구성하고 있는 항목들이 측정하고자 하는 개념을 대표하고 있는 정도를 의미한다. 이른 액면타당성(face validity)이라고도 불린다. 이는 전문가나 연구자의 주관적 판단에 의해 이루어진다. 예를 들어, 품질경쟁력을 측정하는 데 있어 중요한 요인으로 품질(Quality), 유연성(Flexibility), 납기준수(Delivery), 원가(Cost)등이 포함되어야 제대로 된 측정이라고 말할 수 있다.

둘째, 예측타당도(predictive validity)는 한 속성이나 개념에 대한 측정값이 다른 속성의 변화를 예측하는 정도에 의해 평가되는 타당도를 의미한다. 예측타당도를 기준타당도라고도 한다.

셋째, 구성타당도(construct validity)는 측정 도구가 연구하고자 하는 개념, 즉 구성개념을 측정하였는지를 검증하는 방법이다. 구성타당도에는 수렴타당도, 판별타당도, 이해타당도 등이 있다. 수렴타당도는 척도가 같은 구성개념이 다른 측정 방식을 가진 척도와 강한 상관관계가 있는 것을 말한다. 판별타당도(discriminant validity)는 다른 구성개념 사이에는 상관관계가 낮아야 함을 나타낸다. 구조방정식모형분석(SEM: Structural Equation Modeling)에서는 분산추출지수가 상관행렬의 하단에 배치한 결정계수(R^2)보다 큰 경우는 판별타당성이 있다고 해석을 한다. 판별타당성을 측정하는 또 다른 방법을 살펴보자. 만약, '상관계수와 표준오차의 신뢰구간(Φ±2SE)에 1.0 포함되어 있으면 판별타당성이 없다'라고 해석을 한다. '상관계수와 표준오차의 신뢰구간(Φ±2SE)에 1.0 포함되어 있지 않으면 판별타당성이 있다.'라고 해석을 한다.

이해타당도는 척도가 다르지만 관련 있는 구성개념에 관한 측정 방식과 이론적으로 예측된 방식에서 상관관계가 있는 것을 말한다. 즉, 여러 개의 구성개념들이 서로 관련이 있는 이해타당도를 법칙타당도라고 부르기도 한다. 구성타당도를 평가하는 방법에는 다속성측정방법(multitrait-multimethod matrix), 요인분석방법 등이 있다. 요인분석의 기본 원리는 항목들 간의 상관관계가 높은 것끼리 하나의 요인으로 묶어내며 요인들 간에는 상호 독립성을 유지하도록 할 수 있다. 따라서 요인들 사이에는 서로 상관관계가 없으므로, 각 요인들은 서로 상이한 개념이라고 할 수 있다. 이는 요인 내의 항목들은 집중타당성을 유지하고 요인 간에는 판별타당성이 유지되는 것으로 해석할 수 있는 것이다. 주의할 것은 신뢰도가 높아진다고 해서 타당도가 높아지는 것은 아니다. 그러나 타당도가 높아지면 신뢰도가 높아지게 된다.

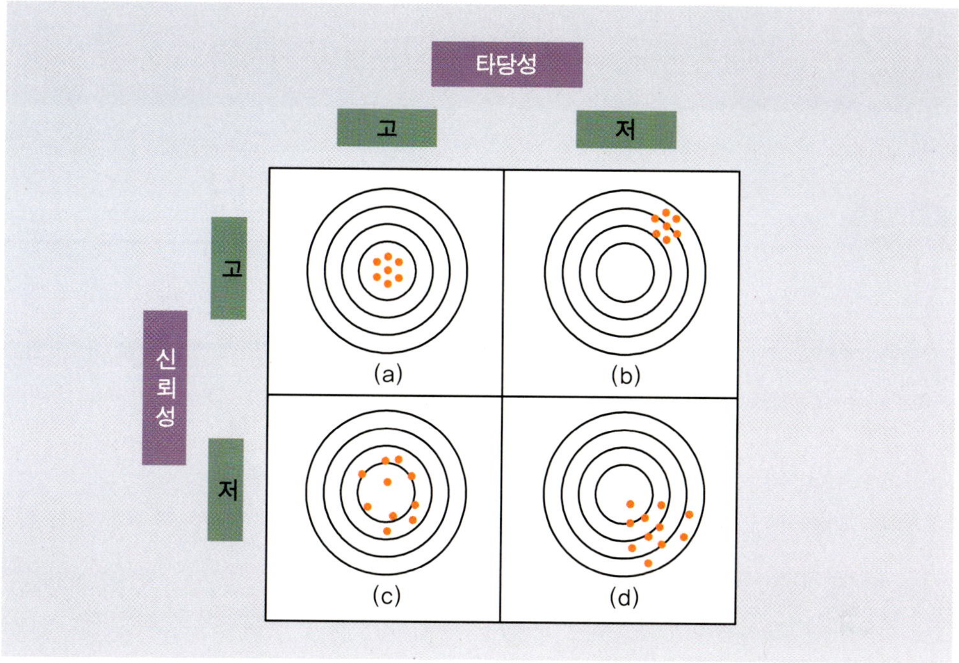

그림 12-3 신뢰도와 타당도의 관계

그림 (a)는 신뢰성이 높고 타당성도 높음을 알 수 있다. 모든 총알이 과녁에 정확하게 명중하였기 때문이다. (b) 과녁은 신뢰성은 높으나 타당성이 낮은 경우이다. 이는 총알이 과녁에 정확하게 적중하지 못한 데 원인이 있다. (c)는 신뢰성은 낮으나 타당성은 높은 경우이다. (d)는 신뢰성과 정확성 모두 낮은 상황을 보여주고 있다. 즉, 총알이 분산되어 과녁에 도달하였기 때문이다.

12.2 SPSS를 이용한 신뢰성 분석

SPSS 예제

다음 예제는 가정주부의 쇼핑 행동을 알아보기 위한 자료이다. 이를 위해서 다음의 생활양식에 관한 질문 자료는 7점 척도로 구성되어졌다(1=매우 동의 못함, 7=매우 동의함).

v1 나는 외부활동보다는 집에서 조용하게 지내는 것이 좋다.
v2 나는 작은 품목일지라도 항상 가격에 신경을 쓴다.
v3 잡지가 영화보다 재미있다.
v4 나는 게시판에서 광고하는 제품은 구입하지 않을 것이다.
v5 나는 가정적인 사람이다.
v6 나는 쿠폰을 모으고 사용한다.
v7 기업들은 광고에 치중하는 편이다

v1	v2	v3	v4	v5	v6	v7
6	2	7	6	5	3	5
5	7	5	6	6	6	4
5	3	4	5	6	6	7
3	2	2	5	1	3	2
4	2	3	2	2	1	3
2	6	2	4	3	7	5
1	3	3	6	2	5	7
3	5	1	4	2	5	6
7	3	6	3	5	2	4
6	3	3	4	4	6	5
6	6	2	6	4	4	7

3	2	2	7	6	1	6
5	7	6	2	2	6	1
6	3	5	5	7	2	1
3	2	4	3	2	6	5
2	7	5	1	4	5	2
3	2	2	7	2	4	6
6	4	5	4	7	3	3
7	2	6	2	5	2	1
2	3	3	2	1	2	6

연구자는 변수의 성격으로 요인명칭을 부여할 수 있다. 위 변수를 자세히 살펴보면 v1, v3, v5는 '은둔형,' v4, v7은 '광고 불신형' v2와 v6은 '절약형'이라고 명명할 수 있을 것이다. 요인을 구성하는 각각의 변수에 대하여 신뢰성을 계산하여보자

풀이

1단계 위 자료를 SPSS 프로그램에 저장한다.

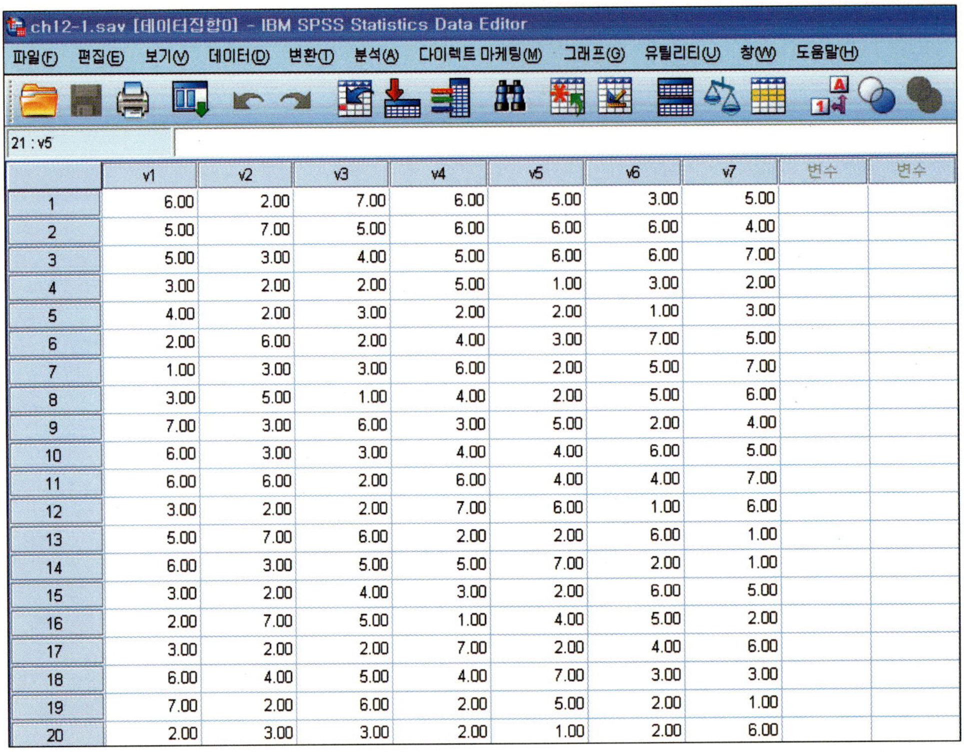

	v1	v2	v3	v4	v5	v6	v7	변수	변수
1	6.00	2.00	7.00	6.00	5.00	3.00	5.00		
2	5.00	7.00	5.00	6.00	6.00	6.00	4.00		
3	5.00	3.00	4.00	5.00	6.00	6.00	7.00		
4	3.00	2.00	2.00	5.00	1.00	3.00	2.00		
5	4.00	2.00	3.00	2.00	2.00	1.00	3.00		
6	2.00	6.00	2.00	4.00	3.00	7.00	5.00		
7	1.00	3.00	3.00	6.00	2.00	5.00	7.00		
8	3.00	5.00	1.00	4.00	2.00	5.00	6.00		
9	7.00	3.00	6.00	3.00	5.00	2.00	4.00		
10	6.00	3.00	3.00	4.00	4.00	6.00	5.00		
11	6.00	6.00	2.00	6.00	4.00	4.00	7.00		
12	3.00	2.00	2.00	7.00	6.00	1.00	6.00		
13	5.00	7.00	6.00	2.00	2.00	6.00	1.00		
14	6.00	3.00	5.00	5.00	7.00	2.00	1.00		
15	3.00	2.00	4.00	3.00	2.00	6.00	5.00		
16	2.00	7.00	5.00	1.00	4.00	5.00	2.00		
17	3.00	2.00	2.00	7.00	2.00	4.00	6.00		
18	6.00	4.00	5.00	4.00	7.00	3.00	3.00		
19	7.00	2.00	6.00	2.00	5.00	2.00	1.00		
20	2.00	3.00	3.00	2.00	1.00	2.00	6.00		

그림 12-4 데이터 입력 [데이터] ch12-1.sav

2단계 신뢰성 분석을 위해서 **분석(A), 척도(A) → 신뢰도분석(R)...** 단추를 누른다.

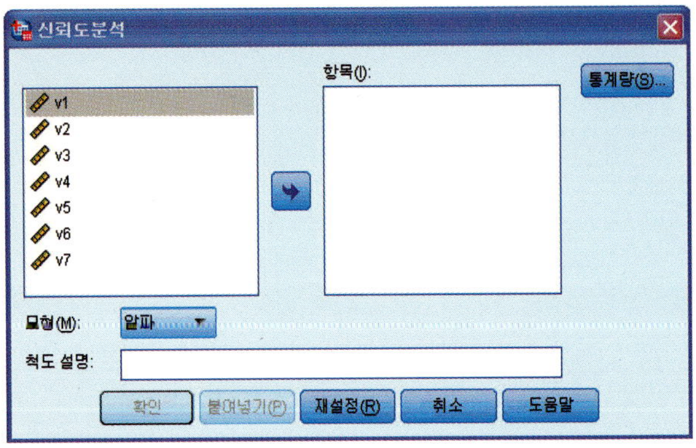

그림 12-5 신뢰도 분석 창

3단계 왼쪽 창에서 v1, v3, v5를 차례로 지정한 다음 ➡ 단추를 누르고 오른쪽의 **항목(I)**란에 보낸다.

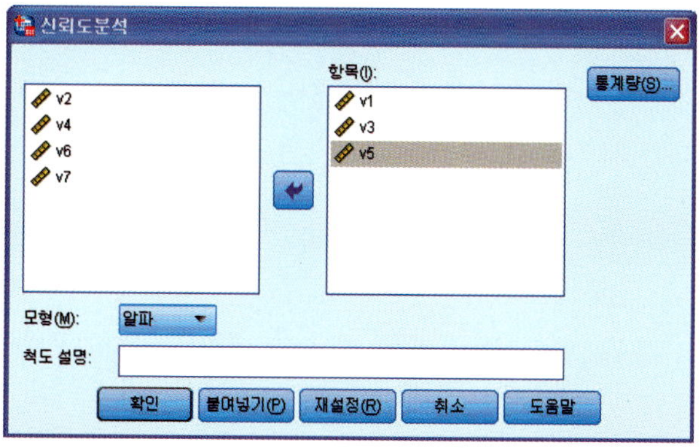

그림 12-6 변수 지정 창

4단계 통계량(S)... 단추를 누른다. **기술통계량** 창에서 ☑ 항목제거시 척도(A), **요약값**에서 ☑ 평균(M), ☑ 분산(V) 단추를 누른다.

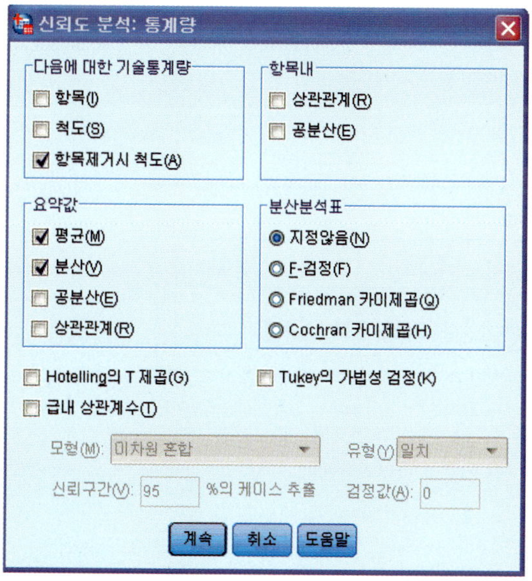

그림 12-7 통계량 지정 창

5단계 [계속] 단추를 누르면 앞의 [그림 12-6] 화면으로 복귀한다. 여기서 [확인] 단추를 누르면 신뢰성에 관한 결과물을 얻을 수 있다.

신뢰도 통계량

Cronbach의 알파	Cronbach's Alpha Based on Standardized Items	항목 수
.793	.794	3

그림 12-8 신뢰도 통계량

● 결과 해석

[Cronbach의 알파 = 0.793] 크론바하 알파모델에 의하여 변수 v1, v3, v5를 하나의 스케일로 신뢰도 검사를 실시한 결과 크론바하 알파값이 0.793가 나왔다. 이는 일반적으로 사회과학에서는 알파값이 0.6 이상이면 신뢰성이 있다고 할 수 있으므로, 이 경우에 있어서 척도의 신뢰성이 있다고 볼 수 있다.

[Cronbach's Alpha Based on Standardized Items = .794] 표준화된 각 변수로 신뢰성 분석을 했을 경우에는 크론바하 알파값이 0.794가 된다. 만약 각 변수들의 척도가 큰 분산을 가지고 있을 경우에는 두 종류의 알파값 사이에 많은 차이가 남으로 반드시 이 방법을 이용하여야 할 것이다.

요약 항목 통계량

	평균	최소값	최대값	범위	최대값 / 최소값	분산	항목 수
항목 평균	3.950	3.800	4.250	.450	1.118	.067	3
항목 분산	3.476	3.011	3.958	.947	1.315	.225	3

그림 12-9 요약항목 통계량

● 결과 해석

분석 대상이 되는 변수 이름과 각 변수의 평균, 표준편차, 각 변수의 관찰치 개수(case)에 관한 통계량을 나타내고 있다.

항목 총계 통계량

	항목이 삭제된 경우 척도 평균	항목이 삭제된 경우 척도 분산	수정된 항목-전체 상관관계	제곱 다중 상관관계	항목이 삭제된 경우 Cronbach 알파
v1	7.6000	10.253	.707	.500	.641
v3	8.0500	12.050	.587	.364	.769
v5	8.0500	10.261	.621	.409	.739

그림 12-10 항목 총계 통계량

● 결과 해석

[항목이 삭제된 경우 척도 평균] 하나의 변수를 분석 대상에서 제외하였을 경우에 그 변수를 제외한 나머지 변수로 구성되는 스케일의 평균값을 의미한다. 예를 들면 v1(나는 외부활동보다는 집에서 조용하게 지내는 것이 좋다)을 제외하고 신뢰성을 분석하면 스케일의 평균값 7.6으로 변하는 것을 의미한다.

[항목이 삭제된 경우 척도 분산] 위의 평균과 마찬가지로 하나의 변수를 제외하였을 경우에 나머지로 구성되는 스케일의 분산값을 의미한다. v1(나는 외부활동보다는 집에서 조용하게 지내는 것이 좋다)을 제외한 스케일의 분산값은 10.253이 된다.

[수정된 항목 전체 상관관계] 각 개별변수와 그 변수를 제외한 변수로 구성된 스케일과의 상관관계를 의미한다. 즉 v1, v3, v5로 구성된 스케일과의 상관계수는 0.707이다.

[제곱 다중 상관관계] 각 개별변수를 제외하고 구성된 스케일이 전체 분산 중에서 얼마를 설명하는가를 나타낸다. 즉 v1을 종속변수로 하고 v3, v5 변수로 구성된 회귀식이 지닌 설명력을 의미한다.

[항목이 삭제된 경우 Chronbach 알파] 각 개별변수를 제외하였을 경우의 크론바하 알파값이다. 신뢰성 분석에서는 신뢰도 모형을 디폴트(초기 지정값)로 크론바하 알파모델로 실행한다. 예를 들어, v1(나는 외부활동보다는 집에서 조용하게 지내는 것이 좋다)변수를 제외하면 크론바하 알파는 0.641로 되는 것을 나타낸다. 만약, v3 변수나 v5 변수를 제거하면 더 높은 신뢰성을 보임을 알 수 있다.

이 책을 이용하는 독자들은 v4, v7 변수에 대한 신뢰성, v2와 v4에 대한 신뢰성 계수를 각각 계산하고 해석해보기로 하자.

EXERCISE

연습문제

1. 신뢰성 개념을 설명하라.

2. 신뢰성을 높이기 위한 방법은 무엇인가?

3. 타당성이란 무엇을 말하는가?

4. 신뢰성과 타당성의 관계를 설명하라.

13장

요인분석

요인분석(Factor Analysis)은 여러 변수들 사이의 상관관계를 기초로 하여 정보의 손실을 최소화하면서 변수의 개수보다 적은 수의 요인(factor)으로 자료 변동을 설명하는 다변량분석 기법이다. 요인분석은 자료의 양을 줄여 정보를 요약하는 경우, 변수들 내에 존재하는 구조를 발견하려는 경우, 요인으로 묶여지지 않는 중요도가 낮은 변수를 제거하려는 경우, 동일한 개념을 측정하는 변수들이 동일한 요인으로 묶여지는지를 확인(측정 도구의 타당성 검정)하려는 경우, 요인분석을 통해 얻어진 요인들을 회귀분석이나 판별분석에서 변수로 활용하려는 경우 등에 사용된다.

연구자는 요인분석에서 요인이 구성되면 요인에 대해서 변수의 특성파악은 물론 예술적 감각을 발휘해서 요인명칭을 부여해야 한다.

학습 목표

- 요인분석의 정의를 이해하고 요인분석을 실시할 수 있다.
- 요인분석 후 요인명칭을 부여할 수 있다.
- 새로 생성된 요인과 종속변수의 관계를 알아보기 위해 회귀분석을 실시할 수 있다.

13.1 요인분석의 개념

13.1.1 요인분석의 의의

요인분석(Factor Analysis)은 여러 변수들 사이의 상관관계를 기초로 하여 정보의 손실을 최소화하면서 변수의 개수보다 적은 수의 요인(factor)으로 자료 변동을 설명하는 다변량분석 기법이다. 요인분석에서 고려되는 변수들은 독립변수와 종속변수 등으로 구분되지 않는다. 요인분석에서 고려되는 변수들 간의 관계는 상호의존적인 관계가 검토된다. 예를 들어, 어떤 회사에서 직무 만족도를 측정하기 위하여 100개의 질문항목을 사용했을 때, 이를 10개 정도의 요인으로 묶어 직무 만족의 특성을 분석할 수 있을 것이다. 요인분석에서 사용하는 요인은 분산분석의 요인과는 의미가 전혀 다르다. 분산분석의 요인은 단일 변수의 의미를 가지지만, 요인분석의 요인은 여러 변수들이 공통적으로 가지고 있는 개념적 특성을 뜻한다.

요인분석이 회귀분석이나 판별분석 등과 같은 다른 다변량분석 방법과 차이가 나는 것은 독립변수와 종속변수가 지정되지 않고 변수들 간의 상호작용을 분석하는 데 있다. 요인분석에서는 예컨대, 100개의 측정변수를 묶을 때 상관관계가 높은 것끼리 동질적인 몇 개의 요인으로 묶기 때문에 다음과 같은 경우에 사용한다.

① 자료의 양을 줄여 정보를 요약하는 경우

② 변수들 내에 존재하는 구조를 발견하려는 경우

③ 요인으로 묶여지지 않는 중요도가 낮은 변수를 제거하려는 경우

④ 동일한 개념을 측정하는 변수들이 동일한 요인으로 묶여지는지를 확인(측정도구의 타당성 검정)하려는 경우

⑤ 요인분석을 통해 얻어진 요인들을 회귀분석이나 판별분석에서 변수로 활용하려는 경우

요인분석을 실시하는 경우에 표본의 수는 적어도 변수 개수의 4~5배가 적당하며, 대체로 50개 이상은 되어야 한다. 그리고 등간척도나 비율척도로 측정된 것이어야 한다. 요인분석을 실시하기 전에 연구자가 가지고 있는 자료가 요인분석에 적합

한 것인가를 조사해보아야 하는데 이것을 검토하는 방법에는 다음과 같은 세 가지 방법이 있다.

첫째, 상관행렬의 상관계수를 살펴본다. 만일 모든 변수 간의 상관계수가 전체적으로 낮으면 요인분석에 부적합하다고 본다. 그러나 일부 변수들 사이에는 비교적 높은 상관관계를 보이고, 다른 변수들 사이에서는 낮은 상관관계를 보인다면, 그 자료는 요인분석에 적합하다고 할 수 있다.

둘째, 모상관행렬이 단위행렬인지를 검정해보아야 한다. 이를 위해서는 바틀렛(Bartlett) 검정이 사용된다. 즉, KMO and Bartlett's test of sphericity를 이용하여 "모상관행렬은 단위행렬이다"라는 귀무가설을 검정할 수 있다. 전체 변수에 대한 표본적합도를 나타내주는 KMO(Kaiser-Meyer-Olkin) 통계량을 이용하여 이 귀무가설이 기각되어야 변수들의 상관관계가 통계적으로 유의하다고 볼 수 있어 요인분석을 적용할 수 있다.

셋째, 최초 요인 추출 단계에서 얻은 고유치를 스크리 차트(scree chart)에 표시하였을 때, 지수함수분포와 같은 매끄러운 곡선이 나타나면 요인분석에 적합하지 않고, 반대로 한 군데 이상에서 크게 꺾이는 곳이 있어야 요인분석에 적합하다고 볼 수 있다.

13.1.2 요인분석의 절차

요인분석을 실행하는 절차는 다음에서와 같이 여섯 단계로 나누어 설명해볼 수 있다.

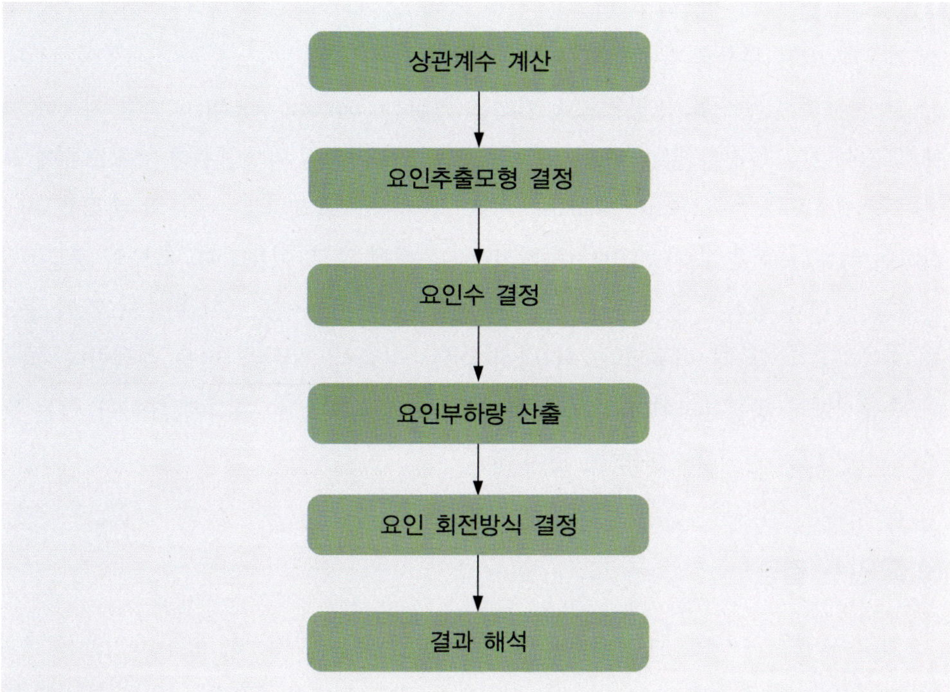

그림 13-1 요인분석 절차

1) 상관관계 계산

자료를 입력한 후 요인분석을 실시하려면, 변수 혹은 응답자 간의 상관관계를 계산해야 한다. 이때 변수들 간의 상관관계를 계산하여 몇 개 차원으로 묶어내는 경우를 R-유형, 응답자들 간의 상관관계를 계산하는 경우를 Q-유형이라 한다. 일반적으로 사회과학분야에서는 R-유형이 많이 사용되며, Q-유형을 사용해야 되는 경우에는 대개 이와 유사한 군집분석이 이용된다. Q-유형 요인분석은 군집분석과 유사한 방법으로 상이한 특성을 갖는 평가자들을 몇몇의 동질적인 몇 개의 집단으로 묶어내는 방식이다.

2) 요인추출모형 결정

요인추출모형에는 PCA(Principle Component Analysis), CFA(Common Factor Analysis), ML(Maximum Likelihood), GLS(Generalized Least Square) 등이 있으나 PCA(주성분분석) 방식이나 CFA(공통요인분석) 방식이 널리 이용되고 있다. PCA(주성분분석) 방식과 CFA(공통요인분석) 방식의 차이점은 측정 결과 얻어진 자료에 나타난 분산 구성 요소 가운데 어떤 분산을 분석의 기초로 이용하는가에 있다.

분산은 다른 변수들과 공통으로 변하는 공분산(Common variable), 변수 자체에 의해서 일어나는 특정분산(Specific Variable), 그리고 기타의 외생변수나 측정오류에 의하여 발생하는 오류분산(error Variance)으로 나뉜다. PCA 방식은 정보의 손실을 최소화하면서 보다 적은 수의 요인을 구하고자 할 때에 주로 이용되며, 자료의 총분산을 분석한다. CFA 방식은 변수들 간에 내재하는 차원을 찾아냄으로써 변수들 간의 구조를 파악하고자 할 때 이용된다. 이 방식에서는 자료의 공통분산만을 분석한다. 따라서 총분산에서 공통분산이 차지하는 비율이 높거나, 자료의 특성에 대하여 아는 바가 없으면 CFA 방식을 선택하는 것이 좋다.

3) 요인수 결정

최초 요인을 추출한 뒤 회전시키지 않은 요인행렬로부터 몇 개의 요인을 추출해야 할 것인가를 결정한다. 요인수를 결정하는 방법에는 연구자가 임의로 요인의 수를 미리 정하는 것 이외에 세 가지 정도로 설명할 수 있다.

① 고유치 기준

고유치(eigen value)는 요인이 설명할 수 있는 변수들의 분산 크기를 나타낸다. 고유치가 1보다 크다는 것은 하나의 요인이 변수 1개 이상의 분산을 설명해준다는 것을 의미한다. 따라서 고유치값이 1 이상인 경우를 기준으로 해서 요인수를 결정하게 된다. 고유치가 1보다 적다는 것은 1개의 요인이 변수 1개의 분산도 설명해줄 수 없다는 것을 의미하므로 요인으로서의 의미가 없다고 볼 수 있다.

② 공통분산의 총분산에 대한 비율

공통분산(communality)은 총분산 중에서 요인이 설명하는 분산 비율을 의미한다. 일반적으로 사회과학 분야에서는 공통분산값이 적어도 총분산의 60% 정도를 설명해주고 있는 요인까지를 선정하며, 자연과학 분야에서는 95%까지 포함시키는 경우가 많다. 여기서 60%를 기준으로 요인의 수를 결정한다는 것은 40%의 정보 손실을 감수해야 함을 의미한다.

③ 스크리검정

스크리검정(scree test)은 각 요인의 고유치를 세로축에, 요인의 개수를 가로축에 나타내는 것을 말한다. 고유치를 산포도로 표시한 스크리 차트를 지수함수와 비교하였을 때 적어도 한 지점에서 지수함수 분포의 형태에 크게 벗어나는 지점이 추출하여야 할 요인의 개수가 된다.

4) 요인부하량 산출

요인부하량(factor loading)은 각 변수와 요인 사이의 상관관계 정도를 나타내므로, 각 변수는 요인부하량이 가장 높은 요인에 속하게 된다. 사실 요인부하량의 제곱값은 결정계수를 의미하므로, 요인부하량은 요인이 해당 변수를 설명해주는 정도를 의미한다. 일반적으로 요인부하량의 절대값이 0.4 이상이면 유의한 변수로 간주하고 0.5를 넘으면 아주 중요한 변수라고 할 수 있다. 그러나 표본의 수와 변수의 수가 증가할수록 요인부하량 고려 수준은 낮추어야 할 것이다.

5) 요인회전 방식 결정

변수들이 여러 요인에 대하여 비슷한 요인부하량을 나타낼 경우, 변수들이 어느 요인에 속하는지를 분류하기가 힘들다. 따라서 변수들의 요인부하량이 어느 한 요인에 높게 나타나도록 하기 위하여 요인축을 회전시킨다.

회전 방식은 크게 직각회전(orthogonal rotation)과 사각회전(oblique rotation)으로 나뉜다. 다음은 직각회전의 예를 그림으로 나타낸 것이다. 이 그림에서 보면 회전 후 변수들이 두 집단으로 나뉘는 형태는 회전 전보다 더 명확하다.

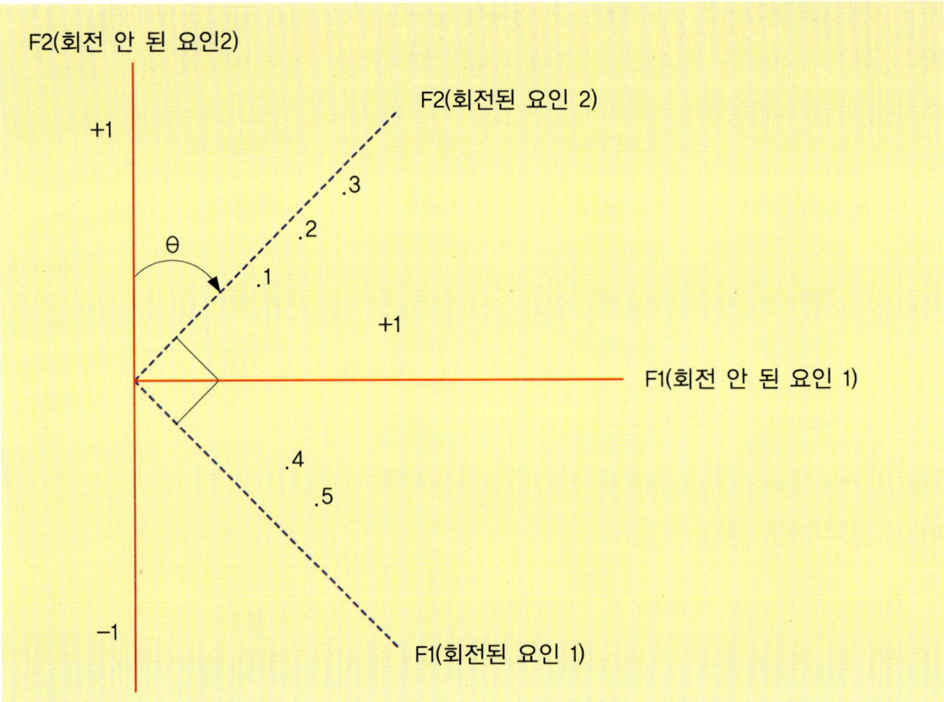

그림 13-2 직각회전

① 직각회전 방식

회전축이 직각(orthogonal)을 유지하며 회전하므로 요인들 간의 상관계수가 0이 된다. 따라서 요인들의 관계가 서로 독립적이어야 하거나 서로 독립적이라고 간주할 수 있는 경우, 또는 요인점수를 이용하여 회귀분석이나 판별분석을 추가적으로 실시할 때 다중공선성을 피하기 위한 경우 등에 유용하게 사용된다. 그러나 사회과학 분야에서는 서로 다른 두 개의 개념(요인)이 완전히 독립적이지 못한 경우가 대부분이므로 사각회전 방식이 이용된다. 직각회전 방식에는 Varimax, Quartimax, Equimax 등이 있는데 Varimax 방식이 가장 많이 이용된다. Varimax 방식은 요인분석의 목적이 각 변수들의 분산 구조보다 각 요인의 특성을 알고자 하는 데 있을 때 더 유용하다.

② 사각회전 방식

대부분의 사회과학 분야에서는 요인들 간에 어느 정도의 상관관계가 항상 존재하게 마련이다. 사각회전 방식은 요인을 회전시킬 때 요인들이 서로 직각을 유지하지 않으므로 직각회전 방식에 비해 높은 요인부하량은 더 높아지고, 낮은 요인부하량은 더 낮아지도록 요인을 회전시키는 방법이다. 비직각회전 방식에는 Oblimin(=oblique), Covarimin, Quartimin, Biquartimin 등이 있는데 주로 Oblimin 방식이 많이 이용된다.

6) 결과 해석

요인행렬에서 우선 각 요인별로 검토하여, 어떤 변수들이 높은 부하량, 혹은 낮은 부하량을 가지고 있는지를 조사한다. 다음에는 변수들을 검토하여 어떤 변수가 한 요인에 대한 부하량은 높고 다른 모든 요인에 대한 부하량은 낮은가를 점검해본다. 요인이 추출되면 어느 특정 요인에 함께 묶여진 변수들의 공통된 특성을 조사하여 연구자가 주관적으로 요인이름을 붙인다. 따라서 요인에 대한 해석은 연구자마다 다르게 나타나고, 요인의 추출이 과연 의미가 있는가에 대한 해석도 각자의 판단에 의존하게 된다. 그러나 주의해야 할 점은 추출된 요인이 보편적인 지식과 어느 정도 일치해야 한다는 것이다. 요인이 추출되면 각 사례별로 변수들이 선형결합되어 이루어진 요인점수를 산정할 수 있다. 그리고 이 요인을 새로운 변수로 취급하여 회귀분석이나 판별분석에서 활용할 수 있다.

13.2 SPSS를 이용한 요인분석

SPSS 예제

다음 예제는 가정주부의 쇼핑 행동을 알아보기 위한 자료이다. 이를 위해서 다음의 생활양식에 관한 질문 자료는 7점 척도로 구성되어졌다(1=매우 동의 못함, 7=매우 동의함).

v1 나는 외부활동보다는 집에서 조용하게 지내는 것이 좋다.
v2 나는 작은 품목일지라도 항상 가격에 신경을 쓴다.
v3 잡지가 영화보다 재미있다.
v4 나는 게시판에서 광고하는 제품은 구입하지 않을 것이다.
v5 나는 가정적인 사람이다.
v6 나는 쿠폰을 모으고 사용한다.
v7 기업들은 광고에 치중하는 편이다
y 일주일 인터넷 쇼핑 이용횟수( )회

v1	v2	v3	v4	v5	v6	v7	y
6	2	7	6	5	3	5	4
5	7	5	6	6	6	4	6
5	3	4	5	6	6	7	4
3	2	2	5	1	3	2	3
4	2	3	2	2	1	3	2
2	6	2	4	3	7	5	3
1	3	3	6	2	5	7	1
3	5	1	4	2	5	6	2
7	3	6	3	5	2	4	4
6	3	3	4	4	6	5	5
6	6	2	6	4	4	7	6

v1	v2	v3	v4	v5	v6	v7	y
3	2	2	7	6	1	6	3
5	7	6	2	2	6	1	6
6	3	5	5	7	2	1	3
3	2	4	3	2	6	5	2
2	7	5	1	4	5	2	4
3	2	2	7	2	4	6	5
6	4	5	4	7	3	3	4
7	2	6	2	5	2	1	2
2	3	3	2	1	2	6	3

(1) 가정주부들의 행동 특성을 나타내는 변수들(v1~v7)을 이용하여 요인분석을 실시하라. (2) 그리고 요인명칭을 부여하라. (3) 그런 다음 추출된 요인을 독립변수로 하고 y(일주일 인터넷 쇼핑 이용횟수)를 종속변수로 하는 회귀분석 결과를 언급하여라.

풀이

1단계 다음과 같이 SPSS 프로그램상에 자료를 입력한다.

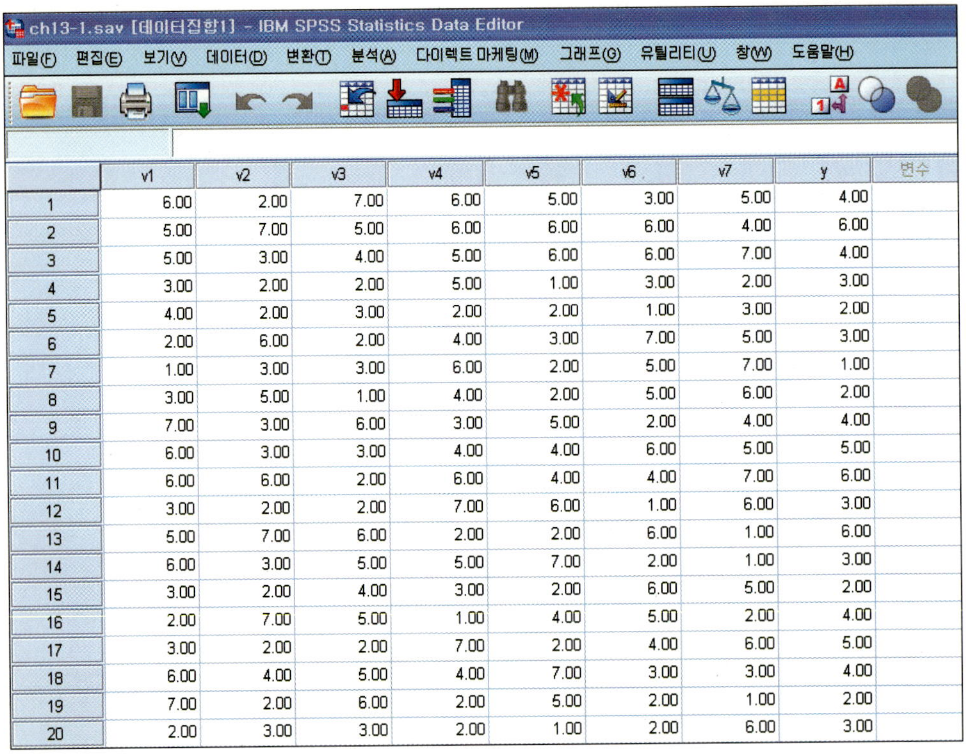

	v1	v2	v3	v4	v5	v6	v7	y	변수
1	6.00	2.00	7.00	6.00	5.00	3.00	5.00	4.00	
2	5.00	7.00	5.00	6.00	6.00	6.00	4.00	6.00	
3	5.00	3.00	4.00	5.00	6.00	6.00	7.00	4.00	
4	3.00	2.00	2.00	5.00	1.00	3.00	2.00	3.00	
5	4.00	2.00	3.00	2.00	2.00	1.00	3.00	2.00	
6	2.00	6.00	2.00	4.00	3.00	7.00	5.00	3.00	
7	1.00	3.00	3.00	6.00	2.00	5.00	7.00	1.00	
8	3.00	5.00	1.00	4.00	2.00	5.00	6.00	2.00	
9	7.00	3.00	6.00	3.00	5.00	2.00	4.00	4.00	
10	6.00	3.00	3.00	4.00	4.00	6.00	5.00	5.00	
11	6.00	6.00	2.00	6.00	4.00	4.00	7.00	6.00	
12	3.00	2.00	2.00	7.00	6.00	1.00	6.00	3.00	
13	5.00	7.00	6.00	2.00	2.00	6.00	1.00	6.00	
14	6.00	3.00	5.00	5.00	7.00	2.00	1.00	3.00	
15	3.00	2.00	4.00	3.00	2.00	6.00	5.00	2.00	
16	2.00	7.00	5.00	1.00	4.00	5.00	2.00	4.00	
17	3.00	2.00	2.00	7.00	2.00	4.00	6.00	5.00	
18	6.00	4.00	5.00	4.00	7.00	3.00	3.00	4.00	
19	7.00	2.00	6.00	2.00	5.00	2.00	1.00	2.00	
20	2.00	3.00	3.00	2.00	1.00	2.00	6.00	3.00	

그림 13-3 데이터 입력 창 [데이터] ch13-1.sav

2단계 **분석(A) → 차원감소(D) → 요인분석(F)**을 누른다. 그러면 다음과 같은 요인분석 창을 얻을 수 있다.

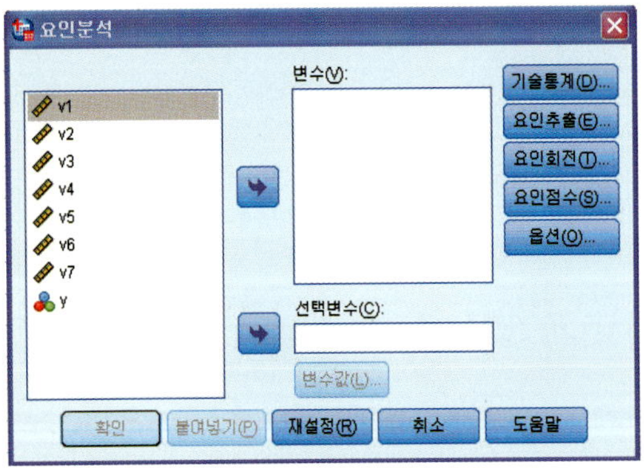

그림 13-4 요인분석 창

3단계 왼쪽 변수 창에서 v1~v7까지 변수를 지정하여 **변수(V)**란에 보낸다.

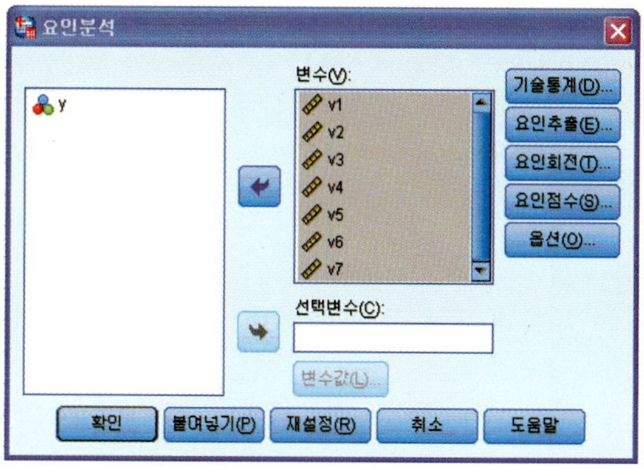

그림 13-5 요인분석 창: 변수 지정

4단계 기술통계(D)... 단추를 누른다.

여기서 **상관행렬**란에서 ☑ 계수(C), ☑ KMO와 Bartlett의 구형성 검정(K) 단추를 누른다.

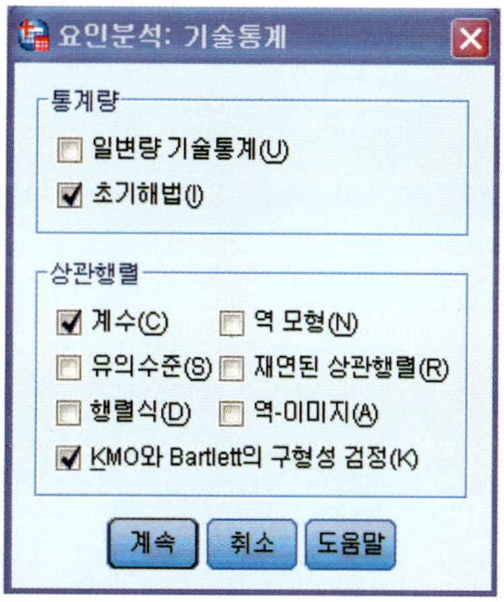

그림 13-6 요인분석: 기술통계

5단계 계속 단추를 누른다. 그러면 [그림 13-5] 화면으로 복귀한다. 여기서 요인추출(E)... 방법을 누른다. 여기서는 초기 지정값으로 되어 있는 주성분 방법과 요인추출 방법은 그대로 유지한다. 분석자는 요인추출을 시각적인 도표로 나타내는 ☑ 스크리 도표(S)를 지정한다.

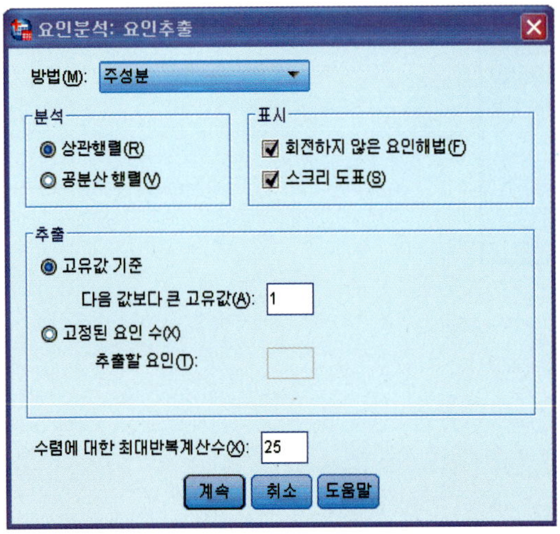

그림 13-7 요인분석: 요인추출

6단계 계속 단추를 누른다. 그러면 [그림 13-5]의 화면으로 복귀한다. 다음으로 요인회전(T)...을 누른다. 여기서 요인회전 방법 중 직각회전 방식의 대표적인 ◉ 베리멕스(V)와 이를 시각화하기 위해서, ☑ 적재값 도표(L)를 지정한다.

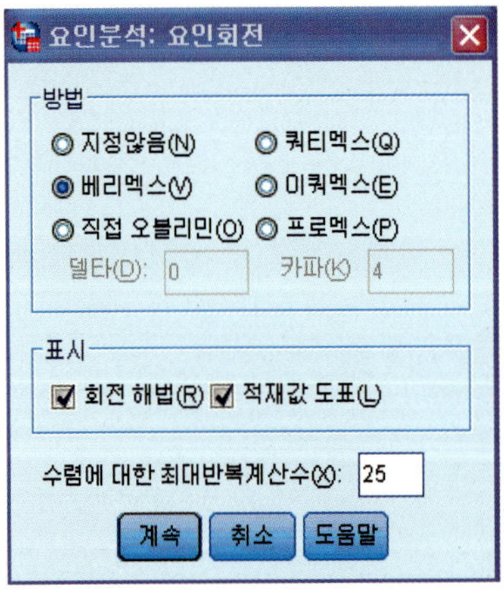

그림 13-8 요인분석: 요인회전

7단계 계속 단추를 누른다. 그러면 [그림 13-5]의 화면으로 복귀한다. 계산된 요인점수를 확인하고 제2차분석(회귀분석)에 사용하기 위하여 요인점수(S)... 계산 단추를 누른다. 여기서 ☑ 변수로 저장(S), ☑ 요인점수 계수행렬 출력(D) 단추를 누른다.

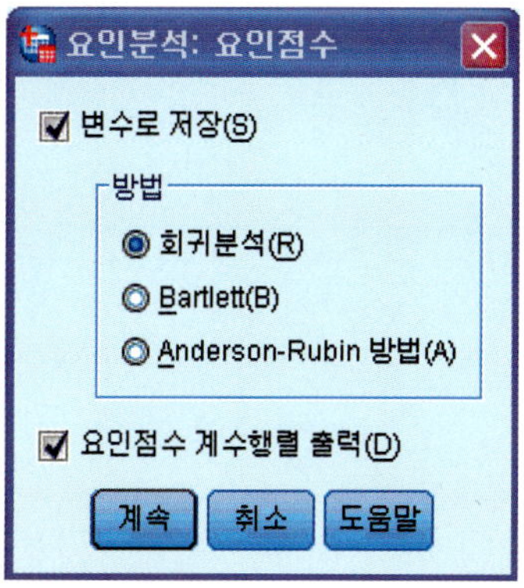

그림 13-9 요인분석: 요인점수

8단계 계속 단추를 누른다. 그러면 [그림 13-5] 화면으로 복귀한다. 여기서 확인 단추를 누르면 결과물을 얻을 수 있다.

상관행렬

		v1	v2	v3	v4	v5	v6	v7
상관계수	v1	1.000	-.067	.587	-.016	.626	-.234	-.333
	v2	-.067	1.000	.061	-.195	.053	.564	-.123
	v3	.587	.061	1.000	-.319	.476	-.099	-.537
	v4	-.016	-.195	-.319	1.000	.258	.018	.524
	v5	.626	.053	.476	.258	1.000	-.169	-.150
	v6	-.234	.564	-.099	.018	-.169	1.000	.230
	v7	-.333	-.123	-.537	.524	-.150	.230	1.000

그림 13-10 상관행렬

● **결과 해석**

분석 결과를 보면 v1(나는 외부활동보다는 집에서 조용하게 지내는 것이 좋다) 변수를 기준으로 v3(잡지가 영화보다 재미있다) 변수, v5(나는 가정적인 사람이다)

변수의 상관관계가 0.5이상으로 비교적 높은 것으로 나타나 있다. v2(나는 작은 품목일지라도 항상 가격에 신경을 쓴다) 변수를 기준으로 v6(나는 쿠폰을 모으고 사용한다) 변수의 상관계수가 0.564로 높음을 알 수 있다. v4(나는 게시판에서 광고하는 제품은 구입하지 않을 것이다) 변수와 v7(기업들은 광고에 치중하는 편이다) 변수는 상관관계가 큼을 알 수 있다.

KMO와 Bartlett의 검정

표준형성 적절성의 Kaiser-Meyer-Olkin 측도.		.574
Bartlett의 구형성 검정	근사 카이제곱	41.382
	자유도	21
	유의확률	.005

그림 13-11 KMO와 Bartlett의 검정

● **결과 해석**

KMO(Kaiser-Meyer-Olkin)와 Bartlett 검정은 수집된 자료가 요인분석에 적합지 여부를 판단하는 것이다. KMO값은 표본적합도를 나타내는 값으로 0.5 이상이면 표본자료는 요인분석에 적합함을 판단할 수 있다.

마찬가지로 Bartlett의 구형성 검정은 변수 간의 상관행렬이 단위행렬인지 여부를 판단하는 검정 방법이다. 여기서 단위행렬(Identity Matrix)은 대각선이 1이고 나머지는 모두 0인 행렬을 말한다. 여기서 유의확률이 $0.005 < \alpha = 0.05$ 이므로 '변수 간 행렬이 단위행렬'이라는 귀무가설은 기각됨을 알 수 있다. 이는 요인분석이 가능함을 암시하는 것으로 차후에 요인분석을 계속 진행할 수 있음을 알 수 있다.

설명된 총분산

성분	초기 고유값			추출 제곱합 적재값			회전 제곱합 적재값		
	합계	% 분산	% 누적	합계	% 분산	% 누적	합계	% 분산	% 누적
1	2.527	36.095	36.095	2.527	36.095	36.095	2.185	31.220	31.220
2	1.701	24.307	60.402	1.701	24.307	60.402	1.840	26.283	57.504
3	1.384	19.773	80.175	1.384	19.773	80.175	1.587	22.671	80.175
4	.489	6.992	87.167						
5	.356	5.092	92.259						
6	.324	4.630	96.889						
7	.218	3.111	100.000						

추출 방법: 주성분 분석.

그림 13-12 설명된 총분산

● 결과 해석

공통성(Communality)은 변수의 포함된 요인들에 의해서 설명되는 비율이라고 할 수 있다. 각 변수의 초기값과 주성분분석법에 의한 각 변수에 대한 추출된 요인에 의해 설명되는 비율이 나타나 있다.

요인분석의 목적은 변수의 수를 줄이는 데 있으므로 위에 나타난 요인(성분) 7개로 모두 사용하는 것은 합리적이지 못하다. 고유값은 몇 개의 요인이 설명하는 정도를 나타내는 것으로 모든 요인(성분)의 고유값 합계는 요인분석에 사용된 변수의 수와 같다. 여기서는 7이다.

예를 들어 1요인(성분)의 설명력(분산비)은 $\frac{\text{적재값}}{\text{문항수}}=\frac{(2.527)}{(7)}=0.36095$, 약 36%이다. 또한 2요인(성분)의 설명력(분산비)은 $\frac{(1.701)}{(7)}=0.24307$, 약 24%이다. 여기서 요인의 고유값은 요인에 속한 각 변수들의 적재값을 제곱하여 더한 것과 같다. 예를 들어 1요인의 고유값은 $(0.807)^2+(-0.017)^2+(0.850)^2+(-0.319)^2+(0.651)^2++(-0.367)^2+(-0.702)^2=2.527$이다. 이는 뒷부분의 [그림 13-14]의 성분행렬 즉 성분(요인)과 요인의 관계를 나타낸 해당 성분행렬에 근거하여 계산된 것이다.

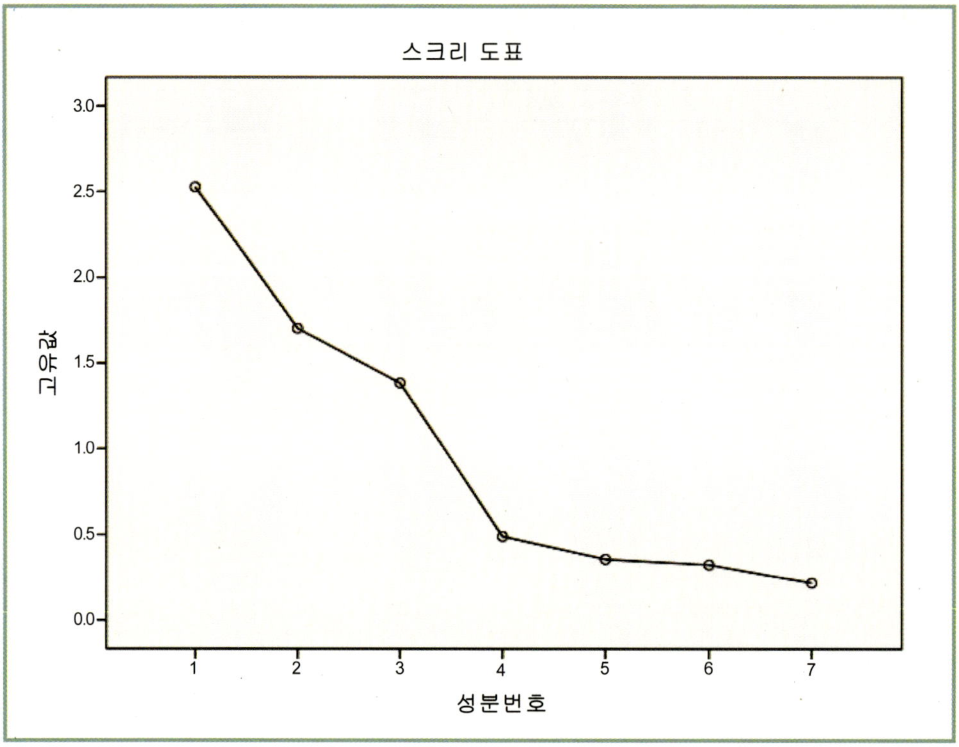

그림 13-13 스크리 도표

● **결과 해석**

고유값의 변화를 보여주고 있는 스크리 도표(scree chart)이다. 스크리(scree)란 기울기의 변화가 평평해지는 경우를 말한다. 스크리 도표는 추출된 성분에 따른 고유치를 나타낸 것이다. 가로축은 요인수, 세로축은 고유값을 나타내고 있다. 그런데 고유값 '1'을 기준으로 요인(성분) 4부터는 고유값이 크게 작아지고 있다. 이와 같이 고유값이 작아지는 점에서 요인(성분)의 개수를 결정할 수도 있다. 따라서 이 방식에 의해서도 요인(요인)의 개수는 3개가 적당하다 하겠다. 또한 고유값이 크게 꺾이는 형태를 보이고 있으므로 이 자료를 이용하여 요인분석을 실시해도 무방함을 알 수 있다.

성분행렬[a]

	성분		
	1	2	3
v1	.807	.230	.254
v2	-.017	-.738	.524
v3	.850	-.167	.083
v4	-.319	.681	.525
v5	.651	.343	.550
v6	-.367	-.583	.583
v7	-.702	.393	.346

요인추출 방법: 주성분 분석.

a. 추출된 3 성분

그림 13-14 성분행렬

● **결과 해석**

이 성분행렬은 회전시키기 전의 요인 부하량을 보여주고 있다. 요인(성분) 1, 2, 3에 대하여 3변수 v1, v3, v5의 부하량, v4와 v7의 부하량, v2와 v6의 부하량은 각각 하나의 공통적인 특성을 가지고 있는 것으로 보인다. 예컨대, v1의 공통성(Communality)은 요인과 변수와의 상관관계의 제곱합에 의해서 구할 수 있다. 즉, 요인 1에 대한 적재량의 제곱과 v1 변수와 요인 2, v1과 요인 3에 대한 적재량 제곱인 $(0.807)^2+(0.230)^2+(0.254)^2 = 0.768$이다.

회전된 성분행렬[a]

	성분		
	1	2	3
v1	.853	-.144	-.141
v2	.058	-.172	.887
v3	.701	-.515	.026
v4	.174	.896	-.088
v5	.902	.176	.002
v6	-.161	.146	.876
v7	-.306	.818	.070

요인추출 방법: 주성분 분석.
회전 방법: Kaiser 정규화가 있는 베리멕스.

a. 4 반복계산에서 요인회전이 수렴되었습니다.

그림 13-15 회전된 성분행렬

● **결과 해석**

요인의 회전(rotation)을 하는 이유는 변수의 설명축인 요인들을 회전시킴으로써 요인의 해석을 돕는 것이다. 여러 가지 요인회전 방법이 있으나 여기서는 가장 많이 사용하는 베리멕스 직각회전 방법을 사용하였다. 일반적으로 직각회전 방법은 성분점수를 이용하여 회귀분석이나 판별분석 등을 수행할 경우, 요인(성분) 간에 독립성이 있는 것이 요인들의 공선성에 의한 문제점을 발생시키지 않기 때문이다. 이 결과를 가지고 연구자는 변수의 성격을 보고 공통점을 발견하여 각 요인(성분)의 이름을 정하게 된다. 여기서는 제1요인(성분)을 '가정중심적 요인,' 제2요인(성분)을 '꼼꼼한 성격 요인,' 제3요인을 '경제성 추구 요인'이라고 부를 수 있다. 분석자는 각 요인에 명칭을 부여할 때 예술적인 감각을 발휘할 필요가 있다. 앞에서 언급한 것처럼 요인을 구성하는 변수의 성격을 보면서 요인명칭을 정의하면 된다. 예를 들어, 제1요인 명칭을 가정중심적 요인이라고 한 것은 v1(나는 외부활동보다는 집에서 조용하게 지내는 것이 좋다) 변수, v3(잡지가 영화보다 재미있다) 변수, v5(나는 가정적인 사람이다) 변수의 명칭의 유사성을 고려했기 때문이다.

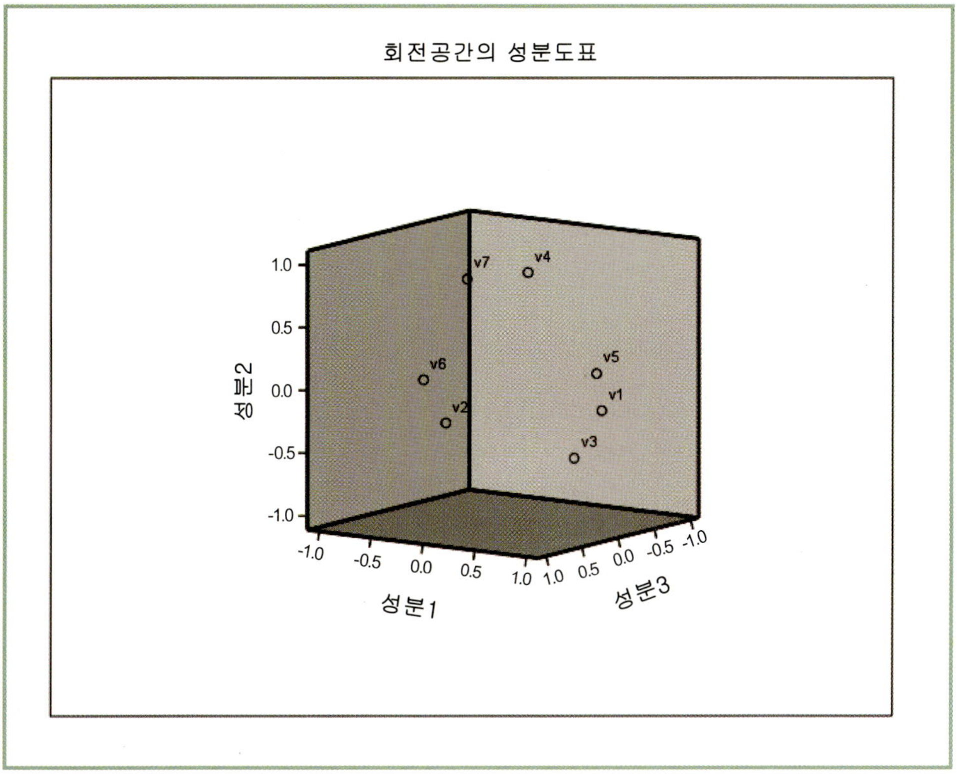

그림 13-16 회전 공간의 성분도표

● **결과 해석**

요인(성분)이 3개로 구성되어 각 7개의 변수들이 공간에 위상을 차지하고 있다. 여기서 v1, v3, v5 변수는 요인 1인 가정중심적 요인에, v4, v7 변수는 요인 2인 꼼꼼한 성격 요인에, 그리고 v2와 v6 변수는 요인 3 경제성 추구 요인에 위치해 서로 다른 위상에 위치하고 있는 것을 볼 수 있다.

성분점수 계수행렬

	성분		
	1	2	3
v1	.391	.017	-.032
v2	.072	-.064	.568
v3	.283	-.209	.052
v4	.188	.533	-.016
v5	.464	.211	.072
v6	.003	.092	.555
v7	-.045	.434	.048

요인추출 방법: 주성분 분석.
회전 방법: Kaiser 정규화가 있는 베리멕스.
요인 점수.

그림 13-17 성분점수 계수행렬

● 결과 해석

요인점수(Factor scores)는 각 표본 대상자의 변수별 응답을 요인들의 선형결합으로 표현한 값이다. 각 개체들의 요인점수는 다음과 같다.

$$F_{jk} = \sum_{i=1}^{P} W_{ji} Z_{ik}$$

여기서 P는 변수의 개수, Z_{ik}는 표준화된 변수, W_{ji}는 각 변수에 주어지는 가중치, F_{jk}는 개별 표본 대상자의 요인점수이다. 요인점수는 표본 대상자가 각 변수에 대해 응답한 결과를 요인별 가중치를 이용하여 요인 공간상의 점수로 변환시켜 연구자가 각 표본의 요인 공간상의 위치를 파악할 수 있게 해준다. 요인점수를 계산해보면 다음과 같다.

요인(성분) 1의 점수
$= (0.391)v_1 + (0.072)v_2 + (0.283)v_3 + (0.188)v_4 + (0.464)v_5 + (0.003)v_6 + (-0.045)v_7$

요인(성분) 2의 점수
$= (0.017)v_1 + (-0.064)v_2 + (-0.209)v_3 + (0.533)v_4 + (0.211)v_5 + (0.092)v_6 + (0.434)v_7$

요인(성분) 3의 점수
$= (-0.032)v_1 + (0.568)v_2 + (0.052)v_3 + (-0.016)v_4 + (0.072)v_5 + (0.555)v_6 + (0.048)v_7$

여기서 각 변수들의 관찰치를 대입하면, 대상자별로 요인점수를 구할 수 있다.

성분점수 공분산행렬

성분	1	2	3
1	1.000	.000	.000
2	.000	1.000	.000
3	.000	.000	1.000

요인추출 방법: 주성분 분석.
회전 방법: Kaiser 정규화가 있는 베리멕스.
요인 점수.

그림 13-18 성분점수 공분산행렬

● **결과 해석**

성분점수 공분산행렬의 대각선은 1이고 나머지 성분은 0인 값을 갖는다. 이는 베리맥스 방법에 의한 회전 방법을 선택하여 직각회전의 결과로 두 요인 간의 관련성이 0인 단위행렬이기 때문이다. 소위 두 요인은 독립적인 관련성을 갖는다고 해석을 해야 한다.

13.3 요인분석을 이용한 회귀분석

분석자는 앞에서 찾은 세 가지 요인(성분)들이 일주일 인터넷 쇼핑 이용횟수(y)에 영향을 미치는지 여부를 확인하고 싶을 것이다. 이 경우 해당 요인을 구성하는 그 변수들을 독립변수로 하고 회귀분석을 실시할 수 있다. 그러나 많은 변수들을 몇 개의 요인으로 묶어서(이 경우에는 두 개의 요인이 됨) 회귀분석을 실시하면, 한 차원 더 높은 분석 방법을 체득하는 셈이다.

요인분석이 끝나면, 데이터 편집기 창에 다음 그림과 같이 두 개의 새로운 요인 '변수'가 추가된다. [그림 13-19]의 데이터 편집기 창은 새로이 생성된 요인(성분)을 보여주고 있다.

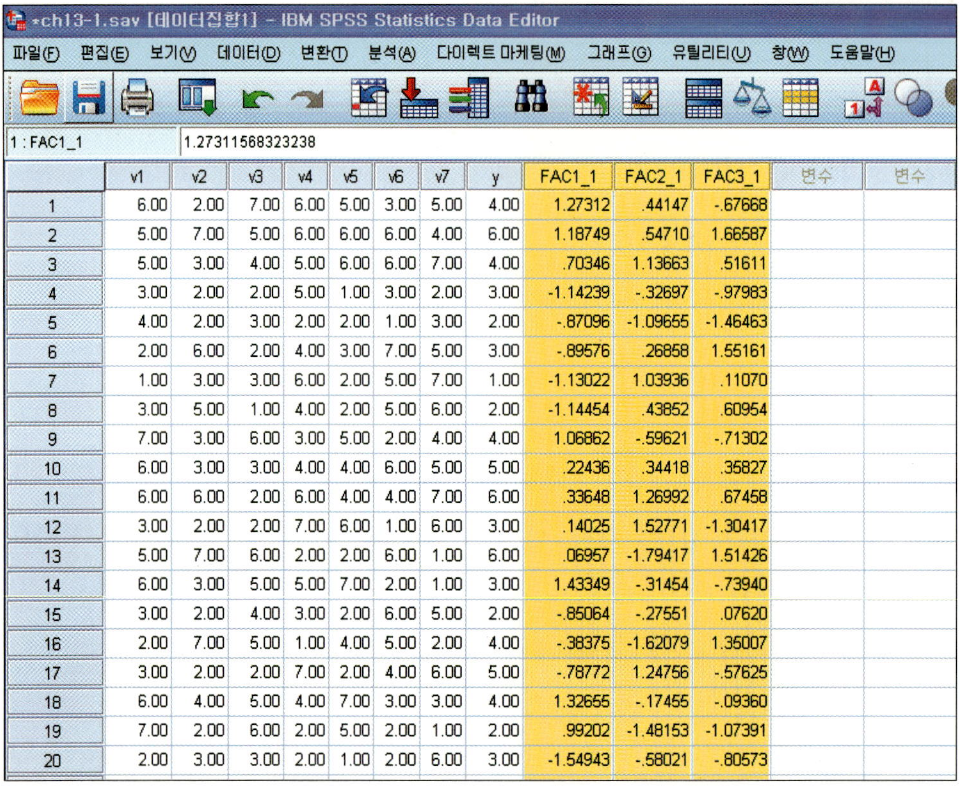

	v1	v2	v3	v4	v5	v6	v7	y	FAC1_1	FAC2_1	FAC3_1	변수	변수
1	6.00	2.00	7.00	6.00	5.00	3.00	5.00	4.00	1.27312	.44147	-.67668		
2	5.00	7.00	5.00	6.00	6.00	6.00	4.00	6.00	1.18749	.54710	1.66587		
3	5.00	3.00	4.00	5.00	6.00	6.00	7.00	4.00	.70346	1.13663	.51611		
4	3.00	2.00	2.00	5.00	1.00	3.00	2.00	3.00	-1.14239	-.32697	-.97983		
5	4.00	2.00	3.00	2.00	2.00	1.00	3.00	2.00	-.87096	-1.09655	-1.46463		
6	2.00	6.00	2.00	4.00	3.00	7.00	5.00	3.00	-.89576	.26858	1.55161		
7	1.00	3.00	3.00	6.00	2.00	5.00	7.00	1.00	-1.13022	1.03936	.11070		
8	3.00	5.00	1.00	4.00	2.00	5.00	6.00	2.00	-1.14454	.43852	.60954		
9	7.00	3.00	6.00	3.00	5.00	2.00	4.00	4.00	1.06862	-.59621	-.71302		
10	6.00	3.00	3.00	4.00	4.00	6.00	5.00	5.00	.22436	.34418	.35827		
11	6.00	6.00	2.00	6.00	4.00	4.00	7.00	6.00	.33648	1.26992	.67458		
12	3.00	2.00	2.00	7.00	6.00	1.00	6.00	3.00	.14025	1.52771	-1.30417		
13	5.00	7.00	6.00	2.00	2.00	6.00	1.00	6.00	.06957	-1.79417	1.51426		
14	6.00	3.00	5.00	5.00	7.00	2.00	1.00	3.00	1.43349	-.31454	-.73940		
15	3.00	2.00	4.00	3.00	2.00	6.00	5.00	2.00	-.85064	-.27551	.07620		
16	2.00	7.00	5.00	1.00	4.00	5.00	2.00	4.00	-.38375	-1.62079	1.35007		
17	3.00	2.00	2.00	7.00	2.00	4.00	6.00	5.00	-.78772	1.24756	-.57625		
18	6.00	4.00	5.00	4.00	7.00	3.00	3.00	4.00	1.32655	-.17455	-.09360		
19	7.00	2.00	6.00	2.00	5.00	2.00	1.00	2.00	.99202	-1.48153	-1.07391		
20	2.00	3.00	3.00	2.00	1.00	2.00	6.00	3.00	-1.54943	-.58021	-.80573		

그림 13-19 새롭게 생성된 변수

여기서는 요인 1은 FAC1_1, 요인 2는 FAC2_1, 요인 3은 FAC3_1로 생성된 것을 볼 수 있다. 분석자는 회귀분석을 실시하기 전에 각 요인에 대하여 신뢰성 검정을 실시하는 것이 합당한 분석 절차이다. 우리는 신뢰성 검정 결과 후(이 절차는 각자 확인하기 바란다), v1, v3, v5 변수는 요인 1인 '가정중심적 요인'에 v4, v7 변수는 요인 2인 '꼼꼼한 성격 요인'에, 그리고 v2와 v6 변수는 요인 3 '경제성 추구 요인'에 위치해 서로 다른 위상에 위치하고 있는 것을 볼 수 있다.

이제 세 요인이 '일주일 인터넷 쇼핑 이용횟수(y)'에 미치는 영향력을 조사하기 위하여 회귀분석을 실시하여보자. 다음 같은 순서로 진행을 하면 회귀분석을 하기 위한 회귀분석 창이 나온다.

분석(A)

회귀분석(R)

선형(L)...

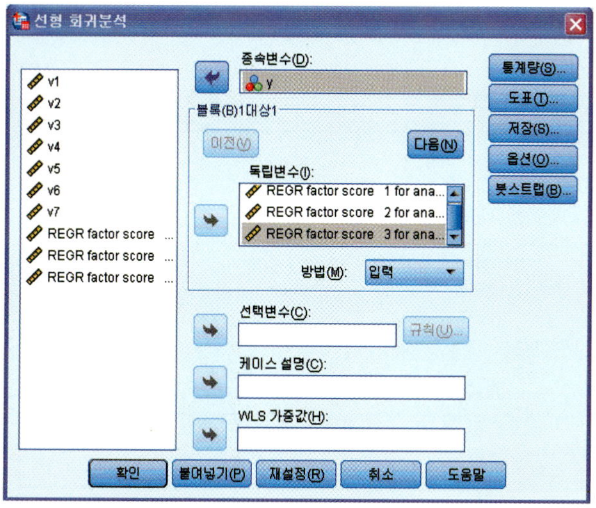

그림 13-20 요인분석을 이용한 회귀분석

[그림 13-20]은 종속변수를 나타내기 위해 **종속변수(D)**란에 y(일주일 인터넷 쇼핑 이용횟수)를 지정한다. 독립변수를 지정하기 위해 왼쪽 **독립변수(I)**란에 새롭게 생성된 제1요인(성분)인 FAC1_1, 요인 2는 FAC2_1, 요인 3은 FAC3_1 요인(성분)을 보낸다. 여기서 확인 단추를 누르면 다음 결과를 얻을 수 있다.

모형 요약

모형	R	R 제곱	수정된 R 제곱	추정값의 표준오차
1	.642[a]	.412	.301	1.22487

a. 예측값: (상수), REGR factor score 3 for analysis 1, REGR factor score 2 for analysis 1, REGR factor score 1 for analysis 1

분산분석[b]

모형		제곱합	자유도	평균 제곱	F	유의확률
1	회귀 모형	16.795	3	5.598	3.732	.033[a]
	잔차	24.005	16	1.500		
	합계	40.800	19			

a. 예측값: (상수), REGR factor score 3 for analysis 1, REGR factor score 2 for analysis 1, REGR factor score 1 for analysis 1
b. 종속변수: y

계수[a]

모형		비표준화 계수		표준화 계수	t	유의확률
		B	표준오차	베타		
1	(상수)	3.600	.274		13.144	.000
	REGR factor score 1 for analysis 1	.620	.281	.423	2.206	.042
	REGR factor score 2 for analysis 1	.146	.281	.100	.520	.610
	REGR factor score 3 for analysis 1	.692	.281	.472	2.462	.026

a. 종속변수: y

그림 13-21 요인별 인터넷 쇼핑 이용횟수와의 회귀분석 결과

● **결과 해석**

이 결과의 회귀식은 다음과 같다.

$$\hat{Y} = 3.600 + 0.620f1 + 0.146f2 + 0.692f3$$

여기서 $\hat{Y}$ = (일주일 인터넷 쇼핑 이용횟수)

f1 = 요인 1(가정 중심적 요인)

f2 = 요인 2(꼼꼼한 성격 요인)

f3 = 요인 3(경제성 추구 요인)

이 회귀식은 통계적으로 유의하며(유의확률 Sig $F=0.033 < \alpha=0.05$), $R_2=0.412$로서 총변동의 41.2%를 설명하고 있다. 요인 1(가정중심적 요인)은 통계적으로 유의하며(유의확률$=0.042 < \alpha=0.05$), 요인 2(꼼꼼한 성격 요인)는 통계적으로 유의하지 않은 것으로 밝혀졌다(유의확률$=0.610 > \alpha=0.05$). 또한 요인 3(경제성 추구 요인)은 통계적으로 유의하며(유의확률$=0.026 < \alpha=0.05$), 이에 대한 결과를 시각적인 그림으로 재구성하면 다음과 같다

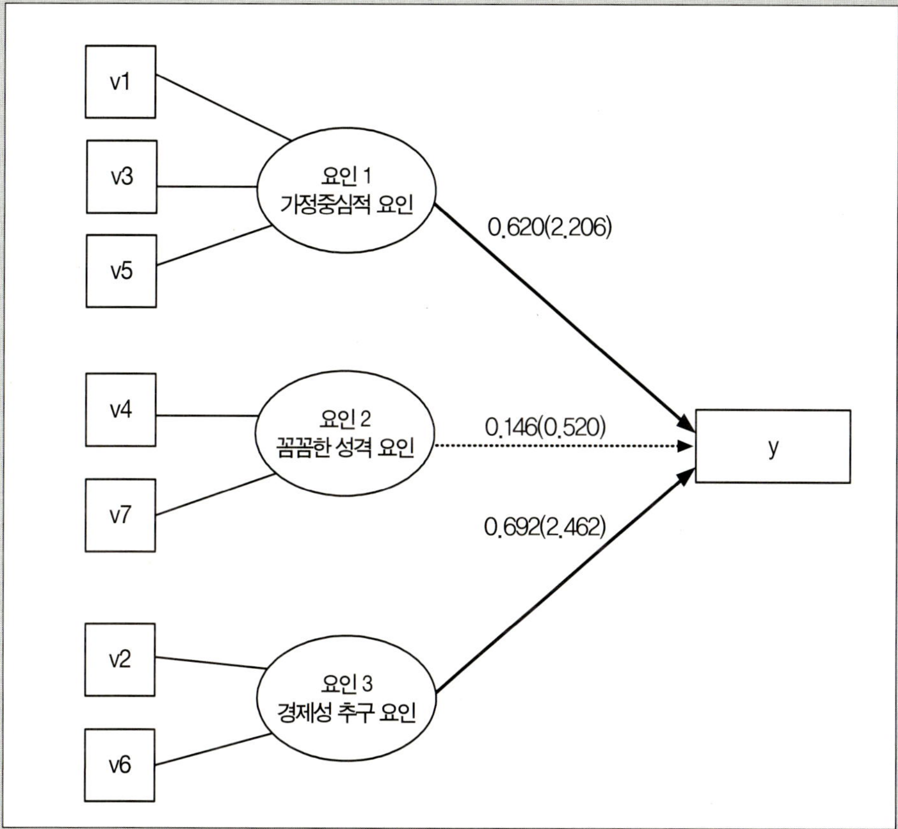

* ( ) 안의 값은 t값을 나타냄

그림 13-22 회귀분석 결과

결론적으로, 일주일 인터넷 쇼핑에 유의한 영향을 미치는 요인은 요인 1(가정중심적 요인)과 요인 3(경제성 추구 요인)임을 알 수 있다. 주부를 상대로 하여 마케팅 전략을 수립할 실무자는 이점을 고려하면서 차별적인 전략을 마련해야 할 것이다.

그런데 요인의 타당성과 신뢰성이 확보된 경우에, 다음과 같이 단일차원의 요인으로 변환시킬 수도 있다.

$$f_1 = \frac{1}{3}(v_1 + v_3 + v_5)$$

$$f_2 = \frac{1}{2}(v_4 + v_7)$$

$$f_3 = \frac{1}{2}(v_2 + v_6)$$

이 세 가지 요인을 가지고 y에 대하여 회귀분석을 실시하면 다음과 같은 결과를 얻는다.

$$\hat{Y} = -0.569 + 0.431f_1 + 0.178f_2 + 0.447f_3 \quad (R^2 = 0.419)$$
$$(-0.409)^* \quad (2.332) \quad (1.050) \quad (2.674)$$

* 괄호 안의 값은 t값을 나타냄.

위 식에서 요인 1(가정중심적 요인)과 요인 3(경제성 추구 요인)이 유의한 독립변수임을 알 수 있다. 이는 앞의 결과와 유사함을 알 수 있다.

연습문제

1. 요인분석의 의의와 절차를 정리하라.

2. 최근 개인이나 조직에서 윤리의식의 중요성이 높게 부각되고 있다. 다음 5점 척도로 되어 있는 10문항을 조사하여 현재 자신이 속한 조직의 윤리의식을 진단하고 해당 요인을 찾아보아라.

	매우 동의 못함 보통임 매우 동의함
1. 우리 조직은 경쟁자를 무조건 경계한다.	①---②---③---④---⑤
2. 우리 조직은 비윤리적인 행동을 한다.	①---②---③---④---⑤
3. 우리 상사는 비윤리적인 행동을 한다.	①---②---③---④---⑤
4. 상사는 다른 사람의 아이디어를 취한다.	①---②---③---④---⑤
5. 우리 조직은 성과를 위해서 윤리에 타협한다.	①---②---③---④---⑤
6. 우리 조직은 실패 시 희생양을 찾는다.	①---②---③---④---⑤
7. 우리 조직은 실패를 숨긴다.	①---②---③---④---⑤
8. 최고 경영자는 비윤리 행동을 숨긴다.	①---②---③---④---⑤
9. 우리 회사는 비윤리적 행동을 징계한다.	①---②---③---④---⑤
10. 우리 회사는 윤리적인 기업으로 소문났다.	①---②---③---④---⑤

14장

군집분석

사물을 관찰하다 보면 다양한 특성들을 지닌 개체들을 동질적인 집단으로 분류할 필요성이 생긴다. 군집분석(Cluster Analysis)은 다양한 특성을 지닌 관찰 대상을 유사성을 바탕으로 동질적인 집단으로 분류하는 데 쓰이는 기법이다. 군집분석은 자료 탐색, 자료 축소, 가설 정립, 군집에 근거한 예측 등과 같은 여러 가지 목적을 가진다. 다양한 특성을 지닌 관찰 대상을 유사성을 바탕으로 동질적인 집단으로 분류하는 방법이 군집분석이다.

학습 목표

- 군집분석의 운영 원리를 이해한다.
- 계층적인 군집분석과 비계층적인 군집분석의 정의를 이해한다.
- 각 군집별 평균차이를 보고 각 군집에 명칭 부여가 가능하도록 한다.

14.1 군집분석의 의의

14.1.1 군집분석이란?

사물을 관찰하다 보면 다양한 특성들을 지닌 개체들을 동질적인 집단으로 분류할 필요성이 생긴다. 예를 들어, 동물의 경우 외형적인 조건에 따라 성별을 구분하는 경우에는 명확한 분류기준이 있어 비교적 쉽다고 할 수 있으나, 변수가 많거나 또는 명확한 분류 기준이 없는 경우에는 관찰 대상들을 분류하는 것이 쉬운 일이 아닐 것이다. 군집분석(Cluster Analysis)은 다양한 특성을 지닌 관찰 대상에 대하여 유사성을 바탕으로 동질적인 집단으로 분류하는 데 쓰이는 기법이다.

군집분석은 뒷장에서 설명할 판별분석과는 다르다. 판별분석에서는 분류하기 전에 미리 집단의 수를 결정할 뿐만 아니라 새로운 관찰 대상을 이미 정해진 집단들 중의 하나에 할당하는 것을 목적으로 한다. 그러나 군집분석에서는 집단의 수를 미리 정하지 않는다. 단지 전체 대상들에 대한 유사성이나 거리에 의거하여 동질적인 집단으로 분류한다. 군집분석은 시장 세분화 등에 사용된다. 분류 규칙이 불명확하거나 또는 집단의 수를 미리 정하지 않는 경우에는 군집분석이 매우 유용하다. 군집분석은 자료 탐색, 자료 축소, 가설 정립, 군집에 근거한 예측 등과 같은 여러 가지 목적을 가진다.

14.1.2 군집분석의 절차

군집분석은 특성들의 유사성, 즉 특성자료가 얼마나 비슷한 값을 가지고 있는지를 거리로 환산하여 거리가 가까운 대상들을 동일한 집단으로 편입시키게 된다. 요인분석이나 판별분석 등은 자료의 상관관계를 이용하여 유사한 집단 분류를 하게 되지만 군집분석은 단지 측정치의 차이를 이용하는 방법이다. 군집화 방법은 계층적 방법과 비계층적 방법으로 나뉜다.

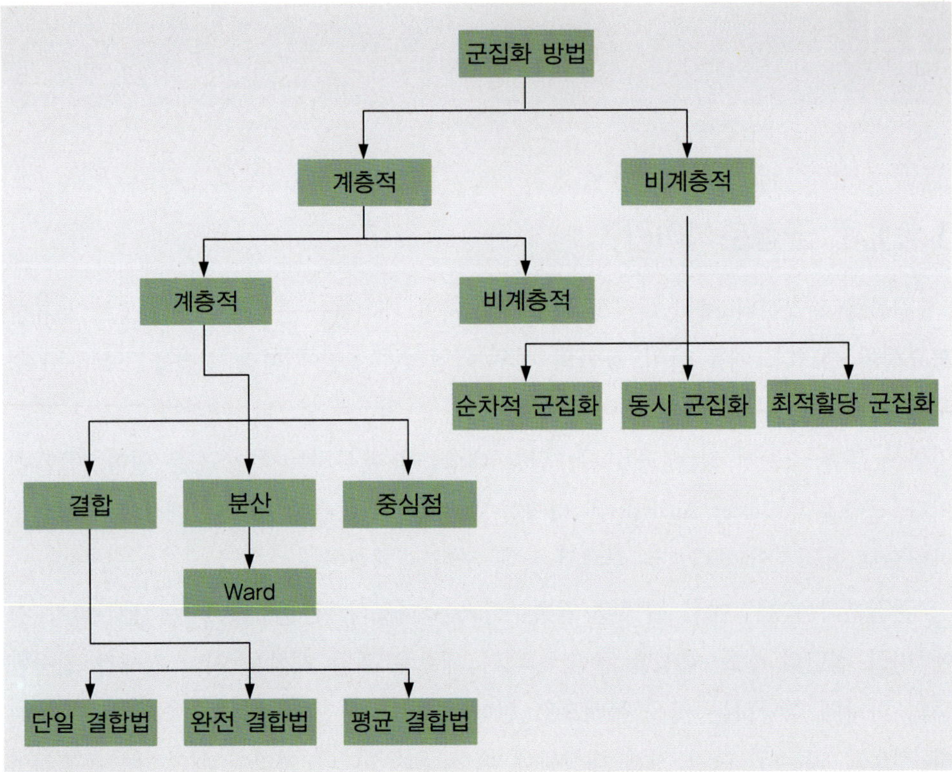

그림 14-1 군집분석 방법

실제 군집분석에서는 다음과 같은 질문이 중요시 된다.

① 어떠한 특성에 대한 측정치의 차이를 비교할 것인가? (변수 선정 문제)
② 어떻게 유사성의 차이를 측정할 것인가? (유사성 측정 방법)
③ 어떻게 동질적인 집단으로 묶을 것인가? (군집화 방법)

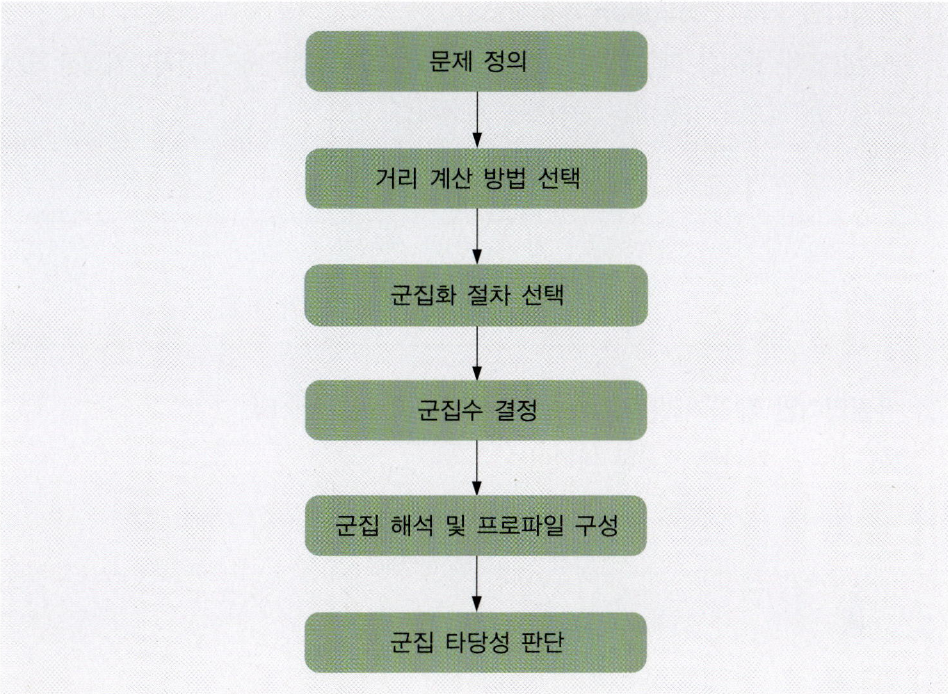

그림 14-2 군집분석의 순서

1) 변수 선정

변수 선정은 군집분석에서 가장 중요한 문제이다. 중요한 변수가 빠지거나 불필요한 변수가 추가되면 변수값들의 유사성 평가에 오류를 범하게 된다. 군집분석에서는 회귀분석이나 판별분석과 같이 의미 없는 변수를 제거할 수 있는 방법이 없기 때문에 선정된 변수는 모두가 동일한 비중으로 유사성 평가에 이용된다. 따라서 변수의 선정이 잘못되면 엉뚱한 결과가 나타날 수 있다. 또한 군집분석에서는 다른 분석 방법들과는 달리 최종 결과에 대한 통계적 유의성을 검정할 수 있는 방법이 없기 때문에 더욱 문제가 될 수 있다.

2) 유사성 측정 방법

유사성은 각 대상이 지니고 있는 특성에 대한 측정치들을 하나의 거리로 환산하여 측정하게 된다. 거리의 측정 방식에는 다음과 같은 세 가지 방식들이 있다.

① 클리디안 거리(Euclidean distance)

변수값들의 차이를 제곱하여 합산한 거리, 다차원공간에서 직선최단거리를 말한다. 가장 일반적으로 사용되는 거리측정 방법이다.

$$d = \sqrt{\sum_{i=1}^{p}(X_{1i} - X_{2i})^2}$$

X_{ji} = 개체 j의 변수 i의 좌표

② 유클리디안 제곱거리(Squared Euclidean distance)

유클리디안 거리를 제곱한 거리이다.

$$d = \sum_{i=1}^{p}(X_{1i} - X_{2i})^2$$

③ 민코프스키 거리(Minkowski distance)

거리를 산정하는 일반식으로서 함수에 포함된 지수들을 조정해 줌으로써 앞에서 언급된 거리뿐만 아니라 다양한 방식의 거리를 구해낼 수 있다.

$$d = \left[\sum_{i=1}^{p}|X_{1i} - X_{2i}|m\right]^{\frac{1}{m}}$$

민코프스키 거리는 절대값을 사용하는데, 특히 m=1일 때 p차원의 두 점거리는 '도시블록' 거리라고 한다. 그리고 m=2일 때에는 유클리드 거리가 된다. 이 식은 거리를 재는 일반식으로 m은 자주 여러 가지로 변할 수 있어서 다양한 방식의 거리를 구하는 데에 이용된다. 그런데 실제로 대상을 특정 짓는 변수의 측정 단위는 다른 경우가 대부분이다. 이러한 경우에는 측정 자료를 표준화하여서 거리를 측정해야 한다.

3) 군집화 방법

대상을 군집화하는 방법에는 알고리즘이 다양하게 있어 여러 가지가 소개되고 있다. 이 방법을 크게 두 가지로 나누어 보면 계층적 군집화 방법과 비계층적 군집화 방법이 있는데 계층적 군집화 방법이 널리 이용된다. 계층적 방법에서 군집화 과정은 가까운 대상끼리 순차적으로 묶어 가는 Agglomerative Hierarchical Method(AHM)와 전체 대상을 하나의 군집으로 출발하여 개체들을 분할해 나가는 Devisive Hierarchical Method(DHM)가 있다. 여기에서는 AHM의 방식만을 세 가지 소개하겠다.

① 단일기준 결합방식(single linkage, nearest neighbor)

어느 한 군집에 속해 있는 개체와 다른 군집에 속해 있는 개체 사이의 거리가 가장 가까운 경우에 두 군집이 새로운 하나의 군집으로 이루어지는 방식을 의미한다. 거리가 가장 가깝다는 것은 가장 유사하다는 것을 의미한다.

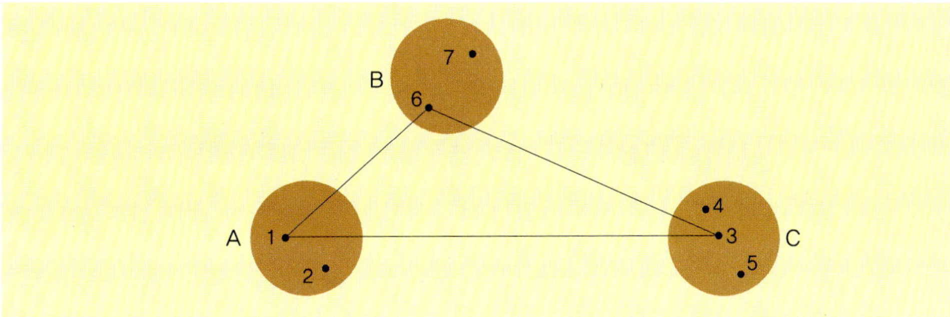

위의 그림에서 대상 1과 6이 가장 가깝기 때문에 군집 A와 군집 B는 새로운 군집을 만들게 된다.

② 완전기준 결합방식(complete linkage, furthest neighbor)

완전기준 결합방식은 각 단계마다 한 군집에 속해 있는 대상과 다른 군집에 속해 있는 대상 사이의 유사성이 최대거리로 정해진다는 것이다. 따라서 앞의 단일기준 결합방식에서 유사성이 최소거리로 정해지는 것과 대조를 보인다.

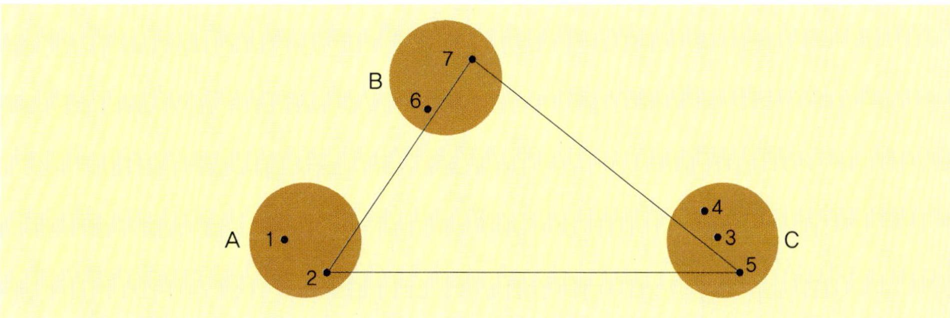

③ 평균기준 결합방식(average linkage)

평균기준 결합방식은 한 군집 안에 속해 있는 모든 대상과 다른 군집에 속해 있는 모든 대상의 쌍집합에 대한 거리를 평균적으로 계산한다. 이러한 특성만 제외하고는 앞에서 설명한 결합 방식과 비슷하다. 즉, 제1단계로 거리행렬에서 가까운 거리에 있는(유사한) 두 대상, 예를 들어 A와 B를 선발하여 한 군집 (AB)에 편입시킨다.

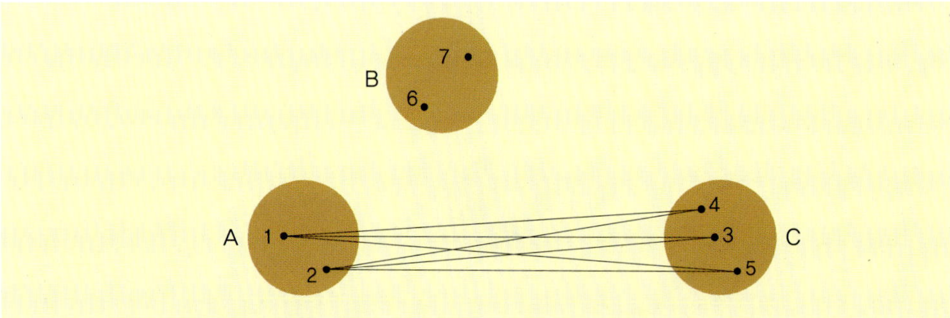

그 다음으로 그 군집 (AB)와 다른 군집 (K) 사이의 거리를 다음 식에 의하여 계산한다.

$$d_{(AB)K} = \sum_i \sum_j d_{ij} / N_{(AB)} N_K$$

ij는 군집 (AB)의 개체 i와 군집 K의 개체 j 사이의 거리를 의미하며, N(AB)와 NK는 각각 군집 (AB)와 군집 (K)에 포함된 개체들의 수를 의미한다.

그런데 비계층적 군집분석은 일반적으로 사용되는 계층적인 군집분석과 달리 군집화 과정이 순차적으로 이루어지지 않는 군집분석법을 말한다. 비계층적인 군집화 방법을 실행하기 위해서는 중심을 기준으로 군집의 수와 최초 시작점을 지정하여야 한다. 비계층적인 군집방법을 일반적으로 K-평균 군집분석 방법이라고 한다. 비계층적인 군집화 방법에서 K-평균 군집분석 방법이 가장 많이 사용되고 있기 때문이다. K-평균 군집분석 방법은 군집화의 각 단계가 끝나면서 발생하는 오류를 계산하여 주고 오류가 발생하지 않는 방향으로 군집화를 계속하는 것이 특징이다.

본 군집분석에서는 예를 통하여 일반적으로 사용되는 계층적인 군집분석을 실시하고, 나중에 비계층적인 군집분석을 실행하도록 해보자.

14.2 계층적인 군집분석 SPSS 실행

14.2.1 계층적인 군집분석 예제 실행

SPSS 예제

[예제 상황] 남강백화점은 고객의 쇼핑 태도에 관한 설문을 근거로 고객들을 군집하려 하고 있다. 과거의 연구 결과를 근거로 하여, 6개의 변수를 측정하기로 하였다.

응답번호(ID:)

	적극 동의 안함			보통			적극 동의함
(X1) 쇼핑은 흥미 있음	①	②	③	④	⑤	⑥	⑦
(X2) 쇼핑은 당신의 소득에 악영향을 끼침	①	②	③	④	⑤	⑥	⑦
(X3) 쇼핑을 하면서 외식을 즐김	①	②	③	④	⑤	⑥	⑦
(X4) 쇼핑시 최고 제품을 구입하기 위한 노력	①	②	③	④	⑤	⑥	⑦
(X5) 쇼핑에 관심이 없음	①	②	③	④	⑤	⑥	⑦
(X6) 쇼핑 시 가격 비교를 통해 많은 돈을 절약함	①	②	③	④	⑤	⑥	⑦

위와 같은 설문서를 통해서 소비자 12명 대한 조사 결과는 다음과 같다.

표 14-1 쇼핑에 대한 태도 조사 자료

id	x1	x2	x3	x4	x5	x6
1	2	3	2	4	7	2
2	4	6	3	7	2	7
3	3	7	2	6	4	3
4	4	4	7	2	2	5
5	3	5	4	6	4	7
6	6	5	4	2	1	4
7	4	6	4	6	4	7

id	x1	x2	x3	x4	x5	x6
8	2	2	1	5	4	4
9	5	4	5	4	2	4
10	1	3	2	3	5	3
11	3	5	3	6	4	6
12	2	4	3	3	6	3

풀이

[표 14-1]의 자료를 SPSS 데이터 창에서 **데이터 보기**와 **변수 보기** 창을 이용하여 입력하면 다음과 같은 [그림 14-3]을 얻을 수 있다.

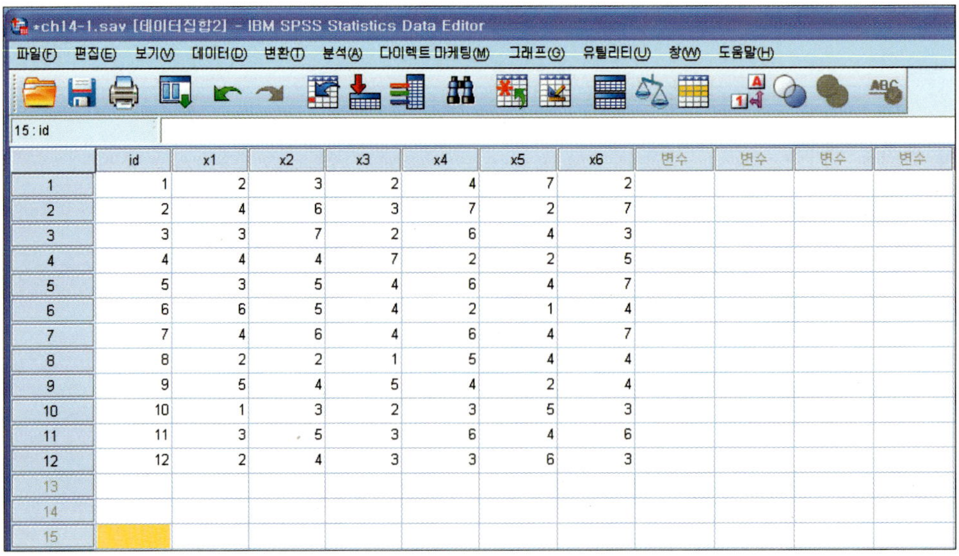

	id	x1	x2	x3	x4	x5	x6	변수	변수	변수	변수
1	1	2	3	2	4	7	2				
2	2	4	6	3	7	2	7				
3	3	3	7	2	6	4	3				
4	4	4	4	7	2	2	5				
5	5	3	5	4	6	4	7				
6	6	6	5	4	2	1	4				
7	7	4	6	4	6	4	7				
8	8	2	2	1	5	4	4				
9	9	5	4	5	4	2	4				
10	10	1	3	2	3	5	3				
11	11	3	5	3	6	4	6				
12	12	2	4	3	3	6	3				
13											
14											
15											

그림 14-3 자료 입력 화면 [데이터] ch14-1.sav

1단계 자료를 표준화한다. 자료의 **표준화**란 관찰치의 척도에 관계없이 평균은 0, 분산을 1로 만드는 과정이다. 만약, 자료에서 변수의 측정 단위가 모두 다른 경우, 군집분석을 하기 위해서는 자료를 표준화시켜서 사용하여야 한다. 이 자료를 표준화하기 위해서는 다음과 같은 순서로 하면 된다.

분석(A)

기술통계량(E)

기술통계(D)...

이렇게 하면 기술통계 창이 열리는데 여기에서 표준화하기 위한 변수를 지정한 후, ☑ **표준화 값을 변수로 저장(Z)**을 지정한다. 이어 [확인] 단추를 누르면 표준화가 되면서 새로운 변수로 저장된다. 연구자는 자료의 단위가 다른 경우, 반드시 표준화를 통한 새로운 변수로 군집화를 해야 한다는 점이다. 이것을 잊으면 안 된다. 여기서는 각 변수가 등간척도로 측정되었기 때문에 변수를 표준화할 필요가 없다고 하겠다.

2단계 **분석(A) → 분류분석(Y)▶ → 계층적 군집분석(H)...** 단추를 누른다.

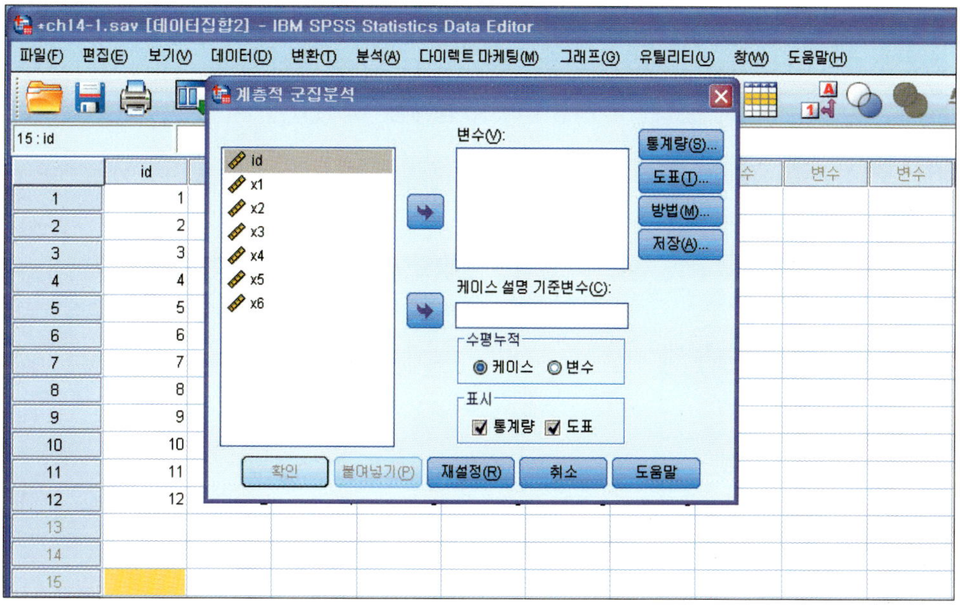

그림 14-4 계층적 군집분석의 초기화면

3단계 앞 화면에서 변수 x1, x2, x3, x4, x5, x6 등을 **변수(V)**란에 옮긴다.

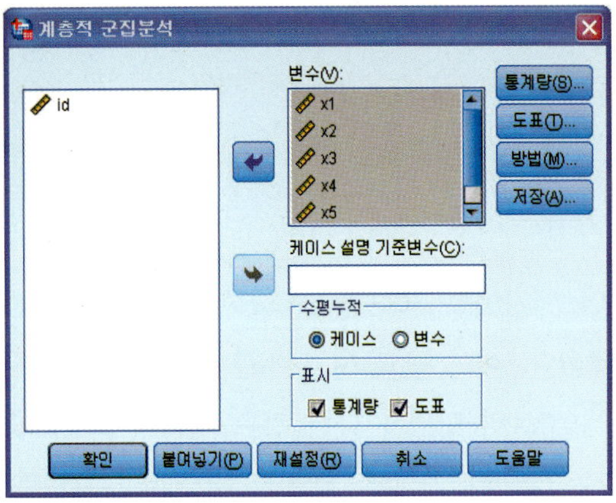

그림 14-5 계층적 군집분석

케이스 설명 기준변수(C)는 문자 변수값을 사용하여 케이스를 구별할 때 사용된다. 군집상자에서 **케이스**는 초기 지정값으로 설정된 것으로 사례(case) 간, 즉 관찰 대상 간의 거리 계산을 통해 사례별 군집분석을 실시하는 것이다(본 예는 사례별 군집분석에 해당된다). 반면에, 변수 간의 거리 계산을 통해 변수들을 군집화 할 경우는 **변수**를 지정하면 된다. 또한 출력상자의 ☑ **통계량**, ☑ **도표**가 초기 지정값으로 지정되어 있다.

4단계 [통계량(S)...] 단추를 눌러 ☑ **군집화 일정표(A)**, ☑ **근접행렬(P)**을 누른다.

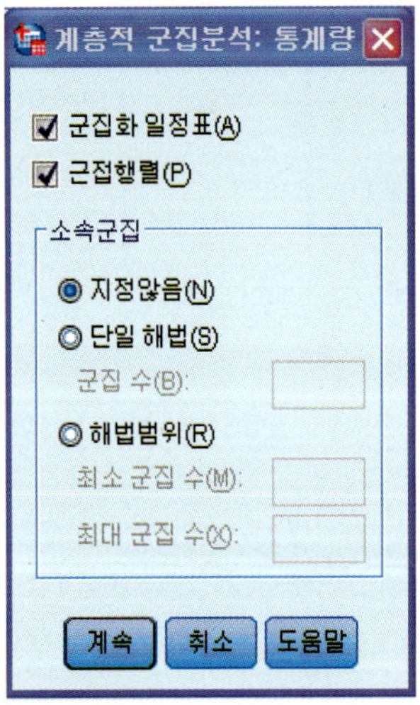

그림 14-6 계층적 군집분석: 통계량

5단계 [계속] 단추를 누르면 앞 [그림 14-5]로 복귀한다. 여기서 [도표(T)...] 단추를 누른다. 여기서 덴드로그램(Dendrogram)과 고드름 산포도(Icicle)의 형태를 선택한다.

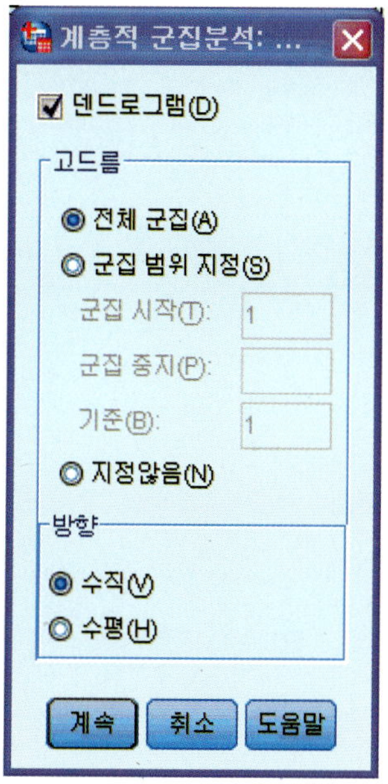

그림 14-7
군집분석 도표 창

6단계 [계속] 단추를 누르면 앞의 [그림 14-5]로 복귀한다. 여기서 [방법(M)...] 단추를 눌러 **군집방법(M)**란에 집단간 평균 결합을 나타내는 **집단-간 연결**을 설정한다. **측도** 상자의 **등간(N)**(거리 자료에 대한 유사성과 비유사성을 측정)란에서는 [유클리디안 거리] 를 선택하였다.

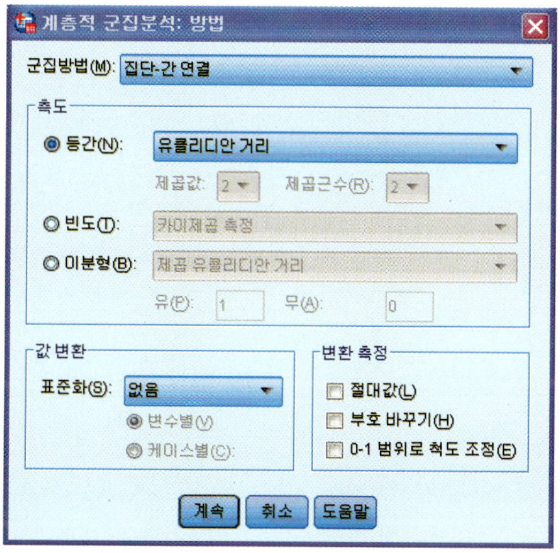

그림 14-8
계층적 군집분석: 방법

빈도(T)(빈도 계산 자료에 대한 비유사성을 측정)란에는 **카이제곱 -측정**이 나타나 있다. **변환 측정**은 변환의 종류를 나타내는 것으로 **절대값(L)**은 거리의 절대치를 가진다. **부호 바꾸기(H)**는 비유사성을 유사성, 유사성을 비유사성으로 변환하는 것이다. **0-1 범위로 척도 조정(E)**은 0과 1 사이의 범위에 대한 거리를 재측정하는 것을 나타낸다.

7단계 계속 단추를 누르면 앞 [그림 14-5]로 복귀한다. 여기서 저장(A)... 단추를 누른다. 분석자가 원하는 군집수를 지정한다.

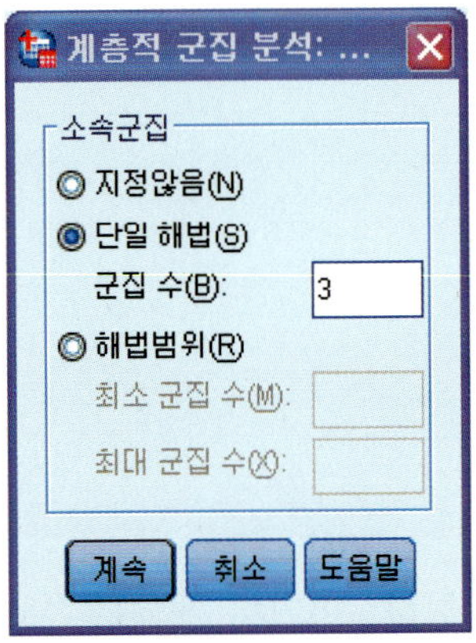

그림 14-9
계층적 군집분석: 저장

8단계 계속 단추를 누르면 앞의 [그림 14-5]로 복귀한다. 여기서 확인 단추를 누르면 결과물을 얻을 수 있다.

14.2.2 군집분석 결과

근접행렬

케이스	유클리디안 거리											
	1	2	3	4	5	6	7	8	9	10	11	12
1	.000	8.544	5.568	8.246	6.856	8.246	7.416	4.000	6.928	2.646	5.916	2.236
2	8.544	.000	4.899	7.000	2.828	6.403	2.449	6.403	5.196	7.746	2.828	7.483
3	5.568	4.899	.000	7.681	4.899	6.557	4.690	5.385	5.568	5.477	3.742	4.899
4	8.246	7.000	7.681	.000	5.916	4.000	6.083	7.616	3.162	7.000	6.245	6.403
5	6.856	2.828	4.899	5.916	.000	6.557	1.414	5.385	4.796	6.164	1.414	5.657
6	8.246	6.403	6.557	4.000	6.557	.000	6.245	7.211	2.828	7.141	6.245	6.708
7	7.416	2.449	4.690	6.083	1.414	6.245	.000	6.245	4.796	6.928	2.000	6.164
8	4.000	6.403	5.385	7.616	5.385	7.211	6.245	.000	5.831	3.000	4.359	4.123
9	6.928	5.196	5.568	3.162	4.796	2.828	4.796	5.831	.000	6.083	4.583	5.568
10	2.646	7.746	5.477	7.000	6.164	7.141	6.928	3.000	6.083	.000	5.292	2.000
11	5.916	2.828	3.742	6.245	1.414	6.245	2.000	4.359	4.583	5.292	.000	4.899
12	2.236	7.483	4.899	6.403	5.657	6.708	6.164	4.123	5.568	2.000	4.899	.000

이것은 상이성 행렬입니다.

그림 14-10 개체들 간의 유클리디안 거리행렬

● 결과 해석

위 결과표는 개체들 사이의 유클리디안 거리행렬을 보여주고 있다. 이 표에서 거리행렬의 계수는 상이성(dissimilarity)의 크기를 나타내므로 계수가 작을수록 유사성이 높다고 볼 수 있다. 따라서 1번 소비자와 12번째 소비자 간의 거리가 2.236으로서 가장 가깝고, 1번째 소비자와 2번째 소비자 간의 거리가 8.544로서 가장 멀다는 것을 알 수 있다.

군집화 일정표

단계	결합 군집		계수	처음 나타나는 군집의 단계		다음 단계
	군집 1	군집 2		군집 1	군집 2	
1	6	7	1.414	0	0	3
2	3	8	1.732	0	0	7
3	1	6	1.984	0	1	7
4	4	10	2.236	0	0	8
5	5	9	2.236	0	0	6
6	2	5	2.737	0	5	8
7	1	3	2.948	3	2	9
8	2	4	5.442	6	4	9
9	1	2	6.942	7	8	0

그림 14-11 군집화 일정표

● **결과 해석**

이 표는 단일기준 결합방식을 이용하여 소비자들의 군집화되는 과정을 보여주고 있다. 계수는 해당 소비자들이 속해 있는 군집 간의 거리 정도를 나타내므로 이 값이 클수록 늦게 군집화된다. 따라서 이 값이 가장 작은 6과 소비자 7이 단계 1에서 군집화된다. 그리고 단계 2에서는 소비자 3과 소비자 8이 군집화되고 있다. 그리고 다음 단계는 예를 들어, 단계 1에서 결합된 소비자 6과 소비자 7의 군집은 단계 3에 가서 다른 군집이나 소비자들과 결합된다는 것을 보여주고 있다. 단계 3에서는 소비자 1과 소비자 6이 결합되고 있음을 알 수 있다. 마지막 단계인 단계 9에서는 소비자 1과 소비자 2가 군집화되고 있다.

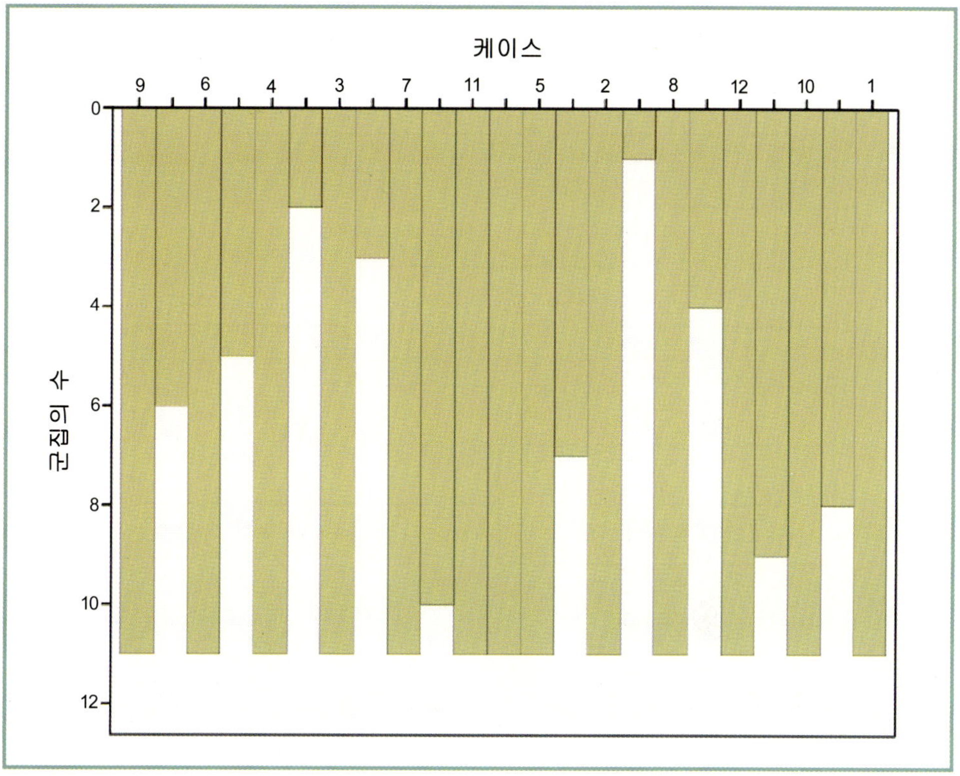

그림 14-12 수직고드름 도표

● **결과 해석**

군집의 수에 따라 학생들이 **수직고드름**(Vertical Icicle : VICICLE) 형식으로 묶이는 차례를 보여주고 있다. 수직축은 군집의 수를, 수평축은 소비자들의 번호를 나타내고 있다. 만약 12명의 소비자를 하나의 군집으로 한다면 전체 12명이 포함되고, 두 군집으로 분류한다면 군집 1(1, 8, 10, 12)과 군집 2(2, 3, 4, 5, 6, 7, 9, 11)로 나누어진다. 만일 실선을 기준으로 하여 세 군집으로 나눈다면, 1군집(1, 8, 10, 12), 2군집(2, 3, 5, 7, 11), 3군집(4, 6, 9)이 된다. 그리고 개체의 군집화는 다음에서 설명하는 덴드로그램을 이용해도 된다.

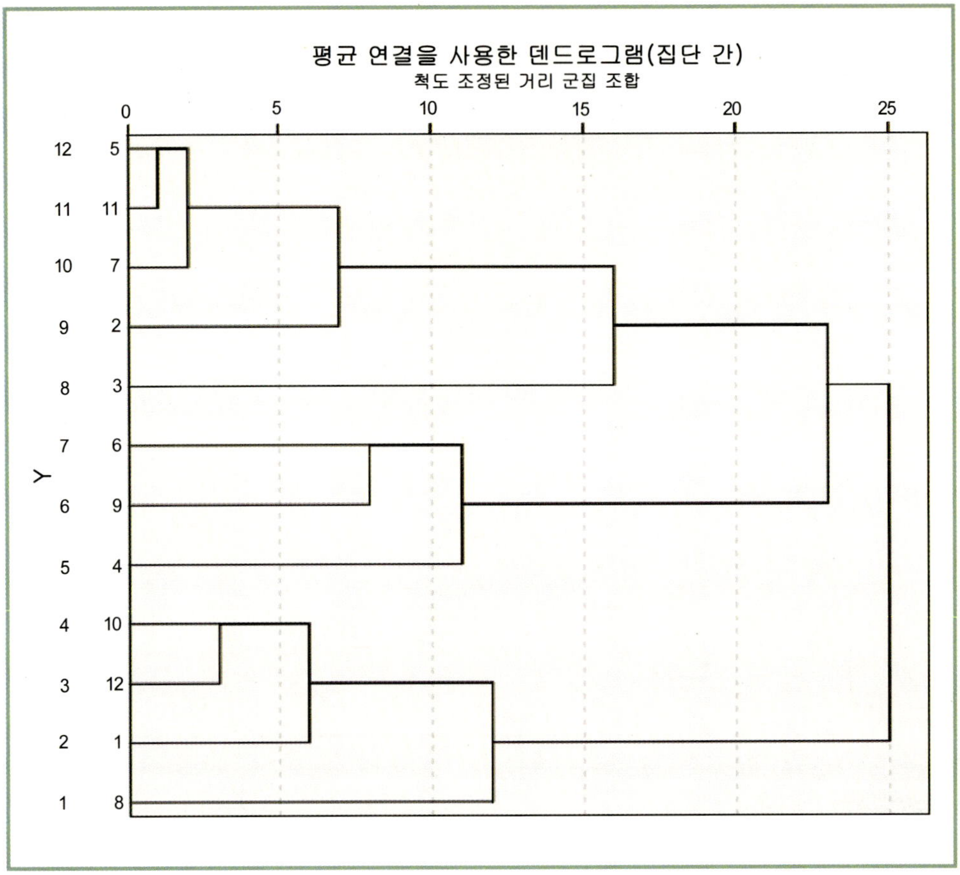

그림 14-13 덴드로그램

● 결과 해석

이는 덴드로그램으로 군집화 상태를 나타낸 것이다. 여기서 수직축은 소비자 번호, 수평축은 상대적 거리를 나타낸다. 군집화 과정을 살펴보면 소비자 5와 11이 처음으로 묶이고 다음에는 2와 7이 묶이며, 마지막 단계에서는 소비자 1과 2가 묶임을 알 수 있다. 만약 이 소비자들을 세 집단으로 나눈다면, 1군집(1, 8, 10, 12), 2군집(2, 3, 5, 7, 11), 3군집(4, 6, 9)이 된다. 그리고 두 집단으로 나눈다면, 군집1(1, 8, 10, 12)과 군집2(2, 3, 4, 5, 6, 7, 9, 11)로 나뉜다.

14.2.3 군집명칭 부여

1단계 분석자는 산출된 군집을 데이터 창에 자동적으로 지정된 것을 확인할 수 있다. 이는 앞에서 **단일 해법(S)**에서 [3] 군집을 선택한 결과, 새로운 군집변수(CLU3_1)와 해당 군집을 숫자로 표시하여 저장한 것을 보여주고 있다.

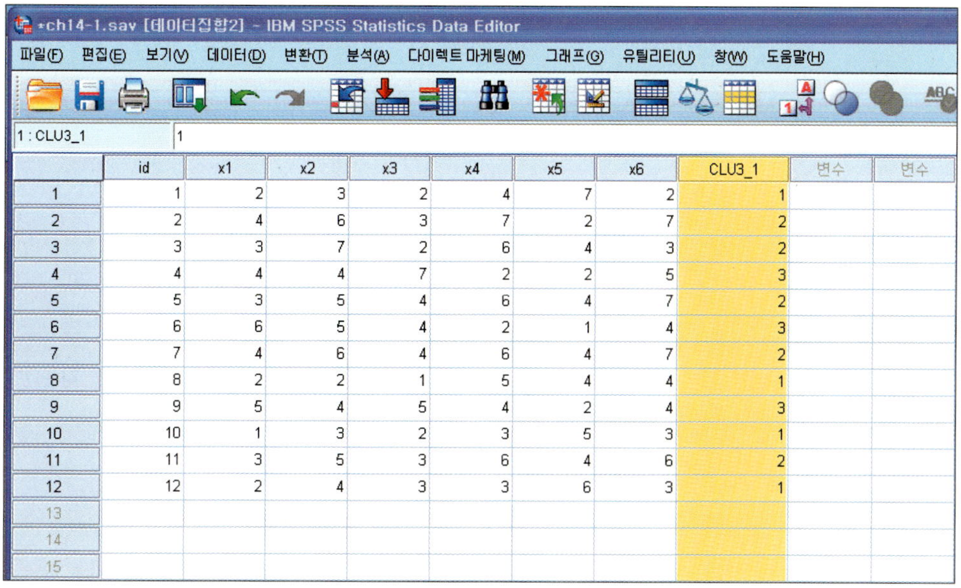

	id	x1	x2	x3	x4	x5	x6	CLU3_1	변수	변수
1	1	2	3	2	4	7	2	1		
2	2	4	6	3	7	2	7	2		
3	3	3	7	2	6	4	3	2		
4	4	4	4	7	2	2	5	3		
5	5	3	5	4	6	4	7	2		
6	6	6	5	4	2	1	4	3		
7	7	4	6	4	6	4	7	2		
8	8	2	2	1	5	4	4	1		
9	9	5	4	5	4	2	4	3		
10	10	1	3	2	3	5	3	1		
11	11	3	5	3	6	4	6	2		
12	12	2	4	3	3	6	3	1		
13										
14										
15										

그림 14-14 새로운 군집변수 저장 화면

2단계 분석자는 세 집단으로 나누어진 군집에 각각 명칭을 부여하여야 한다. 집단별 각각의 명칭을 부여하기 위해서는 평균차이를 확인하기 위해서 기술통계분석이나 일원분산분석을 이용할 수 있다. 이때 연구자는 변수의 특성을 고려하면서 군집의 명칭을 부여하여야 한다.

만약, 연구자가 집단별 기술통계량을 구하기 위해서는 **데이터(D) → 케이스 선택(S) → 조건을 만족하는 케이스 선택(C)**을 지정하고 해당 집단을 표시한다. 그리고 **분석(A) → 기술통계분석**을 실시하면 된다. 또한, 연구자는 **분석 → 일원(배치)분산분석**을 이용할 수 있다. 이 경우 옵션 지정 창에서 기술통계량을 지정하면 된다.

다음 표와 같은 기술통계량을 구할 수 있다.

표 14-2 기술통계량

군집수	변수의 평균					
	X1	X2	X3	X4	X5	X6
1	1.75	3.00	2.00	3.75	5.50	3.00
2	3.40	5.80	3.30	6.20	3.60	6.00
3	5.00	4.33	5.33	2.67	1.67	4.33

군집 1(1, 8, 10, 12)에서 보면, X1(쇼핑의 흥미), X3(쇼핑을 하면서 외식을 즐김)은 각각 평균 1.75, 2.00으로 낮은 편이고, X5(쇼핑에 관심이 없음)는 평균 5.50으로 낮게 평가되고 있다. 그러므로 군집 1은 '냉담한 소비자군'라고 할 수 있다.

군집 2(2, 3, 5, 7, 11)는 X2(쇼핑은 가계에 악영향), X4(쇼핑 시 최고의 상품을 구입하기 위해 노력), X6(가격 비교에 의하여 많은 돈을 절약)의 변수가 높은 평균 점수를 보이고 있어 '경제적인 소비자군'으로 명명할 수 있다.

군집 3(4, 6, 9)을 보면, X1(쇼핑의 흥미)과 X3(쇼핑을 하면서 외식을 즐김)은 높은 평균 점수를 보이고 있고 X5(쇼핑에 관심이 없음)는 낮은 점수를 보이고 있어 '쇼핑 애호군(群)'으로 명칭을 붙일 수 있다.

연구자는 인구통계학적인 변수, 제품 사용 수, 매체에 대한 사용 등 다른 변수를 조사하여 생성된 군집과 비교할 수 있다. 군집 간 변수의 평균차이를 분석해 본 결과, $\alpha = 0.05$에서 모두 차이가 있는 것으로 나타났다.

14.2.4 군집분석의 신뢰성 평가

군집분석에 있어서 수반하는 문제는 신뢰성과 타당성에 관한 것이다. 신뢰성과 타당성이 없는 군집분석은 수용할 수 없다. 군집분석의 해에 대한 신뢰성과 타당성을 검정하는 것은 매우 어렵다. 그러나 다음과 같은 절차에 의해 군집분석의 효과를 판단해야 한다.

① 같은 데이터를 상이한 거리 측정 방법을 통해 군집분석을 실시한 후 결과를 비교한다.
② 상이한 군집분석 방법을 적용하여 각 방법으로 얻어진 결과를 비교한다.
③ 응답자가 답변한 데이터를 2개로 나누어 제1의 군집의 반분 결과와 제2의 군집의 반분 결과를 전체의 결과와 비교한다.
④ 비계층적인 방법을 통해, 사례 수에 따라 결과가 달라지므로 다양한 방법을 적용한다.

14.3 비계층적인 K-평균 군집분석법

14.3.1 비계층적인 K-평균 군집분석법 정의

비계층적인 군집화 방법은 앞에서 다룬 계층적인 군집화 방법 보다 군집화 속도가 빨라 군집화를 하려는 대상이 다수인 경우 신속하게 처리할 수 있는 방법이다. 비계층적인 군집화의 방법으로 가장 많이 사용되고 있는 방법은 **K-평균 군집화** 방법이다. K-평균 군집화 방법은 순차적으로 군집화 과정이 반복되므로 순차적인 군집화 방법(Sequential threshold method)이라고도 한다. K-평균 군집화 방법은 변수를 군집화하기보다는 대상이나 응답자를 군집화하는 데 많이 사용된다. 여기서 K의 의미는 미리 정하는 군집의 수로 보면 되겠다.

K-평균 군집화 방법은 계층적인 군집화의 결과를 토대로 미리 군집의 수를 정해야 하며, 군집의 중심(cluster center)을 정하여야 한다. 군집의 중심을 잘 선정하여야 정확한 군집의 결과를 얻을 수 있다.

K-평균 방법에서는 한 번의 군집이 묶일 때마다 각 군집별로 그 군집의 평균을 중심으로 군집 내 대상들 간의 유클리디안 거리의 합을 구하는데 이 값을 군집화 과정에서 발생하는 오류라고 할 수 있다. 이 값이 낮을수록 군집화에 따른 오류가 낮은 것이며, 따라서 대상들이 보다 타당성 있게 군집화되었다고 볼 수 있다. K-평균 방법에서는 각 군집화 과정에서 발생하는 오류를 최소화하는 방향으로 군집화를 계속하며, 오류가 발생하지 않는 군집화 단계에서 군집화가 종료된다.

14.3.2 비계층적인 군집화 방법의 종류

1) 순차적인 군집화 방법

군집의 중심이 선택되고 사전에 지정된 값의 거리 안에 있는 모든 속성들은 동일한 군집으로 분류된다. 한 군집이 형성되고 난 후 새로운 군집의 중심이 결정되면 이 중심을 기준으로 일정 거리 안에 있는 모든 대상이나 속성은 또 다른 군집으로 분류된다. 이러한 과정은 모든 속성이 최종적으로 군집화될 때까지 반복된다. 그래서 이러한 군집화 방법을 순차적 군집화 방법(Sequential threshold method)이라고 한다.

2) 동시 군집화 방법

사전에 지정된 값 안에 속성이나 응답자가 속하는 경우, 몇 개의 군집이 동시에 결정되는 경우를 말한다. 동시 군집화 방법(Paralled threshold method)은 몇 개의 군집이 곧바로 결정되는 방법으로 연구자는 작은 속성 또는 많은 속성이 군집에 포함되도록 사전에 거리를 조정할 수도 있다.

3) 최적할당 군집화 방법

최적할당 군집화 방법(Optimizing partitioning method)은 사전에 주어진 군집의 수를 위한 군집 내 평균 거리를 계산하는 최적화 기준에 의해 최초의 군집에서 다른 군집으로 재할당될 수 있다는 점에서 앞에서 언급한 순차적 군집화 방법과 동시 군집화 방법과 다르다.

14.3.3 K-평균 군집분석 실행 예

앞의 계층적 군집분석 실행에서 적용된 예의 데이터를 가지고 K-평균 군집분석을 실행하기로 한다. K-평균 군집분석을 실시하기 위해서는 앞의 [그림 14-14] 새로운 군집변수 저장 화면에서 다음과 같은 순서로 진행하면 다음과 같은 화면을 얻을 수 있다.

1단계 K-평균 군집분석을 위해서 **분석(Y)** → **분류분석(Y)▶** → **K-평균 군집분석(K)...**을 누른다.

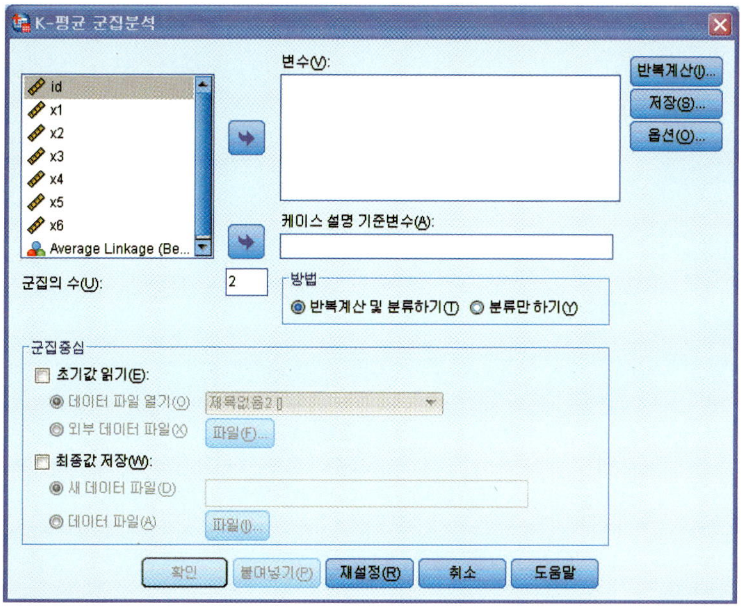

그림 14-15 K-평균 군집분석 화면

2단계 앞에서 군집화를 위한 변수인 x1, x2, x3, x4, x5, x6을 선택한 후, ➡ 단추를 누르면 다음 그림과 같이 변수(V): 상자 변수들이 나타난다. 여기서 계층적 군집화 분석 결과를 토대로 3을 입력하여 군집의 수를 3으로 한다.

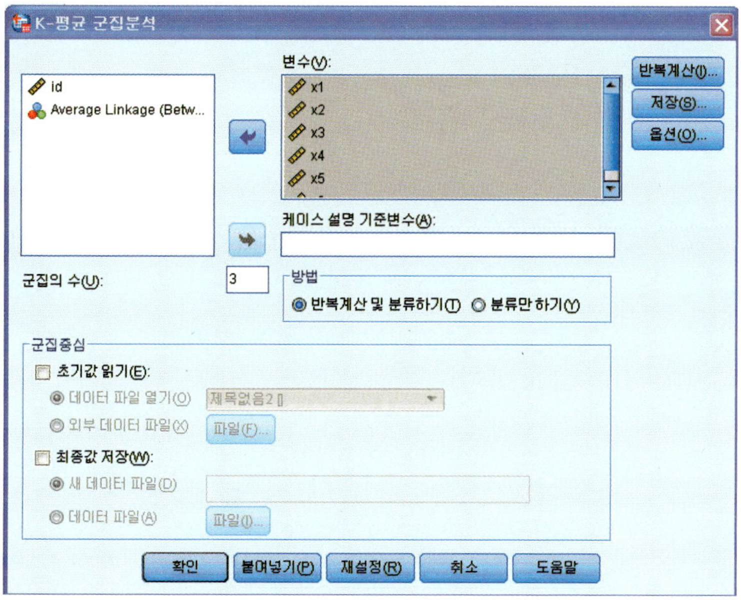

그림 14-16 K-평균 군집분석 변수 지정하기

3단계 K-평균 군집분석 새 변수로 저장 단추를 눌러 ☑ 소속군집(C), ☑ 군집중심으로부터의 거리(D) 단추를 누른다.

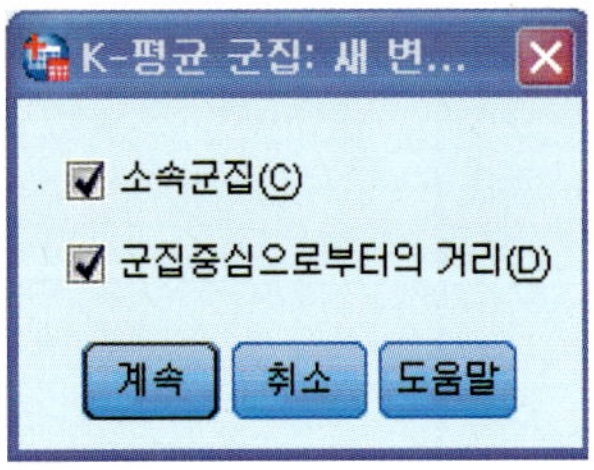

그림 14-17
K-평균 군집분석 새 변수로 저장

4단계 [계속] 단추를 누른다. 그러면 [그림 14-16] 화면으로 복귀한다. 여기서 [옵션(O)...] 단추를 누른다.

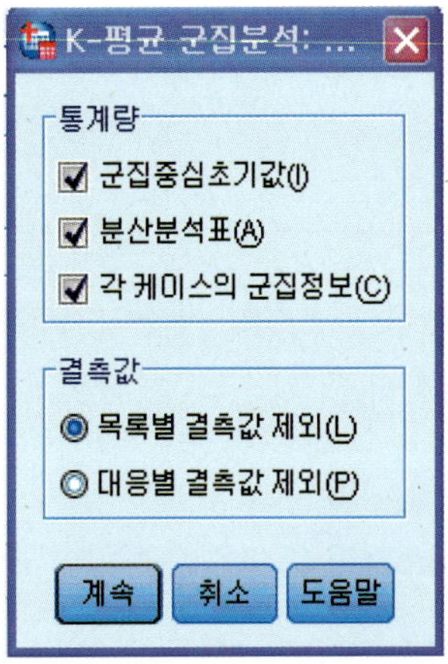

그림 14-18
K-평균 군집분석 옵션 창

5단계 [계속] 단추를 누른다. 그러면 [그림 14-16] 화면으로 복귀한다. 여기서 [확인] 단추를 누른다.

14.3.4 K-평균 군집화 분석의 결과

초기 군집중심

	군집		
	1	2	3
x1	2	6	3
x2	3	5	5
x3	2	4	4
x4	4	2	6
x5	7	1	4
x6	2	4	7

그림 14-19 초기 군집중심

● 결과 해석

각 변수에 대한 초기 세 개(3) 군집의 중심값이 나타나 있다. 이러한 중심의 값은 케이스 할당을 위한 임시값이라고 할 수 있다. 이러한 초기 군집중심값을 기준으로 각 응답자(case)와 각 군집의 중심점과의 거리를 계산하여 거리가 가장 가까운 군집에 응답자를 할당한다.

반복계산정보[a]

반복계산	군집중심의 변화량		
	1	2	3
1	1.837	2.055	1.625
2	.000	.000	.000

a. 군집 중심값의 변화가 없거나 작아 수렴이 일어났습니다. 모든 중심에 대한 최대 절대 좌표 변경은 .000입니다. 현재 반복계산은 2입니다. 초기 중심 간의 최소 거리는 6.557입니다.

그림 14-20 반복계산 정보

● 결과 해석

반복계산에 따른 군집중심의 변화량이 나타나 있다.

소속군집

케이스 수	군집	거리
1	1	1.837
2	3	2.154
3	3	3.499
4	2	2.211
5	3	1.625
6	2	2.055
7	3	1.497
8	1	2.622
9	2	1.491
10	1	1.173
11	3	1.020
12	1	1.696

그림 14-21
소속군집의 거리

● 결과 해석

각 케이스(응답자)가 어떤 군집에 속하며 각 케이스와 군집의 중심점 간의 거리를 나타내고 있다.

최종 군집중심

	군집		
	1	2	3
x1	2	5	3
x2	3	4	6
x3	2	5	3
x4	4	3	6
x5	6	2	4
x6	3	4	6

최종 군집중심간 거리

군집	1	2	3
1		6.411	5.533
2	6.411		5.316
3	5.533	5.316	

그림 14-22
최종군집과 소속군집의 거리

- **결과 해석**

최종적으로 각 변수에 대한 세 개 군집의 중심값이 나타나 있다. 초기의 중심점을 이용하여 군집분석을 하는 과정에서 새로운 케이스가 포함되기 때문에 평균이 달라지게 되므로 군집의 중심도 변하게 된다. 이러한 과정은 모든 케이스가 세 개의 군집 중 한 곳이라도 포함되어야 종료 된다.

분산분석

	군집		오차		F	유의확률
	평균제곱	자유도	평균제곱	자유도		
x1	9.150	2	.439	9	20.848	.000
x2	8.767	2	.607	9	14.433	.002
x3	9.600	2	1.052	9	9.127	.007
x4	13.392	2	.691	9	19.387	.001
x5	12.692	2	.985	9	12.883	.002
x6	10.125	2	1.630	9	6.213	.020

다른 군집의 여러 케이스 간 차이를 최대화하기 위해 군집을 선택했으므로 F 검정은 기술통계를 목적으로만 사용되어야 합니다. 이 경우 관측유의수준은 수정되지 않으므로 군집평균이 동일하다는 가설을 검정하는 것으로 해석될 수 없습니다.

그림 14-23 분산분석

- **결과 해석**

세 개의 군집 간에 평균의 차이가 있는가에 대한 분산분석을 실시한 결과인데, 군집의 평균제곱은 각 변수에 대한 전체평균으로부터 각 군집 평균들의 차이의 제곱합을 자유도로 나눈 값이다. 오차의 평균제곱은 군집 내 각 케이스들의 군집 평균으로부터 차이 제곱을 자유도 나눈 값이다. 군집의 평균제곱과 오차의 평균제곱의 비율은 F비율이다. 예를 들어, X1 변수의 F값은 20.848(   )이다.

여기서 연구자는 군집에 대한 명칭을 부여할 수 있는데, 군집 1(1, 8, 10, 12)은 '냉담한 소비자군(群)', 군집 2(4, 6, 9)는 '경제군(群)' 군집 3(2, 3, 5, 7, 11)은 '쇼핑애호군(群)'으로 나눌 수 있다. 이 결과는 앞에서 다룬 계층적 군집분석의 군집 형성 결과와 다소 차이가 있음을 알 수 있다(2군집과 3군집). 이러한 3개의 군집 간에 차이가 있음을 알 수 있다(유의확률 $< \alpha = 0.05$).

각 군집의 케이스 수

군집	1	4.000
	2	3.000
	3	5.000
유효		12.000
결측		.000

그림 14-24 포함된 케이스(응답자) 수

● 결과 해석

K-평균 군집화 방법에 의한 분석 결과, 세 개의 군집이 나타났음을 볼 수 있다. 각 군집에 포함된 케이스의 수가 나타나 있다. 이것은 SPSS 데이터 창으로 확인할 수 있다. 각 케이스마다 분류된 군집의 수가 나타나 있다.

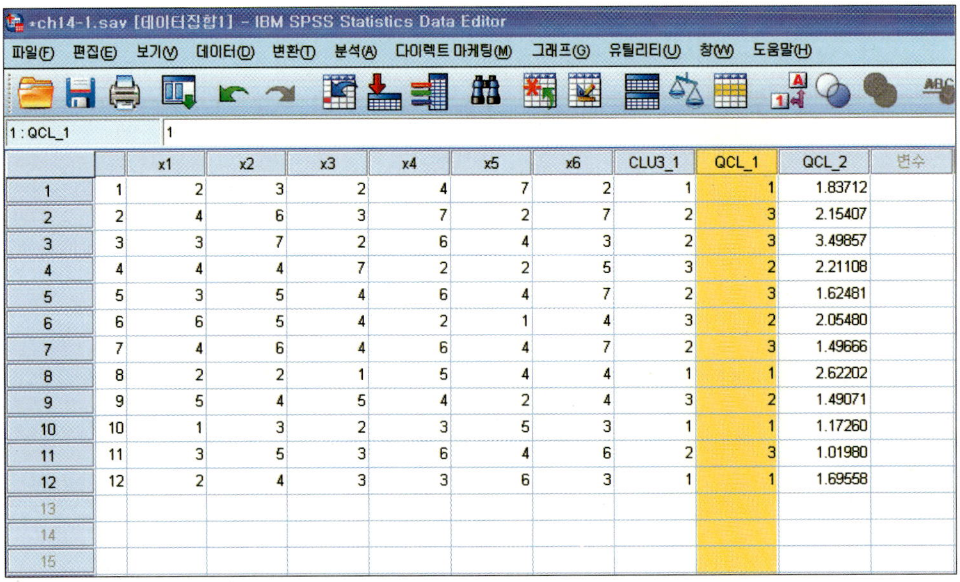

		x1	x2	x3	x4	x5	x6	CLU3_1	QCL_1	QCL_2	변수
1	1	2	3	2	4	7	2	1	1	1.83712	
2	2	4	6	3	7	2	7	2	3	2.15407	
3	3	3	7	2	6	4	3	2	3	3.49857	
4	4	4	4	7	2	2	5	3	2	2.21108	
5	5	3	5	4	6	4	7	2	3	1.62481	
6	6	6	5	4	2	1	4	3	2	2.05480	
7	7	4	6	4	6	4	7	2	3	1.49666	
8	8	2	2	1	5	4	4	1	1	2.62202	
9	9	5	4	5	4	2	4	3	2	1.49071	
10	10	1	3	2	3	5	3	1	1	1.17260	
11	11	3	5	3	6	4	6	2	3	1.01980	
12	12	2	4	3	3	6	3	1	1	1.69558	
13											
14											
15											

그림 14-25 새로운 군집 저장 화면

14.3.5 K-평균 군집분석 실행 후 사후분석

1단계 앞 [그림 14-25]의 화면에서 새로이 생성된 OCL_1 변수를 확인한다. 앞의 계층적 군집분석의 결과 동일한 결과를 보인다. 그러나 계층적 군집분석과 K-평균 군집분석에서 군집 2와 군집3이 서로 바뀐 것을 알 수 있다.

2단계 이제 어느 개체가 어느 그룹에 속해 있는지 하나의 표로 알아보기 위해서 교차분석을 실시한다. 이를 위해서 **분석(A) → 기초통계량(E)▶ → 교차분석(C)...**의 순서로 진행하면 된다. 여기서 교차분석 화면에서 **행(O)**란에 'Id'를 지정하고, **열(C)**란에는 '케이스 군집번호(OCL_1)'을 지정한다. [통계량(S)...] 단추를 눌러 [☑ 카이제곱(H)]을 지정한다.

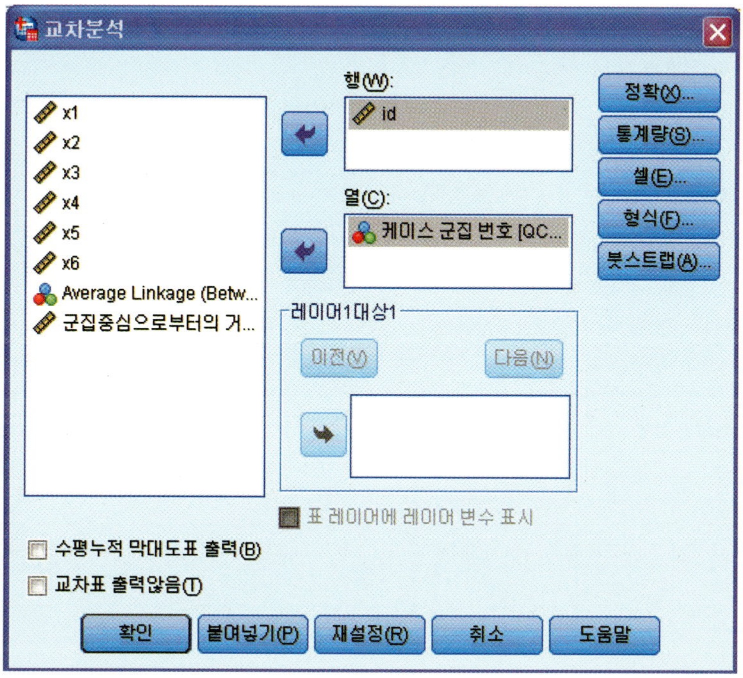

그림 14-26 교차분석

3단계 [확인] 단추를 누르면 다음 결과를 얻을 수 있다.

id * 케이스 군집 번호 교차표

빈도

		케이스 군집 번호			전체
		1	2	3	
id	1	1	0	0	1
	2	0	0	1	1
	3	0	0	1	1
	4	0	1	0	1
	5	0	0	1	1
	6	0	1	0	1
	7	0	0	1	1
	8	1	0	0	1
	9	0	1	0	1
	10	1	0	0	1
	11	0	0	1	1
	12	1	0	0	1
전체		4	3	5	12

그림 14-27 교차분석의 결과

● **결과 해석**

군집 1에는 응답자 (1, 8, 10, 12), 군집 2에는 응답자 (4, 6, 9), 그리고 군집 3에는 응답자 (2, 3, 5, 7, 11)이 각각의 군집에 포함됨을 하나의 표로 비교적 간단하게 알 수 있다.

카이제곱 검정

	값	자유도	점근 유의확률 (양측검정)
Pearson 카이제곱	24.000[a]	22	.347
우도비	25.861	22	.258
선형 대 선형결합	.779	1	.378
유효 케이스 수	12		

a. 36 셀 (100.0%)은(는) 5보다 작은 기대 빈도를 가지는 셀입니다. 최소 기대빈도는 .25입니다.

그림 14-28 교차분석의 결과

● **결과 해석**

카이제곱통계량 $= 24$, 자유도 $= 22$, 유의확률 $= 0.347 > \alpha = 0.05$이다. 따라서 군집 1, 군집 2, 군집 3이 '서로 독립적이다'라는 귀무가설(H_0)을 채택함을 알 수 있다.

연습문제

1. 군집분석의 개념을 정리하고 군집분석이 이용되는 상황을 이야기하라.

2. 군집분석의 절차를 이야기하라.

3. 계층적 군집분석과 비계층적 군집분석의 차이점을 언급하라.

15장

판별분석

판별분석(Discriminant Analysis)은 등간척도나 비율척도로 이루어진 독립변수를 이용하여 여러 개의 집단인 종속변수로 분류하는 방법이다. 판별분석의 목적은 각 관찰 대상들이 어느 집단에 속하는지를 알 수 있는 판별식을 구하고, 이 판별식을 이용하여 새로운 대상을 어느 집단으로 분류할 것인가를 예측하는 데 있다. 연구자는 이 선형 판별식 또는 선형판별함수(Linear Discriminant Function)를 통해서 판별에 기여하는 변수를 파악할 수 있다.

학습 목표

- 판별분석의 개념, 목적 등을 이해한다.
- 판별분석 절차를 이해한다.
- 선형판별식을 구할 수 있다.
- 표본집단에 대한 판별식을 통해서 집단별 분류를 할 수 있다.
- 판별식에 의거하여 새로운 개체(유보집단)를 분류할 수 있다.

15.1 판별분석의 정의

판별분석(Discriminant Analysis)은 기존의 자료를 이용하여 관찰 개체들을 몇 개의 집단으로 분류하고자 하는 경우에 사용된다. 판별분석은 등간척도나 비율척도로 이루어진 독립변수를 이용하여 여러 개의 집단인 종속변수로 분류하는 방법이다. 예를 들어, 한 고객이 신용카드 발급을 은행에 신청한 경우 신용카드를 발급할 것인가 혹은 거절할 것인가를 결정한다든지, 혹은 생물학자가 새의 몸 크기, 색깔, 날개 크기, 다리 길이 등을 측정하여 암수를 구별하고자 할 때에 판별분석이 이용된다.

판별분석의 목적은 각 관찰 대상들이 어느 집단에 속하는지를 알 수 있는 판별식을 구하고, 그리고 이 판별식을 이용하여 새로운 대상을 어느 집단으로 분류할 것인가를 예측하는 데 있다. 즉, 두 개 이상의 집단을 구분하는 데 있어 분류 오류를 최소화할 수 있는 선형결합을 도출하는 것이 주요 목적이다. 이 선형결합을 선형판별식 또는 선형판별함수(Linear Discriminant Function)라고 하는데, 아래 식과 같이 p개의 독립변수에 일정한 가중치를 부여한 선형결합 형태를 갖고 있다.

$$D = W_1X_1 + W_2X_2 + \ldots + W_PX_P$$

식 15-1

여기서 D는 판별점수(Discriminant Score), W_i는 i번째의 독립변수의 판별가중치, X_i는 i번째의 독립변수를 나타낸다.

이와 같이 판별분석에서는 독립변수를 선형결합의 형태로 판별식을 구하고, 이로부터 판별 대상의 판별점수를 구한다. 그리고 이 판별점수를 기준으로 하여 집단 분류를 한다. 그런데 판별함수의 목적이 종속변수를 정확하게 분류할 수 있는 예측력을 높이는 데 있다면, 일단 판별함수로부터 판별력이 유의한 독립변수들을 선택한 다음 판별함수로부터 계산된 판별점수나 분류함수로부터 계산된 분류점수를 이용할 수 있다. 변수가 2개일 때 관찰 개체를 판별하는 것을 그림으로 나타내면 다음과 같다.

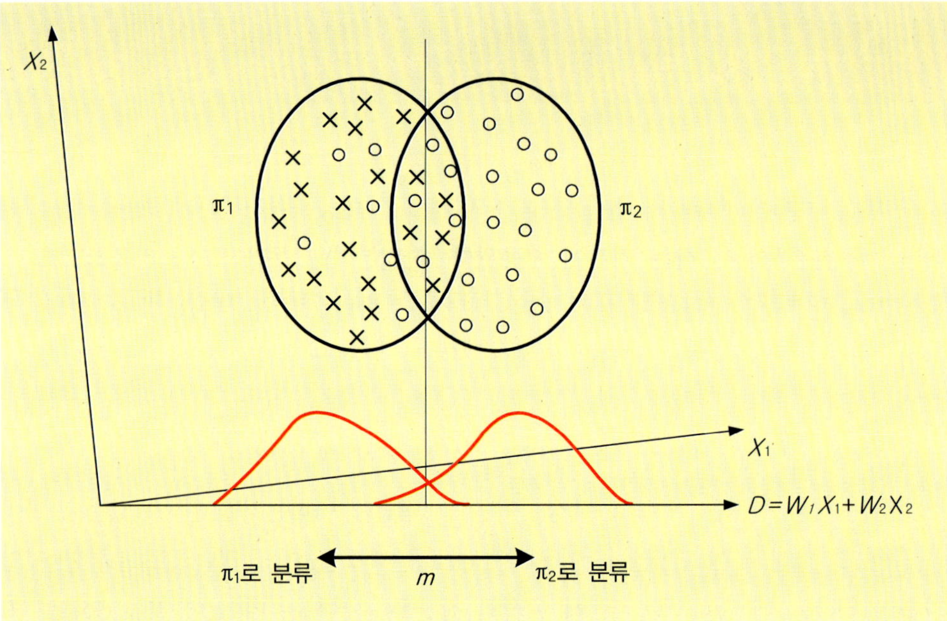

그림 15-1 판별분석의 기하학적 예시

위 그림에서 ×표는 집단 1의 구성원에 대한 측정치이며 ○표는 집단 2의 구성원에 대한 측정치이다. ×표와 ○표를 둘러싸고 있는 두 타원은 각 집단에서 90% 정도를 포함한다고 할 수 있다. 위 산포도는 각 관찰치들의 위치를 알려주며 두 개의 타원은 두 집단을 분류하는 이변량 집합군을 나타낸다.

판별분석에서 필요한 기본 가정은 독립변수들의 결합 분포는 다변량정규분포이며, 각 변수들 간의 공분산행렬은 같다는 것이다. 판별분석의 절차는 다음과 같으며, 각 단계는 예제를 통하여 설명하기로 한다.

① 변수의 선정
② 표본의 선정
③ 판별식의 수 결정
④ 상관관계 및 기술통계량의 계산
⑤ 판별함수의 도출
⑥ 판별함수의 타당성 검정
⑦ 검증된 판별함수의 해석
⑧ 판별함수를 이용한 예측

15.2 판별분석의 예제

SPSS 예제

[예제 상황] 그린리조트 마케팅부에 근무하는 김 대리는 지난 2년 동안 여름철 휴가 기간 동안 리조트를 방문한 고객들의 특성을 파악하고, 어떠한 특성을 가진 고객들이 그린 리조트를 이용하는지 파악하기 위해 30명에 대하여 조사를 실시하였다.

변수명	내용	코딩
id	고객번호	
x1	방문 여부	1=방문, 2=방문 안 함
x2	월평균 소득	만원
x3	여행 성향	1~10(1: 매우 싫어함, 10: 매우 좋아함)
x4	가족여행에 대한 중요성	1~10(1: 매우 중요치 않음, 10: 매우 중요)
x5	가족 구성원 수	( )명
x6	가장의 연령	( )세

표 15-1 콘도 방문 정보

Id	x1	x2	x3	x4	x5	x6
1	1	330	5	8	3	43
2	1	400	6	7	4	61
3	1	340	6	5	6	52
4	1	350	7	5	5	36
5	1	320	6	6	4	55
6	1	300	8	7	5	68
7	1	310	5	3	3	62
8	1	330	2	4	6	51
9	1	320	7	5	4	57
10	1	200	7	6	5	45
11	1	310	6	7	5	44
12	1	300	5	8	4	64
13	1	320	1	8	6	54
14	1	350	4	2	3	56

Id	x1	x2	x3	x4	x5	x6
15	1	400	5	6	2	58
16	2	170	5	4	3	58
17	2	200	4	3	2	55
18	2	240	2	5	2	57
19	2	290	5	2	4	37
20	2	300	6	6	3	42
21	2	250	6	6	2	45
22	2	300	1	2	2	57
23	2	260	3	5	3	51
24	2	290	6	4	5	64
25	2	220	2	7	4	54
26	2	240	5	1	3	56
27	2	250	8	3	2	36
28	2	230	6	8	2	50
29	2	235	3	2	3	48
30	2	240	3	3	2	42

풀이

1단계 SPSS 화면에 데이터를 입력한다. 이 화면은 데이터 입력을 완료한 화면의 일부이다.

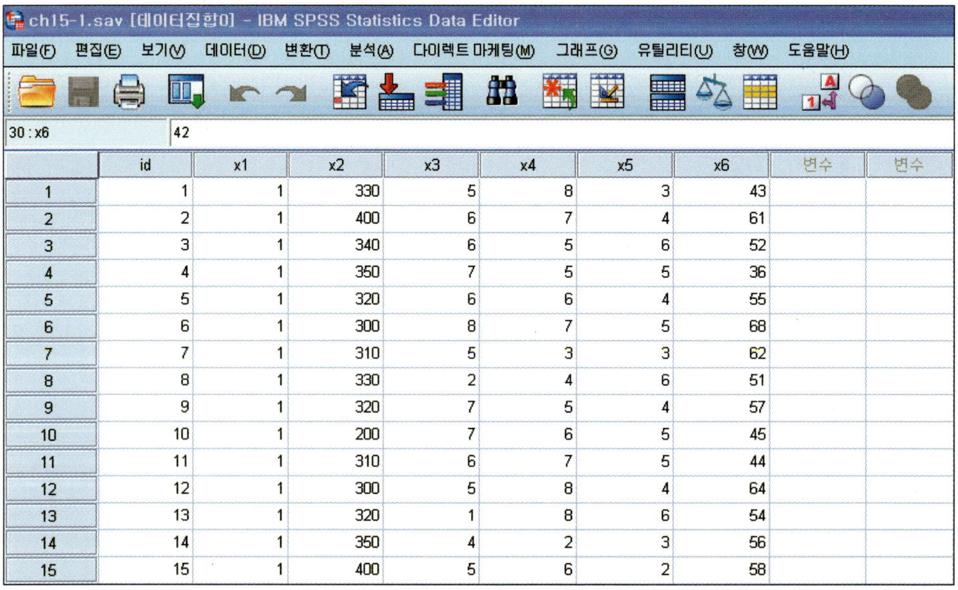

	id	x1	x2	x3	x4	x5	x6	변수	변수
1	1	1	330	5	8	3	43		
2	2	1	400	6	7	4	61		
3	3	1	340	6	5	6	52		
4	4	1	350	7	5	5	36		
5	5	1	320	6	6	4	55		
6	6	1	300	8	7	5	68		
7	7	1	310	5	3	3	62		
8	8	1	330	2	4	6	51		
9	9	1	320	7	5	4	57		
10	10	1	200	7	6	5	45		
11	11	1	310	6	7	5	44		
12	12	1	300	5	8	4	64		
13	13	1	320	1	8	6	54		
14	14	1	350	4	2	3	56		
15	15	1	400	5	6	2	58		

그림 15-2 데이터 입력 화면 [데이터] ch15-1.sav

2단계 판별분석을 실시하기 위해서 **분석(A) → 분류분석(Y) → 판별분석(D)...** 단추를 누른다.

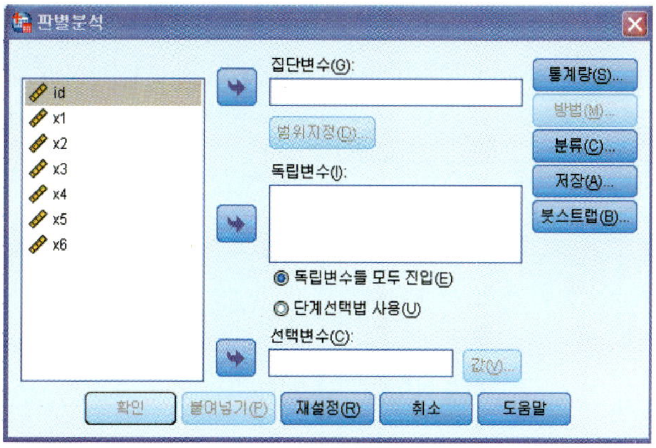

그림 15-3 판별분석 초기화면

3단계 **집단변수(G)**란에 X1 변수(그린콘도 방문 여부)를 보낸다. **독립변수(I)**란에는 X2, X3, X4, X5, X6 변수를 지정한다. 독립변수를 한꺼번에 투입하는 것이 아닌 선택된 독립변수의 수만큼 단계적으로 투입하는 방식인 ◉단계선택법 사용(U) 을 누른다.

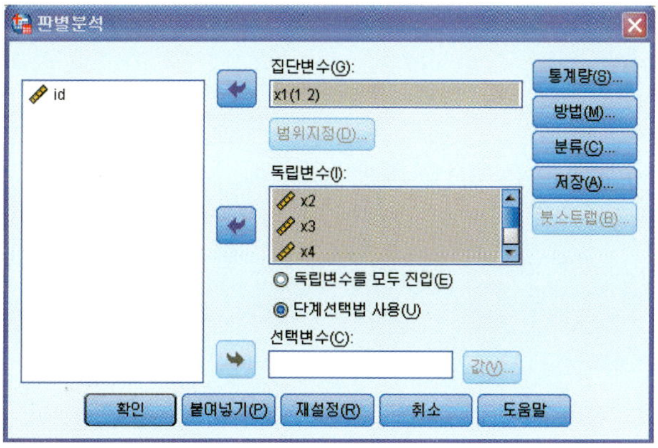

그림 15-4 판별분석 변수 지정 화면

4단계 [통계량(S)...], [방법(M)...], [분류(C)...], [저장(A)...] 단추를 눌러 모든 내용을 선택한다. 그리고 [확인] 단추를 누른다.

15.3 판별분석의 결과

집단 통계량

x1		평균	표준편차	유효수(목록별) 가중되지 않음	가중됨
1	x2	325.33	46.425	15	15.000
	x3	5.33	1.877	15	15.000
	x4	5.80	1.821	15	15.000
	x5	4.33	1.234	15	15.000
	x6	53.73	8.771	15	15.000
2	x2	247.67	36.784	15	15.000
	x3	4.33	1.952	15	15.000
	x4	4.07	2.052	15	15.000
	x5	2.80	.941	15	15.000
	x6	50.13	8.271	15	15.000
합계	x2	286.50	57.041	30	30.000
	x3	4.83	1.949	30	30.000
	x4	4.93	2.100	30	30.000
	x5	3.57	1.331	30	30.000
	x6	51.93	8.574	30	30.000

그림 15-5 집단별 평균 및 표준편차

● 결과 해석

방문 여부 집단의 자료 개수와 집단별 평균값, 표준편차가 제시되어 있다. 콘도를 방문한 경우와 방문하지 않은 경우의 X2(월소득)의 평균은 각각 325.33(만원), 247.67(만원)이다. X3(여행 성향)의 평균은 5.33, 4.33, X4(가족여행에 대한 중요성)의 평균은 5.80, 4.07, X5(가족 구성원 수)는 4.33, 2.80, X6(가장의 연령)의 평균은 53.73, 50.13 평균값이 차이를 보이고 있으나 두 집단 간의 평균차이가 통계적으로도 유의한지는 다음에서 살펴보겠다.

집단평균의 동질성에 대한 검정

	Wilks 람다	F	자유도1	자유도2	유의확률
x2	.521	25.790	1	28	.000
x3	.932	2.045	1	28	.164
x4	.824	5.990	1	28	.021
x5	.657	14.636	1	28	.001
x6	.954	1.338	1	28	.257

그림 15-6 집단평균의 동질성 검정

● 결과 해석

X2, X3, X4, X5, X6에 대한 Wilks 람다(Lambda)와 이를 F통계량으로 환산한 값이 제시되어 있다. $Wilks'\Lambda(\text{람다}) = \frac{\text{집단내분산}(SSW)}{\text{총분산}(SST)}$ 값이 크면 F통계량값이 작아지고, Wilks 람다값이 작으면 F통계량이 값이 커진다. F통계량값이 클수록 전체 분산 비율이 높으므로 판별력이 높아지게 된다. 여섯 개 변수 중에서 X2, X5, X4는 F통계량값의 유의확률 <0.05이므로 X1(콘도 방문 여부)에 대한 X2(월평균 소득), X5(가족 구성원 수), X4(가족여행에 대한 중요성)의 평균차이는 유의하다고 볼 수 있다. 그러나 X3(여행 성향), X6(가장의 연령)은 평균차이가 유의하지 않은 것으로 밝혀졌다. 집단 간의 분산이 적을수록 Wilk의 람다값은 1에 가까워져 집단 간에는 차이가 없음을 확인할 수 있다.

집단-내 통합 행렬[a]

		x2	x3	x4	x5	x6
공분산	x2	1754.167	-6.786	-8.631	-5.488	-5.857
	x3	-6.786	3.667	.345	-.095	-3.190
	x4	-8.631	.345	3.762	.150	.288
	x5	-5.488	-.095	.150	1.205	-.402
	x6	-5.857	-3.190	.288	-.402	72.667
상관	x2	1.000	-.085	-.106	-.119	-.016
	x3	-.085	1.000	.093	-.045	-.195
	x4	-.106	.093	1.000	.070	.017
	x5	-.119	-.045	.070	1.000	-.043
	x6	-.016	-.195	.017	-.043	1.000

a. 공분산행렬의 자유도는 28입니다.

그림 15-7 집단내 통합 행렬

● 결과 해석

각 집단내 통합 행렬의 공분산행렬과 상관행렬이 나타나 있다.

공분산행렬ª

x1		x2	x3	x4	x5	x6
1	x2	2155,238	-16,905	-8,143	-19,762	61,524
	x3	-16,905	3,524	,214	-,333	-,119
	x4	-8,143	,214	3,314	,357	-,057
	x5	-19,762	-,333	,357	1,524	-2,762
	x6	61,524	-,119	-,057	-2,762	76,924
2	x2	1353,095	3,333	-9,119	8,786	-73,238
	x3	3,333	3,810	,476	,143	-6,262
	x4	-9,119	,476	4,210	-,057	,633
	x5	8,786	,143	-,057	,886	1,957
	x6	-73,238	-6,262	,633	1,957	68,410
합계	x2	3253,707	13,534	26,483	25,500	66,655
	x3	13,534	3,799	,782	,305	-2,149
	x4	26,483	,782	4,409	,832	1,892
	x5	25,500	,305	,832	1,771	1,039
	x6	66,655	-2,149	1,892	1,039	73,513

a. 전체 공분산행렬은 29의 자유도를 가집니다.

그림 15-8 공분산행렬

● **결과 해석**

전체 공분산행렬이 나타나 있다.

로그 행렬식

x1	순위	로그 행렬식
1	2	7,970
2	2	7,022
집단-내 통합값	2	7,642

인쇄된 판별값의 순위와 자연로그는 집단 공분산행렬의 순위 및 자연로그를 나타냅니다.

검정 결과

Box의 M		4,072
F	근사법	1,252
	자유도1	3
	자유도2	141120,000
	유의확률	,289

모집단 공분산행렬이 동일하다는 영가설을 검정합니다.

그림 15-9 공분산행렬의 동일성 검정(Box의 검정)

● **결과 해석**

판별분석은 다변량정규분포를 가정하고, 또한 각 집단의 공분산이 동일하다는 가정하에 성립된다. 집단에 대한 공분산행렬의 동일성 검정은 Box검정을 통하여 이루어진다. 공분산이 동일하다는 귀무가설은 유의확률(0.289)>0.05이므로 채택된다.

귀무가설이 채택된 경우에는 판별분석이 유효하나, 기각되는 경우에는 적절한 조치가 필요하다. 등공분산성의 가정이 위반되는 경우에는 독립변수를 표준화시켜서 변형시킬 수 있다. 그러나 두 공분산행렬이 크게 차이가 나지 않는 경우에는 선형 판별함수를 그대로 사용해도 무방하다고 하겠다. 그리고 공분산행렬이 같지 않다는 결과는 정규분포의 가정도 위반되었다는 것을 의미할 수도 있다. 이 경우에는 각 독립변수의 정규분포성을 검정하여 위반 시에는 이를 시정하고 Box의 M검정을 재시도하는 것이 좋다. 자료가 다변량정규분포를 이루고 있으나 공분산행렬이 같지 않는 경우에는 선형판별함수 대신에 비선형판별함수의 이용을 권한다.

진입된/제거된 변수[a,b,c,d]

단계	진입된	Wilks 람다							
						정확한 F			
		통계량	자유도1	자유도2	자유도3	통계량	자유도1	자유도2	유의확률
1	x2	.521	1	1	28.000	25.790	1	28.000	.000
2	x5	.380	2	1	28.000	22.042	2	27.000	.000

각 단계에서 전체 Wilks의 람다를 최소화하는 변수가 입력됩니다.
a. 최대 단계 수는 10입니다.
b. 입력할 최소 부분 F는 3.84입니다.
c. 제거할 최대 부분 F는 2.71입니다.
d. F 수준, 공차한계 또는 VIN 부족으로 계산을 더 수행할 수 없습니다.

분석할 변수

단계		공차한계	제거할 F	Wilks 람다
1	x2	1.000	25.790	
2	x2	.986	19.682	.657
	x5	.986	10.002	.521

그림 15-10 입력/제거된 변수

● 결과 해석

본 예에서는 WILKS 방식을 지정하였고, 단계선택법을 하고 있다. 선택 규칙은 Wilks' Lambda값을 최소화하게 된다. 이때 변수들이 각 단계별 판별분석에 들어갈 것인지의 여부를 결정하는 기준이 독립변수들 간의 선형적인 연관성을 나타내주는 공차한계이다. 1단계에서는 앞의 [그림 15-6]에 나타난 바와 같이 F통계량이 가장 큰 X2(월평균 소득) 변수가 투입되고, 2단계에서는 앞에서 예상한 바와 같이 X5(가족 구성원 수)가 추가되어, 판별식은 X2, X5로 구성된다. 이 판별식의 유의도는 유의확률=0.000<0.05이어서 판별식이 유의함을 알 수 있다.

정준판별함수(Canonical Discriminant Functions)의 최대 개수는 1개로 나타나 있다. 판별함수의 개수는 그룹의 수-1과 독립변수의 수 중 작은 값만큼 만들어진다. 이 예의 경우, 그룹의 수는 2개이고·독립변수의 수는 5개이므로 정준판별함수는 1개가 산출된 것이다. 그러나 산출할 수 있는 판별함수 모두가 통계적으로 유의한 것은 아니므로 α=0.05를 기준으로 평가해보아야 한다.

첫 번째로 얻어지는 판별함수의 설명력이 항상 가장 크다. 만약, 이 첫 번째로 산출된 판별함수가 통계적으로 유의하지 못하면 판별분석을 더 이상 진행할 필요가 없다.

분석할 변수 없음

단계		공차한계	최소 공차 한계	입력할 F	Wilks 람다
0	x2	1,000	1,000	25,790	,521
	x3	1,000	1,000	2,045	,932
	x4	1,000	1,000	5,990	,824
	x5	1,000	1,000	14,636	,657
	x6	1,000	1,000	1,338	,954
1	x3	,993	,993	1,749	,489
	x4	,989	,989	4,530	,446
	x5	,986	,986	10,002	,380
	x6	1,000	1,000	,772	,506
2	x3	,990	,978	1,585	,358
	x4	,985	,976	2,662	,345
	x6	,998	,984	,735	,369

그림 15-11 분석할 수 없음

● 결과 해석

각 단계별로 투입될 변수를 나타낸다. 0단계에서는 변수들의 Wilks 람다값이 나타나 있다. F통계량이 크면, 집단 간의 차이가 크므로 설명력은 크다고 볼 수 있다. 1단계에서는 F통계량이 가장 큰 X2(월평균 소득) 변수가 투입되고, 2단계에서는 X2(월평균 소득), X5(가족 구성원의 수) 변수 등이 투입됨을 알 수 있다.

진입된/제거된 변수[a,b,c,d]

단계	진입된	Wilks 람다							
						정확한 F			
		통계량	자유도1	자유도2	자유도3	통계량	자유도1	자유도2	유의확률
1	x2	.521	1	1	28.000	25.790	1	28.000	.000
2	x5	.380	2	1	28.000	22.042	2	27.000	.000

각 단계에서 전체 Wilks의 람다를 최소화하는 변수가 입력됩니다.

a. 최대 단계 수는 10입니다.
b. 입력할 최소 부분 F는 3.84입니다.
c. 제거할 최대 부분 F는 2.71입니다.
d. F 수준, 공차한계 또는 VIN 부족으로 계산을 더 수행할 수 없습니다.

그림 15-12 Wilks의 람다

● 결과 해석

1단계와 2단계의 Wilks의 람다값이 나타나 있다. 단계 1에서의 람다값은 0.551로 통계적으로 유의하다(유의확률 0.00<0.05). 단계 2에서의 람다값은 0.380으로 통계적으로 유의하다(유의확률 0.00<0.05).

고유값

함수	고유값	분산의 %	누적 %	정준 상관
1	1.633[a]	100.0	100.0	.788

a. 첫 번째 1 정준 판별함수가 분석에 사용되었습니다.

Wilks의 람다

함수의 검정	Wilks의 람다	카이제곱	자유도	유의확률
1	.380	26.137	2	.000

그림 15-13 정준판별함수의 요약

● 결과 해석

정준상관관계는 판별점수와 집단 간의 관련 정도(0.788)를 나타내는 것으로 이 값이 클수록 판별력은 우수하다고 할 수 있다. 고유치는 집단내의 분산을 집단간 분산으로 나눈 값이다. 고유치가 클수록 우수한 판별함수라고 할 수 있다. 고유치(Eigenvalue)는 집단간 분산을 집단내 분산으로 나눈 비율이므로, 고유치가 여러 개인 경우 고유치의 상대적 크기는 판별함수가 총분산을 어느 정도 설명해주고 있는가를 나타낸다. 예를 들어, 판별함수가 2개 도출된 경우 첫 번째 판별함수의 고유치가 1.3494(Pct of Variance 92.1)이고, 두 번째 판별함수의 고유치가 0.1161(Pct of Varinance 7.9)이라고 하자. 이때 고유치를 보고 첫 번째 판별함수가 두 번째 판별함수에 비해 설명력이 상당히 크다는 것을 알 수 있다. 그러나 설명력이 상대적으로 낮은 두 번째 판별함수가 통계적으로 유의한지의 여부를 알 수 있는 검정통계량은 SPSS에서 제공되지 않는다. 여기서는 판별함수의 고유치가 1.633으로 총분산의 100%(분산의 % 100.0)를 설명하고 있다고 알려주고 있다.

그리고 정준상관(Canonical Correlation)은 판별함수의 판별 능력을 나타내는 것으로서 이 값이 1에 가까울수록 판별함수의 판별력이 높다는 것을 의미한다. 이것은 일원분산분석(one-way analysis of variance)의 에타(eta)와 같은 것으로서 설명력을 나타낸다. 집단의 수가 두 개일 때 Wilks' Lambda값은 집단내 분산을 총분산으로 나눈 비율을 나타낸다. 그러나 집단의 수가 두 개 이상일 때에는 각 판별함수의 집단내 분산/총분산의 적을 나타낸다. 따라서 Lambda의 값이 적을수록 그 판별함수의 설명력은 높아진다. 이 Lambda값과 자유도를 고려한 χ^2-통계량값으로 환산한 값과 그 확률값이 제공되므로, 이를 이용하여 판별함수의 유의성을 검정할 수 있다. 여기서 $\chi^2=26.137$의 확률값 $0.000<\alpha=0.05$이므로 판별함수 즉, 집단간 판별점수 차이는 유의한 것으로 나타났다.

표준화 정준 판별함수 계수

	함수
	1
x2	.830
x5	.665

그림 15-14

표준화된 정준판별함수

● **결과 해석**

첫 번째 판별함수의 계수를 표준화시켜 보여주고 있다. 이를 함수로 나타내면 D＝0.830X2＋0.665X5이다. 여기에 자료를 대입할 때는 자료도 표준화시켜야 한다. 이 판별식에서 계수의 절대값 크기는 변수들 간의 상대적인 중요도를 나타내고 있다. 즉, X2와 X5의 계수의 절대값 크기를 비교해보면 X2가 X5에 비해 설명력이 더 높은 변수임을 알 수 있다.

구조행렬

	함수
	1
x2	.751
x5	.566
x3[a]	-.100
x6[a]	-.042
x4[a]	-.041

판별변수와 표준화 정준 판별함수 간의 집단-내 통합 상관행렬. 변수는 함수내 상관행렬의 절대값 크기순으로 정렬되어 있습니다.

a. 이 변수는 분석에 사용되지 않습니다.

그림 15-15 구조행렬

● **결과 해석**

구조행렬에서는 판별함수와 변수들의 상관관계를 나타내고 있다. 이 상관계수가 높을수록 판별점수도 높아진다. X2의 상관계수가 가장 높기 때문에 이 판별함수에서 가장 영향력이 큰 변수라고 볼 수 있다.

정준 판별함수 계수

	함수
	1
x2	.020
x5	.606
(상수)	-7.842

표준화하지 않은 계수

그림 15-16

정준판별함수(비표준화된 판별함수)

● **결과 해석**

비표준화된 정준판별함수는 D=−7.842+0.020X2+0.606X5이다. 이 판별함수에는 원래 자료를 그대로 대입하여 판별점수를 구한다. 그리고 판별함수의 계수는 표준화되지 않았으므로 독립변수(X2, X5)의 상대적인 중요성을 판단하는 데 사용해서는 안 된다.

함수의 집단중심점

x1	함수 1
1	1.234
2	-1.234

표준화하지 않은 정준 판별함수가 집단 평균에 대해 계산되었습니다

그림 15-17 함수의 집단중심점

● **결과 해석**

판별식에 의해 구해진 판별점수가 분류 기준보다 크면 집단 1, 반대로 작으면 집단 2로 분류한다. 아래에 집단 중심점(Group Centroids) 혹은 각 집단의 평균 판별점수가 나타나 있다. 집단 1의 평균판별점수는 1.234이고 집단 2의 평균판별점수는 −1.234이다. 분류 기준은 이 두 집단중심점의 평균이므로 {1.234+(−1.234)}/2=0이다. 그러므로 0보다 큰 값을 갖는 경우는 집단 1(콘도 이용 고객)에 분류되고 0보다 작은 값을 가지면 집단 2(콘도 미이용 소비자)로 분류된다. 그런데 두 집단의 표본수가 다른 경우 (n1≠n2)에는 다음과 같이 계산된다.

$$\text{중심점} = \frac{n_2 C_1 + n_1 C_2}{n_1 + n_2}$$

여기서 C_1과 C_2는 각 집단의 중심점(Group Centroid)이다.

집단에 대한 사전확률

x1	사전확률	분석에 사용된 케이스: 가중되지 않음	분석에 사용된 케이스: 가중됨
1	.500	15	15.000
2	.500	15	15.000
합계	1.000	30	30.000

분류 함수 계수

	x1: 1	x1: 2
x2	.200	.151
x5	4.506	3.010
(상수)	-42.918	-23.557

Fisher의 선형 판별함수

그림 15-18 분류통계량

● **결과 해석**

각 집단별 판별점수를 결정하는 피셔의 일차판별함수를 보여주고 있다.

콘도 이용 1집단 Y=−42.92+0.200X2+4.506X5, 콘도를 이용하지 않는 2집단 Y=−23.56+0.151X2+3.010X5가 된다. 여기서 판별하고자 하는 집단의 변수값들을 한 개씩 대입하면 개별 경우의 집단별 판별점수를 구할 수 있다.

케이스별 통계량

			최대집단					두 번째로 큰 최대집단			판별점수
				P(D>d | G=g)							
	케이스 수	실제집단	예측집단	확률	자유도	P(G=g | D=d)	중심값까지의 제곱 Mahalanobis 거리	집단	P(G=g | D=d)	중심값까지의 제곱 Mahalanobis 거리	함수 1
원래값	1	1	1	.474	1	.783	.512	2	.217	3.075	.519
교차 유효값[a]	1	1	1	.420	2	.747	1.733	2	.253	3.900	

원래 데이터의 경우 제곱 Mahalanobis 거리는 정준 함수를 기준으로 결정됩니다. 교차유효화 데이터의 경우 제곱 Mahalanobis 거리는 관측에 따라 결정됩니다.

a. 분석시 해당 케이스에 대해서만 교차유효화가 수행됩니다. 교차유효화시 각 케이스는 해당 케이스를 제외한 모든 케이스로부터 파생된 함수별로 분류됩니다.

그림 15-19 케이스별 통계량

● **결과 해석**

각 사례에 대한 실제 집단과 예측 집단에 속할 확률과 판별점수가 나타나 있다. 여기서 ** 표시는 잘못 분류된 경우를 표시하고 있는데, 이것이 오판 확률이 된다. P(D/G)는 case 1이 집단 2에 속할 때 판별점수 D를 얻을 수 있는 확률을, P(G/D)는 판별점수가 D일 때 집단 2에 속한 사후확률을 나타낸다. 그리고 '두번째로 큰 집단'은 case1이 판별식에 의해 소속될 확률이 두 번째로 높은 집단은 집단 2라는 것이며, P(G/D)는 집단 2의 사후확률을 나타낸다. 그리고 마지막으로 판별점수(Discriminant Scores)가 제공되고 있다.

첫 번째 표본에서 두 확률 집단의 P(G/D) 수치를 합하면 0.783+0.217=1이 된다. 마지막 열에는 판별점수가 나와 있는데 분류 기준 혹은 집단중심점과 비교하여 판별하게 된다. 첫 번째 표본은 판별점수가 0.519로서 0보다 크므로 집단 1, 즉 콘도 이용자로 분류되었다. 집단중심점과 비교하는 경우에는 판별점수가 집단 1의 중심점에 가까우면 집단 1로, 집단 2의 중심점에 가까우면 집단 2로 판별되기 때문이다.

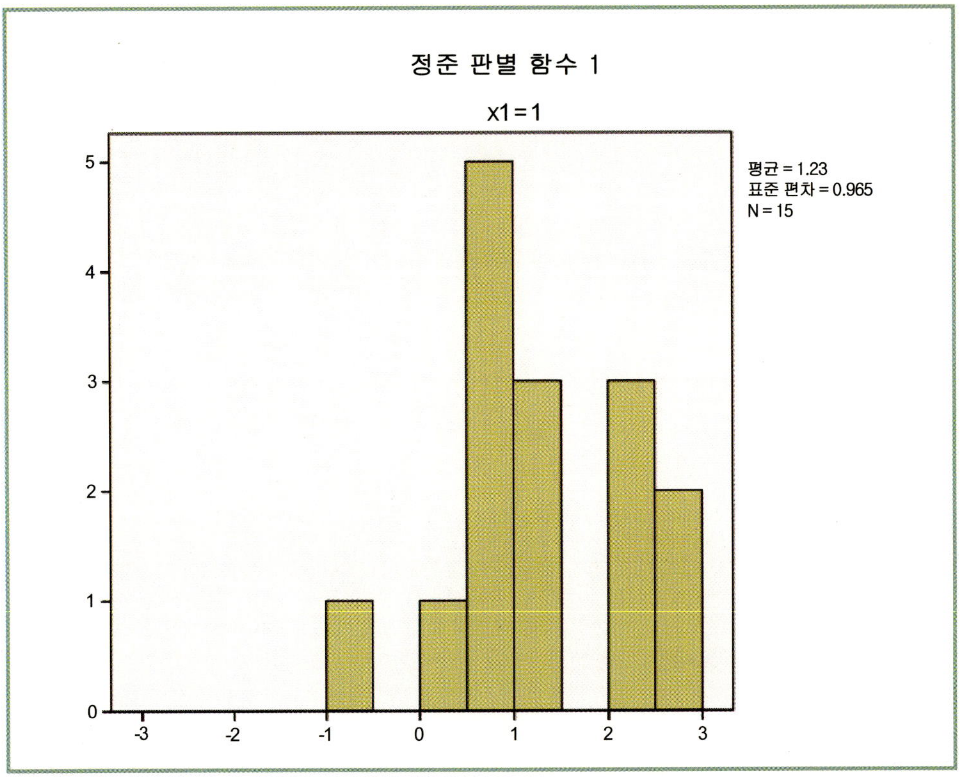

그림 15-20 히스토그램(1집단)

● **결과 해석**

0을 기준으로 0보다 크면 1집단(콘도 이용고객), 0보다 작으면 2집단에 분류되는데 여기서는 1개의 개체가 2집단으로 잘못 판별하고 있는 것을 보여주고 있다. 여기서 막대의 높이는 빈도수를 의미한다.

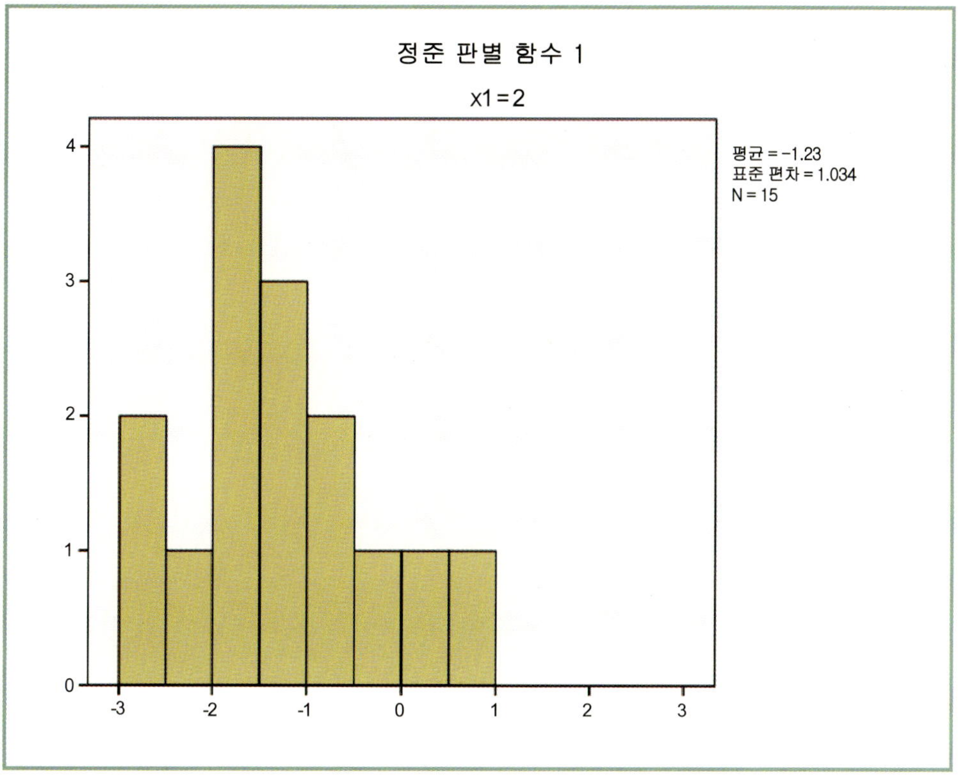

그림 15-21 히스토그램(2집단)

● 결과 해석

이 그래프에서 집단 2의 자료는 X1=2로 표시하고 있다. X축의 0은 중심값을 나타내고 있다. 0을 중심으로 오른쪽에는 2개체가 있어 오판된 부분을 의미한다.

분류결과[b,c]

		x1	예측 소속집단 1	예측 소속집단 2	전체
원래값	빈도	1	14	1	15
		2	2	13	15
	%	1	93.3	6.7	100.0
		2	13.3	86.7	100.0
교차 유효값[a]	빈도	1	14	1	15
		2	2	13	15
	%	1	93.3	6.7	100.0
		2	13.3	86.7	100.0

a. 분석시 해당 케이스에 대해서만 교차유효화가 수행됩니다. 교차유효화시 각 케이스는 해당 케이스를 제외한 모든 케이스로부터 파생된 함수별로 분류됩니다.

b. 원래의 집단 케이스 중 90.0%이(가) 올바로 분류되었습니다.

c. 교차유효화 집단 케이스 중 90.0%이(가) 올바로 분류되었습니다.

그림 15-22 판별적중률

● 결과 해석

이 표는 판별한 결과를 정리한 것이다. 집단 1에 속한 15개 중 14개가 집단 1로 판별되었고, 1개가 집단 2로 판별되었으므로 집단 1의 판별적중률은 93.3%이다. 집단 2의 경우는 13개를 집단 2로 2개를 집단1로 판별하여 판별적중률은 86.7%이다. 따라서 전체의 판별적중률은 90%이다. 여기서 판별적중률은 회귀분석의 적합도를 나타내는 r^2의 개념과 비슷하다. 회귀분석에서의 r^2는 선형회귀식이 얼마나 자료를 잘 적합시켰는가를 나타내는 것이고, 판별적중률은 판별식이 대상을 잘 분류하는가를 나타내는 정도라고 할 수 있다.

15.4 새로운 개체의 판별(예측)

SPSS 예제

[예제 상황] 지금까지의 얻어진 정보를 근거로 하여 무작위로 표본을 추출하여 다음 소비자 4명을 조사하여 그린리조트의 이용 가능성 여부를 판별하여보자.

표 15-2 유보 표본

구분	X2 (월평균 소득)	X5 (가족 구성원 수)
1	340	4
2	320	5
3	230	3
4	250	3

풀이

1단계 여기서 기억할 것은 콘도 이용 여부의 판별에 중요한 영향을 미치는 독립변수들 중에서 중요한 변수로 구성을 살펴보자. 연구자는 앞의 [그림 15-16]의 비표준화된 정준판별함수 D=−7.842+0.020X2+0.606X5를 이용함을 이해한다. 왜냐하면 X2, X5의 데이터가 표준화 된 자료가 아니기 때문이다.

2단계 이 세 명의 소비자가 어느 그룹에 속할 것인가를 알기 위해서 다음과 같은 순서에 의해 SPSS의 Syntax의 명령문 편집기에서 입력하면 된다. **파일(F) → 새파일(N) → 명령문(S)** 단추를 누른다.

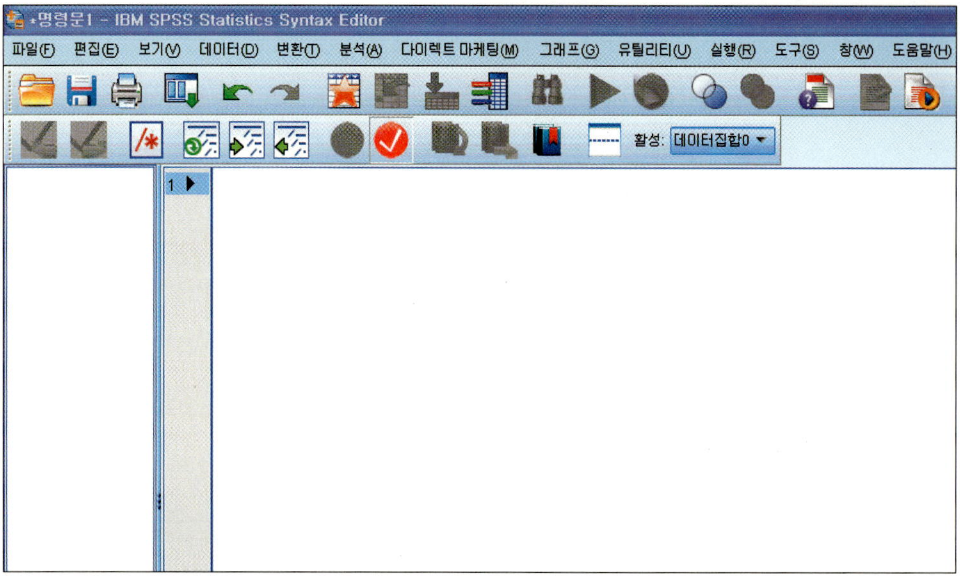

그림 15-23 명령문 시작 화면

3단계 다음과 같은 명령어를 입력한다. 분석자가 기억해야 할 사항은 SPSS의 명령문에서 명령문 입력이 끝날 때는 마침표(.)를 반드시 찍어야 하고 명령문이 지속될 경우는 슬래시(/)를 표시해야 한다는 사실이다.

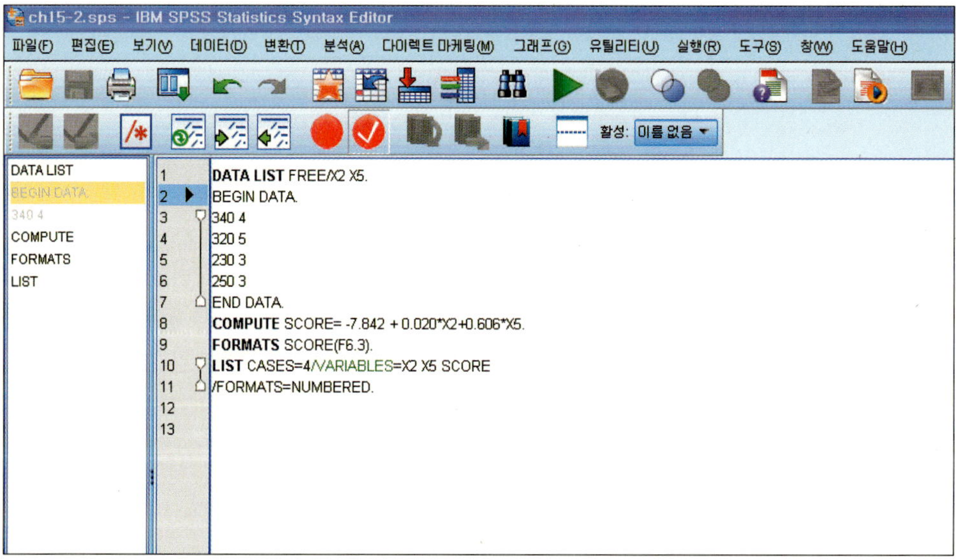

그림 15-24 명령문 작성 [데이터] ch15-2.sps

```
DATA LIST FREE/X2 X5.
BEGIN DATA.
340 4
320 5
230 3
250 3
END DATA.
COMPUTE SCORE= -7.842 + 0.020*X2+0.606*X5.
FORMATS SCORE(F6.3).
LIST CASES=4/VARIABLES=X2 X5 SCORE
/FORMATS=NUMBERED.
```

4단계 분석자는 마우스로 작성한 명령문의 모든 범위를 지정한 다음 실행키(▶)를 이용하여 실행시킨다. 그러면 새로운 창에서 판별식이 계산된 것을 확인할 수 있다.

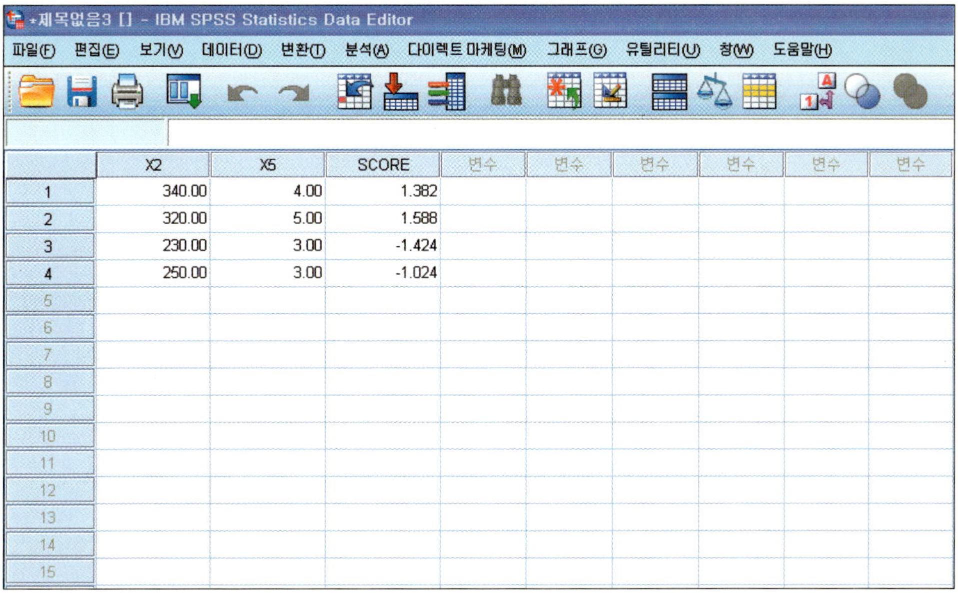

	X2	X5	SCORE	변수	변수	변수	변수	변수	변수
1	340.00	4.00	1.382						
2	320.00	5.00	1.588						
3	230.00	3.00	-1.424						
4	250.00	3.00	-1.024						
5									
6									
7									
8									
9									
10									
11									
12									
13									
14									
15									

그림 15-25 판별 결과

● **결과 해석**

소비자 1과 2는 0보다 크므로 그린리조트를 이용할 가능성이 있는 잠재 고객으로 분류된다. 반면에 소비자 3과 4는 0보다 작으므로 그린리조트를 이용할 가능성이 없는 것으로 분류하였다. 이 결과가 데이터 보기 창에 저장되어 있는 것을 확인할 수 있을 것이다.

연습문제

1. 판별분석의 개념과 주요 목적을 정리해서 이야기하시오.

2. 기업(1=건전기업, 2=부도기업)=f(x1, x2, x3)의 함수를 통해서 다음 자료를 이용하여 판별함수식을 구하여라. 그리고 x1=4, x2=2, x3=200인 기업의 부도 여부를 예측해 보아라.

건전기업(1)			부도기업(2)		
5	110	200	3	90	400
7	120	300	2	80	300
9	130	200	−2	100	500
3	100	400	4	120	600
6	160	150	1	100	450
5	122	154	0	86	350
4	125	204	2	95	300
8	160	185	3	110	380
7	180	250	2	95	320
6	190	230	1	150	300

참고: x1(매출액순이익률)=(순이익/매출액)×100
x2(유동비율)=(유동자산/유동부채)×100
x1(부채비율)=(타인자본/자기자본)×100

16장

다차원척도분석

다차원척도분석(MDS: Multidimensional Scaling)은 인지도 분석(Perceptual Mapping)이라 한다. 대상들 간의 관련 이미지(회사, 제품, 서비스 등)의 복잡한 관계를 적은 수의 차원(2차원 혹은 3차원)의 공간에서 단순한 구도로 시각화하여 주는 통계분석 기법이다.

자료의 특성(속성 데이터, 비속성 데이터)에 따라 다차원척도분석 방법의 종류가 달라진다.

학습 목표

- 다차원척도법(MDS: Multidimensional Scaling)의 개념과 다양한 다차원척도법을 이해할 수 있다.
- 다차원척도법의 절차, 명칭 부여 방법, 결과에 대한 신뢰성과 타당성 평가 방법을 이해할 수 있다.
- 다차원척도법, 판별분석, 요인분석의 관계를 이해할 수 있다.

16.1 다차원척도분석이란?

16.1.1 다차원척도분석의 의의

우리는 주위의 여러 대상들과 관계를 맺으면서 살고 있다. 그리고 이들을 끊임없이 관찰하고 비교하는 가운데, 관찰 대상들을 좋아하는 것과 싫어하는 것 또는 서로 비슷한 것과 다른 것으로 분류하게 된다. 대상물을 인지하고 평가할 때 사용하는 기준은 사람에 따라 다를 수 있다. 그런데 인간은 인지 능력의 한계 때문에 대상물이 갖고 있는 모든 속성을 평가 기준으로 삼기 보다는, 자신에게 편리하고 중요하다고 생각되는 몇 가지 속성만을 선택적으로 사용하는 경향이 높다. 예컨대 냉장고를 선택하는 기준으로 가격, 디자인, 광고, 실용성 등을 고려한다고 할 때, 사람에 따라 선택 기준에 대한 가중치가 다르기 때문에 각기 다른 냉장고를 고르게 된다.

다차원척도분석(MDS: Multidimensional Scaling)은 인지도 분석(Perceptual Mapping)이라고도 하는데, 대상들 간의 관련 이미지(회사, 제품, 서비스 등)의 복잡한 관계를 적은 수의 차원(2차원 혹은 3차원)의 공간에서 단순한 구도로 시각화하여 주는 통계 분석 기법이다.

잘 아는 바와 같이 지각도(인지도)를 구현할 수 있는 통계적 분석 방법들은 다양하다. 다차원척도법(MDS), 요인분석, 군집분석, 판별분석, 대응일치분석 등이 있다. 요인분석, 군집분석, 판별분석은 이미 앞에서 학습하였다. 대응일치분석은 다음 장에서 학습하기로 한다. 지각도 관련 통계분석법을 이해하기 쉽게 그림으로 나타내면 다음과 같다.

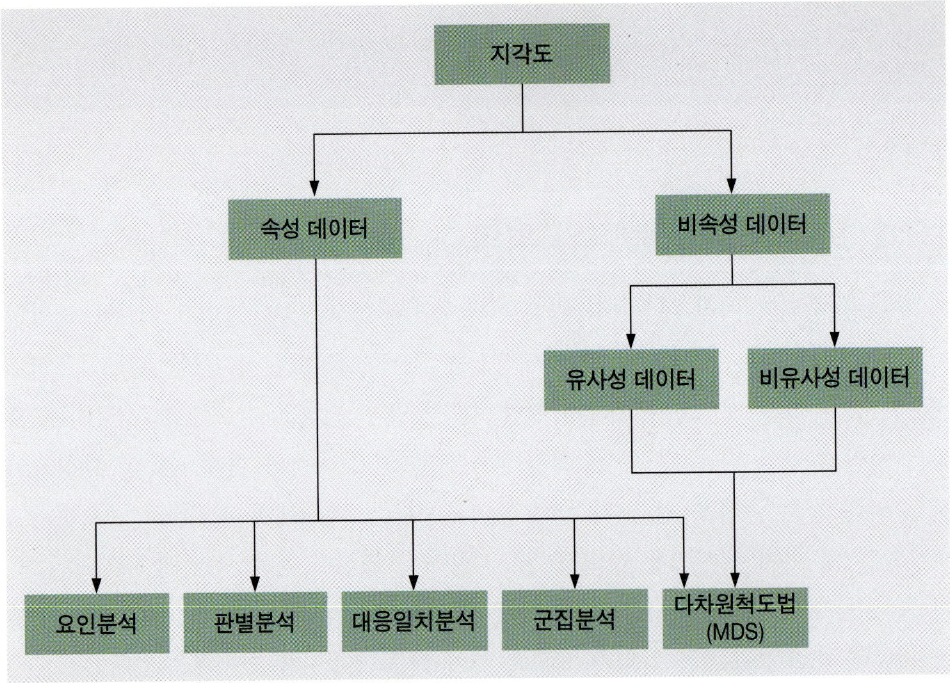

그림 16-1 지각도(이미지 맵) 통계분석법

이 기법은 앞에서 설명한 판별분석이나 군집분석과 같은 분류 기법이지만, 단순 분류의 특성을 넘어서서 대상물이 위치하는 지점을 시각적 구도 속에서 알려준다는 점에서 유용하게 사용된다.

이 분석법은 우리나라에서 현재 일부의 연구가들에 의하여 이용되고 있으며, 특히 마케팅 분야에서 매우 많이 사용하고 있다. 마케팅에서 사용되고 있는 적용 범위는 다음과 같다.

① 충성 고객과 일반 고객 사이의 회사에 대한 이미지 측정
② 시장 세분화 전략
③ 신제품 개빌
④ 광고 효과 측정
⑤ 가격 분석
⑥ 유통 경로 결정
⑦ 소비자들이 중요하게 생각하는 제품의 특성 파악

이 분석 기법은 마케팅뿐만 아니라, 다른 사회과학이나 이학 분야에서도 널리 이

용되고 있다.

다차원척도분석 기법은 소비자가 대상을 인지하거나 평가할 때 어떠한 기준에 의해서 하게 되는지를 규명하기 위해서 적정 수의 평가차원을 결정하며, 그리고 규명된 각 차원이 의미하는 바와 각 차원에서의 좌표를 적절히 해석하는 등과 같은 여러 가지 목적을 가진다. 여기서 차원이란, 수학적으로 말해서 2차원은 평면을 구성하고, 3차원은 공간을 구성한다는 의미이다. 2차원이나 3차원과 같은 저차원은 관찰 대상들을 시각적으로 구분할 수 있게 해준다.

16.1.2 다차원척도법의 실행 절차

연구자가 다차원척도법을 실행하려면, 자료가 적합한 형태로 취합되어야 하고, 분석을 쉽게 하기 위해서 다차원척도법의 절차를 잘 알아야 한다. 연구자가 해결해야 할 중요한 문제는 좌표평면에서 차원 수를 몇 개로 결정하느냐 이다. 또한 차원의 이름을 결정하는 것도 중요한 문제이다. 마지막으로 획득된 결과에 대한 평가도 중요한 대목이다. 다차원척도법의 실행 절차는 다음 그림과 같다.

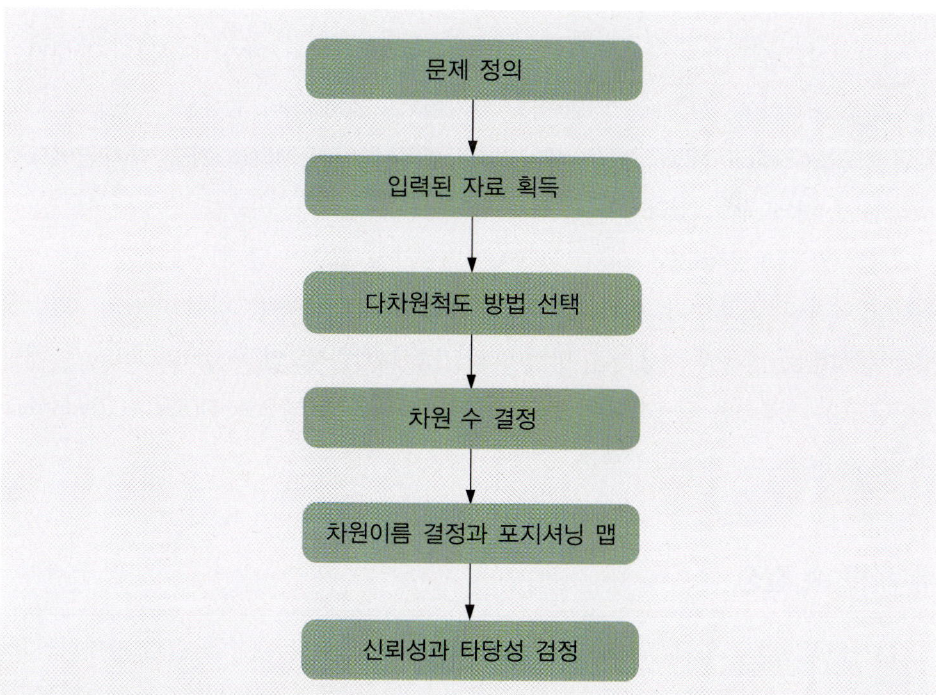

그림 16-2 다차원척도법의 실행 절차

1) 문제의 정의

문제 정의를 위해서 연구자는 다차원척도법의 결과가 어디에 쓰일 것인지에 대하여 정확하게 파악하고 있어야 한다. 본 예제에서는 먼저, 우리나라 주요 도시 간의 거리표를 2차원 평면에 나타내는 기초적인 문제를 다룬다. 그리고 호텔의 이미지 비교 및 호텔 서비스에 대한 만족도 등의 예제를 통하여 다차원척도법의 문제 정의에 대하여 설명한다.

2) 입력 자료 획득

다차원척도에서의 입력 자료는 유사성 또는 선호도의 자료가 이용된다. 유사성이나 선호도의 자료는 정량 형태와 정성 형태로 대별될 수 있는데, 정량 형태의 자료는 유사성이나 선호도가 등간척도나 비율척도로 측정하여 얻어진 자료이며, 정성 자료는 서열척도에 의하여 얻어진 자료를 말한다.

3) 다차원척도 방법 선택

다차원척도법은 주로 소비자들의 심리상에 위치해 있는 평가 대상들의 상대적인 위치를 도표화하여 나타내는 기법이다. 다차원척도법(MDS)의 종류로는 전통적인 다차원척도법(Classical MDS), 반복 다차원척도법(Replicated MDS), 가중 다차원척도법(Weighted MDS) 등이 있다.

전통적인 다차원척도법(Classical MDS)은 비유사성 행렬이 단 한 개인 경우로 가장 간단한 다차원척도법이다. **반복 다차원척도법**(Replicated MDS)은 하나 이상의 자료 행렬을 분석하는 경우에 사용되는 방법이다. **가중 다차원척도법**(Weighted MDS)은 개인별이나 또는 세부적인 집단별 평가를 할 수 있는 다차원척도법으로 **INDISCAL**(INdividual DIfference SCALing)이라고도 한다.

4) 차원 수 결정

다차원척도법은 입력 자료를 이용하여 공간상에서 관찰 대상들 간의 상대적인 거리를 가능한 정확히 위치시킴으로써 다차원 평가 공간을 형성한다. 관찰 대상들의 상대적인 거리의 정확도를 높이기 위해서, 다차원 공간에의 적합(fitting)은 더 이상의 개선이 안 될 때까지 반복적으로 계속된다. 이 적합의 정도를 스트레스값(stress value)으로 표현한다. 다른 말로 하면, 스트레스값은 불일치의 정도(badness of fits, lack of fit measure)로 볼 수 있다. 스트레스값의 크기에 따라 차원 수 결정이 적절한지 여부를 판단한다.

스트레스값은 실제 거리와 적합된 거리 사이의 오차 정도를 나타내주는 것으로서, 다음과 같은 공식에 의해 측정된다.

$$S = \sqrt{\frac{\sum_{1=i,i\neq j}^{n} (d_{ij} - \widehat{d_{ij}})^2}{\sum_{1=i,i\neq j}^{n} (d_{ij})^2}}$$

식 16-1

d_{ij} = 관찰 대상 i부터 j까지의 실제 거리

$\widehat{d_{ij}}$ = 프로그램에 의하여 추정된 거리

분석 프로그램에 의해 추정된 거리가 실제와 일치하면, $(d_{ij} - \widehat{d_{ij}})$는 0이 되어 스트레스값은 0이 된다. 이것은 추정이 완벽함을 의미한다. 크루스칼(Kruskal)은 추정이 잘 되었는지 여부를 나타내는 적합 정도를 다음 [표 16-1]과 같이 제시하고 있다. 스트레스값이 줄어드는 방향으로 분석 과정을 반복하면 관찰 대상들의 좌표가 변화되어간다.

표 16-1 스트레스값의 해석

스트레스값	적합 정도
0.2 이상	매우 나쁨
0.2	나쁨
0.1	보통
0.05	좋음
0.025	매우 좋음
0	완벽함

이론적으로 n개 대상에 대여 n−1차원에서 완벽한 적합이 이루어질 수 있다. 그러나 3차원이 넘는 포지셔닝 맵은 시각적인 제한으로 인하여 분석이 거의 불가능하

다. [그림 16-3]은 분석 결과를 나타내주는 scree plot로서, 스트레스값과 차원 수를 함께 표시하고 있다. 이 그림에서 스트레스값의 감소 폭이 줄어드는 팔꿈치(elbow) 지점에서 차원의 수를 정하게 된다. 여기서는 2차원으로 정하게 된다.

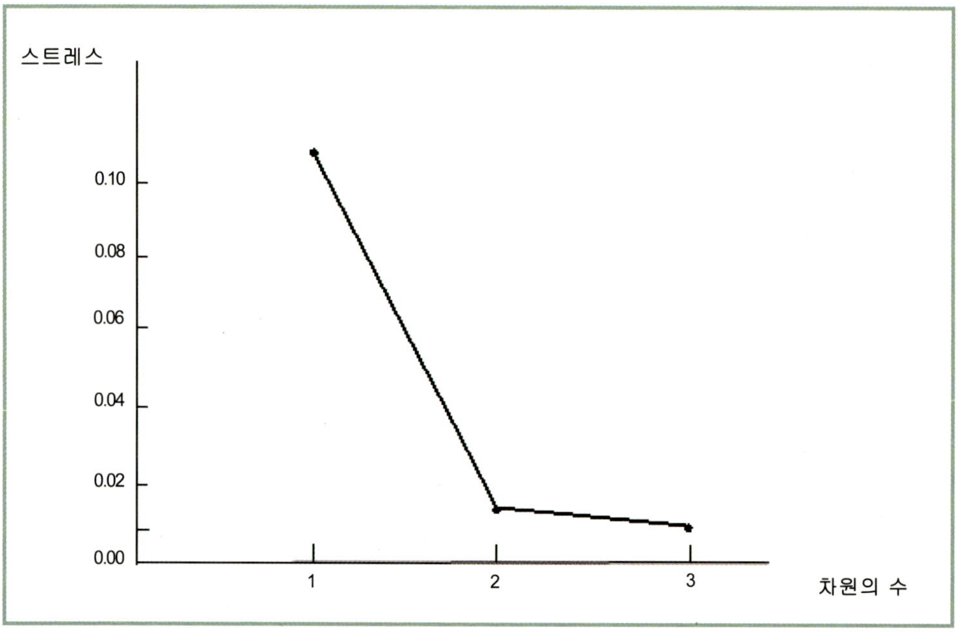

그림 16-3 차원별 스트레스

5) 차원이름과 포지셔닝 맵 설명

차원의 수가 결정되면 연구자는 차원의 이름을 결정하여야 한다. 요인분석에서 요인이름을 결정하는 것과 같은 원리로, 다차원척도법에서도 연구자 자신이 각 차원의 이름을 결정해야 한다. 차원의 이름을 결정하는 방법은 관찰 대상들에 대해서 잘 알고 있는 전문가(관리자나 연구자의 경험)에 의한 방법, 개체의 특성을 고려한 회귀분석을 통한 방법, 점수 간의 상관계수가 높은 속성을 차원이름으로 이용하는 방법, 그리고 브랜드와 같은 외형적인 특성(physical characteristic)에 의한 방법 등이 있다.

각 차원에 이름을 부여하고 나면, 포지셔닝 맵을 얻을 수 있다. 포지셔닝 맵이란 소비자들이 제품, 상표 등을 평가하는 기준에 비추어 볼 때 어떠한 평가를 하고 있는가를 나타내주는 것이다. 포지션이란 소비자들이 특정 대상에 대하여 느끼는 심리적 공간상의 위치를 말한다. 포지셔닝 맵은 시장과 경쟁구조에 대한 기초적인 진단을 통하여 소비자들의 인지→선호→선택에 이르는 일련의 과정을 일관성 있게 이해할 수 있게 해주므로, 신제품 개발, 시장 세분화, 포지셔닝, 마케팅믹스 전략 등에 효과적으로 이용할 수 있다.

6) 신뢰성과 타당성 검정

다차원척도분석의 결과에 대해 신뢰성과 타당성을 알아보기 위해서는 **모형의 적합도 지수**(idex of fit)을 알아보아야 한다. 모형의 적합도 지수는 회귀분석에서 R^2과 유사한 것이다. 적합도 지수는 0과 1 사이에 있으며, 0.6 이상이면 설명력이 높다고 할 수 있다. 또한 신뢰성 검정을 동일한 측정 도구를 사용하여 1차 측정한 후에 재측정을 하여, 두 측정값들 간의 차이를 분석하는 test-retest reliability를 사용하는 방법이 있다.

16.2 다차원척도법 종류

16.2.1 전통적인 다차원척도법

전통적인 다차원척도법(Classical MDS)은 소비자가 인지한 관찰 대상을 전체적인 상황으로 나타내기 위해서 포지셔닝 맵을 그릴 때에 매우 유용한 방법이다. 입력되는 행렬이 하나인 경우에 이 기법이 이용된다.

SPSS 예제

다음은 국내에서 유통되고 있는 치약 상표의 일부이다. 응답자(200명)들은 각 치약 상표가 유사한지 유사하지 않는지에 대하여 응답하였다.

	전혀 비슷하지 않음			보통			매우 비슷함
A–B	1	2	3	4	5	6	7
A–C	1	2	3	4	5	6	7
A–D	1	2	3	4	5	6	7
…	1	2	3	4	5	6	7
J–I	1	2	3	4	5	6	7

표 16–2 치약 상표에 대한 평가 유사성

	A	B	C	D	E	F	G	H	I	J
A	0									
B	5	0								
C	6	7	0							
D	4	6	6	0						
E	2	3	4	5	0					
F	3	3	4	4	5	0				
G	2	2	2	3	5	5	0			
H	2	2	2	2	6	5	6	0		
I	2	2	2	2	6	6	7	6	0	
J	1	2	4	2	4	3	3	4	3	0

풀이

1단계 [표 16–2]의 자료를 SPSS 창에 입력한다.

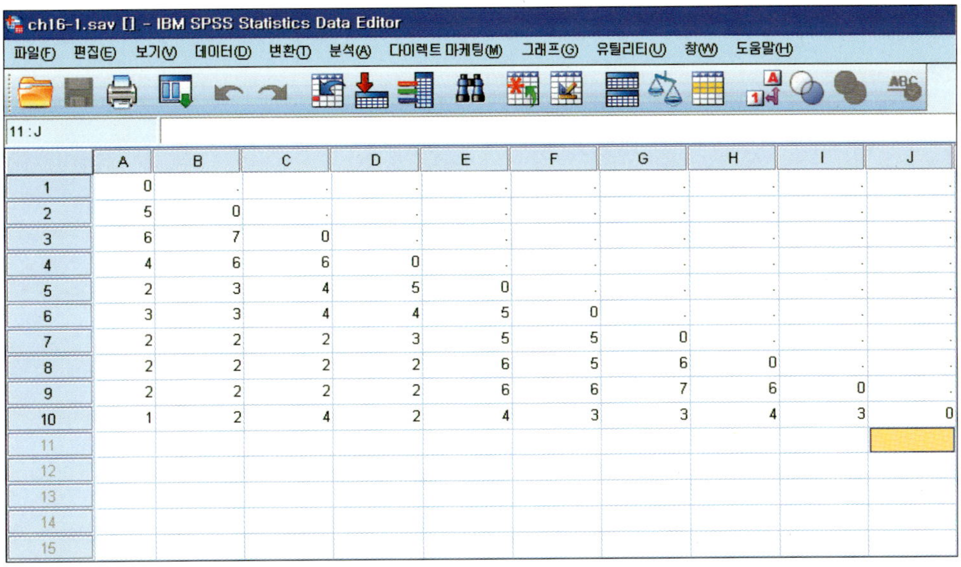

그림 16-4 데이터 입력 [데이터] ch16-1.sav

정방행렬에서 1행과 1열(A치약)이 만나는 곳에 0이라고 입력한 이유는 자기 자신의 거리를 나타내므로 0이라고 하였다. 2행과 A치약 열이 만나는 5는 A치약과 B치약의 유사성이 5임을 나타낸다.

2단계 **분석(A) → 척도 → 다차원척도법(ALSCAL)(M)...**를 누른다.

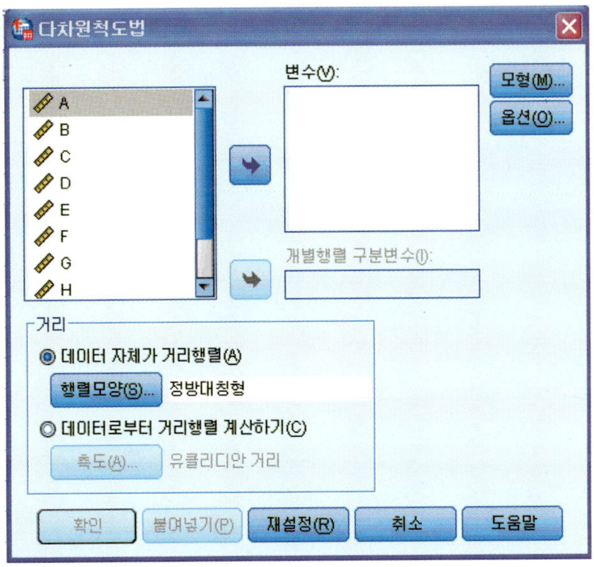

그림 16-5 다차원척도분석의 초기화면

3단계 치약 브랜드인 'A'부터 'J' 변수들을 오른쪽 **변수(V)** 항목으로 보낸다.

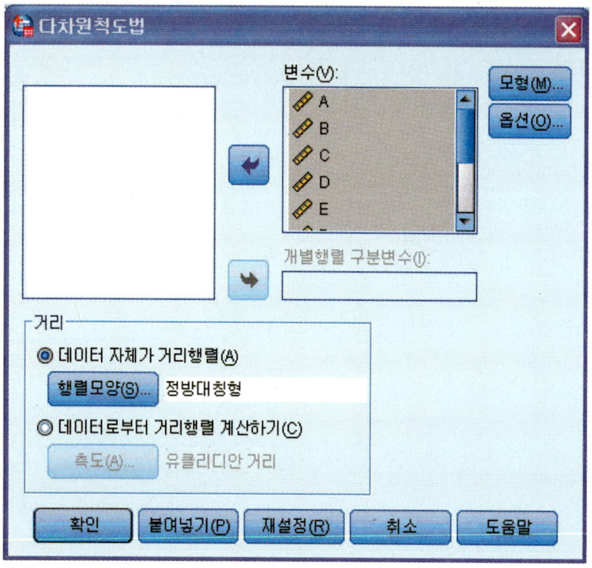

그림 16-6 변수 지정 창

4단계 모형(M)... 단추를 눌러 **측정 수준**에서 ◉비율척도(R) 를 지정한다.

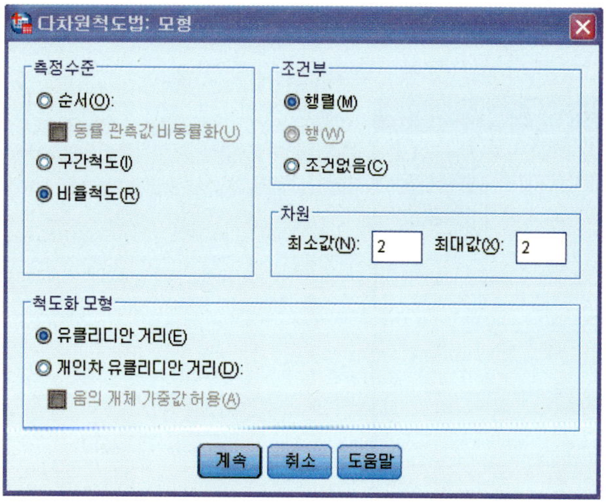

그림 16-7 단차원척도법: 모형

5단계 계속 단추를 누른다. 앞 [그림 16-6] 화면으로 복귀한다. 여기서 옵션(O)... 단추를 눌러 ☑ 집단 도표(G), ☑ 개별 개체 도표(I), ☑ 데이터 행렬(D), ☑ 모형 및 옵션 요약(M) 단추를 지정한다.

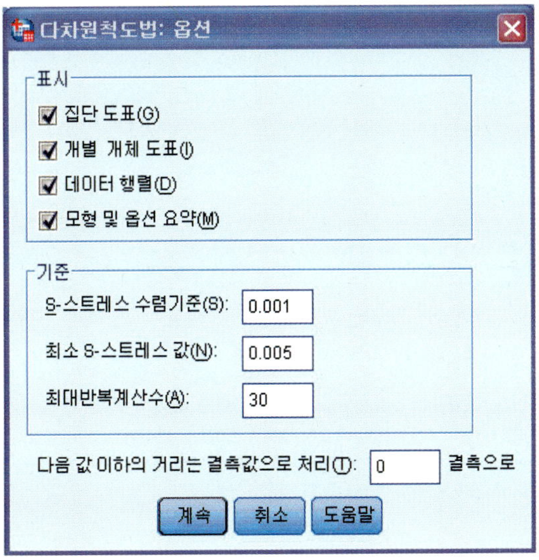

그림 16-8 다차원척도법: 옵션

6단계 계속 단추를 누른다. 앞 [그림 16-6] 화면으로 복귀한다. 여기서 확인 단추를 누른다. 그러면 결과물을 얻을 수 있다.

```
Iteration history for the 2 dimensional solution (in squared distances)

                Young's S-stress formula 1 is used.

              Iteration     S-stress      Improvement

                  1          .86304
                  2          .60212          .26092
                  3          .57581          .02631
                  4          .57172          .00409
                  5          .57030          .00142
                  6          .56946          .00084

                    Iterations stopped because
               S-stress improvement is less than    .001000


                                   Stress and squared correlation (RSQ) in distances

                         RSQ values are the proportion of variance of the scaled data (disparities)
                                   in the partition (row, matrix, or entire data) which
                                   is accounted for by their corresponding distances.
                                     Stress values are Kruskal's stress formula 1.



              For  matrix
   Stress  =   .39831      RSQ =  .20863
```

그림 16-9 반복 과정

● **결과 해석**

이것은 반복적인 실행 결과를 나타내고 있다. 모두 1회의 반복이 일어났으며, 스트레스값의 향상이 1회에 0.86304로서 0.005보다 크게 되어 끝났음을 보여주고 있다. 현재 스트레스값은 0.39831로서, 이 모형의 적합도는 매우 낮다고 할 수 있다. 그리고 RSQ는 0.20863이상의 값을 보여주고 있어서 모형의 적합도도 매우 낮음을 알 수 있다.

Stimulus Coordinates

Stimulus Number	Stimulus Name	Dimension 1	Dimension 2
1	A	.1966	.8804
2	B	-.8302	1.1294
3	C	-.1057	-1.9641
4	D	1.5205	-.1654
5	E	-1.7257	-.0723
6	F	-.2901	1.3000
7	G	-1.3540	-.5658
8	H	1.2910	.2778
9	I	1.2506	-.8877
10	J	.0470	.0678

그림 16-10 좌표값

● **결과 해석**

2차원 평면에서 도시의 좌표를 나타내고 있다. 예를 들어, A치약의 경우 (0.1966, 0.8804)의 값을 보이고 있다.

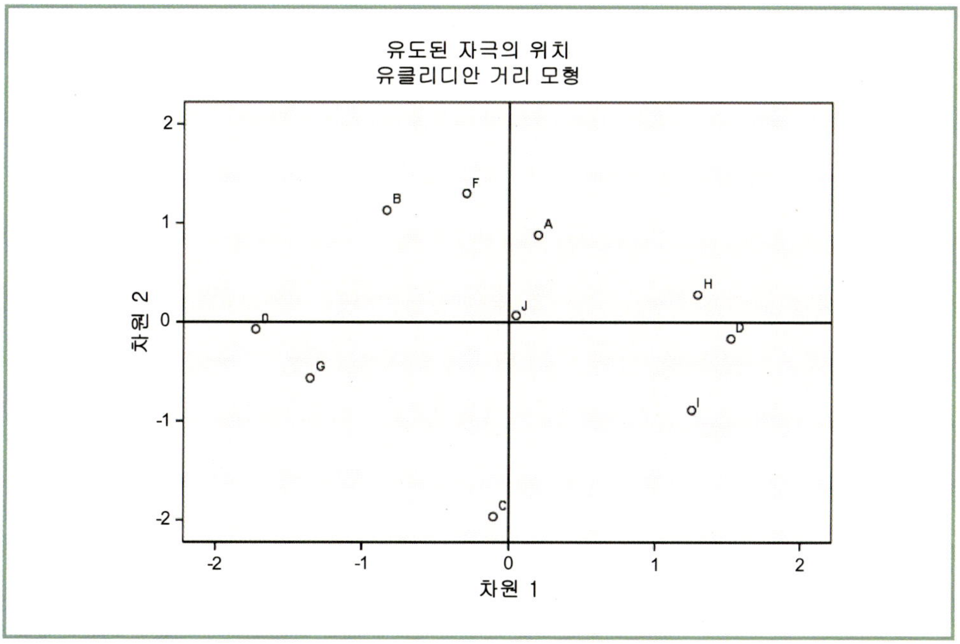

그림 16-11 포지셔닝 맵(2차원)

● 결과 해석

앞의 [그림 16-10]에 나타난 결과를 좌표상에 나타낸 것이다. 이 결과를 통하여 각 도시의 위치와 거리 관계를 알 수 있다. 치약 A, H, J는 같은 1사분면 좌표상에, B와 F는 2사분면 좌표상, C, E, G는 3사분면 좌표상에, 그리고 D와 I는 4사분면 좌표상에 위치함을 알 수 있다.

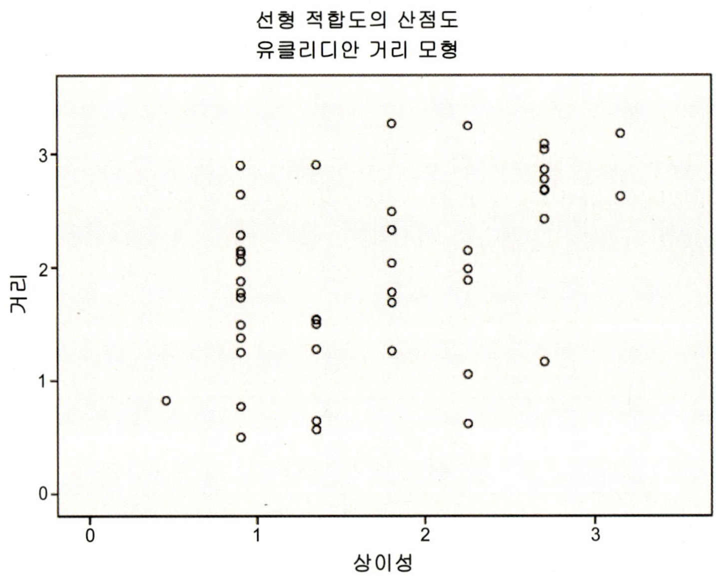

그림 16-12 유클리드 모형에 의한 선형 적합성 산포도

● 결과 해석

이 산포도에서 각 치약 브랜드들의 유클리드 거리로 나타내고 있다. 이 치약들은 대각선상에 비선형적으로 위치하고 있어서 모형이 적절하지 않음을 보여준다.

16.2.2 반복 다차원척도법

반복 다차원척도법(Replicated MDS)은 하나 이상의 자료 행렬을 분석하는 경우에 사용되는 기법으로서, 전통적인 다차원척도법을 확장한 것이다. 이 기법은 유클리드 거리 모형을 응용해서 여러 개의 비유사성 행렬을 동시에 분석한다.

SPSS 예제

다음은 국내의 주요 회사에 대한 이미지가 어느 정도로 유사한지를 측정한 자료이다. 측정 대상 회사는 삼성, 현대자동차, LG, SK, 포스코 등이다.

표 16-3 기업별 유사성 설문지

	매우 유사하다						전혀 다르다
삼성 – 현대자동차	1	2	3	4	5	6	7
현대자동차 – LG	1	2	3	4	5	6	7
⋮							
SK – 포스코	1	2	3	4	5	6	7

풀이

1단계 입력 행렬 배치를 고려한다. 평가되는 자료를 쌍으로 묶어서 계산하면, 모두 $n(n-1)/2=15$이 된다. 왜냐하면 $n=5$이기 때문이다. 여기서 n은 stimulus 개수이다. 예제로서, 세 사람에 대한 설문조사 자료를 입력하기 위해서 데이터 보기, 변수 보기 창을 이용하면 다음과 같은 화면을 얻을 수 있다.

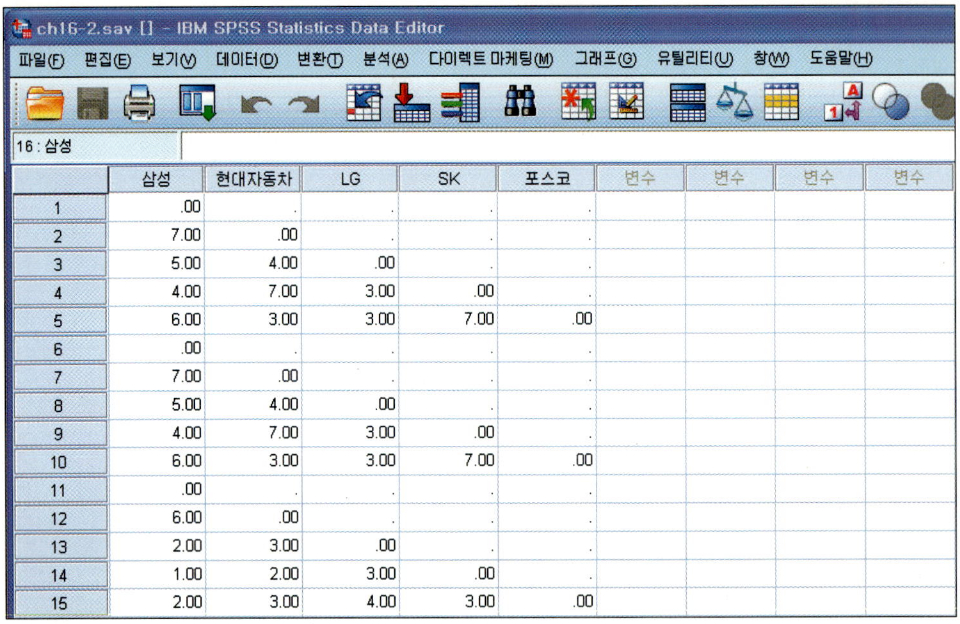

	삼성	현대자동차	LG	SK	포스코	변수	변수	변수	변수
1	.00	.	.	.	.				
2	7.00	.00	.	.	.				
3	5.00	4.00	.00	.	.				
4	4.00	7.00	3.00	.00	.				
5	6.00	3.00	3.00	7.00	.00				
6	.00	.	.	.	.				
7	7.00	.00	.	.	.				
8	5.00	4.00	.00	.	.				
9	4.00	7.00	3.00	.00	.				
10	6.00	3.00	3.00	7.00	.00				
11	.00	.	.	.	.				
12	6.00	.00	.	.	.				
13	2.00	3.00	.00	.	.				
14	1.00	2.00	3.00	.00	.				
15	2.00	3.00	4.00	3.00	.00				

그림 16-13 세 사람에 대한 조사 자료의 입력 화면 [데이터] ch16-2.sav.

주) 자료 입력 시, 행렬의 대각선은 0이 된다.

2단계 **분석(A) → 척도 → 다차원척도법(ALSCAL)(M)...** 단추를 누른다.

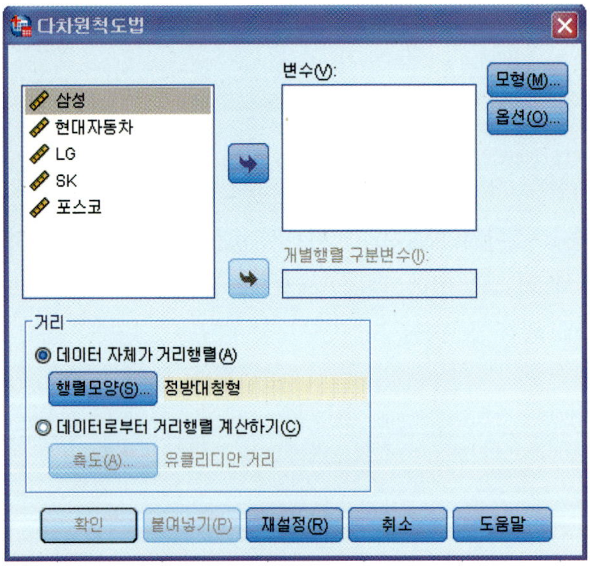

그림 16-14 다차원척도법 초기화면

3단계 '삼성,' '현대자동차,' 'LG', 'SK', '포스코' 등의 변수를 오른쪽 창에 보낸다. **거리**란에서 ◉ 데이터로부터 거리행렬 계산하기(C) 를 지정한다.

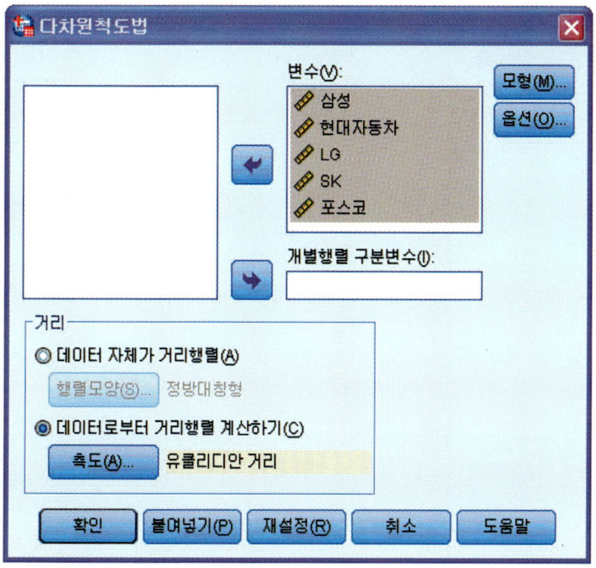

그림 16-15 변수 및 거리 지정 창

4단계 모형(M)... 단추를 눌러 **측정수준**에서 ◉ 구간척도(I) 를 지정한다. 이는 앞의 조사 설문 양식이 등간척도이기 때문이다.

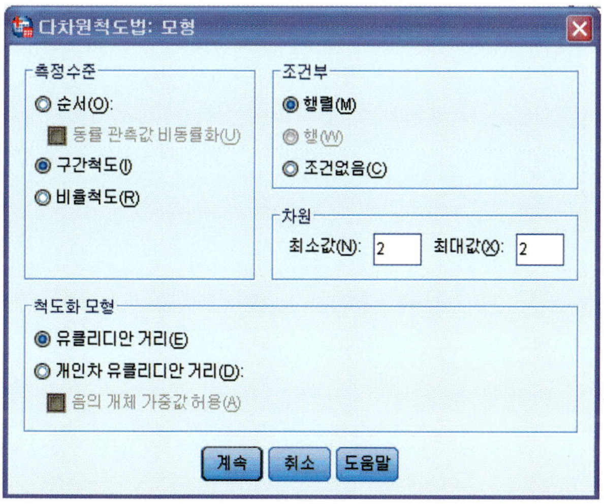

그림 16-16 다차원척도법: 모형

5단계 계속 단추를 누른다. 앞 [그림 16-15] 화면으로 복귀한다. 여기서 옵션(O)... 단추를 누른다.

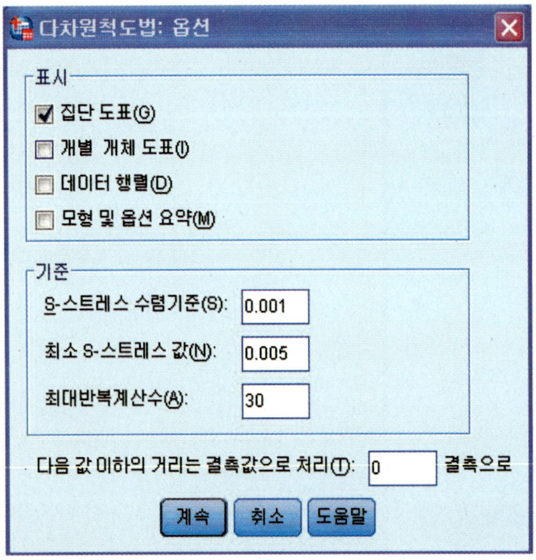

그림 16-17 다차원척도법: 옵션

6단계 계속 단추를 누른다. 앞 [그림 16-15] 화면으로 복귀한다. 여기서 확인 단추를 누른다. 그러면 결과물을 얻을 수 있다.

```
Iteration history for the 2 dimensional solution (in squared distances)

                    Young's S-stress formula 1 is used.

                  Iteration      S-stress        Improvement

                      1              .00256

                     Iterations stopped because
                      S-stress is less than    .005000


                        Stress and squared correlation (RSQ) in distances
          RSQ values are the proportion of variance of the scaled data (disparities)
                          in the partition (row, matrix, or entire data) which
                           is accounted for by their corresponding distances.
                           Stress values are Kruskal's stress formula 1.
                  For   matrix
     Stress  =    .00634        RSQ =  .99991
```

그림 16-18 반복 과정

● **결과 해석**

반복적인 실행 결과를 나타내는 것으로 모두 1회의 반복이 일어났으며, 스트레스값의 향상이 0.005로서 계산 작업이 끝났음을 보여주고 있다. 현재 스트레스값은 0.00634로서 이 모형은 보통이다. 그리고 RSQ는 0.9991 이상의 값을 보여주고 있어서 모형이 적합하다는 것을 확인시켜주고 있다.

Stimulus Coordinates

Stimulus Number	Stimulus Name	Dimension 1	Dimension 2
1	삼성	1.1113	-.3910
2	현대자동	-.3671	.2874
3	LG	-.2871	.6631
4	SK	1.7161	-.1248
5	포스코	-2.1733	-.4346

Abbreviated Name	Extended Name
현대자동	현대자동차

그림 16-19 좌표값

● 결과 해석

2차원 평면에서 기업 간의 좌표를 나타내고 있다. 예를 들어, 삼성의 경우 (1.1113, −0.3910)의 값을 보이고 있다. 각 기업 간의 좌표를 통해 어느 차원에 위치할 것인지를 예측할 수 있다. 즉, 삼성과 SK가 1차원 좌표가 양(+)의 값을 갖고, 2차원 좌표는 음(−)의 값을 갖고 있어 동일 차원에 포지셔닝이 될 것임을 예측할 수 있다. 여기서 현대자동차의 글자가 8바이트를 넘어 줄어든 '현대자동'으로 바뀌었다는 영문 설명이 있음을 확인할 수 있다.

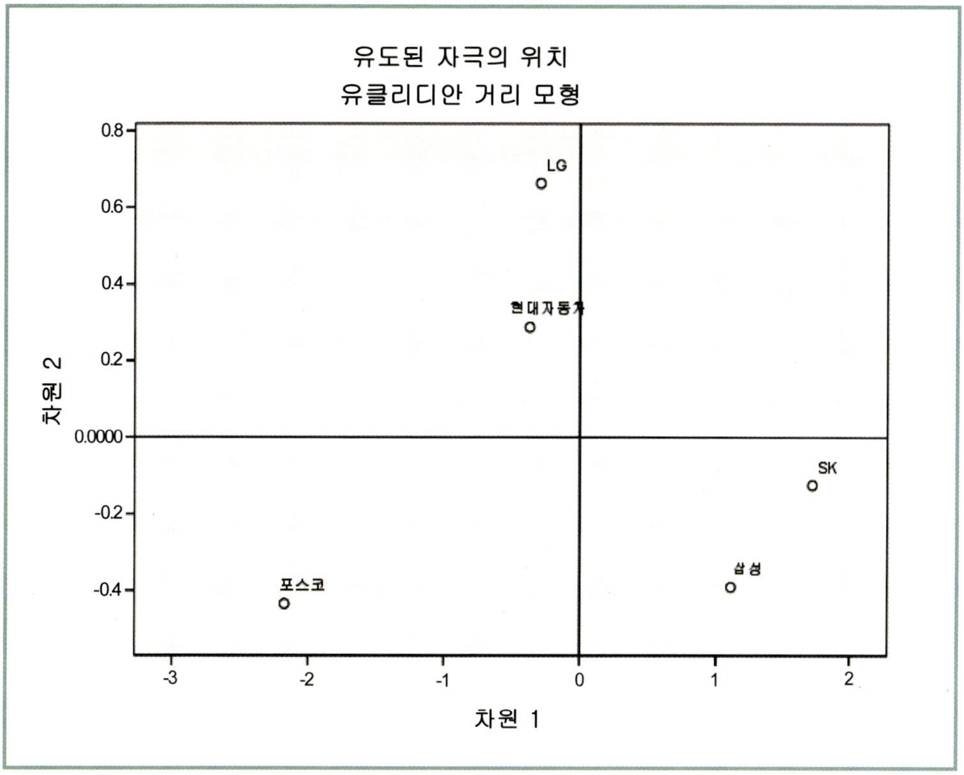

그림 16-20 회사별 포지셔닝 맵

● **결과 해석**

좌표상에 나타난 결과를 보면 두 사람이 느끼는 기업의 이미지 측면에서 삼성과 SK의 이미지가 동일한 것으로 나타났다. 또한 LG와 현대자동차의 이미지가 동일한 좌표상에 놓여 있음을 알 수 있다.

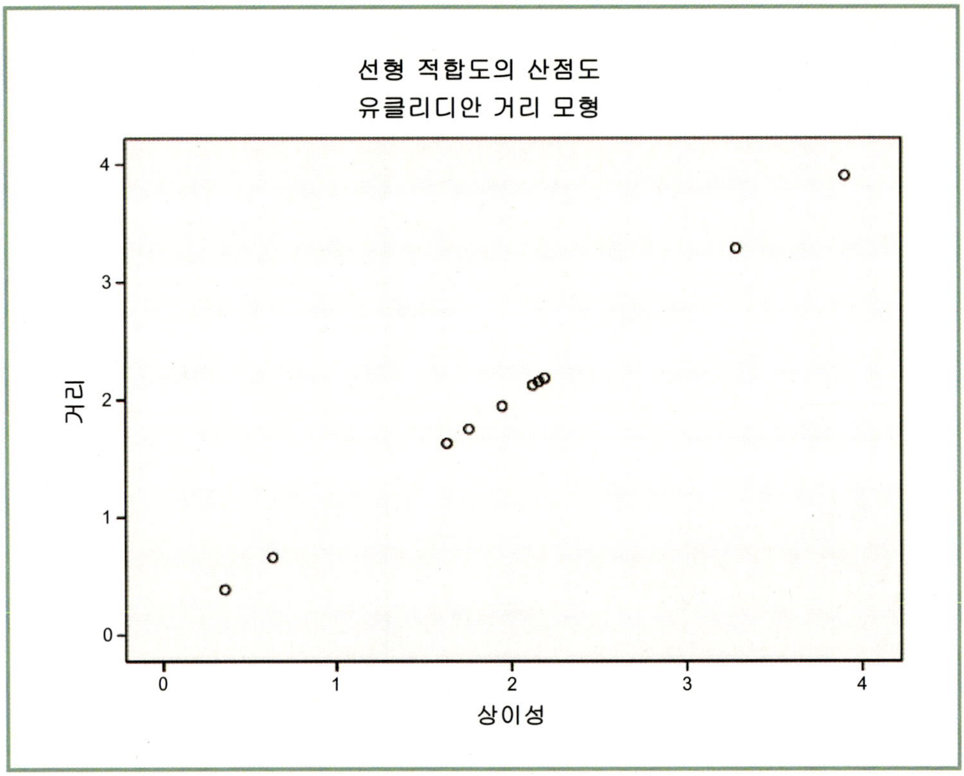

그림 16-21 유클리드 모형에 의한 선형 적합성 산포도

● 결과 해석

이 산포도에서 각 회사에 대한 자료들을 유클리드 거리로 나타내고 있는 바, 이들은 선형적으로 나타나고 있어 모형이 적절함을 보여주고 있다.

16.2.3 다차원척도법(PROXSCAL)

PROXCAL 다차원척도법은 유클리드 거리 모형을 일반화한 것으로서, 여러 개의 비유사성 행렬들은 비선형적으로 서로 다르다는 것을 가정하고 있다. 반복 MDS는 개별 측정의 차이점만을 설명해주지만, PROXCAL MDS는 개인별 차이를 인지 과정 상에서 설명하여준다. 모든 사람에게 공통되는 공간이 있지만, 각 개인은 각 공간의 차원에 대해서 고유한 가중치를 갖는다고 가정하여 전체적인 차원과 개인별 가중치를 고려한 자료를 제공해준다. 이 기법은 개인별이나 또는 세부적인 집단별 차이를 평가를 할 수 있는 다차원척도법으로 INDISCAL(INdividual DIfference SCALing)이라고도 한다.

SPSS 예제

다음은 문화관광부가 발표한 2007년 정부지원 국제영화제 예산 및 영화제 평가변수들이다. 이 자료를 통해서 국내 영화제의 포지셔닝을 그려보자.

	부산	부천	전주	제천	여성	서울	청소년
1. 예산(억원)	88.62	29.5	26.31	13.49	10.45	8.5	7.49
2. 국고(억원)	44	15.8	18.5	9	6	3.8	3
3. 홍보비 지출액	6.04	3.93	2.32	1.92	2	1.14	1.22
4. 입장료 수입	7.04	1.37	1.6	1	0.69	0.38	0.24
5. 관객 만족도(5점 만점)	3.46	3.59	3.31	3.49	3.81	3.56	3.75
6. 전문가 평점(5점 만점)	3.56	3.43	3.39	3.27	3.79	3.42	3.82
7. 유료 관객 비율(%)	76	78	91	61	65	62	6.35
8. 취재 요청 기자 수	1,345	411	529	216	235	103	96
9. ID수령 기자 수	1,135	163	464	170	36	88	51

[자료] 2007년 정부지원 국제영화제 예산 비교 및 평가(문화관광부)

풀이

1단계 앞의 표의 자료를 SPSS상에 입력하면 다음과 같다.

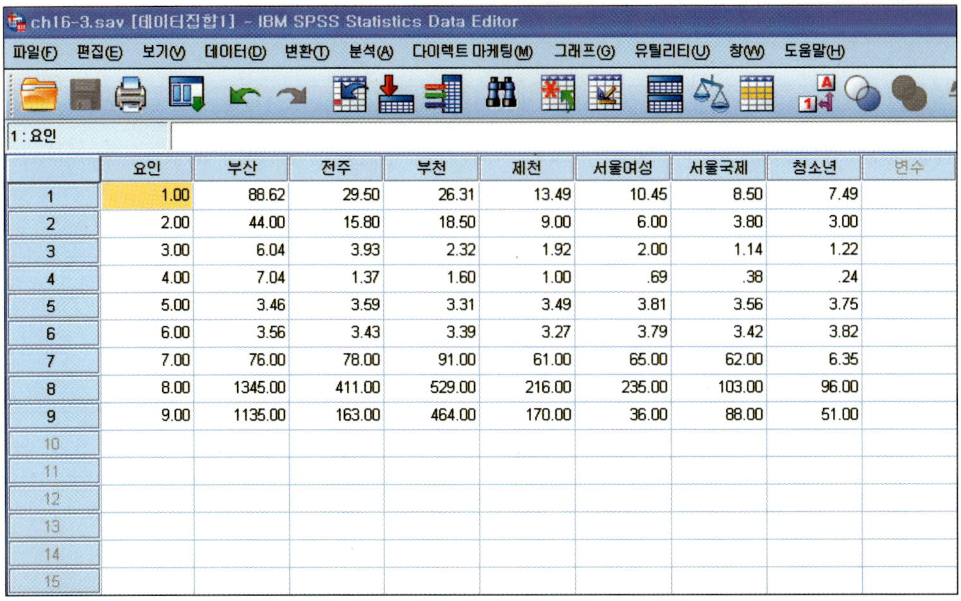

ch16-3.sav [데이터집합1] - IBM SPSS Statistics Data Editor

파일(F) 편집(E) 보기(V) 데이터(D) 변환(T) 분석(A) 다이렉트 마케팅(M) 그래프(G) 유틸리티(U) 창(W) 도움말(H)

1 : 요인

	요인	부산	전주	부천	제천	서울여성	서울국제	청소년	변수
1	1.00	88.62	29.50	26.31	13.49	10.45	8.50	7.49	
2	2.00	44.00	15.80	18.50	9.00	6.00	3.80	3.00	
3	3.00	6.04	3.93	2.32	1.92	2.00	1.14	1.22	
4	4.00	7.04	1.37	1.60	1.00	.69	.38	.24	
5	5.00	3.46	3.59	3.31	3.49	3.81	3.56	3.75	
6	6.00	3.56	3.43	3.39	3.27	3.79	3.42	3.82	
7	7.00	76.00	78.00	91.00	61.00	65.00	62.00	6.35	
8	8.00	1345.00	411.00	529.00	216.00	235.00	103.00	96.00	
9	9.00	1135.00	163.00	464.00	170.00	36.00	88.00	51.00	
10									
11									
12									
13									
14									
15									

그림 16-22 자료 입력 화면 [데이터] ch16-3.sav

2단계 **분석(A) → 척도(A) → 다차원척도법(PROXSCAL)(P)...** 단추를 누른다.

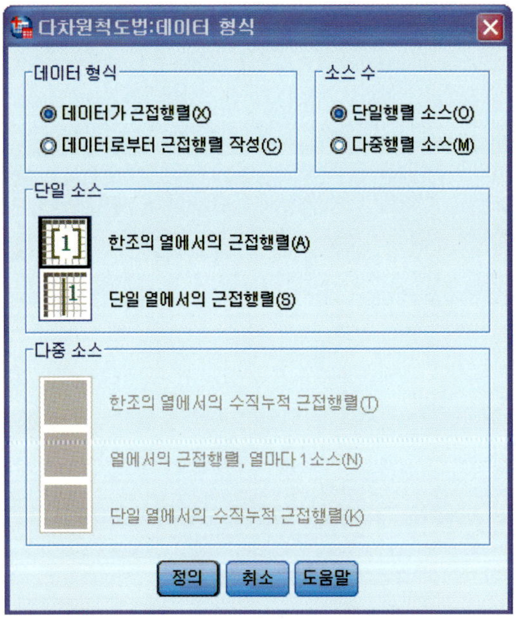

그림 16-23 다차원척도법: 데이터 형식 1

3단계 **데이터 형식**에서 ◉ 데이터로부터 근접행렬 작성(C) 과 ◉ 다중행렬 소스(M) 를 누른다.

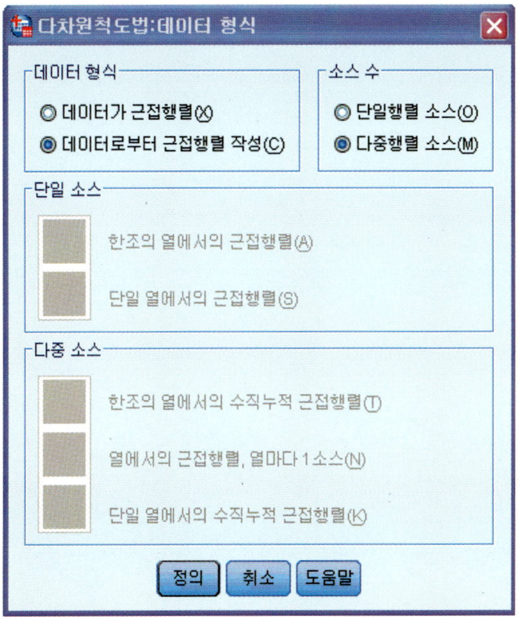

그림 16-24 다차원척도법: 데이터 형식 2

4단계 정의 단추를 누른다. 연구자는 유사성 행렬을 구하기 위한 해당 변수들을 **변수(V)**란에 옮기고 각 케이스(여기서는 요인이 해당됨)를 구분하는 변수를 **소스(S)**란에 옮긴다. 그러면 다음과 같은 화면을 얻을 수 있다.

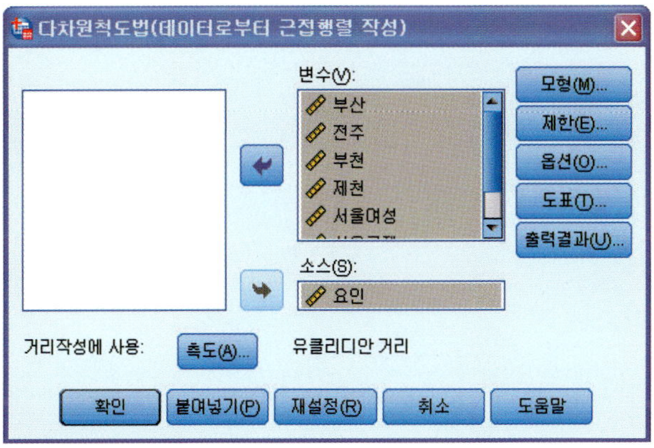

그림 16-25 다차원척도법(데이터로부터 근접행렬 작성)

5단계 [확인] 단추를 누르면 다음의 결과를 얻을 수 있다.

스트레스 및 적합도 측정

정규화된 원래 스트레스	.23145
스트레스-I	.48109[a]
스트레스-II	.93133[a]
S-스트레스	.34934[b]
설명된 산포	.76855
Turcker의 적합계수	.87667

PROXSCAL은(는) 정규화된 원래 스트레스를 최소화합니다.

a. 최적척도 요인 = 1.301.
b. 최적척도 요인 = 1.088.

그림 16-26 스트레스 및 적합도 측정

● **결과 해석**

모형이 적정하게 되었는지 여부를 나타내는 적합 정도를 스트레스값이 나타내고 있다. 값이 높아 모형의 적합도는 낮다고 할 수 있다. Turcker의 적합지수는 0.87667로 1에 근접하고 있다.

최종좌표

	차원	
	1	2
부산	1.129	.230
전주	.121	-.063
부천	.177	-.395
제천	-.190	-.202
서울여성	-.335	.210
서울국제	-.311	-.073
청소년	-.591	.293

그림 16-27 좌표

● **결과 해석**

각 영화제마다 차원별 좌표가 계산되어 나타나져 있다. 국제부산영화제의 좌표는 1.129, 0.230이다.

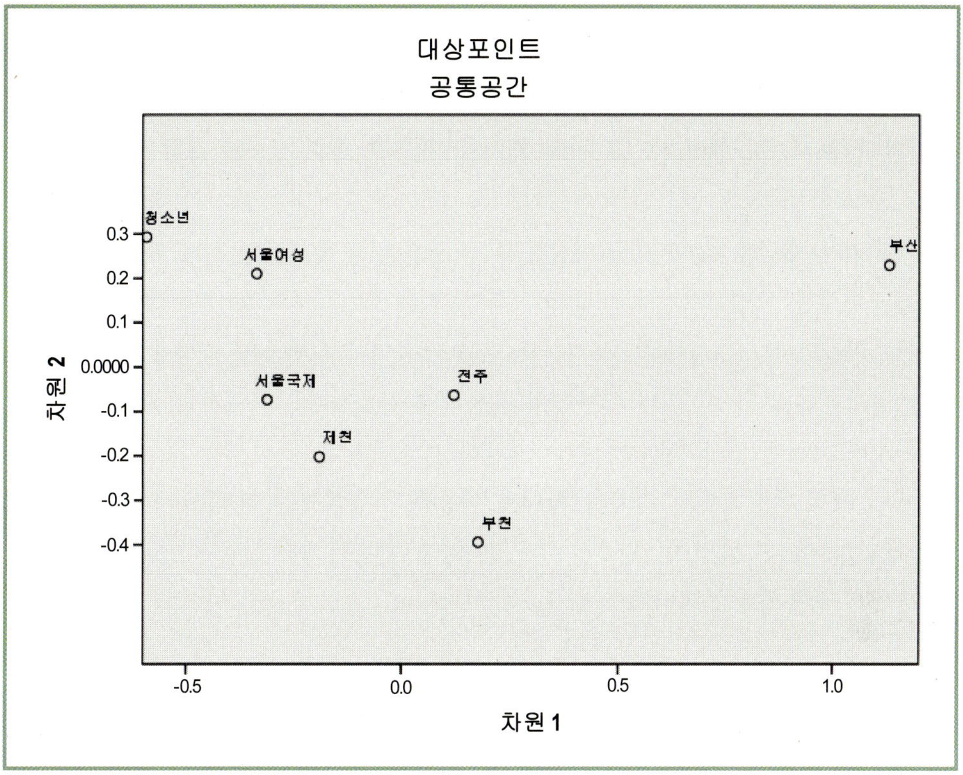

그림 16-28 영화제별 포지셔닝 맵

● **결과 해석**

이 결과를 통해서 연구자는 부산국제영화제가 독보적인 포지셔닝을 차지하고 있음을 알 수 있다. 다른 영화제들은 비슷한 위상에 위치하고 있다. PROXSCAL MDS에서 중요한 것은 맵의 형상만이 의미를 가지고 있으며, 차원의 방향에는 의미가 없다는 점이다. 필요에 따라서는 차원의 방향을 적절하게 회전시켜서 해석할 수 있어야 한다. 분석자가 고민해야 할 사항은 어떻게 하면 다른 영화제들이 부산국제영화제와 같이 포지셔닝할 수 있는 차별적인 전략을 마련할 수 있느냐는 것이다.

16.2.4 다차원 확장(PREFSCAL)

다차원 확장(PREFSCAL: Preference Scaling)은 고객의 인지 상태를 분석하기 위해서 이미지 맵(포지셔닝 맵이라도도 함)에 개인별, 집단별 선호 정도를 포함시켜서 개인이나 집단이 이상적으로 생각하는 이상점(ideal point)를 찾아내는 데 사용하는 방법이다.

개인이나 집단의 선호 정도(이상점)를 포지셔닝 맵에 포함시키기 때문에 다차원 확장을 이상점 모델(ideal point model) 혹은 전개 모델(unfolding model)이라 부른다. 다차원 확장의 특징은 기존의 포지셔닝 맵에 제품이나 서비스의 속성과 고객의 이상점을 동시에 나타낼 수 있어 실무에서 유용하게 사용된다. 이 다차원 확장은 심리학이나 소비자 관련 연구기관에서 많이 사용하는 방법이다.

SPSS 프로그램 상에서 다차원 확장을 이용하기 위해서는 **분석(A) → 척도(A) → 다차원척도법(PREFSCAL)(P)...** 단추를 누르면 된다. 연습문제를 통해서 조사 방법과 운영 방법을 연습해보기 바란다.

연습문제

1. 다국적 조사 기업인 글로벌 리서치는 음료수 조사를 통해서 이미지 맵핑으로 나타내려고 한다. 조사 음료수는 Pepsi(pep), Diet7up(d7u), Calistoga(cno), 7up(7up), Slice10%(slt), Schweppes(ssw), Dr.Pepper(drp), DietCoke(dck), Coke(cok), Pepsi Light(ppl)이다. 이미지 맵핑을 위한 설문지는 다음과 같다. 데이터는 ch16-ex.sav이다. 이 자료를 통해서 다양한 이미지 맵을 그려보고 설명하라.

[1] 아래의 각 쌍에 대하여 두 음료수가 매우 유사한 경우는 '1점' 유사하지 않다고 생각하면 9까지 평가하시면 됩니다.

	매우 유사함							매우 다름
Pepsi–Diet7up	1	2	3	4	5	6	7	8	9
Pepsi–Calistoga	1	2	3	4	5	6	7	8	9
Pepsi–7up	1	2	3	4	5	6	7	8	9
…				…					…
Coke–Pepsi Light	1	2	3	4	5	6	7	8	9

[2] 다음 음료수 중에서 당신이 좋아하는 정도를 표시해주세요.

	매우 좋아하지 않음								매우 좋아함
Pepsi	1	2	3	4	5	6	7	8	9
Calistoga	1	2	3	4	5	6	7	8	9
7up	1	2	3	4	5	6	7	8	9
…				…					…
Coke–Pepsi Light	1	2	3	4	5	6	7	8	9

[3] 앞 [2]의 음료수 중에서 최근에 당신이 구입한 음료수를 순서대로 적어주세요.

( )

[4] 각 음료수별 특징을 표시해주세요.

	적극 동의함							적극 동의 못함
Pepsi는								
상쾌하다	1	2	3	4	5	6	7	8	9
단맛	1	2	3	4	5	6	7	8	9
과일맛				…					…
깊은 맛	1	2	3	4	5	6	7	8	9
젊은이들에게 적합함	1	2	3	4	5	6	7	8	9
살이 찌는 느낌	1	2	3	4	5	6	7	8	9

	적극 동의함							적극 동의 못함
Pepsi Light는								
상쾌하다	1	2	3	4	5	6	7	8	9
단맛	1	2	3	4	5	6	7	8	9
과일맛				…					…
깊은 맛	1	2	3	4	5	6	7	8	9
젊은이들에게 적합함	1	2	3	4	5	6	7	8	9
살이 찌는 느낌	1	2	3	4	5	6	7	8	9

17장

대응일치분석

조사연구에서 측정 대상을 상호 배타적인 집단으로 분류하는 데 있어 명목척도가 많이 이용되고 있다. 이 명목척도로 응답되어진 자료는 교차분석에 의해 분할표를 통해 정리될 수 있다. 분할표는 데이터를 행(row)과 열(column)의 형태로 배열한 테이블을 의미한다.

대응일치분석은 다차원척도분석(MDS: Multidimensional Scaling)의 한 분석 방법으로 행(속성)과 열(회사별, 브랜드별, 제품별 등)의 분할표를 시각적으로 분석할 수 있는 방법이다.

학습 목표

- 분할표에 대한 χ^2(카이자승)검정을 통해, 독립성 여부를 판단하여 상관 정도를 나타내는 방법을 이해한다.
- 대응일치분석을 통하여, 분할표를 위치도에 나타냄으로써 보다 시각적인 결과물을 얻을 수 있다.

17.1 대응일치분석의 의의

사회과학적인 조사연구 조사에서 측정 대상을 상호 배타적인 집단으로 분류하는데 있어 명목척도가 많이 이용되고 있다. 이 명목척도로 응답되어진 자료는 교차분석에 의해 분할표를 통해 정리될 수 있다. 여기서 분할표란 데이터를 행(row)과 열(column)의 형태로 배열한 것으로 사실을 쉽게 파악할 수 있도록 하는 테이블을 의미한다.

SPSS 프로그램에서 이러한 분할표를 지각도(Perceptual Map)로 나타낼 수 있다. 이 통계분석 방법을 최적화 척도법(Optimal Scaling)라고 부른다. 여기서 지각도는 일종의 포지셔닝 맵으로서 소비자들이 제품에 대하여 심리적으로 느끼는 공간상의 상대적 위치를 말한다. 지각도를 통해 소비자들이 판단, 선호하는 기업 및 속성의 평가를 통해, 이 결과를 차원에 나타냄으로써 자사와 경쟁 기업들과의 위치를 파악할 수 있다.

최적화 척도법의 종류로는 예컨대, ① 대응일치분석(ANACO: Correspondence Analysis), ② 동질성분석(HOMALS: Homogeneity Analysis), ③ 비선형 주성분분석(PRINCALS: Nonlinear Principal Components Analysis), ④ 비선형 정준상관분석(OVERALS: Nonlinear Canonical Correlation Analysis) 등이 있다.

이 장에서는 행과 열의 유사성 분석을 통해 상관관계를 파악하는 대응일치분석에 대해 주로 설명하기로 한다. 대응일치분석은 다차원척도분석(MDS: Multidimensional Scaling)의 방법으로 행(속성)과 열(회사별, 브랜드별, 제품별 등)의 분할표로 나타낼 수 있는 질적자료의 분석 방법이다. 다차원척도에 있어 전통적인 다변량분석 방법은 판별분석과 요인분석에 의존하여 왔다. 그러나 대응일치분석 기법은 지각도를 나타내는 방법으로 최근 개발된 기법이다. 대응일치분석은 지각도를 구축하여 주고 차원의 수를 줄여주는데 유용한 기법이다. 대응일치분석의 장점은 이항 또는 명목척도 등과 같이 질적 자료로 획득된 자료의 수를 줄여주고, 속성 사이의 각 수준별 관측치들을 저차원(예컨대, 2차원 평면)으로 나타낼 수 있어 비유사성을 확인할 수 있다. 그러나 대응일치분석의 단점은 탐색적인 자료분석 기법이므로 가설검정에는 적합하지 않다는 점, 적정한 수의 차원을 제공하지 못한다는 점이다. 또한 행(속성)과 열(브랜드)에 대한 이상치에 민감하므로 결과 해석 시에 일부 대상 및 속성이 누락될 수 있다. 이와 같이 대응일치분석은 적은 수의 차원을 이용하여 행과 열의 관계를 나타낸다.

앞에서 다룬 다차원척도법은 단지 기업 비교만 가능하다. 대응일치분석은 회사와 관련된 속성(요인)을 직접적으로 비교할 수 있는 기법이다. 연구자는 지각도를 나타내는 데 있어 속성과 기업을 동시에 비교할 수 있으므로, 경영 의사결정에 유용하게 이용할 수 있다.

17.2 SPSS를 이용한 대응일치분석

SPSS 예제

개방과 소통이 중요한 시대를 맞이하여 사회관계서비스(SNS: Social Network Service)에 대한 관심이 높아지고 있다. 각 회사별(페이스북, 트위터, 싸이월드, 카카오톡) 서비스 품질에 대하여 신뢰성, 확신성, 유형성, 감정이입, 대응성 속성 측면에서 조사를 하였다. 조사 참여자는 7명이었다. 응답 방식은 복수응답방식을 채택하였다. 회사별 서비스 요인의 관계는 다음 표와 같다. 이 자료를 대응일치 방법을 이용하여 시각화하여라.

표 17-1 SNS와 이미지 요인의 교차분석 분할표

company factor	페이스북 (1)	트위터 (2)	싸이월드 (3)	카카오톡 (4)
신뢰성(1)	5	4	2	3
확신성(2)	4	5	2	5
유형성(3)	5	5	2	3
감정이입(4)	6	3	2	4
대응성(5)	6	4	3	5

풀이

1단계 SPSS 프로그램상에 다음과 같이 자료를 입력한다.

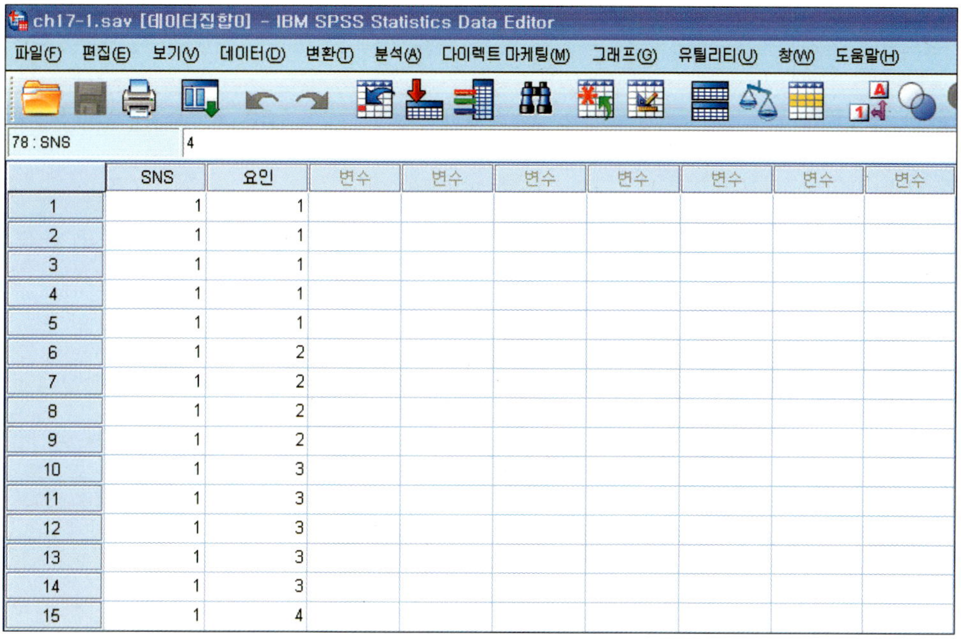

그림 17-1 데이터 입력 [데이터] ch17-1.sav

주) 숫자는 응답자 현황을 나타냄.

2단계 **분석(A)** → **차원감소** → **대응일치분석(C)**…을 누른다.

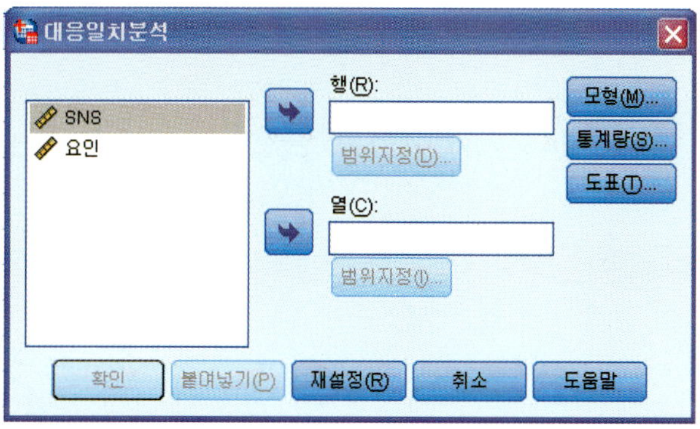

그림 17-2 대응일치분석 1

3단계 **행(R)**란에는 '요인' 변수를 지정한다. 범위지정(D)... 란에는 최소값란에 '1' 최대값란에는 '5'를 입력한다. **열(C)**란에는 'SNS' 변수를 지정한다. 범위지정(I)... 란에는 최소값란에 '1' 최대값란에는 '4'를 입력한다.

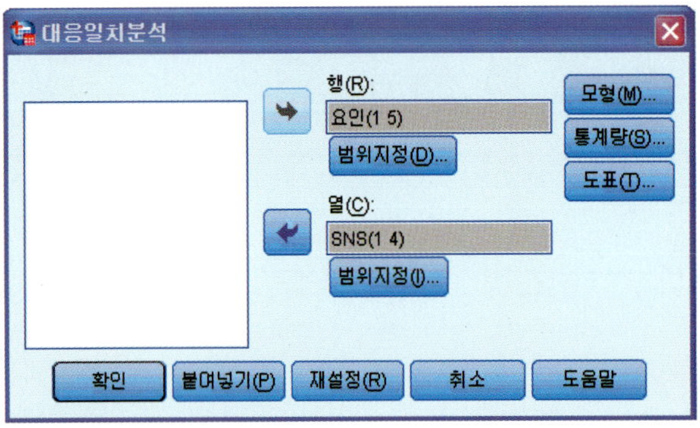

그림 17-3 대응일치분석 2

4단계 모형(M)... 란은 초기 지정값을 유지한다. 통계량(S)... 란에서는 다음을 지정한다.

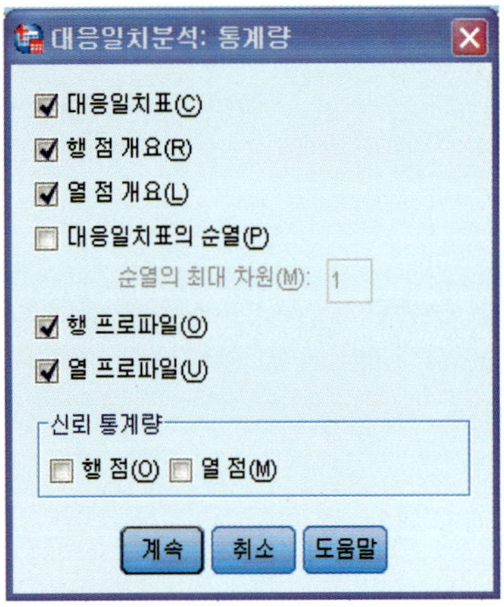

그림 17-4 대응일치분석: 통계량

5단계 계속 단추를 누른다. 그러면 [그림 17-3]으로 복귀한다. 도표(T)... 창을 누른다. 산점도에서 ☑ 행 점(O) 과 ☑ 열 점(M) 을 추가로 지정한다.

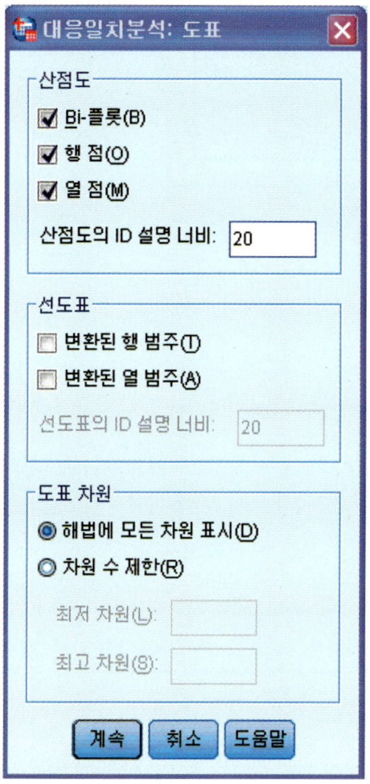

그림 17-5 대응일치분석: 도표

6단계 계속 단추를 누르면 [그림 17-3]으로 복귀한다. 여기서 확인 단추를 누른다.

대응일치표

요인	SNS				
	페이스북	트위터	싸이월드	카카오톡	액티브 주변
신뢰성	5	4	2	3	14
확신성	4	5	2	5	16
유형성	5	5	2	3	15
감정이입	6	3	2	4	15
대응성	6	4	3	5	18
액티브 주변	26	21	11	20	78

그림 17-6 SNS와 요인의 대응일치표

● **결과 해석**

예제의 교차분석표와 동일한 교차분석표가 나타나 있다. 여기서 엑티브 주변은 행과 열의 각 합을 말한다.

행 포인트 개요[a]

요인	매스	차원의 점수		요약 관성	기여도				
					차원의 관성에 대한 포인트		포인트의 관성에 대한 차원		
		1	2		1	2	1	2	전체
신뢰성	.179	-.001	.313	.002	.000	.179	.000	.991	.991
확신성	.205	.458	-.408	.009	.361	.349	.599	.389	.988
유형성	.192	.292	.428	.005	.137	.360	.362	.638	1.000
감정이입	.192	-.492	-.026	.006	.390	.001	.905	.002	.907
대응성	.231	-.240	-.216	.003	.111	.110	.469	.311	.780
액티브 전체	1.000			.025	1.000	1.000			

a. 대칭 정규화

그림 17-7 행 포인트 개요

● **결과 해석**

정확한 차원을 결정하는 일과 X, Y축에 명칭을 부여하는 것은 연구자에게 중요한 과제이다. 각 차원과 요인별 좌표가 나타나 있다. SNS 서비스 요인과 2차원에 대한 기여도가 나타나 있다. 신뢰성 요인은 1차원에 0%, 2차원에는 17.9% 기여하는 것으로 나타났다.

열 포인트 개요[a]

SNS	매스	차원의 점수		요약 관성	기여도				
					차원의 관성에 대한 포인트		포인트의 관성에 대한 차원		
		1	2		1	2	1	2	전체
페이스북	.333	-.356	.245	.007	.353	.204	.704	.274	.978
트위터	.269	.523	.200	.010	.618	.110	.893	.107	1.000
싸이월드	.141	-.156	-.031	.002	.029	.001	.254	.008	.263
카카오톡	.256	-.001	-.511	.007	.000	.685	.000	.987	.987
액티브 전체	1.000			.025	1.000	1.000			

a. 대칭 정규화

그림 17-8 열 포인트 개요

● 결과 해석

SNS에 대한 차원의 점수가 나타나 있다. 또한, SNS 측면에서 페이스북은 X축(1차원)에 35.3%와 2차원(Y축)에 20.4% 기여하는 것으로 나타났다.

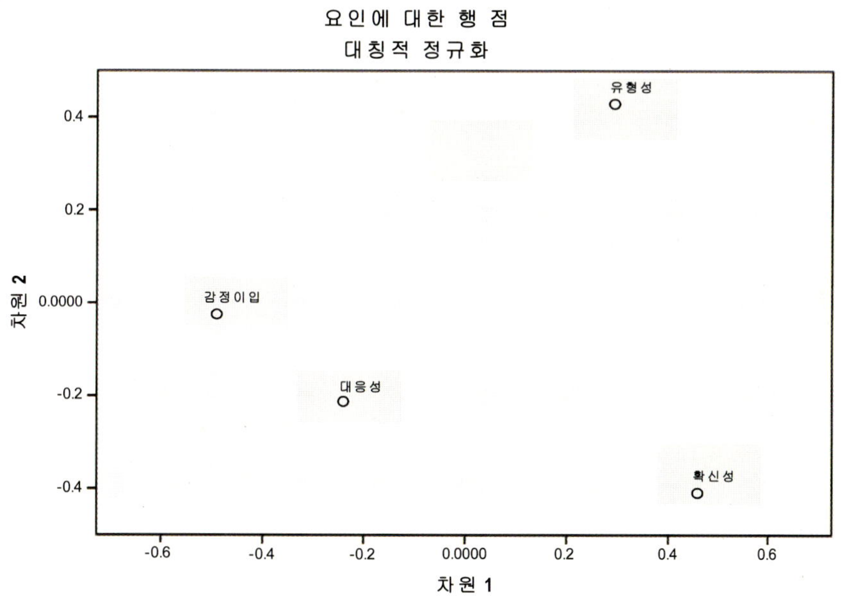

그림 17-9 행점

● 결과 해석

행점(factor)에 대한 차원별 좌표가 나타나 있다.

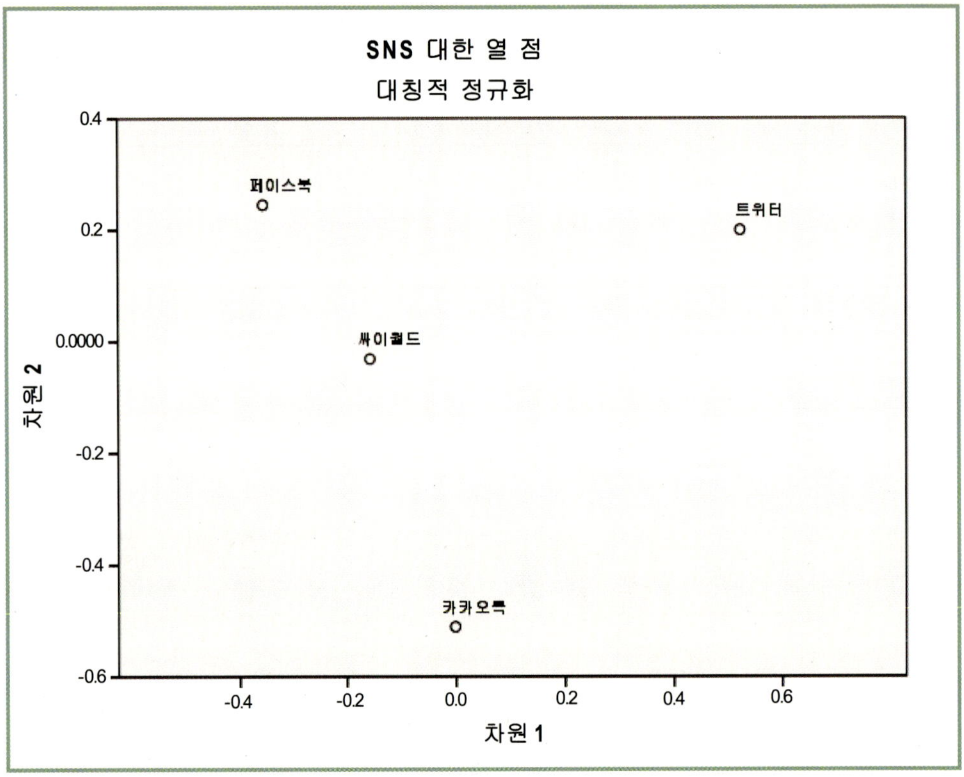

그림 17-10 열점

● **결과 해석**

열점(place)에 대한 차원별 좌표가 나타나 있다.

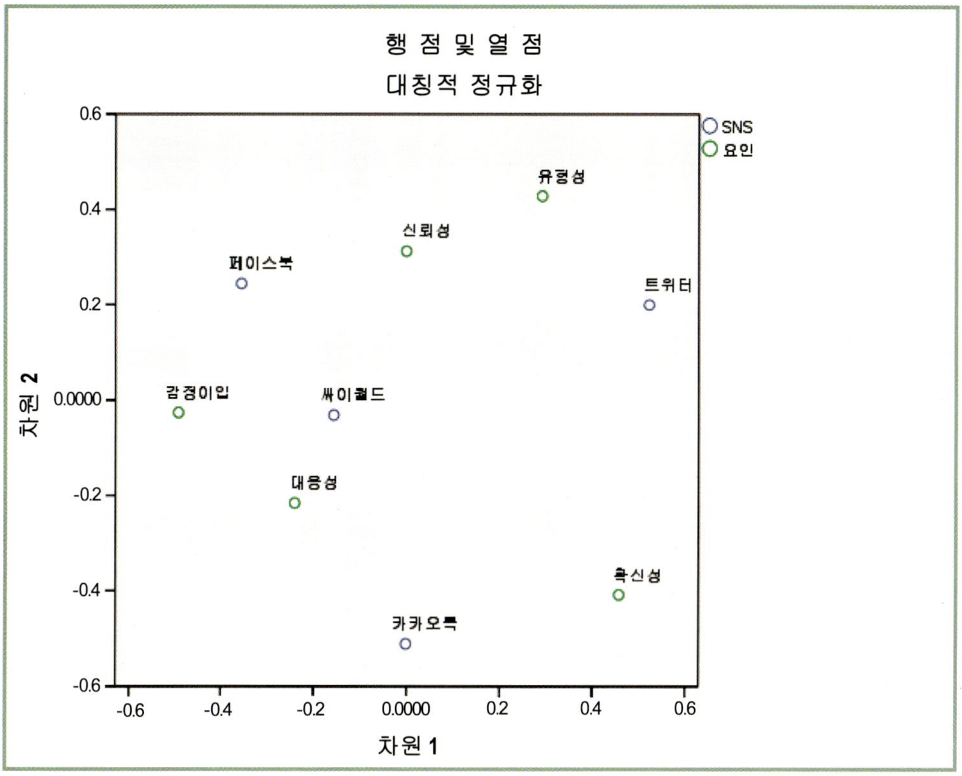

그림 17-11 행점 및 열점 대칭적 정규화

● 결과 해석

이 결과에는 행(Factor) 지각도와 열(Place) 지각도를 서로 겹쳐서 만든 행렬 결합 지각도가 나타나 있다. SNS와 서비스 요인을 통해서 서로 근접해 있는 서비스 요인이 이용자 관점에서 SNS의 우위요소가 될 수 있다.

연습문제

1. 앞 16장 예제에 제시한 문제를 가지고 대응일치분석 방법을 통해서 이미지 맵핑을 해보도록 하자. (데이터 ch16-ex.sav)

18장

컨조인트 분석

컨조인트 분석(Conjoint Analysis)은 제품과 서비스 속성들을 통해 소비자들의 의사결정을 제시해 주는 분석 방법이다. 컨조인트 분석은 각종 의사결정과 전략 개발, 신제품의 속성(브랜드, 회사) 또는 콘셉트(포지셔닝, 혜택, 이미지) 개발, 높고 낮은 잠재적 세분 시장에서 중요성 차이 발견 등에 있다.

학습 목표

- 컨조인트 분석의 개념과 컨조인트 분석 절차를 이해한다.
- 실제 컨조인트 분석을 실시할 수 있고 분석 결과를 해석할 수 있다.

18.1 컨조인트 분석의 기본 내용

18.1.1 컨조인트 분석의 정의

경영환경이 급변하고 불확실성이 커지면서 고객 지향적인 제품과 서비스 개발이 쉽지 않다. 기업이 지속적으로 생존과 성장을 하기 위해서는 고객, 브랜드, 제품 포트폴리오상의 복잡성을 제대로 관리할 필요가 있다. 마케팅 관리자는 제품, 수요, 가격, 유통망 배분 등의 변화가 어떠한 영향을 미칠지 가늠할 수 있어야 한다. 모의실험의 일환인 컨조인트 분석은 불확실성에 명민하게 대처할 수 있는 최소한의 분석 도구라고 할 수 있다.

컨조인트 분석(Conjoint Analysis)은 제품과 서비스 속성들을 통해 소비자들의 의사결정을 제시해주는 분석 방법이다. 컴퓨터의 보급과 더불어 마케팅 연구가들은 소비자의 행동과 관련된 정보를 입력함으로써 예측변수의 조합을 통해 소비자의 행동을 예상할 수 있다. 컨조인트 분석은 다음과 같은 마케팅 분야에서 사용된다.

① 각종 의사결정과 전략 개발
② 신제품의 속성(브랜드, 회사) 또는 콘셉트(포지셔닝, 혜택, 이미지) 개발
③ 최적의 속성 조합을 통한 개념과 속성 개발
④ 제품에 대한 속성과 전반적인 수준을 통한 상대적인 기여도
⑤ 상이한 특징을 가진 제품군(群)에 있어 구매자 평가 또는 고객의 판단을 근거로 시장 점유율 예측
⑥ 높고 낮은 잠재적 세분 시장에서 중요성 차이 발견

이 분석 기법은 전통적인 실험계획법과 유사하다. 예를 들어, 비누 제조회사의 연구자는 비누의 강도를 결정하는 데 있어 온도와 압력의 효과를 파악하기를 원한다고 하자. 이러한 실험은 대부분 연구소에서 이루어진다. 실험 결과에 대한 분석 방법은 앞에서 언급한 분산분석방법(ANOVA: Analysis of Variance)를 실시하면 된다. 여기서 인간의 행위가 포함되어 있으며 요인을 통제하려고 하는 것을 '실험'한다라고 말한다. 비누를 얇게 하거나 향기를 높이는 일, 미용과 세척력, 소취 기능을 향상시키는

일, 적정 가격대를 결정하는 일 등이 포함된다고 하겠다.

컨조인트 분석은 질적자료인 예측변수(Predictor variables)의 효과를 분석하기 위해 개발된 것이며, 이론적으로 정보의 통합과 기능적인 측정에 근거한 것이라고 할 수 있다. 이 분석 모형은 다음과 같이 양적변수와 질적변수 모두를 포함한다.

$$Y_1 = X_1 + X_2 + X_3 + \cdots + X_N \quad \text{식 18-1}$$

(질적변수, 양적변수) (질적변수)

우리는 컨조인트 분석을 통하여 잠재적으로 상품과 서비스의 속성 중에서 사전에 결정된 속성의 조합을 통해 소비자의 행동을 적절하게 이해할 수 있다. 이 방법의 유용성을 살펴보면, ① 양적인 변수와 비계량적인 변수를 모두 이용할 수 있으며, ② 서열척도의 사용이 가능하고, ③ 종속변수와 독립변수의 관계에 대한 일반적인 가정이 가능하다.

다양한 다변량분석 방법과 달리 컨조인트 분석은 3가지 측면에서 다른 다변량분석 기법과 다른 다음과 같은 특징이 있다.

① 근본적인 요인 해체를 통하여 각 요인의 중요성을 발견한다.
② 추정치를 통해 개별 수준을 파악한다.
③ 독립변수와 종속변수 사이의 관계 설정이 용이하다.

정리하면, 컨조인트 분석은 제품과 서비스 종류별 고객의 선호도를 고려하여 예측모형을 만드는 방법이다. 컨조인트 분석은 독립변수와 종속변수 사이의 관계 조사에 국한되지 않는다. 회귀분석에서는 독립변수 한 단위 변화에 따르는 종속변수의 변화를 예측할 수 있는 선형관계를 가정한다. 그러나 컨조인트 분석은 독립변수의 각 수준의 효과를 위한 개별 예측을 만들 수 있으나 모든 관련성을 추정하지는 않는다. 컨조인트 분석은 비선형관계를 조사할 수가 있으며, 요인수준의 값이 증가하다 감소하고, 다시 증가하는 등 복잡한 비선형관계도 설명해준다.

18.1.2 컨조인트 분석의 기본적인 용어

컨조인트 분석은 제품과 서비스를 선호하는 소비자들의 욕구를 파악하는 데 이용되는 다변량분석 기법이다. 소비자들은 제품과 서비스의 효용, 가치, 아이디어 등의 각각의 분리된 속성의 조합을 통해 이들의 효용, 가치, 아이디어를 결정한다는 가정을 한다. 연구자들은 선택된 속성의 조합을 통해 가상적으로 또는 실질적으로 상품군을 형성할 수 있다. 가상의 제품들은 응답자들의 전반적인 평가 결과에 의해 나타난다. 성공적인 컨조인트 분석이 이루어지기 위해서, 연구자는 제품이나 서비스의 속성을 나타내는 요인과 요인수준을 결정하여야 한다. 컨조인트 분석에서는 '특정요인'에서 '특정수준'이라는 용어를 사용한다. 실험계획에서는 제품과 서비스에 있어서 요인과 수준을 선택하는 것을 처리(treatment) 또는 자극(stimulus)이라고 한다.

18.1.3 결합모형과 분리모형

연구자들은 컨조인트 분석을 통해 소비자의 선택 기준인 제품의 특성과 전반적인 선호를 알 수 있다. 그리고 각 속성에 대한 척도를 결정하고, 전반적인 선호에 대해 질문할 필요가 있다. 컨조인트 분석은 각 속성 가치를 결정하는 선호를 분리(decompose)하기 때문에, 분리모형(decompositional model)이라고 한다. 분석자들은 제품 특성(색상, 스타일)에 대한 응답자들의 평가를 수집한다. 그리고 예상모형을 개발하기 위한 전반적인 선호와 연결시킨다. 컨조인트 분석에서는 각 응답자를 위한 선호를 예측하는 개별모형을 개발하기 때문에 대부분의 다변량분석 방법과 차이점을 갖는다. 대부분 다변량분석 방법은 응답자로부터 선호(관찰) 정도를 단일 측정을 통해 응답자 모두를 분석하는 데 동시에 적용한다. 한편, 회귀분석과 판별분석은 응답자들의 각 제품의 속성 평가로부터 전반적인 선호를 계산하거나 또는 결합모형(composition model)을 이용한다.

18.1.4 컨조인트 요인 구체화

컨조인트 분석은 다른 다변량분석 방법에서 사용된 것과 유사한 요인을 이용한다. 컨조인트 변량(variate)은 종속요인에 대한 독립요인 효과의 선형결합을 말한다. 컨조인트 변량에서 중요한 것은 요인과 요인수준을 구체화하여야 한다는 점이다. 응답자에 의해 제공된 수준은 종속적인 측정을 통해 가능하다. 연구자들은 응답자의 반응을 가지고 회귀분석을 통해, 각 수준을 분해(decompose)한다. 컨조인트 분석의 성공 여부는 실험계획에 달려 있다. 요인 또는 요인수준이 연구설계에서 계획되지 않는다면, 컨조인트 분석은 유용하지 못하다. 그리고 이 분석은 포함되는 요인 수가 한정되어 있어, 개념화 보완을 위해 임의로 변수를 추가하기가 어렵다.

18.2 컨조인트 분석 절차

일반적인 컨조인트 분석의 절차는 다음 그림과 같다.

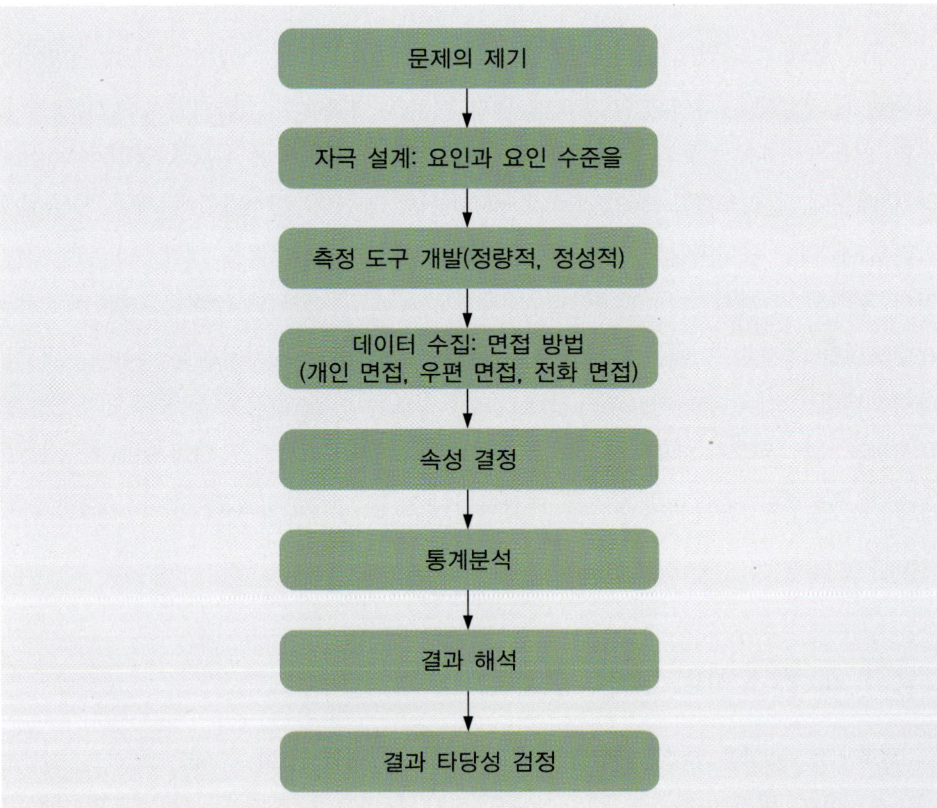

그림 18-1 컨조인트 분석 절차

18.2.1 문제의 제기

연구의 출발점은 다른 통계분석 방법과 마찬가지로 문제의 제기이다. 컨조인트 분석의 실험계획은 다음의 두 가지 목적하에서 행하여진다.

① 예측변수의 공헌과 소비자 선호의 결정에 개별 가치를 결정하는 데 있다. 예를 들어, 비누의 구매에 향기가 소비자 선호에 어느 정도 영향을 미치는가, 어느 정도의 향기가 최적의 수준인가, 비누의 서로 다른 향이 비누 구매에 어느 정도 영향을 주는지 등을 알아보는 데 있다.

② 소비자로부터 평가가 이루어지지 않았을지라도, 소비자들이 받아들일 속성의 조합을 통해 소비자 판단을 위한 타당성 있는 모형을 개발하는 데 있다.

SPSS 예제

(주)스니커즈는 운동화를 제작하는 회사이다. 이 회사 마케팅실은 운동화 선택 요인을 발견하고 이에 적합한 운동화를 개발하는 것이다. 이 회사는 고객 모니터 제도를 운영하여 이들의 의견을 신제품 개발에 적극 반영한다.

18.2.2 자극 설계

먼저 표적집단면접(FGI)이나 심층면접(Depth interview)을 통하여 중요한 속성을 발견한다. 이와 같은 질적인 조사를 통해 분석의 효율성 측면을 고려한 속성의 수를 결정하는 것은 매우 중요하다.

여기서 마케팅 담당자는 운동화 선택에서 바닥창, 위창, 가격이 중요한 선택 기준임을 발견하였다. 이것을 표로 나타내면 다음과 같다.

표 18-1 운동화의 속성과 수준 (가격: 원)

	수준	
속성	숫자	설명
바닥창(sole)	3 2 1	고무 폴리우레탄 비닐
위창(upper)	3 2 1	천연가죽 캔버스 나일론
가격(price)	3 2 1	10,000 20,000 30,000

18.2.3 속성 결정

위의 내용을 토대로 3원배치법에 의해 27개(3^3)의 서로 다른 운동화 상품을 고안해 낼 수 있다. 라틴 방격법을 사용하면 9(3^2)회의 실험을 통하여 운동화 구입에 영향을 주는 요인이 A(바닥창), B(위창), C(가격) 등 3가지라고 할 경우, A(바닥창), B(위창)를 이원배치에, 그리고 **라틴 방격**(Latin square)을 C(가격)의 세 수준으로 나타내면 다음 [표 18-2]와 같이 나타낼 수 있다.

표 18-2 3×3 라틴 방격법

	A1	A2	A3
B1	C1	C2	C3
B2	C2	C3	C1
B3	C3	C1	C2

앞의 [표 18-2]에서 보는 바와 같이 9번의 실험 조건에서 행한 실험이 된다. 9번 실험은 랜덤하게 실험 순서를 정하여 실험하여야 한다.

표 18-3 실험 조건

실험 번호	실험 조건
1	$A_1B_1C_1$
2	$A_1B_2C_2$
3	$A_1B_3C_3$
4	$A_2B_1C_2$
5	$A_2B_2C_3$
6	$A_2B_3C_1$
7	$A_3B_1C_3$
8	$A_3B_2C_1$
9	$A_3B_3C_2$

SPSS 프로그램에서는 **ORTHOPLAN**(직교배열) 프로그램을 사용하면, 선호도 특성을 분석하는데 필요한 운동화 상품을 선정하는 데 하나의 요인의 효과를 구할 때 다른 요인의 효과에 치우침이 발생하지 않는다.

위 예제의 경우, 27종류의 운동화 상품 중에서 9종류의 상품을 대상으로 고객의 선호도를 분석한다. 그리고 분석된 선호도 모형의 타당성 검정을 위해서 2종류의 운동화 상품을 추가로 선정하기로 한다.

18.2.4 직교계획 프로그램에 의한 컨조인트 분석

1) 직교계획

직교계획 생성은 요인수준의 조합을 모두 검정하지 않고, 일부 가지 수(예컨대, 27가지 중에서 9가지)만 검정하기 위해서 데이터 파일을 작성한다. 직교계획 프로그램은 불필요한 교호작용을 구하지 않고, 각 수준의 조합 중에서 일부만을 선택하여 실험을 실시하는 방법으로 **일부실시법**(Fractional factorial desgin)이다. 운동화 상품 중에서 9종류의 상품을 선정하기 위해 SPSS에서 다음과 같은 순서로 진행하면 [그림 18-2]의 직교계획 생성 화면이 나타난다.

데이터(D)
직교계획(H)
생성(G)...

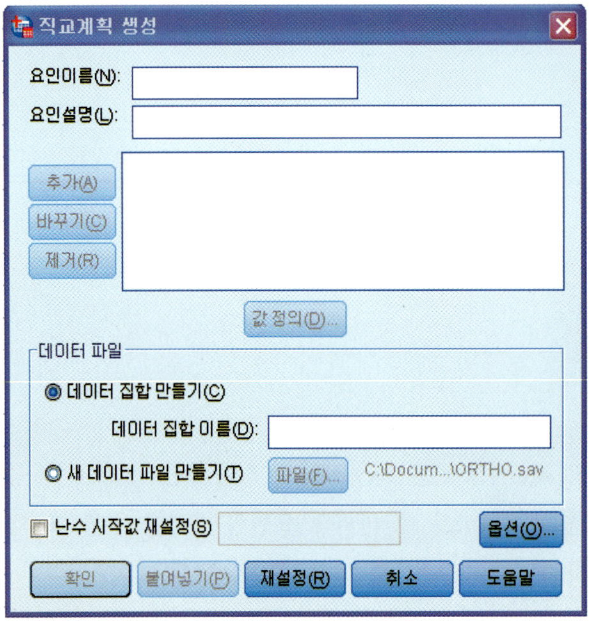

그림 18-2 직교계획 생성 1

위 화면에서 **요인이름(N)** 항목에 3가지 요인과 변수 설명문을 입력한다. 요인 항목 에 입력하는 순서는 다음과 같다. 먼저 **요인이름(N)**란에 'Sole'을 입력하고, **요인설명(L)**란에는 '바닥창'을 입력하고, 반전된 [추가(A)] 를 누르면 다음과 같은 화면을 얻을 수 있다.

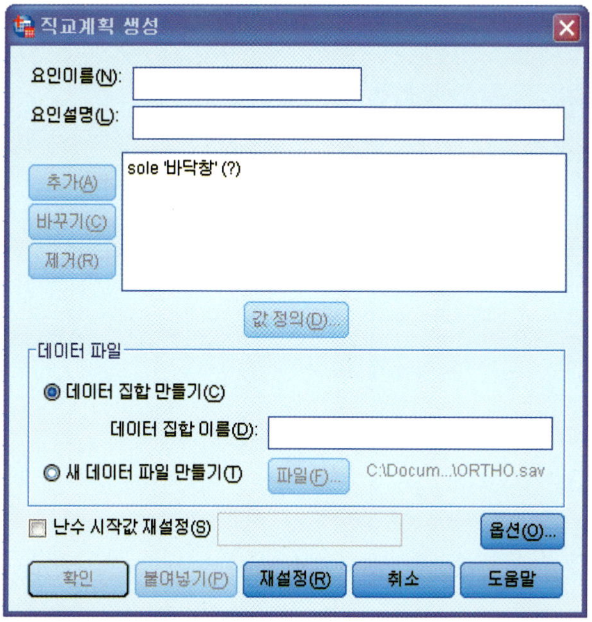

그림 18-3 직교계획 생성 2

[그림 18-3]의 화면에서 'sole '바닥창'(?)'을 마우스로 클릭하면, 다음과 같은 화면을 얻을 수 있다.

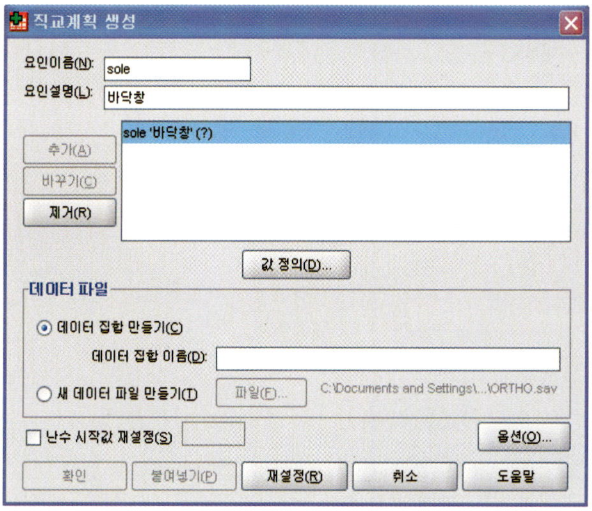

그림 18-4 직교계획 생성 3

[그림 18-4]의 화면에서 값 정의(D)... 단추를 누르면 다음과 같은 화면을 얻을 수 있다.

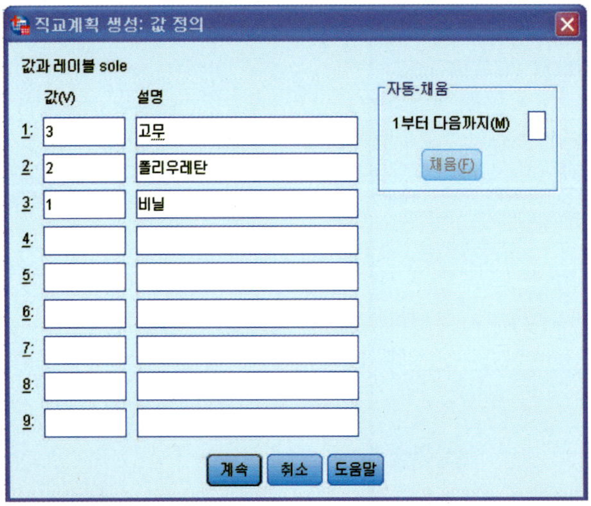

그림 18-5 직교계획 생성 4: 값 정의

앞의 [그림 18-5]에서 계속 단추를 누르면 다음과 같은 화면이 나타난다.

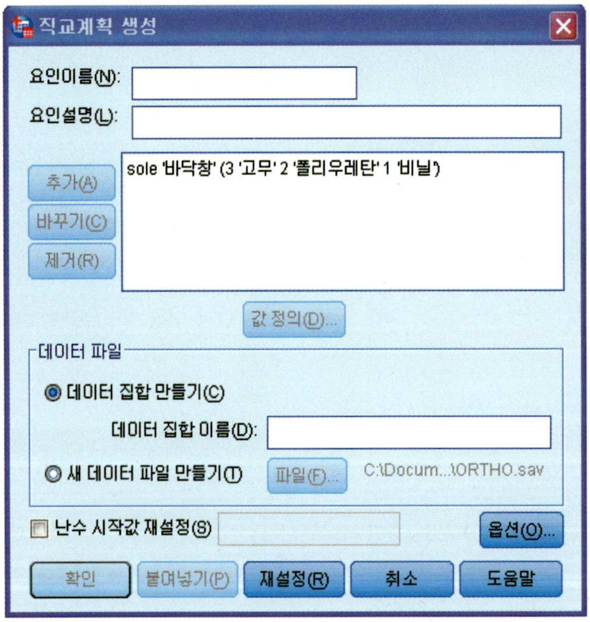

그림 18-6 직교계획 생성 5

[그림 18-6]의 화면에서는 'Sole(바닥창)'에 대한 정보가 입력되어진 것을 볼 수 있다. 위와 같은 방법으로 '위창(Upper)', '가격(Price)' 등의 속성에 대한 정보를 입력하면 다음과 같은 화면을 얻을 수 있다.

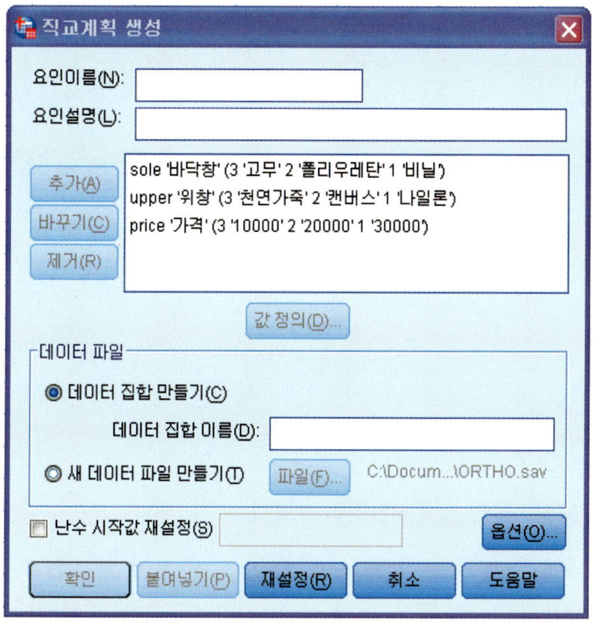

그림 18-7 직교계획 생성 6

[그림 18-7]은 운동화 선택의 기본적인 속성에 대한 정보가 입력되어 있다. 데이터 파일 상자에는 다음과 같은 선택 키워드가 있다.

데이터 집합 만들기(C): 작업 데이터 파일을 생성된 계획으로 대체하는 경우

새 데이터 파일 만들기(T): 계획에서 작성한 요인과 케이스가 있는 새 데이터 파일을 작성한다. 초기 지정값으로, 이 데이터 파일명은 ORTHO.sav이고 현재 디렉터리에 저장된다. 다른 이름이나 위치를 지정하려면 [파일(F)...] 단추를 누른다.

난수 시작값 재설정(S): 키워드는 지정한 값으로 난수 시작값을 재설정한다. 이 시작값은 0부터 2,000,000,000까지의 정수값이 될 수 있으며 작업 중 사용자가 난수 시작값을 작성할 때마다 SPSS에서는 다른 시작값을 사용하여 다른 결과를 작성할 수 있다.

지금까지 설명한 것은 속성수준별 부분-가치를 계산하기 위한 **추정셋**(estimation set)에 관한 것이었다. 이제 컨조인트 분석을 수행할 때 모형의 신뢰성과 타당성을 검정하기 위한 **검정표본**(holdout set) 상품 추출에 관한 설명을 하겠다. 검정표본 상품을 추출하기 위해서는 옵션(O)... 을 누르면 다음과 같은 화면이 나타난다.

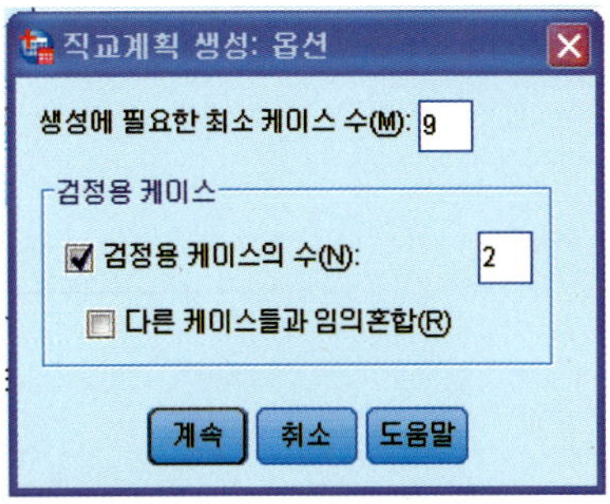

그림 18-8 직교계획 생성: 옵션 창

앞의 [그림 18-8]의 **직교계획 생성: 옵션** 창을 설명하여보자.

생성에 필요한 최소 케이스 수(M): 9는 계획에 대한 최소 케이스 수를 지정한다. 전체 케이스 수보다 작거나 같은 양의 정수를 선택하는데 전체 케이스 수는 요인수준의 가능한 모든 조합에서 작성될 수 있다. 여기서는 최소의 케이스 수인 9를 입력하였다.

검정용 케이스 키워드에서는 **검정용 케이스의 수(N)**: 2는 정규 계획 케이스에 덧붙여 예비 케이스를 작성한다. 요인수준의 가능한 모든 조합에서 작성할 수 있는 전체 케이스 수와 같거나 작은 양의 정수를 지정할 수 있다. 예비 값을 지정하지 않으면 예비 케이스가 작성되지 않는다.

다른 케이스들과 임의 혼합수(R)는 실험 케이스를 예비 케이스와 무작위로 혼합한다. 이 옵션을 해제하면 파일에서 예비 케이스가 실험 케이스 다음에 개별적으로 나타난다.

앞의 [그림 18-8]에서 계속 단추를 누르면 [그림 18-7]로 복귀한다. 여기서 생성 파일을 다른 이름이나 위치를 지정하려면 **새 데이터 파일 만들기(T)** 단추를 눌러, 저장 경로를 명시한다(여기서는 c:\연구방법론\shoes.sav). 그러면 다음과 같은 화면을 얻을 수 있다.

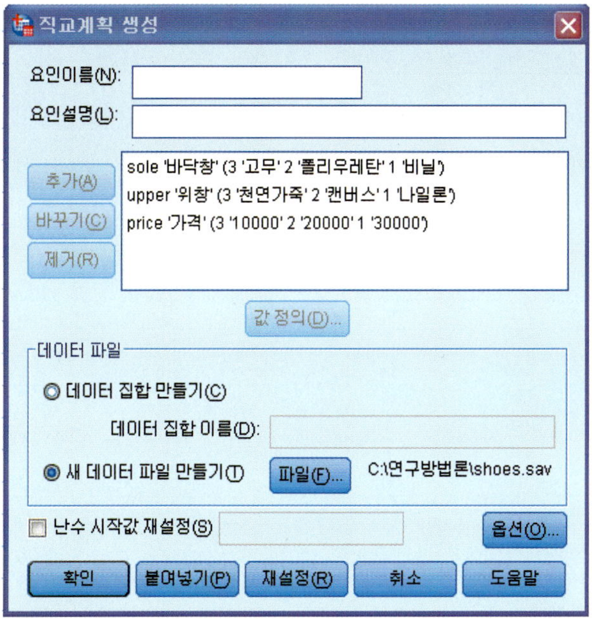

그림 18-9 생성 파일 저장 경로

데이터 파일란(파일(F)...)에는 c:\연구방법론\shoes.sav가 나타나 있다. 여기서 확인 단추를 누르면 데이터 편집 창에 9종류의 추정 상품(Design, 0으로 코딩됨)과 2종류의 검정용 상품(Holdout, 1로 코딩됨)이 생성된다.

SPSS 데이터 편집기 창의 **파일(F) → 열기(O)**에서 c:\연구방법론\shoes.sav을 지정하면 다음과 같은 화면을 얻을 수 있다.

	sole	upper	price	STATUS_	CARD_	변수	변수	변수
1	1.00	2.00	2.00	0	1			
2	1.00	3.00	1.00	0	2			
3	2.00	2.00	3.00	0	3			
4	3.00	3.00	3.00	0	4			
5	2.00	3.00	2.00	0	5			
6	3.00	2.00	1.00	0	6			
7	1.00	1.00	3.00	0	7			
8	2.00	1.00	1.00	0	8			
9	3.00	1.00	2.00	0	9			
10	1.00	2.00	3.00	1	10			
11	2.00	3.00	3.00	1	11			
12								
13								
14								
15								

그림 18-10 SPSS 데이터 편집기 [데이터] shoes.sav

직교계획 키워드에서는 **가상 상품**을 추출한다. 따라서 매번 동일한 직교계획를 실시하더라도 서로 다른 결과가 나타나므로 반드시 매번 저장을 하는 것이 작업상 용이하다.

2) 추정 상품의 출력

선정된 추정 상품에 대한 내용을 출력하려면 다음과 같은 순서로 하면 된다.

데이터(D)
직교계획(H)
표시(D)...

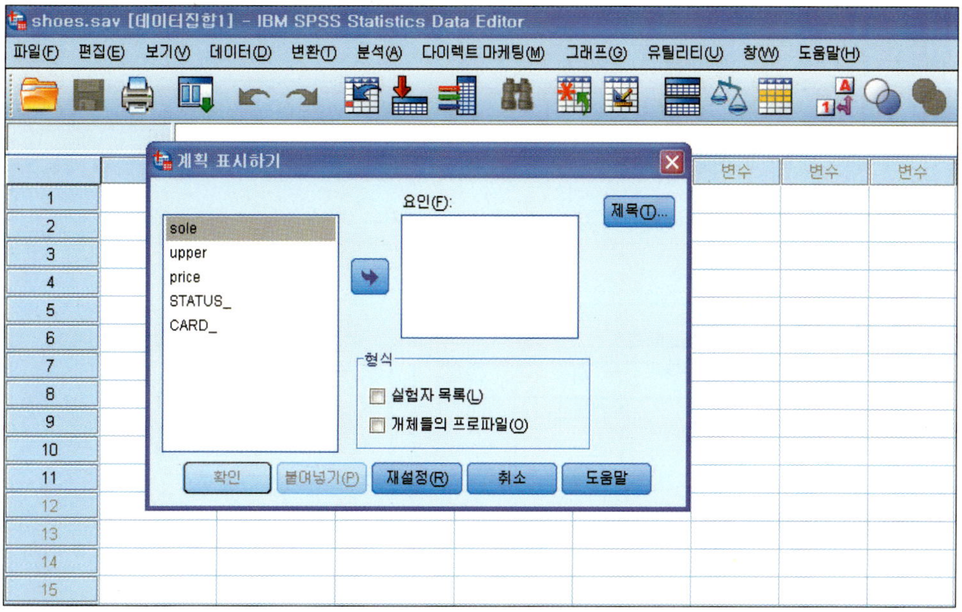

그림 18-11 직교계획 표시

요인(F)란은 선택한 요인을 나열하기 위한 것이다. 여기서 요인에 해당되는 'sole', 'upper', 'price'를 지정하면 다음과 같은 화면을 얻을 수 있다.

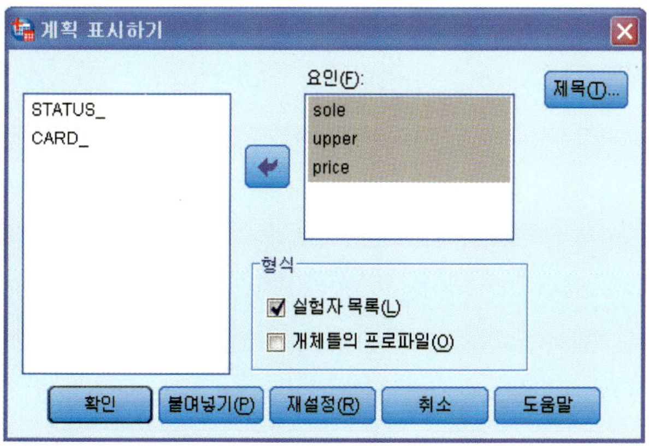

그림 18-12 요인 지정 화면에서 형식 결정

지정 화면의 **형식**란의 **실험자 목록(L)**은 예비 프로파일을 실험 프로파일과 구별하는 계획을 초안 형식으로 표시하고 실험 프로파일과 예비 프로파일 뒤에 개별적으로 시뮬레이션 프로파일을 나열하는 데 이 키워드를 지정하고 있다. **개체들의 프로파일(O)**

란은 개체에 제공될 수 있는 프로파일을 작성한다. 이 형식은 예비 프로 파일을 구별하지 않으며 시뮬레이션 프로파일도 생성하지 않는다.

[그림 18-12]에 나타난 제목(T)... 단추는 출력결과나 프로파일의 맨 위나 아래에 나타나는 텍스트를 정의하는 것이다. [그림 18-12]에서 확인 단추를 누르면 다음의 출력결과를 결과창(Output)에서 얻을 수 있다.

카드 목록

	카드 ID	바닥창	위창	가격
1	1	비닐	캔버스	20000
2	2	비닐	천연가죽	30000
3	3	폴리우레탄	캔버스	10000
4	4	고무	천연가죽	10000
5	5	폴리우레탄	천연가죽	20000
6	6	고무	캔버스	30000
7	7	비닐	나일론	10000
8	8	폴리우레탄	나일론	30000
9	9	고무	나일론	20000
10[a]	10	비닐	캔버스	10000
11[a]	11	폴리우레탄	천연가죽	10000

a. 검증용

그림 18-13 카드 목록

● **결과 해석**

앞의 [표 18-1]의 데이터를 소비자들이 선택하기 편하도록 카드 형태로 출력을 한 것이다. 예를 들어, Card 1에서 바닥창은 비닐, 위창은 캔버스, 가격은 20000인 상품을 의미한다. Card 1에서 Card 9까지는 실험계획을 위한 9가지 종류의 운동화이며, Card 10, Card 11은 검정용 상품이다.

3) 소비자의 선호도 조사

다음으로 소비자의 선택 기준인 제품의 특성과 전반적인 선호를 알아보기 위해 먼저, [그림 18-13]에 근거하여 10명에 대한 소비자 조사를 실시한다. 여기서 가장 선호하는 상품의 카드에는 순서대로 '1'번을 기록하도록 하고, 가장 선호하지 않는 상품은 11번을 적도록 한다. 총 10명에 대한 데이터는 다음의 화면과 같다.

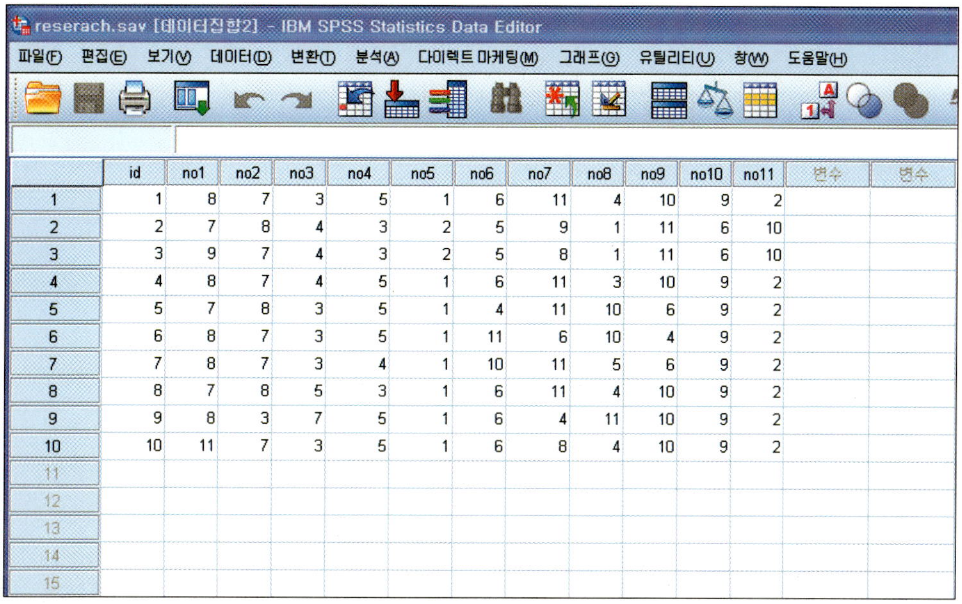

	id	no1	no2	no3	no4	no5	no6	no7	no8	no9	no10	no11	변수	변수
1	1	8	7	3	5	1	6	11	4	10	9	2		
2	2	7	8	4	3	2	5	9	1	11	6	10		
3	3	9	7	4	3	2	5	8	1	11	6	10		
4	4	8	7	4	5	1	6	11	3	10	9	2		
5	5	7	8	3	5	1	4	11	10	6	9	2		
6	6	8	7	3	5	1	11	6	10	4	9	2		
7	7	8	7	3	4	1	10	11	5	6	9	2		
8	8	7	8	5	3	1	6	11	4	10	9	2		
9	9	8	3	7	5	1	6	4	11	10	9	2		
10	10	11	7	3	5	1	6	8	4	10	9	2		
11														
12														
13														
14														
15														

그림 18-14 소비자 선호도 조사 [데이터] research.sav

여기서 no1부터 no11은 [그림 18-13]의 운동화 각각의 상품을 나타낸 것이다. 이것을 입력하여 C:\연구방법론\research.sav 파일로 저장한다.

4) 컨조인트 분석

컨조인트 분석을 위해 C:\연구방법론\research.sav를 활성화시킨다. 그런 다음 **파일(F) → 새 파일(N) → 명령문(S)**의 드롭다운 단추를 이용하여 명령문 창을 열어, 분석에 필요한 명령문을 작성하면 그림과 같은 화면을 얻을 수 있다.

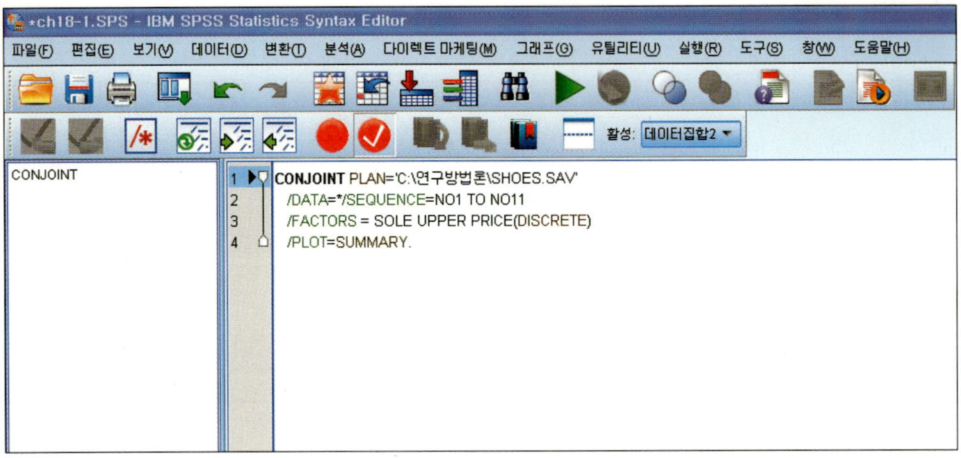

그림 18-15 컨조인트 명령문 창 [데이터] ch18-1.SPS

명령문 편집기에 입력한 명령어를 설명하면 다음과 같다.

```
CONJOINT PLAN='C:\연구방법론\SHOES.SAV'            ............①
/DATA = * /SEQUENCE = NO1 TO NO11                 ............②
/FACTORS = SOLE UPPER PRICE(DISCRETE)             ............③
/PLOT=SUMMARY.                                    ............④
```

① CONJOINT PLAN = 'C:\연구방법론\SHOES.SAV'

컨조인트 분석을 위해 선정 상품과 추정 상품의 파일을 불러오는 명령어이다.

② /DATA = * /SEQUENCE = NO1 TO NO11

현재 가동 중인 데이터 파일에서 변수가 순차적으로 계산되는 명령어이다. 만약 데이터가 구간으로 되어 있으면 SEQUENCE 대신 RANK를, 점수로 되어 있으면 SCORE 명령어를 사용한다.

③ /FACTORS = SOLE UPPER PRICE(DISCRETE)

요인이 계급 또는 점수와 관련이 있을 것을 규정하는 경우, 'DISCRETE'는 모든 요인에 적용된다. 여기서 DISCRTE MORE는 요인의 값이 클수록 선호되는 경우를 나타내고, DISCRTE LESS는 요인의 값이 낮을수록 선호되는 경우를 나타낸다.

④ /PLOT=SUMMARY.

일반적인 컨조인트 결과물에 시각적인 효과를 제공해준다. PLOT=SUMMARY는 모든 변수의 가치 중요도를 나타내는 것이다. PLOT=SUBJECT는 각 요인의 중요가치를 나타낸다. 여기서 ALL은 모든 내용을 나타내고, NONE은 그래프를 제공하지 않는 경우를 말한다.

이제, [그림 18-15]에서 명령문 편집기 창에서 작성한 전체 명령문의 범위를 지정한 후 ▶ 단추를 눌러 실행하면 고객들의 취향에 관한 컨조인트 분석의 결과를 얻을 수 있다.

유틸리티

		유틸리티 추정	표준 오차
sole	비닐	-.133	.922
	폴리우레탄	1.567	.922
	고무	-1.433	.922
upper	나일론	1.233	.922
	캔버스	-.233	.922
	천연가죽	-1.000	.922
price	30000	-.767	.922
	20000	-.700	.922
	10000	1.467	.922
(상수)		5.000	.652

중요도 값

sole	40.179
upper	29.911
price	29.911

평균 중요도 점수

상관계수[a]

	값	유의확률
Pearson의 R	.896	.001
Kendall의 타우	.667	.006
검증용 Kendall의 타우	1.000	.

a. 관측 및 추정 기본 설정 간 상관관계

그림 18-16 컨조인트 분석 결과

● 결과 해석

컨조인트 분석 결과에서 개별모형과 종합모형 등의 추정모형이 정확하여야 한다. 양적자료로 되어 있든 질적자료로 되어 있든, 컨조인트 분석을 통해 소비자의 선호를 정확하게 예측할 수 있다. 모형의 신뢰성 평가의 목적은 각 소비자의 평가를 통해 개발된 모형이 일관성 있게 적용될 것인가를 검정하는 것이다. 예를 들어, 데이터가 명목-서열척도 등의 질적자료로 되어 있다면, 스피어먼(Spearman's)의 로우(rho), 켄달(Kendall's)의 타우(tau)를 통해 평가하면 된다. 데이터가 양적자료로 구성되어 있다면 피어슨 계수(Pearson's R)값을 통해 적합성을 판단할 수 있다. 위 결과를 볼 때, 켄달 타우(Kendall's tau)의 값이 .667이므로 모형의 적합성은 인정된다고 할 수 있다.

표 18-4 요인별 중요성 계산

요인	요인수준	부분 효용	차이(최대 - 최소)	중요성 계산
바닥창	비닐 폴리우레탄 고무	- .1333 1.5667 - 1.4333	3	40.18%
위창	나일론 캔버스 천연가죽	1.2333 - .2333 - 1.0000	2.2333	29.91%
가격	30,000 20,000 10,000	- .7667 - .7000 1.4667	2.2334	29.91%
합계				100.0%

[표 18-4]는 컨조인트 결과물에서 요인의 중요도를 계산한 것이다. 운동화 구매 시 주요 고려 요인인 바닥창, 위창, 가격 중에서 바닥창이 가장 중요한 요인(40.18%)임을 알 수 있다. 위창(29.91%), 가격(29.91%) 등이 그 다음으로 중요한 요인을 알 수 있다. 기본적인 컨조인트 분석 모형은 다음 공식으로 나타낸다.

$$U(x) = \sum_{i=1}^{m} \sum_{j=1}^{k_i} \alpha_{ij} x_{ij}$$ 식 18-2

여기서 U_x =전반적인 선호도, 또는 i요인(i, i=1, 2, ..., m)의 j수준의 관련 선호도(i, i=1, 2, 3..., m)

k_i =i의 요인의 수준

m=요인의 수

이것을 토대로 컨조인트 분석 모형의 추정식을 세우면 다음과 같다.

$$U(\text{효용}) = 5.0000 + 1.5667 sole + 1.2333 upper + 1.4667 price$$

요인의 중요성인 I_i는 개별 요인의 범위 α_{ij}로 정의된다.

$$I_i = \{\text{최대값}(\alpha_{ij}) - \text{최소값}(\alpha_{ij})\}$$

요인의 중요성은 다른 요인의 상대적인 중요성으로 규정할 수 있으며, 이것을 W_i로 나타내면, $W_i = \dfrac{I_i}{\sum_{i=1}^{m}}$이다. 결국 모든 요인의 중요성을 더하면 1이 된다. $\sum_{i=1}^{m} W_i = 1$이다.

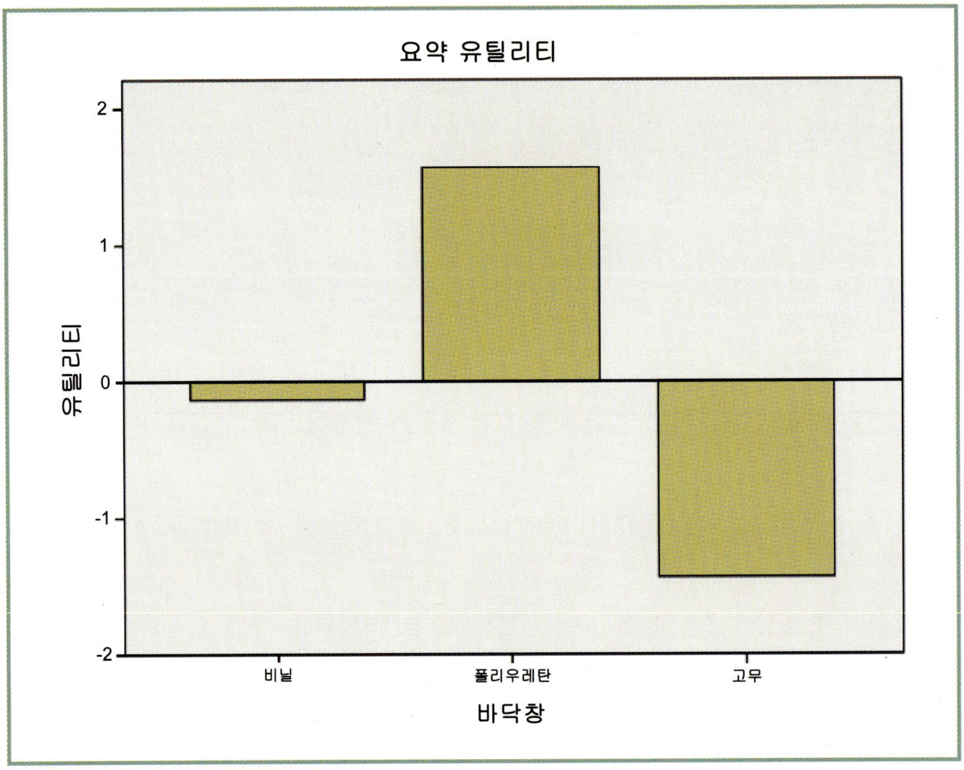

그림 18-17 바닥창의 요약 유틸리티

● 결과 해석

앞의 [표 18-4]에서 정리한 바닥창의 부분 효용이 나타나 있다. 여기서 폴리우레탄 재질의 효용이 1.5667로 가장 높다.

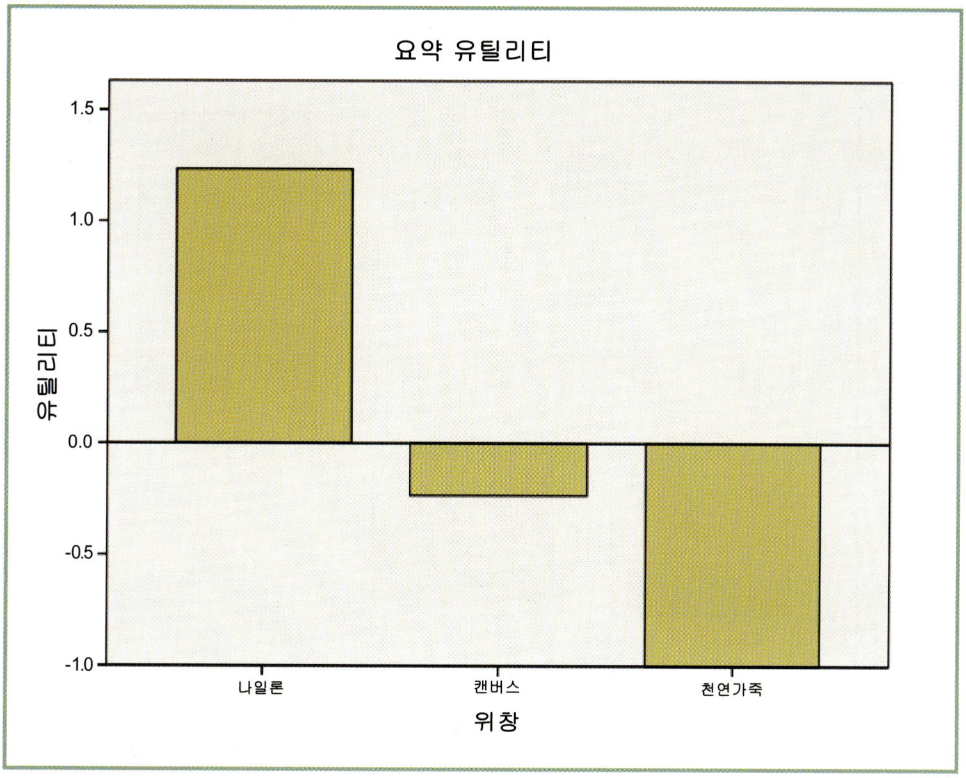

그림 18-18 위창의 요약 유틸리티

● **결과 해석**

위창의 유틸리티 중에서 나일론이 1.233으로 가장 높다.

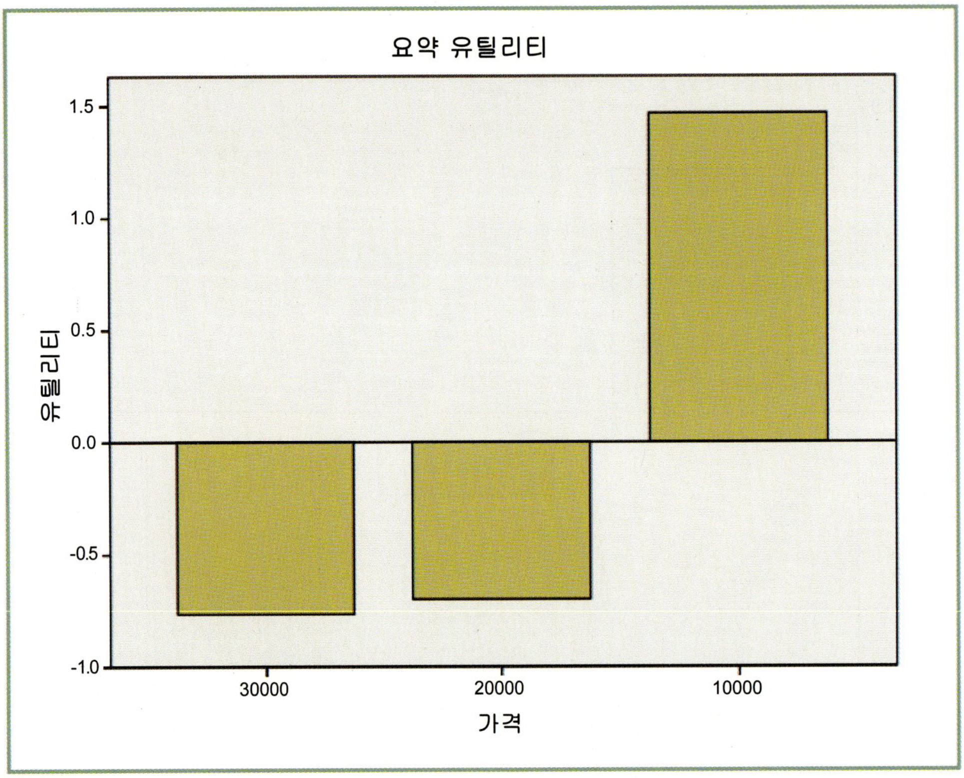

그림 18-19 가격의 요약 유틸리티

● **결과 해석**

앞의 [표 18-4]에서 정리한 가격대별 부분 효용이 나타나 있다. 여기서 가격이 10,000(원)인 경우의 효용이 1.4667로 가장 높다.

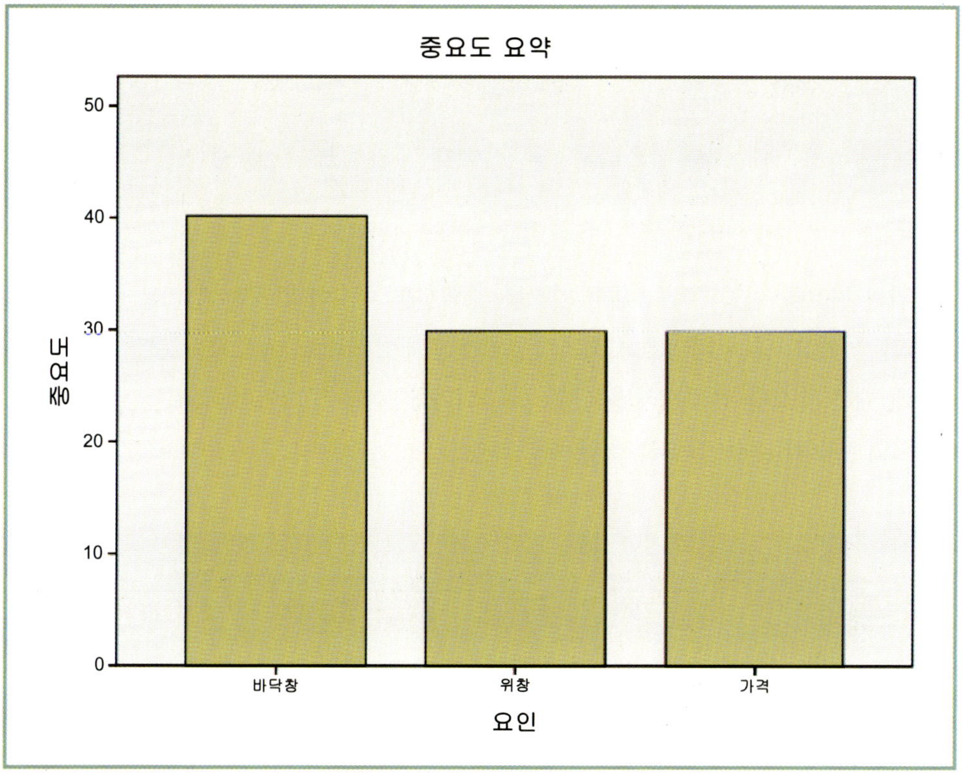

그림 18-20 중요도 요약

● 결과 해석

이 결과는 요인의 중요도를 나타내고 있다. 운동화 구매 시 주요 고려 요인인 바닥창, 위창, 가격 중에서 바닥창이 가장 중요한 요인(40.18%)임을 알 수 있다. 다음으로 위창(29.91%), 가격(29.91%) 등이 중요한 요인을 알 수 있다.

5) 컨조인트 추가 분석 – 가상 운동화 상품

가) 가상 상품에 대한 정보 입력

우리는 **모의실험**(Simulation)이라는 가상적인 시나리오를 만들어놓고 추정된 계수들을 이용하여 각 제품 및 서비스 등이 획득할 시장 점유율을 예측할 수 있다. 여기서 가상의 운동화 상품에 대한 고객의 가상 선호도를 계산할 수 있는데, 다음에서 보는 바와 같이 두 가지 가상 운동화 상품에 대한 선호도를 계산하여보자.

표 18-5 가상 상품

Card	12	Card	13
바닥창	폴리우레탄	바닥창	고무
위창	캔버스	위창	나일론
가격	20,000	가격	10,000

위의 자료를 입력하는 경우의 카드를 모의실험 카드라고 하는데 기존 상품카드의 내용을 가지고 있는 파일(c:\사회과학통계분석\데이터\shoes.sav) 뒷부분에 가상 상품 2개에 대한 정보를 추가시키면 된다. c:\사회과학통계분석\데이터\shoes.sav를 불러오기를 하면 다음과 같은 그림을 얻을 수 있다.

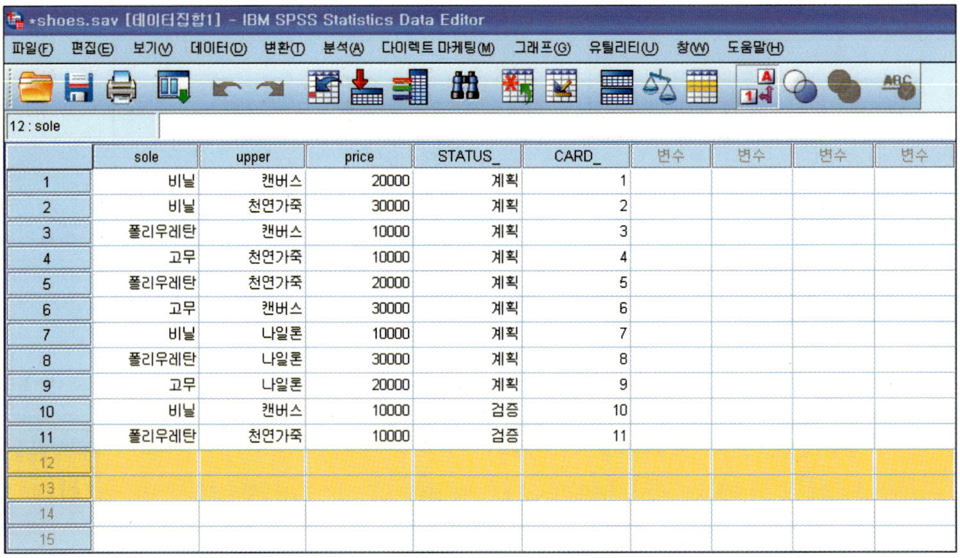

	sole	upper	price	STATUS_	CARD_	변수	변수	변수	변수
1	비닐	캔버스	20000	계획	1				
2	비닐	천연가죽	30000	계획	2				
3	폴리우레탄	캔버스	10000	계획	3				
4	고무	천연가죽	10000	계획	4				
5	폴리우레탄	천연가죽	20000	계획	5				
6	고무	캔버스	30000	계획	6				
7	비닐	나일론	10000	계획	7				
8	폴리우레탄	나일론	30000	계획	8				
9	고무	나일론	20000	계획	9				
10	비닐	캔버스	10000	검증	10				
11	폴리우레탄	천연가죽	10000	검증	11				
12									
13									
14									
15									

그림 18-21 가상 상품에 대한 정보 입력 1 [데이터] shoes.sav

케이스(사례 수) 12와 13번에 카드 12와 카드 13에 관한 정보를 입력하면 다음과 같은 화면을 얻을 수 있다.

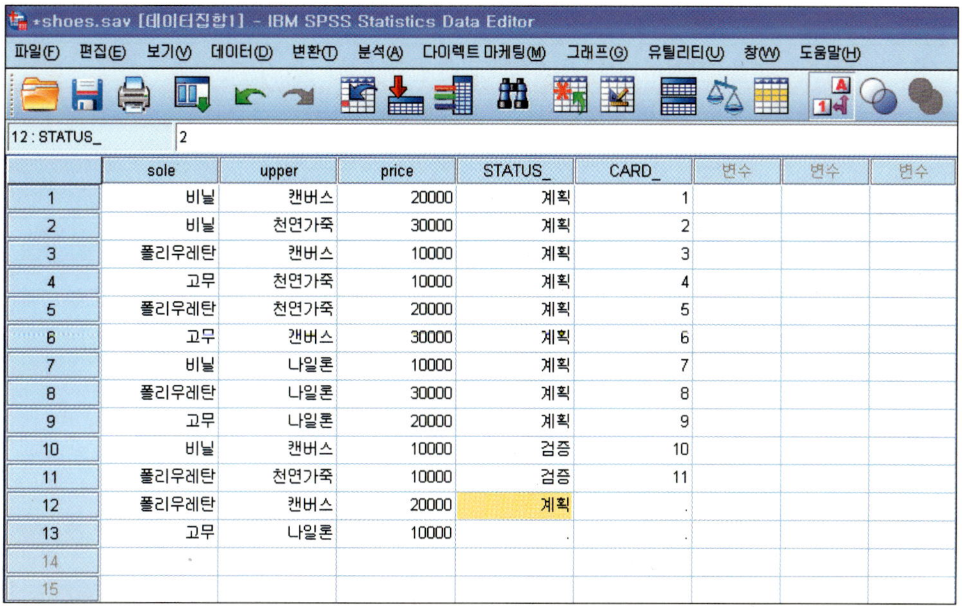
*shoes.sav [데이터집합1] - IBM SPSS Statistics Data Editor

파일(F) 편집(E) 보기(V) 데이터(D) 변환(T) 분석(A) 다이렉트 마케팅(M) 그래프(G) 유틸리티(U) 창(W) 도움말(H)

12 : STATUS_ 2

	sole	upper	price	STATUS_	CARD_	변수	변수	변수
1	비닐	캔버스	20000	계획	1			
2	비닐	천연가죽	30000	계획	2			
3	폴리우레탄	캔버스	10000	계획	3			
4	고무	천연가죽	10000	계획	4			
5	폴리우레탄	천연가죽	20000	계획	5			
6	고무	캔버스	30000	계획	6			
7	비닐	나일론	10000	계획	7			
8	폴리우레탄	나일론	30000	계획	8			
9	고무	나일론	20000	계획	9			
10	비닐	캔버스	10000	검증	10			
11	폴리우레탄	천연가죽	10000	검증	11			
12	폴리우레탄	캔버스	20000	계획	.			
13	고무	나일론	10000	.	.			
14								
15								

그림 18-22 가상 상품에 대한 정보 입력 2

가상 운동화 상품을 추가시킬 경우, 케이스 12와 13에 해당하는 변수 'status_'에 변수 설명을 입력하기 위해서는 마우스로 부분의 화살표( )를 누르면 다음과 같은 화면을 얻는다.

*shoes.sav [데이터집합1] - IBM SPSS Statistics Data Editor

파일(F) 편집(E) 보기(V) 데이터(D) 변환(T) 분석(A) 다이렉트 마케팅(M) 그래프(G) 유틸리티(U) 창(W) 도움말(H)

12 : STATUS_ 2

	sole	upper	price	STATUS_	CARD_	변수	변수	변수	변수
1	비닐	캔버스	20000	계획	1				
2	비닐	천연가죽	30000	계획	2				
3	폴리우레탄	캔버스	10000	계획	3				
4	고무	천연가죽	10000	계획	4				
5	폴리우레탄	천연가죽	20000	계획	5				
6	고무	캔버스	30000	계획	6				
7	비닐	나일론	10000	계획	7				
8	폴리우레탄	나일론	30000	계획	8				
9	고무	나일론	20000	계획	9				
10	비닐	캔버스	10000	검증	10				
11	폴리우레탄	천연가죽	10000	검증	11				
12	폴리우레탄	캔버스	20000	시뮬레이션	.				
13	고무	나일론	10000	.	.				
14									
15									

그림 18-23 가상 상품에 대한 정보 입력 3

앞의 [그림 18-23]에서처럼 '시뮬레이션(Simulation)'을 선택한다. 각각 케이스 12, 13에서 시뮬레이션을 지정하면 다음과 같은 그림을 얻을 수 있다.

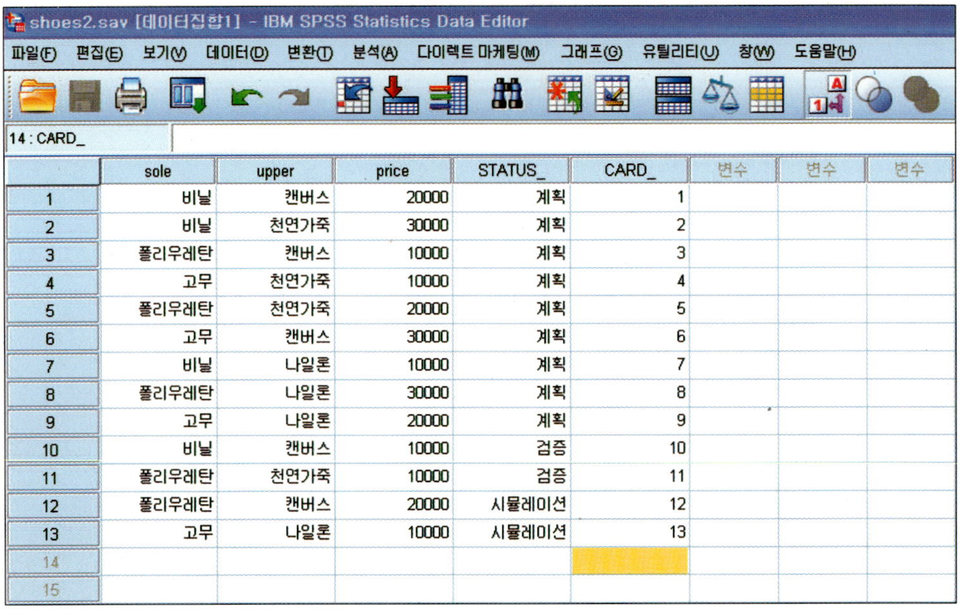

	sole	upper	price	STATUS_	CARD_	변수	변수	변수
1	비닐	캔버스	20000	계획	1			
2	비닐	천연가죽	30000	계획	2			
3	폴리우레탄	캔버스	10000	계획	3			
4	고무	천연가죽	10000	계획	4			
5	폴리우레탄	천연가죽	20000	계획	5			
6	고무	캔버스	30000	계획	6			
7	비닐	나일론	10000	계획	7			
8	폴리우레탄	나일론	30000	계획	8			
9	고무	나일론	20000	계획	9			
10	비닐	캔버스	10000	검증	10			
11	폴리우레탄	천연가죽	10000	검증	11			
12	폴리우레탄	캔버스	20000	시뮬레이션	12			
13	고무	나일론	10000	시뮬레이션	13			
14								
15								

그림 18-24 가상 상품에 대한 정보 입력 4 [데이터] Shoes2.sav

여기서 입력된 파일을 컨조인트 분석을 하기 위해 편의상 C:\연구방법론\SHOES2.SAV로 저장하기로 한다.

나) 모의실험의 컨조인트 분석

컨조인트 분석을 위해 앞의 C:\사회과학통계분석\데이터\research.sav 파일을 활성화시켜 놓은 상태에서, 해당 명령문을 작성하면 그림과 같은 화면을 얻을 수 있다.

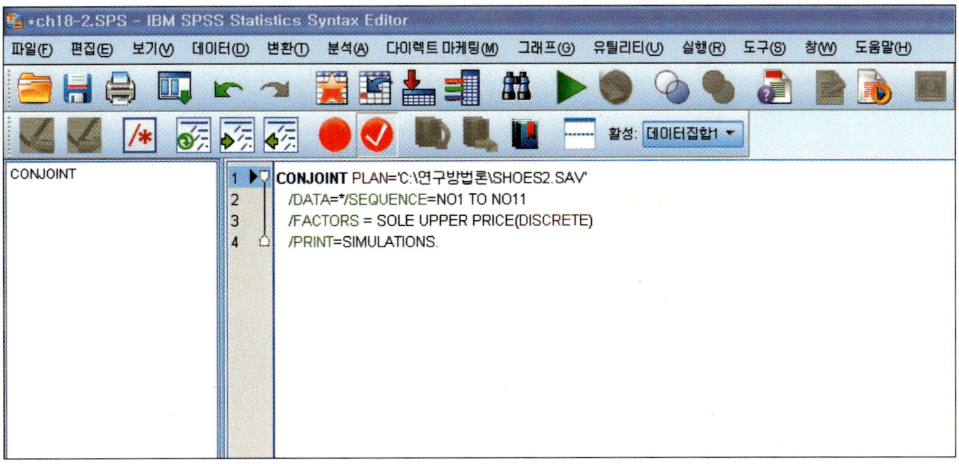

그림 18-25 가상 상품에 대한 선호도 측정 명령문 [데이터] ch18-2.sps

명령문 편집기에 입력한 명령어를 설명하면 다음과 같다.

```
CONJOINT PLAN = 'C:\연구방법론\SHOES2.SAV'          ············①
    /DATA = * /SEQUENCE = NO1 TO NO11               ············②
    /FACTORS = SOLE UPPER PRICE(DISCRETE)           ············③
    /PRINT=SIMULATIONS.                             ············④
```

① CONJOINT PLAN = 'C:\연구방법론\SHOES2.SAV'

컨조인트 분석을 위해 선정 상품과 추정 상품의 파일을 불러오는 명령어이다.

② /DATA = * /SEQUENCE = NO1 TO NO11

현재 가동 중인 데이터 파일에서 변수가 순차적으로 계산되는 명령어이다. 만약 데이터가 구간으로 되어 있으면 SEQUENCE 대신 RANK를, 점수로 되어 있으면 SCORE 명령어를 사용한다.

③ /FACTORS = SOLE UPPER PRICE(DISCRETE)

요인이 계급 또는 점수와 관련이 있을 것을 규정하는 경우, 'DISCRETE'는 모든 요인에 적용된다. 여기서 DISCRTE MORE는 요인의 값이 클수록 선호되는 경우를 나타내고, DISCRTE LESS는 요인의 값이 낮을수록 선호되는 경우를 나타낸다.

④ /PRINT=SIMULATIONS.

실험 데이터의 분석 결과의 출력 방향을 결정한다. ANALYSIS는 실험 데이터의 결과만을 출력하는 경우, SIMULATIONS는 모의실험 데이터의 결과만을 출력하는 경우로 최대효용, Bradle-Terry-Luce(BTL), Logit모형이 출력된다. SUMMARY ONLY는 개별 속성은 나오지 않고 요약본만 출력하는 경우이다. ALL는 결과물 모두가 나타난다. NONE은 출력결과가 나타나지 않는 경우를 말한다.

앞의 [그림 18-25] 명령문 편집기 창에서 ▶ 단추를 눌러 실행하면 고객들의 취향에 관한 컨조인트 분석의 결과를 얻을 수 있다. 또는 명령문 편집기 창에서 다음과 같은 순서로 진행하면 동일한 결과물을 얻을 수 있다.

모형 설명

	수준 수	순위 또는 점수에 관련
sole	3	이산형
upper	3	이산형
price	3	이산형

모든 요인이 직교됩니다.

시뮬레이션의 기본 설정 점수

카드 번호	ID	점수
1	12	5.633
2	13	6.267

시뮬레이션의 기본 설정 확률[b]

카드 번호	ID	최대 유틸리티[a]	Bradley-Terry-Luce	로짓 로그선형분석
1	12	.0%	47.3%	34.7%
2	13	100.0%	52.7%	65.3%

a. 동률 시뮬레이션 포함

b. 이러한 개체에 모두 음수가 아닌 점수가 있기 때문에 1/1 개의 개체가 Bradley-Terry-Luce 및 로짓 방법에 사용됩니다.

그림 18-26 가상 운동화 상품에 대한 검정 결과

● 결과 해석

컨조인트 분석에서 많이 사용되는 확률적인 선택모형은 BTL(Bradly-Terry-Luce) 모형과 로짓모형(Logit Model)을 통해서 계산한다. 두 모형 모두 상대적인 시장 점유율 또는 선호도를 수학적으로 나타내는 방법이다.

• BTL

특정 상품의 선호도를 U_{ij} 라고 나타내면, $U_{ij}=\frac{U_{ik}}{(U_{i1}+U_{i2}+\cdot\cdot\cdot+U_{im})}$ 으로 나타낼 수 있다. 이 식을 토대로 다음과 같이 위의 결과를 구할 수 있다.

$$BTL_{(12)}=\frac{5.6}{5.6+6.3}=47.34\%$$

$$BTL_{(13)}=\frac{6.3}{5.6+6.3}=52.94\%$$

• Logit

로짓모형에서는 응답자 i가 제품 k를 구입할 확률을 다음과 같이 주어진다.

$$Logit_{(ij)}=\frac{\exp(U_{ik})}{[\exp(U_{i1})+\exp(U_{12})+\cdot\cdot\cdot+\exp(U_{im})]}$$

$$Logit_{(12)}=\frac{e^{5.6}}{e^{5.6}+e^{6.3}}=34.68\%$$

$$Logit_{(13)}=\frac{e^{6.3}}{e^{5.6}+e^{6.3}}=65.32\%0$$

많은 통계적인 방법이 그렇듯이 각 기법은 의사결정을 지원하는 하나의 도구이지 의사결정의 전부는 아니다. 컨조인트 분석도 마찬가지라고 할 수 있다. 컨조인트 분석은 지금까지 설명한 바와 같이 다양한 요인에 대하여 선호도를 분석할 수 있다. 그러나 요인의 선정 과정에서 요인수와 수준을 결정하는 일은 쉽지 않다. 컨조인트는 요인들 간의 상호작용이 존재하지 않는 것을 가정하는 가산적인 모형에 가정을 두고 있으나, 상호작용이 발생하는 모형이 있는 실제 생활에 적용하기에는 문제점이 있다고 하겠다.

연습문제

1. 컨조인트 분석의 개념과 컨조인트 분석 절차를 설명하라.

2. 컨조인트 분석 방법을 이용하여 평소 생각하던 제품이나 서비스에 대하여 개발 아이디어를 구체화하여라.

5부
인과분석

19장 회귀분석

20장 구조방정식모형

19장

회귀분석

회귀분석(Regression Analysis)은 양적인 독립변수와 양적인 종속변수 간의 자료를 분석하는 방법이다. 연구자는 회귀분석을 통해서 관련 현상을 기술, 통제, 예측할 수 있다. 회귀분석은 사회과학 관련 연구자들이 가장 많이 사용하는 분석 방법으로 알려져 있다.

학습 목표

- 회귀분석의 기본 개념을 설명할 수 있다.
- 회귀분석의 기본 가정을 설명할 수 있다.
- 회귀분석의 종류를 이해한다.
- 회귀분석 결과에 대한 정확한 해석이 가능하다.

19.1 회귀분석 정의

경제학자나 경영학자들이 자주 사용하는 통계분석 방법은 회귀분석이다. 통계를 다루다보면 두 개 혹은 그 이상의 여러 변수 사이의 관계를 분석하여야 할 때가 있다. 서로 관계를 가지고 있는 변수들 사이에는 다른 변수(들)에 영향을 주는 변수(들)가 있는 반면에 영향을 받는 변수(들)도 있다. 전자를 독립변수(independent variable 또는 predictor variable)라고 하며, 후자를 종속변수(dependent variable 또는 response variable)라고 한다. 예컨대, 광고액과 매출액의 관계에서, 전자는 후자에 영향을 미치므로 독립변수가 되고, 후자는 종속변수가 된다.

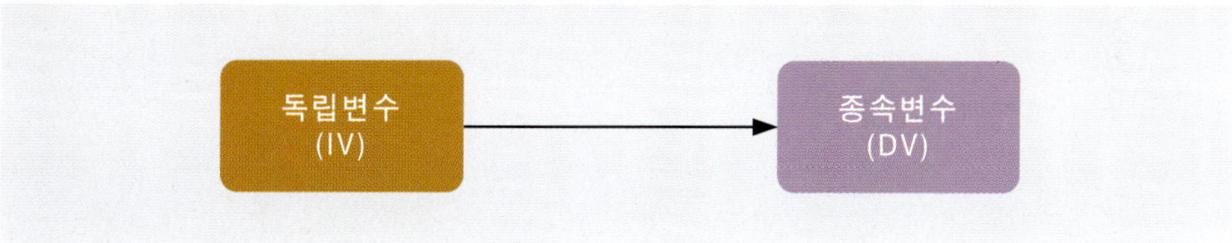

그림 19-1 독립변수와 종속변수

회귀분석(regression analysis)은 독립변수가 종속변수에 미치는 영향력 크기를 조사하여 독립변수의 일정한 값에 대응하는 종속변수값을 예측하는 기법을 의미한다. 회귀(回歸, regression)라는 용어는 영국의 Galton에 의해서 처음 사용되었다. Galton은 아버지와 아들의 키에 관한 식으로 정립하였다. 이를 통해서 아버지의 신장이 아들의 신장에 미치는 영향을 설명하고자 하였다. 분석 결과 신장이 큰 아버지를 가진 아들은 평균신장보다는 크지만, 아버지보다는 작아서 평균신장으로 회귀하려는 경향이 있음을 발견하였다. 이처럼 실생활에서 회귀분석의 적용 예는 다양하다. 광고액과 매출액 사이에서 어떤 관계가 있을 때, 일단 광고액의 수준이 결정되면 회귀분석을 통하여 매출액을 예상할 수 있다.

회귀분석은 세 가지의 주요 목적을 갖는다. 첫째, 기술적인 목적을 갖는다. 변수들, 즉 광고액과 매출액 사이의 관계를 기술하고 설명할 수 있다. 둘째, 통제 목적을 갖는다. 예를 들어, 비용과 생산량 사이의 관계 혹은 결근율과 생산량 사이의 관계를 조사하여 생산 및 운영 관리의 효율적인 통제에 회귀분석을 이용할 수 있다. 셋째,

예측의 목적을 갖는다. 기업에서 생산량을 추정함으로써 비용을 예측할 수 있으며 광고액을 앎으로써 매출액을 예상할 수 있다.

앞 장에서 이미 설명한 분산분석과 여기서 설명하는 회귀분석과의 차이는 다음과 같다. 회귀분석은 독립변수(들)의 수준과 평균반응치 사이의 통계적인 관계를 연구한다. 여기서 종속변수와 독립변수는 다 양적이어야 한다. 회귀분석 안에서의 분산분석은 사실 회귀계수의 검정에 관한 여러 방편 중의 한 가지에 불과한 것이다. 앞 장에서 설명한 분산분석은 종속변수와 독립변수(들) 사이의 관계를 연구하는 방법이지만 회귀분석에서 쓰이는 통계적인 관련성은 필요로 하지 않는다. 그리고 독립변수는 반드시 양적일 필요가 없으며, 성, 지역적인 위치, 기계 종류 등과 같은 양적인 표시도 가능하다.

회귀분석은 단순회귀분석(simple regression analysis)과 중회귀분석(multiple regression analysis)으로 나뉜다. 이에 대한 구분 방법은 다음 표를 참조하면 쉽게 이해할 수 있다.

표 19-1 회귀분석의 종류

구분	독립변수	종속변수
단순회귀분석	1	1
중회귀분석	多	1
일반선형분석	多	多

19.2 단순회귀분석

19.2.1 단순회귀분석 설명

단순회귀분석(simple regression analysis)의 목적은 두 변수, 즉 하나의 독립변수와 종속변수 사이의 관계를 알아내는 것이다. 단순회귀분석을 이해하기 위해서 광고액에 따른 매출액에 관한 예를 들어보자. 광고액이 매출을 결정한다고 가정하고, 어느 회사의 10개월간 자료를 정리하였다.

표 19-2 광고액과 매출

월별	광고액(억원)	매출액(억원)
1	25	100
2	52	256
3	38	152
4	32	140
5	25	150
6	45	183
7	40	175
8	55	203
9	28	152
10	42	198

1) 산포도 그리기

두 변수 사이의 관계를 알아보기 위해서 연구하는 회귀분석에서 우리는 종속변수인 매출액이 독립변수인 광고액의 변화에 따라 어떻게 조직적으로 변하는가를 알고자 한다. 앞의 [표 19-2]의 상태에서 추세를 파악하기가 곤란하므로, 대략적인 관계를 나타낼 수 있도록 관찰치들을 좌표평면에 그려본다. 관찰치들을 좌표평면에 나타낸 그림을 산포도(scatter diagram)라고 하는데, 이 산포도는 회귀분석의 필수적인 첫 단계이다. [표 19-2]의 자료를 이용하여 산포도를 나타내면 [그림 19-2]와 같다.

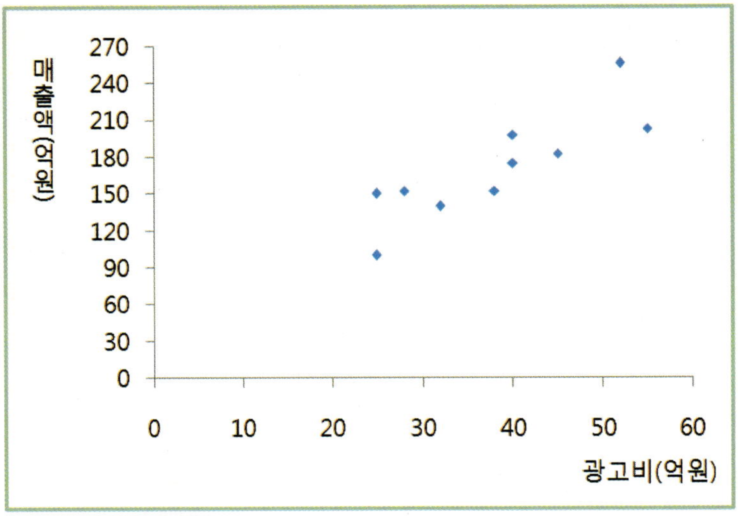

그림 19-2 산포도

위 그림에서 광고액을 X축에 표시하고 매출액을 Y축에 표시하였다. 우리는 이 산포도를 통하여 두 변수 간의 관계를 대체로 한눈에 파악할 수 있다. 즉, 광고액이 많을수록 매출액은 증가한다. 그리고 그 추세를 어느 정도 정확하게 추정하기 위해서 산포도 위에 일차직선을 그을 수 있다. 이 선을 회귀선(regression line)이라고 한다. 이 회귀선을 나타내면 [그림 19-3]과 같다.

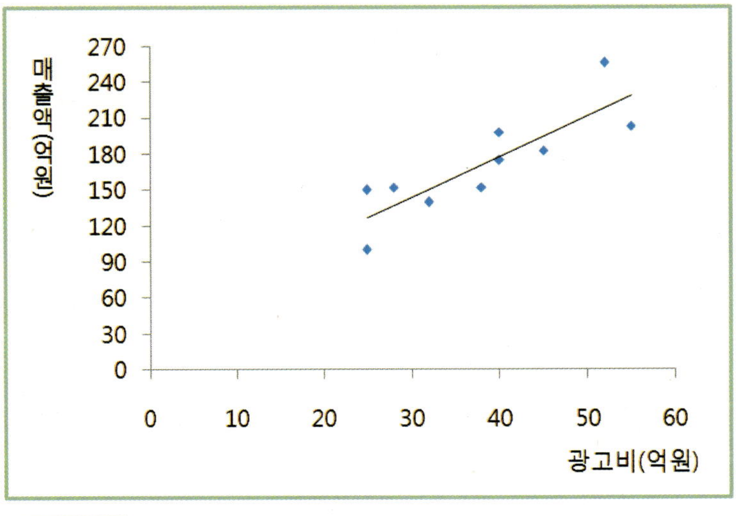

그림 19-3 산포도와 선형회귀직선

이 그림에서 자료의 관찰치들이 직선 모양의 회귀선에 거의 몰려 있음을 알 수 있다. 이 회귀선을 이용하면 광고액과 매출액 사이의 관계를 함수적으로 파악할 수 있을 것이다.

또 다른 예를 들어보자. 만일 나이와 체중 사이의 관계를 연구한다고 하자. 이 경우에 체중은 종속변수이고 나이는 독립변수라고 생각할 수 있다. 그런데 어느 정도 나이가 들 때까지는 체중이 증가하나 일정한 나이가 되면 어느 기간만큼은 거의 일정하게 유지된다고 볼 수 있다. 이것에 대한 산포도와 회귀선을 직선으로 나타내는 것은 바람직하지 못하다. 오히려 아래 그림에서 보는 바와 같이 회귀선은 곡선(curve)으로 나타내 줌으로써 나이와 체중 사이에서 곡선관계(curvilinear relationship)를 보여주는 회귀모형이 타당할 것이다. 만일 회귀직선으로 모형을 확정한다면 두 변수 사이의 관계를 올바르게 표시한다고 볼 수 없다. 관찰치들이 회귀모형 주위에 적절하게 몰려 있어야 하기 때문이다. 이와 같이 회귀모형의 선택은 관찰치들의 산포도에 따라 이루어지므로 산포도는 상당히 중요하다고 하겠다.

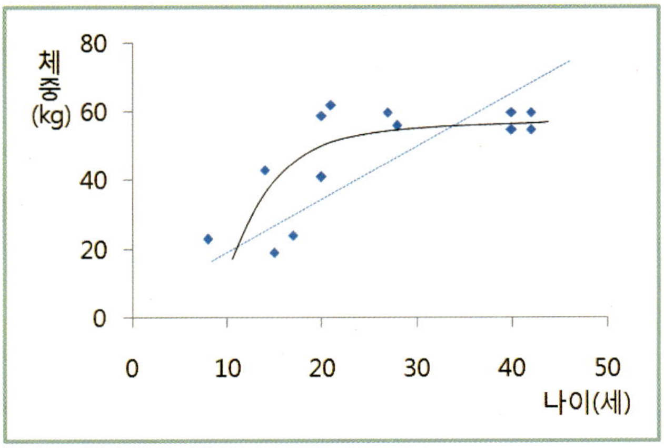

그림 19-4 나이와 체중과의 관계

회귀모형에는 두 가지 특징이 나타난다. 첫째, 표본추출된 관찰치들의 모집단에는 각 X수준에 대하여 Y의 확률분포가 있다. 둘째, 이 확률분포들의 평균은 X값에 따라 변한다. 이것을 설명하기 위하여 회귀직선의 경우를 그림으로 나타내면 아래와 같다. 이해를 돕기 위해서 Y축은 수평, X축은 수직으로 나타내었다.

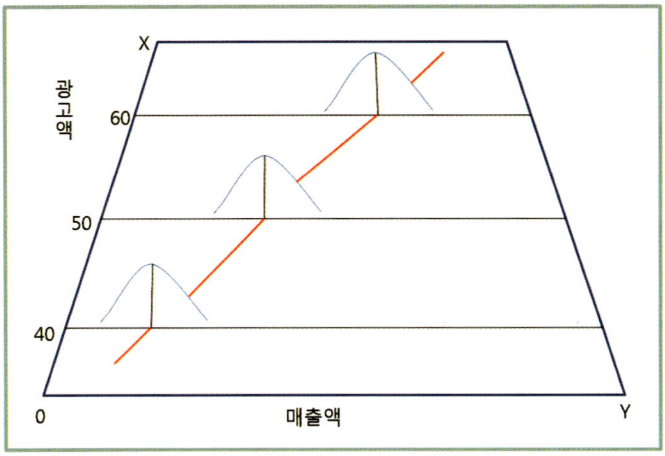

그림 19-5 회귀직선모형의 그림

위 그림은 예를 들어 광고액이 $X=40$(억원)일 때 매출액 Y의 확률분포를 나타내고 있다. [표 19-2]에서 보인 실제 매출액 175(억원) 확률분포에서 임의 채택된 것으로 간주된다. 그리고 다른 광고액의 경우에서도 매출액의 확률분포를 나타내고 있다. 그림에서 보는 바와 같이 회귀직선은 확률분포의 평균치들을 지나가고 있다. 사실, 변수 X가 회귀한다는 것은 평균값에 몰리는 경향이 있다는 것을 뜻한다. 우리는 여기서 확률분포의 평균치는 X의 수준에 대하여 조직적인 관계를 가지고 있음을 알 수 있다. 이 조직적인 관계를 X에 대한 Y의 회귀함수라고 부른다. 그리고 이 회귀함수의 그림을 회귀선이라고 부른다.

이제 모집단에 대한 단순회귀의 선형모형을 세워보자.

단순회귀직선모형

$$Y_i = \beta_0 + \beta_1 X + \epsilon_i \quad \text{식 19-1}$$

여기서 $Y_i =i$번째 반응치

$\beta_0 =$절편 모수

$\beta_1 =$기울기 모수

$X_i =$이미 알려진 독립변수의 i번째 값

$\epsilon_i =$ 오차이며 분포는 $N(0,\sigma^2)$

$Cov(\epsilon_i,\epsilon_j)=0$ (단 $i \neq j$)

다음으로 회귀모형의 가정을 정리하면 다음과 같다.

회귀모형의 가정

① X는 확률변수가 아니라 확정된 값이다.

② 모든 오차는 정규분포를 이루며, 평균이 0, 분산은 σ^2으로 X값에 관계없이 동일하다. 즉, $\epsilon_i \sim N(0,\ \sigma^2)$

③ 서로 다른 관찰치의 오차는 독립적이다.
즉, $Cov(\epsilon_{i,}\epsilon_j) = 0$ (단 $i \neq j$)

④ $Y \sim N(\beta_0 + \beta_1 X,\ \sigma^2)$

따라서

$$E(Y_i) = E(\beta_0 + \beta_i X_i + \epsilon_i) = \beta_0 + \beta_i X_i + E(\epsilon_i) \\ = \beta_0 + \beta_1 X_i$$ 식 19-2

그러므로 i번째에 있는 X의 값이 X_i라 하면, 종속변수 Y_i는 평균이 $E(Y_i) = \beta_0 + \beta_1 X_i$인 확률분포에서 나온 것이다.

선형회귀모형 $E(Y_i) = \beta_0 + \beta_1 X_i$에서 β_0는 절편이고 β_1은 기울기이다. 직선의 모형은 β_0와 β_1의 값에 따라 달라지며, 이 값들은 모집단을 완전히 파악하지 않으면 알 수 없는 계수들이다. 두 변수 간의 관계를 알기 위해서는 우리는 두 계수를 구해야 한다. 주어진 표본 관찰치들로부터 구해진 회귀직선을 (편의상 i를 생략)

$$\hat{Y} = b_0 + b_1 X$$ 식 19-3

라 하면 b_0와 b_1은 각각 β_0와 β_1의 추정치가 된다. 표본에 대하여 회귀모수 β_0와 β_1의 좋은 추정량을 발견하기 위해서 최소자승법(least square method)을 이용할 수 있다.

최소자승법이란 잔차(residual)제곱의 합을 최소화시키는 b_0와 b_1의 값을 구하는 방법을 말한다. 여기서 잔차란 실제 관찰치 Y_i와 예측치 $\widehat{Y}_i$(Y-hat으로 읽음) 사이의 차이값을 뜻하므로, 잔차 e_i는

$$e_i = Y_i - \widehat{Y}_i \quad \text{식 19-4}$$

이다. 변수들 사이의 관계를 정확하게 기술하거나 예측을 하려면 이 잔차는 최소가 되어야할 것이다. 이것을 위해서 잔차제곱의 합을 최소화한다면 같은 목적을 이룰 수 있다. 따라서 $\sum_{i=1}^{n} e_i^2$을 최소화시키는 b_0와 b_1의 값을 구하면 된다. 식 (19-4)를 Q라 놓으면,

$$Q = \sum_{i=1}^{n} e_i^2 = \sum_{i=1}^{n} (Y_i - \widehat{Y}_i)^2 = \sum_{i=1}^{n} (Y_i - b_0 - b_1 X_i)^2 \quad \text{식 19-5}$$

이 된다. 위 식을 b_0와 b_1에 대하여 편미분하고 그 결과를 0으로 놓으면,

$$\frac{\partial Q}{\partial b_0} = 2\sum_{i=1}^{n} (Y_i - b_0 - b_i X_i)(-1) = 0$$
$$\frac{\partial Q}{\partial b_1} = 2\sum_{i=1}^{n} (Y_i - b_0 - b_i X_i)(-X_i) = 0 \quad \text{식 19-6}$$

의 두 식을 얻으며, 이것을 정리하면,

$$\sum Y_i = nb_0 + b_1 \sum X_i$$
$$\sum X_i Y_i = b_0 \sum X + b_1 \sum X_i^2 \quad \text{식 19-7}$$

이 얻어지며, 이 두식을 정규방정식(normal equation)이라고 한다. 이 정규방정식을 b_0

와 b_1에 대하여 풀면 다음과 같다.

회귀직선모형의 기울기와 절편

$$b_1 = \frac{n\sum X_i Y_i - (\sum X_i)(\sum Y_i)}{n\sum X_i^2 - (\sum X_i)^2} = \frac{\sum(X_i - \overline{X})(Y_i - \overline{Y})}{(X_i - \overline{X}_i)^2}$$

$$b_0 = \frac{1}{n}(\sum Y_i - b_1 \sum X_i) = \overline{Y} - b_1 \overline{X}$$

식 19-8

예제 1

앞의 [표 19-2]에서 주어진 자료를 근거로 최소자승법을 이용하여 회귀직선을 구해보아라.

풀이

월별	광고액(X_i)	매출액(Y_i)	$X_i \cdot Y_i$	X_i^2
1	25	100	2,500	625
2	52	256	13,312	2,704
3	38	152	5,776	1,444
4	32	140	4,480	1,024
5	25	150	3,750	625
6	45	183	8,235	2,025
7	40	175	7,000	1,600
8	55	203	11,165	3,025
9	28	152	4,256	784
10	42	198	8,316	1,764
합계	$\sum X_i = 382$	$\sum Y_i = 1{,}709$	$\sum X_i Y_i = 68{,}790$	$\sum X_i^2 = 15{,}620$

이것을 이용하여 기울기와 절편을 구하면

$$b_1 = \frac{n\sum X_i Y_i - (\sum X_i)(\sum Y_i)}{n\sum X_i^2 - (\sum X_i)^2} = \frac{(10)(68,790) - (382)(1,709)}{(10)(15,620) - (382)^2} = 3.412$$

$$b_0 = \overline{Y} - b_1 \overline{X} = 170.9 - (3.412)(38.2) = 40.562$$

이다. 따라서 회귀식은

$$\widehat{Y} = 40.562 + 3.412X$$

가 된다. 기울기가 3.412이므로 광고액이 1억 원씩 증가함에 따라 매출액이 3.412억 원씩 증가한다고 말할 수 있다. Y절편은 40.562이므로 광고액이 0일 때 매출액은 40.562억 원인 셈이 된다. 그러나 이것은 현실적으로 불가능한 이야기이므로 절편의 수치는 의미가 없다고 본다. 만일 광고액이 30억 원인 경우에 매출액은 $\widehat{Y} = 40.562 + 3.412(30) = 142.992$(억원)이라고 추정할 수 있다. 여기서 우리는 회귀모형의 적용 범위를 제한하여야 할 필요성을 갖는다. 이 제한은 조사계획에 의하거나 또는 얻어진 자료의 범위에 의하여 결정된다. 이 문제의 경우를 보면 광고액이 25억~55억 사이에서 매출액이 결정되어야 할 것이다. 만일에 이 범위를 넘어간다면 회귀함수의 모양은 달라지게 되어 그 신뢰성은 매우 의심스러운 것이 된다.

위에서 얻어진 회귀선에서 잔차를 구하려면 $e_i = Y_i - \widehat{Y}_i = Y_i - (40.562 + 3.412X_i)$ 공식을 이용한다. 예컨대, 25억 원의 경우 잔차는 100−(40.562+3.412×25) = −25.862가 된다.

2) 회귀식의 정도

앞에서 주어진 자료를 바탕으로 회귀모형을 일차함수로 나타낸 후에 최소자승법에 의하여 회귀직선을 구하는 방법을 설명하였다. 그러나 회귀선만으로 관찰치들을 어느 정도 잘 설명하고 있는지 여부를 알 수 없다. 회귀선의 정도, 즉 회귀선이 관찰자료를 어느 정도로 설명하는지를 추정하여야 한다.

회귀선의 정도를 추정하는 방법으로는 추정의 표준오차(standard error the estimate), 결정계수(coefficient determination) 두 가지가 있다. 먼저, 추정의 표준오차는 다음과 같은 식으로 계산한다.

$$S_{y.x} = \sqrt{\frac{\sum(Y_i - \widehat{Y}_i)^2}{n-2}} = \sqrt{\frac{\sum e_i^2}{n-2}}$$ 식 19-9

이 값이 0에 가까울수록 회귀식이 독립변수 X와 종속변수 Y의 관계를 적절하게 설명한다고 볼 수 있다.

예제 2

앞의 [표 19-2]의 표본자료에 대하여 추정의 표준오차를 구하라.

풀이

앞의 [표 19-2]에서 잔차를 구한 다음 각각 제곱하여 합을 구한 후에 자유도 10-2=8로 나누면

$$S_{y\cdot x}^2 = \frac{\sum e_i^2}{n-2} = \frac{4,339.647}{10-2} = 542.456$$

이 된다. 따라서 ϵ_i의 표준편차 σ에 대한 추정의 표준오차는 다음과 같다.

$$S_{y\cdot x} = \sqrt{\frac{4,339.647}{8}} = 23.291$$

추정의 표준오차는 척도에 따라 값이 달라질 수 있어 해석이 어려운 경우가 많다. 이 문제를 어느 정도 해결해주는 방법으로 결정계수(coefficient of determination)가 있다. 결정계수는 종속변수의 변동 중 회귀식에 의해 설명되는 비율을 의미한다. 결정계수를 구하기 전에 먼저 필요한 개념을 소개하기로 한다.

관찰치 Y_i의 총편차는 다음과 같이 두 부분으로 나눌 수 있다.

$$(Y_i - \overline{Y}) = (Y_i - \widehat{Y}_i) + (\widehat{Y}_i - \overline{Y}) \quad \text{식 19-10}$$

(총편차) (설명 안 되는 편차) (설명되는 편차)

등식 오른쪽의 첫 번째 편차는 회귀선에 의해서 나타낼 수 없으므로 이것을 '설명 안 되는 편차'라 부른다. 두 번째 편차는 회귀선으로 나타낼 수 있기 때문에 '설명되는 편차'라고 부른다. 관찰치 Y_i는 회귀선으로는 표현할 길이 없으며, 추정치 $\widehat{Y}_i$는 회귀선에 의해 계산이 가능하며, 그리고 회귀선은 평균치 $\overline{Y}$를 지나기 때문이다. 이와 같이 총편차는 설명 안 되는 편차와 설명되는 편차로 나눌 수 있다. 이것을 그림으로 나타내면 다음 그림과 같다.

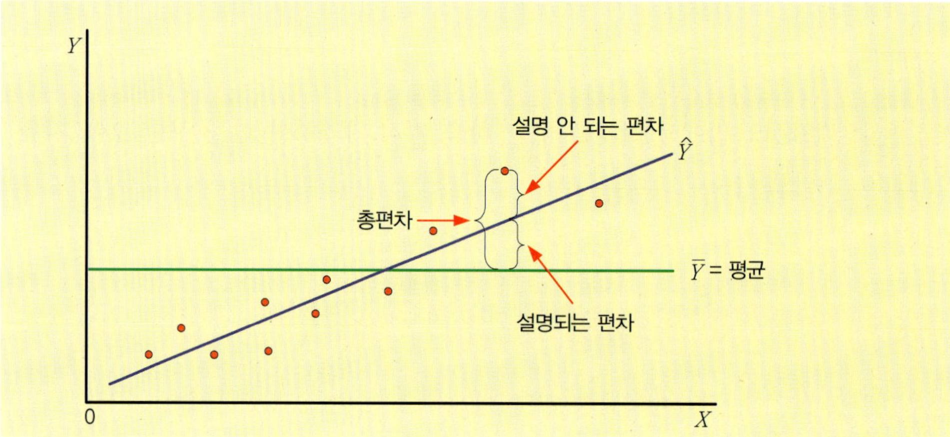

그림 19-6 총편차의 구분

식 (19-10)의 양변을 제곱한 후에 모든 관찰치에 대하여 합하면,

$$\begin{aligned}\sum(Y_i - \overline{Y})^2 &= \sum[Y_i - \widehat{Y}_i) + (\widehat{Y}_i - \overline{Y})]^2 \\ &= \sum(Y_i - \widehat{Y}_i)^2 + (\sum\widehat{Y}_i - \overline{Y})^2 + 2\sum(Y_i - \widehat{Y}_i)(\widehat{Y}_i - \overline{Y})\end{aligned}$$

이다. 여기에서 오른쪽 마지막 항은 잔차의 성질에 의하여

$$2\sum e_i(\hat{Y}_i - \overline{Y}) = 2(\sum \hat{Y}_i e_i - \overline{Y}\sum e_i) = 0$$

이므로,

$$\sum(Y_i - \overline{Y})^2 = \sum(Y_i - \hat{Y}_i)^2 + \sum(\hat{Y}_i - \overline{Y})^2$$

(총변동) (설명 안 되는 변동) (설명되는 변동)

식 19-11

위 식에서 $\sum(Y_i - \overline{Y})^2$은 총변동(SST: total variation), $\sum(Y_i - \hat{Y}_i)^2$은 설명 안 되는 변동(SSE: unexplained variation) 그리고 $\sum(\hat{Y}_i - \overline{Y})^2$은 설명되는 변동(SSR: explained variation)이라고 부른다. 특히 설명 안 되는 변동은 잔차에 의한 제곱합(SSE: sum of squares due to residual error), 설명되는 변동은 회귀에 의한 제곱합(SSR: sum of squares due to regression)이라고도 한다. 따라서 (식 19-12)는

$$SST = SSE + SSR$$

식 19-12

이 된다.

이제 표본 결정계수는 다음과 같이 정의된다.

표본의 결정계수

$$r^2 = \frac{SSR}{SST} = 1 - \frac{SSE}{SST}$$

식 19-13

이것은 총변동 중에서 회귀선에 의하여 설명되는 비율을 나타내며, r^2의 범위는 $0 \leqq r^2 \leqq 1$이다. 만일에 모든 관찰치들과 회귀선이 일치한다면 $SSE = 0$이 되어 $r^2 = 1$이 된다. 이렇게 되면 X와 Y 사이의 상관관계는 100% 있다고 본다. 왜냐하면 $r^2 = \pm\sqrt{r^2}$이 때문이다. r^2의 값이 1에 가까울수록 회귀선은 표본의 자료를 설명하는 데 유용성이 높다. 이와 반대로, 관찰치들이 회귀선에서 멀리 떨어져 있게 된다면

SSE는 커지게 되며, r^2의 값은 0에 가까워진다. 이 경우에 회귀선은 쓸모없는 회귀모형이 되고 만다. 따라서 표본결정계수 r^2의 값에 따라 모형의 유용성을 판단할 수 있다.

예제 3

앞의 [표 19-2]의 자료에 대하여 회귀모형 $\hat{Y} = 40.562 + 3.412$를 구했을 때 결정계수를 계산하라.

풀이

총변동 SST를 구하면,

$$SST = \sum(Y_i - \overline{Y})^2 = (100 - 170.9)^2 + (256 - 170.9)^2 + \cdots + (198 - 170.9)^2$$
$$= 16,302.9$$

이다. 그리고 SSR을 구하면

$$SSR = SST - SSE = 16,302.900 - 4,339.647 = 11,963.253$$

이다. 따라서 표본결정계수

$$r^2 = \frac{SSR}{SST} = \frac{11,963.253}{16,302.900} = 0.734$$

이다. 이 회귀선이 총변동 중에서 설명하는 부분은 73.4%이며 추정된 회귀선의 정도는 높은 편이다. 따라서 유용한 회귀모형이라고 하 수 있다. 경우에 따라 다르기는 하지만 총변동의 70% 이상을 설명할 수 있는 회귀모형은 유용한 것으로 생각할 수 있다.

3) 회귀선의 적합성

회귀선이 통계적으로 유의한가(statistically significant)를 검정하는 것은 매우 중요하다. 회귀모형이 아무리 설명력이 높다하더라도 유의하지 못하면 소용이 없기 때문이다. 회귀선의 적합성(goodness of fit) 여부, 즉 주어진 자료에 적합(fit)시킨 회귀선이 유의한가는 분산분석(analysis of variance)을 통하여 알 수 있다. 이를 위해 분산분석표를 만들면 다음과 같다.

표 19-3 단순회귀의 분산분석표

원천	제곱합(SS)	자유도(DF)	평균제곱(MS)	F
회귀	$SSR = \sum(\hat{Y} - \overline{Y})^2$	k	MSR $= \dfrac{SSR}{k}$	$\dfrac{MSR}{MSE}$
잔차	$SSE = \sum(Y - \hat{Y})^2$	n−(k+1)	$MSE = \dfrac{SSE}{n-k-1}$	
합계	$SST = \sum(Y - \overline{Y})^2$	n−1		

주) k= 독립변수의 수이며, 그 값은 1이다.

위 표에서 평균제곱은 제곱합을 각각의 자유도로 나눈 것이다. 통계량 MSR/MSE는 자유도(k, n−(k+1))의 F분포를 한다고 알려져 있다. 회귀의 평균제곱 MSR이 잔차의 평균제곱 MSE보다 상대적으로 크다면 X와 Y의 관계를 설명하는 회귀선에 의하여 설명되는 부분이 설명 안 되는 부분보다 크기 때문이다.

회귀선의 검정에 대한 귀무가설과 대립가설은 다음과 같다.

H_0: 회귀선은 유의하지 못하다. 또는 (β1 = 0)

H_1: 회귀선은 유의하다. 또는 (β1 ≠ 0)

F값을 구한 후에 부록의 F분포표를 이용한 유의수준 α에서 임계치 $F_{(\alpha;1,n-2)}$를 비교하여서 F>$F_{(\alpha;1,n-2)}$이면 회귀선은 유의하다고 결론을 내린다.

예제 4

앞 [예제 1]의 자료에서 얻어진 회귀선의 분산분석표를 작성하고 유의수준 5%에서 그 회귀선이 유의한지 여부를 검정하라.

풀이

분산분석표를 만들면 다음과 같다.

원천	제곱합(SS)	자유도(DF)	평균제곱(MS)	F	F(0.05)	F(0.01)
회귀	11,963.253	1	11,963.253	22.054	5.32	11. 6
잔차	4,339.647	8	542.455			
합계	16,302.900	9				

유의수준 $\alpha = 0.05$에서 $F > F_{(0.05)}$이므로 '회귀선이 유의하지 못하다'라는 귀무가설을 기각시킨다. 따라서 회귀선 $\hat{Y} = 40.562 + 3.412X$는 유의하다고 결론을 내릴 수 있다.

회귀모형이 통계적으로 유의하면 계속해서 모집단의 회귀모형에 대하여 추론을 하여야 한다. 만약 분산분석에서 회귀선이 유의하지 않다고 결론이 내려지면 그 회귀모형은 폐기되어야 한다.

4) 회귀모형의 추론

앞 절에서 개발된 회귀모형의 가정이 모두 성립하며 회귀선이 유의하다고 하자. 그런데 이 회귀선은 단지 표본에서 도출된 것이다. 우리는 표본에서 구한 표본회귀선의 방정식으로부터 모집단 회귀선을 추정해야 하는데, 이것을 회귀분석의 통계적 추론(statistical inference)이라고 한다.

단순회귀분석의 모집단 회귀모형을

$$Y_i = \beta_0 + \beta_1 X_i + \epsilon_i \quad \text{식 19-14}$$

여기서 β_0, β_1 =모수

X_i =알려진 상수

ϵ_i =독립적이며, $N(0,\sigma^2)$,

$Cov(\epsilon_i,\epsilon_j)=0$ (단 $i \neq j$)

이라고 하자. 실제 모집단에 속해 있는 관찰치를 모두 얻는 것은 불가능하므로, 모집단으로부터 n개의 관찰치를 추출하여서 표본회귀직선

$$\widehat{Y}_i = \beta_0 + \beta_1 X_i \quad \text{식 19-15}$$

을 추정하는 것이다. 여기서 $\widehat{Y}_i$는 Y_i, b_o는 β_o 그리고 b_1은 β_1의 점추정량들이다. 이 추정량들은 평균과 분산을 가지고 있으므로 모수들에 대한 구간추정과 가설검정을 할 수 있는 통계적 근거를 마련해준다.

(가) β_1의 신뢰구간 추정

일반적으로 식 (12-14)의 회귀모형 기울기 β_1의 추정에 관하여 관심을 가지는 경우가 많다. 우리가 관심을 갖는 β_1에 대한 가설검정은 다음과 같다.

$$H_0 : \beta_1 = 0$$
$$H_1 : \beta_1 \neq 0$$

만약 귀무가설이 기각되지 않으면, 독립변수가 종속변수를 예측하는 데 도움이 되지 못하는 것을 나타낸다. 위의 가설검정을 위한 검정통계량은 다음과 같은 분포를 따른다.

가설검정 통계량 t분포

$$\frac{b_1 - \beta_1}{S_{b_1}} \text{은 } t(n-2)\text{분포를 한다} \quad \text{식 19-16}$$

n개의 표본에서 n−2의 자유도를 가지게 된 이유는 β_0, β_1의 두 모수가 추정되어야 하기 때문에 2개의 자유도를 잃게 된 것이다.

그리고 β_1에 대한 신뢰구간은 다음과 같다.

β_1의 신뢰구간

$$\beta_1 \in b_1 \pm t\left(\frac{\alpha}{2}, n-2\right) \cdot S_{b_1} \quad \text{식 19-17}$$

$$\text{여기서 } S_{b_1} = \sqrt{\frac{MSE}{\sum (X_i - \overline{X})^2}}, \quad MSE = \frac{\sum (Y_i - \widehat{Y}_i)^2}{n-2}$$

위의 식에서 σ^2을 아는 경우에는 MSE 대신에 σ^2을 대치할 수 있으며 표본의 크기가 충분히 큰 경우에는 t 대신에 Z를 쓰면 된다.

예제 5

앞의 자료에서 기울기 β_1의 95% 신뢰구간을 구하라.

풀이

$$S_{b_1}^2 = \frac{MSE}{\sum(X_i - \overline{X})^2} = \frac{542.455}{1,027.6} = 0.528$$

여기서

$$\sum(X_i - \overline{X})^2 = \sum X_i^2 - \frac{(\sum X_i)^2}{n} = 15,620 - \frac{(382)^2}{10} = 1,027.6$$

이다. 그리고 $S_{b_1} = 0.727$ 이며 $t(\frac{0.05}{2}, 10-2) = 2.306$ 이다.

따라서 기울기 모수의 신뢰구간은

$$\begin{aligned}\beta_1 &\in 3.412 \pm (2.306)(0.727)\\ &= [1.736,\ 5.088]\end{aligned}$$

이다. 그러므로 광고액을 1억 원 증가시키면 95% 신뢰수준에서 매출액은 1.736~5.088(억원) 사이로 증가한다. 그러나 이 숫자는 X의 주어진 자료의 범위 25~55 사이에서만 타당하다고 본다. 이 범위를 넘어서는 경우에는 신뢰구간의 적용이 적절하지 못할 수도 있다.

(나) β_0의 신뢰구간 추정

회귀선의 절편인 β_0의 추론은 흔한 경우가 아니다. 이것에 대한 추론은 그 모형의 기울기가 0인 경우에 하게 된다. β_0의 신뢰구간은 다음과 같다.

β_0의 신뢰구간

$$\beta_0 \in b_0 \pm t(\frac{\alpha}{2}, n-2) \cdot S_{b_o} \quad \text{식 19-18}$$

$$\text{여기서 } S_{b_0} = \sqrt{\frac{MSE}{n\sum(X_i - \overline{X})^2}}, \quad MSE = \frac{\sum(Y_i - \widehat{Y}_i)^2}{n-2}$$

예제 6

앞의 자료에서 절편 β_0의 95% 신뢰구간을 구하라.

풀이

$$S_{b_o} = \sqrt{542.455 \times \frac{15,620}{(10)(1,027.6)}} = 28.715$$

$$\beta_0 \in 40.562 \pm (2.306)(28.715) = 40.562 \pm 66.217$$

$$\therefore \ -22.655 \leqq \beta_0 \leqq 106.779$$

이 경우에 비록 Y절편의 신뢰구간을 구하였지만 의미는 없다고 본다. 왜냐하면 X수준의 통계자료를 보면 X=0은 그 범위 안에 포함되어 있지 않기 때문이다.

(다) $E(\widehat{Y}_h)$의 신뢰구간 추정

회귀분석의 중요한 목적 중의 하나는 Y확률분포의 평균을 추정하는 것이다. 독립변수(X)의 어떤 수준치를 X_h라 하면 X_h는 회귀모형의 범위 안에 있는 값이다. $X = X_h$일 때 평균반응치를 $E(Y_h)$라고 하면 $\widehat{Y}_h$는 이것의 점추정량이다.

$$\widehat{Y}_h = b_o + b_1 X_h$$

이제 $\widehat{Y}_h$의 표본분포에 대하여 알아보자. $\widehat{Y}_h$의 표본분포는 정규적이며, 기대치와 분산은 다음과 같다.

$\overline{Y}_h$의 기대치와 분산

$$E(\widehat{Y}_h) = E(Y_h)$$

$$Var(\widehat{Y}_h) = \sigma^2\left[\frac{1}{n} + \frac{(X_h - \overline{X})^2}{\sum(X_i - \overline{X})^2}\right] \quad \text{식 19-19}$$

만일 σ^2의 값을 모르는 경우 (식 19-19)에서 $\widehat{Y}_h$ 분산의 추정치,

$$Var(\widehat{Y}_h) = MSE\left[\frac{1}{n} + \frac{(X_h - \overline{X})^2}{\sum(X_i - \overline{X})^2}\right]$$

을 얻을 수 있다.

식 (19-19)에서와 마찬가지로 통계량 $\frac{\widehat{Y}_h - E(\widehat{Y}_h)}{S\widehat{y}_h}$는 자유도 n-2를 가진 t분포를 한다. 따라서 X의 주어진 값 X_h에 대한 $E(\widehat{Y}_h)$의 신뢰구간은 다음과 같다.

X의 주어진 값 X_h에서 $E(\widehat{Y}_h)$의 신뢰구간

$$E(\widehat{Y}_h) \in \widehat{Y}_h \pm t\left(\frac{\alpha}{2}, n-2\right) \cdot S_{\widehat{Y}_h} \quad \text{식 19-20}$$

여기서 $S_{\widehat{y}_h} = \sqrt{MSE\left[\frac{1}{n} + \frac{(X_h - \overline{X})^2}{\sum(X_i - \overline{X})^2}\right]}$

표본이 충분히 큰 경우에는 t값 대신에 Z값을 대치하면 된다. 왜냐하면 표본의 크기가 증가할수록 분포는 표준정규분포에 가까워지기 때문이다.

예제 7

앞의 예제에서 광고액이 30억 원인 경우와 50억 원인 경우에 매출액에 대한 95% 신뢰구간을 구하라.

풀이

① $X_h = 30$인 경우

$$\widehat{Y}_h = 40.562 + 3.412X = 40.562 + 3.412(30) = 142.922$$

$$S_{\hat{y}_h} = \sqrt{542.455 \cdot [\frac{1}{10} + \frac{(30-38.2)^2}{1{,}027.6}} = 9.473$$

$t(\frac{0.05}{2}, 8) = 2.306$이므로

$$E(\widehat{Y}_h) = 142.922 \pm (2.306)(9.473)$$
$$= 142.922 \pm 21.845$$

따라서 광고액이 30억 원인 경우 매출액 규모는 121.077~164.767억 원임을 예측할 수 있다.

② $X_h = 50$인 경우

$$\widehat{Y}_h = 40.562 + 3.412X = 40.562 + 3.412 \times 50 = 211.162$$

$$S_{\hat{y}_h} = \sqrt{542.455 \cdot [\frac{1}{10} + \frac{(50-38.2)^2}{1{,}027.6}} = 11.303$$

$$E(\widehat{Y}_h) = 211.162 \pm (2.306)(11.303)$$
$$= 211.162 \pm 26.065$$

따라서 광고액이 50억 원인 경우 매출액의 규모는 185.097~237.227억 원임을 예측할 수 있다.

위의 두 가지 예에서 보면 X의 값이 평균에 가까울수록 신뢰구간이 작게 나타난다. 이것은 X의 값이 $\overline{X}$에 가까울수록 $E(\widehat{Y}_h)$의 값을 비교적 정확하게 예측할 수

있다는 의미를 갖는다. 이것을 그림으로 나타내면 [그림 19-7]과 같다. 평균에서 잘록한 모양의 영역을 얻게 되는데 이것을 신뢰대(confidence band)라고 한다.

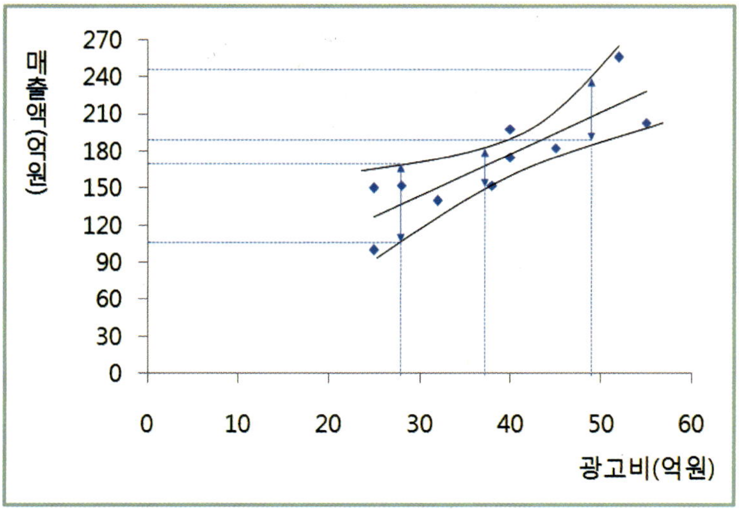

그림 19-7 신뢰대

지금까지 설명한 회귀분석 절차를 요약하면 다음과 같다.

회귀분석의 절차

① 산포도를 그려서 자료 변동의 대략적인 추세를 살펴본다.

② 회귀모형의 형태를 결정한다. 일반적으로 곡선보다는 직선의 선형모형이 많이 이용된다.

③ 회귀모형의 계수와 정도를 구한다.

④ 회귀모형이 통계적으로 유의한가를 검정한다.

⑤ 유의한 회귀모형에 대하여 추론을 한다.

19.2.2 SPSS를 이용한 단순회귀분석

SPSS 예제

회사는 광고액이 매출을 결정한다고 가정하고 지난 10개월간 자료를 정리하였다. 이를 통해서 산포도를 그리고 추정 회귀식을 구하라.

표 19-4 광고액과 매출액

월별	X(광고액, 억원)	Y(매출액, 억원)
1	25	100
2	52	256
3	38	152
4	32	140
5	25	150
6	45	183
7	40	175
8	55	203
9	28	152
10	42	198

풀이

1단계 SPSS 프로그램상에 데이터를 입력한다.

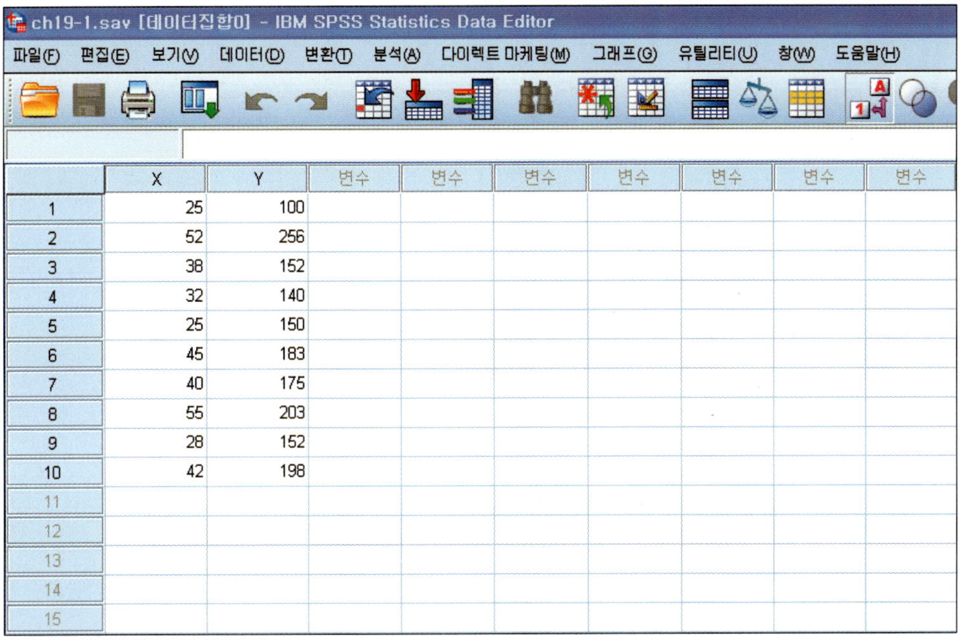

그림 19-8 데이터 입력 [데이터] ch19-1.sav

2단계 데이터의 산포 경향을 알아보기 위해서 산포도를 그린다. 이를 위해서 SPSS 프로그램에서 **그래프(G) → 레거시 대화상자(L) → 산점도/점도표(S)...**를 누른다.

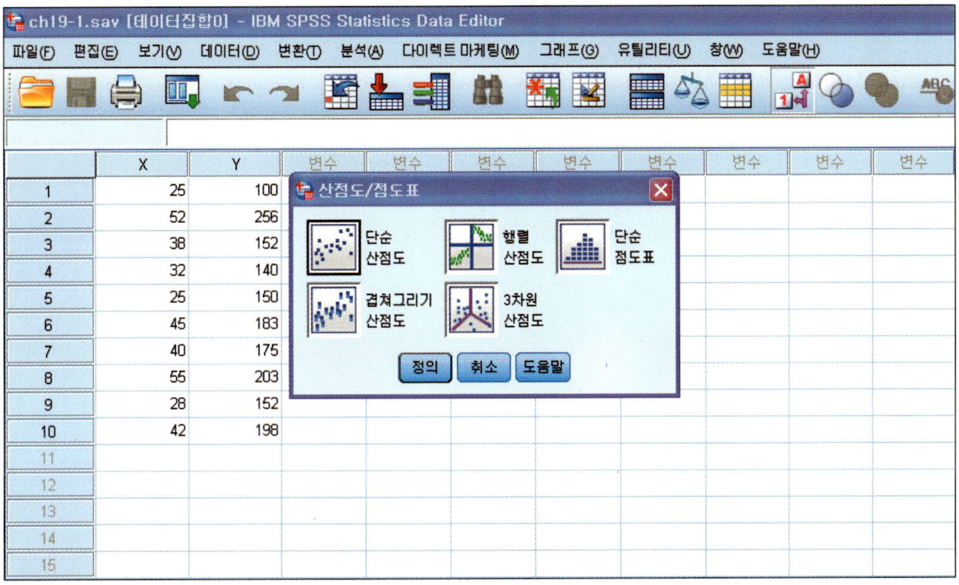

그림 19-9 산점도 화면

3단계 초기에 지정되어 있는 단순 산점도( )를 확인한다. 그리고 정의 단추를 누른다.

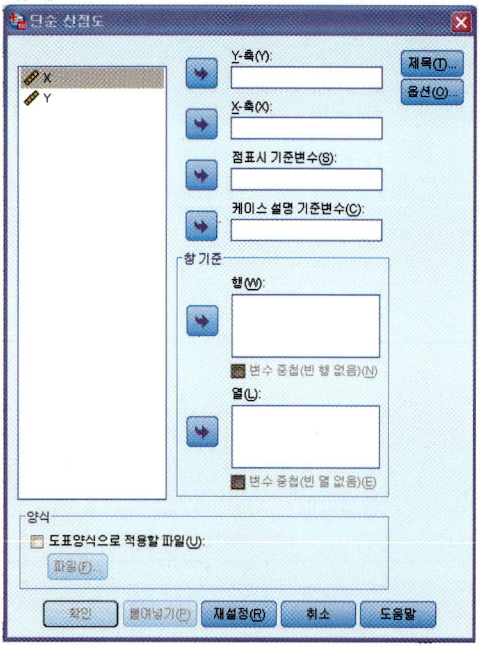

그림 19-10

산점도 초기화면

4단계 오른쪽 Y-축에는 Y변수를 X-축에는 X변수를 단추를 이용해서 보낸다.

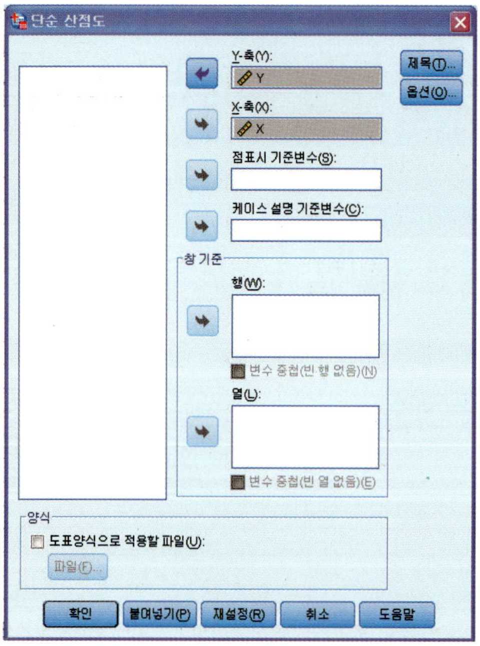

그림 19-11

산점도 변수 지정 화면

5단계 [확인] 단추를 누른다. 그러면 다음과 같은 결과 화면을 얻을 수 있다.

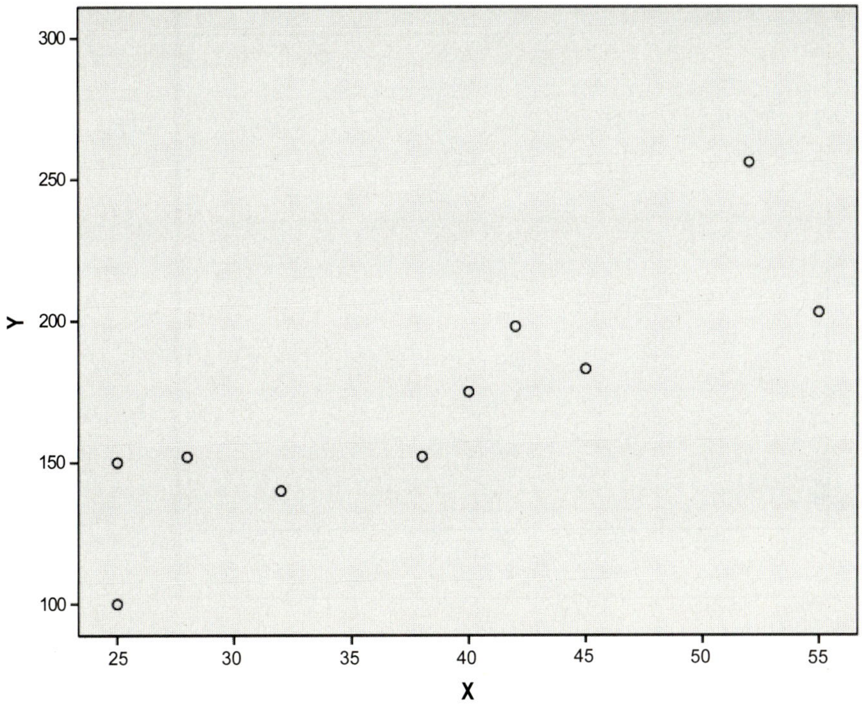

그림 19-12 산점도 결과 화면

● **결과 해석**

X(광고액)의 증가에 따라 Y값(매출액)이 증가하는 추세를 확인할 수 있다.

6단계 앞 [그림 19-12]에서 정확한 추세선과 설명력(R^2)을 표시해보기로 하자. 분석자는 마우스로 어느 한 점(○)을 지정한 다음 더블클릭을 한다. 그러면 다음과 같은 도표 편집기가 나타난다.

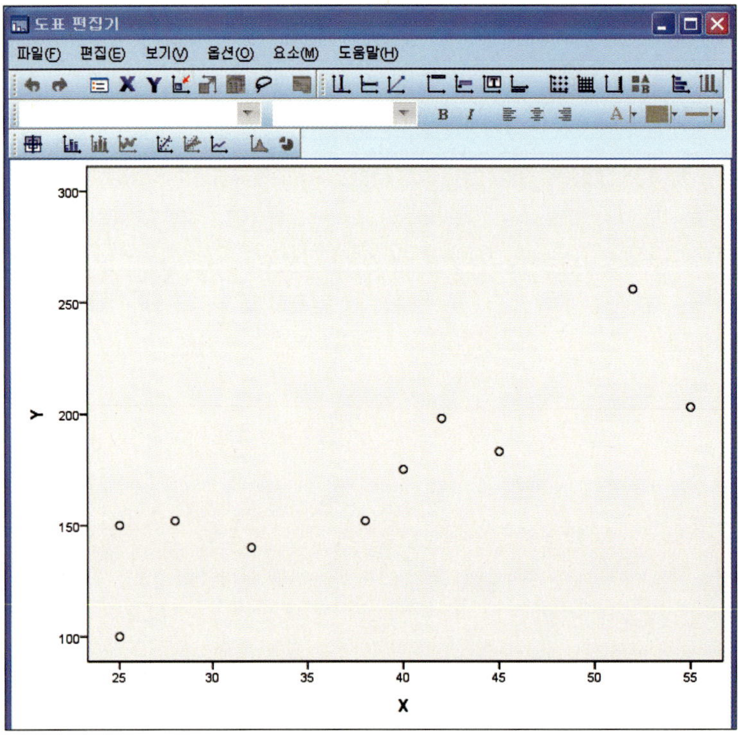

그림 19-13 도표 편집기

7단계 **요소(M) → 전체 적합선(F)**을 지정한다.

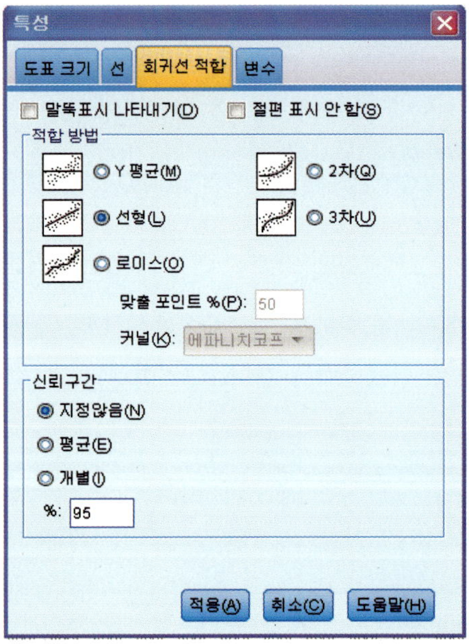

그림 19-14 회귀선 적합

8단계 [◎ 선형(L)] 을 지정한다. [적용(A)] 과 [닫기] 를 연속해서 지정한다.

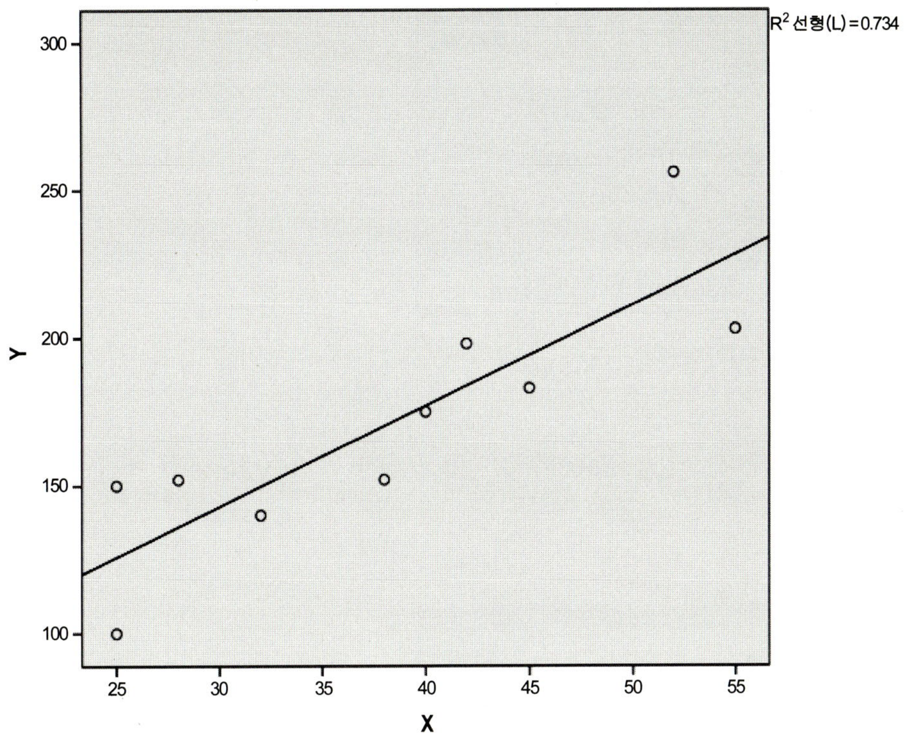

그림 19-15 회귀선 적합

● 결과 해석

추세선이 나타나 있으며 추세선의 설명력(R^2)은 73.4%임을 알 수 있다.

9단계 본격적으로 단순회귀분석을 실시하기로 한다. 분석자는 **분석(A) → 회귀분석(R) → 선형(L)** 단추를 누른다.

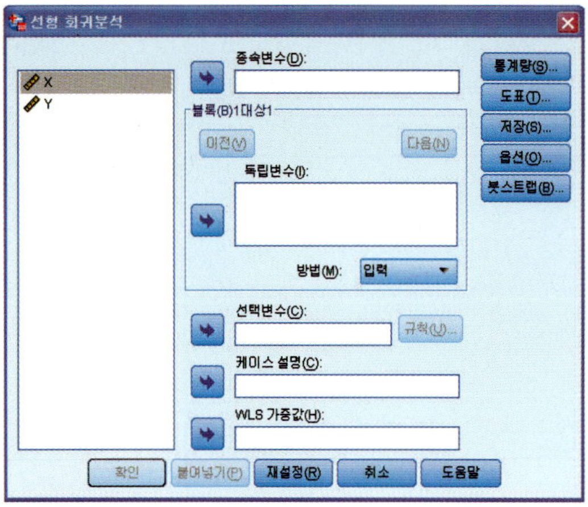

그림 19-16 선형회귀분석 1

10단계 Y변수(매출액)를 **종속변수(D)**란에 보낸다. X변수(광고액)를 **독립변수(I)**란에 보낸다.

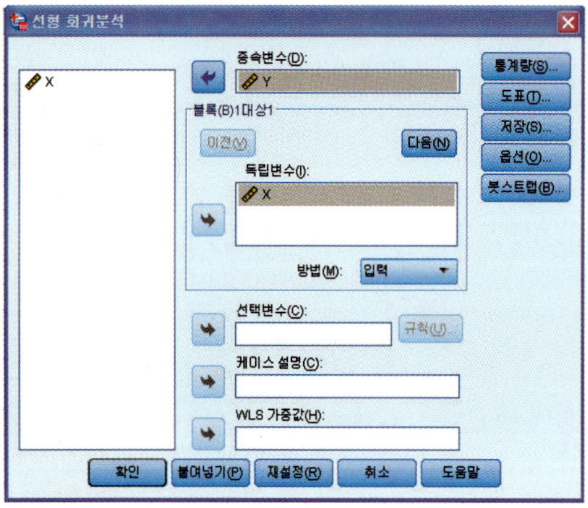

그림 19-17 선형회귀분석 2

11단계 [확인] 단추를 누르면 다음 결과를 얻을 수 있다.

모형 요약

모형	R	R 제곱	수정된 R 제곱	추정값의 표준오차
1	.857[a]	.734	.701	23.291

a. 예측값: (상수), X

분산분석[b]

모형		제곱합	자유도	평균 제곱	F	유의확률
1	회귀 모형	11963.253	1	11963.253	22.054	.002[a]
	잔차	4339.647	8	542.456		
	합계	16302.900	9			

a. 예측값: (상수), X
b. 종속변수: Y

계수[a]

모형		비표준화 계수		표준화 계수	t	유의확률
		B	표준오차	베타		
1	(상수)	40.561	28.715		1.413	.195
	X	3.412	.727	.857	4.696	.002

a. 종속변수: Y

그림 19-18 회귀분석 결과

● 결과 해석

[R 0.857, R제곱 0.734, 수정된 R제곱 0.701, 추정값의 표준 오차 23.29]

상관계수=0.857, 결정계수(R^2)=0.734, 수정결정계수(Adjusted R Square)=0.701(중회귀모형에서 설명하기로 함), 회귀계수의 표준오차(standard error of coefficient)=23.29이다.

[분산분석 유의한 F. 0.002]

회귀식이 통계적으로 유의한지를 검정하는 분산분석표임. F통계량에 대한 유의확률=0.002<$\alpha=0.05$이므로 추정 회귀식($\hat{Y}=40.561+3.412X$)은 유의하다고 할 수 있다. 여기서 유의하다는 뜻은 의미가 있다는 것을 나타낸다.

[(상수) B 40.561, 표준오차 28.715, t통계량 1.413, 유의확률 0.195]

회귀식의 절편(constant)=40.561, 절편의 표준오차=28.715, t=40.51/28.715=1.413, 유의확률(Sig)=0.1915>$\alpha=0.05$이므로 절편은 유의하지 못하다.

[X 3.412, 표준오차 0.727, 베타=0.857, t통계량 4.696, P-값 0.002]

X(광고액)의 회귀계수(B) = 3.412, 표준오차(Std. Error) = 0.727, 베타(Beta·Standardized Regression Coefficient) = 0.857이다. 여기서 베타는 회귀분석에서 사용한 모든 변수들을 표준화하여 얻은 계수를 말한다. 베타값이 크다는 것은 개별변수의 중요성이 높다는 의미다. t = {회귀계수(B)/표준오차(Std. Error)} = 4.696이다. 유의확률(Significance)=0.02 < α = 0.05이므로 아파트 광고액은 유의하다고 할 수 있다.

19.3 중회귀분석

19.3.1 중회귀분석 개념 및 기본 가정

중회귀분석(multiple regression analysis)은 2개 이상의 독립변수가 종속변수에 미치는 영향을 분석한다. 만약 광고액과 영업사원 수가 매출액에 영향을 미친다는 기본 가정을 하면 다음과 같은 그림으로 나타낼 수 있다.

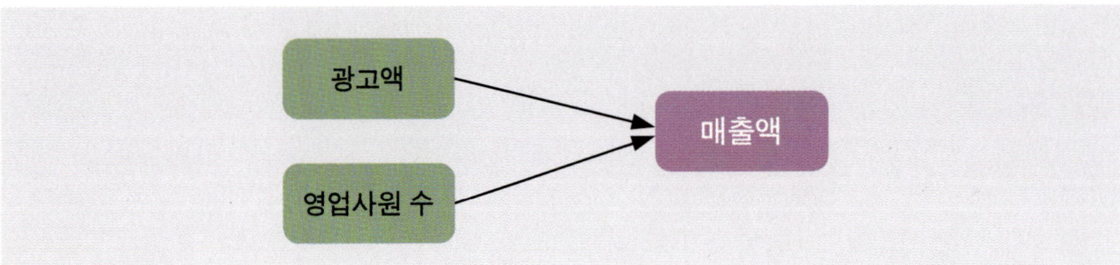

그림 19-19 중회귀부석 예

중회귀분석에서 고려하여야 할 기본 가정은 세 가지이다. 첫째, 독립변수 간의 상관관계, 즉 다중공선성(multicollinearity)이다. 회귀분석에서는 독립변수 간의 다중공선성이 존재하지 않아야 한다. 둘째, 어떤 잔차항이 다른 잔차항에 영향을 미치게 되는 경우 오차항의 자기상관(autocollelation) 또는 계열상관(serial correlation)이다. 오차항 간에는 자기상관이 없어야 한다. 셋째, 종속변수가 독립변수의 변화에 따라 다른 분산을 보이는 것을 이분산성(heteroscedasticity)이라고 한다. 회귀분석에서는 오차항들은 등분산성(homoscedasticity)이 있어야 한다.

중회귀모형

$$Y = \beta_0 + \beta_1 X_1 + \beta_2 X_2 + \epsilon$$ 식 19-21

여기서 $\beta_0,\ \beta_1,\ \beta_2$는 회귀계수이다

ϵ는 오차항으로서 $N(0,\sigma^2)$이며 독립적이다.

$\beta_0,\ \beta_1,\ \beta_2$의 추정치 $b_0,\ b_1,\ b_2$는 단순회귀분석의 경우와 비슷하게 $Q = \sum e^2 = \sum (Y - \hat{Y})^2$을 최소화하는 최소자승법을 이용하여 구해진다. 이에 대한 정규방정식(normal equation)을 구하면 다음과 같다.

$$\sum Y = nb_0 + b_1 \sum X_1 + b_2 \sum X_2$$
$$\sum X_1 Y = b_0 \sum X_1 + b_1 \sum X_1^2 + b_2 \sum X_1 X_2$$
$$\sum X_2 Y = b_0 \sum X_2 + b_1 \sum X_1 X_2 + b_2 \sum X_2^2$$ 식 19-22

1) 중회귀식의 정도

회귀식의 정도는 회귀식이 관찰자료를 어느 정도 설명하고 있는가를 나타낸다. 이를 위해서는 추정의 표준오차와 결정계수가 있다. 전자는 앞 절에서 설명한 개념과 유사하며 흔히 사용되지는 않는다. 여기서는 연구자들에 가장 많이 이용하는 결정계수에 대해서면 설명한다.

결정계수는 표본자료로부터 추정한 회귀방정식의 표본을 어느 정도로 나타내어 설명하고 있는가를 보여준다. 단순회귀분석에서 표본결정계수 r^2은 식 (19-13)에서

$$r^2 = 1 - \frac{SSE}{SST} = \frac{SSR}{SST}$$ 식 19-23

이다. 이 표본결정계수와 약간 다른 것을 소개하면 다음과 같다.

$$r_a^2 = 1 - \frac{S_{y \cdot x}^2}{S_y^2} = 1 - \frac{\sum(Y - \hat{Y})^2 / n-2}{\sum(Y - \overline{Y})^2 / n-1}$$
$$= 1 - \frac{SSE/n-2}{SST/n-1} \qquad \text{식 19-24}$$

이 r_a^2은 수정결정계수(adjusted coefficient of determination)라고 부른다. 이 결정계수는 각각의 적절한 자유도에 의하여 수정되었기 때문이다. 모집단의 결정계수를 추정할 때에 일반적으로 r^2보다는 r_a^2이 더 많이 사용된다. 그런데 표본의 수가 큰 경우에는 두 표본결정계수는 거의 같아진다.

이제 예제에서 중회귀모형의 중회귀결정계수 R^2은 다음과 같이 계산한다.

$$R^2 = \frac{SSR}{SST} = 1 - \frac{SSE}{SST} = 1 - \frac{\sum(Y - \hat{Y})^2}{\sum(Y - \overline{Y})^2} = 0.734 \qquad \text{식 19-25}$$

그리고 중회귀수정결정계수 $R_{y \cdot 12}^2$ 을 계산하면

$$R_{y \cdot 12}^2 = 1 - \frac{\sum(Y - \hat{Y})^2 / n-3}{\sum(y - \overline{Y})^2 / n-1} = 0.658 \qquad \text{식 19-26}$$

이다.

중회귀분석에 있어서 고려해야 할 중요한 개념은 독립변수들 사이의 상관관계를 나타내는 다중공선성(multicollinearity)이다. 이 다중공선성은 각 독립변수의 역할을 강조하는 데에서 문제가 야기된다. 대부분의 경우 독립변수들은 종속변수에 대하여 합동으로 영향을 주며, 이 문제를 해결하려면 각 독립변수의 기여도를 개별적으로 분리해볼 필요가 있다.

중회귀식의 추정 회귀식이 통계적으로 유의한지 여부 검정은 단순회귀분석에서 마찬가지로 F분포표를 보고 실시한다. 이어 개별변수의 유의성은 검정을 위하여 가설을 다음과 같이 세울 수 있다.

$$H_0: \ \beta_1 = \beta_2 = 0$$

H_1 : 적어도 둘 중의 하나는 0이 아니다.

개별변수의 유의성 여부는 t분포를 통해서 판단한다. 새롭게 계산된 t값이 ±1.96보다 클 경우 분석자는 '유의하다'라고 판단할 수 있다.

19.3.2 SPSS를 이용한 중회귀분석

SPSS 예제

다음은 어느 회사의 광고액(x1), 영업사원 수(x2)와 매출액(y)의 자료이다. 광고액(x1)과 영업사원 수(x2)가 매출액(y)에 미치는 영향 관계를 분석하여보자.

표 19-5 중회귀분석 예제

가구	X1(광고액, 억원)	X2(영업사원 수, 명)	Y(매출액, 억원)
1	25	3	100
2	52	6	256
3	38	5	152
4	32	5	140
5	25	4	150
6	45	7	183
7	40	5	175
8	55	4	203
9	28	2	152
10	42	4	198

풀이

1단계 회귀분석을 위해서 다음과 같이 자료를 입력하면 된다.

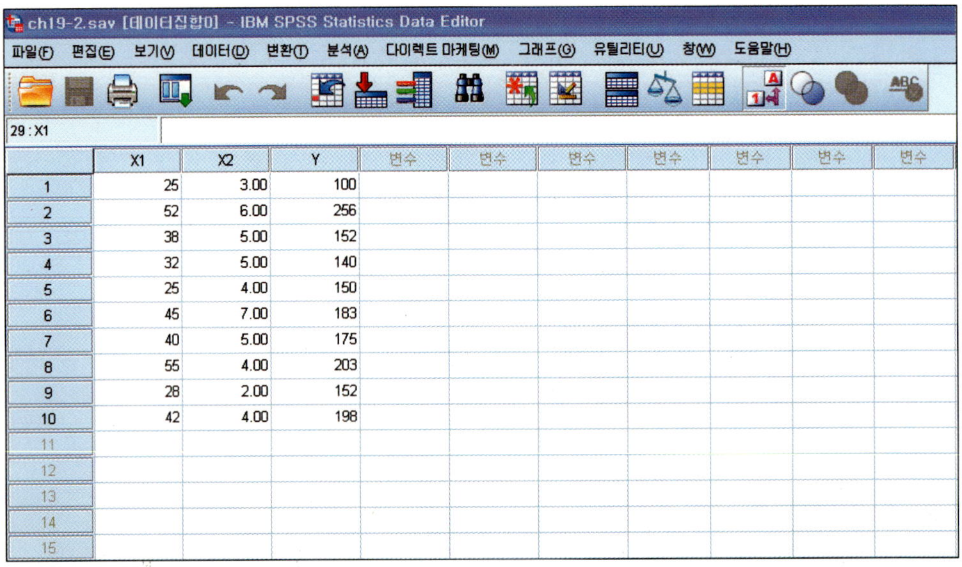

그림 19-20 데이터 입력

2단계 회귀분석을 위해서 분석자는 **분석(A)** → **회귀분석(R)** → **선형(L)** 단추를 누른다.

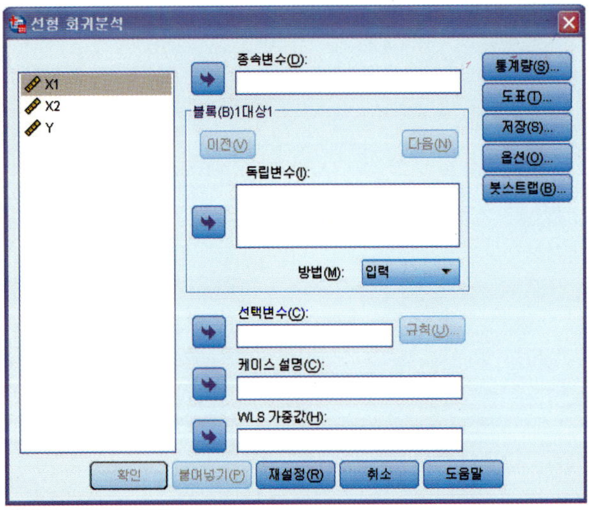

그림 19-21 선형회귀분석 창

3단계 Y변수(매출액)를 **종속변수(D)**란에 보낸다. 그리고 X1(광고액)변수와 X2(영업사원 수)변수를 **독립변수(I)**란에 보낸다.

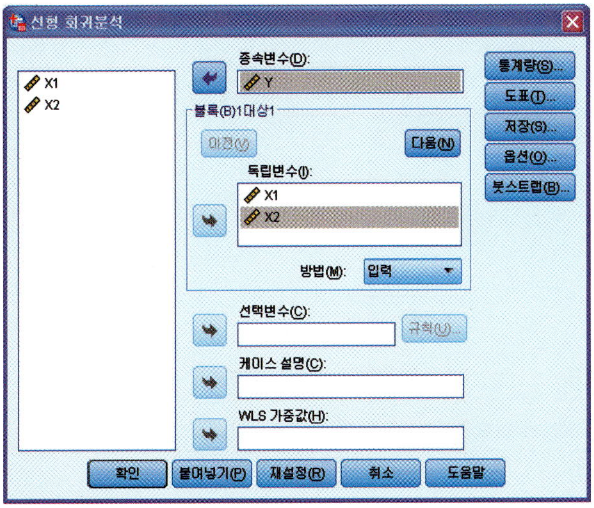

그림 19-22 선형회귀분석 창: 변수 지정

4단계 [통계량(S)...] 단추를 눌러 다음을 지정한다.

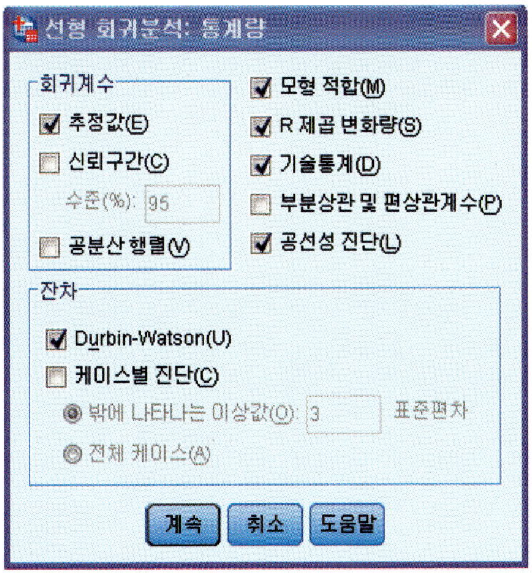

그림 19-23 선형회귀분석: 통계량

5단계 계속 단추를 누른다. 그러면 앞 [그림 19-22] 화면으로 복귀한다. 여기서 표준화된 종속변수의 잔차와 독립변수의 관계를 알아보기 위해서 도표(T)... 단추를 누른다. Y란에는 '*ZPRED', X란에는 '*ZRESID'를 지정한다. **표준화 잔차도표**란에서 ☑ 히스토그램(H), ☑ 정규확률도표(R)를 지정한다.

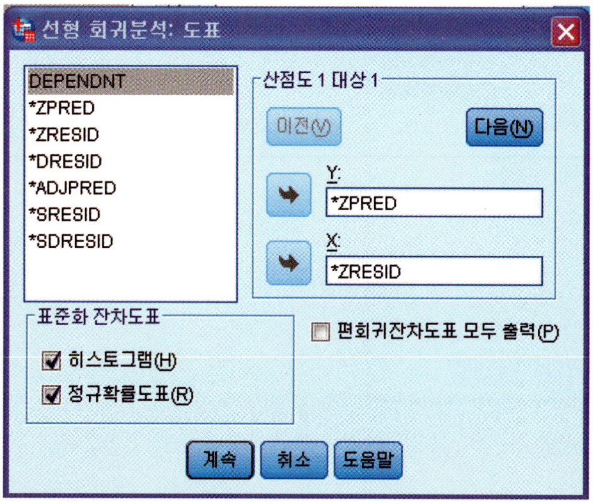

그림 19-24 선형회귀분석: 도표

6단계 계속 단추를 누른다. 그러면 앞 [그림 19-22] 화면으로 복귀한다. 확인 단추를 누르면 결과를 얻을 수 있다.

기술통계량

	평균	표준편차	N
Y	170.90	42.561	10
X1	38.20	10.685	10
X2	4.5000	1.43372	10

그림 19-25 기술통계량

● **결과 해석**

매출액(Y), 광고액(X1), 종업원 수(X2) 등에 대한 기술통계량이 나타나 있다.

상관계수

		Y	X1	X2
Pearson 상관	Y	1.000	.857	.491
	X1	.857	1.000	.558
	X2	.491	.558	1.000
유의확률 (단측)	Y	.	.001	.075
	X1	.001	.	.047
	X2	.075	.047	.
N	Y	10	10	10
	X1	10	10	10
	X2	10	10	10

그림 19-26 상관계수

● 결과 해석

매출액(Y), 광고액(X1), 종업원 수(X2) 등에 대한 상관계수와 표본수가 나타나 있다.

모형 요약[b]

모형	R	R 제곱	수정된 R 제곱	추정값의 표준오차	통계량 변화량					Durbin-Watson
					R 제곱 변화량	F 변화량	df1	df2	유의확률 F 변화량	
1	.857[a]	.734	.658	24.888	.734	9.659	2	7	.010	2.765

a. 예측값: (상수), X2, X1
b. 종속변수: Y

그림 19-27 모형 요약

● 결과 해석

[R 0.857, R 제곱 .734, 수정된 R 제곱 0.658] 독립변수인 X1(광고액), X2(종업원 수)로 구성된 회귀식이 Y(매출액)의 총변동을 73.4%을 설명하고 있다. 따라서 회귀식의 설명력은 상당히 높다고 볼 수 있다. 자유도로 수정된 R제곱은 0.658임을 알 수 있다. 더빈-왓슨(Durbin-Watson)통계량은 회귀모형에서 오차(잔차)항에 자기상관이 있는가를 검정하는 통계량이다. 이 잔차의 독립성에 관한 검정은 Durbin-Watson 테스트로 실시한다. 이를 이용하여 자기상관관계가 존재하는가를 검정하여보자.

H_0 : ρ=0

H_1 : ρ>0

여기서는 더빈-왓슨 통계량은 2.765이다. 독립변수 2(k=2), 관찰치 10(N=10)의 Durbin-Watson의 임계치는 0.95≤D≤1.54이다. 검정통계량 d가 d<0.95이면 H_1을 채택하고, d가 d>1.54 H_0을 채택한다. 그리고 d가 0.95<d<1.54이면 불확정적이다. 예에서 제시된 d값이 1.952로서 d=2.765>1.54이므로 H_0을 채택할 수 있다. 따라서 자기상관이 없다고 결론을 내릴 수 있다.

분산분석[b]

모형		제곱합	자유도	평균 제곱	F	유의확률
1	회귀 모형	11966.857	2	5983.429	9.659	.010[a]
	잔차	4336.043	7	619.435		
	합계	16302.900	9			

a. 예측값: (상수), X2, X1
b. 종속변수: Y

그림 19-28 분산분석

● 결과 해석

회귀식이 통계적 유의성을 검정하는 F통계량값은 9.659이고, 이에 대한 유의도가가 0.010이다. 따라서 Sig. F=0.010<α=0.05이므로, 이 회귀식은 유의하다고 볼 수 있다. 즉, X1, X2으로 구성된 회귀식은 통계적으로 유의하다고 볼 수 있다.

계수[a]

모형		비표준화 계수		표준화 계수	t	유의확률	공선성 통계량	
		B	표준오차	베타			공차	VIF
1	(상수)	39.689	32.742		1.212	.265		
	X1	3.372	.936	.847	3.603	.009	.688	1.453
	X2	.532	6.976	.018	.076	.941	.688	1.453

a. 종속변수: Y

그림 19-29 회귀분석 결과-계수

● 결과 해석

중회귀식은 $\hat{Y} = 39.689 + 3.372X1 + 0.532X2$로 나타낼 수 있다. 다른 변수들을 일정하다고 놓고 보았을 때, 광고액(X1)이 1억 원 늘어나면 매출액은 3.372억 원씩, 영업사원 수(X2)가 1명 증가하면 매출액은 0.532억 원씩 증가하는 것을 알 수 있다. 베타(Beta)는 회귀계수를 표준화한 것으로 회귀계수의 중요도를 나타낸다. 변수의 베타 값이 0에 가까울수록 무의미한 변수로 판정된다. 여기서는 광고액(X1)이 영업사원 수(X2)에 비해서 상대적으로 중요함을 알 수 있다. X1변수의 유의확률$=0.009<\alpha=0.05$이기 때문에 통계적으로 의미가 있음을 알 수 있다. X2변수의 유의확률$=0.941>\alpha=0.05$이기 때문에 통계적으로 의미가 없음을 알 수 있다.

계수^{a}

모형		공선성 통계량	
		공차	VIF
1	X1	.688	1.453
	X2	.688	1.453

a. 종속변수: Y

그림 19-30 계수

● 결과 해석

다중공선성이란 독립변수 간의 상관관계가 존재하는 것을 의미한다. 회귀식에 독립변수가 많이 투입할수록 작아져 회귀식의 정도(精度)는 높아진다. 그러나 다중공선성이 높은 독립변수는 제거되어야 한다. 다중공선성을 검사하기 위해서는 공차한계(Tolerance)를 이용한다. R_i^2값이 매우 크다는 것은 i번째 독립변수가 투입되었을 때의 회귀식의 설명력이 매우 크다는 것을 의미한다. 따라서 $1-R_i^2$은 i번째 독립변수가 회귀분석에 투입되었을 때, 이미 투입된 독립변수가 설명하지 못하는 총변동 부분을 의미하는 것이다. $1-R_i^2$을 공차한계라 한다. 그러므로 다중공선성이 낮을수록 공차한계값이 높게 나타난다. 공차한계의 최대값은 1이므로 위의 경우 공차한계값이 높다고 볼 수 있다. 여기서는 다중공선성이 낮다고 볼 수 있다. VIF(Variance Inflation Factor)는 분산확대지수로 앞의 공차한계의 역수이다. 현재 VIF값이 1.045로 10보다 현저하게 작아 다중공선성의 문제는 없는 것으로 보인다. 또 다른 방법으로 $\sqrt{VIF} = \sqrt{10}$, 약 3 이상일 경우 표준화 회귀계수(β_i)의 표준오차가 3배 이상으로 커져 다중공선성으로 인한 회귀계수의 해석상 문제점이 발생할 수 있다.

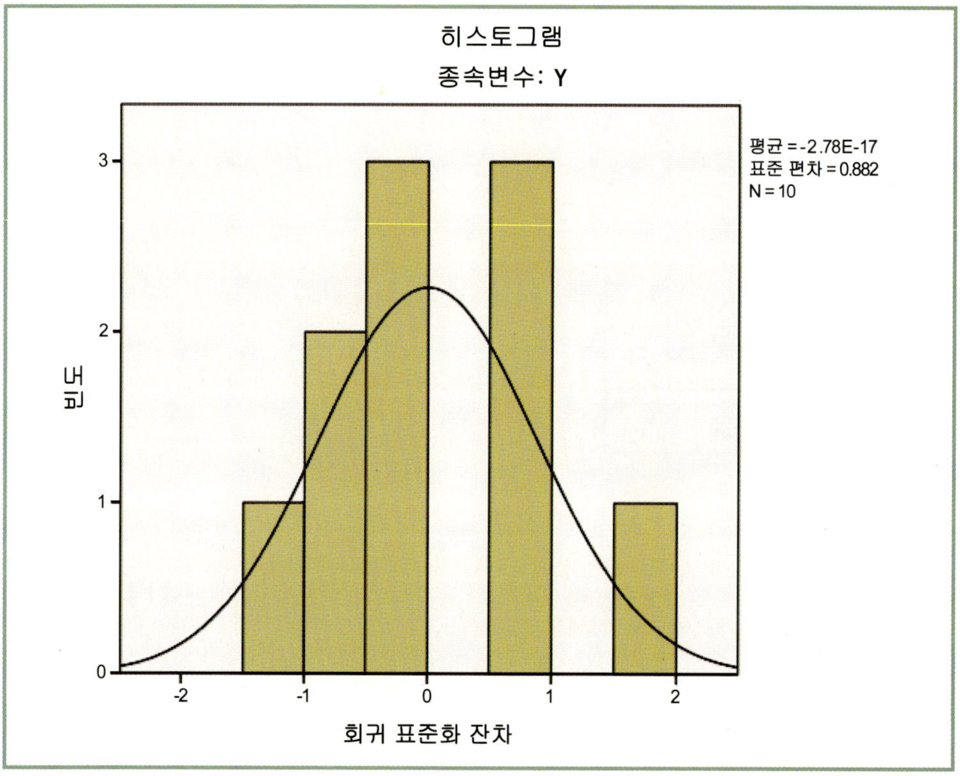

그림 19-31 히스토그램

● 결과 해석

잔차가 정규분포를 해야 한다는 가정을 검정하기 위하여 잔차와 정규분포도를 비교한 그래프를 제시한다. 현재의 히스토그램을 본 결과 정규분포를 나타나고 있는지 여부는 알기 어렵다. 따라서 다음의 그림을 검토하는 것이 더 좋다.

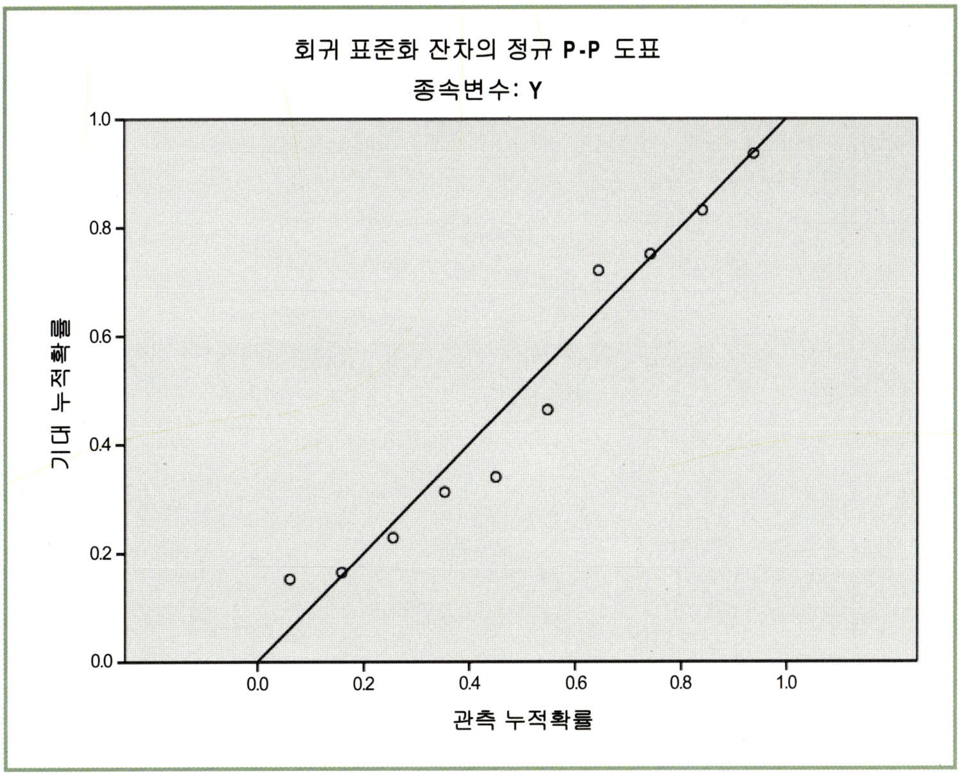

그림 19-32 회귀 표준화 잔차의 정규 P-P 도표

● **결과 해석**

잔차의 정규분포 가정을 검증하기 위하여 누적확률분포와 정규분포의 누적확률분포의 산포도를 그린 것이다. 잔차의 형태가 대각선 직선의 형태를 지니고 있으면 잔차가 정규분포를 한다고 할 수 있다.

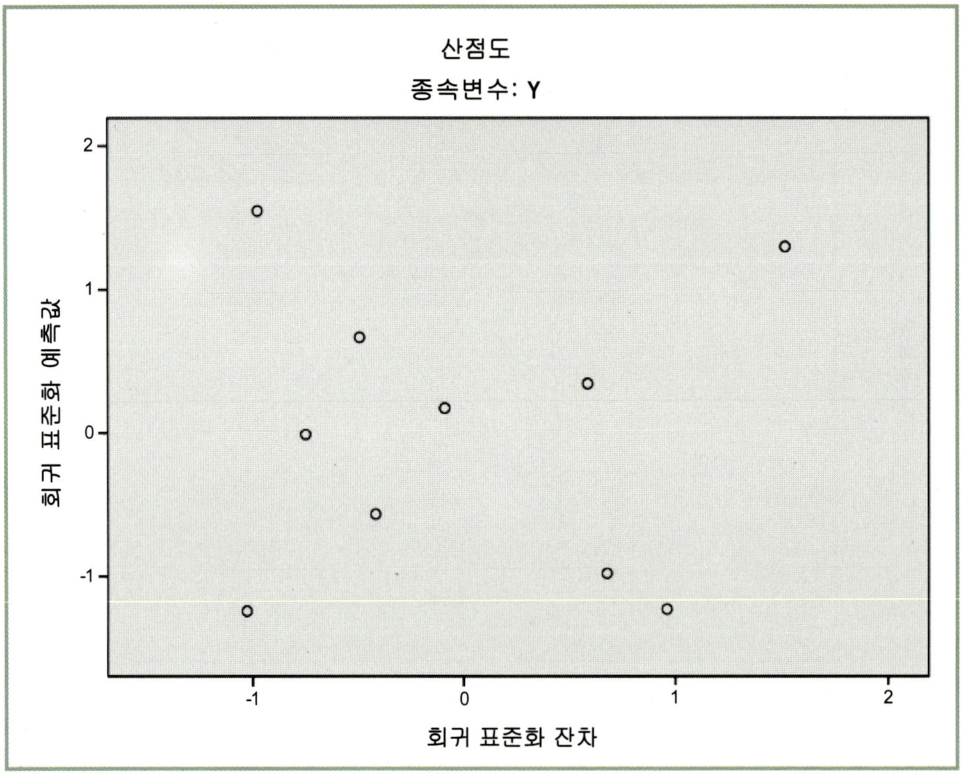

그림 19-33 잔차의 예측 산점도

● 결과 해석

종속변수 오차항의 분산이 모든 독립변수의 값에 대하여 동일해야 한다는 가정을 검정하기 위해 표준화된 잔차를 세로축으로, 표준화된 예측치를 가로축으로 산포도를 그린다. 잔차의 모양이 가로축과 세로축의 0을 중심으로 무작위적으로, 즉 예측치의 증감과 관계없이 특정한 추세를 보이지 않고 있으므로, 이 가정에 위배된다고 볼 수 없다.

19.4 더미변수를 이용한 회귀분석

회귀분석 때에 독립변수 중에서 명목변수가 있을 때에, 그 변수를 더미변수(dummy variable) 혹은 가상변수로 변환하는 경우가 있다. 더미변수의 수는 원래 변수가 지닌 집단의 개수보다 하나 적다. 예를 들어, 성별이라는 변수가 독립변수로 될 때 남자와 여자의 두 분류만 있으므로 1(2−1)개의 더미변수로 나타낸다. 예를 들어 4개의 수준인 계절 변수는 다음과 같이 3(4−1)개의 더미변수 처리를 하면 된다.

표 19-6 더미변수 처리

계절	더미변수 1(d1)	더미변수 2(d2)	더미변수 3(d3)
봄	0	0	0
여름	1	0	0
가을	0	1	0
겨울	0	0	1

SPSS 프로그램에서 더미변수를 만들기 위해서는 **변환(T) → 변수계산(C)...** 단추를 이용하면 편리하다. 일반적으로 두개의 집단으로 분류된 명목변수는 더미변수를 별도로 만들 필요 없이 그대로 투입해도 좋으나, 회귀식을 해석하는 과정에서 주의를 요한다.

19.5 비선형회귀분석

19.5.1 비선형회귀분석의 기본 개념

선형회귀분석은 독립변수와 종속변수와의 관계가 선형적(linear)으로 나타낼 수 있는 경우에 가능하다. 반면에 독립변수(x)와 종속변수(y) 간의 관계가 비선형함수인 경우 비선형회귀분석(non-linear regression analysis)에 해당된다. 다음 그림은 비선형함수의 예를 나타낸 것이다.

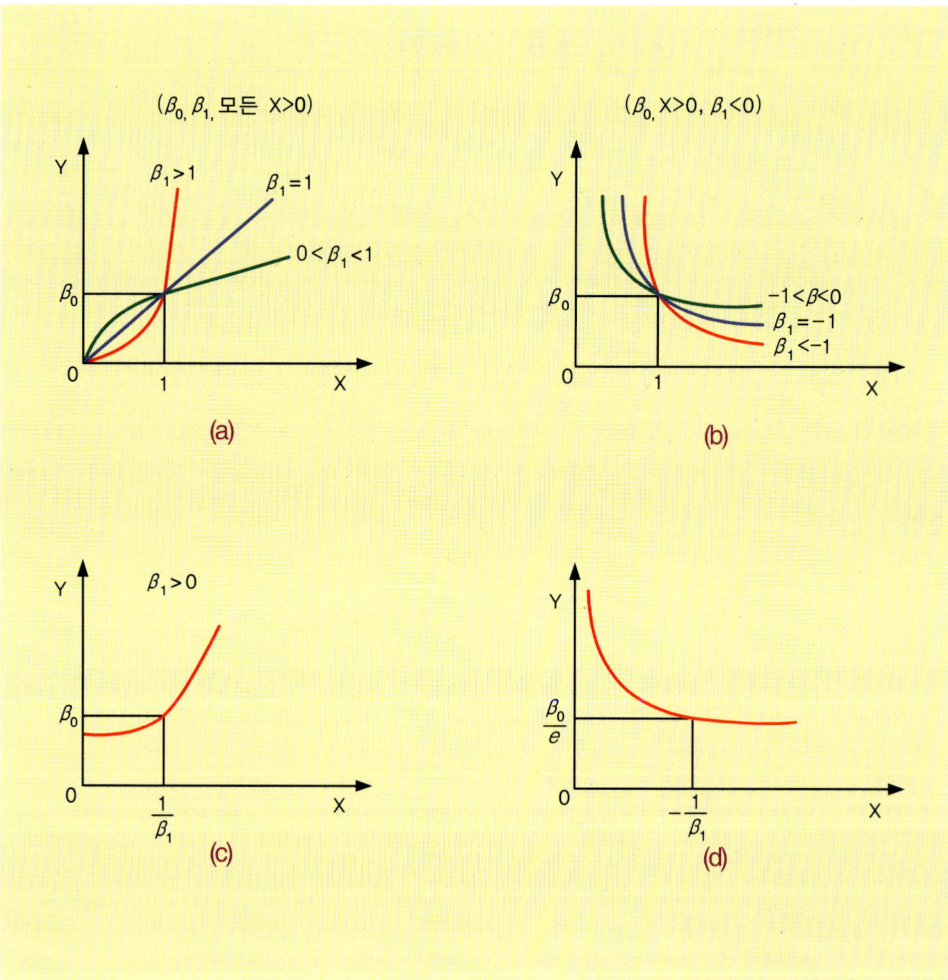

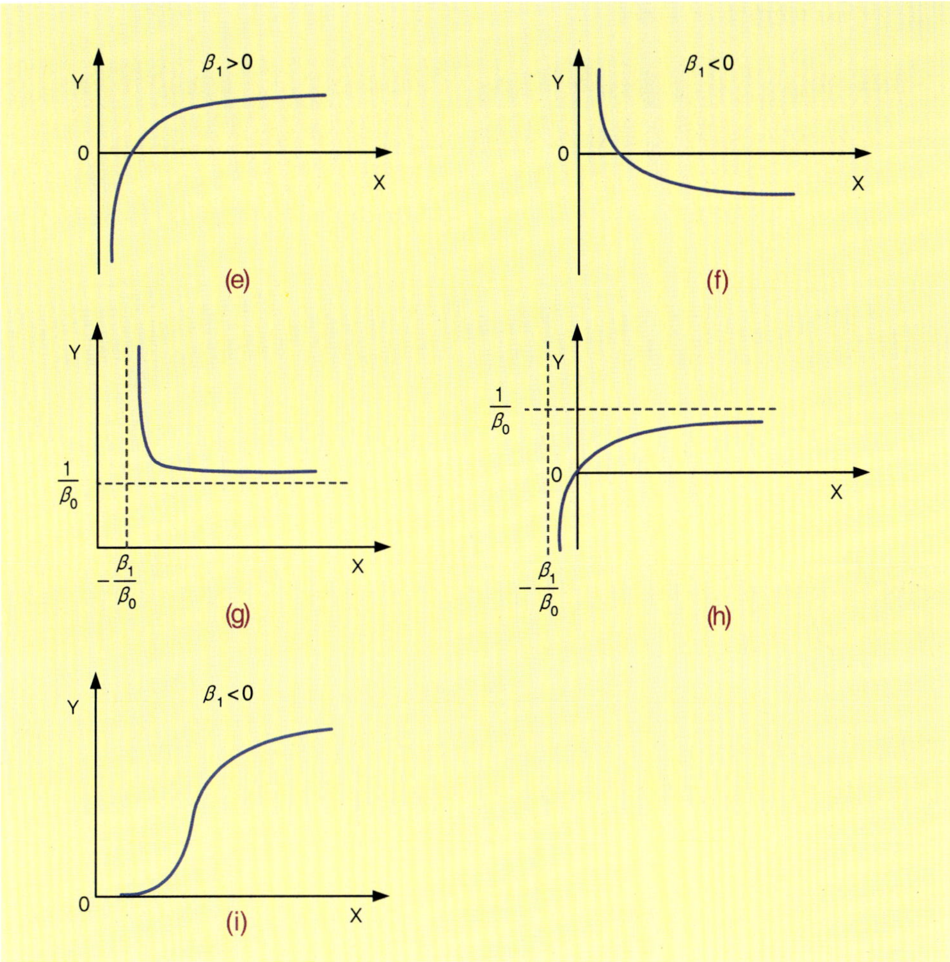

그림 19-34 비선형함수의 예

분석자는 비선형회귀분석을 위해서는 다음과 같은 절차를 거치면 된다.

1단계 산포도를 그린다. 산포도를 통해서 전체적인 특성을 파악한다. 예를 들어, 산포도가 [그림 19-34]의 (c)처럼 나타낸 경우, x와 y의 관계식은 다음과 같이 나타낼 수 있다.

$$y = \beta_0 \exp(\beta_1 x)$$

연구자는 자료의 분포를 나타내는 산포도의 모양에 따른 비선형함수의 관계식은 다음 표와 같이 나타낼 수 있다.

표 19-7 비선형함수의 관계식

산포도 유형	함수관계	(x, y)의 변환	함수관계 계산
(a), (b)	$y=\beta_0 x^{\beta_1}$	$(\ln x, \ln y)$	$\hat{y}=\exp(b_0)x^{b_1}$
(c), (d)	$y=\beta_0 \exp(\beta_1 x)$	$(x, \ln y)$	$\hat{y}=\exp(b_0+b_1 x)$
(e), (f)	$y=\beta_0+\beta_1 \ln x$	$(\ln x, y)$	$\hat{y}=b_0+b_1 \ln x$
(g), (h)	$y=\dfrac{x}{\beta_0 x+\beta_1}$	$(\dfrac{1}{x}, \dfrac{1}{y})$	$\hat{y}=\dfrac{x}{b_0 x+b_1}$
(i)	$y=\exp(\beta_0+\dfrac{\beta_1}{x})$	$(\dfrac{1}{x}, \ln y)$	$\hat{y}=\exp(b_0+\dfrac{b_1}{x})$

2단계 산포도의 유형이 앞 [그림 19-34] (c)와 같다면, y의 값은 로그를 취하여 $\ln(y)$로 바꾸고, x는 그대로 x로 변환시킨다.

3단계 회귀분석을 통해서 추정회귀식을 구한다. 예를 들어, 앞 [그림 19-34]의 (c)에 해당하는 추정 회귀식은 $\hat{y}=\exp(b_0+b_1 x)$이 된다.

19.5.2 SPSS를 이용한 비선형회귀분석

SPSS 예제

다음은 어느 핸드폰 대리점의 월별 판매실적을 나타낸 것이다. x, y 간의 추정 회귀식을 구하고, 기간 25의 판매량을 예측하라.

표 19-8 세명 컴퓨터의 소프트웨어 판매실적

x(월)	y(판매)	x(월)	y(판매)
1	33	13	3,236
2	256	14	3,341
3	430	15	3,249
4	582	16	3,624
5	1,309	17	3,642
6	1,856	18	3,412
7	2,100	19	3,647
8	2,612	20	3,476
9	2,466	21	3,475
10	3,042	22	3,503
11	2,972	23	3,797
12	3,037	24	3,595

풀이

1단계 다음과 같이 자료 입력을 한다.

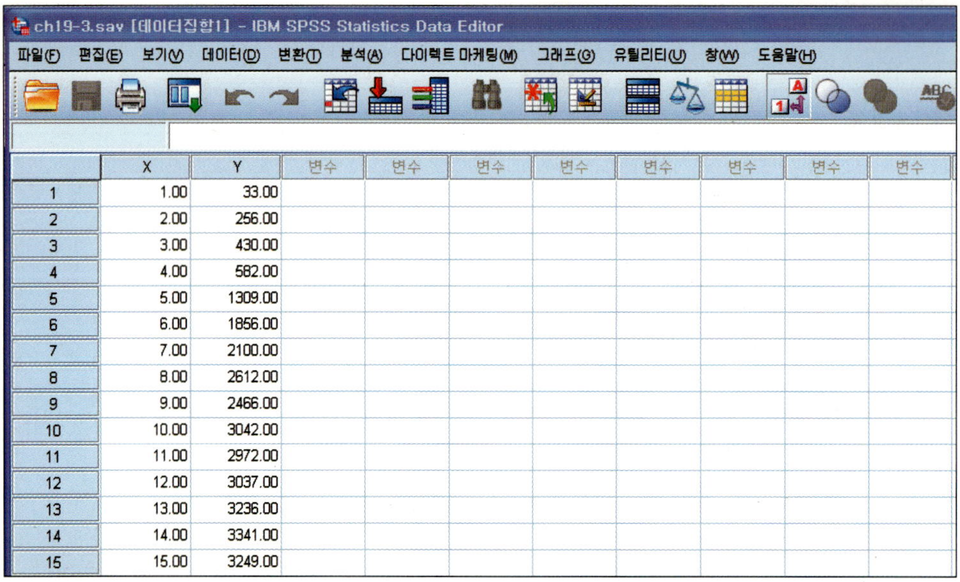

ch19-3.sav [데이터집합1] - IBM SPSS Statistics Data Editor

파일(F) 편집(E) 보기(V) 데이터(D) 변환(T) 분석(A) 다이렉트 마케팅(M) 그래프(G) 유틸리티(U) 창(W) 도움말(H)

	X	Y	변수	변수	변수	변수	변수	변수	변수	변수
1	1.00	33.00								
2	2.00	256.00								
3	3.00	430.00								
4	4.00	582.00								
5	5.00	1309.00								
6	6.00	1856.00								
7	7.00	2100.00								
8	8.00	2612.00								
9	9.00	2466.00								
10	10.00	3042.00								
11	11.00	2972.00								
12	12.00	3037.00								
13	13.00	3236.00								
14	14.00	3341.00								
15	15.00	3249.00								

그림 19-35 데이터 입력(일부) [데이터] ch19-3.sav

2단계 산포도를 그린다. 변수와 종속변수의 함수관계를 파악한다. 이를 위해서 SPSS 프로그램에서 **그래프(G) → 레거시 대화상자(L) → 산점도/점도표(S)...**를 눌러 다음 산점도를 구한다.

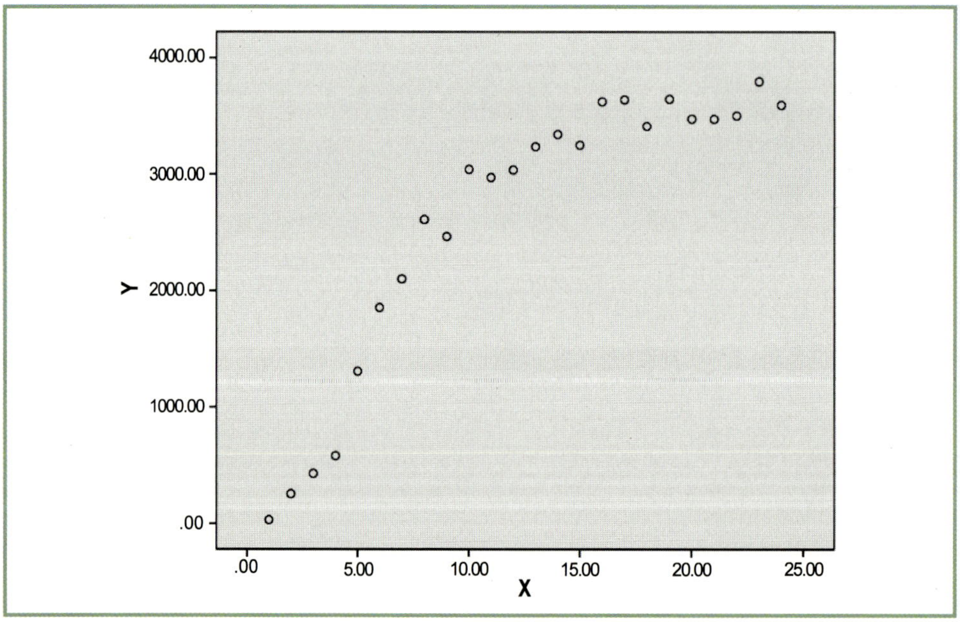

그림 19-36 산점도

3단계 산포도를 통해 볼 때, 대략적인 분포는 S곡선의 추이를 보여 추정 회귀식은 $y = \exp(\beta_0 + \frac{\beta_1}{x})$형태에 해당된다.

4단계 이 경우는 자료를 변환시킨다. x는 1/x, y는 log y값을 취한다. SPSS 프로그램에서는 **변환(T)** → **변수계산(C)...** 단추를 이용한다. SPSS 창에서는 로그는 LN함수를 사용한다.

	X	Y	X역수	Y로그	변수	변수	변수	변수	변수
1	1.00	33.00	1.00	3.50					
2	2.00	256.00	.50	5.55					
3	3.00	430.00	.33	6.06					
4	4.00	582.00	.25	6.37					
5	5.00	1309.00	.20	7.18					
6	6.00	1856.00	.17	7.53					
7	7.00	2100.00	.14	7.65					
8	8.00	2612.00	.13	7.87					
9	9.00	2466.00	.11	7.81					
10	10.00	3042.00	.10	8.02					
11	11.00	2972.00	.09	8.00					
12	12.00	3037.00	.08	8.02					
13	13.00	3236.00	.08	8.08					
14	14.00	3341.00	.07	8.11					
15	15.00	3249.00	.07	8.09					

그림 19-37 자료 변환

5단계 분석자는 **분석(A)** → **회귀분석(R)** → **선형(L)** 단추를 누른다. 여기서 자료를 변환한 것을 각각 **종속변수(D)**와 **독립변수(I)**란에 보낸다.

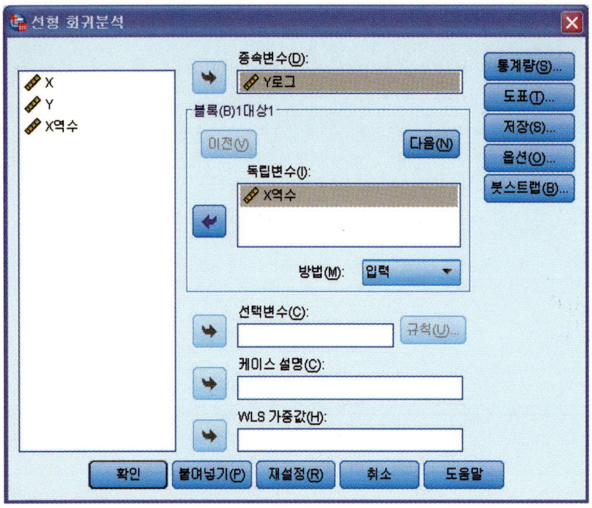

그림 19-38 선형회귀분석

6단계 [확인] 단추를 누르면 다음 결과를 얻을 수 있다.

모형 요약

모형	R	R 제곱	수정된 R 제곱	추정값의 표준오차
1	.980[a]	.961	.959	.23005

a. 예측값: (상수), X역수

분산분석[b]

모형		제곱합	자유도	평균 제곱	F	유의확률
1	회귀 모형	28.330	1	28.330	535.286	.000[a]
	잔차	1.164	22	.053		
	합계	29.494	23			

a. 예측값: (상수), X역수
b. 종속변수: Y로그

계수[a]

모형		비표준화 계수		표준화 계수	t	유의확률
		B	표준오차	베타		
1	(상수)	8.394	.059		141.817	.000
	X역수	-5.297	.229	-.980	-23.136	.000

a. 종속변수: Y로그

그림 19-39 회귀분석 결과

● 결과 해석

추정 회귀식은 $\hat{Y} = \exp(8.394 - \frac{5.297}{X})$이다. 이 추정 회귀식의 설명력은 96%이다. 기간 25의 예상 판매량은 $\hat{Y} = \exp(8.3938 - \frac{5.297}{25}) = 3{,}575$대임을 알 수 있다.

연습문제

1. 회귀분석에서 모형설정 방법은 무엇인가? 토론해보자.

2. 다음은 y=f(x1, x2, x3)이다. 이에 대한 회귀분석을 실시하고 설명하라.

y	x1	x2	x3
4	2	14	1
6	2	16	2
6	4	14	2
7	4	17	1
8	5	18	3
7	5	21	2
8	6	17	1
10	6	25	2

20장

구조방정식모형

우리 사회는 인과관계가 작동한다. 원인(cause)이 있으면 결과(effect)가 있게 마련이다. 인과관계를 분석하는 방법으로 경로분석(Path Analysis)과 구조방정식모형(Structural Equation Model)이 있다.

경로분석은 변수 간의 관련성을 확인하는 것이다. 구조방정식모형은 일반적으로 확인요인분석, 이론모형분석 2단계를 거친다. 확인요인분석에서는 신뢰성과 타당성을 파악한다. 이론모형분석에서는 적합성 여부를 밝히고 각 요인과 요인의 경로 유의성 여부를 해석하게 된다.

학습 목표

- 경로분석에 대한 기본 개념을 이해한다.
- 실제로 경로분석을 할 수 있다.
- 구조방정식모형의 기본 개념을 이해한다.
- 실제로 구조방정식모형을 분석할 수 있다.

20.1 경로분석

20.1.1 경로분석 개념

우리 사회는 인과관계가 작동한다. 원인(cause)이 있으면 결과(effect)가 있게 마련이다. 평소 실컷 놀다보면 자신의 실력은 형편없어진다. 농부가 봄, 여름 동안 농사일을 등한시하면 가을에 추수할 것이 적어진다.

사회과학적으로 어떤 현상을 관찰하다 보면 두 개의 요인(factor) 또는 변수(variable)들 간에 무엇인가 연관성이 있어 보이는 경우가 적지 않다. 참고로 연구들의 약속사항으로 요인은 원(○)이나 타원으로 나타낸다. 변수(variable)는 사각형(□)으로 나타낸다. 또한 요인과 변수의 연결은 화살표(→)로 처리하여 영향 관계를 나타낸다. 다음 표는 인과관계를 나타낸 약속 사항에 대하여 나타낸 것이다.

표 20-1 인과관계 약속 사항

표시	설명
○	요인을 나타낼 경우에 원이나 타원으로 처리함
□	변수를 표시할 경우
→	영향 관계를 표시하는 경우
↔	요인과 요인, 변수와 변수 사이의 상관성을 표시하는 경우

예를 들어, 학업성적이 뛰어난 학생이 있다고 하자. 학업성적이 뛰어난 학생은 많은 시간을 들여 공부한다. 대체로 공부하여야 할 양이 많기 때문에, 이를 이해하려면 책상 앞에 앉아 있는 시간이 많기 마련이다. 그리고 책상 앞에 앉아 있다 하더라도 집중력을 높여서 공부하여야 성과가 높아지게 된다. 따라서 많은 공부시간과 높은 집중력이 있어야 학업성적이 높아질 것으로 예상된다. 그러면 공부시간과 집중력을 공통적으로 특징지어주는 원인은 무엇일까? 그것은 동기유발이라고 하여도 별 무리는 없을 것이다. 동기유발이 높은 학생은 공부시간을 많이 가지며, 또한 집중력이 강화된다. 반대로 동기유발이 낮은 학생은 집중력이 떨어질 뿐만 아니라 공부시간의

양이 적다.

인과관계가 성립하기 위해서는 병발발생(concomitant variation), 시간 우선순위(time order of occurrence), 외생변수 제거(elimination of other variable) 등이다. 병발발생은 독립변수와 종속변수는 동시에 발생하고 함께 변동하는 것을 말한다. 시간 우선순위는 원인변수가 결과변수보다 먼저 발생하는 것을 말한다.

인과관계를 분석하는 데에 있어서 두 가지 방법이 있다. 한 가지 방법은 경로분석 방법이다. 또 다른 한 가지는 구조방정식모형이다. 경로분석(path analysis)은 다양한 변수 간의 관계에 동시에 분석할 수 있다. 경로분석은 2개 이상의 회귀분석이 합쳐진 것이라고 생각하면 된다. 구조방정식모형은 변수 배후의 요인 간의 인과관계를 파악하는 방법이다.

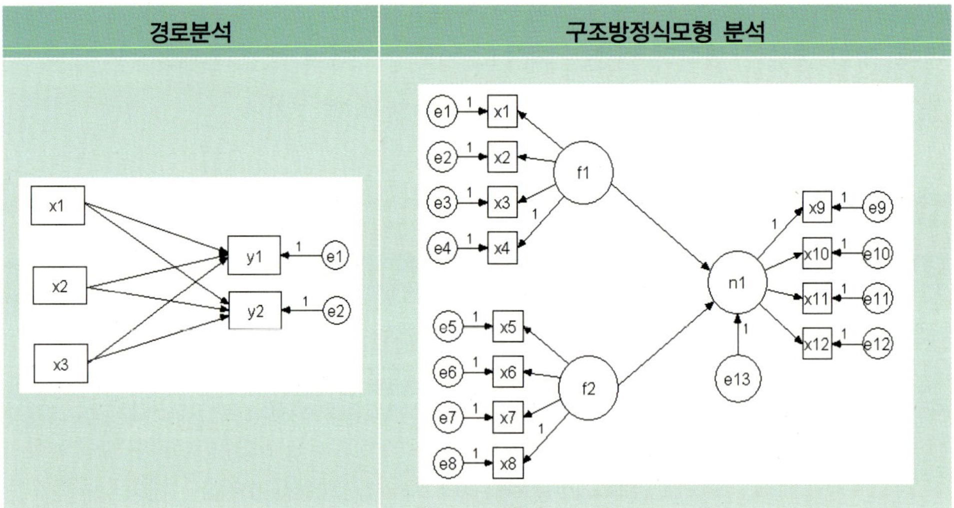

그림 20-1 경로분석과 구조방정식모형

그런데 다른 변수 간의 관계가 보이는 것은 공통 원인이 있는 경우에만 국한되지 않는다. 다시 말해서, 관계를 나타내는 두 개의 변수 사이에서 원인과 결과의 관계를 나타내는 경우가 있다. 예를 들어, 아버지의 키가 크면, 자녀의 키도 큰 경향이 있다는 것을 우리 주변의 경험으로 잘 알 수 있다. 이것은 전문적으로 수행된 연구에서도 확인되었다. 이 예도 두 개의 변수 간에 관계가 확인된다는 것은 앞의 것과 동일하다. 그러나 아버지와 자녀의 키의 관계에서는 일방적인 원인으로 말미암아 그러한 결과가 발생하게 된다.

이 경우에 공통 원인을 고려하는 것은 합당하지 않다. 하나의 변수가 다른 변수에 시간적으로 선행하여 영향을 주기 때문이다. 키의 변수는 어느 정도 유전적으로 영향을 받기 때문에 시간적으로 선행하는 아버지의 키 변수는 시간적으로 후행하는 자녀의 키 변수에 대한 원인의 일부가 되는 것이다. 이와 같이 시간적인 전후 관계 혹은 의미 있는 전후 관계가 있는 경우, 무엇인가 약간의 관계라도 있는 두 변수 사이에는 어느 한쪽이 원인이 되어 다른 한쪽을 규정하게 된다. 이 경우가 경로분석의 전형적인 예에 해당한다고 할 수 있다. 이를 그림으로 나타내면 다음과 같다.

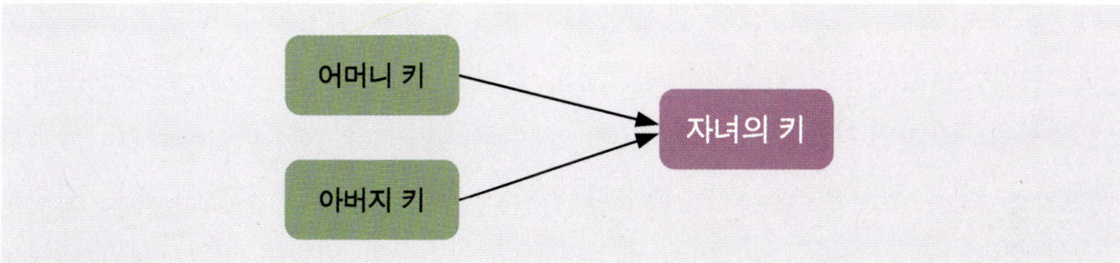

그림 20-2 경로분석의 예

경로분석의 기본 가정은 다음과 같다. 우선, 변수들 간의 구조 관계는 선형적(linear)이며 부가적이다. 둘째, 잠재요인(또는 잠재변수)은 하나의 측정변수로 구성되었다. 셋째, 측정오차는 없고 측정오차 사이의 상관관계 또한 없다. 넷째, 인과관계는 일방향 또는 양방향 화살표로 그려진다. 화살표의 방향은 선행이어야 한다. 후행은 없다. 다섯째, 경로분석에 사용되는 변수는 등간척도나 비율척도 이상의 양적변수이어야 한다.

경로분석은 경로도를 그리며 변수들 간의 관계를 파악하는 기법이다. 이 기법은 미국의 유전학자 라이트(Wright)에 의하여 개발되었다. 그는 두 변수 간의 관계를 복합경로(compound path)로 표현하였다. 복합경로는 경로도 상의 두 점을 연결하여 구성되는 화살들로 결합되어 만들어지며, 이것은 다음과 같은 규칙을 따른다.

① 루프는 허용되지 않음.
② 전진한 후에 후진은 안 됨.
③ 경로에 두 개 이상의 곡선 화살은 허용되지 않음.

경로분석이든 구조방정식모형이든 복잡한 인과관계는 SPSS, SAS, BMDP, LISREL

등 다양한 컴퓨터 프로그램을 통해서 분석이 가능하다. 인과관계는 상관관계 상에서 상대적인 영향력의 크기를 알 수 있다. 경로분석에서는 공분산행렬을 이용하기도 하고, 변수들을 표준화하여 상관행렬을 이용하기도 한다. 표준화된 변수의 평균은 0, 분산은 1이 되며, 이들을 사용하는 경우 공분산행렬과 상관행렬은 동일하다. 일반적으로 상관행렬을 이용하면 연구결과를 명료하게 알아보기에 간편하다.

20.1.2 경로도

경로도는 여러 변수들 간의 관계를 나타내는 편리한 방법이다. 일반적으로 경로도는 원인변수(외생변수, 독립변수 등으로도 불림), 결과변수(내생변수, 종속변수 등으로도 불림), 오차변수(없는 경우도 있음), 그리고 변수들을 연결하는 화살표 등으로 구성되어 있다. 원인변수는 다른 변수의 변화의 원인이나 동기 역할을 하는 변수로서 성, 연령, 교육 수준 등이 이에 해당된다. 원인변수의 변화는 인과모형의 외부에 있는 원인에 의하여 결정된다. 결과변수는 원인변수 또는 다른 변수에 의하여 직간접적으로 영향을 받는 변수이다. 이들 변수의 관계를 나타내는 모형의 설정 목적은 결과변수의 변이를 설명하는 데 있다. 이들 변수들의 역할은 고정되어 있는 것이 아니라, 연구 모형의 변화에 따라 달라진다. 다음 그림은 기초적인 경로도를 나타낸다.

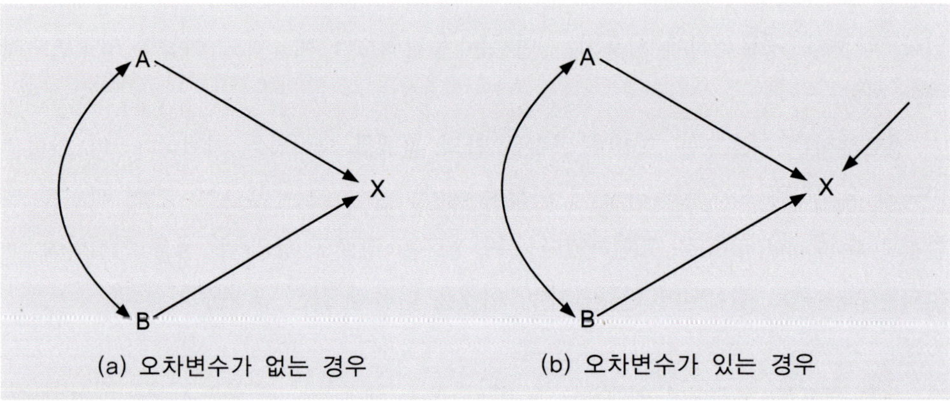

그림 20-3 경로도

먼저 앞 그림의 (a)를 살펴보자. 변수 A와 B는 변수 X에 영향을 미치는 원인변수이며 영향을 받는 변수 X는 결과변수이다. 이 관계를 나타내는 화살표는 직선 형태이며 화살촉이 X로 향해 있다. 경로도의 직선 화살은 인과관계를 나타낸다. 그림 (a)에서, 예를 들어 A와 B를 각각 아버지와 어머니의 지능 수준, X를 자녀의 지능 수준이라고 하자. 자녀의 지능 수준은 부모의 지능 수준에 의하여 영향을 받는다고 볼 수 있다. 다음으로, 화살촉이 양끝에 달려 있는 휘어진 화살표는 원인변수들이 서로 상관이 있다는 것을 나타낸다. 경로도에서는 원인변수들 사이의 상관계수가 0이라고 특별히 밝히지 않는 한, 곡선 화살로 나타낸다. 이것이 없는 경우는 연관이 없다는 것을 나타낸다. 유의할 점은, 결과변수들은 곡선 화살로 서로 연결하지 않는다는 점이다.

다음으로, 우리는 [그림 20-3] (a)와 (b)의 차이점을 한눈에 알 수 있다. 그림 (a)와 달리, 그림 (b)에는 결과변수인 X에 별도의 화살이 하나 더 겨누고 있음을 볼 수 있다. 이 화살은 잔차화살(residual arrow)로서 변수 X의 변동을 설명하는 데 있어 측정 오차나 본원적인 환경 요인들의 상호작용 등과 같은 추가적인 요인들이 있음을 시사한다. 반면에 그림 (a)는 잔차 화살이 없어, 변수 X가 원인변수 A와 B 같은 요인들에 의하여 완전하게 설명된다는 것을 나타낸다. 잔차 화살이 없는 경로도 (a)는 이론적인 가정에서 가능하며, 일반적으로 경로도 (b)가 사용된다. 따라서 (a)와 (b)는 완전히 다른 것이며, (b)를 사용하는 일이 있어서는 안 된다. 대부분의 연구에서 원인변수에 의하여 설명되는 부분과 오차변수에 의하여 설명되는 부분을 분리하여 나타내는 것은 바람직한 일이다.

20.1.3 AMOS를 이용한 경로분석

AMOS 예제

다음은 대학생들의 학점에 영향을 미치는 변수와의 관계를 알아보기 위한 자료이다. 여기서 Y1=필수학점, Y2=선택학점, X1=고등학교 성적, X2=IQ, X3=동기부여 정도이다. Y1=f(X1, X2, X3), Y2=f(X1, X2, X3)를 이용하여 경로분석을 하여라.

Y1	Y2	X1	X2	X3
0.8	2	72	114	17.3
2.2	2.2	78	117	17.6
1.6	2	84	117	15
2.6	3.7	95	120	18
2.7	3.2	88	117	18.7
2.1	3.2	83	123	17.9
3	3.7	92	118	17.3
3	3.1	86	114	18.1
3.2	2.6	88	114	16
2.6	3.2	80	115	16.4
2.7	2.8	87	114	17.6
3	2.4	94	112	19.5
1.6	1.4	73	115	12.7
0.9	1	80	111	17
1.9	1.2	83	112	16.1

풀이

1단계 Excel 창에 데이터를 입력한다.

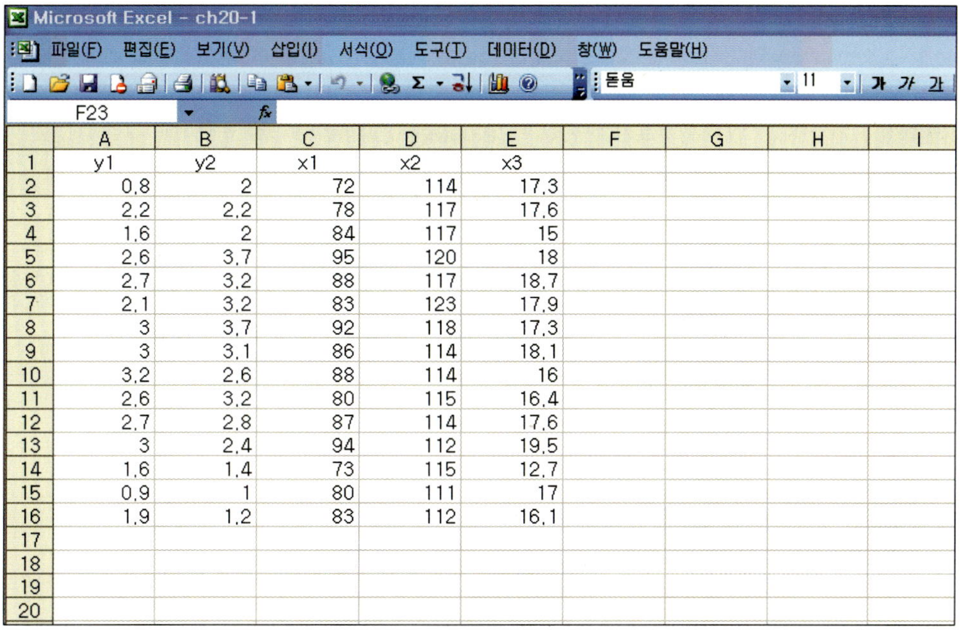

Microsoft Excel - ch20-1

	A	B	C	D	E	F	G	H	I
1	y1	y2	x1	x2	x3				
2	0.8	2	72	114	17.3				
3	2.2	2.2	78	117	17.6				
4	1.6	2	84	117	15				
5	2.6	3.7	95	120	18				
6	2.7	3.2	88	117	18.7				
7	2.1	3.2	83	123	17.9				
8	3	3.7	92	118	17.3				
9	3	3.1	86	114	18.1				
10	3.2	2.6	88	114	16				
11	2.6	3.2	80	115	16.4				
12	2.7	2.8	87	114	17.6				
13	3	2.4	94	112	19.5				
14	1.6	1.4	73	115	12.7				
15	0.9	1	80	111	17				
16	1.9	1.2	83	112	16.1				
17									
18									
19									
20									

그림 20-4 데이터 창 [데이터] ch20-1.xls

2단계 Amos 프로그램을 가동한다. 측정변수를 그리기 위해서 사각형( )을 마우스로 지정한다. 경로선을 연결하기 위해서 와 를 지정한다. 사각형과 사각형을 연결한다. 이어 측정변수와 오차항에 명칭을 부여한다. 이를 위해서는 해당 측정변수와 오차항에 마우스를 올려놓고 더블클릭한다. 그리고 Text 단추를 누른다. 그리고 Variable Name에서 변수명을 입력한다.

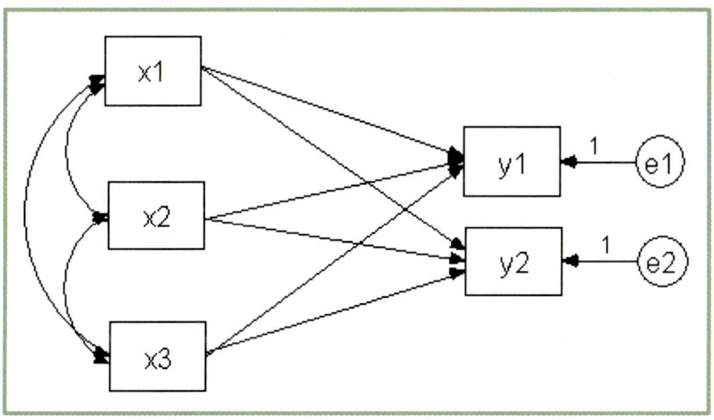

그림 20-5 경로도형 [데이터] ch20-1.amw

3단계 File → Data File을 눌러 데이터가 있는 곳을 지정한다.(ch20-1.xls)

4단계 실행을 위해서 Model-Fit → Calculate Estimate(Ctrl + F9)를 누른다. 또는 단추를 누른다. Amos 창의 View → Text Out Put(F10) 창에서 결과를 확인한다.

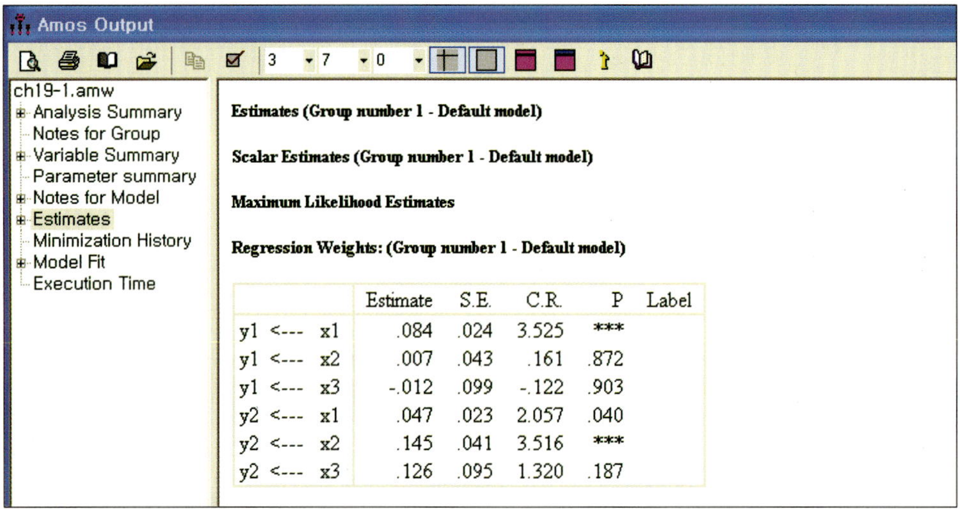

	Estimate	S.E.	C.R.	P	Label
y1 <--- x1	.084	.024	3.525	***	
y1 <--- x2	.007	.043	.161	.872	
y1 <--- x3	-.012	.099	-.122	.903	
y2 <--- x1	.047	.023	2.057	.040	
y2 <--- x2	.145	.041	3.516	***	
y2 <--- x3	.126	.095	1.320	.187	

그림 20-6 결과창

● 결과 해석

Amos Output의 Estimate란을 확인한 결과, 각 경로별 비표준화 회귀계수(Estimate), 표준오차(S.E.: Standard Error) 등이 C.R.(회귀분석의 t값, 비표준화계수/표준오차), P(유의확률)가 나와 있다. 연구자는 P값과 유의수준($\alpha = 0.05$)을 고려하여 유의한 경로를 발견할 수 있다. 여기서는 x1(고등학교 성적)이 y1(필수학점)에 유의한 영향을 미치는 것을 알 수 있다($p=0.000<\alpha = 0.05$). 또한 x2(IQ)는 y2(선택학점)에 유의한 영향을 미치는 것을 알 수 있다($p=0.000<\alpha = 0.05$). 여기서는 유의확률이 매우 유의하기 때문에 ***로 나타나져 있다. 그렇다면 연구자의 할 일은 이 연구모형과 연구 결과를 토대로 학생들의 고등학교 성적과 IQ를 증진시킬 수 있는 방법을 강구하고 전략안을 도출하는 것이다.

20.2 구조방정식모형

20.2.1 구조방정식모형 개념

남달리 전체와 부분을 잘 파악해서 일을 잘 하는 사람이 있다. 이 사람은 부분과 전체의 맥을 잘 파악하는 통합의 마인드가 뛰어나다. 부분과 전체를 잘 파악하는 사람들을 진정한 프로라고 할 수 있다.

사회과학을 다루는 연구자들은 간단히 두 변수 간의 관계를 실험하여 하나의 변수가 다른 변수에 미치는 영향을 조사하는 경우가 거의 드물다. 오히려 복잡한 사회환경 속에서 관찰된 변수들을 다루어야 할 뿐만 아니라, 관찰되지 않은 변수들까지도 '만들어서' 관계를 조사하여야 하는 경우가 흔히 있다.

사회과학 연구자들은 컴퓨터 프로그램의 발달로 제한적인 연구 분석 기법을 극복하고, 자신의 자료를 분석하기 위하여 다변량분석 기법 및 인과관계 분석 기법 등을 다양하게 활용할 수 있게 되었다. 인과분석은 변수들의 상호관계뿐만 아니라, 관찰되지 않은 변수들 간의 관계를 분석하는 방법을 설명한다, 전자를 관찰변수(observable variable), 후자를 잠재변수(latent variable)라고 부르며, 나아가 이들 변수 사이의 관계를 어떻게 파악할 것인가에 대하여도 설명한다.

관찰변수란 길이, 무게, 온도, 학력, 학점 등과 같이 연구자가 관찰 대상으로부터 직접 관찰하고 측정이 가능한 변수를 뜻한다. 잠재변수는 직접적인 관찰이 불가능하므로 관찰된 여러 변수들의 공통 원인적인 요인(factor) 또는 구성개념(construct)을 의미한다. 이것은 사회과학이나 행동과학에서 이론이자 주장의 중심 역할을 하여 왔다. 잠재변수의 예로서, 건강, 불안, 결혼 적응도, 자존심, 동기유발, 수리 능력, 지능, 리더십, 갈등, 성과 등을 들 수 있다. 잠재변수는 추구하는 개념에 일치하는 명확한 정의를 내리기 어려운 추상성을 가지고 있어 직접적인 관찰이 어려운 복합적인 개념이다. 예컨대, 종업원의 성과(잠재변수)를 알기 위해서는 다음과 같은 몇 개의 관찰변수들이 필요하다. 즉, 그 종업원에 대한 경영자의 평가, 생산량, 동료들의 평가 등이 필요하다. 이러한 변수들은 연구자가 종업원의 성과를 이해하는 데에 도움을 주기 위해 결합된다.

잠재변수를 도입하면 내용이 서로 비슷하게 통하는 관찰변수들을 함께 모아서 하나의 변수로 취급하는 것이 가능하다. 그리고 관찰변수를 모아서 제시한 후, 잠재변수들 간의 인과관계를 분석한다. 이러한 방법으로 자료를 다루면 여러 변수들 간의 인과관계를 분석하기가 수월하다. 이러한 변수들 간의 관계를 시각적으로 알기 쉽게 나타내주는 것이 경로도(path diagram)이다.

모형은 측정모형(measurement model)과 구조방정식모형(structural equation model) 등 두 부분으로 구성되어 있다. 첫째, 측정모형은 실제로 측정된 관찰변수를 잠재변수에 대하여 연관지을 때에 사용된다. 왜냐하면 잠재변수는 직접적으로 측정할 수 없기 때문이다. 측정모형은 직접적으로 관찰할 수 없는 태도, 감정, 동기유발 등과 같은 구성개념을 모형화할 때에 중요하다. 그리고 이 모형은 확증적 요인분석 모형과 같이 관찰변수의 특성, 예컨대 신뢰성과 타당성을 묘사하는 데 사용된다.

둘째, 구조방정식모형은 잠재변수들 사이의 인과관계를 나타낸다. 또한, 이것은 원인 효과와 설명되지 않는 분산을 나타내 준다. 구조방정식모형은 경로분석모형의 한 형태로서, 경로도로 나타낸다. 구조방정식모형은 이론모형(Structural Model)이라는 단어로 나타내기도 한다. 경로도로 그려진 이 모형은 변수들 간의 인과관계 구조를 가정하는 수학적 구조방정식으로 표현된다.

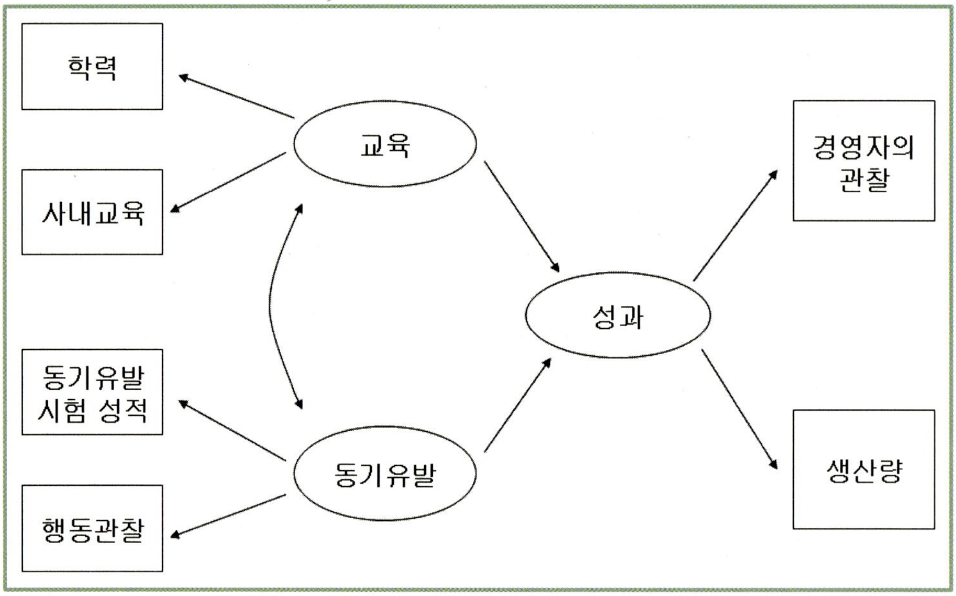

그림 20-7 구조방정식모델 예(측정모형, 이론모형 표시)

구조방정식모형은 다음과 같은 가정을 갖는다. 잔차와 잠재요인 간에는 상관관계가 없다. 원인잠재요인과 측정오차 사이에는 상관관계가 없다. 결과잠재요인과 측정오차 사이에는 상관관계가 없다. 잔차요인과 측정오차 사이에는 상관관계가 없다. 결과잠재요인 간의 대각선 원소는 0이다.

정리하면 구조방정식모형(SEM: Structural Equation Modeling) 또는 공분산구조(convariance structure)는 요인분석과 회귀분석의 적절한 조합이라고 할 수 있다.

20.2.2 구조방정식모형 분석 절차

구조방정식모형 분석은 확인요인분석을 실시한 다음 이론모형의 구조방정식모형 분석의 절차를 거친다. 통상적으로 확인요인분석 과정을 1단계, 구조방정식모형 분석 과정을 2단계라고 부른다.

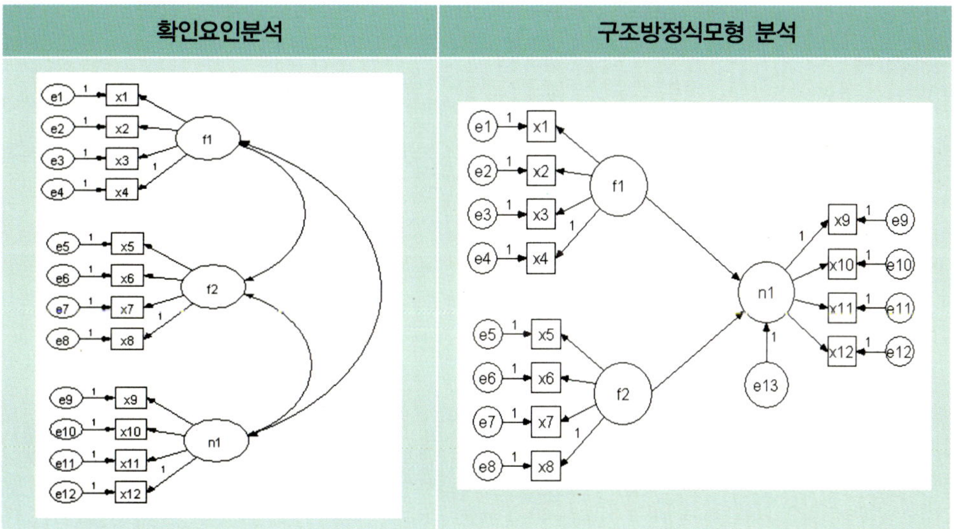

그림 20-8 구조방정식모형 분석 절차

우리는 요인분석(factor analysis)을 통하여 많은 변수들 사이의 관계를 적은 수의 요인으로 축소하여 공분산 관계를 파악한다. 이때 요인은 관찰할 수는 없지만 내재하는 변수를 의미하며, 경로분석에서 말하는 잠재변수에 해당한다. 요인분석에서는 탐색적 요인분석(exploratory factor analysis)과 확인적인 요인분석(confirmatory factor analysis)

등 두 가지가 있다.

탐색적 요인분석은 일반적인 요인분석으로서 관찰된 변수들의 상호관계를 설명하는 잠재요인을 탐색 평가한다. 여기서는 사전의 지식을 가정하지 않으므로 자료에 대한 가설이나 형식이 있지 않다. 다만 주어진 자료의 여러 측면을 탐색하여 자료에 대한 가치 있는 특성과 정보를 얻어서 결과를 요약하고 간단하게 기술하여 의미 있는 해석을 내린다. 요인의 해석은 주어진 자료로부터 얻어진 요인과 관찰변수 사이의 관계를 요인부하량 행렬 등을 추정한 후에 이루어진다. 그리고 이것은 계속해서 분산분석, 회귀분석, 판별분석 등과 같은 추가적인 연구에 활용된다.

그러나 확인적 요인분석에서는 특정 가설은 설정하고, 이것이 자료에서 관찰되는 관계를 어느 정도 잘 설명하고 있는가를 살펴본다. 연구자는 기존의 이론이나 경험적인 연구 결과로부터 분석 대상이 되는 변수에 관하여 사전 지식이나 이론적인 결과를 가지고 있어, 그 내용을 가설의 형식으로 모형화한다. 여기서는 요인부하량 행렬의 일부 원소의 값을 제약한다. 이 모형은 요인의 개수나 요인의 개념적 의미를 미리 가정한 후, 실제 자료에 의하여 가설의 지지 여부를 모형의 적합도 관점에서 분석한다.

확인요인분석을 통해서 신뢰도와 분산추출지수를 계산할 수 있다. 신뢰도는 내적일관성을 나타내는 것으로 수렴 타당성을 측정하는 지표이다. 신뢰도가 우수할수록 내적일관성이 있음을 나타낸다. 신뢰도를 계산하는 공식은 다음과 같다. 신뢰도의 기준치는 0.7 이상이다.

$$\text{신뢰도} = \frac{(\sum_{i=1}^{n} L_i)^2}{(\sum_{i=1}^{n} L_i)^2 + (\sum_{i=1}^{n} e_i)} \qquad \text{식 20-1}$$

여기서 L_i=표준 적채치, e_i= 측정 오차항을 나타냄.

분산추출지수는 요인(또는 개념)에 대해 지표가 설명할 수 있는 분산의 정도를 말한다. 분산추출지수의 기준값은 0.5이다. 분산추출지수가 0.5 이상이면 신뢰성이 높다고 할 수 있다. 분산추출지수의 계산식은 다음과 같다.

$$분산추출지수 = \frac{(\sum_{i=1}^{n} L_i^2)}{(\sum_{i=1}^{n} L_i^2) + (\sum_{i=1}^{n} e_i)}$$ 식 20-2

여기서 L_i=표준 적재치, e_i= 측정 오차항

20.2.3 모형의 평가

모형(Model)은 '이론을 조작화해 놓은 것' 또는 '실제의 대표'라고 정의할 수 있다. 측정된 연구모형이 자료에 어느 정도 적합하는가를 평가하는 것은 중요한 일이다. 적합도를 나타내는 방법에는 여러 가지가 있으나, 선별해서 종합적으로 사용하여야 한다. 모형을 포괄적으로 평가하는 방법에는 절대적합지수, 증분적합지수, 간명적합지수 세 가지가 있다. 절대적합지수(Absolute Fitness Index)는 모형의 전반적인 적합도를 판단하는 지수이다. 증분적합지수(Incremental Fit Index)는 기초모델에 대한 제안모델의 적합도가 개선되는 정도를 나타내는 지수이다. 간명적합지수(Parsimonious Fit Index)는 모형이 간결한 정도를 나타내는 지수이다.

1) 절대적합지수 계열

① 자유도와 카이제곱

만일 모형이 정확하고 표본크기가 적절하게 크다면, 카이제곱(χ^2) 적합도검정이 유용하게 쓰일 수 있다. 자유도는 다음과 같다.

$$df = \frac{1}{2}(p+q)(p+q+1)-t$$ 식 20-3

여기서 p와 q는 관찰변수의 개수(p = 내생변수의 수, q = 외생변수의 수)이다. t는 추정될 독립적인 모수의 개수이다. 컴퓨터 분석 결과의 유의확률 p값은, 모형이 적절하다고 가정할 때 카이제곱값이 실제값보다 더 클 확률을 나타내준다.

카이제곱통계량은 교차분석(crosstabulation analysis)라고 부른다. 이는 행(row)과 열

(column)의 빈도수에 대한 독립 여부와 적합 여부를 판단하는 데 사용된다. 카이제곱 적합도검정에서 가설은 다음과 같이 나타낼 수 있다.

H_0: 연구모형은 적합하다. 또는 $S=\sum$

H_1: 연구모형은 적합하지 않다. 또는 $S\neq\sum$

여기서 S = 관찰표본 공분산행렬(공분산행렬), $\sum$ = 모수 공분산행렬을 나타낸다. 연구자는 유의확률(p값)이 유위수준(α)보다 크면 귀무가설을 기각하며, 가정된 연구모형이 적합하지 못함을 나타내게 된다.

모형은 현실을 적절하게 간명하게 표현한 것이며, 또한 잠정적으로 구축한 것이므로 관찰자료로부터 모형이 적합하지 않으면 수정할 필요가 있다. 카이제곱통계량값이 지나치게 커서 모형이 부적합하다고 판정된 경우에는 원인을 살펴보아야 한다. 예를 들어, 구축된 모형이나 설정된 가설이 부적절한 경우이다. 즉, 모형의 공통요인이 수 또는 가정된 요인 구조가 부적절한 경우이다.

카이제곱값은 검정통계량의 역할보다는 모형의 적합 정도를 평가하는 것으로 사용하기를 권한다. 카이제곱은 다음과 같은 계산식에 의해서 구할 수 있다.

$$\chi^2 = (N - 1) \cdot (S-\sum)$$ 식 20-4

카이제곱은 오른쪽꼬리 분포를 보인다. 실제 카이제곱값이 크면 모형을 부적합한 것이다. 카이제곱값이 작으면 모형이 적합하다는 것을 나타내기 때문이다. 카이제곱통계량은 표본크기에 민감하며, 더욱이 관찰변수의 정규성에는 매우 민감하다. 우리는 카이제곱통계량값과 자유도를 비교함으로써 적합도를 간결하게 판정할 수 있다. 우선, 카이제곱값이 자유도값보다 크다면, 자료로부터 더 많은 정보를 도출할 수 있는 가능성이 높다. 모형에 더 많은 모수를 도입하거나, 혹은 모형에서의 제약 조건을 해제하면(모수의 관계를 자유롭게 하면) 모형의 적합도를 높일 수 있다. 그리고 두 값이 비슷하다면, 현재의 모형은 자료 설명력이 높을지라도, 장래의 표본 내용에 따라 적합 수준이 달라져 안정적이지 못할 수 있다.

② GFI

여기서는 모형의 적합성 여부를 판단하는 데 주로 사용하는 지수를 중심으로 설명하기로 한다. 적합도 지수(GFI: Goodness-of-Fit Index)는 다음과 같이 계산한다.

$$\text{GFI} = 1 - \frac{F_k}{F_0}$$

식 20-5

여기서 F_k= 모형적합 후의 적합함수의 최소값

F_0= 모형적합 이전의 적합함수의 값

이 통계량은 표본크기와 무관하며, 비정규성에 대하여 엄격하다. 이 통계량은 확률분포가 알려져 있지 않으나, 분포는 표본크기에 의존한다. 이 값은 0~1에 있으며, GFI가 0이면 모형은 부적합하며, 1이면 완벽하게 일치한다는 것을 나타낸다. 그리고 표본크기가 증가하면 값도 증가하는 경향이 있다. 기술적인 지표로서 일반적으로 n>200, GFI>0.9가 바람직하다.

③ AGFI(수정된 적합도 지수)

GFI가 자유도에 의해 수정된 적합도 지수(AGFI: Adjusted GFI)가 있다. 수정된 적합도 지수는 0.9 이상이면 연구자가 제시한 연구모형이 표본자료에 적합함을 나타낸다.

$$\text{AGFI} = 1 - \frac{(p+q)(p+q+1)}{2^* df}(1 - \text{GFI})$$

식 20-6

④ 평균제곱잔차제곱근(RMR: Root Mean-Square Residual)

평균제곱잔차제곱근(RMR: Root Mean-Square Residual)은 S(관찰표본 공분산행렬, 또는 공분산행렬)과 $\sum$(모수 공분산행렬) 차이에 대한 자승을 제곱근한 값이다. 이는 표본자료를 통해서 연구모델이 설명하지 못하는 분산 또는 공분산의 크기라고 할 수 있다. 평균제곱잔차제곱근이 0에 가까우면 연구모형은 적합한 것으로 판단할 수 있다.

지금까지 설명한 χ^2, GFI, RMR 등은 자료에 대한 모형의 전반적인 적합도를 측정하는 것이지, 다른 어떤 내부적이거나 외부적인 판단 기준으로 판단하여 모형의 질적 수준을 나타내는 것은 아니다. 예를 들어, 모형의 전반적인 적합도가 높다하더라도, 모형에서 한두 개 경로의 관계는 나쁘게 설정될 수도 있다. 더욱이 전반적인 측정 지수로 보아 모형이 자료를 잘 적합시키지 못한다 하더라도, 모형의 전체 혹은 일부가 잘못되었다고는 말할 수 없다.

2) 증분적합지수 계열

증분적합지수는 연구자가 제안한 모델(proposed model)을 기초모델(null model)과 비교한 값을 말한다. 처음에 제시된 모형(old model)은 기초모델 또는 독립모델(independent model)이라고 부른다. 기초모델(base model)은 제약으로 인해 측정변수 간에 상관관계가 없는 것으로 간주하는 모델 즉, 최악모델을 말한다. 증분적합지수에는 비표준적합지수(NNFI: Non-Normed Fit Index)와 표준적합지수(NFI: Normed Fit Index)가 있다.

① 비표준적합지수

비표준적합지수는 표본의 크기에 영향을 받지 않는다. 일반적으로 0.9 이상이면 연구자가 제안한 모형이 적합모형이라고 판단한다. 종종 비표준적합지수를 TLI(Tucker Lewis Index)라고도 한다.

$$\text{NNFI} = \frac{\left[\left(\frac{\chi_N^2}{df_N}\right) - \left(\frac{\chi_k^2}{df_k}\right)\right]}{\left[\left(\frac{\chi_N^2}{df_N}\right) - 1\right]} \qquad \text{식 20-7}$$

여기서 χ_N^2=기초모형의 카이제곱

df_N=기초모형의 자유도

χ_K^2=제안모형 카이제곱

df_k=제안모형의 자유도

② NFI

NFI는 기초모델에 비교하여 제안모델이 어느 정도 향상되었는지를 나타내는 것이다. 0과 1 사이에 존재한다. 0.9 이상이면 연구모형은 적합하다.

$$NFI = \frac{[(\chi^2_N) - (\chi^2_k)]}{(\chi^2_N)}$$ 식 20-8

여기서 χ^2_N=기초모형의 카이제곱, χ^2_k=제안모형의 카이제곱

3) 간명적합지수 계열

연구자는 제안모형의 적합수준도 우수하고 모형이 간단하기를 바란다. 간명적합지수는 연구모형이 각 추정계수에 필요로 하는 적합도에 최대한으로 도달하는 정도를 의미한다. 간명적합지수는 적합도와 자유도의 관계를 고려한다. 연구자가 적합도를 높이기 위해서 추정모수의 숫자(선)를 증가하면 자유도의 숫자가 줄어든다.

① $\frac{\chi^2}{df}$

$\frac{\chi^2}{df}$는 모형이 간단하고 안정적인지 여부를 파악하는 지수이다. 이는 대표본(구조방정식모형에서 n>300)인 경우에 자주 이용된다. 대표본을 기준으로 3 이하이면 연구모형은 간명하고 적합도가 우수하다고 판단한다.

② AIC

AIC(Akaike Information Criteria)는 비교모델 또는 경쟁모델(competing model) 사이의 적합도를 비교하는 지수이다. AIC는 0에 가까울수록 높은 간명도를 보인다고 해석한다.

$$AIC = \chi^2 + 2(t)$$ 식 20-9

여기서 χ^2=카이제곱, t=는 추정모수의 수

4) t값

연구자는 앞의 절대적합지수 계열, 증분적합지수 계열, 간명적합지수 계열을 종합적으로 검토하여 연구모형의 적합 여부를 판단한다. 또한 세부적으로 모형의 성분이 적합한지 여부를 검토하는 것도 중요한 일이다. 포괄적인 적합도검정으로 모형이 부적합하다는 것을 판정받았을 때, 부분적이더라도 원인 규명을 하여야 한다. 예를 들어, 추정값들의 부호나 크기를 점검하여 음의 추정분산, 1보다 큰 상관계수 등은 눈여겨보아야 한다. 그리고 t절대값이 대강 2보다 작으면, 해당 경로계수가 0이라는 귀무가설을 채택한다. t값이 ±2보다 크면 유의한 경로임을 나타낸다.

정리하면, 구조방정식에서는 연구자의 연구모형의 적합 여부는 앞에서 제시한 적합지수를 통해서 판단한다. 이어서 경로 간의 유의성 판단은 t값(비표준화계수/표준오차)이 ±1.96 이상인지를 판단한다. t값이 ±1.96이면 경로계수가 유의함을 나타낸다.

20.2.4 AMOS를 이용한 구조방정식모형

AMOS 예제

A병원은 운영품질 요인과 서비스품질 요인이 고객만족 요인에 미치는 영향을 알아보기 위해서 조사를 실시하였다. 운영품질 요인(f1)의 네 개의 측정변수(x1, x2, x3, x4)로 구성되어 있다. 서비스품질 요인(f2)도 네 개의 측정변수(x5, x6, x7, x8)로 구성되어 있다. 고객만족 요인(n1)은 네 개의 측정변수(y1, y2, y3, y4)로 구성되어져 있다.

[입력 데이터] ch20-2.sav

풀이

1단계 확인요인분석을 실시하기 위해서 다음과 같은 경로도형을 그린다.

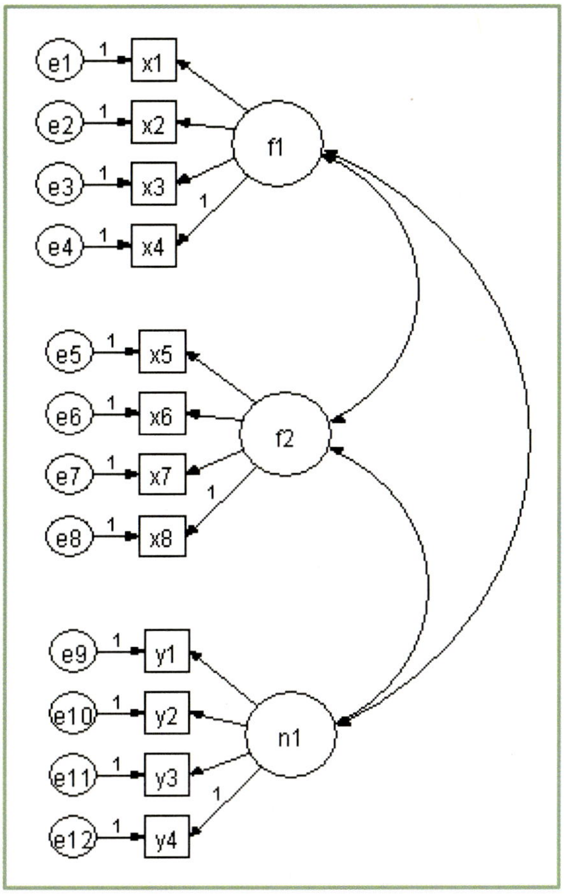

그림 20-9 확인요인분석 [데이터] ch20-2.amw

연구자는 요인과 변수들 간의 경로도형을 구축하면서 한 요인과 관련 있는 변수에는 반드시 하나의 경로에 '1'을 지정해서 경로를 터주어야 한다. 이는 요인과 변수 사이의 상대적인 경로크기를 파악하기 위함이다.

2단계 View → Analysis Properties...(Ctrl + O) → Out Put 단추를 누른다. 여기서 ☑ Standardized estimates 와 ☑ Correlations of estimates 단추를 누른다.

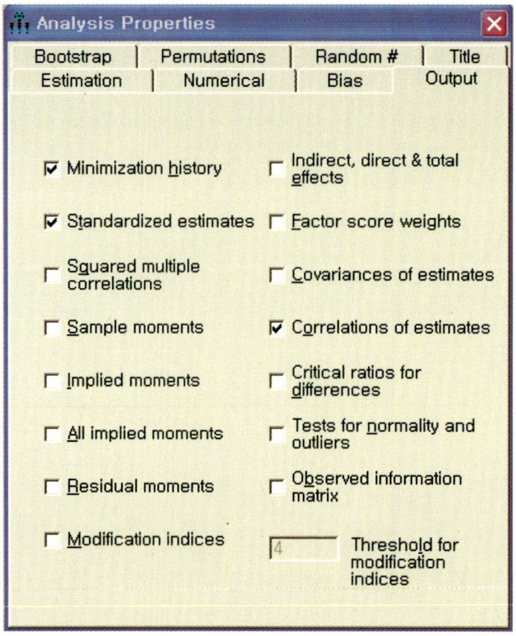

그림 20-10 표준화 계수 지정 창

3단계 실행을 위해서 Model-Fit → Calculate Estimate(Ctrl + F9)를 누른다. 결과창(Amos Output)을 누르면 다음과 같은 결과를 얻을 수 있다.

Default model (Default model)

Notes for Model (Default model)

Computation of degrees of freedom (Default model)

Number of distinct sample moments:	78
Number of distinct parameters to be estimated:	27
Degrees of freedom (78 - 27):	51

그림 20-11 모형의 자유도

● 결과 해석

정보의 수(78)에서 미지수(27)를 뺀 수가 자유도(51)이다.

Result (Default model)

Minimum was achieved
Chi-square = 119.113
Degrees of freedom = 51
Probability level = .000

그림 20-12 모형에 대한 기본 정보

● 결과 해석

카이제곱(χ^2)=119.113, 자유도(Degrees of freedom)=51, 이에 대한 유의확률(Probability level)=0.000 < $\alpha = 0.05$ 임을 알 수 있다.

Model Fit Summary

CMIN

Model	NPAR	CMIN	DF	P	CMIN/DF
Default model	27	119.113	51	.000	2.336
Saturated model	78	.000	0		
Independence model	12	1610.475	66	.000	24.401

RMR, GFI

Model	RMR	GFI	AGFI	PGFI
Default model	.044	.916	.872	.599
Saturated model	.000	1.000		
Independence model	.426	.316	.192	.268

Baseline Comparisons

Model	NFI Delta1	RFI rho1	IFI Delta2	TLI rho2	CFI
Default model	.926	.904	.956	.943	.956
Saturated model	1.000		1.000		1.000
Independence model	.000	.000	.000	.000	.000

그림 20-13 적합지수

● 결과 해석

연구자는 분석 결과에 대하여 초기모형(Default model)의 행(row)을 따라 원하는 값을 선택할 수 있다. 카이제곱(χ^2, 여기서는 CMIN)=119.113, 자유도(Degrees of freedom)=51, 이에 대한 유의확률(Probability level)=0.000 < α = 0.05 임을 알 수 있다. CMIN/DF=2.336으로 모형이 간명하고 안정되어 있음을 알 수 있다. RMR=0.044(0.05 이하가 적합함), GFI=0.916(0.9이상이면 적합함), AGFI=0.872(0.9 이상이면 적합함), NFI=0.926(0.9 이상이어야 적합함), NNFI(TLI)=0.943(0.9 이상이면 적합함) 등이다.

Standardized Regression Weights: (Group number 1 - Default model)

			Estimate
x4	<---	f1	.786
x3	<---	f1	.853
x2	<---	f1	.841
x1	<---	f1	.842
x8	<---	f2	.757
x7	<---	f2	.830
x6	<---	f2	.848
x5	<---	f2	.790
y4	<---	n1	.770
y3	<---	n1	.783
y2	<---	n1	.806
y1	<---	n1	.703

Variances: (Group number 1 - Default model)

	Estimate	S.E.	C.R.	P	Label
f1	.676	.100	6.733	***	
f2	.644	.101	6.353	***	
n1	.759	.120	6.341	***	
e4	.419	.048	8.659	***	
e3	.285	.038	7.430	***	
e2	.259	.034	7.730	***	
e1	.273	.035	7.699	***	
e8	.479	.054	8.822	***	
e7	.292	.038	7.730	***	
e6	.256	.035	7.296	***	
e5	.397	.047	8.418	***	
e12	.523	.066	7.955	***	
e11	.486	.063	7.713	***	
e10	.367	.051	7.257	***	
e9	.557	.063	8.797	***	

그림 20-14 표준화 계수와 오차항

● **결과 해석**

표준화 계수(표준 적재치)와 오차항을 이용해서 신뢰도와 분산추출지수를 계산한다. 신뢰도와 분산추출지수는 각각 (식 20-1)과 (식 20-2)로 계산하면 된다. 신뢰도는 0.6 이상, 분산추출지수는 0.5 이상이면 수렴 신뢰도가 있다고 해석한다.

표 20-2 신뢰도와 분산추출지수

		표준 적재치	오차항	신뢰도	분산추출지수
f1(운영품질)	x1	0.842	0.273	0.899	0.690
	x2	0.841	0.259		
	x3	0.853	0.285		
	x4	0.786	0.419		
f2(서비스품질)	x5	0.790	0.397	0.879	0.646
	x6	0.848	0.256		
	x7	0.830	0.292		
	x8	0.757	0.479		
n1(고객만족)	y1	0.703	0.557	0.613	0.548
	y2	0.806	0.367		
	y3	0.783	0.486		
	y4	0.770	0.523		

Correlations: (Group number 1 - Default model)

	Estimate
f1 <--> f2	.611
f2 <--> n1	.584
f1 <--> n1	.283

그림 20-15 상관계수

● 결과 해석

각 요인들(f1, f2, n1) 간의 상관계수를 나타낸다.

표 20-3 상관계수와 분산추출지수

	f1	f2	n1
f1	0.690		
f2	0.373(0.611)	0.646	
n1	0.08(0.283)	0.341(0.584)	0.548

● 결과 해석

요인 간의 판별타당성 여부를 확인한다. 판별타당성을 확인하기 위해서 일반적으로 r^2(괄호를 제곱한 값)과 음영으로 되어 있는 대각선 분산추출지수를 비교한다. r^2(괄호를 제곱한 값)이 대각선(음영)의 분산추출지수보다 작으면 판별타당성이 있다고 해석한다. 만약, 판별타당성이 낮은 요인이 있는 경우는 요인을 구성하는 변수 중에서 표준 적재치가 낮은 변수를 제거하여야 한다.

4단계 다음으로 구조방정식모델을 구축한다.

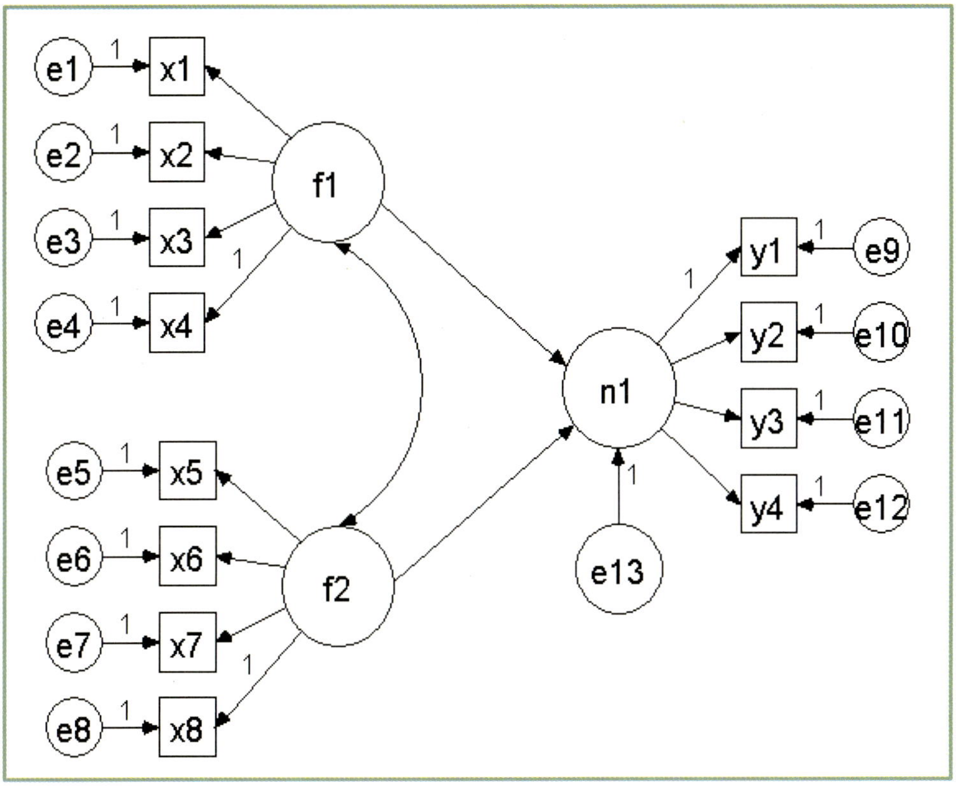

그림 20-16 구조방정식모델 [데이터] ch20-3.amw

5단계 실행을 위해서 Model-Fit → Calculate Estimate(Ctrl + F9)를 누른다. 결과창(Amos Output)을 누르면 다음과 같은 결과를 얻을 수 있다.

Result (Default model)

Minimum was achieved
Chi-square = 119.113
Degrees of freedom = 51
Probability level = .000

그림 20-17 전반적인 적합지수

● 결과 해석

카이제곱(χ^2)=119.113, 자유도(Degrees of freedom)=51, 이에 대한 유의확률(Probability level)=0.000 < $\alpha = 0.05$ 임을 알 수 있다.

CMIN

Model	NPAR	CMIN	DF	P	CMIN/DF
Default model	27	119.113	51	.000	2.336
Saturated model	78	.000	0		
Independence model	12	1610.475	66	.000	24.401

RMR, GFI

Model	RMR	GFI	AGFI	PGFI
Default model	.044	.916	.872	.599
Saturated model	.000	1.000		
Independence model	.426	.316	.192	.268

Baseline Comparisons

Model	NFI Delta1	RFI rho1	IFI Delta2	TLI rho2	CFI
Default model	.926	.904	.956	.943	.956
Saturated model	1.000		1.000		1.000
Independence model	.000	.000	.000	.000	.000

그림 20-18 전반적인 적합지수

● 결과 해석

연구자는 분석 결과에 대하여 초기모형(Default model)의 행(row)을 따라 원하는 값을 선택할 수 있다. 카이제곱(χ^2, 여기서는 CMIN)=119.113, 자유도(Degrees of freedom)=51, 이에 대한 유의확률(Probability level)=0.000 < $\alpha = 0.05$ 임을 알 수 있다. CMIN/DF=2.336으로 모형이 간명하고 안정되어 있음을 알 수 있다. RMR=0.044(0.05 이하가 적합함), GFI=0.916(0.9 이상이면 적합함), AGFI=0.872(0.9 이상이면 적합함), NFI=0.926(0.9 이상이어야 적합함), NNFI(TLI)=0.943(0.9 이상이면 적합함) 등이다.

			Estimate	S.E.	C.R.	P	Label
n1	<---	f1	-.105	.081	-1.296	.195	
n1	<---	f2	.603	.100	6.053	***	
x4	<---	f1	1.000				
x3	<---	f1	1.063	.078	13.654	***	
x2	<---	f1	.963	.072	13.424	***	
x1	<---	f1	.994	.074	13.450	***	
x8	<---	f2	1.000				
x7	<---	f2	1.001	.081	12.415	***	
x6	<---	f2	1.008	.079	12.695	***	
x5	<---	f2	1.013	.086	11.787	***	
y1	<---	n1	1.000				
y2	<---	n1	1.117	.107	10.470	***	
y3	<---	n1	1.191	.116	10.246	***	
y4	<---	n1	1.181	.117	10.098	***	

그림 20-19 비표준화 계수

● **결과 해석**

운영품질 요인(f1)은 고객만족 요인(n1)에는 음의 영향력을 보인다($p=0.195>\alpha=0.05$). 서비스품질 요인(f2)은 고객만족 요인(n1)에 유의한 영향력을 보인다($p=0.000<\alpha=0.05$).

연습문제

1. 경로분석의 기본 가정을 설명하라.

2. 경로분석과 구조방정식의 차이점을 설명하라.

3. 구조방정식모형의 2단계 분석에 대해서 언급하라.

4. 구조방정식모형에서 모형의 적합도를 판단하는 지수를 언급하라.

6부
비모수통계분석

21장

비모수통계분석

모수통계학은 모집단 확률분포에 대하여 엄격한 가정이 필요하다. 이는 현실적으로 불가능하거나 또는 합당하지 않은 경우가 많다. 특히, 통계적 추론을 위해 모수통계학을 이용하는 경우 오류를 범할 수 있다. 이런 문제점을 해결해 줄 수 있는 것이 비모수통계학(Nonparametic Statistics)이다. 이는 자료를 명목척도나 순위척도로 측정하는 경우, 회귀한 질병이나 예비연구 자료를 수집할 경우 등과 같이 표본의 크기가 매우 작은 경우 등에 사용한다.
비모수통계분석은 적합도검정, 무작위성 검정, 변수간 분포의 동질성검정, 집단간 분포의 동질성검정, 변수간 상관관계 분석 등에 유용하다.

학습 목표

- 모수통계학과 비모수통계학의 차이점을 이해한다.
- 사용 목적에 따른 비모수통계분석의 여러 가지 검정 방법을 이해한다.

21.1 비모수통계분석의 의의

21.1.1 비모수통계분석의 의의

지금까지 우리가 다루어온 통계적 추론은 표본은 표본에서 얻어지는 통계량을 이용하여 모집단의 특성을 나타내는 모수(母數, Parameter)를 추정하거나 가설을 검정하는 것이었다. 이러한 통계학은 모수통계학(Parametric Statistics)이라고 부른다.

그러나 모수통계학은 모집단 확률분포에 대하여 엄격한 가정이 현실적으로 불가능하거나 또는 합당하지 않은 경우가 많으며, 통계적 추론을 위해 모수통계학을 이용하는 경우 오류를 범할 수 있다. 이러한 문제점을 해결해 줄 수 있는 것이 비모수통계학(Nonparametic Statistics)이다. 물론 비모수 통계학의 검정도 모집단에 관한 것이어서 표본을 이용하지만, 모수통계학처럼 모집단의 분포가, 예를 들어 정규분포라는 특별한 가정을 필요로 하지 않는다. 따라서 비모수통계학은 엄격한 가정하의 추론이 아닌 비모수적(Nonparametic) 성격을 가졌고 특정분포 형식에서 벗어나 자유로운 검정을 하게 된다.

비모수통계학이 모수통계학에 비하여 갖는 일반적인 이점은 다음과 같다.

① 자료를 명목척도나 순위척도로 측정하는 경우에 유용한 방법이다.

② 회귀한 질병이나 예비연구 자료를 수집할 경우 등과 같이 표본의 크기가 매우 작은 경우에 유용한 방법이다.

③ 모수적 방법에 대한 적용이 용이하고, 이해가 쉬우므로 신속한 검정을 할 수 있다.

21.1.2 비모수통계분석 방법의 종류

1) 적합도검정

모집단이 일정한 확률분포 형태를 갖는다고 가정할 경우 표본에서 얻어진 분포가 모집단에서 가정하고 있는 분포에 적합한지를 검정하는 방법이다. (예) 단일표본 카이제곱(χ^2)검정, 단일표본 콜모고로프-스미르노프 검정, 이항분포 검정

2) 무작위성 검정

일련의 관찰치(사건)가 무작위적(random)으로 발생할 것이지 아니면 어떠한 규칙성, 즉 앞서 일어난 사건이 뒤에 일어날 사건에 영향을 미치는 것인지를 검정하는 방법이다. (예) 연(連; Run)의 검정

3) 변수간 분포의 동질성검정

두 개 변수 또는 3개 이상의 변수값들이 이루는 확률분포가 동일한지를 검정하는 방법이다. 이때에 확률분포는 정규분포와 같은 특정한 분포를 가정하지는 않는다. (예) 부호검정, 윌콕슨 검정, 맥니머 검정, 프리드먼 검정, 켄달의 검정, 코크란 큐 검정

4) 집단간 분포의 동질성검정

두 집단 또는 세 집단 이상의 특정 변수에 대한 확률분포들이 동일한가를 검정하는 방법이다. 순위자료를 이용한 분산분석으로 생각하면 쉽게 이해될 것이다. (예) 맨-휘트니 검정, 두 표본 콜모고로프-스미르노프 검정, 월드-월포비치 검정, 중앙값 검정, 크루스칼-월리스 검정

5) 변수간 상관관계분석

순위자료를 이용하여 상관 정도를 분석하는 방법과 면목척도로 측정된 자료를 이용하여 두 변수 간의 상관정도를 분석하는 방법이 있다. 이 경우에는 명목자료로 된 변수 간의 상호 독립성을 검정함으로써 두 변수의 도수분포상의 상관 정도를 검정하

게 된다. (예) 스피어먼 순위상관분석, 교차분석

표 21-1 비모수통계분석 방법 요약

사용 목적	비모수통계분석 방법	목적이 유사한 모수통계분석 방법
적합도검정	단일표본 카이스퀘어 검정 단일표본 콜로고프-스미르노프 검정 이항분포 검정	없음 없음 없음
무작위성 검정	연의 검정	없음
두 변수의 비교	부호검정 윌콕슨 검정 코크란 큐 검정	Paried t-test
세 변수 이상의 비교	프리드먼 검정 켄달의 일치계수 코크란 큐 검정	MANOVA
두 집단의 비교	맨-휘트니 검정 2개 표본 콜모고로프-스미르노프 검정 월드-월포비치 검정 중앙값 검정	t-test
세 집단 이상의 비교	중앙값 검정 크루스칼-윌리스 검정	ANOVA
변수간 상관분석	스피어먼 순위상관분석 카이자승 분석(교차분석)	Correlation

다음 절에서는 비모수통계분석에 해당되는 몇 가지 방법에 대하여 설명하기로 한다. 자세한 것은 다른 통계분석 책을 참조하기 바란다.

21.2 무작위성 검정(연의 검정)

무작위(Random)란 모집단을 구성하고 있는 개체가 표본으로 선택될 확률이 모두 동일한 상황을 의미한다. 특수한 경우를 제외하고는 표본이 무작위로 추출되었을 때만 가치 있는 표본이 될 수 있다. 따라서 일련의 연속적인 관찰치가 무작위적으로 나타난 것인지, 아니면 앞에서 나타난 관찰치가 뒤에 나타나는 관찰치에 어떤 영향을 미치는지를 검정하는 데 이용되는 것이 연(連; Run Test)이다. 연이란 두 종류의 부호가 어떤 순서를 가지고 배열되었을 때 동일한 부호로 이루어진 부분을 뜻하며, 이 연의 수에 근거를 두고 무작위성을 검정하게 된다. 연의 수가 매우 많거나 매우 적으면 관찰치 간의 연관성이 있다고 판단하게 되는 것이다. 연의 수 R에 대한 확률분포의 평균과 표준편차는 다음과 같다.

R분포의 평균과 표준편차

$$\mu_R = \frac{n + 2n_1 n_2}{n}$$

$$\sigma_R = \sqrt{\frac{2n_1 n_2 (2n_1 n_2 - n)}{n^2 (n-1)}} \qquad \text{식 21-1}$$

예제 1

어느 주식 연구가는 종합주가지수가 무작위로 변동하고 있는지 여부에 대하여 관심을 가지고 있다. 이를 위해 최근 20일간의 주가지수를 조사하였다. 전일에 비하여 오늘의 지수가 오르면 +, 지수가 떨어지면 -로 표기하였다. $\alpha = 0.05$에서 종합주가지수가 무작위로 변동하였는지에 대하여 검정하여보자.

++++	---	+++	-	+	-	+	-	++	---
①	②	③	④	⑤	⑥	⑦	⑧	⑨	⑩

풀이

이 문제에 대한 가설을 세우면 다음과 같다.

H_0 : 종합주가지수는 무작위로 추출되었다.

H_1 : 종합주가지수는 무작위로 변동하지 않는다.

위에서 주가지수 등락에 대한 런(run)의 수는 10개로 관찰되었다. + 부호의 수를 n_1, −부호의 수를 n_2라 하자. 그러면 $n_1 = 11$, $n_2 = 9$이고 $n = n_1 + n_2 = 20$이다. 식 (21-1)에 의하여

R분포의 평균과 표준편차

$$\mu_R = \frac{n + 2n_1 n_2}{n} = \frac{20 + 2(11)(9)}{20} = 10.9$$

$$\sigma_R = \sqrt{\frac{2n_1 n_2 (2n_1 n_2 - n)}{n^2 (n-1)}} = \sqrt{\frac{2(11)(9)[2(11)(9) - 20]}{20^2 (20-1)}} = 2.15$$

이다. 대략적인 정규분포 이론을 이용하여 통계량

$$Z = \frac{R - \mu_R}{\sigma_R} = \frac{10 - 10.9}{2.15} = -0.42$$

이다. $\alpha = 0.05$에서 $-1.96 \leq Z \leq 1.96$이면 H_0을 채택한다. 통계량 $Z = -0.42$이므로 귀무가설을 채택한다. 따라서 종합주가지수는 무작위로 변동한다고 결론을 내릴 수 있다.

21.3 두 변수 간 분포의 동질성검정

두 변수 간 분포의 동질성을 검정하는 방법으로 부호검정(Sign Test), 윌콕슨 검정(Wilcoxon Test) 등이 있다.

부호검정(Sign Test) 방법은 n개의 짝지어진 표본 간에 분포의 차이가 있는가를 검정할 때 이용된다. 이것은 두 표본에 관한 t검정이나 다음에 설명할 윌콕슨의 검정 방법이 적용될 수 없는 자료에 이용되는 비모수적 방법이다. 두 표본의 각 관찰치에 순위나 점수를 매겨서 부호검정을 하게 된다.

부호검정은 차이의 크기를 무시하고 단지 차이의 부호만을 이용하므로, 수치 측정이 어려운 경우에 매우 유용하다. 그러나 수치 측정이 가능한 경우, 정보의 손실이 매우 크므로 이런 단점을 보완한 것이 윌콕슨 검정(Wilcoxon Test)이다. 여기서는 윌콕슨 검정을 설명하기로 한다.

두 모집단의 경우 표본이 n_1, n_2을 추출하였을 때 두 모집단 분포가 동일하다는 귀무가설하에서 순위합계 W의 표본분포의 평균과 표준편차는 다음과 같다.

순위합계 W의 평균과 표준편차

$$\mu_W = \frac{\text{최소값} + \text{최대값}}{2} = \frac{n_1(n_1+n_2+1)}{2}$$

$$\sigma_w = \sqrt{\frac{n_1 n_2 (n_1+n_2+1)}{12}}$$

식 21-2

여기서 n_1과 n_2는 각 표본의 크기이며, $n_1 \leq n_2$이다. 따라서 n_1과 n_2가 10 이상일 때 순위합계 검정의 통계량은

$$Z = \frac{W-\mu_W}{\sigma_W}$$

식 21-3

가 되면 이것은 $Z \sim N(0,1)$이다.

예제 2

두 종류의 재료를 이용하여 우유팩을 만드는 종이의 충격 강도를 실험하기 위하여 표본을 선택하였다. $\alpha = 0.05$에서 두 재료의 강도가 동일하다라는 가설을 검정하여라.

재료 1	21	25	28	29	26	19	20	22	24	27
재료 2	9	12	15	17	23	18	21	13	16	20

풀이

먼저, 가설을 세우면

H_0 : 두 재료의 강도는 동일하다.

H_1 : 두 재료의 강도는 동일하지 않다.

통계량을 계산하기 위하여 귀무가설하에서 평균과 표준편차를 구하면,

$$\mu_W = \frac{100(100+100+1)}{2} = 105$$

$$\sigma_w = \sqrt{\frac{(10)(10)(10+10+1)}{12}} = 13.23$$

관찰치들의 순위를 매겨보면

재료 1	11.5	16	19	20	17	8	9.5	13	15	18
재료 2	1	2	4	6	14	7	11.5	3	5	9.5

이고, $W = 11.5+16+19+20+17+8+9.5+13+15+18 = 147$이다.

따라서 통계량을 계산하면

$$Z = \frac{W-\mu_W}{\sigma_W} = \frac{147-105}{13.23} = 3.17$$

이다. $Z = 3.17 > Z_{(\frac{0.05}{2})} = 1.96$이므로 H_0을 기각한다. 따라서 두 재료의 강도는 $\alpha = 0.05$에서 같다고 할 수 없다.

21.4 두 개 이상의 모집단 비교(독립표본)

모수통계분석에서 두 개 이상의 모집단을 비교하는 경우에 앞에서 다룬 분산분석을 이용한다. 이 경우에 모집단은 정규분포를 이룬다고 가정한다. 비모수통계분석에서 두 개 이상의 모집단을 비교하는 경우 Kruskal-Wallis(KW) 검정을 이용한다. KW 검정은 모집단의 정규분포에 대하여 의문의 여지가 있을 때에 사용한다.

KW 검정을 위해서는 다음의 세 가지 조건이 충족되어야 통계량 K가 자유도 k−1의 χ^2분포를 이룬다고 할 수 있다. 여기서 k는 모집단의 수를 뜻한다. 세 가지 조건을 살펴보면 다음과 같다.

① 모든 모집단 분포가 동일하다는 귀무가설은 사실이다.
② 적어도 세 개 이상의 모집단이 있어야 한다.
③ 각 모집단으로부터 적어도 5개 이상의 표본이 무작위로 그리고 독립적으로 추출되어야 한다.

예제 3

다음 표는 세 학과 학생들을 무작위로 추출하여 평균학점을 정리한 것이다. 괄호 안의 숫자는 17명 학생의 평점 순서를 나타낸다.

학과		
A	B	C
3.2 (7)	3.1 (6)	4.1 (13.5)
3.5 (9)	3.3 (8)	2.5 (3.5)
2.0 (1)	4.4 (17)	3.8 (12)
4.2 (15)	2.5 (3.5)	3.7 (11)
4.1 (13.5)	2.8 (5)	3.6 (10)
2.1 (2)		4.3 (16)

세 모집단 평균이 같은지 여부를 $\alpha = 0.05$에서 KW로 검정하라.

풀이

귀무가설하에서는 세 모집단의 분포 모양과 위치가 모두 같다라고 한다. 이들 성적을 작은 것부터 순서대로 나열하였을 때, 세 표본집단의 순서합계는 비슷한 분포로 동일하다고 볼 수 있을 것이다. 모두 17명 학생의 평균순위는 $\frac{1+17}{2} = 9$로 기대할 수 있다. 이 경우에 세 표본집단의 평균순위는 9로 기대하여도 좋을 것이다.

가설을 세워보면,

H_0 : 세 모집단의 분포는 동일하다.

H_1 : 세 모집단의 분포가 반드시 같지는 않다.

KW 검정통계량은 다음과 같다.

KW 검정통계량

$$K = \frac{12}{n(n+1)} S - 3(n+1) \quad \text{식 21-4}$$

$$\text{여기서 } S = \sum \frac{T_j^2}{n_j}$$

$n_j =$ 표본집단 j의 관찰 개수

$T_j =$ 표본집단 j의 순위합계

각 학과의 순위합을 구하면 $T_A = 47.5$, $T_B = 39.5$, $T_C = 66$ 이다. 따라서

$$K = (\frac{12}{17(17+1)})(\frac{47.5^2}{6} + \frac{39.5^2}{5} + \frac{66^2}{6}) - 3(17+1)$$

$$= (\frac{12}{306})(1414.09) - 3(18) = 1.45$$

임계치 $\chi^2_{(0.05,\ 3-1)} = 5.99 > K = 1.45$ 이므로 H_0을 채택한다. 따라서 $\alpha = 0.05$ 에서 세 모집단의 분포는 같다고 할 수 있다.

SPSS 예제 1

어느 주식 연구가는 종합주가지수가 무작위로 변동하고 있는지 여부에 대하여 관심을 가지고 있다. 이를 위해 최근 20일간의 주가지수를 조사하였다. 전일에 비하여 오늘의 지수가 오르면 +, 지수가 떨어지면 −로 표기하였다. $\alpha = 0.05$에서 종합주가지수가 무작위로 변동하였는지에 대하여 검정하여보자.

++++	−−−	+++	−	+	−	+	−	++	−−−
①	②	③	④	⑤	⑥	⑦	⑧	⑨	⑩

풀이

1단계 이 문제에 대한 가설을 세우면 다음과 같다.

H_0 : 종합주가지수는 무작위로 추출되었다.

H_1 : 종합주가지수는 무작위로 변동하지 않는다.

2단계 연의 검정을 실행하기에 앞서 다음 그림과 같이 자료를 입력한다.

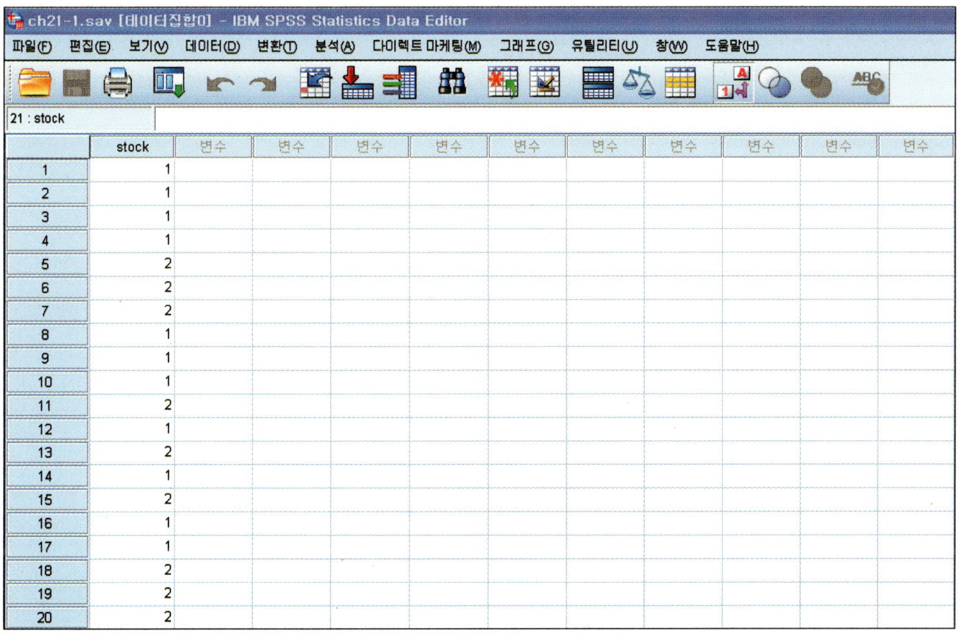

그림 21-1 자료 입력 화면 [데이터] ch21-1.sav

주) 1 = 주가 상승, 2 = 주가 하락

3단계 연의 검정을 위해서 **분석(A) → 비모수 검정(N) → 레거시 대화 상자(L) → 런(R)...** 단추를 누른다.

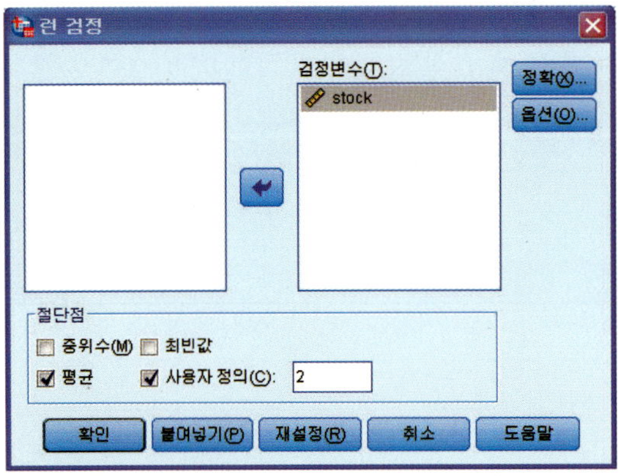

그림 21-2 연의 검정

4단계 [그림 21-2]의 왼쪽 상자에서 stock(주가)을 **검정변수(T)**란에 지정한다. 절단점의 기준으로 ☑ 평균을 사용하였다. ☑ 사용자 정의(C): 란에서 2는 절사점을 2로 지정하는 것을 의미한다. 앞에서 입력 자료가 1, 2로 구성되어 있다면 연의 경우 절사점은 2로 지정하면 된다. 여기서 확인 단추를 누른다. 그러면 다음과 같은 결과물을 얻을 수 있다.

런 검정

	stock
검정값[a]	1.45
케이스 < 검정값	11
케이스 >= 검정값	9
전체 케이스	20
런의 수	10
Z	-.186
근사 유의확률(양측)	.853

a. 평균

런 검정 2

	stock
검정값[a]	2.00
전체 케이스	20
런의 수	10
Z	-.186
근사 유의확률(양측)	.853

a. 사용자 지정.

그림 21-3 연의 검정 결과

● **결과 해석**

연의 개수는 10개이고, 평균값보다 큰 관찰치가 9개, 작은 것은 11개임을 보여주고 있다. 평균은 각각 1.45임을 알 수 있다. 2-tailed 유의확률 $=0.853>\alpha=0.05$이므로 종합주가지수는 무작위로 변동한다고 결론을 내릴 수 있다.

SPSS 예제 2

두 종류의 재료를 이용하여 우유팩을 만드는 종이의 충격 강도를 실험하기 위하여 표본을 선택하였다. $\alpha=0.01$에서 두 재료의 강도가 동일하다라는 가설을 검정하여라. 윌콕슨 검정 문제를 SPSS를 이용하여 풀어보도록 하자.

재료 1	21	25	28	29	26	19	20	22	24	27
재료 2	9	12	15	17	23	18	21	13	16	20

풀이

1단계 윌콕슨 검정을 실행하기에 앞서 다음 그림과 같이 자료를 입력한다.

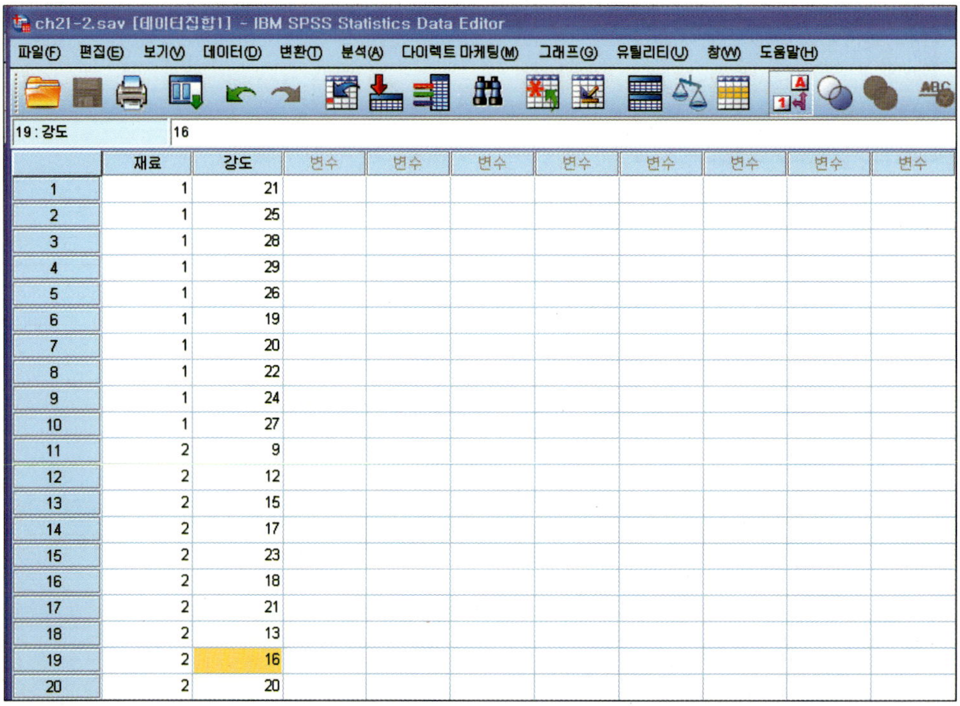

그림 21-4 자료 입력 화면 [데이터] ch21-2.sav

2단계 윌콕슨 검정을 위해서 **분석(A) → 비모수 검정(N) → 레거시 대화 상자(L) → 대응 2-표본(L)...** 단추를 누른다.

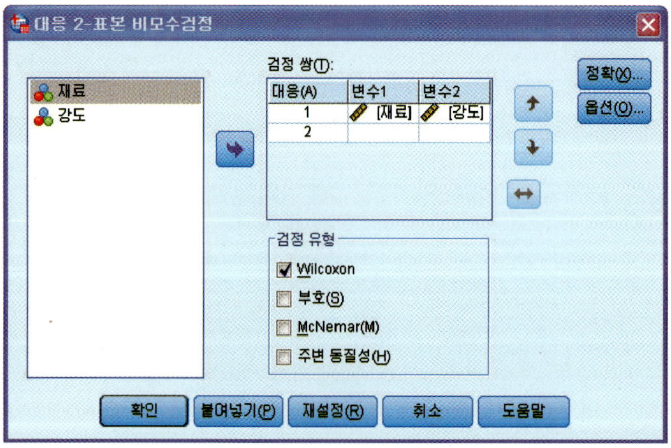

그림 21-5 윌콕슨 검정

3단계 왼쪽의 변수상자로부터 '재료'와 '강도'를 **검정 쌍(T)** 상자에 지정한다. **검정 유형**에서 ☑ Wilcoxon을 지정하고 [확인] 단추를 누른다. 그러면 다음과 같은 결과물을 얻을 수 있다.

순위

		N	평균순위	순위합
강도 - 재료	음의 순위	0[a]	.00	.00
	양의 순위	20[b]	10.50	210.00
	동률	0[c]		
	합계	20		

a. 강도 < 재료
b. 강도 > 재료
c. 강도 = 재료

검정 통계량[b]

	강도 - 재료
Z	-3.921[a]
근사 유의확률(양측)	.000

a. 음의 순위를 기준으로.
b. Wilcoxon 부호순위 검정

그림 21-6 윌콕슨 검정 결과

● **결과 해석**

'재료' 변수값이 '강도' 변수값보다 작은 경우의 평균순위는 0이고, 큰 경우의 평균순위는 10.50으로서 평균순위에 있어 큰 차이를 보여주고 있다. 이에 대한 검정결과 2−tailed = 0.00 < 0.05이므로 두 재료의 강도는 차이가 없다는 귀무가설을 기각한다. SPSS에서는 정규분포에 대한 가정을 약간 보완하여 구하기 때문에 앞에서 직접 구한 것과 다른 Z = −3.921을 얻었다.

SPSS 예제 3

다음 표는 세 학과 학생들을 무작위로 추출하여 평균학점을 정리한 것이다. 괄호 안의 숫자는 17명 학생의 평점 순서를 나타낸다.

학과		
A	B	C
3.2 (7) 3.5 (9) 2.0 (1) 4.2 (15) 4.1 (13.5) 2.1 (2)	3.1 (6) 3.3 (8) 4.4 (17) 2.5 (3.5) 2.8 (5)	4.1 (13.5) 2.5 (3.5) 3.8 (12) 3.7 (11) 3.6 (10) 4.3 (16)

세 모집단 평균이 같은지 여부를 $\alpha = 0.05$ 에서 Kruskal-Wallis(KW)로 검정하라.

풀이

1단계 Kruskal-Wallis(KW)를 실행하기에 앞서 다음 그림과 같이 자료를 입력한다.

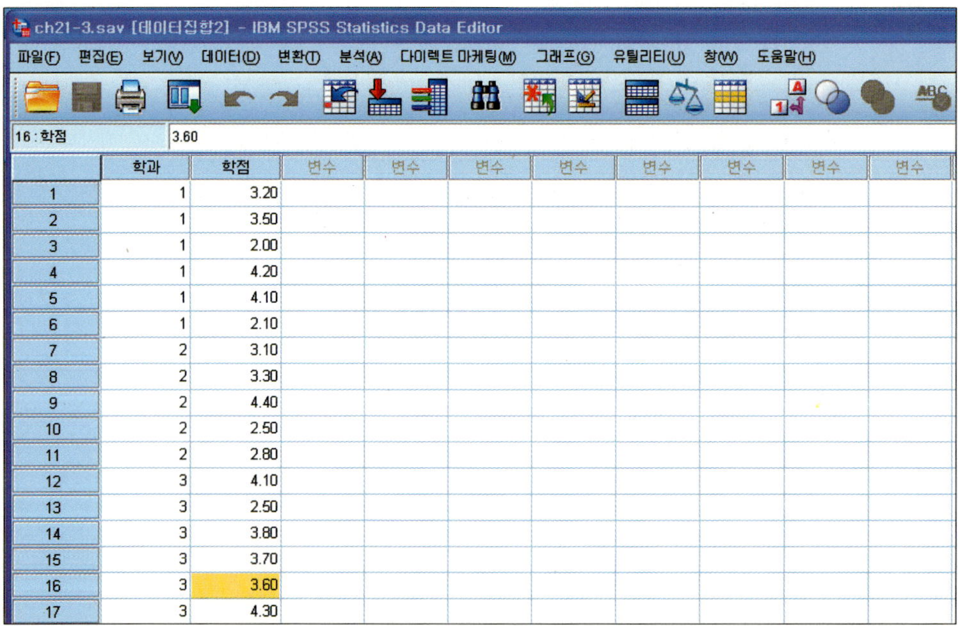

그림 21-7 자료 입력 화면 [데이터] ch21-3.sav

2단계 Kruskal-Wallis(KW) 검정을 위해서 **분석(A) → 비모수통계분석 → 레거시 대화 상자(L) → 독립 K-표본(K)...**을 지정한다.

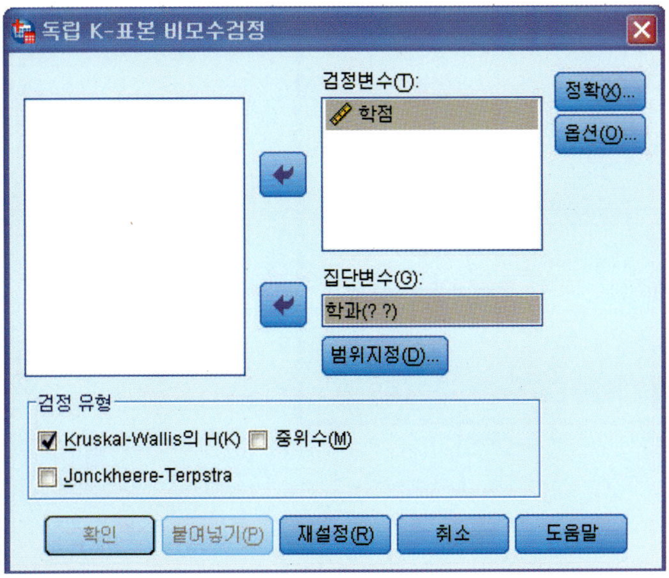

그림 21-8 두 개 이상 독립표본 비교 상자

3단계 **검정변수(T)**란에 '학점' 변수를 지정하고 **집단변수(G)**란에는 '학과' 변수를 지정한다. 반전된 범위지정(D)... 단추를 누르면 다음과 같은 그림이 나타난다.

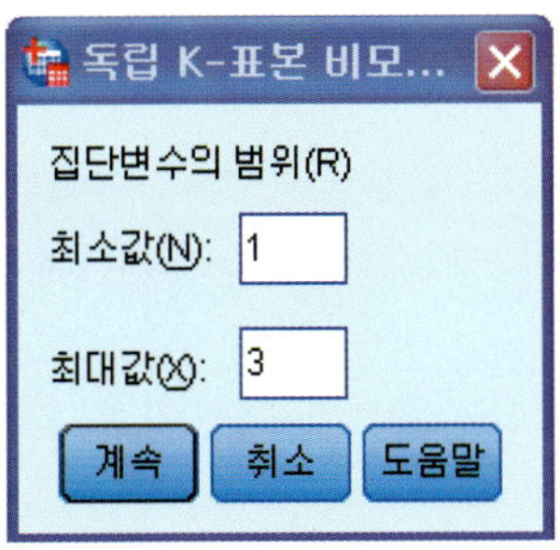

그림 21-9 집단 지정하기

4단계 **집단변수의 범위(R)**란에서 **최소값(N)**란에는 '1,' **최대값(X)**란에는 '3'을 입력하고 계속 단추를 누른다. 그러면 다음과 같은 화면이 나타난다.

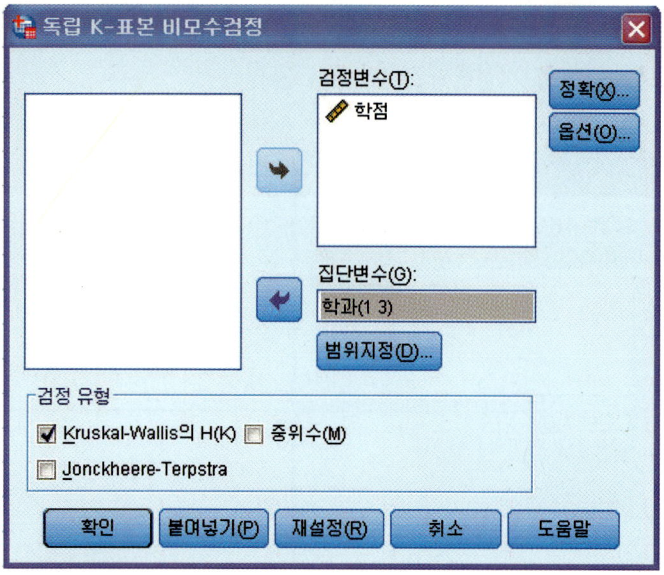

그림 21-10 지정 완료 화면

여기서  단추를 입력하면 다음의 결과가 나타난다.

Kruskal-Wallis 검정

순위

	학과	N	평균순위
학점	A학과	6	7.92
	B학과	5	7.90
	C학과	6	11.00
	합계	17	

검정 통계량[a,b]

	학점
카이제곱	1.458
자유도	2
근사 유의확률	.482

a. Kruskal Wallis 검정
b. 집단변수: 학과

그림 21-11 Kruskal-Wallis(KW) 검정 결과

● 결과 해석

[A학과 N 6, 평균순위 7.92]

A학과의 표본수=6, 평균순위=7.92위임을 알 수 있다.

[카이제곱 근사 유의확률 0.482]

이 결과물에 의하면 귀무가설의 근사유의확률=0.482 > α = 0.05 이므로 세 학과의 분포가 같다는 귀무가설은 채택된다.

연습문제

1. 모수통계학과 비모수통계학을 비교 설명하라.

2. 어느 회사 인사부에서는 A, B 두 종류의 교육 프로그램을 개설하고, 20명의 직원을 두 그룹으로 나누어 한 달간 교육을 받도록 하였다. 이 교육이 끝난 후에, 20명 모두에게 동일한 시험을 보도록 하였다. 다음은 이들의 시험 성적을 정리한 것이다. 두 교육 프로그램의 차이 여부를 $\alpha = 0.01$ 에서 검정하라.

A 프로그램	82	65	76	68	59	92	98	94	86	85
B 프로그램	42	58	72	95	92	66	64	75	80	73

부록

통계도표

◆ 이항분포표

$$P(X=x)={}_nC_x\pi^x(1-\pi)^{n-x}$$

		π									
n	x	0.05	0.10	0.15	0.20	0.25	0.30	0.35	0.40	0.45	0.50
1	0	0.9500	0.9000	0.8500	0.8000	0.7500	0.7000	0.6500	0.6000	0.5500	0.5000
	1	0.0500	0.1000	0.1500	0.2000	0.2500	0.3000	0.3500	0.4000	0.4500	0.5000
2	0	0.9025	0.8100	0.7225	0.6400	0.5625	0.4900	0.4225	0.3600	0.3025	0.2500
	1	0.0950	0.1800	0.2550	0.3200	0.3750	0.4200	0.4550	0.4800	0.4950	0.5000
	2	0.0025	0.0100	0.0225	0.0400	0.0625	0.0900	0.1225	0.1600	0.2025	0.2500
3	0	0.8574	0.7290	0.6141	0.5120	0.4219	0.3430	0.2746	0.2160	0.1664	0.1250
	1	0.1354	0.2430	0.3251	0.3840	0.4219	0.4410	0.4436	0.4320	0.4084	0.3750
	2	0.0071	0.0270	0.0574	0.0960	0.1406	0.1890	0.2389	0.2880	0.3341	0.3750
	3	0.0001	0.0010	0.0034	0.0080	0.0156	0.0270	0.0429	0.0640	0.0911	0.1250
4	0	0.8145	0.6561	0.5220	0.4096	0.3164	0.2401	0.1785	0.1296	0.0915	0.0625
	1	0.1715	0.2916	0.3685	0.4096	0.4219	0.4116	0.3845	0.3456	0.2995	0.2500
	2	0.0135	0.0486	0.0975	0.1536	0.2109	0.2646	0.3105	0.3456	0.3675	0.3750
	3	0.0005	0.0036	0.0115	0.0256	0.0469	0.0756	0.1115	0.1536	0.2005	0.2500
	4	0.0000	0.0001	0.0005	0.0016	0.0039	0.0081	0.0150	0.0256	0.0410	0.0625
5	0	0.7738	0.5905	0.4437	0.3277	0.2373	0.1681	0.1160	0.0778	0.0503	0.0312
	1	0.2036	0.3280	0.3915	0.4096	0.3955	0.3602	0.3124	0.2592	0.2059	0.1562
	2	0.0214	0.0729	0.1382	0.2048	0.2637	0.3087	0.3364	0.3456	0.3369	0.3125
	3	0.0011	0.0081	0.0244	0.0512	0.0879	0.1323	0.1811	0.2304	0.2757	0.3125
	4	0.0000	0.0004	0.0022	0.0064	0.0146	0.0284	0.0488	0.0768	0.1128	0.1562
	5	0.0000	0.0000	0.0001	0.0003	0.0010	0.0024	0.0053	0.102	0.0185	0.0132
6	0	0.7351	0.5314	0.3771	0.2621	0.1780	0.1176	0.0754	0.0467	0.0277	0.0156
	1	0.2321	0.3543	0.3993	0.3932	0.3560	0.3025	0.2437	0.1866	0.1359	0.0938
	2	0.0305	0.0984	0.1762	0.2458	0.2966	0.3241	0.3280	0.3110	0.2780	0.2344
	3	0.0021	0.0146	0.0415	0.0819	0.1318	0.1852	0.2355	0.2765	0.3032	0.3125
	4	0.0001	0.0012	0.0055	0.0154	0.0330	0.0595	0.0951	0.1382	0.1861	0.2344
	5	0.0000	0.0001	0.0004	0.0015	0.0044	0.0102	0.0205	0.0369	0.0609	0.0938
	6	0.0000	0.0000	0.000	0.0001	0.0002	0.0007	0.0018	0.0041	0.0083	0.0156
7	0	0.6983	0.4783	0.3206	0.2097	0.1335	0.0824	0.0490	0.0280	0.0152	0.0078
	1	0.2573	0.3720	0.3960	0.3670	0.3115	0.2471	0.1848	0.1306	0.0872	0.0547
	2	0.0406	0.1240	0.2097	0.2753	0.3115	0.3177	0.2985	0.2613	0.2140	0.1641
	3	0.0036	0.0230	0.0617	0.1147	0.1730	0.2269	0.2679	0.2903	0.2918	0.2734
	4	0.0002	0.0026	0.0109	0.0287	0.0577	0.0972	0.1442	0.1935	0.2388	0.2734
	5	0.0000	0.0002	0.0012	0.0043	0.0115	0.0250	0.0466	0.0774	0.1172	0.1641
	6	0.0000	0.0000	0.0001	0.0004	0.0013	0.0036	0.0084	0.0172	0.0320	0.0547
	7	0.0000	0.0000	0.000	0.000	0.0001	0.0002	0.0006	0.0016	0.0037	0.0078

		π									
n	x	0.05	0.10	0.15	0.20	0.25	0.30	0.35	0.40	0.45	0.50
8	0	0.6634	0.4305	0.2725	0.1678	0.1001	0.0576	0.0319	0.0168	0.0084	0.0039
	1	0.2279	0.3826	0.3847	0.3355	0.2670	0.1977	0.1373	0.0896	0.0548	0.0312
	2	0.0515	0.1488	0.2376	0.2936	0.3155	0.2965	0.2587	0.2090	0.1569	0.1094
	3	0.0054	0.0331	0.0839	0.1468	0.2076	0.2541	0.2786	0.2787	0.2568	0.2188
	4	0.0004	0.0046	0.0185	0.0459	0.0865	0.1361	0.1875	0.2322	0.2627	0.2734
	5	0.0000	0.0004	0.0026	0.0092	0.0231	0.0467	0.0808	0.1239	0.1719	0.2188
	6	0.0000	0.0000	0.0002	0.0011	0.0038	0.0100	0.0217	0.0413	0.0703	0.1094
	7	0.0000	0.0000	0.0000	0.0001	0.0004	0.0012	0.0033	0.0079	0.0164	0.0312
	8	0.0000	0.0000	0.0000	0.0000	0.0000	0.0001	0.0002	0.0007	0.0017	0.0039
9	0	0.6302	0.3874	0.2316	0.1342	0.0751	0.0404	0.0207	0.0101	0.0046	0.0020
	1	0.2985	0.3874	0.3679	0.3020	0.2253	0.1556	0.1004	0.0605	0.0339	0.0176
	2	0.0629	0.1722	0.2597	0.3020	0.3003	0.2668	0.2162	0.1612	0.1110	0.0703
	3	0.0077	0.0446	0.1069	0.1762	0.2336	0.2668	0.2716	0.2508	0.2119	0.1641
	4	0.0006	0.0074	0.0283	0.0661	0.1168	0.1715	0.2194	0.2508	0.2600	0.2461
	5	0.0000	0.0008	0.0050	0.0165	0.0389	0.0735	0.1181	0.1672	0.2128	0.2461
	6	0.0000	0.0001	0.0006	0.0028	0.0087	0.0210	0.0424	0.0743	0.1160	0.1641
	7	0.0000	0.0000	0.0000	0.0003	0.0012	0.0039	0.0098	0.0212	0.0407	0.0703
	8	0.0000	0.0000	0.0000	0.0000	0.0001	0.0004	0.0013	0.0035	0.0083	0.0176
	9	0.0000	0.0000	0.0000	0.0000	0.0000	0.0000	0.0001	0.0003	0.0008	0.0020
10	0	0.5987	0.3487	0.1969	0.1074	0.0563	0.0282	0.0135	0.0060	0.0025	0.0010
	1	0.3151	0.3874	0.3474	0.2684	0.1877	0.1211	0.0725	0.0403	0.0207	0.0098
	2	0.0746	0.1937	0.2759	0.3020	0.2816	0.2335	0.1757	0.1209	0.0763	0.0439
	3	0.0105	0.0574	0.1298	0.2013	0.2503	0.2668	0.2522	0.2150	0.1665	0.1172
	4	0.0010	0.0112	0.0401	0.0881	0.1460	0.2001	0.2377	0.2508	0.2384	0.2051
	5	0.0001	0.0015	0.0085	0.0264	0.0584	0.1029	0.1536	0.2007	0.2340	0.2461
	6	0.0000	0.0001	0.0012	0.0055	0.0162	0.0368	0.0689	0.1115	0.1596	0.2051
	7	0.0000	0.0000	0.0001	0.0008	0.0031	0.0090	0.0212	0.0425	0.0746	0.1172
	8	0.0000	0.0000	0.0000	0.0001	0.0004	0.0014	0.0043	0.0106	0.0229	0.0439
	9	0.0000	0.0000	0.0000	0.0000	0.0000	0.0001	0.0005	0.0016	0.0042	0.0098
	10	0.0000	0.0000	0.0000	0.0000	0.0000	0.0000	0.0000	0.0001	0.0003	0.0010
11	0	0.5688	0.3138	0.1673	0.0859	0.0422	0.0198	0.0088	0.0036	0.0014	0.0005
	1	0.3293	0.3835	0.3248	0.2362	0.1549	0.0932	0.0518	0.0266	0.0125	0.0054
	2	0.0867	0.2131	0.2866	0.2953	0.2581	0.1988	0.1395	0.0887	0.0513	0.0269
	3	0.0137	0.0710	0.1517	0.2215	0.2581	0.2568	0.2254	0.1774	0.1259	0.0806
	4	0.0014	0.0158	0.0536	0.1107	0.1721	0.2201	0.2428	0.2365	0.2060	0.1611
	5	0.0001	0.0025	0.0132	0.0388	0.0803	0.1321	0.1830	0.2207	0.2360	0.2256
	6	0.0000	0.0003	0.0023	0.0097	0.0268	0.0566	0.0985	0.1471	0.1931	0.2256
	7	0.0000	0.0000	0.0003	0.0017	0.0064	0.0173	0.0379	0.0701	0.1128	0.1611
	8	0.0000	0.0000	0.0000	0.0002	0.0011	0.0037	0.0102	0.0234	0.0462	0.0806
	9	0.0000	0.0000	0.0000	0.0000	0.0001	0.0005	0.0018	0.0052	0.0126	0.0269
	10	0.0000	0.0000	0.0000	0.0000	0.0000	0.0000	0.0002	0.0007	0.0021	0.0054
	11	0.0000	0.0000	0.0000	0.0000	0.0000	0.0000	0.0000	0.0000	0.0002	0.0005
12	0	0.5404	0.2824	0.1422	0.0687	0.0317	0.0138	0.0057	0.0022	0.0008	0.0002
	1	0.3413	0.3766	0.3012	0.2062	0.1267	0.0712	0.0368	0.014	0.0075	0.0029
	2	0.0988	0.2301	0.2924	0.2835	0.2323	0.1678	0.1088	0.0639	0.0339	0.0161

n	x	π 0.05	0.10	0.15	0.20	0.25	0.30	0.35	0.40	0.45	0.50
	3	0.0173	0.0852	0.1720	0.2362	0.2581	0.2397	0.1954	0.1419	0.0923	0.0537
	4	0.0021	0.0213	0.0683	0.1329	0.1936	0.2311	0.2367	0.2128	0.1700	0.1208
	5	0.0002	0.0038	0.0193	0.0532	0.1032	0.1585	0.2039	0.2270	0.2225	0.1934
	6	0.0000	0.0005	0.0040	0.0155	0.0401	0.0792	0.1281	0.1766	0.2124	0.2256
	7	0.0000	0.0000	0.0006	0.0033	0.0115	0.0291	0.0591	0.1009	0.1489	0.1934
	8	0.0000	0.0000	0.0001	0.0005	0.0024	0.0078	0.0199	0.0420	0.0762	0.1208
	9	0.0000	0.0000	0.0000	0.0001	0.0004	0.0015	0.0048	0.0125	0.0277	0.2537
	10	0.0000	0.0000	0.0000	0.0000	0.0000	0.0000	0.0002	0.0025	0.0068	0.0161
	11	0.0000	0.0000	0.0000	0.0000	0.0000	0.0000	0.0001	0.0003	0.0010	0.0029
	12	0.0000	0.0000	0.0000	0.0000	0.0000	0.0000	0.0000	0.0000	0.0001	0.0002
13	0	0.5133	0.2542	0.1209	0.0550	0.023	0.0097	0.0037	0.0013	0.0004	0.0001
	1	0.3512	0.3672	0.2774	0.1787	0.1029	0.0540	0.0259	0.0113	0.0045	0.0016
	2	0.1109	0.2448	0.2937	0.2680	0.2059	0.1388	0.0836	0.0453	0.0220	0.0095
	3	0.0214	0.0997	0.1900	0.2457	0.2517	0.2181	0.1651	0.1107	0.0660	0.0349
	4	0.0028	0.0277	0.0838	0.1535	0.2097	0.2337	0.2222	0.1845	0.1350	0.0873
	5	0.0003	0.0055	0.0266	0.0691	0.1258	0.1803	0.2154	0.2214	0.1989	0.1571
	6	0.0000	0.0008	0.0063	0.0230	0.0559	0.1030	0.1546	0.1968	0.2169	0.2095
	7	0.0000	0.0001	0.0011	0.0058	0.0186	0.0442	0.0833	0.1312	0.1775	0.2095
	8	0.0000	0.0000	0.0001	0.0011	0.0047	0.0142	0.0336	0.0656	0.1089	0.1571
	9	0.0000	0.0000	0.0000	0.0001	0.0009	0.0034	0.0101	0.0243	0.0495	0.0873
	10	0.0000	0.0000	0.0000	0.0000	0.0001	0.0006	0.0022	0.0065	0.0162	0.0349
	11	0.0000	0.0000	0.0000	0.0000	0.0000	0.0001	0.0003	0.0012	0.0036	0.0095
	12	0.0000	0.0000	0.0000	0.0000	0.0000	0.0000	0.0000	0.0001	0.0005	0.0016
	13	0.0000	0.0000	0.0000	0.0000	0.0000	0.0000	0.0000	0.0000	0.0000	0.0001
14	0	0.4877	0.2288	0.1028	0.0440	0.0178	0.0068	0.0024	0.0008	0.0002	0.0001
	1	0.3593	0.3559	0.2539	0.1539	0.0832	0.0407	0.0181	0.0073	0.0027	0.0009
	2	0.1229	0.2570	0.2912	0.2501	0.1802	0.1134	0.0634	0.0317	0.0141	0.0056
	3	0.0259	0.1142	0.2056	0.2501	0.2402	0.1943	0.136	0.0845	0.0462	0.0222
	4	0.0037	0.0349	0.0998	0.1720	0.2202	0.2290	0.2022	0.1549	0.1040	0.0611
	5	0.0004	0.0078	0.0352	0.0860	0.1468	0.1963	0.2178	0.2066	0.1701	0.1222
	6	0.0000	0.0013	0.0093	0.0322	0.0734	0.1262	0.1759	0.2066	0.2088	0.1833
	7	0.0000	0.0002	0.0019	0.0092	0.0280	0.0618	0.1082	0.1574	0.1952	0.2095
	8	0.0000	0.0000	0.0003	0.0020	0.0082	0.0232	0.0510	0.0918	0.1398	0.1833
	9	0.0000	0.0000	0.0000	0.0003	0.0018	0.0066	0.0183	0.0408	0.0762	0.1222
	10	0.0000	0.0000	0.0000	0.0000	0.0003	0.0014	0.0049	0.0136	0.0312	0.0611
	11	0.0000	0.0000	0.0000	0.0000	0.0000	0.0002	0.0010	0.0033	0.0093	0.0222
	12	0.0000	0.0000	0.0000	0.0000	0.0000	0.0000	0.0001	0.0005	0.0019	0.0056
	13	0.0000	0.0000	0.0000	0.0000	0.0000	0.0000	0.0000	0.0001	0.0002	0.0009
	14	0.0000	0.0000	0.0000	0.0000	0.0000	0.0000	0.0000	0.0000	0.0000	0.0001
15	0	0.4633	0.2059	0.0874	0.0352	0.0134	0.0047	0.0016	0.0005	0.0001	0.0000
	1	0.3658	0.3432	0.2312	0.1319	0.0668	0.0305	0.0126	0.0047	0.0016	0.0005
	2	0.1348	0.2669	0.2856	0.2309	0.1559	0.0916	0.0476	0.0219	0.0090	0.0032
	3	0.0307	0.1285	0.2184	0.2501	0.2252	0.1700	0.1110	0.0634	0.0318	0.0139
	4	0.0049	0.0428	0.1156	0.1876	0.2252	0.2186	0.1792	0.1268	0.0780	0.0417
	5	0.0006	0.0105	0.0449	0.1032	0.1651	0.2061	0.2123	0.1859	0.1404	0.0916
	6	0.0000	0.0019	0.0132	0.0430	0.0917	0.1472	0.1906	0.2066	0.1914	0.1527

		π									
n	x	0.05	0.10	0.15	0.20	0.25	0.30	0.35	0.40	0.45	0.50
	7	0.0000	0.0003	0.0030	0.0138	0.0393	0.0811	0.1319	0.1771	0.2013	0.1964
	8	0.0000	0.0000	0.0005	0.0035	0.0131	0.0348	0.0710	0.1181	0.1647	0.1964
	9	0.0000	0.0000	0.0001	0.0007	0.0034	0.0116	0.0298	0.0612	0.1048	0.1527
	10	0.0000	0.0000	0.0000	0.0001	0.0007	0.0030	0.0096	0.0245	0.0515	0.0916
	11	0.0000	0.0000	0.0000	0.0000	0.0001	0.0006	0.0024	0.0074	0.0191	0.0417
	12	0.0000	0.0000	0.0000	0.0000	0.0000	0.0001	0.0004	0.0016	0.0052	0.0139
	13	0.0000	0.0000	0.0000	0.0000	0.0000	0.0000	0.0001	0.0003	0.0010	0.0032
	14	0.0000	0.0000	0.0000	0.0000	0.0000	0.0000	0.0000	0.0000	0.0001	0.0005
	15	0.0000	0.0000	0.0000	0.0000	0.0000	0.0000	0.0000	0.0000	0.0000	0.0000
16	0	0.4401	0.1853	0.7043	0.0281	0.0100	0.0033	0.0010	0.0003	0.0001	0.0000
	1	0.3706	0.3294	0.2097	0.1126	0.0535	0.0228	0.0087	0.0030	0.0009	0.0002
	2	0.1463	0.2745	0.2775	0.2111	0.1336	0.0732	0.0353	0.0150	0.0056	0.0018
	3	0.0359	0.1423	0.2285	0.2463	0.2079	0.1465	0.0888	0.0468	0.0215	0.0005
	4	0.0061	0.0514	0.1311	0.2001	0.2252	0.2040	0.1553	0.1014	0.0572	0.0278
	5	0.0008	0.0137	0.0555	0.1201	0.1802	0.2099	0.2008	0.1623	0.1123	0.0667
	6	0.0001	0.0028	0.0180	0.0550	0.1101	0.1649	0.1982	0.1983	0.1684	0.1222
	7	0.0000	0.0004	0.0045	0.0197	0.0524	0.1010	0.1524	0.1889	0.1969	0.1746
	8	0.0000	0.0001	0.0009	0.0055	0.0197	0.0487	0.0923	0.1417	0.1812	0.1964
	9	0.0000	0.0000	0.0001	0.0012	0.0058	0.0185	0.0442	0.0840	0.1318	0.1746
	10	0.0000	0.0000	0.0000	0.0002	0.0014	0.0056	0.0167	0.0392	0.0755	0.1222
	11	0.0000	0.0000	0.0000	0.0000	0.0002	0.0013	0.0049	0.0142	0.0337	0.0667
	12	0.0000	0.0000	0.0000	0.0000	0.0000	0.0002	0.0011	0.0040	0.0115	0.027
	13	0.0000	0.0000	0.0000	0.0000	0.0000	0.0000	0.0002	0.0008	0.0029	0.0085
	14	0.0000	0.0000	0.0000	0.0000	0.0000	0.0000	0.0000	0.0001	0.0005	0.0018
	15	0.0000	0.0000	0.0000	0.0000	0.0000	0.0000	0.0000	0.0000	0.0001	0.0002
	16	0.0000	0.0000	0.0000	0.0000	0.0000	0.0000	0.0000	0.0000	0.0000	0.0000
17	0	0.4181	0.1668	0.0631	0.0225	0.0075	0.0023	0.0007	0.0002	0.0000	0.0000
	1	0.3741	0.3150	0.1893	0.0957	0.0426	0.0169	0.0060	0.0019	0.0005	0.0001
	2	0.1575	0.2800	0.2673	0.1914	0.1136	0.0581	0.0260	0.0102	0.0035	0.0010
	3	0.0415	0.1556	0.2359	0.2393	0.1893	0.1245	0.0701	0.0341	0.0144	0.0052
	4	0.0076	0.0605	0.1457	0.2093	0.2209	0.1868	0.1320	0.0796	0.0411	0.0182
	5	0.0010	0.0175	0.0668	0.1361	0.1914	0.2081	0.1849	0.1379	0.0875	0.0472
	6	0.0001	0.0039	0.0236	0.0680	0.1276	0.1784	0.1991	0.1839	0.1432	0.0944
	7	0.0000	0.0007	0.0065	0.0267	0.0668	0.1201	0.1685	0.1927	0.1841	0.1484
	8	0.0000	0.0001	0.0014	0.0084	0.0279	0.0644	0.1134	0.1006	0.1883	0.1855
	9	0.0000	0.0000	0.0003	0.0021	0.0093	0.0276	0.0611	0.1070	0.1540	0.4855
	10	0.0000	0.0000	0.0000	0.0004	0.0025	0.0095	0.0263	0.0571	0.1008	0.1484
	11	0.0000	0.0000	0.0000	0.0001	0.0005	0.0026	0.0090	0.0242	0.0525	0.0944
	12	0.0000	0.0000	0.0000	0.0000	0.0001	0.0006	0.0024	0.0081	0.0215	0.0472
	13	0.0000	0.0000	0.0000	0.0000	0.0000	0.0001	0.0005	0.0021	0.0068	0.0182
	14	0.0000	0.0000	0.0000	0.0000	0.0000	0.0000	0.0001	0.0004	0.0016	0.0052
	15	0.0000	0.0000	0.0000	0.0000	0.0000	0.0000	0.0000	0.0001	0.0003	0.0010
	16	0.0000	0.0000	0.0000	0.0000	0.0000	0.0000	0.0000	0.0000	0.0000	0.0001
	17	0.0000	0.0000	0.0000	0.0000	0.0000	0.0000	0.0000	0.0000	0.0000	0.0000
18	0	0.3972	0.1501	0.0536	0.0180	0.0056	0.0016	0.0004	0.0001	0.0000	0.0000
	1	0.3763	0.3002	0.1704	0.0811	0.0338	0.0126	0.0042	0.0012	0.0003	0.0001

n	x	0.05	0.10	0.15	0.20	0.25	0.30	0.35	0.40	0.45	0.50
		π									
	2	0.1683	0.2835	0.2556	0.1723	0.0958	0.0458	0.0190	0.0069	0.0022	0.0006
	3	0.0473	0.1680	0.2406	0.2297	0.1704	0.1046	0.0547	0.0246	0.0095	0.0031
	4	0.0093	0.0700	0.1592	0.2153	0.2130	0.1681	0.1104	0.0614	0.0291	0.0117
	5	0.0014	0.0218	0.0787	0.1507	0.1988	0.2017	0.1664	0.1146	0.0666	0.0327
	6	0.0002	0.0052	0.0301	0.0816	0.1436	0.173	0.1941	0.1655	0.1181	0.0708
	7	0.0000	0.0010	0.0091	0.0350	0.0820	0.1376	0.1792	0.1892	0.1657	0.1214
	8	0.0000	0.0002	0.0022	0.0120	0.0376	0.0811	0.1327	0.1734	0.1864	0.1669
	9	0.0000	0.0000	0.0004	0.0033	0.0139	0.0386	0.0794	0.1284	0.1694	0.1855
	10	0.0000	0.0000	0.0001	0.0008	0.0042	0.0149	0.0385	0.0771	0.1248	0.1669
	11	0.0000	0.0000	0.0000	0.0001	0.0010	0.0046	0.0151	0.0374	0.0742	0.1214
	12	0.0000	0.0000	0.0000	0.0000	0.0002	0.0012	0.0047	0.0145	0.0354	0.0708
	13	0.0000	0.0000	0.0000	0.0000	0.0000	0.0002	0.0012	0.0045	0.0134	0.0327
	14	0.0000	0.0000	0.0000	0.0000	0.0000	0.0000	0.0002	0.0011	0.0039	0.0117
	15	0.0000	0.0000	0.0000	0.0000	0.0000	0.0000	0.0000	0.0002	0.0009	0.0031
	16	0.0000	0.0000	0.0000	0.0000	0.0000	0.0000	0.0000	0.0000	0.0001	0.0006
	17	0.0000	0.0000	0.0000	0.0000	0.0000	0.0000	0.0000	0.0000	0.0000	0.0001
	18	0.0000	0.0000	0.0000	0.0000	0.0000	0.0000	0.0000	0.0000	0.0000	0.0000
19	0	0.3774	0.1351	0.0456	0.0144	0.0042	0.0011	0.0003	0.0001	0.0000	0.0000
	1	0.3774	0.2852	0.1529	0.0685	0.0268	0.0093	0.0029	0.0008	0.0002	0.0000
	2	0.1787	0.2852	0.2428	0.1540	0.0803	0.0358	0.0138	0.0046	0.0013	0.0003
	3	0.0533	0.1796	0.2428	0.2182	0.1517	0.0869	0.0422	0.0175	0.0062	0.0018
	4	0.0112	0.0798	0.1714	0.2182	0.2023	0.1491	0.0909	0.0467	0.0203	0.0074
	5	0.0018	0.0266	0.0907	0.1636	0.2023	0.1916	0.1468	0.0933	0.0497	0.0222
	6	0.0002	0.0069	0.0374	0.0955	0.1574	0.1916	0.1844	0.1451	0.0949	0.0518
	7	0.0000	0.0014	0.0122	0.0443	0.0974	0.1525	0.1844	0.1797	0.1443	0.0961
	8	0.0000	0.0002	0.0032	0.0166	0.0487	0.0981	0.1489	0.1797	0.1771	0.1762
	9	0.0000	0.0000	0.0007	0.0051	0.0198	0.0514	0.0980	0.1464	0.1771	0.1762
	10	0.0000	0.0000	0.0001	0.0013	0.0066	0.0220	0.0528	0.0976	0.1449	0.1762
	11	0.0000	0.0000	0.0000	0.0003	0.0018	0.0077	0.0233	0.0532	0.0970	0.1442
	12	0.0000	0.0000	0.0000	0.0000	0.0004	0.0022	0.0083	0.0237	0.0529	0.0961
	13	0.0000	0.0000	0.0000	0.0000	0.0001	0.0005	0.0024	0.0085	0.0233	0.0518
	14	0.0000	0.0000	0.0000	0.0000	0.0000	0.0001	0.0006	0.0024	0.0082	0.0222
	15	0.0000	0.0000	0.0000	0.0000	0.0000	0.0000	0.0001	0.0005	0.0022	0.0074
	16	0.0000	0.0000	0.0000	0.0000	0.0000	0.0000	0.0000	0.0001	0.0005	0.0018
	17	0.0000	0.0000	0.0000	0.0000	0.0000	0.0000	0.0000	0.0000	0.0001	0.0003
	18	0.0000	0.0000	0.0000	0.0000	0.0000	0.0000	0.0000	0.0000	0.0000	0.0000
	19	0.0000	0.0000	0.0000	0.0000	0.0000	0.0000	0.0000	0.0000	0.0000	0.0000
20	0	0.3585	0.1216	0.0388	0.0115	0.0032	0.0008	0.0002	0.0000	0.0000	0.0000
	1	0.3774	0.2702	0.1368	0.0576	0.0211	0.0068	0.0020	0.0005	0.0001	0.0000
	2	0.1887	0.2852	0.2293	0.1369	0.0669	0.0278	0.0100	0.0031	0.0008	0.0002
	3	0.0596	0.1901	0.2428	0.2054	0.1339	0.0716	0.0323	0.0123	0.0040	0.0011
	4	0.0133	0.0898	0.1821	0.2182	0.1897	0.1304	0.0738	0.0350	0.0139	0.0046
	5	0.0022	0.0319	0.1028	0.1746	0.2023	0.1789	0.1272	0.0746	0.0365	0.0148
	6	0.0003	0.0089	0.0454	0.1091	0.1686	0.1916	0.1712	0.1244	0.0746	0.0370
	7	0.0000	0.0020	0.0160	0.0545	0.1124	0.1643	0.1844	0.1659	0.1221	0.0739
	8	0.0000	0.0004	0.0046	0.0222	0.0609	0.1144	0.1614	0.1797	0.1623	0.1201
	9	0.0000	0.0001	0.0011	0.0074	0.0271	0.0654	0.1158	0.1597	0.1771	0.1602

		π									
n	x	0.05	0.10	0.15	0.20	0.25	0.30	0.35	0.40	0.45	0.50
	10	0.0000	0.0000	0.0002	0.0020	0.0099	0.0308	0.0686	0.1171	0.1593	0.1762
	11	0.0000	0.0000	0.0000	0.0005	0.0030	0.0120	0.0336	0.0710	0.1185	0.1602
	12	0.0000	0.0000	0.0000	0.0001	0.0008	0.0039	0.0136	0.0355	0.0727	0.1201
	13	0.0000	0.0000	0.0000	0.0000	0.0002	0.0010	0.0045	0.0146	0.0366	0.0739
	14	0.0000	0.0000	0.0000	0.0000	0.0000	0.0002	0.0012	0.0049	0.0150	0.0370
	15	0.0000	0.0000	0.0000	0.0000	0.0000	0.0000	0.0003	0.0013	0.0049	0.0148
	16	0.0000	0.0000	0.0000	0.0000	0.0000	0.0000	0.0000	0.0003	0.0013	0.0046
	17	0.0000	0.0000	0.0000	0.0000	0.0000	0.0000	0.0000	0.0000	0.0002	0.0011
	18	0.0000	0.0000	0.0000	0.0000	0.0000	0.0000	0.0000	0.0000	0.0000	0.0002
	19	0.0000	0.0000	0.0000	0.0000	0.0000	0.0000	0.0000	0.0000	0.0000	0.0000
	20	0.0000	0.0000	0.0000	0.0000	0.0000	0.0000	0.0000	0.0000	0.0000	0.0000

◆ 포아송분포표

$$P(X = x) = \frac{e^{-\lambda}\lambda^{x}}{x!}$$

	λ									
x	0.1	0.2	0.3	0.4	0.5	0.6	0.7	0.8	0.9	1.0
0	0.9048	0.8187	0.7408	0.9703	0.6065	0.5488	0.4966	0.4493	0.4066	0.3679
1	0.0905	0.1637	0.2222	0.2681	0.3033	0.3293	0.3476	0.3595	0.3659	0.3679
2	0.0045	0.0164	0.0333	0.0536	0.0758	0.0988	0.1217	0.1438	0.1647	0.1839
3	0.0002	0.0011	0.0033	0.0072	0.0126	0.0198	0.0284	0.0383	0.0494	0.0613
4	0.0000	0.0001	0.0003	0.0007	0.0016	0.0030	0.0050	0.0077	0.0111	0.0153
5	0.0000	0.0000	0.0000	0.0001	0.0002	0.0004	0.0007	0.0012	0.0020	0.0031
6	0.0000	0.0000	0.0000	0.0000	0.0000	0.0000	0.0001	0.0002	0.0003	0.0005
7	0.0000	0.0000	0.0000	0.0000	0.0000	0.0000	0.0000	0.0000	0.0000	0.0001

	λ									
x	1.1	1.2	1.3	1.4	1.5	1.6	1.7	1.8	1.9	2.0
0	0.3329	0.3012	0.2725	0.2466	0.2231	0.2019	0.1827	0.1653	0.1496	0.1353
1	0.3662	0.3614	0.3543	0.3452	0.3347	0.3230	0.3106	0.2975	0.2842	0.2707
2	0.2014	0.2169	0.2303	0.2417	0.2510	0.2584	0.2640	0.2678	0.2700	0.2707
3	0.0738	0.0867	0.0998	0.1168	0.1255	0.1378	0.1496	0.1607	0.1710	0.1804
4	0.0203	0.0260	0.0324	0.0395	0.0471	0.0551	0.0636	0.0723	0.0812	0.0902
5	0.0045	0.0062	0.0084	0.0111	0.0141	0.0176	0.0216	0.0260	0.0309	0.0361
6	0.0008	0.0012	0.0018	0.0026	0.0035	0.0047	0.0061	0.0078	0.0098	0.0120
7	0.0001	0.0002	0.0003	0.0005	0.0008	0.0011	0.0015	0.0020	0.0027	0.0034
8	0.0000	0.0000	0.0001	0.0001	0.0001	0.0002	0.0003	0.0005	0.0006	0.0009
9	0.0000	0.0000	0.0000	0.0000	0.0000	0.0000	0.0001	0.0001	0.0001	0.0002

	λ									
x	2.1	2.2	2.3	2.4	2.5	2.6	2.7	2.8	2.9	3.0
0	0.1225	0.1108	0.1003	0.0907	0.0821	0.0743	0.0672	0.0608	0.0550	0.0498
1	0.2572	0.2438	0.2306	0.2177	0.2052	0.1931	0.1815	0.1703	0.1596	0.1494
2	0.2700	0.2681	0.2652	0.2613	0.2565	0.2510	0.2450	0.2384	0.2314	0.2240
3	0.1890	0.1966	0.2033	0.2090	0.2138	0.2176	0.2205	0.2225	0.2237	0.2240
4	0.0992	0.1082	0.1169	0.1254	0.1336	0.1414	0.1488	0.1557	0.1622	0.1680
5	0.0417	0.0476	0.0538	0.0602	0.0668	0.0735	0.0804	0.0842	0.0940	0.1008
6	0.0146	0.0174	0.0206	0.0241	0.0278	0.0319	0.0362	0.0407	0.0455	0.0504
7	0.0044	0.0055	0.0068	0.0083	0.0099	0.0118	0.0139	0.0163	0.0188	0.0216
8	0.0011	0.0015	0.0019	0.0025	0.0031	0.0038	0.0047	0.0057	0.0068	0.0081
9	0.0003	0.0004	0.0005	0.0007	0.0009	0.0011	0.0014	0.0018	0.0022	0.0027
10	0.0001	0.0001	0.0001	0.0002	0.0002	0.0003	0.0004	0.0005	0.0006	0.0008
11	0.0000	0.0000	0.0000	0.0000	0.0000	0.0001	0.0001	0.0001	0.0002	0.0002
12	0.0000	0.0000	0.0000	0.0000	0.0000	0.0000	0.0000	0.0000	0.0000	0.0001

	λ									
x	3.1	3.2	3.3	3.4	3.5	3.6	3.7	3.8	3.9	4.0
0	0.0450	0.0408	0.0369	0.0334	0.0302	0.0273	0.0247	0.0224	0.0202	0.0183
1	0.1397	0.1304	0.1217	0.1135	0.1057	0.0984	0.0915	0.0850	0.0789	0.0733
2	0.2165	0.2087	0.2008	0.1929	0.1850	0.1771	0.1692	0.1615	0.1539	0.1465
3	0.2237	0.2226	0.2209	0.2186	0.2158	0.2125	0.2087	0.2046	0.2001	0.1954
4	0.1734	0.1781	0.1823	0.158	0.1888	0.1912	0.1931	0.1944	0.1951	0.1954
5	0.1075	0.1140	0.1203	0.1264	0.1322	0.1377	0.1429	0.1477	0.1522	0.1563
6	0.0555	0.0608	0.0662	0.0716	0.0771	0.0826	0.0881	0.0936	0.0989	0.1042
7	0.0246	0.0278	0.0312	0.0348	0.0385	0.0425	0.0466	0.0508	0.0551	0.0595
8	0.0095	0.0111	0.0129	0.0148	0.0169	0.0191	0.0215	0.0241	0.0269	0.0298
9	0.0033	0.0040	0.0047	0.0056	0.0066	0.0076	0.0089	0.0102	0.0116	0.0132
10	0.0010	0.0013	0.0016	0.0019	0.0023	0.0028	0.0033	0.0039	0.0015	0.0053
11	0.0003	0.0004	0.0005	0.0006	0.0007	0.0009	0.0011	0.0013	0.0016	0.0019
12	0.0001	0.0001	0.0001	0.0002	0.0002	0.0003	0.0003	0.0004	0.0005	0.0006
13	0.0000	0.0000	0.0000	0.0000	0.0001	0.0001	0.0001	0.0001	0.0002	0.0002
14	0.0000	0.0000	0.0000	0.0000	0.0000	0.0000	0.0000	0.0000	0.0000	0.0000

	λ									
x	4.1	4.2	4.3	4.4	4.5	4.6	4.7	4.8	4.9	5.0
0	0.0166	0.0150	0.0136	0.0123	0.0111	0.0101	0.0091	0.0082	0.0074	0.0067
1	0.0679	0.0630	0.0583	0.0540	0.0500	0.0462	0.0427	0.0395	0.0365	0.0337
2	0.1393	0.1323	0.1254	0.1188	0.1125	0.1063	0.1005	0.0948	0.0894	0.0842
3	0.1904	0.1852	0.1798	0.1743	0.1687	0.1631	0.1574	0.1517	0.1460	0.1404
4	0.1951	0.1944	0.1933	0.1917	0.1893	0.1875	0.1849	0.1820	0.1789	0.1755
5	0.1600	0.1633	0.1662	0.1687	0.1708	0.1725	0.1738	0.1747	0.1753	0.1755
6	0.1093	0.1143	0.1191	0.1237	0.1281	0.1323	0.1362	0.1398	0.1432	0.1462
7	0.0640	0.0686	0.0732	0.0778	0.0824	0.0869	0.0914	0.0959	0.1002	0.1044
8	0.0328	0.0360	0.0393	0.0428	0.0463	0.0500	0.0537	0.0575	0.0614	0.0653
9	0.0150	0.0168	0.0188	0.0209	0.0232	0.0255	0.0280	0.0307	0.0334	0.0363
10	0.0061	0.0071	0.0081	0.0092	0.0104	0.0118	0.0132	0.0147	0.0164	0.0181
11	0.0023	0.0027	0.0032	0.0037	0.0043	0.0049	0.0056	0.0064	0.0073	0.0082
12	0.0008	0.0009	0.0011	0.0014	0.0016	0.0019	0.0022	0.0026	0.0030	0.0034
13	0.0002	0.0003	0.0004	0.0005	0.0006	0.0007	0.0008	0.0009	0.0011	0.0013
14	0.0001	0.0001	0.0001	0.0001	0.0002	0.0002	0.0003	0.0003	0.0004	0.0005
15	0.0000	0.0000	0.0000	0.0000	0.0000	0.0001	0.0001	0.0001	0.0001	0.0002

	λ									
x	5.1	5.2	5.3	5.4	5.5	5.6	5.7	5.8	5.9	6.0
0	0.0061	0.0055	0.0050	0.0045	0.0041	0.0037	0.0033	0.0030	0.0027	0.0025
1	0.0311	0.0287	0.0265	0.0244	0.0225	0.0207	0.0191	0.0176	0.0162	0.0149
2	0.0793	0.0746	0.0701	0.0659	0.0618	0.0580	0.0544	0.0509	0.0477	0.0446
3	0.1348	0.1293	0.1239	0.1185	0.1133	0.1082	0.1033	0.0985	0.0938	0.0892
4	0.1719	0.1681	0.1641	0.1641	0.1600	0.1558	0.1515	0.1472	0.1428	0.1383
5	0.1753	0.1748	0.1740	0.1728	0.1714	0.1697	0.1678	0.1656	0.1632	0.1606
6	0.1490	0.1515	0.1537	0.1555	0.1571	0.1584	0.1594	0.1601	0.1605	0.1606
7	0.1086	0.1125	0.1163	0.1200	0.1234	0.1267	0.1298	0.1326	0.1353	0.1377
8	0.0692	0.0731	0.0771	0.0810	0.0849	0.0887	0.0925	0.0962	0.0998	0.1033
9	0.0392	0.0423	0.0454	0.0486	0.0519	0.0552	0.0586	0.0620	0.0654	0.0688
10	0.0200	0.0220	0.0241	0.0262	0.0285	0.0309	0.0334	0.0359	0.0386	0.0413
11	0.0093	0.0104	0.0116	0.0129	0.0143	0.0157	0.0173	0.0190	0.0207	0.0225
12	0.0039	0.0045	0.0051	0.0058	0.0065	0.0073	0.0082	0.0092	0.0102	0.0113
13	0.0015	0.0018	0.0021	0.0024	0.0028	0.0032	0.0036	0.0041	0.0046	0.0052
14	0.0006	0.0007	0.0008	0.0009	0.0011	0.0013	0.0015	0.0017	0.0019	0.0022
15	0.0002	0.0002	0.0003	0.0003	0.0004	0.0005	0.0006	0.0007	0.0008	0.0009
16	0.0001	0.0001	0.0001	0.0001	0.0001	0.0002	0.0002	0.0002	0.0003	0.0003
17	0.0000	0.0000	0.0000	0.0000	0.0000	0.0000	0.0001	0.0001	0.0001	0.0001

	λ									
x	6.1	6.2	6.3	6.4	6.5	6.6	6.7	6.8	6.9	7.0
0	0.0022	0.0020	0.0018	0.0017	0.0015	0.0014	00012	0.0011	00010	0.0009
1	0.0137	0.0126	0.0116	0.01061	0.0098	0.0090	0.0082	0.0076	0.0070	0.0064
2	0.0417	0.0390	0.0364	0.0340	0.0318	0.0296	0.0276	0.0258	0.0240	0.0223
3	0.0848	0.0806	0.0465	0.0726	0.0688	0.0652	0.0617	0.0584	0.0552	0.0521
4	0.1294	0.1249	0.1205	0.1162	0.1118	0.1076	0.1034	0.0992	0.0952	0.0912
5	0.1579	0.1519	0.1519	0.1487	0.1454	0.1420	0.1385	0.1349	0.1314	0.1277
6	0.1605	0.1601	0.1595	0.1586	0.1575	0.1562	0.1546	0.1529	0.1511	0.1490
7	0.1399	0.1418	0.1435	0.1450	0.1462	0.1472	0.1480	0.1486	0.1489	0.1490
8	0.1066	0.1099	0.1130	0.1160	0.1188	0.1215	0.1240	0.1263	0.1284	0.1304
9	0.0723	0.0757	0.0791	0.0825	0.0858	0.0891	0.0923	0.0954	0.0985	0.1014
10	0.0441	0.0469	0.0498	0.0528	0.0558	0.0588	0.0618	0.0649	0.0679	0.0710
11	0.0245	0.0265	0.0285	0.0307	0.0330	0.0353	0.0377	0.0401	0.0426	0.0452
12	0.0124	0.0137	0.0150	0.0164	0.0179	0.0194	0.0210	0.0227	0.0245	0.0264
13	0.0058	0.0065	0.0073	0.0081	0.0089	0.0098	0.0108	0.0119	0.0130	0.0142
14	0.0025	0.0029	0.0033	0.0037	0.0041	0.0046	0.0052	0.0053	0.0064	0.0071
15	0.0010	0.0012	0.0014	0.0016	0.0018	0.0020	0.0023	0.0026	0.0029	0.0033
16	0.0004	0.0005	0.0005	0.0006	0.0007	0.0008	0.0010	0.0011	0.0013	0.0014
17	0.0001	0.0002	0.0002	0.0002	0.0003	0.0003	0.0004	0.0004	0.0005	0.0006
18	0.0000	0.0001	0.0001	0.0001	0.0001	0.0001	0.0001	0.0002	0.0002	0.0002
19	0.0000	0.0000	0.0000	0.0000	0.0000	0.0000	0.000	0.0001	0.0001	0.0001

	λ									
x	7.1	7.2	7.3	7.4	7.5	7.6	7.7	7.8	7.9	8.0
0	0.0008	0.0007	0.0007	0.0006	0.0005	0.0005	0.0005	0.0004	0.0004	0.0003
1	0.0059	0.0054	0.0049	0.0045	0.0041	0.0038	0.0035	0.0032	0.0029	0.0027
2	0.0208	0.0194	0.0180	0.0167	0.0156	0.0145	0.0134	0.0125	0.0116	0.0107
3	0.0492	0.0464	0.0438	0.0413	0.0389	0.0366	0.0345	0.0324	0.0305	0.0286
4	0.0874	0.0836	0.0799	0.0764	0.0729	0.0696	0.0663	0.0632	0.0602	0.0573
5	0.1241	0.1204	0.1167	0.1130	0.1094	0.1057	0.1021	0.0986	0.0951	0.0916
6	0.1468	0.1445	0.1420	0.1394	0.1367	0.1339	0.1311	0.1282	0.1252	0.1221
7	0.1489	0.1486	0.1481	0.1474	0.1465	0.1454	0.1442	0.1428	0.1413	0.1396
8	0.1321	0.1337	0.1351	0.1363	0.1373	0.1382	0.1388	0.1392	0.1395	0.1396
9	0.1042	0.1070	0.1096	0.1121	0.1144	0.1167	0.1187	0.1207	0.1224	0.1241
10	0.0740	0.0770	0.0800	0.0829	0.0858	0.0887	0.0914	0.0941	0.0967	0.0993
11	0.0478	0.0504	0.0531	0.0558	0.0585	0.0613	0.0640	0.0667	0.0695	0.0722
12	0.0283	0.0303	0.0323	0.0344	0.0366	0.0388	0.0411	0.0434	0.0457	0.0481
13	0.0154	0.0168	0.0181	0.0196	0.0211	0.0227	0.0243	0.0260	0.0278	0.0296
14	0.0078	0.0086	0.0095	0.0104	0.1113	0.0123	0.0134	0.0145	0.0157	0.0169
15	0.0037	0.0041	0.0046	0.0051	0.0057	0.0062	0.0069	0.0075	0.0083	0.0090
16	0.0016	0.0019	0.0021	0.0024	0.0026	0.0030	0.0033	0.0037	0.0041	0.0045
17	0.0007	0.0008	0.0009	0.0010	0.0012	0.0013	0.0015	0.0017	0.0019	0.0021
18	0.0003	0.0003	0.0004	0.0004	0.0005	0.0006	0.0006	0.0007	0.0008	0.0009
19	0.0001	0.0001	0.0001	0.0002	0.0002	0.0002	0.0003	0.0003	0.0003	0.0004
20	0.0000	0.0000	0.0001	0.0001	0.0001	0.0001	0.0001	0.0001	0.0001	0.0002
21	0.0000	0.0000	0.0000	0.0000	0.0000	0.0000	0.0000	0.0000	0.0001	0.0001

	λ									
x	8.1	8.2	8.3	8.4	8.5	8.6	8.7	8.8	8.9	9.0
0	0.0003	0.0003	0.0002	0.0002	0.0002	0.0002	0.0002	0.0002	0.0001	0.0001
1	0.0025	0.0023	0.0021	0.0019	0.0017	0.0016	0.0014	0.0013	0.0012	0.0011
2	0.0100	0.0092	0.0086	0.0079	0.0074	0.0068	0.0063	0.0058	0.0054	0.0050
3	0.0269	0.0252	0.0237	0.0222	0.0208	0.0195	0.0183	0.0171	0.0160	0.0150
4	0.0544	0.0517	0.0491	0.0466	0.0443	0.0420	0.0398	0.0377	0.0357	0.0337
5	0.0882	0.0849	0.0816	0.0784	0.0752	0.0722	0.0692	0.0663	0.0935	0.0607
6	0.1191	0.1160	0.1128	0.1097	0.1066	0.1034	0.1003	0.0972	0.0941	0.0911
7	0.1378	0.1358	0.1338	0.1317	0.1294	0.1271	0.1247	0.1222	0.1197	0.1171
8	0.1395	0.1392	0.1388	0.1382	0.1375	0.1366	0.1356	0.1344	0.1332	0.1318
9	0.1256	0.1269	0.1280	0.1290	0.1299	0.1306	0.1311	0.1315	0.1317	0.1318
10	0.1017	0.1040	0.1063	0.1084	0.1104	0.1123	0.1140	0.1157	0.1172	0.1186
11	0.0749	0.0776	0.0802	0.0828	0.0853	0.0878	0.0902	0.0925	0.0948	0.0970
12	0.0505	0.0530	0.0555	0.0579	0.0604	0.0629	0.0654	0.0679	0.0703	0.0728
13	0.0315	0.0334	0.0354	0.0374	0.0395	0.0416	0.0438	0.0459	0.0481	0.0504
14	0.0182	0.0196	0.0210	0.0225	0.0240	0.0256	0.0272	0.0289	0.0306	0.0324
15	0.0098	0.0107	0.0116	0.0126	0.0136	0.0147	0.0158	0.0169	0.0182	0.0194
16	0.0050	0.0055	0.0060	0.0066	0.0072	0.0079	0.0086	0.0093	0.0101	0.0109
17	0.0024	0.0026	0.0029	0.0033	0.0036	0.0040	0.0044	0.0048	0.0053	0.0058
18	0.0011	0.0012	0.0014	0.0015	0.0017	0.0019	0.0021	0.0024	0.0026	0.0029
19	0.0005	0.0005	0.0006	0.0007	0.0008	0.0009	0.0010	0.0011	0.0012	0.0014
20	0.0002	0.0002	0.0002	0.0003	0.0003	0.0004	0.0004	0.0005	0.0005	0.0006
21	0.0001	0.0001	0.0001	0.0001	0.0001	0.0002	0.0002	0.0002	0.0002	0.0003
22	0.0000	0.0000	0.0000	0.0000	0.0001	0.0001	0.0001	0.0001	0.0001	0.0001

	λ									
x	9.1	9.2	9.3	9.4	9.5	9.6	9.7	9.8	9.9	10
0	0.0001	0.0001	0.0001	0.0001	0.0001	0.0001	0.0001	0.0001	0.0001	0.0000
1	0.0010	0.0009	0.0009	0.0008	0.0007	0.0007	0.0006	0.0005	0.0005	0.0005
2	0.0046	0.0043	0.0040	0.0037	0.0034	0.0031	0.0029	0.0027	0.0025	0.0023
3	0.0140	0.0131	0.0123	0.0115	0.0107	0.0100	0.0093	0.0087	0.0081	0.0076
4	0.0319	0.0302	0.0285	0.0269	0.0254	0.0240	0.0226	0.0213	0.0201	0.0189
5	0.0581	0.0555	0.0530	0.0506	0.0483	0.0460	0.0439	0.0418	0.0398	0.0378
6	0.0881	0.0851	0.0822	0.0793	0.0764	0.0736	0.0709	0.0682	0.0656	0.0631
7	0.1145	0.1118	0.1091	0.1064	0.1037	0.1010	0.0982	0.0955	0.0928	0.0901
8	0.1302	0.1286	0.1269	0.1251	0.1232	0.1212	0.1191	0.1170	0.1148	0.1126
9	0.1317	0.1315	0.1311	0.1306	0.1300	0.1293	0.1284	0.1274	0.1263	0.1251
10	0.1198	0.1210	0.1219	0.1228	0.1235	0.1241	0.1245	0.1249	0.1250	0.1251
11	0.0991	0.1012	0.1031	0.1049	0.1067	0.1083	0.1098	0.1112	0.1125	0.1137
12	0.0752	0.0776	0.0799	0.0822	0.0844	0.0866	0.0888	0.0908	0.0928	0.0948
13	0.0526	0.0776	0.0799	0.0822	0.0844	0.0866	0.0888	0.0908	0.0928	0.0948
14	0.0342	0.0361	0.0380	0.0399	0.0419	0.0439	0.0459	0.0479	0.0500	0.0521
15	0.0208	0.0221	0.0235	0.0250	0.0265	0.0281	0.0297	0.0313	0.0330	0.0347
16	0.0118	0.0127	0.0137	0.0147	0.0157	0.0168	0.0180	0.0192	0.0204	0.0217
17	0.0063	0.0069	0.0075	0.0081	0.0088	0.0095	0.0103	0.0111	0.0119	0.0128
18	0.0032	0.0035	0.0039	0.0042	0.0046	0.0051	0.0055	0.0060	0.0065	0.0071
19	0.0015	0.0017	0.0019	0.0021	0.0023	0.0026	0.0028	0.0031	0.0034	0.0037
20	0.0007	0.0008	0.0009	0.0010	0.0011	0.0012	0.0014	0.0015	0.0017	0.0019
21	0.0003	0.0003	0.0004	0.0004	0.0005	0.0006	0.0006	0.0007	0.0008	0.0009
22	0.0001	0.0001	0.0002	0.0002	0.0002	0.0002	0.0003	0.0003	0.0004	0.0004
23	0.0000	0.0001	0.0001	0.0001	0.0001	0.0001	0.0001	0.0001	0.0002	0.0002
24	0.0000	0.0000	0.0000	0.0000	0.0000	0.0000	0.0000	0.0001	0.0001	0.0001

	λ									
x	11	12	13	14	15	16	17	18	19	20
0	0.0000	0.0000	0.0000	0.0000	0.0000	0.0000	0.0000	0.0000	0.0000	0.0000
1	0.0002	0.0001	0.0000	0.0000	0.0000	0.0000	0.0000	0.0000	0.0000	0.0000
2	0.0010	0.0004	0.0002	0.0001	0.0000	0.0000	0.0000	0.0000	0.0000	0.0000
3	0.0037	0.0018	0.0008	0.0004	0.0002	0.0001	0.0000	0.0000	0.0000	0.0000
4	0.0102	0.0053	0.0027	0.0013	0.0006	0.0003	0.0001	0.0001	0.0000	0.0000
5	0.0224	0.0127	0.0070	0.0037	0.0019	0.0010	0.0005	0.0002	0.0001	0.0001
6	0.0411	0.0255	0.0152	0.0087	0.0048	0.0026	0.0014	0.0007	0.0004	0.0002
7	0.0646	0.0437	0.0281	0.0174	0.0104	0.0060	0.0034	0.0018	0.0010	0.0005
8	0.0888	0.0655	0.0457	0.0304	0.0194	0.120	0.0072	0.0042	0.0024	0.0013
9	0.1085	0.0874	0.0661	0.0473	0.0324	0.0213	0.0135	0.0083	0.0050	0.0029
10	0.1194	0.1048	0.0859	0.0663	0.0486	0.0341	0.0230	0.0150	0.0095	0.0058
11	0.1194	0.1144	0.1015	0.0844	0.0663	0.0496	0.0355	0.0245	0.0164	0.0106
12	0.1094	0.1144	0.1099	0.0984	0.0829	0.0661	0.0504	0.0368	0.0259	0.0176
13	0.0926	0.1056	0.1099	0.1060	0.0956	0.0814	0.0658	0.0509	0.0378	0.0271
14	0.0728	0.0905	0.1021	0.1060	0.1024	0.0930	0.0800	0.0655	0.0514	0.0387
15	0.0534	0.0724	0.0885	0.0989	0.1024	0.0992	0.0906	0.0786	0.0650	0.0516
16	0.0367	0.0543	0.0719	0.0866	0.0960	0.0992	0.0963	0.0884	0.0772	0.0646
17	0.0237	0.0383	0.0550	0.0713	0.0847	0.0934	0.0963	0.0936	0.0863	0.0760
18	0.0145	0.0256	0.0397	0.0554	0.0706	0.0830	0.0909	0.0936	0.0911	0.0844
19	0.0084	0.0161	0.0272	0.0409	0.0557	0.0699	0.0814	0.0887	0.0911	0.0888
20	0.0046	0.0097	0.0177	0.0286	0.0418	0.0559	0.0692	0.0798	0.0866	0.0888
21	0.0024	0.0055	0.0109	0.0191	0.0299	0.0426	0.0560	0.0684	0.0783	0.0846
22	0.0012	0.0030	0.0065	0.0121	0.0204	0.0310	0.0433	0.0560	0.0676	0.0769
23	0.0006	0.0016	0.0037	0.0074	0.0133	0.0216	0.0320	0.0438	0.0559	0.0669
24	0.0003	0.0008	0.0020	0.0043	0.0083	0.0144	0.0226	0.0328	0.0442	0.0557
25	0.0001	0.0004	0.0010	0.0024	0.0050	0.0092	0.0154	0.0237	0.0336	0.0446
26	0.0000	0.0002	0.0005	0.0013	0.0029	0.0057	0.0101	0.0164	0.0246	0.0343
27	0.0000	0.0001	0.0002	0.0007	0.0016	0.0034	0.0063	0.0109	0.0173	0.0254
28	0.0000	0.0000	0.0001	0.0003	0.0009	0.0019	0.0038	0.0070	0.0117	0.0181
29	0.0000	0.0000	0.0001	0.0002	0.0004	0.0011	0.0023	0.0044	0.0077	0.0125
30	0.0000	0.0000	0.0000	0.0001	0.0002	0.0006	0.0013	0.0026	0.0049	0.0083
31	0.0000	0.0000	0.0000	0.0000	0.0001	0.0003	0.0007	0.0015	0.0030	0.0054
32	0.0000	0.0000	0.0000	0.0000	0.0001	0.0001	0.0004	0.0009	0.0018	0.0034
33	0.0000	0.0000	0.0000	0.0000	0.0000	0.0000	0.0001	0.0002	0.0006	0.0012
34	0.0000	0.0000	0.0000	0.0000	0.0000	0.0000	0.0001	0.0002	0.0006	0.0012
35	0.0000	0.0000	0.0000	0.0000	0.0000	0.0000	0.0000	0.0001	0.0003	0.0007
36	0.0000	0.0000	0.0000	0.0000	0.0000	0.0000	0.0000	0.0001	0.0002	0.0004
37	0.0000	0.0000	0.0000	0.0000	0.0000	0.0000	0.0000	0.0000	0.0001	0.0002
38	0.0000	0.0000	0.0000	0.0000	0.0000	0.0000	0.0000	0.0000	0.0000	0.0001
39	0.0000	0.0000	0.0000	0.0000	0.0000	0.0000	0.0000	0.0000	0.0000	0.0001

◆ 표준정규분포표

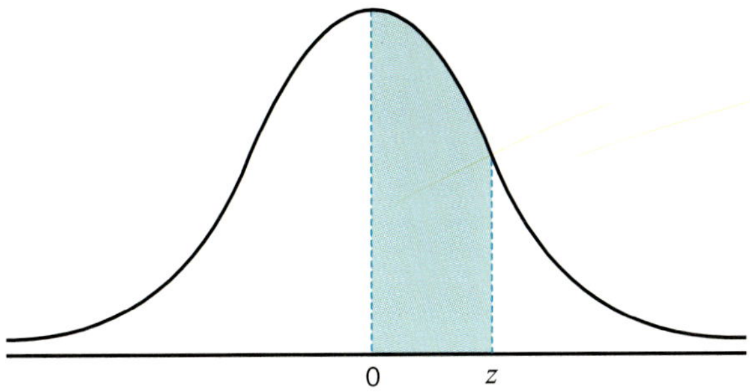

이 표는 $Z=0$에서 Z값까지의 면적을 나타낸다. 예를 들어 $Z=1.25$일 때 0 ~ 1.25 사이의 면적은 0.395이다.

Z	.00	.01	.02	.03	.04	.05	.06	.07	08	.09
0.0	.0000	.0040	.0080	.012	.0160	.0199	.0239	.0279	.0319	.0359
0.1	.0398	.0438	.0478	.0517	.0557	.0596	.0636	.0675	.0714	.0753
0.2	.0793	.0832	.0871	.0910	.0948	.0987	.1026	.1064	.1103	.1141
0.3	.1179	.1217	.1255	.1293	.1331	.1368	.1406	.1443	.1480	.1517
0.4	.1554	.1591	.1628	.1664	.1700	.1736	.1772	.1808	.1844	.1879
0.5	.1915	.1950	.1985	.2019	.2054	.2088	.2123	.2157	.2190	.2224
0.6	.2257	.2291	.2324	.2357	.2389	.2422	.2454	.2486	.2517	.2549
0.7	.2580	.2611	.2642	.2673	.2704	.2734	.2764	.2794	.2823	.2852
0.8	.2881	.2910	.2939	.2967	.2995	.3023	.3051	.3078	.3106	.3133
0.9	.3159	.3186	.3212	.3238	.3264	.3289	.3315	.3340	.3365	.3389
1.0	.3413	.3438	.3461	.3485	.3508	.3531	.3554	.3577	.3599	.3621
1.1	.3643	.3665	.3686	.3708	.3279	.3749	.3770	.3790	.3810	.3830
1.2	.3849	.3869	.3888	.3907	.3925	.3944	.3962	.3980	.3997	.4015
1.3	.4032	.4049	.4066	.4082	.4099	.4115	.4131	.4147	.4162	.4177
1.4	.4192	.4207	.4222	.4236	.4251	.4265	.4279	.4292	.4306	.4319
1.5	.4332	.4345	.4357	.4370	.7382	.4394	.4406	.4418	.4429	.4441
1.6	.4452	.4463	.4474	.4484	.4495	.4505	.4515	.4525	.4535	.4545
1.7	.4554	.4564	.4573	.4582	.4591	.4599	.4608	.4616	.4625	.4633
1.8	.4641	.4649	.4656	.4664	.4671	.4678	.4686	.4693	.4699	.4706
1.9	.4713	.4719	.4726	.4732	.4738	.4744	.4750	.4756	.4761	.4767
2.0	.4772	.4778	.4783	.4788	.4793	.4798	.4803	.4808	.4812	.4817
2.1	.4821	.4826	.4830	.4834	.4838	.4842	.4846	.4850	.4856	.4857
2.2	.4861	.4864	.4868	.4871	.4875	.4878	.4881	.4884	.4887	.4890
2.3	.4893	.4896	.4898	.4901	.4904	.4906	.4909	.4911	.4913	.4916
2.4	.4918	.4920	.4922	.4925	.4927	.4929	.4931	.4932	.4934	.4936
2.5	.4938	.4940	.4941	.4943	.4945	.4946	.4948	.4949	.4951	.4952
2.6	.4953	.4955	.4956	.4957	.4959	.4960	.4961	.4962	.4963	.4964
2.7	.4965	.4966	.4967	.4968	.4969	.4970	.4971	.4972	.4973	.4974
2.8	.4974	.4975	.4976	.4977	.4977	.4978	.4979	.4979	.4980	.4981
2.9	.4981	.4982	.4982	.4983	.4984	.4984	.4985	.4985	.4986	.4986
3.0	.4987	.4987	.4987	.4988	.4988	.4989	.4989	.4989	.4990	.4990

◆ t-분포표

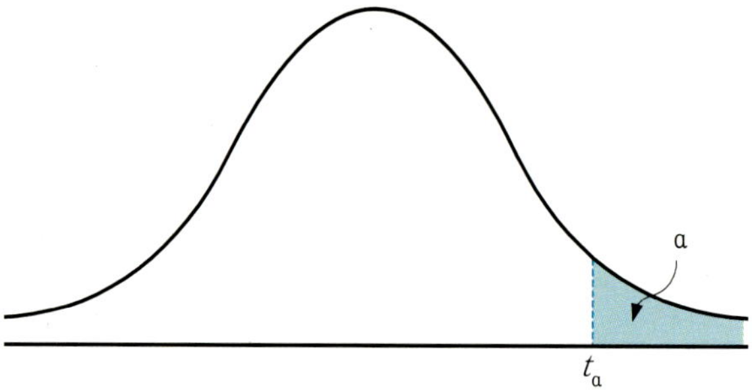

d.f.	$t_{.250}$	$t_{.100}$	$t_{.050}$	$t_{.025}$	$t_{.010}$	$t_{.005}$
1	1.000	3.078	6.314	12.706	31.821	63.657
2	0.816	1.886	2.920	4.303	6.965	9.925
3	0.745	1.638	2.353	3.182	4.541	5.841
4	0.741	1.533	2.132	2.776	3.747	4.604
5	0.727	1.476	2.015	2.571	3.365	4.032
6	0.718	1.440	1.943	2.447	3.143	3.707
7	0.711	1.415	1.895	2.365	2.998	3.499
8	0.706	1.397	1.860	2.306	2.896	3.355
9	0.703	1.383	1.833	2.262	2.821	3.250
10	0.700	1.372	1.812	2.228	2.876	3.169
11	0.697	1.363	1.796	2.201	2.718	3.106
12	0.695	1.356	1.782	2.179	2.681	3.055
13	0.694	1.350	1.771	2.160	2.650	3.012
14	0.692	1.345	1.761	2.145	2.624	2.977
15	0.691	1.341	1.753	2.131	2.602	2.947
16	0.690	1.337	1.746	2.120	2.583	2.921
17	0.689	1.333	1.740	2.110	2.567	2.898
18	0.688	1.330	1.734	2.101	2.552	2.878
19	0.688	1.328	1.729	2.093	2.539	2.861
20	0.687	1.325	1.725	2.086	2.528	2.845
21	0.686	1.323	1.721	2.080	2.518	2.831
22	0.686	1.321	1.717	2.074	2.508	2.819
23	0.685	1.319	1.714	2.069	2.500	2.807
24	0.685	1.318	1.711	2.064	2.492	2.797
25	0.684	1.316	1.708	2.060	2.485	2.787
26	0.684	1.315	1.706	2.056	2.479	2.779
27	0684	1.314	1.703	2.052	2.473	2.771
28	0.683	1.313	1.701	2.048	2.467	2.763
29	0.683	1.311	1.699	2.045	2.464	2.756
30	0.683	1.310	1.697	2.042	2.457	2.750
40	0.681	1.303	1.684	2.021	2.423	2.704
60	0.697	1.296	1.671	2.000	2.390	2.660
120	0.677	1.289	1.658	1.980	2.358	2.617
∞	0.674	1.282	1.645	1.960	2.326	2.576

d.f.	$t_{0.0025}$	$t_{0.001}$	$t_{0.0005}$	$t_{0.00025}$	$t_{0.0001}$	$t_{0.00005}$	$t_{0.000025}$	$t_{0.00001}$
1	127.321	318.309	636.919	1,273.239	3,183.099	6,366.198	12,732.395	31,380.989
2	14.089	22.327	31.598	44.705	70.700	99.950	141.416	223.603
3	7.453	10.214	12.924	16.326	22.204	28.000	35.298	47.928
4	5.598	7.173	8.610	10.306	13.034	15.544	18.522	23.332
5	4.773	5.893	6.869	7.976	9.678	11.178	12.893	15.547
6	4.317	5.208	5.959	6.788	8.025	9.082	10.261	12.032
7	4.029	4.785	5.408	6.082	7.063	7.885	8.782	10.103
8	3.833	4.501	5.041	5.618	6.442	7.120	7.851	8.907
9	3.690	4.297	4.781	5.291	6.010	6.594	7.215	8.102
10	3.581	4.144	4.587	5.049	5.694	6.211	6.757	7.527
11	3.497	4.025	4.437	4.863	5.453	5.921	6.412	7.098
12	3.428	3.930	4.318	4.716	5.263	5.694	6.143	6.756
13	3.372	3.852	4.221	4.597	5.111	5.513	5.928	6.501
14	3.326	3.787	4.140	4.499	4.985	5.363	5.753	6.287
15	3.286	3.733	4.073	4.417	4.880	5.239	5.607	6.109
16	3.252	3.686	4.015	4.346	4.791	5.134	5.484	5.960
17	3.223	3.646	3.965	4.286	4.714	5.044	5.379	5.832
18	3.197	3.610	3.922	4.233	4.648	4.966	5.288	5.722
19	3.174	3.579	3.883	4.187	4.590	4.897	5.209	5.627
20	3.153	3.552	3.850	4.146	4.539	4.837	5.139	5.543
21	3.135	3.527	3.819	4.110	4.493	4.784	5.077	5.469
22	3.119	3.505	3.792	4.077	4.452	4.736	5.022	5.402
23	3.104	3.485	3.768	4.048	4.415	4.693	4.992	5.343
24	3.090	3.467	3.745	4.021	4.382	4.654	4.927	5.290
25	3.078	3.450	3.725	3.997	4.352	4.619	4.887	5.241
26	3.067	3.435	3.707	3.974	4.324	4.587	4.850	5.197
27	3.057	3.421	3.690	3.954	4.299	4.558	4.816	5.157
28	3.047	3.408	3.674	3.935	4.275	4.530	4.784	5.120
29	3.038	3.396	3.659	3.918	4.254	4.506	4.756	5.086
30	3.030	3.385	3.646	3.902	4.234	4.482	4.729	5.054
40	2.971	3.307	3.551	3.788	4.094	4.321	4.544	4.835
60	2.915	3.232	3.460	3.681	3.962	4.169	4.370	4.631
100	2.871	3.174	3.390	3.598	3.862	4.053	4.240	4.478
∞	2.807	3.090	3.291	3.481	3.719	3.891	4.056	4.265

χ^2-분포표

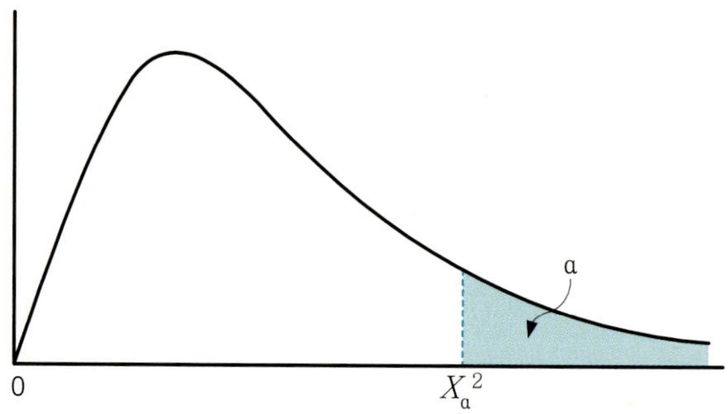

d.f.	$\chi_{0.990}$	$\chi_{0.975}$	$\chi_{0.950}$	$\chi_{0.900}$	$\chi_{0.500}$	$\chi_{0.100}$	$\chi_{0.050}$	$\chi_{0.025}$	$\chi_{0.010}$	$\chi_{0.005}$
1	0.0002	0.0001	0.004	0.02	0.45	2.71	3.84	5.02	6.63	7.88
2	0.02	0.05	0.10	0.21	1.39	4.61	5.99	7.38	9.21	10.60
3	0.11	0.22	0.35	0.58	2.37	6.25	7.81	9.35	11.34	12.84
4	0.30	0.48	0.71	1.06	3.36	7.78	9.49	11.14	13.28	14.86
5	0.55	0.83	1.15	1.61	4.35	9.24	11.07	12.83	15.09	16.75
6	0.87	1.24	1.64	2.20	5.35	10.64	12.59	14.45	16.81	18.55
7	1.24	1.69	2.17	2.83	6.35	12.02	14.07	16.01	18.48	20.28
8	1.65	2.18	2.73	3.49	7.34	13.36	15.51	17.53	20.09	21.95
9	2.09	2.70	3.33	4.17	8.34	14.68	16.92	19.02	21.67	23.59
10	2.56	3.25	3.94	4.87	9.34	15.99	18.31	20.48	23.21	25.19
11	3.05	3.82	4.57	5.58	10.34	17.28	19.68	21.92	24.72	26.76
12	3.57	4.40	5.23	6.30	11.34	18.55	21.03	23.34	26.22	28.30
13	4.11	5.01	5.89	7.04	12.34	19.81	22.36	24.74	27.69	29.82
14	4.66	5.63	6.57	7.79	13.34	21.06	23.68	26.12	29.14	31.32
15	5.23	6.26	7.26	8.55	14.34	22.31	25.00	27.49	30.58	32.80
16	5.81	6.91	7.96	9.31	15.34	23.54	26.30	28.85	32.00	34.27
17	6.41	7.56	8.67	10.09	16.34	24.77	27.59	30.19	33.41	35.72
18	7.01	8.23	9.39	10.86	17.34	25.99	28.87	31.53	34.81	37.16
19	7.63	8.91	10.12	11.65	18.34	27.20	30.14	32.85	36.19	38.58
20	8.26	9.59	10.85	12.44	19.34	28.41	31.14	34.17	37.57	40.00
21	8.90	10.28	11.59	13.24	20.34	29.62	32.67	35.48	38.93	41.40
22	9.54	10.98	12.34	14.04	21.34	30.81	33.92	36.78	40.29	42.80
23	10.20	11.69	13.09	14.85	22.34	32.01	35.17	38.08	41.64	44.18
24	10.86	12.40	13.85	15.66	23.34	33.20	36.74	39.36	42.98	45.56
25	11.52	13.12	14.61	16.47	24.34	34.38	37.92	40.65	44.31	46.93
26	12.20	13.84	15.38	17.29	25.34	35.56	38.89	41.92	45.64	48.29
27	12.83	14.57	16.15	18.11	26.34	36.74	40.11	43.19	46.96	49.64
28	13.56	15.31	16.93	18.94	27.34	37.92	41.34	44.46	48.28	50.99
29	14.26	16.05	17.71	19.77	28.34	39.09	42.56	45.72	49.59	52.34
30	14.95	16.79	18.49	20.60	29.34	40.26	43.77	46.98	50.89	53.67
40	22.16	24.43	26.51	29.05	39.34	51.81	55.76	59.34	63.69	66.77
50	29.71	32.36	34.76	37.69	49.33	63.17	67.50	71.42	76.15	79.49
60	37.48	40.48	43.19	46.46	59.33	74.40	79.08	83.30	88.38	91.95
70	45.44	48.76	51.74	55.33	69.33	85.53	90.53	95.02	100.43	104.21
80	53.54	57.15	60.39	64.28	79.33	96.58	101.88	106.63	112.33	116.32
90	61.75	65.65	69.13	73.29	89.33	107.57	113.15	118.14	124.12	128.30
100	70.06	74.22	77.93	82.36	99.33	118.50	124.34	129.56	135.81	140.17

◆ F-분포표

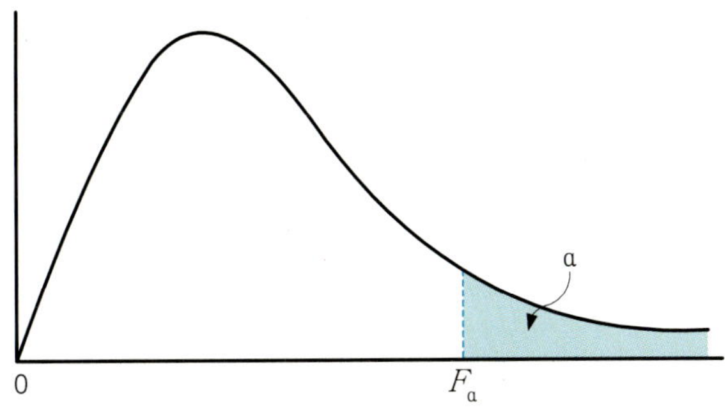

$\alpha=0.01$									
d.f.	1	2	3	4	5	6	7	8	9
1	4052.0	4999.0	5403.0	5625.0	5764.0	5859.0	5928.0	5982.0	5022.0
2	98.50	99.00	99.17	99.25	99.30	99.33	99.36	99.37	99.39
3	34.12	30.82	29.46	28.71	28.24	27.91	27.67	27.49	27.34
4	21.20	18.00	16.69	15.98	15.52	15.21	14.98	14.80	14.66
5	16.26	13.27	12.06	11.39	10.97	10.67	10.46	10.29	10.16
	13.74								
6	13.74	10.92	9.78	9.15	8.75	8.47	8.26	8.10	7.98
7	12.25	9.55	8.45	7.85	7.46	7.19	6.99	6.84	6.72
8	11.26	8.65	7.59	7.01	6.63	6.37	6.18	6.03	5.91
9	10.56	8.02	6.99	6.42	6.06	5.80	5.61	5.47	5.35
10	10.04	7.56	6.55	5.99	5.64	5.39	5.20	5.06	4.94
11	9.65	7.21	6.22	5.67	5.32	5.07	4.89	4.74	4.63
12	9.33	6.93	5.95	5.41	5.06	4.82	4.64	4.50	4.39
13	9.07	6.70	5.74	5.21	4.86	4.62	4.44	4.30	4.19
14	8.86	6.51	5.56	5.04	4.69	4.46	4.28	4.14	4.03
15	8.68	6.36	5.42	4.89	4.56	4.32	4.14	4.00	3.89
16	8.53	6.23	5.29	4.77	4.44	4.20	4.03	3.89	3.78
17	8.40	6.11	5.18	4.67	4.34	4.10	3.93	3.79	3.68
18	8.29	6.01	5.09	4.58	4.25	4.01	3.84	3.71	3.60
19	8.18	5.93	5.01	4.50	4.17	3.94	3.77	3.63	3.52
20	8.10	5.85	4.94	4.43	4.10	3.87	3.70	3.56	3.46
21	8.02	5.78	4.87	4.37	4.04	3.81	3.64	3.51	3.40
22	7.95	5.72	4.82	4.31	3.99	3.76	3.59	3.45	3.35
23	7.88	5.66	4.76	4.26	3.94	3.71	3.54	3.41	3.30
24	7.82	5.61	4.72	4.22	3.90	3.67	3.50	3.36	3.26
25	7.77	5.57	4.68	4.18	3.85	3.63	3.46	3.32	3.22
26	7.72	5.53	4.64	4.14	3.82	3.59	3.42	3.29	3.18
27	7.68	5.49	4.60	4.11	3.78	3.56	3.39	3.26	3.15
28	7.64	5.45	4.57	4.07	3.75	3.53	3.36	3.23	3.12
29	7.60	5.42	4.54	4.04	3.73	3.50	3.33	3.20	3.09
30	7.56	5.39	4.51	4.02	3.70	3.47	3.30	3.17	3.07
40	7.31	5.18	4.31	3.83	3.51	3.29	3.12	2.99	2.89
60	7.08	4.98	4.13	3.65	3.34	3.12	2.95	2.82	2.72
120	6.85	4.79	3.95	3.48	3.17	2.96	2.79	2.66	2.56
∞	6.63	4.61	3.78	3.32	3.02	2.80	2.64	2.51	2.41

$\alpha=0.01$									
d.f.	10	15	20	24	30	40	60	120	∞
1	6056.0	6157.0	6209.0	6235.0	6261.0	6387.0	6313.0	6339.0	6366.0
2	99.40	99.43	99.45	99.46	99.47	99.47	99.48	99.49	99.50
3	27.23	26.87	26.69	26.60	26.50	26.41	26.32	26.22	26.12
4	14.55	14.20	14.02	13.93	13.84	13.74	13.65	13.56	13.46
5	10.05	9.72	9.55	9.47	9.38	9.29	9.20	9.11	9.02
6	7.87	7.56	7.40	7.31	7.23	7.14	7.06	6.97	6.88
7	6.62	6.31	6.16	6.07	5.99	5.91	5.82	5.74	5.65
8	5.81	5.52	5.36	5.28	5.20	5.12	5.03	4.95	4.86
9	5.26	4.96	4.81	4.73	4.65	4.57	4.48	4.40	4.31
10	4.85	4.56	4.41	4.33	4.25	4.17	4.08	4.00	3.91
11	4.54	4.25	4.10	4.02	3.94	3.86	3.78	3.69	3.60
12	4.30	4.01	3.86	3.78	3.70	3.62	3.54	3.45	3.36
13	4.10	3.82	3.66	3.59	3.51	3.43	3.34	3.25	3.17
14	3.94	3.66	3.51	3.43	3.35	3.27	3.18	3.09	3.00
15	3.80	3.52	3.37	3.29	3.21	3.13	3.05	2.96	2.87
16	3.69	3.41	3.26	3.18	3.10	3.02	2.93	2.84	2.75
17	3.59	3.23	3.16	3.08	3.00	2.92	2.83	2.75	2.65
18	3.51	3.23	3.08	3.00	2.92	2.84	2.75	2.66	2.57
19	3.43	3.15	3.00	2.92	2.84	2.76	2.67	2.58	2.49
20	3.37	3.09	2.94	2.86	2.78	2.69	2.61	2.52	2.42
21	3.31	3.03	2.88	2.80	2.72	2.64	2.55	2.46	2.36
22	3.26	2.98	2.83	2.75	2.67	2.58	2.50	2.40	2.31
23	3.21	2.93	2.78	2.70	2.62	2.54	2.45	2.35	2.26
24	3.17	2.89	2.74	2.66	2.58	2.49	2.40	2.31	2.21
25	3.13	2.85	2.70	2.62	2.54	2.45	2.36	2.27	2.17
26	3.09	2.81	2.66	2.58	2.50	2.42	2.33	2.23	2.13
27	3.06	2.78	2.63	2.55	2.47	2.38	2.29	2.20	2.10
28	3.03	2.75	2.60	2.52	2.44	2.35	2.26	2.17	2.06
29	3.00	2.73	2.57	2.49	2.41	2.33	2.23	2.14	2.03
30	2.98	2.70	2.55	2.47	2.39	2.30	2.21	2.11	2.01
40	2.80	2.52	2.37	2.29	2.20	2.11	2.02	1.92	1.80
60	2.63	2.35	2.20	2.12	2.03	1.94	1.84	1.73	1.60
120	2.47	2.19	2.03	1.95	1.86	1.76	1.66	1.53	1.38
∞	2.32	2.04	1.88	1.79	1.70	1.59	1.47	1.32	1.00

$\alpha=0.05$									
d.f.	1	2	3	4	5	6	7	8	9
1	161.45	199.50	215.71	224.58	230.16	233.99	236.77	238.88	240.54
2	18.51	19.00	19.16	19.25	19.30	19.33	19.35	19.37	19.38
3	10.13	9.55	9.28	9.12	9.01	8.94	8.89	8.85	8.81
4	7.71	6.94	6.59	6.39	6.26	6.16	6.09	6.04	6.00
5	6.61	5.79	5.41	5.19	5.05	4.95	4.88	4.82	4.77
6	5.99	5.14	4.76	4.53	4.39	4.28	4.21	4.15	4.10
7	5.59	4.74	4.35	4.12	3.97	3.87	3.79	3.73	3.68
8	5.32	4.46	4.07	3.84	3.69	3.58	3.50	3.44	3.39
9	5.12	4.26	3.86	3.63	3.48	3.37	3.29	3.23	3.18
10	4.96	4.10	3.71	3.48	3.33	3.22	3.14	3.07	3.02
11	4.84	3.98	3.59	3.36	3.20	3.09	3.01	2.95	2.90
12	4.75	3.89	3.49	3.26	3.11	3.00	2.91	2.85	2.80
13	4.67	3.81	3.41	3.18	3.03	2.92	2.83	2.77	2.71
14	4.60	3.74	3.34	3.11	2.96	2.85	2.76	2.70	2.65
15	4.54	3.68	3.29	3.06	2.90	2.79	2.71	2.64	2.59
16	4.49	3.63	3.24	3.01	2.85	2.74	2.66	2.59	2.54
17	4.45	3.59	3.20	2.96	2.81	2.70	2.61	2.55	2.49
18	4.41	3.52	3.16	2.93	2.77	2.66	2.58	2.51	2.46
19	4.38	3.52	3.13	2.90	2.74	2.63	2.54	2.48	2.42
20	4.35	3.49	3.10	2.87	2.71	2.60	2.51	2.45	2.39
21	4.32	3.47	3.07	2.84	2.68	2.57	2.49	2.42	2.37
22	4.30	3.44	3.05	2.82	2.66	2.55	2.46	2.40	2.34
23	4.28	3.42	3.03	2.80	2.64	2.53	2.44	2.37	2.32
24	4.26	3.40	3.01	2.78	2.62	2.51	2.42	2.36	2.30
25	4.24	3.39	2.99	2.76	2.60	2.49	2.40	2.34	2.28
26	4.23	3.37	2.98	2.74	2.59	2.47	2.39	2.32	2.27
27	4.21	3.35	2.96	2.73	2.57	2.46	2.37	2.31	2.25
28	4.20	3.34	2.95	2.71	2.56	2.45	2.36	2.29	2.24
29	4.18	3.33	2.93	2.70	2.55	2.43	2.35	2.28	2.22
30	4.17	3.32	2.92	2.69	2.53	2.42	2.33	2.27	2.21
40	4.08	3.23	2.84	2.61	2.45	2.34	2.25	2.18	2.12
60	4.00	3.15	2.76	2.53	2.37	2.25	2.17	2.10	2.04
120	3.92	3.07	2.68	2.45	2.29	2.17	2.09	2.02	1.96
∞	3.84	3.00	2.60	2.37	2.21	2.10	2.01	1.94	1.88

$\alpha=0.05$									
d.f.	10	15	20	24	30	40	60	120	∞
1	241.88	245.95	248.01	249.05	250.09	251.14	252.20	253.25	254.32
2	19.40	19.43	19.45	19.45	19.46	19.47	19.48	19.49	19.50
3	8.76	8.70	8.66	8.64	8.62	8.59	8.57	8.55	8.53
4	5.96	5.86	5.80	5.77	5.75	5.72	5.69	5.66	5.63
5	4.74	4.62	4.56	4.53	4.50	4.46	4.43	4.40	4.36
6	4.06	3.94	3.87	3.84	3.81	3.77	3.74	3.70	3.67
7	3.64	3.51	3.44	3.41	3.38	3.34	3.30	3.27	3.23
8	3.35	3.22	3.15	3.12	3.08	3.04	3.01	2.97	2.93
9	3.14	3.01	2.94	2.90	2.86	2.83	2.79	2.75	2.71
10	2.98	2.84	2.77	2.74	2.70	2.66	2.62	2.58	2.54
11	2.85	2.72	2.65	2.61	2.57	2.53	2.49	2.45	2.40
12	2.75	2.62	2.54	2.51	2.47	2.43	2.38	2.34	2.30
13	2.67	2.53	2.46	2.42	2.38	2.34	2.30	2.25	2.21
14	2.60	2.46	2.39	2.35	2.31	2.27	2.22	2.18	2.13
15	2.54	2.40	2.33	2.29	2.25	2.20	2.16	2.11	2.07
16	2.49	2.35	2.28	2.24	2.19	2.15	2.11	2.06	2.01
17	2.45	2.31	2.23	2.19	2.15	2.10	2.06	2.01	1.96
18	2.41	2.27	2.19	2.15	2.11	2.06	2.02	1.97	1.92
19	2.38	2.23	2.16	2.11	2.07	2.03	1.98	1.93	1.88
20	2.35	2.20	2.12	2.08	2.04	1.99	1.95	1.90	1.84
21	2.32	2.18	2.10	2.05	2.01	1.96	1.92	1.87	1.81
22	2.30	2.15	2.07	2.03	1.98	1.94	1.89	1.84	1.78
23	2.27	2.13	2.05	2.00	1.96	1.91	1.86	1.81	1.76
24	2.25	2.11	2.03	1.98	1.94	1.89	1.84	1.79	1.73
25	2.24	2.09	2.01	1.96	1.92	1.87	1.82	1.77	1.71
26	2.22	2.07	1.99	1.95	1.90	1.85	1.80	1.75	1.69
27	2.20	2.06	1.97	1.93	1.88	1.84	1.79	1.73	1.67
28	2.19	2.04	1.96	1.91	1.87	1.82	1.77	1.71	1.65
29	2.18	2.03	1.94	1.90	1.85	1.81	1.75	1.70	1.64
30	2.16	2.01	1.93	1.89	1.84	1.79	1.74	1.68	1.62
40	2.08	1.92	1.84	1.79	1.74	1.69	1.64	1.58	1.51
60	1.99	1.84	1.75	1.70	1.65	1.59	1.53	1.47	1.39
120	1.91	1.75	1.66	1.61	1.55	1.50	1.43	1.35	1.25
∞	1.83	1.67	1.57	1.52	1.46	1.39	1.31	1.22	1.00

$\alpha=0.10$									
d.f.	1	2	3	4	5	6	7	8	9
1	39.86	49.50	53.59	55.83	57.24	58.20	58.91	59.44	59.86
2	8.53	9.00	9.16	9.24	9.26	9.33	9.35	9.37	9.38
3	5.54	5.46	5.39	5.34	5.31	5.28	5.27	5.25	5.24
4	4.54	5.32	4.19	4.11	4.05	4.01	3.98	3.95	3.94
5	4.06	3.78	3.62	3.52	3.45	3.40	3.37	3.34	3.32
6	3.78	3.46	3.29	3.18	3.11	3.05	3.01	2.98	2.96
7	3.59	3.26	3.07	2.96	2.88	2.83	2.78	2.75	2.72
8	3.46	3.11	2.92	2.81	2.73	2.67	2.62	2.59	2.56
9	3.36	3.01	2.81	2.69	2.61	2.55	2.51	2.47	2.44
10	3.28	2.92	2.73	2.61	2.52	2.46	2.41	2.38	2.35
11	3.23	2.86	2.66	2.54	2.45	2.39	2.34	2.30	2.27
12	3.13	2.81	2.61	2.48	2.39	2.33	2.28	2.24	2.21
13	3.14	2.76	2.56	2.43	2.35	2.28	2.23	2.20	2.16
14	3.10	2.73	2.52	2.39	2.31	2.24	2.19	2.15	2.12
15	3.07	2.70	2.49	2.36	2.27	2.21	2.16	2.12	2.09
16	3.05	2.67	2.46	2.33	2.24	2.18	2.13	2.09	2.06
17	3.03	2.64	2.44	2.31	2.22	2.15	2.10	2.06	2.03
18	3.01	2.62	2.42	2.29	2.20	2.13	2.08	2.04	2.00
19	2.99	2.61	2.40	2.27	2.18	2.11	2.06	2.02	1.98
20	2.97	2.59	2.38	2.25	2.16	2.09	2.04	2.00	1.96
21	2.96	2.57	2.36	2.23	2.14	2.08	2.02	1.98	1.95
22	2.95	2.56	2.35	2.22	2.13	2.06	2.01	1.97	1.93
23	2.94	2.55	2.34	2.21	2.11	2.05	1.99	1.95	1.92
24	2.93	2.54	2.33	2.19	2.10	2.04	1.98	1.94	1.91
25	2.92	2.53	2.32	2.18	2.09	2.02	1.97	1.93	1.89
26	2.91	2.52	2.31	2.17	2.08	2.01	1.96	1.92	1.88
27	2.90	2.51	2.30	2.17	2.07	2.00	1.95	1.91	1.87
28	2.89	2.50	2.29	2.16	2.06	2.00	1.94	1.90	1.87
29	2.89	2.50	2.28	2.15	2.06	1.99	1.93	1.89	1.86
30	2.88	2.49	2.28	2.14	2.05	1.98	1.93	1.88	1.85
40	2.84	2.44	2.23	2.09	2.00	1.93	1.87	1.83	1.79
60	2.79	2.39	2.18	2.04	1.95	1.87	1.82	1.77	1.74
120	2.75	2.35	2.13	1.99	1.90	1.82	1.77	1.72	1.68
∞	2.71	2.30	2.08	1.94	1.85	1.77	1.72	1.67	1.63

$\alpha=0.10$										
d.f.	10	12	15	20	24	30	40	60	120	∞
1	60.20	60.71	61.22	61.74	62.00	62.26	62.53	62.79	63.06	63.83
2	9.39	9.41	9.42	9.44	9.45	9.46	9.47	9.47	9.48	9.49
3	5.23	5.22	5.20	5.18	5.18	5.17	5.16	5.15	5.14	5.13
4	3.92	3.90	3.87	3.84	3.83	3.82	3.80	3.79	3.78	3.76
5	3.30	3.27	3.24	3.21	3.19	3.17	3.16	3.14	3.12	3.10
6	2.94	2.90	2.87	2.84	2.82	2.80	2.78	2.70	2.74	2.72
7	2.70	2.67	2.63	2.59	2.58	2.56	2.54	2.51	2.49	2.47
8	2.54	2.50	2.46	2.42	2.40	2.38	2.36	2.34	2.32	2.29
9	2.42	2.38	2.34	2.30	2.28	2.25	2.23	2.21	2.18	2.16
10	2.32	2.28	2.24	2.20	2.18	2.16	2.13	2.11	2.08	2.06
11	2.25	2.21	2.17	2.12	2.10	2.08	2.05	2.03	2.00	1.97
12	2.19	2.15	2.10	2.06	2.04	2.01	1.99	1.96	1.93	1.90
13	2.14	2.10	2.05	2.01	1.98	1.96	1.93	1.90	1.88	1.85
14	2.10	2.05	2.01	1.96	1.94	1.91	1.89	1.86	1.83	1.80
15	2.06	2.02	1.97	1.92	1.90	1.87	1.85	1.82	1.79	1.76
16	2.03	1.99	1.94	1.89	1.87	1.84	1.81	1.78	1.75	1.72
17	2.00	1.96	1.91	1.86	1.84	1.81	1.78	1.75	1.72	1.69
18	1.98	1.93	1.89	1.84	1.81	1.78	1.75	1.72	1.69	1.66
19	1.96	1.91	1.86	1.81	1.79	1.76	1.73	1.70	1.67	1.63
20	1.94	1.89	1.84	1.79	1.77	1.74	1.71	1.68	1.64	1.61
21	1.92	1.88	1.83	1.78	1.75	1.72	1.69	1.66	1.62	1.59
22	1.90	1.86	1.81	1.76	1.73	1.70	1.67	1.64	1.60	1.57
23	1.89	1.84	1.80	1.74	1.72	1.69	1.66	1.62	1.59	1.55
24	1.88	1.83	1.78	1.73	1.70	1.67	1.64	1.61	1.57	1.53
25	1.87	1.82	1.77	1.72	1.69	1.66	1.63	1.59	1.56	1.52
26	1.86	1.81	1.76	1.71	1.68	1.65	1.61	1.58	1.54	1.50
27	1.85	1.80	1.75	1.70	1.67	1.64	1.60	1.57	1.53	1.49
28	1.84	1.79	1.74	1.69	1.66	1.63	1.59	1.56	1.52	1.48
29	1.83	1.78	1.73	1.68	1.65	1.62	1.58	1.55	1.51	1.47
30	1.82	1.77	1.72	1.67	1.64	1.61	1.57	1.54	1.50	1.49
40	1.76	1.71	1.66	1.61	1.57	1.54	1.51	1.47	1.42	1.38
60	1.71	1.66	1.60	1.54	1.51	1.48	1.44	1.40	1.35	1.29
120	1.65	1.60	1.54	1.48	1.45	1.41	1.37	1.32	1.26	1.19
∞	1.60	1.55	1.49	1.42	1.38	1.34	1.30	1.24	1.17	1.00

◆ Durbin-Watson 검정의 상한과 하한

k: 독립변수의 수

d_L: 하한

d_U: 상한

n	k=1		k=2		k=3		k=4		k=5	
	$\alpha = 0.05$									
	d_L	d_U	d_L	d_U	d_L	d_U	d_L	d_U	d_L	d_U
15	1.08	1.36	0.95	1.54	0.82	1.75	0.69	1.97	0.56	2.21
16	1.10	1.37	0.98	1.54	0.86	1.73	0.74	1.93	0.62	2.15
17	1.13	1.38	1.02	1.54	0.90	1.71	0.78	1.90	0.67	2.10
18	1.16	1.39	1.05	1.53	0.93	1.69	0.82	1.87	0.71	2.06
19	1.18	1.40	1.08	1.53	0.97	1.68	0.86	1.85	0.75	2.02
20	1.20	1.41	1.10	1.54	1.00	1.68	0.90	1.83	0.79	1.99
21	1.22	1.42	1.13	1.54	1.03	1.67	0.93	1.18	0.83	1.96
22	1.24	1.43	1.15	1.54	1.05	1.66	0.96	1.80	0.86	1.94
23	1.26	1.44	1.17	1.54	1.08	1.66	0.99	1.79	0.90	1.92
24	1.27	1.45	1.19	1.55	1.10	1.66	1.01	1.78	0.93	1.90
25	1.29	1.45	1.21	1.55	1.12	1.66	1.04	1.77	0.95	1.89
26	1.30	1.46	1.22	1.55	1.14	1.65	1.06	1.76	0.98	1.88
27	1.32	1.47	1.24	1.56	1.16	1.65	1.08	1.76	1.01	1.86
28	1.33	1.48	1.26	1.56	1.18	1.65	1.10	1.75	1.03	1.85
29	1.34	1.48	1.27	1.56	1.20	1.65	1.12	1.74	1.05	1.84
30	1.35	1.49	1.28	1.57	1.21	1.65	1.14	1.74	1.07	1.83
31	1.36	1.50	1.30	1.57	1.23	1.65	1.16	1.74	1.09	1.83
32	1.37	1.51	1.31	1.57	1.24	1.65	1.18	1.73	1.11	1.82
33	1.38	1.51	1.32	1.58	1.26	1.65	1.19	1.73	1.13	1.81
34	1.39	1.51	1.33	1.58	1.27	1.65	1.21	1.73	1.15	1.81
35	1.40	1.52	1.34	1.58	1.28	1.65	1.22	1.73	1.16	1.80
36	1.41	1.52	1.35	1.59	1.29	1.65	1.24	1.73	1.18	1.80
37	1.42	1.53	1.36	1.59	1.31	1.66	1.25	1.72	1.19	1.80
38	1.43	1.54	1.37	1.59	1.32	1.66	1.26	1.72	1.21	1.79
39	1.43	1.54	1.38	1.60	1.33	1.66	1.27	1.72	1.22	1.79
40	1.44	1.54	1.39	1.60	1.34	1.66	1.29	1.72	1.23	1.79
45	1.48	1.57	1.43	1.62	1.38	1.67	1.34	1.72	1.29	1.78
50	1.50	1.59	1.46	1.63	1.42	1.67	1.38	1.72	1.34	1.77
55	1.53	1.60	1.49	1.64	1.45	1.68	1.41	1.72	1.38	1.77
60	1.55	1.62	1.51	1.65	1.48	1.69	1.44	1.73	1.41	1.77
65	1.57	1.63	1.54	1.66	1.50	1.70	1.47	1.73	1.44	1.77 1
70	1.58	1.64	1.55	1.67	1.52	1.70	1.49	1.74	1.46	1.77
75	1.60	1.65	1.57	1.68	1.54	1.71	1.51	1.74	1.49	1.77
80	1.61	1.66	1.59	1.69	1.56	1.72	1.53	1.74	1.51	1.77
85	1.62	1.67	1.60	1.70	1.57	1.72	1.55	1.75	1.52	1.77
90	1.63	1.68	1.61	1.70	1.59	1.73	1.57	1.75	1.54	1.78
95	1.64	1.68	1.62	1.71	1.60	1.73	1.58	1.75	1.56	1.78
100	1.65	1.69	1.63	1.72	1.61	1.74	1.59	1.76	1.57	1.78

찾아보기

Index

(아)

(하)

(숫자, 영어)